21世纪经济管理类精品教材

管理学

（第3版）

Management

主　编／曾坤生

清华大学出版社
北　京

内 容 简 介

本书共分五篇十五章，是一本融管理学最新研究成果、方法和案例于一体，并配有网络化互动教学系统的实用型管理学教材。本书从管理基础知识入手，根据决策与计划—组织—领导与激励—控制这一主线，层层推进，结合经典案例和管理故事详细剖析了管理的主要职能及其管理方法与技巧。同时，注重国际化视角，引入了有关国际化和跨国公司管理方面的新理论、新方法和新发展，以适应全球化和国际化对管理科学的要求。

本书适用于普通高等院校经济管理类相关专业本科生、研究生和社会各界有志于学习和研究管理学的人士。为适应全球化学习特点，本书特别配套了网络互动化教学系统支持，方便读者进行远程互动式学习。

图书在版编目（CIP）数据

管理学/曾坤生主编．—3版．—北京：清华大学出版社，2016（2019.10重印）
21世纪经济管理类精品教材
ISBN 978-7-302-43707-9

I．①管…　II．①曾…　III．①管理学-高等学校-教材　IV．①C93

中国版本图书馆CIP数据核字（2016）第084855号

责任编辑：杜春杰
封面设计：康飞龙
版式设计：魏　远
责任校对：王　云
责任印制：刘祎淼

出版发行：清华大学出版社
网　　址：http://www.tup.com.cn，http://www.wqbook.com
地　　址：北京清华大学学研大厦A座　　邮　　编：100084
社 总 机：010-62770175　　邮　　购：010-62786544
投稿与读者服务：010-62776969，c-service@tup.tsinghua.edu.cn
质量反馈：010-62772015，zhiliang@tup.tsinghua.edu.cn
印 装 者：三河市吉祥印务有限公司
经　　销：全国新华书店
开　　本：185mm×230mm　　**印　　张：**28.25　　**字　　数：**633千字
版　　次：2009年9月第1版　2016年6月第3版　　**印　　次：**2019年10月第4次印刷
定　　价：49.80元

产品编号：067021-02

第 3 版前言

《管理学（第 2 版）》于 2012 年出版发行以来，继续受到全国高等院校管理类专业师生和实际从事管理工作的朋友的热情关注。很多院校都将该书选择为本科生学习管理学的教材，还有一些高校将本书作为管理类专业研究生入学考试的指定参考书籍。本次修订工作进一步收集了各地使用该教材的意见和建议，对一些章节的内容做了适当调整和完善，补充了一些更为鲜活的管理资料，以更好地突出本教材的理论前沿和实践指导性。

本次修订主要调整的内容有：第三章管理决策环境的部分内容进行了重写；第 2 版中第六章的工作设计和第七章关于职权配置的内容作了互换；第十五章和第十六章的内容进行压缩，调整为一章；其余各章都做了相应的修改，使其内容和体系更趋合理和完善。

本次修订由曾坤生全面负责，并最终完成全书的协调和统稿工作。各章的主要完成责任人分别是：曾坤生，第一章；董俊武，第二章；曾楚宏，第三章、第十章；邱伟年，第四章、第五章；黄立军，第六章、第八章；侯广辉，第七章、第十三章；严红，第九章；宋智勇，第十一章、第十二章；谢荣军，第十四章；孟丁，第十五章。

为了方便教学，本书配有网络化互动教学系统，读者可通过访问广东外语外贸大学精品课程网站（http://www1.gdufs.edu.cn/jwc/bestcourse/），在校级精品课程中找到《管理学》课程，以获取与本书配套的教学大纲、电子教案、练习题库等其他教学资源。

在编写过程中，我们吸取了管理学现有的众多学术成果，也参考了国内外诸多学者的观点和思路，对各位学者的贡献，我们均在书末参考文献中列出，在此一并致以诚挚的谢意。清华大学出版社的编辑们除了对本书的出版给予了非常多的关心和支持外，还对本书的编写提出了很多非常好的建议，为本书编写质量的提高做了很多工作，在此深致谢意。最后需要指出的是，本书的修订继续得到了广东外语外贸大学校级规划教材的资助，非常感谢广东外语外贸大学教务处的支持！

当然，由于编者水平有限，加之时间较紧，本书各章执笔人大都担负着非常繁重的教学科研工作和行政管理工作，因而难免使本书出现一些缺点和错误，欢迎各位学界朋友、老师和学生不吝指教。

曾坤生

2016 年 1 月于从化

目　　录

第一篇　导　　论

第二篇　决策与计划

第三篇 组 织

第四篇 领导与激励

第五篇 控 制

 第一篇　导　　论 

第一章 管理导论

学习目标

☑ 理解管理的含义和管理的重要性；懂得管理者的职责，知晓他们如何高效地利用组织资源以实现组织目标

☑ 区分计划、组织、领导和控制，能够解释管理者运用每项职能的能力会如何影响组织的绩效

☑ 能够区分管理者的层级，理解不同层级管理者的责任

☑ 确定管理者扮演的角色，以及管理者有效扮演这些角色所需要的技能

☑ 理解管理道德在管理中的重要性，能够区分不同的管理道德对组织绩效的影响

☑ 了解社会责任的不同观点，明确管理者的社会责任

开篇案例

全球化和国际化过程中的华为

过去二十多年，华为抓住中国改革开放和ICT行业高速发展带来的历史机遇，坚持以客户为中心，以奋斗者为本，基于客户需求持续创新，赢得了客户的尊重和信赖，从一家立足于中国深圳特区，初始资本只有21 000元人民币的民营企业，稳健成长为年销售规模近2 400亿元人民币的世界500强公司。如今，华为的电信网络设备、IT设备和解决方案以及智能终端已应用于全球170多个国家和地区。

作为全球领先的信息与通信解决方案供应商，华为为电信运营商、企业和消费者等提供有竞争力的端到端ICT解决方案和服务，帮助客户在数字社会获得成功。我们坚持聚焦战略，对电信基础网络、云数据中心和智能终端等领域持续进行研发投入，以客户需求和前沿技术驱动的创新，使公司始终处于行业前沿，引领行业的发展。华为坚持每年将销售收入的10%以上投入研发，在近15万华为人中，超过45%的员工从事创新、研究与开发。华为在170多个标准组织和开源组织中担任核心职位，已累计获得专利授权36 511件。

华为积极致力于社会经济的可持续发展，运用信息与通信领域专业经验，弥合数字鸿沟，

让人人享有高品质的宽带联接；华为努力保障网络的安全稳定运作，助力客户和各行各业提升效率、降低能耗，推动低碳经济增长；华为积极开展本地化运作，构建全球价值链，帮助本地发挥出全球价值，实现整个产业链的共赢。

华为深信：未来将是一个全联接的世界。华为决心与合作伙伴一起，开放合作，努力构建一个更加高效整合的数字物流系统，促进人与人、人与物、物与物的全面互联和交融，激发每个人在任何时间、任何地点的无限机遇与潜能，推动世界进步。

华为的核心价值观

- **成就客户：**客户服务是华为存在的唯一理由，客户需求是华为发展的原动力。华为坚持以客户为中心，快速响应客户需求，持续为客户创造长期价值进而成就客户。为客户提供有效服务，是华为工作的方向和价值评价的标尺，成就客户就是成就华为自己。
- **艰苦奋斗：**华为没有任何稀缺的资源可以依赖，唯有艰苦奋斗才能赢得客户的尊重与信赖。奋斗体现在为客户创造价值的任何微小活动中，以及在劳动的准备过程中为充实提高自己而做的努力。华为坚持以奋斗者为本，使奋斗者得到合理的回报。
- **自我批判：**自我批判的目的是不断进步，不断改进，而不是自我否定。只有坚持自我批判，才能倾听、扬弃和持续超越，才能更容易尊重他人和与他人合作，实现客户、公司、团队和个人的共同发展。
- **开放进取：**为了更好地满足客户需求，华为积极进取、勇于开拓，坚持开放与创新。任何先进的技术、产品、解决方案和业务管理，只有转化为商业成功才能产生价值。华为坚持客户需求导向，并围绕客户需求持续创新。
- **至诚守信：**只有内心坦荡诚恳，才能言出必行，信守承诺。诚信是华为最重要的无形资产，华为坚持以诚信赢得客户。
- **团队合作：**胜则举杯相庆，败则拼死相救。团队合作不仅是跨文化的群体协作精神，也是打破部门墙、提升流程效率的有力保障。

华为的价值主张

为适应信息行业正在发生的革命性变化，华为围绕客户需求和技术领先持续创新，与业界伙伴开放合作，聚焦构筑面向未来的信息管道，持续为客户和全社会创造价值，如图 1-1 所示。基于这些价值主张，华为致力于丰富人们的沟通和生活，提升工作效率。与此同时，我们力争成为电信运营商和企业客户的第一选择和最佳合作伙伴，成为深受消费者喜爱的品牌。

- **无处不在的宽带：**互联网使得信息的传播和获取更加便捷，人们将越来越渴望能在任意时间、任意地点使用任何设备连接到网络，尽情体验快速增长的内容和应用，享受移动办公带来的便利。企业 IT 向数据中心和云服务的迁移，将对网络提出更高的需求。面对即将到来的数字洪水，网络需要变得更宽、覆盖更广、更高效，让更多的人享受到网络带来的好处。由于人类对网络连接、带宽、可靠性和安全性的需求还远远没有得到满足，因此华为致力于帮助运营商提升网络容量、优化网络管理，实现互联网化运营；在新架构（SoftCOM）、Single 平台和新技术等方面持续创新，向客户提供技术领先、平滑演进的产品和解决方案，帮助客户建设高效的基础网络，提供面向用户

On-Demand 的服务，使人们更加自由地享受到无处不在的宽带。

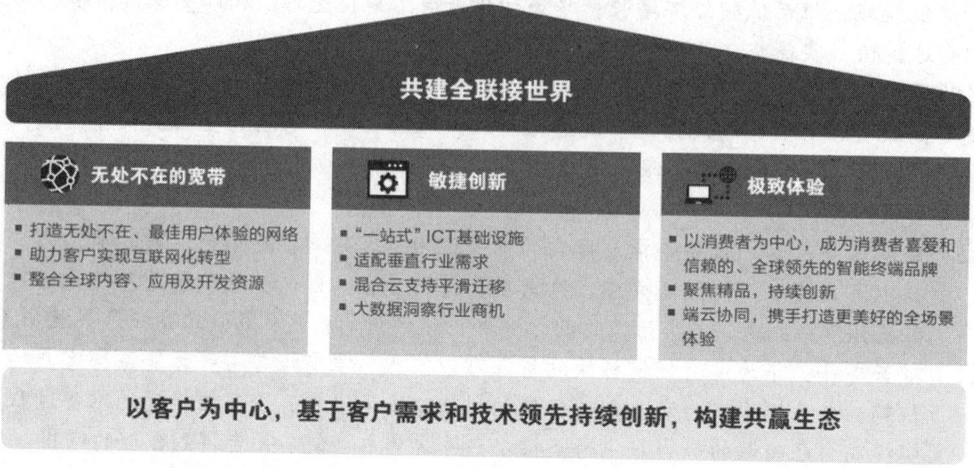

共建全联接世界

无处不在的宽带
- 打造无处不在、最佳用户体验的网络
- 助力客户实现互联网化转型
- 整合全球内容、应用及开发资源

敏捷创新
- "一站式" ICT基础设施
- 适配垂直行业需求
- 混合云支持平滑迁移
- 大数据洞察行业商机

极致体验
- 以消费者为中心，成为消费者喜爱和信赖的、全球领先的智能终端品牌
- 聚焦精品，持续创新
- 端云协同，携手打造更美好的全场景体验

以客户为中心，基于客户需求和技术领先持续创新，构建共赢生态

图 1-1 华为公司的价值主张

- **敏捷创新**：展望未来，ICT 仍处于快速发展阶段，移动性、云计算、大数据和社区化等新趋势正在引领行业开创新的格局；世界正在发生深刻的数字化变革，互联网正在促进传统产业的升级和重构。各行各业需要快速洞察商机，并借助 IT 不断提升组织协同，更快更好地将新产品、新业务推向市场。IT 正在从支撑系统转变为生产系统，成为企业的核心竞争力。华为提供基于云计算的数据中心基础设施解决方案，帮助客户提升存储、计算资源的使用效率，实现业务系统的快速部署、精简运维和高效管理；提供移动办公等解决方案，帮助客户提升工作效率；提供基于大数据的智能数据分析系统，帮助客户洞察商机、实现敏捷的商业创新。未来 30 年是企业逐渐拆除自有数据中心、向公有云迁移的 30 年。华为将协助运营商建设公共云，抓住企业 ICT 云服务的巨大机会。
- **极致体验**：好的用户体验是商业成功的基础。除了产品自身的体验，以云为基础的服务体验也越来越重要。未来智能终端的体验将不断丰富和加强人类情感的识别以及对外部环境的感知，其中穿戴式智能设备正成为大家关注的重点。华为的目标是提供业界领先的终端产品，通过关键技术创新（如情境智能、语音交互、新型材料等）、工业设计创新和云服务创新，全方位提升用户体验。

华为的财务概要（见图 1-2）

华为的公司治理

公司股东会是最高权力机构，对公司增资、利润分配、选举董事/监事等重大事项作出决策。董事会是公司战略和经营管理的决策机构，对公司的整体业务运作进行指导和监督，对公司在战略和运作过程中的重大事项进行决策。董事会下设人力资源委员会、财经委员会、战略与发展委员会和审计委员会，协助和支持董事会运作。监事会主要职责包括检查公司财务和公司经营状况，对董事、高级管理人员执行职务的行为和董事会运作规范性进行监督。公司实行董事会领导下的轮值 CEO 制度，轮值 CEO 在轮值期间作为公司经营管理以及危机管理的最高责任人，对公司生存发展负责，如图 1-3 所示。

	2015		2014	2013	2012	2011
	美元百万元*	人民币百万元	人民币百万元			
销售收入	60,839	395,009	288,197	239,025	220,198	203,929
营业利润	7,052	45,786	34,205	29,128	20,658	18,796
营业利润率	11.6%	11.6%	11.9%	12.2%	9.4%	9.2%
净利润	5,685	36,910	27,866	21,003	15,624	11,655
经营活动现金流	7,595	49,315	41,755	22,554	24,969	17,826
现金与短期投资	19,284	125,208	106,036	81,944	71,649	62,342
运营资本	13,711	89,019	78,566	75,180	63,837	56,996
总资产	57,319	372,155	309,773	244,091	223,348	193,849
总借款	4,464	28,986	28,108	23,033	20,754	20,327
所有者权益	18,339	119,069	99,985	86,266	75,024	66,228
资产负债率	68.0%	68.0%	67.7%	64.7%	66.4%	65.8%

*注：美元金额折算采用2015年12月31日汇率，即1美元兑6.4927元人民币。

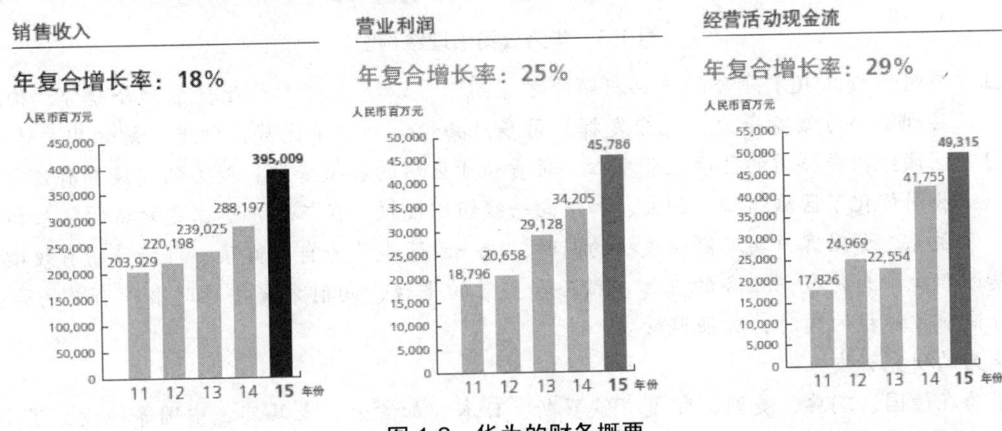

图 1-2 华为的财务概要

自 2000 年起，华为聘用 KPMG 作为独立审计师，负责审计年度财务报告，根据会计准则和审计程序，评估财务报表的准确性和完整性，对财务报告发表审计意见。2014 年，公司业务组织架构逐步调整为基于客户、产品和区域三个维度的组织架构。各相应组织共同为客户创造价值，对公司的财务绩效有效增长、市场竞争力提升和客户满意度负责。

- 公司设立面向三个客户群的 BG 组织，以适应不同客户群的商业规律和经营特点，进一步为客户提供创新、差异化、领先的解决方案。

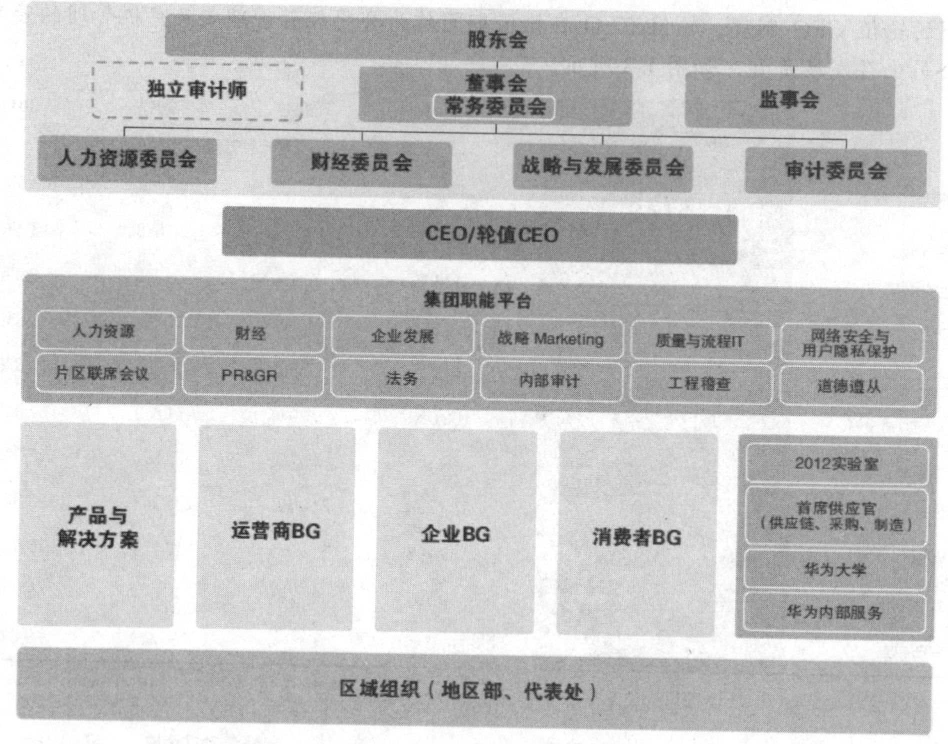

图 1-3 华为公司治理结构图

- 公司新成立 ICT 融合的产品与解决方案组织，以适应 ICT 行业技术融合趋势，构筑产品和解决方案竞争力，充分发挥公司多产品组合的竞争优势，创造更好的用户体验。
- 区域组织是公司的区域经营中心，负责位于区域的各项资源、能力的建设和有效利用。公司优化了区域组织，加大、加快向一线组织授权，在与客户建立更紧密的联系和伙伴关系、帮助客户实现商业成功的同时，进一步实现华为自身健康、可持续的有效增长。

集团职能平台是聚焦业务的支撑、服务和监管的平台，向前方提供及时准确有效的服务，在充分向前方授权的同时，加强监管。

华为的研究开发

华为在德国、瑞典、美国、印度、俄罗斯、日本、加拿大、土耳其、中国等地设立了 16 个研究所，进行产品与解决方案的研究开发人员约 70 000 名（占公司总人数的 45%）。华为聚焦在 ICT 领域的关键技术、架构、标准等方向持续投入，致力于提供更宽、更智能、更高能效的零等待管道，为用户创造更好的体验。华为在未来 5G 通信、网络架构、计算和存储上持续创新，取得重要的创新成果，和来自工业界、学术界、研究机构的伙伴紧密合作，引领未来网络从研究到创新实施。华为还与领先运营商成立 28 个联合创新中心，把领先技术转化为客户的竞争优势和商业成功。截至 2013 年 12 月 31 日，华为累计申请中国专利 44 168 件，外国专利申请累计 18 791 件，国际 PCT 专利申请累计 14 555 件。累计共获得专利授权 36 511 件。

华为将主流国际标准与产业紧密结合，与全球主流运营商密切合作，为做大 ICT 产业做出贡献。华为推动 WRC-15 为 IMT 新增至少 500MHz 全球频段，发布 5G 技术 Vision 白皮书；在 SAE/PCC 领域推动网络能力开放、Service Chaining 等重要议题；领跑 NFV 标准，推动 ICT 融合标准生态环境；促进 Carrier SDN 产业孵化；推动更易互联互通、适当增强的 IP/Internet 领域安全原则；引领 Flex-OTN 标准，是 100GE/400GE 以太网标准的主要贡献者；在 IEEE 802.11 启动和引领下一代 WiFi 标准的研究。截至 2013 年底，华为加入全球 170 多个行业标准组织和开源组织，包括 3GPP、IETF、IEEE、ITU、BBF、ETSI、TMF、WFA、CCSA、GSMA、OMA、ONF、INCITS、OpenStack 和 Open Daylight 等，在任 185 个职位，其中在 ETSI、CCSA、OMA、OASIS 和 WFA 等组织担任董事会成员。2013 年，华为向各标准组织提交提案累计超过 5 000 件。

华为的网络安全

华为将构筑并全面实施端到端的全球网络安全保障体系作为公司的重要发展战略之一。网络安全是一个全球性挑战，只有通过供应商、客户和政策与法律制定者之间的全球合作，才能在应对全球网络安全挑战方面取得显著成绩。华为坚持共享知识和经验，务实合作，共同努力，减少技术被滥用所导致的不可预期风险。

华为全球网络安全官 John Suffolk 先生亲自撰写《网络安全透视：构筑公司的网络安全基因——一套综合流程、政策与标准》，探讨如何构筑公司的网络安全基因，倡议制定并实施统一的网络安全国际标准。华为乐意和大家分享华为在网络安全上的理解和实践，也希望借此可以引发更广泛的、更开放合作的、以理性信息为基础的公共和私有部门之间建设性的对话，以实现共同的网络安全目标。华为坚定不移地强化华为的各个部分以应对网络安全挑战，在端到端的公司政策和业务流程中融入网络安全要求，包括战略与治理、流程与标准、法律法规、人员管理、研发、验证、第三方供应商管理、制造、交付、问题响应、可追溯、审计等 12 个方面，华为员工持续实施改进活动，为客户提供更安全的产品、解决方案和服务。

- 华为对全体员工组织了持续的网络安全意识普及与教育活动，营造全公司范围内的网络安全意识教育氛围和文化氛围，确保每位员工网络安全意识的提升并规范自我行为。
- 华为在新产品开发流程（IPD）中融入了安全活动，网络安全融入到每个人的日常操作中、每个产品中和每项服务中——安全成为每个人的工作。华为持续提升如何从思想上安全地进行产品设计、开发和交付的方法，工作的每个步骤都可以检查、升级、自动化并独立验证。
- 华为极大程度地强化和改进了网络安全技术能力中心，在设计中构筑安全，提升产品健壮性，增强隐私保护。
- 华为建立了一个多层次的网络安全评估流程，通过不同团队对我们的产品独立测试和评估，包括华为内部网络安全实验室、英国安全认证中心（CSEC），客户评估和第三方审计与评估，持续向客户提供最好的安全保障。
- 华为强化了全面的供应商管理体系，持续监控、定期评估合格供应商的安全交付绩效，为了客户的利益我们选择那些愿意对华为所采购的产品和服务的质量和安全做出贡献的供应商。

- ❑ 华为认为，华为卓越的制造能力越来越强，必须持续改善该领域的安全能力，通过基于标准的端到端制造供应链体系，更加高效地、高质量地、安全地解决制造安全风险，确保硬件和软件的完整性。
- ❑ 华为把关键的网络安全管理要求融入到所有服务交付活动中，并对可以接入客户网络的员工进行严格管理，从而确保交付的产品和服务的安全性。
- ❑ 当事情出现差错或者客户和研究者们鉴别出可能的安全问题时，华为的PSIRT流程与研发核心流程紧密结合，确保对漏洞及时有效的响应。此外条码系统和电子制造系统使得我们可以在很短时间内正向或逆向地追踪和回溯98%的所使用的部件。
- ❑ 在任何业务中，审计都扮演着关键角色以确保一家公司或一个部门所讲的是真实的、有效的。因此，华为通过内部审计团队确保网络安全的政策、流程和标准得到执行，进一步监管网络安全的有效性和全面性。

华为积极主张开放透明，鼓励与客户、行业、政府和媒体等利益相关方保持全面的、频繁的沟通，这样才能在网络安全上增进理解，寻求观点，提升互信。

在华为，不仅仅只考虑解决昨天和今天的网络安全问题，同样也重视为将来打基础。面向未来，华为坚守承诺，继续与所有利益相关方合作，提高在设计、开发和部署等方面的安全能力。华为始终把保障网络安全作为公司的核心战略之一，继续在运营中坚持开放透明的方针和负责任的立场，保证明日网络世界的安全。

研究与开发

华为聚焦ICT管道战略，在面向未来的基础研究和创新上加大投入，在关键技术、基础工程能力、架构、标准和产品开发等方向持续投入，致力于提供更宽、更智能、更高性能、更可靠的零等待管道，为用户创造更好的体验。华为致力于把领先技术转化为客户的竞争优势和商业成功。

- ❑ 研发投入：共投入408.45亿元，占收入的14.2%；近十年累计超过￥1 900亿元。
- ❑ 研发人员：总数已达76 000人，占公司总人数的45%。
- ❑ 累计专利授权：共计获得专利授权38 825件，其中90%以上为发明专利。
- ❑ 加入标准和开源组织：共计加入177个标准和开源组织，并在其中担任183个重要职位；2014年提交标准提案超过4 800篇。

可持续发展

华为不断加强与利益相关方的沟通，将可持续发展与公司业务有机融合，全面促进经济、环境和社会的和谐健康发展。

华为运用专业技术消除数字鸿沟让人人享有高品质的网络联接，服务于全球170多个国家和地区的近30亿人口。华为利用45个全球培训中心，为各地培育ICT人才。

华为恪守承诺，保障网络在任何时间、任何地点安全稳定运行，支持客户1 500多张网络的稳定运行，保障全球150多个重大事件/自然灾害期间的网络稳定运行。

华为坚持助力客户提升效率、降低能耗，推动低碳经济发展，实现管理和技术节能4 300万度，供应商碳减排53 000多吨。

华为为整合全球资源，开展本地化运营，实现产业链和各行业共赢，海外员工本地化率达 75%。未来种子项目遍及五大洲 35 个国家。

华为的质量方针

- ❑ 积极倾听客户需求。
- ❑ 精心构建产品质量。
- ❑ 真诚提供满意服务。
- ❑ 时刻铭记为客户服务是我们存在的唯一理由。

资料来源：http://www.huawei.com/cn/about-huawei.

讨论题：

1．根据本案例所提供的材料，你如何评价华为公司的管理？
2．华为的价值观对华为的公司发展有何影响？
3．在你看来，华为的价值主张和可持续发展有何联系？

第一节 管理范畴及其性质

一、管理的含义

什么是管理？学术界对管理有着各种各样的定义和理解。科学管理之父泰勒认为，管理就是“确切地知道你要别人去干什么，并使他用最好的方法去干”。因而他在《科学管理原理》中讨论了两个管理问题：一是员工如何能寻找和掌握最好的工作方法以提高效率；二是管理者如何激励员工努力工作以获得最大的工作业绩。法约尔则在其名著《工业管理和一般管理》中把管理等同于计划、组织、指挥、协调和控制。他的这一观点几乎影响了人类整整一个世纪。到 20 世纪后半期，哈罗德·孔茨提出：“管理就是设计并保持一种良好的环境，使人在群体里高效率地完成既定目标的过程。”[①]斯蒂芬·P.罗宾斯认为：“更恰当的定义是，管理（Management）通过协调和监督他人的活动，有效率和有效果地完成工作。”[②]里基·W.格里芬则是基于资源的观点给管理下了如下的定义：“管理是根据组织资源（人力、财务、物质和信息）所进行的一系列活动（包括规划与决策、组织、领导和控制），其目的是以有效率的和有效能的方式实现组织的目标。”[③]加雷思·琼斯用非常简洁的语言表述了管理的含义：“管理就是对人力和其他资源进行计划、组织、领导和控制，以快速有

[①] [美]哈罗德·孔茨，海因茨·韦里克．管理学[M]．第十版．北京：经济科学出版社，1998：2．

[②] [美]斯蒂芬·P.罗宾斯，玛丽·库尔特．管理学[M]．第 9 版．孙健敏，等，译．北京：中国人民大学出版社：2008：7．

[③] [美]里基·W.格里芬．管理学[M]．第 9 版．刘伟，译．北京：中国市场出版社，2008：5．

效地实现组织目标。”[①]

从管理理论界对管理给出的各种定义中可以看出，管理既是活动本身，也是活动过程。这一活动的基本过程是：首先，通过授权形成一个明确的主客体关系（确定任务）；其次，主体通过对客体自身规律的研究并结合授权者的要求形成一个方案（目标、决策）；再次，主体根据该方案按自己的意志控制并改变客体（实施），客体在自身规律的支配下进行活动（对抗），主体制定一个行为规范将客体的行为控制在一定的范围内（制度与控制）；最后，通过一段时间的互动，主体对客体的行为规律有了进一步的了解，客体的行为与主体的意志逐步趋于一致（文化），从而使主体的目标得以实现。

根据管理活动过程及其特征进行分析，可以将管理定义为在特定的环境下，组织对其所拥有的有限资源进行有效配置，以达成组织既定目标与责任的一系列动态的创造性活动及其过程。计划、组织、指挥、协调和控制等行为活动是管理复杂后进行专业化分工的管理专业活动，是有效整合资源所必需的活动，但它们中的每一类又仅仅只是帮助有效整合资源的部分手段或方式，因而它们本身并不完全等同于管理，管理的本质在于对现实资源的有效配置。

二、管理的特性

（一）动态性

管理活动的动态性主要表现在这类活动需要在变动的环境与组织中进行，需要消除资源配置过程中的各种不确定性。事实上，由于各个组织所处的客观环境与具体的工作环境不同，各个组织的目标与从事的行业不同，导致了每个组织中资源配置的差异，这种差异就是动态特性的一种派生。因此，不存在一个标准的处处成功的管理模式。

（二）科学性

管理的动态特性并不意味着管理活动完全没有科学规律可循。管理活动尽管是动态的，但还是可以将其分成两大类：一类是程序性活动；另一类是非程序性活动。所谓程序性活动是指有章可循、照章办事便可取得预想效果的管理活动。所谓非程序性活动是指无章可循、需要边运作边探究的管理活动。这两类活动虽然不同，但又是可以转化的。实际上，现实的程序性活动往往都是由以前的非程序性活动转化而来的，这种转化过程就是产生于人们对这类活动运作与管理的科学总结。因此，对新管理对象所采取的非程序性活动也是依据过去的科学结论进行的，否则对这些对象的管理就会失去可靠性。许多管理活动都可以用理性的、逻辑的、客观的和系统的方法来解决。管理者可以通过搜集数据、事实和客

[①] [美]加雷思·琼斯，珍妮弗·乔治．当代管理学[M]．第3版．郑风田，等，译．北京：人民邮电出版社，2005：5.

观信息，使用定量模型和决策工具获得“正确的”决策。

（三）艺术性

尽管管理者们总是尽可能采取科学的方法从事管理活动，但由于管理对象分别处于不同环境、不同行业、不同产出要求、不同资源供给条件等状况下，这就导致了对每一具体管理对象的管理不可能有唯一的完全有章可循的模式，特别是对那些非程序性的、全新的管理对象，更是如此。管理者们不得不经常基于直觉、经验、本能和个人观察力做出决策和提出解决问题的方法。例如，管理者们必须常常在多种看上去同样可行的方法之间进行选择，他们必须高度依赖概念、沟通、人际关系和时间管理的技能。有时甚至连“客观事实”也会被证明是错误的。当星巴克计划在纽约开第一间咖啡店时，市场调查显示纽约人更喜欢中研磨咖啡而不是细研磨的、更具外国风情的意式咖啡。然而，当星巴克决定在这家店中多安装中研磨咖啡机之后，排队购买细研磨咖啡的纽约人又迫使经理们赶快恢复细研磨为主的做法。

（四）创造性

管理的创造性是因管理的动态性派生出来的。管理环境和管理对象的动态性决定了不存在普遍适用的管理模式。管理者要实现组织欲达到的目标和责任，就必须发挥一定的创造性。因此，任何高效率的管理活动都是一种创造性的活动，必然是管理者的智慧凝聚和能力展现的结晶。正是因为有管理的创造性的存在和缺失，在现实管理过程中才充满了管理的成功与失败并存。管理的创造性是根植于动态性之中的，正是从这一意义上，当今社会上很多人都已经认可“管理是生产力”这样一种说法。

（五）经济性

管理的重要目的之一就是要尽可能提高工作的效率，而提高工作效率的重要手段是提高资源配置和使用效率。资源配置和使用都是需要耗费成本的，因此管理必须重视降低资源配置和使用的成本，这就是管理的经济性特征。管理的经济性主要表现在三个方面：一是在资源配置的机会成本上，管理者选择一种资源配置方式是以放弃另一种资源配置方式为代价的，这就表现为一种机会成本问题；二是在管理方式方法选择的成本比较上，通常会有多种方式方法帮助管理者进行资源配置的抉择，但所费成本是有区别的，如何选择就是一个经济性问题；三是在管理对资源有效整合的过程上，选择不同的资源供给和配比，成本大小不同，会表现出不同的经济性。

三、管理目标

管理目标决定着管理活动或管理工作的方向。管理目标有组织的总体目标和具体目标之分。任何一项具体的管理活动或管理工作，都一定有一个欲达成的具体目标。例如，人员招聘管理的目标就是欲达成获取能满足组织需求的人才；广告宣传活动则是希望达成让消费者认识本组织、本企业和本企业的产品或服务，使消费者产生购买欲望并尽快地、更多地购买。管理活动或管理工作的这种具体目标给定了这项活动或工作的行进方向，但这一行进方向又一定是组织总体目标规定下的产物。组织总体目标的实现是通过一系列资源配置活动的衔接逐步实现的，这种衔接既可以是不同活动按先后顺序进行，也可以是不同活动并行直至最后协调成功。因此，组织的总体目标一定是层层纵向分解，或按照不同领域横向分解，这些分解后的小目标既是组织既定目标的规定，同时又是管理活动或管理工作欲达到的具体目标。

任何一个组织的存在，都会有一定的目的性，否则组织就难以存续。组织既定目标是其存续的目的性的一个阶段性表现。根据芮明杰教授的观点，组织的既定目标具有功利性和非功利性的双重特性。[①]所谓组织既定目标的功利性是指组织既定目标设定的核心特性。例如，企业作为一个经济组织，其既定目标就是实现最大利润或满意利润。这一目标的核心特性就是企业运行的根本理由，即企业既定目标的功利性。因此，组织既定目标的功利性特征实质上是该目标对社会、国家以及对组织本身的根本价值的体现。组织既定目标的非功利性则是指在目标实现过程中获得的非既定设想的其他价值。例如，高等学校在培养人才和产出科研成果的同时，孵化了一批高新技术企业，创造了新的组织构架等，这些价值的获得就是组织既定目标中非功利性的体现。

四、管理工作的不确定性

管理是一种整合资源的活动，这种活动的作用过程既有管理主体，又有管理客体，还有包括组织拥有的金融资本、物质资源（如原料、动力等）、信息情报、传递网络，以及包括这些资源的综合性配置场所及对象、过程。管理主体对管理客体实施管理以达成组织既定的目标与责任就是管理过程。这一过程中必然包含着巨大的不确定性。这些不确定性主要集中在以下四个方面。

（一）管理客体的不确定性

管理客体的不确定性是指确定客体条件的不确定性。例如，在一定时期内，组织内的员工虽是确定的，但在管理过程中，这些员工会由于当时的心情、思想、偏好等影响，造成其原本可以发挥的能力和技巧与其他资源配合上的失误或差错。又如，作为管理客体的设备是确定的，但设备能力的发挥受到具体管理与当时众多外界环境因素的影响，可能造成完全不同的效果。

---

① 芮明杰．管理学：现代的观点[M]．上海：上海人民出版社，1999：8．

（二）管理运行时空的不确定性

管理过程是在一定的时空中展开的，这种时空既是确定的，又是不确定的。时空的不确定性主要取决于时空本身的运动变化。例如，在投资决策中，设定未来的发展方案是在一定的时空条件下进行的，但未来的时空发展是否一定会按照预期的方向发展又是不确定的。时空不确定性是组织战略管理面临的极大挑战。

（三）管理工具、手段的不确定性

管理主体必须运用一定的管理工具、手段、方法作用于管理客体，方能获得资源有效整合的效果。现在的管理工具和手段是确定的，但其运作效果又是不确定的，尤其是一些“软”管理方式方法，如人际沟通的方法和精神激励办法。

（四）管理实施结果的不确定性

由于上述诸多的不确定性，导致管理主体作用于管理客体的效果也是不确定的。管理实施结果的不确定性往往是一种事后的东西，它与组织既定的目标和责任相比会出现两种不同的状况，即可以接受或不能接受。如何在结果尚未达成之前，经过努力使最终结果可以接受，这也是管理的重要内容。

五、管理的二重性

管理的二重性是指管理同时具有自然属性和社会属性两个方面。一方面，管理是由许多人进行协作劳动而产生的，是有效组织共同劳动所必需的，具有同生产力和社会化大生产相联系的自然属性；另一方面，管理又体现着生产资料所有者指挥劳动、监督劳动的意志，因此，它又有同生产关系和社会制度相联系的社会属性。

管理的二重性是马克思主义关于管理问题的基本观点，它反映了管理的必要性和目的性。所谓必要性，就是说管理是生产过程固有的属性，是有效的组织劳动所必需的；所谓目的性，就是说管理直接或间接地同生产资料所有制有关，反映生产资料占有者组织劳动的基本目的（目前理论界对这一点有不同看法，有人认为，现阶段的生产资料占有者已很少直接参与管理，因此，管理所反映的多数可能只是管理者的基本目的）。

六、管理活动的实质

对于管理活动实质的正确认识，涉及管理的任务、职能和目标。管理的首要任务在于实现各种资源或生产要素的有机结合，没有各种生产要素的有机结合，任何有用产品都不可能生产出来。关于管理的职能，管理学家分歧虽大，但对管理的计划职能、组织职能、领导职能和控制职能，则基本上是大家公认的。此外，有的管理学家还提出，指挥、激励和创新也是管理非常重要的职能。近年来，还有不少的管理学家认为，服务也是管理的重要职能。再从管理的目标来看，对于不同领域的管理活动，管理的具体目标虽然可能不完全相同，但是有一点是肯定的，那就是实现系统的有序运行，力争获得尽可能多的有用产出。将管理活动的任务、职能和目标结合起来思考，不难看出，管理活动的实质就是信息的沟通。

首先，任何管理活动都是借助于一定的组织进行的。组织理论的创始人巴纳德（C.I.Barnard，1886—1961）很早就指出，任何一个组织都是由三个基本要素构成的，这就是共同的目标、协作的愿望和信息的沟通。[①]不管是一个什么样的组织，这三个方面的要素都是不可或缺的，离开其中的任何一个，任何组织都会成为无序的混沌体，而不称其为有序的系统，尤其是信息的沟通。在一个以人为主体组成的系统（即组织）中，如果没有信息的沟通，其成员就很难了解组织的目标，从而也就很难为实现组织的目标而协作，因而组织也就很难实现有序运行。

其次，从管理的方法来看，管理的基本方法包括行政的方法、法律的方法、经济的方法和教育的方法等。从管理活动的实质来看，这些不同的管理方法其实都是在从不同的角度进行着信息的沟通。行政的方法和法律的方法属于权威性沟通，经济的方法属于利益性沟通，而教育的方法则属于真理性沟通。因此，在管理中这些方法的有效性程度，实际也就取决于使用相应方法的管理内容的权威性或利益性或真理性程度。毫无疑问，使用的方法越是有效，管理的效率也就越高。很显然，方法的有效性程度也就是信息沟通的程度。所以，管理的效率实际也就归结为信息沟通的效率。

任何一个组织的有序程度，无疑都取决于该组织内部的全体成员为实现组织的目标默契协作的状况和程度。而这种默契的程度又取决于其全体成员对于组织目标了解和认同的程度。其中，了解的程度必然与组织内部信息沟通的状况有关，换言之，即与对组织目标的宣传有关。而认同的程度，则与组织目标的权威性、利益性和真理性等状况密切相关。换言之，组织成员对组织目标认同的程度就取决于：（1）组织的目标与国家或地区的社会发展和经济发展目标是否相一致；（2）组织目标的实现能否为组织成员带来实实在在的利益；（3）组织目标内在的真理性程度如何等。当然，对组织目标的了解并不等于就是信息的沟通，信息的沟通是双向的，而不是单向的，所以只有对组织目标的认同，即自觉地将组织目标作为自己行动的目标，才算实现了信息的沟通。很显然，通过各种有效的方式促使组织成员实现对组织目标的认同，这正是管理的职能。由此看来，管理活动的实质显然不是别的，正是信息的沟通。因此管理的效率，最终取决于信息沟通的效率。

再次，从管理活动的具体管理对象来看，虽然管理的对象包括了人、财、物、时间和空间等各种不同要素，但是在这里最活跃的因素是人，而不是别的。对于人的管理效率如何，直接决定着其他要素的管理效率。在对人的管理中，管理的效率如何，直接地取决于

[①] [日]占部都美．现代管理论[M]．蒋道鼎，译．北京：新华出版社，1984：152.

管理者与管理对象之间的相互沟通，或者说是人际关系的改善，这是不言而喻的。而人际关系的沟通，无疑是属于信息沟通的范畴。

最后，从管理活动的起源来看，在原始社会，当人们单枪匹马地从事狩猎活动时，根本不需要管理。而随着集体劳动的出现，人们为了进行相互的沟通和协调，才逐渐地出现了管理。正如马克思所说，一个单独的小提琴手是自己指挥自己，而一个乐队就需要有一个指挥，以便协调大家的行动。显然，管理在这里所发挥的作用主要也是信息沟通。

第二节 管理过程与职能

一、管理过程

管理学家们对大量管理者的管理工作进行研究和考察后，提出管理者们所进行的所有活动都可以概括为四项基本活动——计划、组织、领导与控制，美国著名管理学家格里芬教授把管理过程用图 1-4 做了描述。

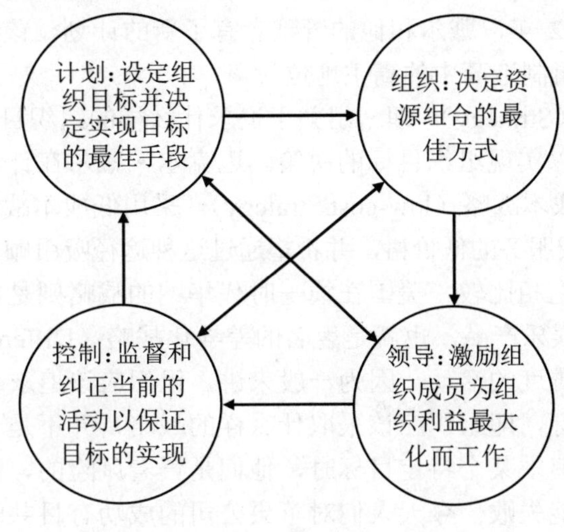

图 1-4 管理过程

二、管理职能

管理的职能是指管理者在管理过程中所从事的活动或发挥的作用。从职能角度看，可以将管理活动视为由计划、组织、领导和控制四大职能所构成的一个过程。

（一）计划（Planning）

计划是管理者用来识别并选择组织的恰当目标和行动方案的过程，包括三个步骤：（1）决策组织将要追求的目标；（2）决定实现这些目标所要采取的行动方案；（3）决定如何分配组织资源以实现组织目标。管理者计划的优劣决定着组织的效率和效果，也就是组织的绩效水平。为了了解在实践中应该如何履行计划职能，我们来看看戴尔计算机公司首席执行官迈克尔·戴尔（Michael Dell）的案例。1984 年，年仅 19 岁的戴尔就开始组装计算机，他发现自己组装的产品一般都能够直接销售给顾客。据此，戴尔认为这是进入个人计算机市场的极好时机，便开始计划把这一想法付诸实践。首先，戴尔确定了自己的目标，那就是销售低价格的个人计算机，靠价格优势抢占 IBM 和苹果公司的市场。确定目标之后，他还必须规划一个行动方案来实现这一目标。戴尔决定绕过价格昂贵的计算机商店，通过电话直销方式向顾客销售计算机。除此之外，他还决定如何获得低成本的计算机零部件，如何向潜在顾客宣传自己的产品。选定计划方案之后，戴尔还需要决定如何分配自己有限的资金（当时他仅有 5 000 美元）购买劳动力和其他资源。他的选择是雇用三名员工，并和这三个人挤在一张桌子上，一起组装计算机。由此，为了实现自己制造并销售个人计算机的梦想，戴尔必须进行计划；并且随着公司的成长壮大，他的计划也在发生相应的变化，逐渐变得更加复杂。2002 年，戴尔和他的管理者有了新的计划，该新计划关注的焦点是如何保持公司在个人计算机制造商中的霸主地位。

计划的结果是战略（Strategy），即一组关于追求什么样的组织目标、采取什么样的行动方案以及如何使用资源以实现组织目标的决策。迈克尔·戴尔在计划过程中作出了一系列决策，并最终形成了低成本战略（low-cost Strategy）。采用低成本战略的组织，致力于降低生产成本，以维持产品或服务的低价格，并希望通过这种途径吸引顾客。2001 年，戴尔终于成为市场的领导者。与之相比较，美国在线—时代华纳的战略则是向顾客输送新颖的、激动人心的、与众不同的娱乐产品，也就是著名的差异化战略（Differentiation Strategy）。

计划是一项有很高难度的活动，因为一般来讲，组织应该追求什么样的目标以及如何最有效地去追求这些目标，即组织应该采取什么样的战略，并不是一下子就能明晰的。当管理者运用组织资源去追求某个特定目标时，他们是冒着风险的，因为实施一个计划的结果有可能成功，也有可能失败。今天人们对苹果公司的成功有目共睹，但许多试图在这个行业竞争的其他 PC 厂商并不都是如此幸运，它们要么被迫退出市场（如 Packard Bell 和 Digital），要么遭受了巨大损失（如 IBM 和 AT&T）。在本书第三章中将讨论管理者如何应对管理决策环境和面临行业中出现的机遇或威胁时可选择的战略，在第四章中将讨论计划管理过程，在第五章中还会介绍一些计划管理的基本方法和工具。

（二）组织（Organizing）

组织是管理者建立一个组织成员之间能够互动和合作的工作关系结构以实现组织目标

的过程。组织的职能之一就是根据员工各自承担的特定工作任务，将他们分配到各个部门工作。在组织过程中，管理者还要在不同个人和部门之间分配职权和职责。此外，还要决定如何最有效地协调组织资源，尤其是人力资源。

组织的结果是创设组织结构（Organizational Structure）——一种能够协调和激励组织成员，使之协同工作以实现组织目标的正式的工作及其报告关系体系。组织结构决定了一个组织能在多大程度上充分利用自身资源创造产品和服务。例如，在戴尔计算机公司的成长阶段，迈克尔·戴尔就面临着如何构造组织的问题。那时，他每周都要雇用 100 名员工，因而必须决定如何设计出最能激励和协调员工活动的组织管理等级。随着组织的成长，戴尔和他的管理者们也在与时俱进，他们创设了更加复杂精密的组织结构模式，以帮助实践自己的组织目标。我们将在第六章中介绍组织工作的要素，在第七章中将详细阐述组织结构设计，在第八章中还将全面讨论组织变革与组织文化。

（三）领导（Leading）

在领导过程中，管理者不仅要为组织成员清楚地描述一个明晰的发展前景，还要激发他们的活力，使员工明白自己在实现组织目标的过程中所发挥的作用。领导过程中要运用权力、影响力、观察力、说服力以及沟通技巧来协调个人和集体的行为，使他们的活动和努力步调一致。领导者还要鼓励员工向高层次发展。领导的结果是培养高度积极主动和服从指挥的组织成员。例如，戴尔计算机公司的员工在戴尔的言传身教式（Hands-on）领导风格下表现良好，他们工作努力，服从指挥；而美国在线—时代华纳的管理者们则十分钦佩皮特曼的交际式领导。皮特曼的沟通能力能帮助他们解决一些很容易引发激烈争论和权力斗争的问题。本书第四篇将在介绍有关领导工作基本理论的基础上，对员工激励管理、沟通管理、团队与冲突管理等一些重要领域进行系统探讨。

（四）控制（Controlling）

在控制过程中，管理者要评估组织完成目标的程度，并采取相应的行动以保持或者改善组织业绩。例如，管理者要对个人、各个部门以及作为整体的组织的业绩进行监控，以确定他们是否达到了期望的绩效标准。美国在线—时代华纳集团的皮特曼上任伊始就明白这一点对他来讲有多么重要。不管是个人、部门还是组织整体，一旦没有达到期望的标准，管理者就要采取行动，提高他们的业绩。

控制过程的结果是准确测评绩效和规范组织效率和效果的能力。在履行控制职能的过程中，管理者首先要确定测评的目标（目标可能涉及生产力、产品质量、对顾客需求的反应等），然后，必须设计出信息和控制系统，以便对其他三项管理职能（计划、组织和领导）的有效程度进行自我评估，并进行必要的修正。

由于公司发展得太快，同时又缺乏经验丰富的管理人员，迈克尔·戴尔在建立起有效的控制体系方面就曾遭遇过很大的困难。1988 年，由于缺乏对存货的监管控制，库存大量增加，戴尔公司的成本激增；1993 年，不明智的外汇交易导致了财务困难；1994 年，戴尔公司推出了系列新型笔记本电脑，但是由于没有进行很好的质量控制，结果这一项目惨遭失败。为了解决上述以及其他控制方面的问题，戴尔招聘了一些经验丰富的管理人员，让这些人帮助公司建立合理的控制体系。结果，到 1998 年，戴尔就能以低于竞争对手 10%的成本生产个人计算机，这成为公司竞争优势的一个主要来源。截至 2001 年，戴尔的高效率足以把其他竞争者挤出市场，它已经实现了低于竞争对手 15%～20%的成本优势。同其他管理职能一样，控制也是一个不断发展变化的动态过程，要求管理者给予持续的关注和即时的反应。本书第五篇分两章阐述了控制职能最重要的理论和方法。

计划、组织、领导、控制这四项管理职能是管理者工作的本质。不论是在管理等级的哪个层次，还是在组织中的哪个部门，有效的管理都意味着成功地进行决策并履行这四项管理职能。

第三节　管理者与管理系统

一、管理者及其类型

根据格里芬教授的观点，管理者（Manager）是以执行管理过程为主要职责的人。具体来说，管理者是负责规划与决策、组织、领导和控制人力资源、财务资源、物质资源和信息资源的人。

（一）管理者的类型

为了使组织活动既有效率又有效果，组织一般需要三种类型的管理者，即基层管理者、中层管理者和高层管理者。三个管理层从下到上排列成一个层级结构。一般而言，基层管理者要向中层管理者报告，而中层管理者则要向高层管理者报告。在利用组织资源提高组织的效率和效果方面，处在不同等级上的管理者担负着各不相同但又相互关联的职责。根据各自的具体工作职责，三类管理者被归入组织的各个部门。部门（Department）是指在一起工作，拥有相类似的技能，或者使用相同的知识、工具和技术来完成工作的人们的群体。生产、会计、工程之类都可形成一个部门，而每一个部门一般都会有三个不同的管理层。

（二）管理层级

1. 基层管理者

处于管理层级底层的是基层管理者（First-line Manager），通常称之为主管。他们的主要职责是对从事产品和服务等特定活动的非管理层员工进行日常的监督管理。基层管理者遍布于组织的各个部门。

基层管理者的例子很多，如汽车工厂生产车间的一个工作小组的主管、医院妇产科的护士长、汽车经销商客户服务部门中管理多名技师的首席技师等。

2．中层管理者

监督基层管理者的是中层管理者（Middle Manager），他们的主要职责是寻找一个组织人力和其他资源的最佳方式来实现组织目标。为了提高效率，中层管理者要想方设法帮助基层管理者和非管理层员工更好地利用资源，以降低生产成本或者改进顾客服务。为了改进效果，中层管理者要评估组织所追求的目标是否适当，并向高层管理者建议改变目标的方法。通常，中层管理者向高层管理者提出的建议能够显著地提高组织绩效。中层管理者工作职责的一个主要部分就是发展、改进工作中的某项专长和技能，如生产专长、营销专长等，使组织具有更高的效率和更好的效果。中层管理者还需要就产品和服务的生产作出成千上万的具体决策：哪些基层管理者可以负责某个特定的项目，哪里可以找到质量上乘的资源，如何组织员工才能最充分地利用资源。

一支一流的销售队伍背后，一定有一支负责培训、激励和奖励销售人员的中层管理者队伍；一支敬业尽职的教师队伍背后，一定有一位激励他们去寻找、获取资源以作出具有创新意义的杰出教学工作的校长。

3．高层管理者

与中层管理者相比，高层管理者（Top Manager）要对组织所有部门的绩效负责，他们担负着跨部门的职责。高层管理者负责设定组织目标（如公司应该生产什么产品，提供什么服务），决定不同部门之间应该怎样进行互动，监督各个部门的中层管理者如何有效利用资源以实现组织目标。高层管理者对组织的成败承担最终责任，他们的工作绩效始终受到组织内外相关人员的细致审查，如组织内的其他员工和组织外的投资者。

首席执行官（CEO）是一个公司最重要的管理者，所有其他的高层管理者都要向他报告。首席执行官和首席运营官一起负责在不同部门的高层管理者之间建立并发展良好的工作关系。通常，高层管理者都有一个副总裁的头衔。首席执行官的中心任务就是要建立一支运作良好的高层管理团队（Top-management Team），这个团队由组织的首席执行官、首席运营官和各部门主要负责实现组织目标的最高管理人员组成。

二、管理角色与管理技能

不论经理在公司中处于哪个层次，也不论其位于哪个职能部门，管理者们要想成功都必须扮演特定的角色和展示特定的技能。管理角色（Managerial Role）是指处于组织特定位置的管理者被期望完成的一系列特定任务。最著名的管理角色模型是亨利·明茨伯格（Henry Mintzberg）提出的有效管理者的十种角色。

（一）亨利·明茨伯格的管理角色模型

亨利·明茨伯格对一组管理者的日常工作进行了仔细的观察，将他们的日常工作记录下来，根据观察，他将管理者在计划、组织、领导、控制组织资源过程中所要履行的职责简化为十种角色，如表1-1所示。这些角色可以分为三大类：决策角色、信息角色和人际关系角色。

表1-1　明茨伯格的管理角色分类

角　色	描　述	特 征 活 动
人际关系		
挂名首脑	象征性首脑；必须履行许多法律性或社会性的例行义务	迎接来访者；签署法律文件
领导者	负责激励下属；承担人员配备、培训以及有关的职责	实际上从事所有的有下级参与的活动
联络者	维护自行发展起来的外部关系和消息来源，从中得到帮助和信息	发感谢信；从事外部委员会的工作；从事有外部其他人员参加的活动
信息传递		
监听者	寻求和获取各种内部和外部的信息，以便透彻地理解组织与环境	阅读期刊和报告；与有关人员保持私人接触
传播者	将从外部人员和下级那里获取的信息传递给组织的其他成员	举行信息交流会；用打电话的方式转达信息
发言人	向外界发布组织的计划、政策、行动、结果等	召开董事会；向媒体发布信息
决策制定		
企业家	寻求组织和环境中的机会，制定“改进方案”以发起变革	组织战略制定和检查会议，以开发新项目
混乱应对者	当组织面临重大的、意外的混乱时，负责采取纠正行动	组织应对混乱和危机的战略制定和检查会议
资源分配者	负责分配组织的各种资源——制定和批准所有有关的组织决策	调度、授权、开展预算活动、安排下级的工作
谈判者	在主要的谈判中作为组织的代表	参加与工会的合同谈判

资料来源：H.Mintzberg. *The Nature of Managerial Work*[M]. New York: Harper & Row，1973：93-94. Copyright© 1973 by Henry Mintzberg，Reprinted by permission of Haper & Row，Publishers，Inc.

1．决策角色

决策角色（Decisional Roles）与管理者进行战略规划及利用资源所使用的手段密切相关。在企业家（Entrepreneur）角色中，信息技术为管理者提供更多、更准确的信息，帮助他们决定启动哪些项目或计划，以及怎样利用资源来提高组织绩效。在混乱应对者（Disturbance

Handler）角色中，信息技术为管理者提供实时的信息，以处理威胁组织的突发事件或危机，迅速实施应对措施。在资源分配者（Resource Allocator）角色中，公司的人力资源软件系统使管理者能够很容易地获得所需要的细节信息，并据此决定如何最有效地利用人力和其他资源以提高组织绩效。在扮演这一角色的同时，管理者还必须做一个谈判者（Negotiator），与对资源有优先权的其他管理者或群体达成一致，与组织和组织外群体（如供应商和顾客群）达成相关协议。电子化市场以及把组织和成千上万的供应商联系起来的 B2B 网络的出现，不过是信息技术帮助管理者扮演谈判者角色的众多方式中的一种。

2．信息角色

管理者主要扮演着三种信息角色（Informational Roles），在扮演这些角色的过程中，管理者位于收集和传播信息的战略位置。第一种信息角色是监听者（Monitor），积极地收集任何有价值的信息，管理者向下属提问，接受主动供给的信息，试图获得尽可能多的信息。第二种信息角色是信息的传播者（Disseminator），管理者将相关的信息转发给具体的工作人员。如果我们将收集和传播工作结合起来观察，管理者在组织的沟通链上扮演着至关重要的角色。第三种信息角色专注于外部沟通。发言人（Spokesperson）向单位或组织外的人发布信息。例如，汽车生产公司的一位工厂经理向高层经理传送信息，让他们更好地掌握工厂的活动。管理者们还在面对商会和消费者群体时代表本组织。尽管发言人和精神领袖的角色有相似之处，但两者之间有一个重要的区别：当管理者为精神领袖时，他的意义仅限于代表组织的符号；而作为发言人，管理者持有信息并且将信息以正规的方式发布给其他人。

3．人际关系角色

管理者的工作中内含着三种人际关系角色（Interpersonal Roles）。首先，管理者通常被要求扮演挂名首脑（Figurehead）的角色——招待来访者、参加剪彩仪式等。这些活动主要是象征性的而不是实际的。其次，管理者们还被要求扮演领导者（Leader）的角色——招聘、培训和激励员工。管理者正式或非正式地向下属展示如何工作和如何在压力下完成业绩，就是在扮演领导者的角色。最后，管理者们还要扮演联络者（Liaison）的角色。这一角色通常涉及在个人、小组或组织间担任协调人或联系人。例如，计算机产业中的企业需要通过联系人相互通报计划。

（二）管理技能

每位管理者都在自己的组织中从事某一方面的管理工作，对工作都具有一定责任，都要使自己的工作达到一定的标准和要求。管理者需要特定的技能来履行他的职责和活动。那么，管理者需要哪些类型的技能呢？罗伯特·卡茨（Robert L.Katz）的研究指出，管理者需要具备三种基本的技能或者素质，即技术技能、人际技能和概念技能。

1．技术技能

技术技能（Technical Skills）是指对某种特定专业领域的知识的熟悉和掌握，即我们常说的业务方面的技能。例如，一位小学校长在教学方面的造诣，一个律师事务所所长对于法律业务的掌握，一个车间主任对于生产业务的精通等都属于技术技能。技术技能对于基层管理者来说尤为重要，因为他们的大部分时间都是在指导下属并回答有关具体工作方面的问题，因而成为业务内行是有效管理的前提。而对于中上层管理者来说，技术技能的要求相对就低一些。

2．人际技能

人际技能（Human Skills）是指管理者在与人沟通以及激励、引导和鼓舞人们的热情和信心方面的技能。具有良好的人际技能的管理者能够使员工工作出最大的努力。人际技能对于各个层次的管理者是必备的。

3．概念技能

概念技能（Conceptual Skills）是指对复杂事物的洞察、分析、判断、抽象和概括的能力。管理者应看到组织的全貌，了解组织与外部环境的互动情况，了解组织内部各部分的相互作用。概念技能对高层管理者尤为重要。

上述几种管理技能的相对重要性随管理者在组织中的层次不同而有所不同。对于基层管理人员而言，技术技能最为重要，人际技能也是非常有益的，但概念技能的要求则相对较低。对于中层管理人员而言，技术技能的重要性有所下降，人际技能的要求变化不大，但概念技能的重要性则有所上升。对于高层管理人员而言，概念技能和人际技能最为重要，技术技能的要求则相对较低。在大企业中，高层主管可以充分借助下属人员的技术技能，因而对其自身的技术技能要求不高。但在小企业中，即使是高层管理人员，技术技能也仍然是非常重要的。

当然，也有学者提出，除了以上三种管理技能之外，管理者还应该具有诊断技能、沟通技能、决策技能、时间管理技能。格里芬教授认为，成功的管理者应当具备诊断的技能，将对某一情境的最佳处理具体化。管理者通过研究症状对组织内的问题进行诊断和分析，然后找出解决的方案。例如，当星巴克原来的所有人未能创造成功后，舒尔茨（Howard Schultz）接手经营，将这家企业从邮购业务转向零售咖啡业务。他的诊断技能帮助他同时理解为什么当前的业务模式行不通和如何建立更好的业务模式。沟通技能是有效传达理念和信息、有效接受理念和信息的能力。管理者需要这些技能向下属传达概念，让他们了解自己的期望；向同僚和同事协调工作从而在一起更好地共同工作；向高级管理者通报工作进展的信息。决策技能是管理者正确认识和定义问题与机会、选择合适的解决问题的方法和抓住机会的能力。有效能的管理者在绝大多数情况下都会作出正确的决策，并且当他们真的作出错误决策之后，通常能够快速地认识到错误，然后作出好的决策以尽可能低的代价或损害进行补偿。时间管理技能是管理者为工作分配优先次序、有效率地完成工作和适当授权的能力。例如，亚马逊网上书店的CEO杰夫·贝佐斯将每周的会议安排在三天时间里，他坚持在剩下的两天时间里不再参加任何会议，他需要时间整理自己的思想并且留出时间同员工进行非正式沟通。[①]

表 1-2 为不同层级的管理者的角色分配。

表 1-2　不同层级的管理者的角色分配

	决策角色	信息角色	人际关系角色	
高层管理者 →				中层管理者 ←
中层管理者 →				基层管理者 ←

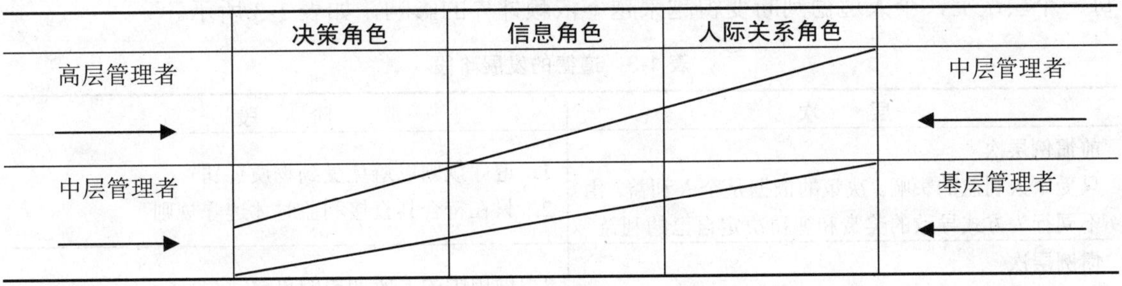

第四节　管理道德与社会责任

一、管理道德

（一）什么是管理道德

道德（Ethics）是指规定行为是非的价值观、观念和原则。管理道德是管理者行为准则与规范的总和，是在社会一般道德原则基础上建立起来的职业道德规范体系，它通过规范管理者的行为去实现调整管理关系的目的，并在管理关系和谐、稳定的前提下进一步实现管理系统的优化，以提高管理效益。当管理者进行计划、组织、领导和控制时，他们必须要考虑道德困境。管理者制定的许多决策要求他们都必须考虑谁会受到其结果和过程的影响。

（二）影响管理道德的因素

管理者的行为合乎道德与否，是管理者道德发展阶段与个人特征、组织结构设计、组织文化和道德问题强度等变量相互作用的结果。一个缺乏强烈道德感的人，如果被那些反对非道德行为的规则、政策、职务说明或强文化准则所约束，做错事的可能性就会小很多。反之，一个非常有道德的人，也可能被一个组织的结构允许或鼓励非道德行为的文化腐蚀。据《2011 年中国企业家犯罪报告》显示，中国国企企业家的贪污胃口正在膨胀。2011 年中国国企 88 名企业家贪污金额平均每人达到 3 380 万元，2010 年这个数字是 957 万元。其中光明集团创始人、前董事长冯永明贪污 7.9 亿元。即使去掉这一特殊案例，平均每人贪污金

① [美]里基·W.格里芬．管理学[M]．第 9 版．刘伟，译．北京：中国市场出版社，2008：14-15．

额也达到2 077万元。[①]由此可见，对管理道德的研究对当代中国具有非常重要的意义。

1．道德的发展阶段

根据西方道德理论的研究，道德发展存在三个层次，每一个层次又分为两个阶段。在每一个层次上，个人道德判断变得越来越不依赖外界的影响，如表1-3所示。

表1-3 道德的发展阶段

层　次	阶　段
前惯例层次 只受个人利益的影响。决策的依据是个人利益，由不同行为方式导致的奖赏和惩罚决定自己的利益	1．遵守规则以避免受到物质惩罚 2．只在符合其直接利益时才遵守规则
惯例层次 受他人期望的影响。包括遵守法律，对重要人物的期望作出反应，并保持对人们期望的一般感觉	3．做周围的人所期望的事 4．通过履行自己所赞同的义务来维持平常秩序
原则层次 受自己认为正确的个人道德原则的影响。这些原则可能与社会准则或法律一致，也可能不一致	5．尊重他人的权利，支持不相关的价值观和权利，而不管其是否符合大多数人的意见 6．遵守自己选择的道德原则，即使这些原则违背了法律

道德发展的第一个层次称为前惯例层次，人们遵守规则的目的完全是为了直接的物质利益。道德发展的第二个层次是惯例层次，在这一层次上，一个人的是非选择建立在物质惩罚、报酬或互相帮助等个人后果的基础上。管理者道德处于惯例层次时，道德价值存在于维护传统的秩序以及不辜负他人的期望之中。道德发展的第三个层次是原则层次，在原则层次上，个人作出明确的努力，摆脱他们所属的群体或一般社会的权威，确定自己的道德原则。

依据道德发展阶段理论可以得出如下结论：一是人们的道德发展水平会依次经过六个阶段，且逐渐顺着阶梯向上移动，一个阶段接着一个阶段；二是不存在道德水平持续发展的保障，一个人的道德发展可能会停止在任何一个阶段上，且大部分成年人的道德发展水平都会处于阶段4上，仅局限于遵守社会准则和法律，其行为往往是符合道德的。例如，处于阶段3的管理者可能会制定将得到周围的人支持的决策；处于阶段4的管理者将寻求制定尊重组织规则和程序的决策，以成为一名模范的公司公民；而阶段5的管理者更有可能会对其认为是错误的公司惯例提出挑战。

2．个人特征

每个人在进入组织时，都有一套相对稳定的价值准则。这些准则是个人早年从父母、老师、朋友和其他人那里发展起来的，是关于什么是对、什么是错的基本信念。而组织的

[①] 引自南方都市报2012年1月16日A15版。

管理者通常有着非常不同的个人准则。需要注意的是，尽管价值准则和道德发展阶段看起来相似，但它们其实不一样。前者牵涉面广，包括很多问题，而后者是专门用来度量独立于外部影响的程度的。人们还发现有以下两个个性变量影响着个人的行为。

（1）自我强度用来度量一个人的信念强度。一个人的自我强度越高，克制冲动并遵守其信念的可能性越大。这就是说，自我强度高的人更加可能做他们认为正确的事。我们可以推断，对于自我强度高的管理者，其道德判断和道德行为会更加一致。

（2）控制中心用来度量人们在多大程度上是自己命运的主宰。具有内在控制中心的人认为他们控制着自己的命运，而具有外在控制中心的人则认为他们生命中发生什么事是由运气或机会决定的。从道德角度看，具有外在控制中心的人不大可能对其行为后果负责，更可能依赖外部力量。相反，具有内在控制中心的人则更可能对后果负责并依赖自己内在的是非标准来指导其行为。与具有外在控制中心的管理者相比，具有内在控制中心的管理者的道德判断和道德行为可能更加一致。

3．结构变量

组织的结构设计有助于管理者道德行为的产生。一些结构为管理者提供了有力的指导，而另一些则会令管理者模糊。模糊程度最低并时刻提醒管理者什么是“道德的”结构设计，有可能促进道德行为的产生。正式的规章制度可以降低模糊程度。职务说明书和明文规定的道德准则就是正式指导的例子。不断有研究表明，管理者的行为对个人的道德或不道德行为有着最重要的影响。人们密切关注管理者在做什么并以此作为可接受行为和期望于他们做什么的标准。一些绩效评估系统只评估结果，另一些则既评估结果也评估手段。在仅根据结果来评价的地方，人们会不择手段地追求结果。与评估系统密切相关的是报酬的分配方式。奖赏或惩罚越依赖于特定的结果，管理者所感到的取得结果和降低道德标准的压力越大。在不同的结构中，管理者在时间、竞争和成本等方面的压力也不同。压力越大，越可能降低道德标准。

4．组织文化

组织文化的内容和强度也会影响道德行为。

最有可能产生高道德标准的组织文化是那种有较强的控制能力以及风险和冲突承受能力的组织文化。处在这种文化中的管理者，具有进取心和创新精神，意识到不道德行为会被发现，并且对他们认为不现实或个人所不合意的需要或期望进行自由、公开的挑战。

与弱组织文化相比，强组织文化对管理者的影响更大。如果组织文化是强的并支持高道德标准，它就会对管理者的道德行为产生重要的和积极的影响。而在弱组织文化中，管理者更有可能以亚文化准则作为行为的指南。工作小组和部门标准会对弱文化组织中的道德行为产生重要影响。

5．问题强度

影响管理者道德行为的最后一个因素是道德问题本身的强度，它取决于以下六个因素。

（1）某种道德行为对受害者的伤害有多大或对受益者的利益有多大。例如，使1 000人失业的行为比仅使10人失业的行为伤害更大。

（2）有多少人认为这种行为是邪恶的（或善良的）。例如，较多的美国人认为对德克萨斯州的海关官员行贿是错误的，而较少的美国人认为对墨西哥的海关官员行贿是错误的。

（3）行为实际发生并造成实际伤害（或带来实际利益）的可能性有多大。例如，把枪卖给武装起来的强盗，比卖给守法的公民更有可能带来危害。

（4）在行为和其预期后果之间的时间间隔有多长。例如，减少目前退休人员的退休金，多少时间内会影响到在职职工的工作积极性。

（5）你觉得行为的受害者（或受益者）与你（在社会上、心理上或身体上）挨得多近。例如，自己工作单位的人被解雇，比远方城市的人被解雇对你内心造成的伤害更大。

（6）道德行为对有关人员的影响的集中程度如何。例如，担保政策的一种改变——拒绝给10人提供每人10 000元的担保，比担保政策的另一种改变——拒绝给10 000人提供每人10元的担保的影响更加集中。

综上所述，行为发生并造成实际伤害的可能性越高，行为的后果出现越早，观测者感到行为的受害者与自己挨得越近，问题强度就越大。这六个因素决定了道德问题的重要性。道德问题越重要，管理者越有可能采取道德行为。

（三）四种管理道德观

1．道德的功利观

这种观点认为，决策要完全依据其后果或结果作出。功利主义的目标是为绝大多数人提供最大的利益。例如，一个持功利道德观的管理者会认为，解雇其企业中30%的工人是正当的，因为这将增加工厂的利润，提高留下的70%雇员的工作保障，并使股东获得最好的收益。一方面，功利主义对效率和生产力具有促进作用，并符合利润最大化目标；但另一方面，它也可能造成资源浪费和不合理配置，尤其当那些受影响的部门缺少代表或没有发言权时更是如此。功利主义还会造成一些利害相关者的权利被忽视。

2．道德的权利观

这种观点认为，决策要在尊重和保护个人基本权利的前提下作出。这些基本权利包括隐私权、言论自由权、游行自由权和法律规定的其他各种权利。例如，当雇员揭发雇主违反法律时，应当保护雇员的言论自由。权利观的积极作用是保护个人自由和隐私，但这种观点把对个人权利的保护看得比工作的完成更为重要，因而可能会造成组织中产生不利于提高生产效率的工作氛围。

3．道德的公正观

这种观点主张管理者一定要公平和公正地制定和实施规则。例如，持公平道德观的管理者可能会向新来的雇员支付高于最低限度2元/小时的薪金，因为管理者认为最低工资不足以满足雇员的基本生活。按公正观行事，也会有得有失。一方面，它保护了那些其利益可能未被充分体现或无权的相关利益者；但另一方面，它又可能助长企业降低风险承诺、创新和生产率的权利意识，不利于培养员工的风险意识和创新精神。

4. 社会契约整合观

这种观点认为应当根据实证因素（是什么）和规范因素（应当是什么）制定道德决策。其基础是两种“契约”的整合：允许企业处理并确定可接受的基本规则的社会一般契约，以及处理社区成员之间可接受的行为方式的一种更具体的契约。这种经营的道德提倡管理者观察当前各行各业以及各个公司的道德准则，从而决定是什么构成了正确的和错误的决策和行动，因而它与其他三种道德观是不同的。

大部分管理者对道德行为持功利态度不足为奇，因为这一观点与效率、生产力和高利润等目标是相一致的。例如，通过使利润最大化，一位总经理可以为自己辩解，他正在为绝大多数人谋取最大的利益。但由于管理领域正在发生变化，因此观点也需要改变。功利主义为大多数人的利益牺牲了少数人的利益。强调个人权利和社会公正的新趋势，意味着管理者需要以非功利标准为基础的道德准则。这对当今的管理者是一个实实在在的挑战，因为依据个人权利和社会公正等标准来制定决策，要比依据效率和利润的效果等功利标准制定决策含有更多的模糊性。结果，管理者日益发现自己正面临着道德的困境。

管理案例

实践中的道德：制造运动鞋的血汗工厂

今天，越来越多的企业开始把各种各样的产品和服务外包给世界贫困地区和国家中的承包商生产。于是，对企业这种行为的审查也日益增多。耐克公司是世界最大的运动鞋生产商，它每年的销售收入都不下 90 亿美元。耐克公司也是第一批遭到社会强烈谴责的企业之一，因为批评者们揭露了接受耐克产品外包生产的国家中的工人遭到了不公正的待遇。印度尼西亚的工人们在温热嘈杂的工厂中缝制运动鞋，他们每天的工资只有 8 美分，一个月最多能拿到 18 美元。越南和中国工人的情况比印度尼西亚稍微好一些，他们一天能挣到 1.6 美元。然而，批评家们指出，在这些国家里，要维持一个人的基本生活标准，每天至少需要 3 美元。

这些事实在美国引发了一场公开抗议，耐克公司的劳工政策遭到了社会的强烈抨击，人们拒绝购买耐克公司的产品。这一系列事件迫使耐克公司拥有亿万资产的老板菲利普·奈特重新认识耐克的劳工政策。随后，耐克公司宣布，从今以后，所有为耐克公司生产产品的工厂都将受到独立的监控和检查。耐克公司的竞争对手锐步公司，也同样因为类似的劳工问题而受到了社会的指责。锐步公司随后就宣布把马来西亚工人的工资水平提高 20 个百分点。在这之后，耐克公司也宣布为马来西亚的工人提高工资，涨幅达 25%，工资水平提高后，工人的工资可以达到每月 23 美元。尽管在我们看来，工资数额增加得并不多，但对这些国家的工人们来说，这已经是很大的提高了。

在亚洲，另一家运动服生产商阿迪达斯一直以来都没有遭到类似的批评和指责，但是在1999年，有报道称，在萨尔瓦多（EI Salvador），阿迪达斯公司的一家中国台湾承包商在工厂中雇用年仅14岁的女童工，并且要求她们每周至少工作70个小时。这些女童工每天只被允许休息两次，而且在休息室中待的时间不能超过3分钟，否则工厂将会扣掉她们一天的工资。阿迪达斯立即对此作出了反应，以避免耐克公司曾经遭遇过的那种噩梦般的公众指责。阿迪达斯公司宣布，从此以后，公司的承包商将被要求遵守更加严格的劳工标准。

在运动鞋制造行业发生的这些事件并不是绝无仅有的，在服装行业以及电子产品和玩具等一些行业，这种事情也是层出不穷。像沃尔玛、塔吉特、盖普、索尼和美泰这样的大公司也都曾经被迫重新评价它们的劳工政策的道德性，并保证将来对承包商进行长期的监督。对这种承诺的陈述在许多公司的网页上都能够看到，如耐克公司的网页（www.nikebiz.com）和盖普公司的网页（www.thegap.com）。

资料来源：[美]里基·W.格里芬. 管理学[M]. 第9版. 刘伟，译. 北京：中国市场出版社，2008：234.

二、社会责任

（一）企业社会责任的概念

社会责任（Social Responsibility）指的是一系列组织在其运营的社会环境中必须履行的保护和改善社会的义务。企业社会责任（Company Social Responsibility，CSR）可以定义为包含了盈利、守法、合乎伦理和支持社会的商业行为。履行社会责任意味着盈利性和对法律的遵守是讨论企业伦理和企业以其资源支持社会程度的最主要条件。因此，企业责任可以分解为经济、法律、伦理和慈善四个部分。按照一些社会责任研究者的观点，组织负担社会责任的对象主要包括利益相关者、自然环境和一般社会福利。在现实世界中，一些企业组织认识到在上述三个领域中的责任并且努力满足它们的要求，而一些组织往往只会强调一个或两个，甚至还有一些企业根本不承担任何社会责任。

组织利益相关者（Organizational Stakeholder）又称为直接受组织行为影响的个人和组织，并且对其绩效利益相关者，格里芬用图1-5做了很好的描述。绝大多数努力担负责任的企业将主要精力放在三类群体上：顾客、雇员和投资者。然后再根据同组织业务的相关性和重要程度，选择其他利益相关者并试图满足其需要和期望。

一般来说，对顾客负责的组织努力做到公平和诚实；对雇员负责的组织会公平地对待其员工，将他们结合起来组成团队，尊重他们的尊严和基本需要；对投资者负责的组织，一定会遵循适当的会计程序，向投资人提供适当的财务绩效信息，在管理组织的过程中注意保护投资者的权利和投资，而且还会特别重视对未来的成长与盈利机会作出准确和精明的判断，避免任何涉及不适当行为的可能。

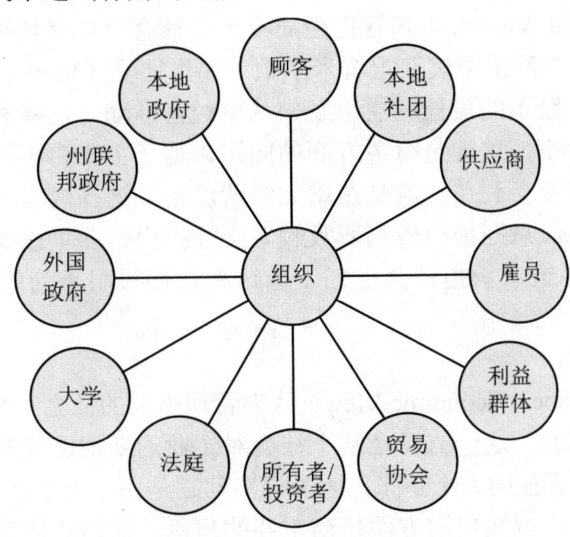

图 1-5　组织利益相关者

（二）有关企业社会责任的基本观点

对于一个组织而言，承担社会责任意味着什么？两种不同的观点主导着这一思想：一个是古典的或纯粹的经济学观点；另一个则是社会经济学观点。图 1-6 总结了这两种观点的主要内容。

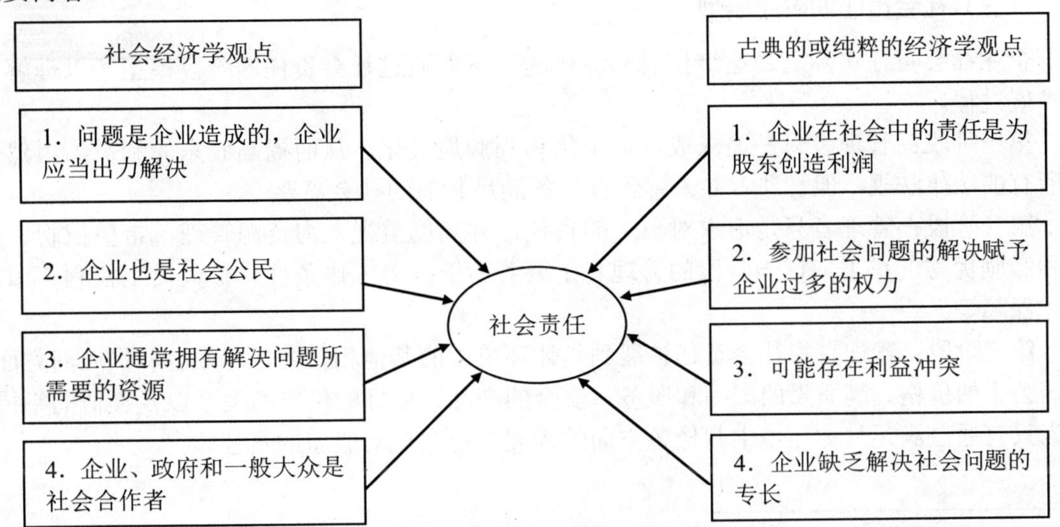

图 1-6　社会责任的两种观点

资料来源：[美]里基・W.格里芬．管理学[M]．第 9 版．刘伟，译．北京：中国市场出版社，2008：90.

1．古典观点

古典观点（Classical View）主张管理当局唯一的社会责任就是利润最大化。这一观点最直率的支持者是诺贝尔经济学奖获得者米尔顿・弗里德曼（Milton Friedman）。他认为管理者的主要责任就是从股东的最佳利益出发来从事经营活动。这些利益是什么呢？弗里德曼认为股东只关心一件事，这就是财务方面的回报。他还主张，不管何时，只要管理者自作主张将组织资源用于社会利益，就是在增加经营成本。这些成本要么通过高价格转嫁给消费者，要么通过降低股息回报由股东所吸收。必须指出，弗里德曼并不是说组织不应当承担社会责任，他支持组织承担社会责任，但这种责任只限于为股东实现组织利润的最大化。

2．社会经济学观点

社会经济学观点（Socio-economic View）认为管理当局的社会责任不只是创造利润，还包括保护和增进社会福利。这一立场是基于社会对企业的期望已经发生了变化这样一种信念。支持强化企业社会责任的人士主张，因为许多问题是由企业引起的，如空气和水污染、资源消耗等，企业应当在解决问题方面扮演主要的角色。他们还认为，企业是依法成立的实体，具有同私人公民大体相同的权利，因此企业不能逃避自己作为公民的责任。这一观点的支持者们还指出，当政府机构由于预算限制而无法采取行动时，许多大型企业却实现了超额利润，这些钱应当用来帮助解决社会问题。据一项对116个国家4 200多名管理者的调查显示，世界上越来越多的组织开始接受社会经济学观点。在这次调查中，绝大多数管理者赞成企业在社会中的职责远不只创造利润。①

（三）社会责任四阶段模型

企业社会责任实际上是逐步拓展和深化的。下面通过社会责任四阶段模型予以理解这一扩展过程。

第一阶段：管理者只是追求成本最小化和利润最大化，从而提高股东的利益，虽然遵守所有的法律法规，但管理者并未感到有义务满足其他的社会需要。

第二阶段：管理者只是追求对员工的责任，并高度重视人力资源管理，希望招聘、留住和激励优秀的员工。这一阶段的管理者主要着力于改善工作条件、扩大员工权利、增加工作保障等。

第三阶段：管理者将社会责任扩展到具体环境中的其他相关方，即顾客和供应商方面，强调公平的价格、高质量的产品和服务、安全的产品、良好的供应商关系以及类似的举措，认为只有通过满足具体环境中其他各方面的需要才能实现对股东的责任。

---

① "The McKinsey Global Survey of Business Executives: Business and Society," The McKinsey Quarterly, www.mckinseyquarterly. com, January 2006．转引自[美]斯蒂芬・P.罗宾斯，玛丽・库尔特．管理学[M]．第9版．孙健敏，等，译．北京：中国人民大学出版社，2008：112.

第四阶段：管理者感到他们对社会整体负有责任。他们积极促进社会公正、保护环境、支持社会公益活动，如改善所在地的教育和医疗卫生事业，美化环境，保护资源，服务社会，改善行业及企业的商业惯例，与社区共享非专有信息等。他们还会主动去影响和推动其他的公私机构，共同促进上述目标的实现，即使这些活动会对利润产生消极影响，他们也会在所不惜。

社会责任每进一个阶段都意味着管理者自主裁量程度的提高，意味着管理者必须作出更多的判断。显然，管理者有遵守法律法规、创造利润的基本责任，以保证组织的存续。但除此之外，管理者要识别他们认为对其负有责任的人们。通过关注相关方及其对组织的期望，管理者能够减少他们忽视关键问题的可能性，也能够作出更有责任的选择。

（四）社会责任方式

如前所述，组织对社会责任承诺的力度有高有低。最不愿意承担社会责任的是妨碍主义法（Obstructionist Stance）。运用妨碍主义法的管理者不会选择对社会负责的行为方式。相反，他们的行为极不道德，甚至是非法的。他们想尽一切办法掩饰自己的行为，以免为组织的利益相关者和社会所知晓。三鹿集团的管理者在 2008 年中国奶制品污染事件中就曾采用这种方法，企图掩盖在其生产的婴儿奶粉中含有三聚氰胺导致婴儿患肾结石严重损害婴儿身体健康的证据。管理者使用妨碍主义法的结果，最终不仅使他们本人名誉扫地，还会对其所在的公司以及利益相关者造成毁灭性的打击。

1．防御法

防御法（Defensive Stance）指的是起码承诺以合乎道德的方式行为。选择防御法的管理者在合法范围内活动，严格遵守法律要求，但他们从来不想承担法律规定之外的社会责任。这些管理者会尽自己所能，确保员工的行为合法，并且不会伤害到他人。但是当需要作出道德选择时，这些管理者依然会把股东的利益要求放在第一位，甚至不惜牺牲其他利益相关者的利益。

在资本主义社会，管理者的主要职责就是对公司的所有者——股东负责。资本主义社会的这种特性鼓励使用防御法。一些经济学家认为，资本主义社会的管理者总是把股东利益放在首位，如果他们作出的选择认为是不道德的，并且不为其他社会成员所接受，那么，社会就需要制定法律，建立规则和条例来约束管理者的选择。从防御法的角度来看，选择承担社会责任不是管理者的责任，他们的工作仅仅是遵守通过正当法律程序建立的现有规则。因此，防御型管理者不会主动承担社会责任。

2．调节法

调节法（Accommodative Stance）承认对社会负责的必要性。采纳调节法的管理者赞成组织成员的行为不仅要合法，还要合乎道德的观点。他们努力平衡各种利益相关者的利益，以便使股东的要求和利益相关者的要求看起来是相互关联的。采用这种方法的管理者试图使他们作出的选择在全社会看起来都是合理的，并力图做到尽善尽美。

3．前摄法

采用前摄法（Proactive Stance）的管理者积极主动地以社会责任方式行为，想方设法了解不同利益相关者的要求，乐于利用组织资源促进股东及其他利益相关者的利益。惠普、宝迪、麦当劳、强生等公司都致力于如下事业：环境保护，循环利用和保护自然资源，在药物和化妆品安全测试中尽量少用或不用动物实验，降低犯罪率，消除文盲和贫困等，并走在前列。道德的组织文化还能够鼓励组织成员的社会责任行为。举个实例来说，强生公司的管理者就十分重视组织的社会责任，因而，公司作为社会责任企业的典范被频繁地提及。强生公司通过多种途径强调组织的社会责任，它建立的信条就是其中之一。

专栏

强生公司的信条

我们的信条

我们坚信，我们的首要责任是

对医生、护士和患者负责，对父亲和母亲们负责。

对所有享用我们产品和服务的人们负责。

我们必须提供高质量的服务以满足顾客的需求。

不断努力降低成本，保持合理的产品价格。

必须及时准确回复顾客的订单。

必须给予我们的供应商和分销商合理的利润空间。

对我们的员工负责，对世界各地所有与我们一道工作的人们负责。

尊重每一个作为独立个体的人。

必须尊重员工的尊严，认可他们的优点。

保证员工的工作安全感。

薪资应当是公正而恰当的，工作环境要整洁、有序、安全。

关心每一个员工，帮助他们履行自己的家庭责任。

必须保证我们的员工能够自由地提出建议和意见。

必须给予所有具备资格的人以公平的雇用、发展和晋升机会。

提拔的管理人员必须能够胜任工作，他们的行为必须是正义的和道德的。

对我们生活和工作的社区负责，对国际社会负责。

做优秀的企业公民，支持公益事业和慈善事业，缴纳应当承担的税赋。

促进公民生活、健康和教育水平的提高。

爱护我们有权使用的公共财物，保护环境和自然资源。

我们最后的责任是对股东负责。
经营必须保持合理的利润。
实践新的想法。
必须进行研究，开发创新项目，为错误付出一定的代价。
购置新设备，提供新工具，保证不断有新产品问世。
保持一定的存货以备必需。
严格依照上述原则运营，必定能够保证股东获得合理的回报。

资料来源：百度百科。

（五）企业社会责任的具体体现

1．企业对环境的责任

企业既是环境的产物，也是影响环境的重要组织。从企业自身的生存和发展来看，企业有承担保护环境的责任。企业对环境的责任主要体现在以下几个方面。

（1）企业要在保护环境方面发挥主导作用，特别是要在推动环保技术的应用方面发挥示范作用。

一般来说，具有社会责任的企业一定是有着强烈环境保护意识的，在产品生产经销过程中，注重采用生态生产技术。生态生产技术是利用生态系统的物质循环和能量流动原理，以闭路循环的形式在生态过程中实现资源合理而充分的利用，使整个生产过程保持高度的生态效率和环境的零污染。企业要紧密跟踪生态生产技术的研究进展，在条件许可的情况下，将最新的生态生产技术应用到生产中去，使研究出来的生态生产技术能尽快转化为生产力，造福于人类。在这样做的过程中，企业也一定会因为得到公众的支持而实现自身的良好发展。

（2）企业要以绿色产品为研究和开发的主要对象。

企业研制并生产绿色产品既体现了企业的社会责任，推动了绿色市场的发育，又推动着环保宣传教育，提高了整个社会的生态意识。

（3）企业要治理环境。

污染环境的企业要采取切实有效的措施来治理环境，“谁污染谁治理”，不能推诿责任，更不要采取转嫁生态危机的不道德行为。

2．企业对员工的责任

员工是企业最宝贵的财富，企业对员工的责任主要体现在以下几个方面。

（1）不歧视员工。

（2）定期或不定期培训员工。

（3）营造一个良好的工作环境。

（4）善待员工的工作环境。

3．企业对顾客的责任

（1）提供安全的产品。

（2）赢得顾客信赖。

（3）完善售后服务。

4．企业对竞争对手的责任

在市场经济条件下，竞争是一种有序竞争。企业不能压制竞争，也不能搞恶意竞争，企业要处理好与竞争对手的关系，在竞争中合作，在合作中竞争。有社会责任的企业不会为了暂时之利，通过不正当手段挤垮对手。

5．企业对投资者的责任

企业要为投资者带来有吸引力的投资报酬。只想从投资者手中获取资金，却不愿意或无力给投资者以合理回报的企业是对投资者极不负责的企业。这种企业也是注定要被投资者抛弃的。一个有责任感的企业会及时、准确地将自己的财务状况报告给投资者。企业错报和假报财务状况，都是对投资者的欺骗。

6．企业对所在社区的责任

企业不仅要为所在社区提供就业机会和创造财富，还要尽可能为所在社区作出贡献。有社会责任的企业意识到通过适当的方式把利润中的一部分回报给所在社区是其应尽的义务，它们积极寻找途径参与各种社会行动，通过此类活动，不仅回报了社区和社会，还会为企业树立了良好的公众形象。

（六）管理社会责任

在公众教育程度提高和经验不断丰富的背景下，当代组织需要承担的社会责任越来越大。我们经常可以看到，一些未能坚持高伦理标准的经理和试图躲避法律义务的企业会陷入困境。因此，组织应当像制定商业战略一样，制定出如何履行社会责任的原则。换句话说，组织应当将社会责任视为一项需要仔细规划、决策、考虑和评估的重大挑战。组织可以通过管理社会责任的正式或非正式方法来完成这一任务。

1．正式的组织方法

管理社会责任的某些方法是正式的需要规划的活动。正式的组织方法包括遵守法律、服从伦理和慈善捐助。

（1）遵守法律

遵守法律是组织对当地法律、国家法律和国际法的遵守。管理遵守法律的任务通常被赋予相关的职能部门。例如，组织的人力资源主管通常负责保证在招聘、报酬、工作场所安全健康方面符合法律规定。与此相似，财务主管通常要保证公司符合证券和银行方面的管制规定。组织的法律部门也要提供一般性的监督和回答经理们关于法律和法规方面的疑问。不幸的是，仅仅遵守法律是不够的，在某些情况下，严格合法的会计操作仍然会导致欺诈和其他问题。

（2）服从伦理

服从伦理是指组织成员的行为符合基本的伦理（和法律）标准。组织可以通过提供伦理培训、制定伦理指导和行为准则等方法，加强组织成员服从伦理。许多组织还建立了正式的伦理委员会，它们评估新的项目建议、新的聘用战略或新的环境保护项目。它们还可能进行了同事评议，判断雇员行为是否合乎伦理。

（3）慈善捐助

慈善捐助是向慈善组织或其他公益活动捐助金钱或奖品。

2．非正式的组织方法

组织领导与文化和组织对待举报者的态度都有助于形成和限定人们对组织社会责任立场的感受。

（1）组织领导与文化

领导实践和组织文化对于组织的社会责任立场有很大的影响。例如，伦理型的领导通常为整个组织定下行为的基本原则。例如，强生公司的经理们多年来一直向员工灌输前后一致的信息，顾客、员工、公司所在的社区、股东们的利益都是非常重要的，并且其重要程度也基本是按照上述顺序而来的。正因为如此，当 20 世纪 80 年代在货架上发现含有毒的羟苯基乙酰胺包装产品时，强生的员工不需要等候上级通知就知道应当怎样做。他们在消费者购买产品之前将所有的包装品撤下货架。相反，有一些公司的高级经理向员工发出的则是对社会责任不关心的信息。

（2）组织对待举报者的态度

举报是雇员对组织内其他成员不合法或不合伦理的行为的揭露。组织对这类行为的态度是组织社会责任的重要体现。有的组织创造条件为雇员举报提供比较便捷的通道，并保护举报者的权益；但有的组织内雇员举报需要通过非常复杂的层级管道才能上达高层，雇员的权益得不到保障，甚至还需冒着被开除的风险。

结尾案例

波音公司的第二次机会，还有第三次

波音公司是世界上最大的飞机制造商，向世界的军事和商业购买者提供产品和服务。这家公司生产喷气式飞机、直升机、导弹、卫星等产品，是美国最大的出口商。波音拥有 15.3 万名员工，2005 年净利润超过了 15 亿美元。波音公司也是世界上最大的公司之一。像这样一家知名和显眼的公司不大可能完全避免非伦理的行为。但是，对这家公司过去 5 年来行为的调查发现，在一个对错误行为视而不见的文化引导下，波音公司已经深深地卷入了不伦理和不合法的行为。

问题很早就出现了，但是引起人们的注意却是在 2002 年。当时波音公司的 CEO 是菲利普·康迪特（Philip Condit），他是工程师出身，拥有博士学位，在波音公司工作了 37 年。1997 年波音公司收购竞争对手麦道公司后，在运营和文化的整合中遇到了困难。合并造成了 26 亿美元的亏损，愤怒的股东指控公司隐瞒了真实的财务状况，对公司提出了诉讼。2002 年 2 月，波音公司支付了 9 200 万美元进行和解，但不承认自己的行为有过错。

2003 年，波音公司的经理们被揭露使用了从竞争对手洛克希德·马丁公司偷出来的文件。波音公司有可能利用这些文件在国防合同投标中获得优势。美国国防部取消了波音已经到手的订单，公司失去了价值 1 亿美元的销售额，还被禁止在 20 个月内竞标国防合同。就在同一年的晚些时候，CFO 西尔斯被解雇，因为他聘用前空军军官杜云的做法是违法的，杜云过去是国防部负责国防合同业务的军官。在离开国防部之前，杜云从波音公司手上购买了价值 200 亿美元的飞机。西尔斯和杜云后来都进了监狱，合同也被取消了。面对着愈演愈烈的困境，董事会迫使 CEO 康迪特辞职。他的继任者是斯通塞弗（Harry Stonecipher），前麦道公司 CEO，两家公司合并之后他退出了自己的职位。斯通塞弗保证他会将波音公司打扫干净。

2005 年，美国国防部又取消了一些过去由杜云经手的合同，价值数十亿美元。波音公司的女性员工发起了性别歧视的集体诉讼，指控公司在报酬和晋升方面不公正。公司付出 7 300 万美元和解案件，但拒绝承认有过错。斯通塞弗本人在公司年度高级经理度假会议期间与一位女下属有染。这一关系是双方自愿的，不包含利益的因素。但斯通塞弗还是被迫辞职，因为他违反了他本人要求公司全体员工遵守的行为准则。《财富》杂志报道说，“斯通塞弗的行为是商业史上最令人震惊的事件之一”。接替他的是一位外部人士，前 3M 公司 CEO 麦克纳尼（Jim McNarney），他发誓要整顿波音公司。

听上去是不是有些熟悉？麦克纳尼的机会也许比前辈们更大。不管怎么说，他是外人，从不惧怕剧烈的变革。对于外人，没有“成规”来束缚他。此外，麦克纳尼在通用电气公司曾经担任过飞机发动机集团的 CEO，而在 3M 公司，他扭转了这家公司的困难局面，证明了领导才能和伦理性格。麦克纳尼以重视员工发展而著称，这同康迪特和斯通塞弗构成了对比，后者更看重技术能力。

在主持第一次高管度假会议时，麦克纳尼向公司发出了警告，“公司文化正在滑向毁灭”。这位新任 CEO 说：“我们都知道应当对公司文化中的一些部分作出改变。管理上放任自流，经理们陷入了官僚主义。”过去，经理们讳言他人的过失，但麦克纳尼坚持工作上的开放和责任。他还计划改变报酬体系，消除不合法的财务报告。另一项重点是团队工作，麦克纳尼希望将麦道公司彻底整合到波音公司的对应部门中。他指出：“我们的问题不是个别部门的问题”。

麦克纳尼期望同时做到提高士气和利润。他认为，在合法和伦理行为方面的改进可以提升股票的价格，促进销售，增加激励和提高士气。对于麦克纳尼来说，伦理问题不过是更多基本面隐忧的反映之一。他希望在全公司范围内开展一次基本价值观和公司经营目标的大检查。麦克纳尼说：“公司对自我的定义是不完善的。我们在这里做什么？只是在同一栋大楼里面工作？还是要找出方法，让这家公司的整体大于部分之和？”

资料来源：[美]里基·W.格里芬. 管理学[M]. 第 9 版. 刘伟，译. 北京：中国市场出版社，2008：100-101.

案例讨论题：

1．哪些组织的利益相关人员受到波音公司伦理行为或不伦理行为的影响？请说明具体的影响是什么？

2．在康迪特和斯通塞弗的领导下，波音公司看待社会责任的组织理论是什么？在麦克纳尼领导下，组织理论有何转变？

3．麦克纳尼主张的做法能够提高波音的伦理水平吗？如果是，请解释；如果不是，请说明他还可以采取哪些有效的方法？

本章小结

1．管理是在特定的环境下，组织对其所拥有的有限资源进行有效配置，以达成组织既定目标与责任的一系列动态的创造性活动及其过程。

2．管理活动具有动态性、科学性、艺术性、创造性和经济性的特征。管理具有不确定性。管理活动的实质是信息的沟通。

3．管理的职能是指管理者在管理过程中所从事的活动或发挥的作用。从职能角度看，可以将管理活动视为由计划、组织、领导和控制这四大职能所构成的一个过程。

4．管理者是以执行管理过程为主要职责的人。从纵向来看可以分为高层管理者、中层管理者和基层管理者。不同层级的管理者需要不同的管理技能。亨利·明茨伯格的管理角色模型提出了有效管理者的十种角色。

5．管理道德对组织的管理绩效会产生深刻的影响。影响管理道德的因素主要有道德的发展阶段、个人特征、结构变量、组织文化和问题强度等。管理道德观主要有道德的功利观、权利观、公正观和社会契约整合观四种。

6．社会责任指的是一系列组织在其运营的社会环境中必须履行的保护和改善社会的义务。围绕企业社会责任的有两种观点：古典观点和社会经济学观点。企业社会责任经历了四个不断拓展和深化的阶段。由于对企业社会责任的理解不同，企业会在妨碍主义法、防御法、调节法和前摄法等多种方法中选择履行社会责任的方式。企业管理社会责任的方法有正式的组织方法和非正式的组织方法。

关键词

管理　管理者　管理角色　管理道德　管理道德观　社会责任　亨利·明茨伯格的管理角色模型　管理的不确定性　社会责任四阶段模型

思考题

1．“为顾客提供全面的服务是大多数组织应该努力追求的目标”这句话在多大程度上是正确的？

2．选择一个组织（如学校、医院或银行等）对其进行访问，列出它所使用的各种组织资源。

3．访问一个组织，并分别同基层管理者、中层管理者、高层管理者交谈，了解他们各自在组织中扮演的管理角色，以及他们是如何帮助组织提高效率和效果的。

4．谈谈你对管理者与管理技能的观点。

5．分析比较影响中外公司管理道德和社会责任的因素的差异。

网络练习

1．通过互联网搜索，了解现代信息技术发展对管理者管理时间分配的影响。

2．搜索一家公司的网页，其中要有某一位管理者讨论自己的计划、组织、领导和控制方法的内容。思考：这位管理者的管理方法是什么？他的方法对于公司绩效有何影响？

3．寻找一家描述其如何重视管理道德和社会责任的公司的网站。该公司是怎样把公司经济效益和社会责任联系在一起的？管理者在制定公司道德和履行社会责任方面有何值得重视的管理经验或教训？

自测题

（一）判断题

1．现代管理已经是一门非常严密的科学而不再是艺术了。 （ ）

2．行政经理是不涉及特定管理专业的管理者。 （ ）

3．参与慈善捐助的企业越来越多地将他们的捐助用于最终能够令企业受益的项目。 （ ）

4．与近年来的趋势相反，越来越多的组织在年报中取消了关于环境和社会责任的部分。 （ ）

5．一个合乎道德的决策模式，目标是在不同的利益相关者之间公平、合理、无偏见地分配利益与损失。这就是道德权利观的主要思想。 （ ）

（二）选择题

1．掌握组织中某类具体工作技能的管理者拥有的是（　　）。

A．决策技能　　B．概念技能　　C．技术技能　　D. 信息技能

2．人们通常希望管理者能够参加典礼或符号性的活动，例如颁发奖项或主持退休庆祝会，在这种活动中，管理者扮演了哪种角色？（　　）

A．发言人　　B．联络者　　C．精神领袖

D．资源配置者　　E．传播者

3．下面哪一项不是支持组织承担社会责任的陈述？（　　）

A．组织是社会公民

B．组织活动导致了许多需要解决的问题

C．大型企业有钱帮助解决社会问题

D．解决社会问题是企业基本的经济使命的一部分

E．社会责任有助于提高企业声誉、增加利润

4．根据管理层级的理论，一般来说，哪种管理层级的管理者用于计划、组织资源或提高组织绩效的时间最多？（　　）

A．基层管理者　　B．中层管理者

C．高层管理者　　D．基层管理者和中层管理者

5．在杰克的公司里，每个新员工都会领到一份公司价值观和伦理标准的正式声明。这份材料称为组织（　　）。

A．伦理规范　　B．管理目标声明　　C．社会责任声明

D．行为纪律指南　　E．使命陈述

第二章　管理思想的产生与发展

学习目标

☑ 了解我国古代管理思想，理解我国当代管理思想的演进
☑ 了解早期西方管理思想及其发展
☑ 掌握泰勒的科学管理原则及其贡献
☑ 说明霍桑研究对管理的贡献
☑ 掌握现代管理理论的主要思想及最新管理趋势

开篇案例

联合邮包服务公司的科学管理

联合邮包服务公司（UPS）雇用了40万名员工，平均每天将1 480万个包裹发送到美国各地和世界两百多个国家和地区。他们的宗旨是：办理最快捷的运送。UPS的管理者系统地培训他们的员工，使他们以尽可能高的效率从事工作。

UPS的工业工程师们对每一位司机的行驶路线进行了时间研究，对每种送货、取货和暂停活动设立了工作标准。这些工程师们记录了红灯、通行、按门铃、穿过院子、上楼梯、中间休息喝咖啡的时间，甚至上厕所的时间，将这些数据输入计算机中，从而给出每一位司机每天工作中的详细时间标准。

UPS的司机们为了完成每天取送130件包裹的目标，必须严格遵循工程师设定的程序。当他们接近目的地时，他们松开安全带、按喇叭、关发动机、拉起紧急制动、把变速器推到1档上，为送货完毕的启动离开做好准备，这一系列动作严丝合缝。

然后，司机从驾驶室出溜到地面上，右臂夹着文件夹，左手拿着包裹，右手拿着车钥匙。他们看一眼包裹上的地址把它记在脑子里，然后以每秒钟3英尺的速度快步走到顾客的门前，先敲一下门以免浪费时间找门铃！送货完毕后，他们在回到卡车上的路途中完成登录工作。

这种刻板的时间表是不是看起来有点繁琐？也许是，它真能带来高效率吗？毫无疑问！生产率专家公认，UPS是世界上效率最高的公司之一。举例来说，联邦快递公司平均每人每天不过取送80件包裹，而UPS却是130件。在提高效率方面的不懈努力，为UPS带来了丰厚的利润。

资料来源：[美]斯蒂芬·P. 罗宾斯. 管理学[M]. 第4版. 黄卫伟，等，译. 北京：中国人民大学出版社，1997：23.（局部数据进行了更新）

讨论题：

本案例主要体现了什么管理理论？这一管理理论的核心思想是什么？联合邮包服务公司的管理给我们带来什么启示？

第一节　管理思想的产生

有人群的地方就有管理。自从人类社会形成以后，管理活动便产生了。东西方悠久的历史与文明，成为管理实践与管理思想的土壤。

一、中西方传统管理思想的起源

（一）中国古典管理思想

早在五千年前，中国有了人类社会最古老的组织——部落和王国，有了部落领袖和帝王，因而就有了管理。中国古代还有世界历史上的伟大工程。要完成如长城这样浩大的工程，在科学技术尚不发达的当时，其计划、组织、领导、控制等管理活动的复杂程度是现代人难以想象的。而以孔子为代表的儒家思想以及孙武所著的《孙子兵法》，则被认为是最具代表性的两大中国传统管理思想的源头。

孔子作为儒家的开山鼻祖，面对动荡不安的社会现实，提出了以仁为最高境界、以礼为实现途径的以礼释仁的思想学说。“仁”是孔子管理思想的核心。“仁者爱人”“克己复礼为仁”就是他给“仁”所下的两个最主要的定义。在等级森严的社会关系中，孔子能提出“爱人”的思想，在一定程度上反映了对人的重视，是具有进步意义的。除了从事的道德教育外，孔子流芳百世还因为他提倡按才能提升官员的制度。孔子主张通过实践证明为德才兼备的人担任官职，并在后世演变为文官考试与根据考核（成绩评定）提升官员的制度。历代的儒家思想家还提出了“三纲”（君为臣纲、父为子纲、夫为妻纲）作为处理君臣、父子、夫妻之间相互关系的道德规范；提出“五常”（仁、义、礼、智、信），作为处理个人和国家、社会、家庭及其他人之间相互关系的行为准则。儒家思想不仅在中国有着深远的影响，而且传播到了日本、朝鲜和东南亚各国，成为世界东方文化的渊源之一。20 世纪下半期以来，东南亚许多国家和地区相继走上了现代化的道路，经济高度发达，企业管理达到了世界先进水平。他们没有完全否定儒家思想为核心的东方文化，通过成功地把儒家思想中最核心的家庭观引进企业，把“企业大家庭”作为企业组织的理想目标，把对君和父的忠诚心用于建立企业中上下级关系的楷模，把“仁、义、礼、智、信”作为塑造企业文化的精髓，形成了与西方企业文化截然不同的特色。

孙武在《孙子兵法》中谈到要将军队分成小单位，在军官中划分军阶，以及利用铜锣、旗帜和烟火联络。他主张在战斗前要深思熟虑和周密计划——“多算胜，少算不胜”。他也为指挥者提供了战略决策的原则——“故用兵之法，十则围之，五则攻之，倍则分之，敌则能战之，少则能逃之，不若则能避之。”如果将“兵”替换为“市场”，将“敌”替换为“竞争者”，我们就可以看清现代管理策略的历史基础了。此外，《孙子兵法》中所阐述的“为将之道”、“用人之道”和“用兵之道”，对我们今天的各项管理工作，特别是企业，有着极其现实的参考价值。《孙子兵法》作为中国最古老、最杰出的兵家经典，内容博大精深，其基本原则和思想早已渗透到军事以外的社会经济、生活等多个领域，在思想理念、行政管理、企业发展、商业竞争等活动中得到了广泛的重视和应用。

除了儒家思想与《孙子兵法》外，以“无为”为最高原则的道家的管理思想，以“法治”为基础的法家管理思想等，都是中国传统管理思想的重要起源与组成部分。

（二）西方古典管理思想

西方的管理思想与实践可以溯源到古埃及、古希腊与古罗马等文明古国。古埃及人提出了“以十为限”的管理跨度规则。古希腊思想家苏格拉底很早就认识到管理的普遍性，认为管理技能在公共事务和私人事务之间是相通的。亚里士多德从劳动的专业化，部门分工，权力的集中化、分散化与代表制，协作，领导等五个方面提出了有关管理和组织的许多见解。而另一位希腊人色诺芬则论述了劳动分工的优越性。希腊时代标志着分权参与制政府制度的到来，采用科学的方法解决问题的开端，同时产生了一些关于劳动、分工、授权和领导的早期见解。古罗马人建立起了庞大的组织机构。把军队和政府分为不同的权力层次，对每一层次规定了严明的纪律以保证组织职能的发挥，从而建立起了集中的组织结构。古罗马对西方管理思想的贡献还在于法律，以及制约和平衡的分权政府体制方面。

公元5世纪末，欧洲开始逐步进入封建制时代，这一时期产生了“重商主义”。从管理来看，工业组织有两种基本的方式：行会制和家族制。其中，行会制包括两种类型：一类是商人行会，由货物的购买者和销售者组成；另一类是手工业行会，由货物的制造者组成。管理实践方面，流水作业、早期成本会计制度开始产生；正式的贸易规则也开始形成。

14—16世纪的文艺复兴运动，是一次资产阶级反对封建教会的思想解放运动。同时，资本主义的发展和工厂制度的初步形成，促进了宗教改革运动的兴起。文艺复兴运动的成果和新教伦理，从精神与宗教思想层面，完成了对资本主义精神的支持。资本主义精神的主要内涵，正式由新教伦理观、自由伦理观和市场伦理观综合构成。新教伦理认为，每个人从事的职业都是神的召唤，个人在现实世界中应实现的义务就是上帝所分配的“天职”，积极工作才是善良的人生目标。每个人都要有勇气面对自己的苦难，努力争取自己的成功，以证明自己是上帝的“选民”而不是“弃民”。新教伦理是对教会中央集权的挑战，是对人们今生要争取获得成就的需要作出的反应。自由伦理认为，法律要以理智而不能以专横的决定为基础；政府的权力来自被统治者；实现个人目标的自由是天赋的权利；私有财产和用它来追求幸福是天赋的和得到法律保护的权利。这四个思想在实际中相互结合，从而形成了工业发展的牢固的政治基础。自由伦理观强调的是人民受理智的自然法则支配，人类社会以私有财产为基础，自然和理智的法则规定了人们不得侵犯他人的财产，这种试图保护个人权利的观点注定了必然与专制政府和代表制政府之间的旷日持久的斗争。

市场伦理在重商主义的衰落中产生，因为重商主义企图维持亏本的企业、限制了私人的主动性、建立了复杂的官僚主义和繁琐的控制，同时它也导致了频繁的战争和贸易上的竞争，破坏了正在形成的国际市场。重商主义在哲学上，同正在兴起的启蒙思想也是不相容的，这也导致了重农主义学派的兴起。魁奈认为，财富不是产生于金银财宝，而是来自于农业生产；他主张自由放任的资本主义，政府“不要干涉”市场的法则。市场伦理是对宁愿支持重商主义的地主贵族的挑战。这三种伦理观的建立，对管理思想的发展作出了贡献。随后，工业革命促进了管理思想与实践的一次革命性发展。

亚当·斯密 1776 年出版的《国富论》一书，使其成为自由经济之父。亚当·斯密的主要观点包括以下两个方面。

（1）劳动是国民财富的源泉，而分工可以提高劳动生产率，增加国民财富。分工的益处主要表现在以下几个方面。

① 分工可使工人不断重复单项操作，从而提高劳动熟练程度。

② 分工可节约工人在转换工序时所浪费的时间。

③ 分工可使劳动简化，有利于创造新工具和改进设备。

（2）“经济人”假设。他认为经济现象是基于具有利己主义目的的人们的活动所产生的。如果能够刺激他们的利己心，使之有利于他人，要达到目的就容易得多。“经济人”观点，正是以“看不见的手”为标志的资本主义生产关系的反映。

应该看到，19 世纪末以前的企业管理主要是经验管理，它表现为以下特征。

（1）所谓“个性管理”，即认为不存在普遍适用的通用原则或制度。

（2）管理绩效主要取决于管理者个人的经验和能力，与企业的产业或行业分布无关。

（3）各企业的“共性”——普遍采取延长绝对劳动时间，或增加劳动强度的方式来实现企业利润的增长。

到 19 世纪末，经验管理已走入“死胡同”，这促使了经典管理理论的产生。经典管理理论基本上可以分为两大流派：一是产生于美国的“科学管理理论”；二是产生于欧洲的“组织管理理论”。

二、科学管理理论

（一）泰勒的科学管理理论

弗雷德里克·泰勒被誉为“科学管理之父”。当时，工人和管理者没有明确的责任概念；

实际上不存在有效的工作标准，工人们采用各种不同的方法做同一件工作；工人们有意用“磨洋工”的方式工作；管理者作决定都是凭预感和直觉，工人被分派干什么工作很少或完全不考虑他的能力和才能是否适合从事这项工作。更严重的是，管理当局与工人们都认为，他们之间存在着固有的对立，他们不是为相互的利益而合作，而是把他们之间的关系看作是一种零和博弈——任何一方的收益同时又是另一方的损失。泰勒确信工人的生产率只达到应有水平的 1/3，于是，他开始在车间里用科学方法来纠正这种状况。泰勒用了 20 年时间以极大的热情寻求从事每一项工作的“最佳方法”，于 1911 年出版了其代表作《科学管理原理》。泰勒的科学管理理论基于以下假设为前提。

（1）劳资矛盾日益尖锐的主要原因是社会资源没有得到充分的利用，科学管理将是解决矛盾的途径。

（2）假定工人都是“经济人”。

（3）单个人可以取得最大的效率，集体的行为反而导致效率下降。

泰勒引入了秒表测时与实验的方法。搬运生铁实验和铁锹实验是泰勒著名的两个实验。当时，工人们要把 92 磅重的生铁块装到铁路货车上，每天的平均生产率是 12.5 吨，泰勒相信，通过科学地分析装运生铁工作以确定最佳的方法，生产率应该能够提高到每天 47～48 吨。泰勒首先寻找了一位体格强壮的受试者，他叫施米特。通过用金钱来激励施米特，将其日薪由 1.15 美元提高到 1.85 美元，泰勒着手使他按规定的方法装生铁。泰勒试着转换各种工作因素，以便观察它们对施米特的日生产率的影响。例如，在一些天里施米特可能弯下膝盖搬生铁块，而在另一些天里，他可能伸直膝盖而弯腰去搬生铁块。在随后的日子里，泰勒还试验了行走的速度、持握的位置和其他变量。经过长时间科学地试验各种程序、方法和工具的组合，泰勒成功地达到了他认为可能达到的生产率水平。通过按工作要求选择合适的工人并使用正确的工具，通过让工人严格遵循他的作业指示，以及通过用大幅度提高日工资这种经济刺激手段来激励工人，泰勒达到了工人们每天装运 48 吨的目标。

泰勒进行的另一个试验是确定铁锹的大小。他注意到工厂中的每个工人都使用同样大小的铁锹，不管它们铲运的是何种材料。这在泰勒看来是不合理的，如果能找到每锹铲运量的最佳重量，那将使工人每天铲运的数量达到最大。于是泰勒想到铁锹的大小应当随着材料的重量而变化。经过大量试验，泰勒发现 21 磅是铁锹容量的最佳值。为了达到这个最佳重量，像铁矿石这种材料应该用小尺寸的铁锹铲运，而像焦炭这样的轻材料应该用大尺寸的铁锹铲运。根据泰勒的发现，领班们将不再仅仅是吩咐工人“去铲那边的那一堆”，而应该按照要铲运的材料性质，安排工人使用何种尺寸的铁锹完成工作。当然，工人每天的平均铲运量由 16 吨提高到了 50 吨。

泰勒的科学管理理论的基本观点如下。

（1）科学管理的根本目的是谋求最高工作效率。最高的工作效率能使较高的工资与较低的劳动成本统一起来。

（2）达到最高效率的重要手段，是用科学的管理方法代替旧的经验管理。在管理实践中，建立各种明确的规定、条例、标准，使一切科学化、制度化，是提高管理效能的关键。

（3）实施科学管理的核心问题，是要求管理人员和工人双方进行精神和思想上的彻底变革。必须把注意力从盈利的分配转到增加盈利数量上来。当他们用友好合作和相互帮助代替对抗和斗争时，双方都能获利。

根据以上观点，泰勒提出了以下提高劳动生产效率的具体方法。

（1）对工人提出科学的操作方法，以便合理利用工时，提高工效。

（2）在工资制度上实行差别计件制。

（3）对工人进行科学的选择、培训和提高。

（4）制定科学的工艺规程，并用文件的形式固定下来以便推广。

（5）使管理和劳动分离，把管理工作称为计划职能，工人的劳动称为执行职能。

（二）泰勒的追随者——甘特与吉尔布雷斯夫妇

1．甘特的贡献

甘特重要的贡献之一是发明了一种用于编制企业计划的图表，即著名的“甘特图”。通过在一个坐标轴上表示出计划的工作与完成的工作，在另一个坐标轴上表示出已经过去的时间，甘特图使得管理者能够随时了解计划的进展情况和及时采取必要的行动以保证项目按时完成。

甘特还提出了“计件奖励工资制”，即工人无论完成任务与否，都可按日得到基本工资，如工人超额完成任务，对于超额完成定额的部分，再计件给以奖金。这种制度可使工人感到收入有保证，从而激发劳动积极性。说明了工资收入有保证，也是一种工作动力。

2．吉尔布雷斯夫妇

吉尔布雷斯夫妇以“动作研究”而著称，他们精确地研究了工作安排和避免手和身体动作的浪费问题。他们发明了计时轨迹摄影技术，以决定工人在每个动作上花费的时间，从而能够辨认出被肉眼忽略的浪费动作并将其省去。吉尔布雷斯夫妇还设计出一种分类体系，用来标识手的 17 种基本的动作（如“寻找”“选择”“抓取”“持握”等），即基本动作元素。这套体系可以以更精确的方式分析标准的操作程序。

（三）亨利·福特——科学管理拓展到整个生产系统

福特的主要贡献在于，对整个生产过程中如何提高生产效率、降低成本进行了研究，提倡标准化生产，并创造了第一条流水生产线——汽车流水生产线。福特的“生产标准化”包括了产品标准化、零件规格化、工厂专业化、机器工具专业化、作业专业化与流水装配法。在福特制之前，汽车以工场手工业的方式生产，但手工业生产本身有严重的缺陷。因为产品是由工人一个零件一个零件地装配出来的，所以生产效率低、成本高，质量也不容易得到控制。而流水线上，劳动分工意味着一个工作，如装配一辆汽车，被分解成一系列很多小的作业，以使每个工人完成整个工作的一小部分。与每一工人需要多样的一定技术负责做许多作业的手工业生产不同，利用劳动分工使分解的作业涉及面很窄，结果工人几乎不需要什么技术，从而也便于利用大量的一般劳动力来极大地提高工厂效率。

三、组织管理理论

（一）法约尔的一般管理理论

亨利·法约尔是法国一位杰出的管理思想家与实践者。他曾担任一家大型煤矿的总经理长达30年之久，1916年发表的《工业管理和一般管理》是其代表作。法约尔的管理思想包括以下内容。

（1）企业经营职能不同于管理职能，后者包含在前者之中。法约尔认为，企业的全部经营活动可以分为六种，分别是技术活动、商业活动、财务活动、会计活动、安全活动、管理活动。

（2）管理教育的必要性和可能性。法约尔认为，管理教育是必需的；管理能力可以通过教育来获得；没有理论就不可能有教育。

（3）管理的五要素：计划、组织、指挥、协调和控制。

（4）管理的十四项基本原则。

① 分工原则：专业化分工可提高生产效率，减少成本，并增加产出。

② 权威原则：权力是指挥他人的权利和促使他人服从的力量。管理者在行使权力的同时，必须承担相应的责任。

③ 纪律原则：员工必须尊重并服从这个组织的规定。

④ 统一命令原则：每个员工都应该只接受一位上级的命令。

⑤ 统一指导原则：由一个领导根据计划，开展为达成某个目标的各种活动。

⑥ 共同利益优先原则：个人或组织内小团体的利益，都不应该优于整个组织的利益。

⑦ 奖酬原则：对员工的付出必须给予合理的酬劳。

⑧ 集权原则：通过集权降低下级的作用，分权提高下级的重要性。

⑨ 等级链原则：由最高的领导者到最基层员工间，应有一条明确的等级链。

⑩ 秩序原则：员工与物料都应该在适当时，出现在适当的地方。

⑪ 公平原则：管理者应该善意并公平地对待下属。

⑫ 人员稳定原则：鼓励员工尤其是管理人员长期为公司工作。

⑬ 主动原则：让员工参与计划的提出与执行，可激发他们努力工作。

⑭ 集体精神：强调集体精神可以促进组织的和谐与团结。

法约尔的突出贡献在于，他认为管理作为一个专业可以被培训和开发；更强调高层管理者的更广泛的政策层面作用；为管理理论提供了具有普遍意义的管理职能与原则。

（二）韦伯的行政组织理论

马克斯·韦伯是德国著名的社会学家，也是官僚组织理论的倡导者。韦伯认为，等级权威和行政制是一切社会组织的基础。韦伯在其名著《社会组织与经济组织理论》中，主张建立一种高度结构化的、正式的、非人格化的“理想行政组织体系”。他认为这是一种合理的、高效率的最有效形式，且优于其他形式，适用于各种行政管理工作。这一理想的行政组织体系具有分工明确、按等级原则安排职位、用正式的程序来甄选员工、正式的规则和制度、职业导向、非人格化等六项特征。

总体来看，科学管理理论以工作管理为重点，着重研究车间的生产活动；组织管理理论重点研究企业的组织结构和管理原则的合理化，以及管理人员职责分工的合理化，以增加企业的整体效率。他们相互补充，共同构成了古典管理理论的主体。但古典管理理论阶段的研究对人的心理因素考虑很少，概括来说，古典管理理论的缺点主要表现为以下方面。

（1）对人性的研究没有深入进行，对人性的探索仅停留在“经济人”的范畴之内。

（2）没有把管理对象上升到系统来认识。

（3）重点放在管理对象的内部，而对其发展环境考虑得较少。

第二节　管理思想的发展

20 世纪 20—30 年代，资本主义经济危机纷纷席卷整个西方世界。工人阶级反对资产阶级压迫的斗争日益高涨。一些管理学家意识到社会化大生产的发展需要有与之相适应的新的管理理论。行为管理理论正式登上了管理理论发展的历史舞台，在管理理论研究中，人开始作为社会的人而存在。

一、霍桑实验与人际关系学说

（一）霍桑实验

霍桑实验是最初由美国国家研究委员会组织的、在美国西方电气公司属下的霍桑工厂所进行的长达 8 年的一项实验。实验的最初目的是探讨提高工人劳动生产效率的问题。实验起因在于，该工厂员工的待遇很好，但工作效率却很低，原因何在呢？霍桑实验一共分为四个阶段。

1. 第一阶段：工作场所照明试验（1924—1927 年）

最初，研究是由西方电气公司的工业工程师们设计的，目的是检查不同的照明水平对工人生产率的影响。研究人员建立了试验组和对照组，试验组被给予不同的照明强度，而对照组则保持原有的照明强度不变。工程师们起初认为个人的产量与光线亮度有直接关系，但是，他们发现当试验组的光线亮度增加时，两个组的产量都增加了；更令工程师们惊异的是，当试验组亮度水平下降时，两个组的生产率继续提高。事实上，只有当光线亮度降至月光的水平时，试验组的生产率才有所下降。工程师们得出结论，照明强度与生产率没有直接关系。这说明：（1）工作场所的照明只是影响工人生产率的微不足道的因素。（2）由于牵涉因素较多，难以控制，且其中任何一个因素都可能影响试验的结果，所以照明对产量的影响无法准确衡量。

2．第二阶段：继电器装配室试验（1927年8月—1928年4月）

从这一阶段开始，工程师们邀请到了哈佛大学的梅奥教授及其助手来领导和继续试验，目的是为了检验工作时间和其他条件变化对劳动生产率的影响。研究小组选择了5名女装配工和1名女画线工，单独安置于一间工作室内工作，1名观察员被指派加入这个小组，记录室内发生的一切，以便对影响工作效果的因素进行控制。这些女工们在工作时间可以自由交谈，观察员对她们的态度也很和蔼。在试验中分期改进工作条件、休息条件和奖励办法，如改进材料供应方式、增加工间休息、供应午餐和茶点、缩短工作时间、实行集体计件工资制等，这些条件的改善使女工们的产量不断增加。但在各种改善措施实行一年半后，又取消了其中的大部分，如取消工间休息和供应的午餐和茶点，并恢复工作六天，结果该试验小组的产量仍维持在高水平上。

研究小组在分析这些女工为什么能提高工作效率，并保持高水平的产出时，提出了5种假设：（1）改善了物质条件和工作方法。（2）增加了休息时间，减少了工作天数，从而减轻了工人的疲劳程度。（3）工间休息减少了工作的单调性。（4）增加产量后每人所得的奖金增加了。（5）改善了监督和指导方式，从而使工人的工作态度有所改善。研究小组对这5个假设进行了详细的验证，从试验的过程来看，工作场所照明试验否定了第一项假设；而继电器装配室试验否定了第二、三、四项假设。研究小组把注意力集中到了第五项假设上，于是进一步研究工人的工作态度和可能影响工人工作态度的其他因素成为霍桑实验的一个转折点。

3．第三阶段：大规模访谈（1928—1931年）

为了了解工人工作态度以及影响工人工作态度改变的原因，研究人员进一步在全公司范围内进行大规模的问卷和访谈。参与此次访问和调查的员工达两万多人次，并将试验方式由问答式访谈变为了自由式交谈。此次试验，研究小组肯定了第五项假设，并有两个重要发现：第一，影响生产率最重要的因素是工作中发展起来的人际关系，而不是待遇及工作环境；第二，每个工人的工作效率的高低，不仅取决于他们自身的情况，而且还与他所在小组的其他同事有关，任何一个人的工作效率都要受他的同事们的影响。

4．第四阶段：继电器绕线工作室试验（1931—1932年）

为了对第三项试验进行更系统的研究，以对起作用的社会组织进行试验和分析，研究小组选择该厂的继电器绕线工作室进行重点考察。这个室有 9 名接线工、两名电焊工和两名检查员。研究小组持续观察了工人的生产行为及生产效率，结果又有许多重要发现：（1）大部分成员都故意自行限制产量，即按他们自己确定的“非正式标准”工作。公司规定的工作定额为每天焊接 7 312 个焊点，但工人们只完成 6 000～6 600 个节点，原因是怕公司再提高工作定额，也怕因此造成一部分人失业，他们这样做保护了工作速度较慢的工人。（2）工人对不同级别的上级持不同态度。他们把小组长看作小组的成员。对于小组长以上的上级，一般职位越高，受到的尊敬程度越大，但工人对他的顾忌心理也越强。（3）成员中存在小派系。各派系有自己的领袖，也有自己的行为规范。

（二）人际关系学说

在对霍桑实验进行总结的基础上，梅奥于 1933 年和 1945 年，分别出版了《工业文明的人类问题》和《工业文明的社会问题》，提出了与古典管理理论不同的观点——人际关系学说，该学说主要有以下观点。

（1）工人是“社会人”，而非“经济人”。梅奥对早期经济理论中的“群氓”假设进行了批判，认为企业中的人首先是“社会人”，即人是社会动物，而不是早期科学管理理论所描述的“经济人”，不能忽略社会和心理因素对工人工作积极性的影响。

（2）生产率的提高主要取决于工人的工作态度以及他和周围人的关系。社会需要比经济需要更重要，工人的“士气”是调动人积极性的关键因素，提高工作效率的关键是提高工人的士气和积极性。

（3）企业中存在着非正式组织。企业成员在共同的工作过程中，相互间产生共同的感情、态度和倾向，形成共同的行为准则和惯例，这就构成一个体系，称为“非正式组织”。非正式组织的凝聚力、地位和群体规范左右着其成员的行为，对生产率有重大影响。

（4）企业应采用新型的领导方法提倡领导方式的变革。新型的领导能力在于提高职工的满足程度，管理者应该关注员工的福利、激励和沟通。

二、行为科学理论

在梅奥提出的早期人际关系学说的基础上，行为科学理论得以形成和发展。

（一）关于人的需要、动机和激励问题

1. 马斯洛的需要层次理论

马斯洛认为，人类是有需要的动物，只有未被满足的需要才是行为的动机或动力；人类的需要是有高低层次之分的，当较低层次的需要基本得到满足之后又会追求更高层次的需要。他假设每个人都有以下五个层次的需要。

（1）生理的需要。

（2）安全的需要。

（3）社会的需要。

（4）尊重的需要。

（5）自我实现的需要。

马斯洛还将这五种需要划分为高和低两级。生理的需要、安全的需要称为较低级的需要，而社会的需要、尊重的需要与自我实现的需要称为较高级的需要。两级的划分建立在这一前提条件下——高级需要是从内部使人得到满足，而低级需要则主要是从外部使人得到满足。当一种需要得到满足后，另一种更高层次的需要就会占据主导地位。从激励的角度来看，没有一种需要会得到完全满足，但只要其得到部分满足，个体就会转向追求其他方面的需要了。按照马斯洛的观点，如果希望激励某人，就必须了解此人目前所处的需要层次，然后着重满足这一层次或在此层次之上的需要。

2．赫茨伯格的双因素理论

20世纪50年代末，美国心理学家赫茨伯格为了研究人的工作动机，在匹兹堡的9个工业企业中对203名工程师和会计进行了工作满意度的调查，其研究结果认为，导致工作满意的因素与导致工作不满意的因素是有区别的，他分别称之为“激励因素”和“保健因素”。

（1）保健因素：有些工作条件、工作环境不具备时，会引起雇员的极大不满；然而当具备这些条件和环境时，却不会引起很大的激励。保健因素是那些与人们的不满情绪有关的因素，如公司的薪水、安全、工作条件、监督、人际关系等。保健因素与工作的外部环境有关，属于保证工作完成的基本条件。

（2）激励因素：这类因素具备时，可以起到明显的激励作用；当这类因素不具备时，也不会造成职工的极大不满。激励因素是与人的满意情绪有关的因素，如工作上的成就感、未来发展的期望、职务的责任感与工作带来的愉快等。

（二）X理论、Y理论与超Y理论

1．麦格雷戈与X、Y理论

1960年，美国麻省理工学院教授道格拉斯·麦格雷戈在《企业的人的方面》一书中，提出了“X理论”和“Y理论”，认为管理人员所实施的管理方法决定于他对下属的一般性假设。持X理论的管理者，认为员工是好逸恶劳、缺乏进取热诚、不想承担责任、不想出现重大改变，喜欢安稳的；而持Y理论的管理者，认为员工有能力提出建设性意见，愿意承担责任，有自律及自觉性，热衷于发挥自己的才能和创造性。

2．洛尔施和莫尔斯的超Y理论

在麦格雷戈提出了X理论和Y理论之后，乔伊·洛尔施和约翰·莫尔斯提出了超Y理论。他们认为，人不是单纯的“经济人”，也不是完全的“社会人”，更不是纯粹的“自我实现人”，而是因时、因地、因情况采取适当反应的“复杂人”。超 Y 理论即指 Y 理论不一定都比 X 理论好，管理的方式要由工作的性质和成员的素质等因素来决定。管理者应针对不同的情况，采取不同的管理方式。

三、对行为管理理论的评价

应该看到，近代的行为管理理论提出了社会和心理过程影响绩效的观点，其主要贡献包括以下几个方面。

（1）认为工人是有价值的资源，强调管理人员必须考虑工作环境的人性和社会因素，开辟了研究企业和工作场所中人的行为的新领域。

（2）重视组织的动态性、组织中的人际关系，提出了非正式组织的观点。

（3）将人的管理提升到所有管理对象中最重要的地位，并引发了许多全新的管理观念和方法，如参与管理、目标管理等。

然而，由于早期的方法不是太科学等原因，也导致了观点有些太片面，存在着以下局限性。

（1）忽视了物质经济利益对人的行为的影响，把劳资关系看作是沟通和领导问题，而不是利益协调。

（2）忽视了正式组织对生产率的贡献。

（3）夸大了人际关系、感情等因素的作用，把工人满意感与效率之间的关系简单化了。

第三节　当代管理思潮

在经历了古典与近代的发展后，管理理论在 20 世纪 50 年代后又出现了各种各样的管理学说，形成了诸多的学派，被称为管理理论的“热带丛林”。

一、管理理论的丛林

美国著名管理学家哈罗德·孔茨在 1961 年发表了著名的论文《管理理论的丛林》，将管理学说划分为六个学派。1980 年，他在《再论管理理论的丛林》一文中，再次对管理理论的发展状况进行了分析，发现丛林化趋势有增无减，管理理论被划分为十一个学派。表 2-1 为管理理论丛林中各流派的简要比较。

表 2-1　管理理论丛林中各流派的简要比较

流　派	特征与贡献	局 限 性
管理科学学派	强调定量的方法 将大量的数学工具应用到管理中	很多管理问题难以定量描述或模型化
管理过程学派	一般管理的概念 管理的要素	把计划、组织、领导和控制看作管理的职能，局限了管理的内涵
系统管理学派	将系统论的观点引入管理科学 强调从整体的观点来研究组织管理	系统与子系统的关系及子系统之间的关系往往过于复杂
权变理论学派	组织要根据不同的具体情况来决定具体的管理方法	难以确定影响一种管理方法是采用还是不采用的因素
决策理论学派	强调决策的制定，做决策的人或群体以及决策过程	把管理仅仅理解为决策，存在一定的片面性
经验学派	通过对案例的研究，鉴别成功与失败的原因	无法从个别的案例中去确定一些基本的管理原则 限制了发展管理理论的价值
社会协作系统学派	从事于把人际行为和群体两个方面引导到一个具有明确目的的协作集体	对于管理研究的范围过于广泛 忽视了许多管理概念、原则与技术
社会技术系统学派	认为技术系统对于社会系统有巨大影响 着重研究生产与办公领域技术与人际之间的关系	研究的管理层次过低，主要是蓝领和办公领域工作人员
人际关系学派	人际关系 需求层次理论 领导艺术 激励 以个人心理学为基础	不顾组织的计划与控制 仅有心理训练不足以成为一名有效的管理者
群体行为学派	强调群体中人的行为 以社会学和社会心理学为基础	没有完整的管理概念、原则、理论和技术
经理角色学派	强调经理的角色分析 分析了经理的角色图和职务类型 提出了如何提高经理工作效率的工作要点	缺乏系统的管理理念和技术

二、日本的经济崛起与美国的研究

20世纪后半叶，日本经济的战后崛起成为当时的奇迹；而受到石油危机等众多因素的影响，美国经济与企业竞争力受到了严重的挑战。在此情况下，美国管理学者在对现代管理理论进行反思的同时，也对日本企业的成功经验进行了一系列深入而广泛的研究，取得了丰硕的成果，并对一些重要管理理论的产生和传播，起到了重要的促进作用。

（一）Z 理论

1981 年，日裔美籍学者威廉·大内经过调查比较日本、美国两国企业管理的经验，出版了《Z 理论》一书。Z 理论的核心思想认为，企业管理当局与职工的利益是一致的，两者的积极性可以融为一体。其比较结果如表 2-2 所示。

表 2-2 美国模式、日本模式与 Z 理论

内 容	美国模式（A）	日本模式（J）	Z 理论模式
对员工的雇用时间	短期雇用	终身雇用	长期雇用
决策方式	个人决策	集体决策	集体决策
责任制	个人责任制	集体责任制	个人责任制
上下级关系	上级不关心下级	上级十分关心下级	上级关心下级，关系融洽
对员工的培训	专业化的培训	非专业化的培训	全面的知识培训
员工的提升速度	快速提升	缓慢提升、准确评价	稳步提升
控制机制	直率的	含蓄的	含蓄而非正式的

可以看出，按照 Z 理论，管理的主要内容如下。

（1）企业对职工的雇用应是长期的而不是短期的。

（2）上下结合制定决策，鼓励职工参与企业的管理工作。

（3）实行个人责任制。

（4）上下级之间关系要融洽。

（5）对职工要进行全面的培训，使职工有多方面工作的经验。

（6）准备评价与稳步提拔。

（7）控制机制要较为含蓄而不正式，但检测手段要正规。

（二）精益思想

1985 年，麻省理工学院发起了“国际汽车计划（IMVP）”。研究队伍耗时 5 年，耗资 500 万美元，对 90 多家汽车厂进行了对比分析，最后于 1992 年出版了《改变世界的机器》一书，把丰田生产方式定名为精益生产方式，并对其管理思想的特点与内涵进行了详细的描述。消除“浪费（Muda）”是精益生产方式的精髓。“精益生产”的核心是以整体优化的观点合理地配置和利用企业拥有的生产要素，消除生产全过程一切不产生附加价值的劳动和资源，达到增强企业适应市场多元需求的应变能力，获得更高的经济效益，是一种独特的多品种、小批量、高质量和低消耗的生产方法。它还把客户、销售代理商、供应商、协作单位纳入生产体系，进行集成的供应链关系管理。

1996 年，沃麦克、琼斯和鲁斯出版了《精益思想》，进一步从理论的高度归纳了精益生

产中所包含的新的管理思维。他们指出，精益思想就是根据用户需求，重新定义价值；按照价值流重新组织全部运作活动；使要保留下来的、创造价值的各个活动，即价值流流动起来；让用户的需要拉动价值流；不断完善，达到尽善尽美。

（三）全面质量管理

美国管理学家W.爱德华兹·戴明和J.M.朱兰是公认的“质量管理之父”。20世纪50年代，他们的思想在美国没有得到支持和欢迎，而在日本得到了广泛的实践。20世纪80年代，由于日本企业产品质量和竞争力超过美国，引起了美国等西方理论界和实践界对全面质量管理（Total Quality Management，TQM）的高度重视。全面质量管理的本质是由顾客的需要和期望驱动企业持续不断改善的管理理念。其含义包括以下五个方面。

（1）强烈地关注顾客。顾客的含义不仅包括外部购买组织产品和服务的人，还包括内部顾客（如发运和回收应收账款的人员），他们向组织中的其他人提供服务并与之发生相互作用。

（2）坚持不断地改进。TQM是一种永远不能满足的承诺，“非常好”还不够，质量总能得到改进。

（3）改进组织中每项工作的质量。TQM采用广义的质量定义，它不仅与最终产品有关，并且与组织如何交货、如何迅速地响应顾客的投诉、如何有礼貌地回答电话等都有关系。

（4）精确地度量。TQM采用统计技术度量组织作业中的每一个关键变量，然后与标准和基准进行比较以发现问题，追踪问题的根源，消除问题的原因。

（5）向雇员授权。TQM吸收生产线上的工人加入改进过程，广泛地采用团队形式作为授权的载体，依靠团队发现和解决问题。

（四）敏捷制造

美国国会于1986年要求美国国防部拟定一份发展制造技术的长期规划，以提高美国企业的全球竞争力。国防部委托里海大学的艾科卡研究所负责这项计划。艾科卡研究所邀请了美国国防部、工业界和学术界的专家，建立了以13家公司为核心、100家公司参加的联合研究组，于1991年撰写了“21世纪制造企业战略”的报告，提出“敏捷制造”。

敏捷制造可概括为：“将柔性生产技术，有技术、有知识的劳动力，与能够促进企业内部和企业之间合作的灵活管理（三要素）集成在一起，通过所建立的共同基础结构，对迅速改变的市场需求和市场实际作出快速响应。”敏捷制造思想的出发点是基于对产品和市场的综合分析；企业实施敏捷制造必须不断提高企业能力，实现技术、管理和人员的全面、协调集成；敏捷制造强调“竞争—合作/协同”，采用灵活多变的动态组织结构，改变了过去以固定专业部门为基础的静态不变的组织结构，以最快的速度从企业内部某些部门和企业外部不同公司中选出设计、制造该产品的优势部分，组成一个单一的经营实体。

敏捷制造同时也是基于虚拟企业的。虚拟企业是当市场出现新机遇时，具有不同资源与优势的企业为了共同开拓市场，共同对付其他的竞争者而组织的、建立在信息网络基础上的共享技术与信息，分担费用，联合开发的、互利的企业联盟体。从组织的角度来看，它是为了抓住稍纵即逝的市场机会而快速组合起来的、临时性的企业网络，是迅速聚集一系列核心能力以利用市场机会的独立企业的动态联盟。因此虚拟组织是一个由独立企业组成的企业群体，组成虚拟组织的每一个独立企业拥有各自的核心能力和资源，为了一个共同的市场机会，这些独立的企业联合起来，贡献各自的核心能力和资源，相互协作，以谋求实现共同的市场目标，同时使虚拟组织整体价值最大化。

由于敏捷制造理论将对制造业企业竞争力思考的层面提升到了产业体系上，而不仅仅局限于企业生产系统或整个企业组织，它对当代有关产业、竞争与战略管理理论的发展都具有意义。

结尾案例

双星：极致的内包

一家日本制鞋企业的总经理对青岛双星集团（以下简称双星）发生了兴趣，削尖脑袋想到双星的鞋厂去参观。几次碰壁之后，想方设法找到中国橡胶工业协会的负责人帮忙说合，但这次又被双星总裁汪海婉拒。另一家设在青岛的韩国鞋厂则请求双星给他们派一位厂长去管理，后又要求派一些人去参观双星鞋厂，但也都没有如愿。为什么韩日制鞋企业都对双星如此感兴趣？奥妙就在于双星的精细化内包管理。

双星最早从制鞋业起家，后来又发展了服装、汽车轮胎、机械制造、热电以及配套的包装印刷等行业，但主要业务仍属于劳动密集型的加工企业。汪海清楚，加工业是七分管理三分技术，无疑要特别重视现场管理的保密性。

双星的管理真有那么神，连一向讲究管理的日本人都想一窥究竟？的确如此。作为国有企业的双星能发展到今天，就很能说明问题。改革开放前，全国制鞋厂中，国有企业大概有三四千家，后来几乎全部覆灭，只有双星一枝独秀。目前，它拥有 4 万名员工，年销售收入 68 亿元，是国内最大的制鞋企业之一，双星鞋和双星轮胎都是中国名牌。对于双星的成功，汪海最大的体会就是管好了人，结合外部社会和人们的思想变化，根据企业实际和行业发展的要求，形成一套内包制的管理模式，可以最大程度地提高效率和降低成本。

作为一家加工企业，双星不能像有些新创公司（创造一种新的商业模式就可以大把地赚钱）一样，它只能靠精细化管理。任何企业管理者都知道要在管理上下工夫，但真正做到位却并非易事。以前双星的机器、设备，包括生产中所用的各种原材料、工具等，全属公家，在使用过程中难免存在浪费现象，这种情况最令管理者头疼，因为企业员工众多，光靠严盯死守不行。汪海借鉴农村土地承包制的做法，把原来属于公家的设备、工具等按照国有资产保值增值的原则划分给员工。这种方法其实就是一种内包，是一种市场化的买卖承包，使得每位工人都能参与到经营中来，精打细算，精耕细作，既让企业节约了成本，又提高了生产效率。

由于双星将节能降耗的目标和责任分解、细化到班组和个人，使员工都想方设法节约降耗，不但杜绝了长明灯、长流水的能源浪费现象，员工还提出了很多节约能源的好办法，使人人自觉节约一粒胶、一度电、一滴水。汪海说，以前，有的车间光买擦机器的棉纱一个月就要两万多元，现在一年也花不了这么多。这是如何做到的？还不是因为设备被员工承包了，在上面消耗的任何用品都跟自己的利益相关，员工自然是能省则省。没承包之前，还有个别人会把棉纱从厂里往家里拿，现在则是从家里往厂里拿，把家里穿破的合适衣服拿来替代棉纱。

双星规定，凡是降低的费用，员工可提成40%，这也是员工千方百计节省材料的动力。其他工具也是如此。车工使用的车刀，过去有的车间光这一项开支就能超过两三万元。而现在，每把刀都需要员工自己去买。原来一把刀用一两个月，现在经过员工的精心呵护，可以使用两三个月甚至更长时间。过去，员工使用的胶糊桶因天天使用，桶里常积着厚厚的一层胶皮，以前都作为废物丢掉了，现在员工在更换胶糊时，都自觉将胶皮从桶上扒下来退回仓库，不但变废为宝，也促进企业现场管理的整洁有序。

对于生产中使用的气和电，双星人也精确到每一立方、每一度。以前，机器下面都有一个流油的槽子，现在润滑油都被用到最后一滴，油槽子也成了摆设，最终被去掉了。过去，车间房顶上高悬许多大灯泡，现在员工想出了新办法，只在自己操作台的上方安一台功率小的照明灯。员工这么做，也是由于双星把机器卖给了员工，单独安上电表，单独计量。

除成本的节省外，员工还想出一些创新方法，提高工作效率，因为效率越高，员工的收入就越多。现在，双星的员工操作以秒来计算，像橡胶密炼机，以前每投一个料需要30秒，经过创新后缩短到20秒，这样每次可以节省10秒。一台密炼机一天要完成300个料，一共节省3 000秒，一台设备一天就可以多创造近1个小时的价值。

双星的这些创新之举，是以工艺不减、质量不减为前提的。例如，以前一个操作台到另一个操作台都有一定的距离，大家多少年来习以为常，不觉得有什么问题。现在，员工会想法把两个操作台安排得更近一些，这样就节省了工作的时间。又如，压延机以前是吃胶大户，后来，员工们经过摸索研究，发现原来是压延机设计不合理所致，于是进行了改进，彻底解决了生产中堵塞胶料等问题，一年可节约资金5万多元。再如，双星热电厂的陈伟和锅炉人员经过反复试验，摸索出了一套经济可行的烧锅炉的新操作法，每天可节电210度。虽然都是些点点滴滴，但积少成多，全算下来企业节省很多。2006年，双星集团通过节能降耗，实现经济效益近6 000万元。

汪海总结说，通过内部承包制，集团在什么都没有增加的情况下，生产效率可以提高20%以上，最高能达到50%。也是由于承包制，人员精简了10%。双星所有的工厂都没有车间这一单位，也没有车间主任和班组长，取而代之的是承包人。

对生产中的流程，双星也进行承包。承包人在接包后，对每道工序精打细算。以前某一任务需要10人完成，现在承包人细分细管，可以只用8人。承包人数少了，承包人及其部门的所有员工都可以按一定比例提成，效率越高，提成越多。内包制让双星人的收入普遍有所提高，大概在30%。

也是因为内包制，双星可以当天核算，当天计出成本，每个工人一天能挣多少收入，也可以算得一清二楚。早在20世纪80年代，双星就先后实施了现场管理带动成本管理、调整配方，提高产量，以成本促管理，数字跟踪卡、资金切块等四次成本管理创新活动。进入 21 世纪，双星在全集团各生产单位又推行分段核算、一单一算第五次成本管理创新，这是借助于现代化管理工具对成本核算的再强化，环环相扣算成本，解决了一月一算成本、时过境迁的老问题，创造了其他企业没有的当天出成本的资金管理方法。设备承包了，原材料节省了，但产品的质量会不会因此而降低？事实证明，情况正好相反。汪海说，从 2006 年年底开始，双星在沂蒙山拥有 3 000 多名员工的下属公司，以前有 240 多名专职质量检查员，现在全部取消了，而产品的合格率却从 99.95%提高到 99.99%。虽然没有专职质量检查员，但这家公司的员工人人都成了质检员。

取消质检员，又提高产品合格率，还得益于双星的内包制。由于双星推行买卖承包的做法，其中更进一步突出了质量的诚信承包，使上下工序形成市场的关系。产品一流入下道工序，就等于卖给了下道工序，上工序对质量、对下工序不负责任，下工序就有权向上工序进行索赔。下一工序负责对上一工序进行检查。例如，鞋帮组合工序发现鞋帮制造中存在问题，会马上提出，企业就会罚上一工序的人员；如果上一工序自检出来，及时改正，则不会被罚。如果下一工序没有检查出上一工序的问题，那么再下一工序检查出问题，就要追究上面工序的责任。产品到最后一道包装工序时，如果包装员工没有发现问题，最终被销售人员或者消费者发现，那么包装人员承担责任。有罚，自然就有奖。双星规定，凡是发现问题的人员，可以得到上一工序罚款 50%的奖励。

在竞争日趋激烈的市场环境下，企业不进则退，不进则亡。制鞋业处于微利的传统加工业，又被人们从工艺分类上定为夕阳工业，但双星却不信，坚持认为市场需求永远存在，而自己的优势就在于传统行业，只要在企业管理上创新，就会塑造一种朝阳气象。因此，它自会吸引其他国家同行的目光。

资料来源：李全伟. 财富. 中文版. 2007（112）.

讨论题：

1. 案例中双星的做法，集中体现了本章中哪种管理理论的内容和手段？还与哪些管理思想有关？

2. 管理理论与管理手段应用的有效性，与特定的发展阶段与时代背景有关吗？试结合本例分析。

3. 试与日本企业的成功管理经验进行比较，探讨特定社会文化对管理理论与实践的影响。

4. 利用本章中介绍的当代管理思想，描绘未来应当如何再创双星。

本章小结

1. 真正意义的管理理论的形成与发展经历了古典管理理论、近代管理理论和当代管理理论三个阶段。

2．古典管理理论的代表人物有泰勒、法约尔、韦伯等，他们分别在科学管理理论、一般管理理论和行政组织理论方面对管理学古典理论的发展作出了贡献。

3．经过霍桑实验逐步形成的早期人际关系学说，以后发展成为行为科学理论，主要代表人物有梅奥、马斯洛、赫茨伯格等。

4．第二次世界大战以后，管理领域非常活跃，现代管理理论出现了一系列管理学派，每一学派都有自己的代表人物。这种现象曾被美国著名的管理学专家哈罗德·孔茨称为“管理理论的丛林”，包括管理科学学派、管理过程学派、系统管理学派、权变理论学派、决策理论学派、经验学派、社会协作系统学派、社会技术系统学派、人际关系学派、群体行为学派、经理角色学派等。

关键词

科学管理　霍桑实验　泰勒　法约尔　行为科学理论　精益思想　敏捷制造　Z理论

思考题

1．你是否同意“管理思想的发展是由时代和当时的条件决定的”这种说法？试讨论该说法。

2．论述“科学管理”思想的主要观点与贡献，你认为它对中国企业是否具有现实意义？论证你的观点。

3．著名的“霍桑实验”的由来及结论是什么？其研究过程对你又有何启示？

4．当代管理理论有哪些最新的发展？呈现出什么样的发展趋势与潮流？

5．列宁说“忘记过去意味着背叛”，培根说“读史以明智”，著名学者丹尼尔·A.雷恩认为，“对于管理学者而言，历史中存在许多教训，而其中最重要的一条就是，把过去作为未来的序幕加以研究。”那么，对于管理专业的学生以及管理实践者来说，也有必要了解管理思想史吗？以实例说明管理思想的历史能够帮助一个人成为更好的管理者。

网络练习

1．在互联网上找出一家真实的企业，选择的标准是：已有信息对企业内部组织和管理的至少某一个方面做了较为深入而又全面的报道。

2．试着总结该企业在管理上的一些经验或做法，并分析这种经验或做法是否体现了管理思想史上的某种理论或基本原则？请解释原因。

3．这种理论或基本原则的应用是否有效？有哪些外部环境因素决定了这种方法的应用？

自测题

（一）判断题

1．泰勒的科学管理既重视技术因素，也重视人的社会因素。（ ）

2．正式组织是为了实现企业目标所规定的企业成员之间个人感情关系的一种结构。在正式组织中，以效率逻辑为其行动标准。（ ）

3．“正式组织”与“非正式组织”的区别在于，“非正式组织”中以效率的逻辑为重要标准。（ ）

4．系统管理学派认为，组织是一个由相互联系的若干要素组成、为环境所影响的并反过来影响环境的开放的社会技术系统。（ ）

5．西蒙是决策理论学派的代表人，他认为管理就是决策。并将决策分为程序性决策和非程序性决策，他的研究重点是程序性决策。（ ）

（二）选择题

1．法约尔提出的管理五项职能或要素是（ ）。

A．计划、组织、指挥、协调和控制　B．计划、组织、决策、领导和控制
C．计划、组织、决策、协调和控制　D．计划、组织、激励、协调和控制
E．计划、组织、指挥、协调和创新

2．在组织中存在着正式组织与非正式组织，正式组织与非正式组织之间的一个重大的区别就是，正式组织是以（ ）为重要标准。

A．感情的逻辑　B．正规的程序　C．科学的理念
D．效率的逻辑　E．经济的原则

3．被人们称为“科学管理之父”的管理学家是（ ）。

A．泰勒　B．法约尔　C．韦伯
D．梅奥　E．甘特

4．梅奥等人通过霍桑实验得出结论：人们的生产效率不仅受到物理的、生理的因素的影响，而且还受到社会环境、社会心理因素的影响，由此创立了（ ）学说。

A．行为科学　B．人文关系　C．社会关系
D．人际关系　E．心理契约

5．管理科学学派中所运用的科学技术方法，来源于（ ）。

A．科研部门　B．军队　C．学校
D．企业　E．农业生产

第二篇　决策与计划

第三章　管理决策的环境与方法

第四章　计划管理的基本理论

第五章　计划管理的方法与工具

第三章　管理决策的环境与方法

☑　企业决策的环境都有哪些

☑　掌握企业决策的内涵与程序

☑　掌握管理决策的方法

☑　了解定性决策方法、定量决策方法

开篇案例

迪士尼落户上海

2009 年 1 月 8 日下午，上海市政府与美国华特迪士尼公司正式签署了迪士尼上海主题公园的法律和财务框架协议，这被外界誉为迪士尼最终落户上海“黎明前的曙光”。

上海迪士尼项目可谓一波三折，从 1994 年第一次引入迪士尼会谈，到尘埃落定，历经 15 年之久，这里面既有双方合作的模式分歧、利益分配的矛盾，又有后来的人事变动。

“当然，这次之所以能够签署框架性协议，是因为双方都作出了原则性的让步。”据一位曾参与过迪士尼谈判的知情人士称，“迪士尼的要求是其整个产业链的扩张，以主题公园为筹码，要求中国文化市场的开放。尽管主题公园是整个产业链中最重要的一环，但迪士尼要求中国每年要有大片进口指标、新片的推广、动画片制作发行、各类专利品的推广，以及建立电视台、广播公司、门户网站、出版、音像制品等需求。而中国方面，则是资金的必须进入、意识形态的限制，以及以市场换产业的需求”。当然，这次双方的谈妥很大程度上是由于双方都做出了让步，特别是在引入迪士尼中文频道方面。迪士尼一直在为迪士尼频道争取“落地权”，而上海市政府在这方面的意见是将积极申请但并不保证其落地中国。

人们推测，世界经济下滑的趋势可能是促成双方达成框架性协议的驱动因素。根据迪士尼公司 2008 年第四季度的财务报告显示，全球金融危机对迪士尼公司造成了比较大的影响，公司包括消费品部、主题公园和电视广告在内的多种业务受到不同程度的拖累，公司第四季度总收入同比增加了 6%，但净收入却下降了 14%。迪士尼首席执行官罗伯特·伊格称，由于消费开支水平下降，令该公司主题公园和度假村业务收益下滑，预计 2009 年业绩下降的幅度将更加明显，因此迪士尼计划在全球人口最多的国家——中国拓展业务，兴建全球第 6 个迪士尼乐园。此外，金融危机以来，上海的房地产和金融业遭遇下行风险，上海经济的快速稳定增长受到考验。当前上海正尝试产业升级和转型，服务业将是未来拉动上海经济的重要支点。迪士尼的项目无论从固定资产投资还是旅游消费角度来讲，对上海的经济产出影响都具有持续性，可以说，上海市政府对此项目寄予厚望。

根据框架性协议，正在筹划中的上海迪士尼乐园，上海市政府下属的企业将持股 57%，迪士尼公司则持股 43%。据悉，项目选址基本确定为上海浦东地区，规划面积有望创下迪士尼乐园之最，项目一期工程占地 1.5 平方公里（折合约 150 公顷，比香港迪士尼乐园的 43 公顷大 3 倍多），耗资预计 244.8 亿元人民币（约合 35.9 亿美元），最快可以在 2014 年落成启用。

当然，根据香港迪士尼的经营状况，也有人对此项目的盈利状况表示不乐观。香港迪士尼乐园一直亏损，原因被认为有两方面：一是美国方面向中国香港索取高额的专营费用和管理费；二是迪士尼乐园的游览项目更新速度缓慢，不能持续吸引顾客，回头客不多。反而是海洋公园、野生动物园之类的自然主题乐园，更具吸引力。未来的上海迪士尼乐园是采用中国香港合作模式还是日本合作模式，目前尚未确定。可以肯定的是，上海迪士尼在刚开业时一定会吸引很多游客，但中长期的盈利前景极难预料。2009 年 11 月 16 日，牧马人车主们终于盼来了克莱斯勒公司的召回通告，克莱斯勒在通告中承诺“为所召回的车辆在仪表盘上免费加装警报信息显示和声音提示系统，以提示变速箱油温状况，消除隐患”。但这个召回方案再一次让中国车主不满。车主认为，加装警报信息显示和声音提示系统并不能彻底解决自燃问题，真正的问题在变速箱，不解决变速箱的问题，隐患仍然存在。为此，中国相关部门的意见为：克莱斯勒应更换新型变速箱、改装供油系统的电脑控制程序以及进一步解决变速箱散热的问题。但克莱斯勒方面迟迟没有正面答复。

资料来源：谭力文，刘林青. 管理学[M]. 北京：科学出版社，2009.

讨论题：

1．结合所学知识和本案例，你认为影响迪士尼最终作出决策的因素有哪些？作用如何？

2．在此过程中，可以应用哪些决策方法以考核该方案的可行性？除决策技术外，还可以应用哪些知识？

第一节　管理决策的一般环境

管理环境按照不同的标准可以有很多种不同的分法。按照企业环境范围的大小，可以将其分为宏观环境、中观环境及微观环境，也可以称之为组织的一般环境、任务环境和内部环境（本书将采用第二种称谓）。企业的一般环境是指那些对企业活动没有直接作用而又能够经常对企业决策产生潜在影响的一般要素。

任何企业总是在一定环境中运营的，企业战略也是在一定环境因素制约下制定与实施的。环境决定企业的战略，企业的战略决定相应的组织结构和管理方式。

特别是组织所处的一般环境（宏观环境），对企业又起着至关重要的作用，很多时候决定企业的生存与否。绝大多数组织的一般环境包括政治法律环境、社会文化环境、经济环境、技术环境、自然环境、人口环境和国际环境。其中的每一类因素都包括着可能对组织产生重大影响的事件。

一、政治法律环境

政治和法律环境，指的是政府对商业的管制及企业和政府的关系，是影响企业营销的重要宏观环境因素，包括政治环境和法律环境。政治环境包括国家的政治制度、权力机构、颁布的方针政策、政治团体和政治形势等因素。法律环境包括国家制定的法律、法规、法令以及国家的执法机构等因素。政治和法律因素是保障企业生产经营活动的基本条件。政治环境引导着企业营销活动的方向，法律环境则为企业规定经营活动的行为准则。政治与法律相互联系，共同对企业的市场营销活动产生影响和发挥作用。

政治环境是指企业市场营销活动的外部政治形势。一个国家的政局稳定与否，会给企业经营活动带来重大的影响。如果政局稳定，人民安居乐业，就会给企业经营造成良好的环境。相反，政局不稳，社会矛盾尖锐，秩序混乱，就会影响经济发展和市场的稳定。企业在市场营销中，特别是在对外贸易活动中，一定要考虑东道国政局变动和社会稳定情况可能造成的影响。政治环境对企业经营活动的影响主要表现为国家政府所制定的方针政策，如人口政策、能源政策、物价政策、财政政策、货币政策等，都会对企业营销活动带来影响。例如，国家通过降低利率来刺激消费的增长；通过征收个人收入所得税调节消费者收入的差异，从而影响人们的购买行为；通过增加产品税，对香烟、酒等商品的增税来抑制人们的消费需求。一般在国际贸易中，各国政府主要通过进口限制、税收政策、价格管制、外汇管制和国有化等措施来干预外国企业在本国的营销活动。

法律环境是指国家或地方政府所颁布的各项法规、法令和条例等，它是企业经营活动的准则，企业只有依法进行各种营销活动，才能受到国家法律的有效保护。企业的经营管理者必须熟知有关的法律条文，才能保证企业经营的合法性，运用法律武器来保护企业与消费者的合法权益。随着企业国际化经营的深入，不仅要遵守本国的法律制度，还要了解和遵守国外的法律制度和有关的国际法规、惯例和准则。例如，日本政府曾规定，任何外国公司进入日本市场，必须要找一个日本公司同它合伙，以此来限制外国资本的进入。只有了解并掌握了这些国家的有关贸易政策，才能制定有效的营销对策，在国际经营中争取主动。

二、社会文化环境

社会文化环境是指在一种社会形态下已经形成价值观念、宗教信仰、风俗习惯、道德规范等的总和。任何企业都处于一定的社会文化环境中，企业营销活动必然受到所在社会文化环境的影响和制约。社会文化环境决定了社会对产品、服务和标准的评价，此外，不同文化间商业运作的方法也不相同。社会文化环境一般包括以下几个方面。

（一）教育状况

受教育程度的高低，影响到消费者对商品功能、款式、包装和服务要求的差异性。通常文化教育水平高的国家或地区的消费者要求商品包装典雅华贵、对附加功能也有一定的要求。因此企业在市场开发、产品定价和促销等活动都要考虑到消费者所受教育程度的高低，采取不同的策略。

（二）宗教信仰

宗教是构成社会文化的重要因素，宗教对人们消费需求和购买行为的影响很大。不同的宗教有自己独特的对节日礼仪、商品使用的要求和禁忌。某些宗教组织甚至在教徒购买决策中有决定性的影响。为此，企业可以把影响大的宗教组织作为自己的重要公共关系对象，在营销活动中也要注意到不同的宗教信仰，以避免由于矛盾和冲突给企业营销活动带来的损失。

（三）价值观念

价值观念是指人们对社会生活中各种事物的态度和看法。不同文化背景下，人们的价值观念往往有着很大的差异，消费者对商品的色彩、标识、款式以及促销方式都有自己褒贬不同的意见和态度。企业营销必须根据消费者不同的价值观念设计产品，提供服务。

（四）消费习俗

消费习俗是指人们在长期经济与社会活动中所形成的一种消费方式与习惯。不同的消费习俗，具有不同的商品要求。研究消费习俗，不但有利于组织好消费用品的生产与销售，而且有利于正确、主动地引导健康的消费。了解目标市场消费者的禁忌、习惯、避讳等，是企业进行市场营销的重要前提。

三、经济环境

经济环境是指构成企业生存和发展的社会经济状况及国家的经济政策，包括社会经济结构、经济体制、发展状况、宏观经济政策等要素。通常经济环境对企业生产经营的影响更为直接具体，也是影响企业营销活动的主要环境因素，它包括收入因素、消费支出、产业结构、经济增长率、通货膨胀率、利率、失业率、政府支出等因素，其中消费者的收入、支出、储蓄、信贷等因素对企业经营活动影响较大。

（一）消费者收入因素

市场规模的大小，归根结底，取决于消费者的购买力大小，而消费者的购买力取决于他们收入的多少。决定消费者收入的因素主要包括：（1）国民生产总值。它是衡量一个国家经济实力与购买力的重要指标。（2）人均国民收入。这是用国民收入总量除以总人口的比值。这个指标大体反映了一个国家人民生活水平的高低，一般来说，人均收入增长，对商品的需求和购买力就大，反之，就小。（3）个人可支配收入。个人可支配收入是指在个人收入中扣除消费者个人缴纳的各种税款和交给政府的非商业性开支后剩余的部分，可用于消费或储蓄的那部分个人收入，它构成实际购买力。（4）个人可任意支配收入。个人可任意支配收入是指在个人可支配收入中减去消费者用于购买生活必需品的费用支出（如房租、水电、食物、衣着等项开支）后剩余的部分。这部分收入是消费需求变化中最活跃的因素，也是企业开展营销活动时所要考虑的主要对象。这部分收入一般用于购买高档耐用消费品、娱乐、教育、旅游等。（5）家庭收入。家庭收入的高低会影响很多产品的市场需求。一般来讲，家庭收入高，对消费品需求大，购买力也大；反之，需求小，购买力也小。

（二）消费者支出因素

随着消费者收入的变化，消费者支出会发生相应变化，继而使一个国家或地区的消费结构也会发生变化。该指标主要通过恩格尔系数来衡量，即恩格尔系数=食品支出金额/家庭消费支出总金额。恩格尔系数越小，食品支出所占比重越小，表明生活富裕；恩格尔系数越大，食品支出所占比重越高，表明生活贫困。恩格尔系数是衡量一个国家、地区、城市、家庭生活水平高低的重要参数。企业从恩格尔系数可以了解目前市场的消费水平，也可以推知今后消费变化的趋势及对企业营销活动的影响。

（三）消费者储蓄因素

消费者的储蓄行为直接制约着市场消费量购买的大小。当收入一定时，如果储蓄增多，现实购买量就减少；反之，如果用于储蓄的收入减少，现实购买量就增加。居民储蓄倾向是受到利率、物价等因素变化所致，也受到一定的社会文化因素的影响。人们储蓄目的也是不同的，有的是为了养老，有的是为了未来的购买而积累，当然储蓄的最终目的主要也是为了消费。企业应关注居民储蓄的增减变化，了解居民储蓄的不同动机，制定相应的营销策略，获取更多的商机。

（四）消费者信贷因素

消费者信贷也称信用消费，是指消费者凭信用先取得商品的使用权，然后按期归还贷款，完成商品购买的一种方式。信用消费允许人们购买超过自己现实购买力的商品，创造了更多的消费需求。信贷消费增长趋势明显，企业在经营中应注意把握这一现象。

四、技术环境

技术环境是指企业所处的环境中的科技要素及与该要素直接相关的各种社会现象的集合，包括国家科技体制、科技政策、科技水平和科技发展趋势等。技术环境影响到企业能否及时调整战略决策，以获得新的竞争优势。科技发展对企业营销活动影响作用表现在以下几个方面。

（一）科技发展促进社会经济结构的调整

每一种新技术的发现、推广都会给有些企业带来新的市场机会，导致新行业的出现。同时，也会给某些行业、企业造成威胁，使这些行业、企业受到冲击甚至被淘汰。例如，计算机的运用代替了传统的打字机，复印机的发明排挤了复写纸，数码相机的出现将夺走胶卷的大部分市场等。

（二）科技发展促使消费者购买行为的改变

随着多媒体和网络技术的发展，出现了“电视购物”“网上购物”等新型购买方式。

（三）科技发展使企业面临更加复杂多变的经营环境

科技发展使新产品不断涌现，产品寿命周期明显缩短，要求企业必须关注新产品的开发，加速产品的更新换代。科技发展促进流通方式的现代化，要求企业采用顾客自我服务和各种直销方式。科技发展促使了广告媒体的多样化、信息传播的快速化、市场范围的广阔性、促销方式的灵活性。为此，要求企业不断分析科技新发展，及时调整提高经营决策能力，适应当今富于变化的技术环境。

五、自然环境

自然环境是指自然界提供给人类各种形式的物质资料，如阳光、空气、水等。随着人类社会进步和科学技术发展，资源短缺、环境污染等问题变得日趋明显。从 20 世纪 60 年代起，世界各国开始关注经济发展对自然环境的影响，成立了许多环境保护组织，促使国家政府加强环境保护的立法。对企业管理者来说，应该结合自身特点，及时关注自然环境变化的趋势，并从中分析企业营销的机会和威胁，制定相应的对策。自然环境对企业经营活动的影响主要包括以下几个方面。

（一）自然资源的短缺

自然资源的短缺使许多企业将面临原材料价格大涨、生产成本大幅度上升的威胁。但另一方面又迫使企业研究更合理地利用资源的方法，开发新的资源和替代品，这些又为企业提供了新的资源和机会。

（二）环境污染日趋严重

许多地区的污染已经严重影响到人们的身体健康和自然生态平衡。环境污染问题已引起各国政府和公众的密切关注，这对企业的发展是一种压力和约束，要求企业为治理环境污染付出一定的代价，但同时也为企业提供了新的营销机会，促使企业研究控制污染技术，兴建绿色工程，生产绿色产品，开发环保包装。

（三）政府干预不断加强

自然资源短缺和环境污染加重的问题，使各国政府加强了对环境保护的干预，颁布了一系列有关环保的政策法规，这将制约一些企业的经营活动。同时，企业也要制定有效的营销策略，既要消化环境保护所支付的必要成本，还要在营销活动中挖掘潜力，保证营销目标的实现。

六、人口环境

人口是市场的第一要素，人口数量直接决定市场规模和潜在容量，人口的性别、年龄、民族、婚姻状况、职业、居住分布等也对市场格局产生着深刻影响，从而影响着企业的经营活动。企业应重视对人口环境的研究，密切关注人口特性及其发展动向，及时地调整营销策略以适应人口环境的变化。与企业有关的人口因素一般包括以下几个方面。

（一）人口数量分析

人口数量是决定市场规模的一个基本要素。如果收入水平不变，人口越多，对食物、衣着、日用品的需要量也越多，市场也就越大。企业营销首先要关注所在国家或地区的人口数量及其变化，尤其对人们生活必需品的需求内容和数量影响很大。

（二）人口结构分析

人口结构主要包括：（1）年龄结构。不同年龄的消费者对商品和服务的需求是不一样的。企业了解不同年龄结构所具有的需求特点，就可以决定企业产品的投向，寻找目标市场。（2）性别结构。性别差异会给人们的消费需求带来显著的差别，反映到市场上就会出现男性用品市场和女性用品市场。（3）教育与职业结构。人口的教育程度与职业不同，对市场需求表现出不同的倾向。（4）家庭结构。家庭是商品购买和消费的基本单位。一个国家或地区的家庭单位的多少以及家庭平均人员的多少，可以直接影响到某些消费品的需求数量。（5）社会结构。我国绝大部分人口为农业人口，农业人口约占总人口的 80%左右。这样的社会结构要求企业营销应充分考虑到农村这个大市场。（6）民族结构。民族不同，其文化传统、生活习性也不相同。企业营销要重视不同民族市场的特点，开发适合各民族特性、受其欢迎的商品。

（三）人口分布分析

人口有地理分布上的区别，人口在不同地区密集程度是不同的。各地人口的密度不同，则市场大小不同、消费需求特性不同。例如，我国东西部人口密度差异显著，企业在经营中要注意这种不同并加以利用。

七、国际环境

国际环境是指组织参与其他国家的商业或受其他国家商业的影响。像沃尔玛、通用电气、索尼、丰田等跨国公司，显然影响着国际环境并且自身也受到国际环境的影响。例如，麦当劳在 115 个国家开店，其收入的 2/3 来自美国以外，国际环境影响着麦当劳的经营业绩，同时麦当劳开店之处也传播着美式快餐文化，影响着当地人的生活方式。即使那些只在一个国家做生意的企业也会遇到来自外国企业的竞争，它们所使用的材料和产品可能来自其他国家。由于交通与信息技术的进步，任何一个国家和地区都不再可能完全封闭起来。因此，任何组织都会受到一般环境中国际环境的影响。

第二节　管理决策环境分析

企业的决策环境，除了第一节的一般环境外，还包括任务环境（或称行业环境）和内部环境。一般环境属于企业宏观外部环境，而任务环境属于企业微观外部环境，内部环境则是指组织的内部环境或内部状态。任何企业都是处于一定的宏观环境背景中，当企业选择在某一一般环境中经营以后，对企业实际管理决策产生影响的就是企业的任务环境和内部环境了。下面将详细分析这两类环境如何影响企业的决策。

一、任务环境

由于一般环境的影响往往是模糊的、不准确的和长期性的，绝大多数企业倾向于将注意力集中在任务环境。任务环境是指企业涉入行业状态、所处地域条件及相关业务关系等外在要素的集合，主要包括产业环境、业务环境。其中，产业环境是指企业目前所经营产业的整体状况。业务环境是指能够直接影响企业主要运行活动或被企业主要运行活动所影响的要素及权利要求者集团，如顾客、供应商、竞争对手、合作伙伴、管制者等。

（一）产业环境

研究产业环境有利于企业深入了解产业的市场规模、经营特点、竞争形势、发展方向等经营环境状况与动态，为企业投资和战略决策提供指导。对企业经营决策环境影响最大的产业环境包括以下几个方面。

1. 产业的生命周期

在一个产业中，企业的经营状况取决于其所在产业的整体发展状况以及该企业在产业中所处的竞争地位。分析产业发展状况的常用方法是认识产业所处的生命周期的阶段。产业的生命周期阶段可以用产品的周期阶段来表示，分为开发期、成长期、成熟期和衰退期四个阶段。只有了解产业目前所处的生命周期阶段，才能决定企业在某一产业中应采取进入、维持或撤退的营销策略，才能进行正确的新的投资决策，才能对企业在多个产业领域的业务进行合理组合，提高整体盈利水平。

2. 产业结构分析

根据波特提出的五种竞争力模型，可以从潜在进入者、替代品、购买者、供应者与现有竞争者间的抗衡来分析产业竞争的强度以及产业利润率。潜在进入者的进入威胁在于减少了市场集中，激发了现有企业间的竞争。替代品作为新技术与社会新需求的产物，对现有产业的“替代”威胁的严重性十分明显。购买者、供应者讨价还价的能力取决于各自的实力，如卖（买）方的集中程度、产品差异化程度与资产专用性程度、纵向一体化程度以及信息掌握程度等。产业内现有企业的竞争，通常表现为价格竞争、广告战、新产品引进以及增进对消费者的服务等方式。

3. 市场结构与竞争

经济学中对市场结构的四种分类：完全竞争、垄断竞争、寡头垄断和完全垄断，有助于对市场竞争者的性质加以正确的估计。不同的市场结构与竞争决定了企业成本与利润的比例，对企业起着重要的作用。

4. 市场需求状况

可以从市场需求的决定因素和需求价格弹性两个角度分析市场需求。人口、购买力和购买欲望决定着市场需求的规模。而影响产品需求价格弹性的主要因素有产品的可替代程度、产品对消费者的重要程度、购买者在该产品上支出在总支出中所占的比重、购买者转换到替代品的转换成本、购买者对商品的认知程度以及对产品互补品的使用状况等。

5. 产业内的战略群体

一个战略群体是指某一个产业中在某一战略方面采用相同或相似战略的各企业组成的集团。战略群体分析有助于企业了解自己的相对战略地位和企业战略变化可能产生的竞争性影响，使企业更好地了解战略群体间的竞争状况，发现竞争者，了解各战略群体之间的“移动障碍”，了解战略群体内企业竞争的主要着眼点，预测市场变化和发现战略机会等。

6. 成功的关键因素

作为企业在特定市场获得盈利必须拥有的技能和资产，成功的关键因素可能是一种价格优势、一种资本结构或消费组合、一种纵向一体化的产业结构。

（二）业务环境

业务环境是指同企业经营活动（涉及产、供、销、人、财、物、信息等）相关联或产生影响的各种关系及状态。主要涉及顾客、供应商、竞争对手、战略合作伙伴、管制者及其他关系环境。

1．顾客

顾客是购买企业产品或劳务的消费者或用户，属于企业服务对象。顾客不一定都是个人，还包括学校、医院、政府部门、批发商、零售商和制造商等顾客。

2．供应商

供应商是为企业生产经营提供材料、能源、技术、信息或服务等资源的经济组织。其主要存在两种典型的关系模式：传统的竞争关系和合作性关系，或者叫双赢关系（Win-Win）。

在选择供应商时，应避免选择独家供应商。许多企业对某些重要材料过于依赖同一家供应商，这种情况导致供应商常常能左右采购价格，对采购方施加极大的压力，因此最好选择2～3家供应商。

然而，日本企业却采用完全不同的做法，也取得了良好的效果。它们一向只同一家或两家主要的供应商保持密切的关系，这样可以帮助它们更好地为双方的共同利益工作，并且提高了供应商对顾客需求的反应。它们还将这种关系升级为“双赢关系模式”，这种关系强调在合作的供应商和生产商之间共同分享信息，通过合作和协商协调相互的行为。

3．竞争对手

竞争对手是争夺、分割企业资源和利益的经济组织，主要可分为直接竞争对手、间接竞争对手。直接竞争对手是同企业规模、技术能力、品牌地位、经营模式、管理水平等基础条件相当，且处于相同市场区域的同类企业；间接竞争对手是同企业基础条件存在一定差异的同类企业或生产替代品的企业。

4．战略合作伙伴

战略合作伙伴是指因共同利益而同企业结成经营合作关系的经济组织。按关系程度可以分为紧密伙伴（全项投资合作）、半紧密伙伴（局部项目投资合作）、松散伙伴（业务往来合作）。在全球化发展日益扩大与深化的今天，无论是国家层面还是企业层面，都根据自身利益和在国际体系中的位置与其他国家或企业结成某种战略伙伴关系，谋求在更多方面的合作和发展。

战略合作伙伴关系是一种基于高度信任，伙伴成员间共享竞争优势和利益的长期性、战略性的协同发展关系，它能对外界产生独立和重大的影响，并为合作各方带来深远的意义。

5．管制者

管制者指的是在任务环境中可能控制、立法限制或以其他方式影响组织的政策和实践的要素。管制者分为两种主要形式：第一，管制机构，由政府设立，旨在保护公众或组织免受某些特定企业行为的侵害。第二，利益集团，包括社会组织、行业协会等。尽管利益集团不像政府机构那样拥有官方权力，但通过媒体的帮助，它们可以发挥极大的影响。

二、内部环境

组织的内部环境包括所有者、董事会、雇员、工作环境和企业文化。

（一）所有者

企业的所有者是对企业的财产具有产权的组织和个人。所有者可能是一个人，他创建和运营着一家小型企业；可能是合伙人，他们共同拥有企业；也可能是购买了企业股票的个人投资者，还可能是其他组织。

（二）董事会

公司董事会是由股东选举出来的负有监督管理者、保证企业按符合股东利益最大化要求经营的治理实体。有些董事会无所作为，它们执行一般的监督职责，如检查计划、政策、战略的制定和执行情况，评价经理人员业绩等，很少积极介入真正的运营。但是，这一趋势正在发生变化，越来越多的董事会仔细地检查公司的经营并且对公司的管理施加更大的影响。这一趋势的部分原因是近年来愈演愈烈的商业丑闻。在某些事件中，董事会成员由于不道德行为而受到了起诉。在另一些案例中，董事会被认为疏于职守，未能对公司管理层的行为进行监督。

（三）雇员

员工是企业最重要的资源，也是内部环境的主要因素。目前，管理者最应当关注的是劳工队伍在性别、年龄、价值取向和其他方面都发生了变化。雇员要求更多的是工作自主权——包括企业的所有权和自主完成工作的权利。另一趋势是对临时性劳工的依赖增加了。雇主倾向于使用临时劳工，因为使用他们的灵活性更大、工资更低、不用支付社保等费用，而且不参加公司的福利项目。但是管理者也要处理由此而带来的问题，如越来越多的劳工缺乏对企业的忠诚，因为明天他们也许就要为别人干活了。同时企业也必须关注年轻一代员工在价值取向上与上一代雇员的差别，如美国的Y一代和X一代的差别一样，80后、90后员工对于工作的态度与他们的父辈截然不同，这也要求管理者适应新的管理要求。

（四）工作环境

员工的工作环境包括硬环境和软环境两种，硬环境比较容易理解，主要是那些企业生存需要的实实在在的必要设施和工作场所等；而软环境则往往是没有实形实体的，但它又是与员工的工作状态、工作质量和效率紧密相关的，涵盖了较广的内容。

物理工作环境是员工最基本的保健环境，它能影响员工的身心健康、心理感受和工作情绪，进而会影响到工作效率。不同的企业有不同的物理工作环境，不可否认良好的物理工作环境给企业带来的经济附加价值是不可估量的。例如，有的企业在市中心的摩天大楼里办公，往往好几个楼层，优越的工作环境可以吸引优秀的人才加盟，现有的员工也会因为在良好的工作环境中而感到自豪，从而提高工作效率。

然而，企业也不能一味地只追求物理工作环境而忽视了软环境建设。实质上，软环境对员工的影响是很大的，有时尽管个人空间狭窄、设备陈旧，但同事相处融洽、奖惩分明、领导关心员工等都会极大提高工作环境的质量。

（五）企业文化

企业文化是指企业在社会主义市场经济的实践中，逐步形成的为全体员工所认同、遵守、带有本企业特色的价值观念、经营准则、经营作风、企业精神、道德规范和发展目标的总和。

在企业成长过程中，文化对企业产生的许多影响都被埋入企业行为的原始部位，处于行为动机的意识层面之下，以至于文化的作用往往被人们所忽视。但由于文化本身所具有的特性（无形性、软约束性、相对稳定性和连续性），使企业文化始终以一种不可抗拒的方式影响着企业。世界 500 强中的很多企业都有着自己鲜明的文化特点，如 IBM 的尊重个人、为顾客提供最好的服务、追求工作优异的文化，也许是支撑它走到今天最重要的力量。

第三节　管理决策的内涵与程序

一、决策的含义及特点

所谓决策（Decision Making），通俗地说，就是人们为某一件事情拿主意、下决心、作出合理抉择的过程。中外学者从不同的角度给出了许多不同的说法。

著名经济学家、美国科学家赫·阿·西蒙（H. A. Simon）认为“管理就是决策”。

路易斯（Pamela S. Lewis ）、古德曼（Stephen H. Goodman）和范特（PatriciaM. Fandt）将决策定义为“管理者识别、解决问题以及利用机会的过程”。

有的学者从实际操作角度出发，认为决策是从两个或两个以上的可行方案中选择一个合理方案的分析判断过程。

从决策的过程来看，有人认为，决策是组织的决策者以其知识、经验和掌握的信息为依据遵循决策的原理原则，采用科学的方法，确定组织未来的行动目标，并从两个以上可能实现目标的行动方案中选择一个较为满意的方案的分析判断过程。

以上定义从不同的侧面揭示了决策的内涵，综合各家的观点，本书认为，决策就是为了解决组织面临的问题，实现组织目标，在科学搜集并详细分析相关信息的基础上，提出解决问题和实现目标的各种可行方案，依据评定准则和标准，选定方案并加以实施控制的过程。

决策的特点可以概括为以下几个方面。

（一）决策是行动的基础

任何一项管理活动都要预先明确此项活动要解决什么问题，达到什么目的，达到此目的有哪些方案，哪种方案比较好等。决策就是要对可供选择的方案进行分析评价，从而选择一个满意的方案付诸实施，最后实现组织的预期目标。可见，决策是行动的基础。但这种行动是未来的行动，这也说明了决策具有一定的超前性，决策者要有一定的超前意识、思维敏锐，才能遇见到事物未来的发展变化，适时作出正确的决策。

（二）决策有明确的目的

决策是为了解决某一个问题，实现一定的目标。在对行动方案进行选择时，要有明确的目的，不能模棱两可，否则，决策就没有方向，导致决策无效甚至失败。所以，必须明确为什么要进行决策，决策的最终目的是什么。

（三）决策要有备选方案

决策必须面对两个以上的可行方案。每个方案都满足以下条件：（1）能够实现预期目标；（2）各种影响因素都能进行定性和定量分析；（3）无法控制的因素基本能预测出实现的概率。决策的前提是寻求若干个可行方案，如果不存在两个以上方案，就不存在选择，也就无所谓决策了。

（四）决策是一个过程

从表面上看，所有可能的方案都被罗列出来以后，决策者的工作只是从中选择方案，但事实上，决策者需要做大量的工作，如调查、分析和预测工作，然后确定行动目标，找出可行方案，并进行判断、权衡、选择最终方案，没有这个过程就很难有合理的决策。因此，决策是一个循环过程，而不是一个瞬间作出的决定。

二、决策的地位与作用

决策是衡量组织管理水平高低的重要标志之一，是管理者从事管理工作的基础。美国俄勒冈大学商学院教授威廉·斯塔巴克（William Starbuck ）认为，“决策”一词的使用改变了管理者对自己工作的看法，促使人们追求行动上的利索和作风上的果断。斯塔巴克认为：“政策制定可以无休无止地进行下去，资源分配也总是没完没了，而‘决策’则意味着思考的结束，行动的开始。”因此，我们必须充分认识决策在管理中的重要地位和作用。

（一）决策关系到组织的生存和发展

决策是组织从事管理活动的第一步，决策的正确性和科学性对管理活动的成败起着决定性的作用。决策正确，管理效率高，就能够提高组织的工作效率，为组织兴旺发达打下良好的基础；决策失误，管理效率就可能低下，甚至是负效率，则会使组织面临灾难性的损失。这在组织总体决策上表现尤其明显。因此，必须使决策科学化，进行科学决策。

（二）决策是管理工作的核心

管理工作是多方面的，但是，在一定意义上讲，都是围绕决策开展的。计划职能中，目标的确定、资源的分配、方法和步骤的采用都需要决策；组织职能中，组织机构的设立、部门职权的划分、人员的选配等，也都需要决策；在行使领导和控制职能时更不例外。总之，计划、组织、领导和控制各项管理职能的实现过程都离不开决策。同时，这些活动本身也有具体的决策问题。可以说，决策贯穿于管理过程的始终。

（三）决策是各级管理者的主要职责

管理者的职责很多，但首要的职能就是决策。一切管理者不论其职位高低，都在不同范围、不同层次上参与决策与执行决策。决策及其实施是管理活动的基本内容，从决策目标的提出，到方案的制订、抉择，以及组织实施的全过程，管理者都必须亲自过问、参加、负责到底。

三、决策的程序

决策是一个比较复杂的过程，并不只限于从几个可行方案中选择一个方案，而应按照客观规律性划分为几个既相对独立又前后联系的阶段进行决策。科学决策的一般程序可分为发现问题、确定目标、拟订方案、抉择方案、执行方案和检查处理。

（一）发现问题

发现问题是科学决策的起点。决策活动是为了解决一定的问题而进行的。没有发现组织运行中存在的问题，就没有必要制定新的决策来使组织活动作出调整和改变。因此，决策者首先要研究组织的现状，及时发现问题的苗头，正确界定问题的性质和问题产生的根源，这是解决问题、提出改进措施的关键。这就要求组织各级管理人员具备正确发现问题的能力。

所谓问题，是指“期望目标”与“实际情况”之间的差距。这种“问题”可能是消极的，即组织被迫要去应对的，如来自外界不可预料事件的一次威胁，或者组织内部出现的一个故障或麻烦；但重要的是需要组织通过新的决策去处理的“问题”还常常应该从积极的意义上去理解，如组织内部条件有了改善或者外部环境中出现了有利于组织的变化，要求把握发展机会等。面对这些消极的或积极的问题，决策者不能等闲视之，不闻不问，而要能够及时地发现问题，采取对策。在找出问题的过程中，容易犯的错误是将问题的表现视为问题的本身，或针对某些问题的细枝末节寻找解决办法。在这种情况下，即使科学的决策也不能有效地解决问题。为此，必须从以下三个方面进行深入分析。

（1）目前实际状况与原来期望两者之间的差距在哪里以及有多大？在组织的正常运行过程中，问题一旦产生，目标就会与实际不一致或产生使目标和实际不一致的潜在因素。找出差距并实事求是地确定此差距到底有多大是一项非常重要的工作，因为只有正确地找出差距，才能有效地进行问题诊断工作。

（2）造成此差距缺口的直接与间接原因是什么？找到了差距，就要寻找造成差距的原因。在决策过程中，如果根本原因不明确，为消除差距而设计的方案就不可能有效，或是仅仅为治表而付出巨大代价。在寻找原因时，管理者在扑朔迷离的现象中，可能先要找出最明显的原因，然后再逐步深入，直到把根本原因找出。

（3）上一级组织或外部环境是否是造成本问题的根源？本问题对其他组织目标的影响程度如何？

（二）确定目标

决策目标体现的是组织想要获得的结果。确定目标就是明确解决问题的最终目的、必须达到的效果。确定科学合理的目标是科学决策的前提。决策者要明确决策应达成的目标，并对目标的优先顺序进行排序，从而减少以后决策过程中不必要的麻烦。

决策目标是由上一阶段明确的有待解决的问题决定的。在确定过程中，首先必须把要解决问题的性质、结构、症结及其原因分析清楚，才能有针对性地确定出合理的决策目标。明确决策目标，要注意以下几个方面要求。

1．提出目标的最低和理想水平

目标应从可能性、可靠性、重要性等方面出发，区分主次，明确组织改变活动方向和内容至少应该达到的状况和水平，以及希望实现的理想目标水平。决策不仅要保证实现最低限度的要求，还要力争达到既定约束条件下所能达到的最好状态。

2．目标必须具体明确

决策目标的表达应当是单义的，在时间、地点和数量上都要加以确定。目标要能够分解落实到具体部门、具体单位，这样执行者才会明确地领会目标的含义。目标要有具体的衡量指标，如费用指标、效益指标；目标应尽量数量化，并应规定其完成期限。

3．处理多个目标间的关系

决策目标往往不止一个，而更多的是具有多重或多元的目标。多个目标之间有时还会有矛盾，这就给决策带来了一定的困难，因此，要处理多个目标的问题，明确多元目标间的关系。在进行多个目标的复杂决策时，在满足决策需要的前提下，尽量减少目标数量，因为目标越多，决策难度越大。然后把目标依重要程度的不同进行排序，把重要程度高的目标先行安排决策，并尽可能地兼顾其他目标，减少目标间的矛盾。如果多个目标之间不是协调一致的，上下级的目标存在矛盾冲突，要按照局部服从全局的原则采取适当的办法解决。

4．限定目标的正负面效果

既定目标活动的执行可能给组织带来有利的贡献，也可能产生不利的影响。限定目标的正负面效果，就是要把目标执行的有利结果和不利结果加以界定和权衡，规定不利结果在何种水平范围内是允许的，一旦超过这个水平组织就应当停止原目标活动的执行，以控制决策的不利影响。

5．保证目标的可操作性

不论是明确组织必须达到的最低目标还是希望实现的理想目标，也不论是确定组织的总体目标还是各职能部门的分目标，都必须保证目标的可操作性，因此，目标的确定应符合以下三个特征：（1）可以计量或衡量；（2）可规定其期限；（3）可确定其责任人。

（三）拟订方案

决策过程必须提供多个可行方案，即“备选方案”，作为选择或抉择的基础。这些方案之间，应互相具有替代作用。选用何种方案，视其在各相关限制因素的优劣地位及成本效益而定。通常来说，一个问题往往可以用一个以上的办法来解决，所以在选择之前，应先把所有可能的候选者及相关因素罗列出来，以便清楚地加以考查和评估。备选方案通常有以下两个来源。

1．经验

经验可能是决策者或决策群体的，也可能是别的管理者或别的群体的实际做法。尽管过去自己面临的环境与目前的状况可能有很大差别，但过去成功的做法毕竟可以作为一个备择方案；虽然他人面对的挑战与自己面临的可能有诸多不同，但别人达到目的的捷径还是可以作为一种备择方案的。需要注意的是，过分依赖自己或别人的过去经验来解决问题，也存在经验与变化的环境脱节而失效的危险。

2．创造

在竞争激烈的现代社会，决策者应该具有随机应变的创造力。管理人员应将主要力量放在以未来为导向的创新过程中，力求突破改进，有效达成目标。凡是所有决定增加某些新的、有用的因素的决策，都可称为“创造性”决策。组织的发展需要具有创造性的方案，它不是过去的再现，也不是别人的翻版，而是一种独到的、适应当前环境的新做法，只有这样才能走在别人的前面，确立竞争优势，在决策方案的设计活动中，创造具有十分重要的地位和作用。所以，管理人员在整个决策过程中，都应充分发挥自己的创造性。

（四）抉择方案

决策者需要对备选方案在进行详尽的分析与比较后，选取一个最满意的方案加以实施。

抉择活动由评估方案和选择方案两个环节组成。

1．评估方案

决策者需要采用现代化的分析、评价、预测方法对各种方案进行综合评价。在评价时，要根据目标来考核各个方案的费用和功效，运用定性、定量、定时的分析方法评估各备选方案的近期、中期和远期的效能价值，预测决策实施中可能遇到的风险及活动失败的可能性，以及来自各阶层、各领域的反应，尤其要注意那些难以用数学方法量化的非计量性因素。在评价的基础上，权衡比较各备选方案的利弊得失，并将各种备选方案按优劣顺序排列。

2．选择方案

选择方案是在进行详尽的方案分析与比较的基础上，选取一个最满意的方案的过程，是决策过程中最关键的环节。在实际决策中往往是有些备选方案从某个角度来讲是合理的，但从另一个角度看却有缺陷，这时如何合理分析每个备选方案的利弊，最终选择最有希望解决问题的方案，这是决策过程中的最关键工作。在选择决策方案时，应注意以下几点。

（1）预测所有方案执行后可能产生的后果

备选方案的后果有确定的，也有概率性的；有长期的，也有短期的；有有形的，也有无形的；有理想的，也有不尽理想的；管理者应该尽量把所有可能性都估计到。并且应该注意到，任何决策行动都不会只有单一结果。对方案的执行后果作了预测之后，还要对它进行评估，这时可以用一种“满意”的标准来比较，如果一个方案达到这个标准就是可以接受的。运用这种方法可以使决策过程得以简化，不合格的备选方案被否决，从而减少决策的工作量。

（2）界定价值观念与目标的关系

决策的全过程都涉及决策者的主观判断问题，特别是方案的选择过程，与决策者的主观价值认定密切相关。价值是客体与主体需要之间的关系，决策主体依据自己的需要建立这种价值关系。价值随主体的不同而变更。合理的决策条件，应在下级价值来自于上级目标的“目标—手段”链的框架之下。通常，由于管理人员同时面对内部目标和多重外部目标，所以在实务上，他们要处理的“目标—手段”链有很多个，且相互之间可能有冲突，为此，有必要科学地设定组织的总体战略目标和详细的执行方案，从而构成完整的“目标—手段”链。

（3）适当调整不确定性因素

不确定性因素存在于组织活动的各个阶段，因此它也是选择方案时需要考虑的一个因素。选择方案时，决策者必须充分意识到未来可能会出现的不确定情况，不仅要从能产生综合优势的角度来选择拟采用的方案，并且要准备好环境发生预料中的变化时可以启用的备用方案。制订备用方案的目的，是对可预测到的未来的不确定性准备充分的必要措施，以避免临时仓促应变可能造成的混乱。

为提高决策的准确性，还可以引入数量分析方法和模型，协助决策者选定方案。这部分内容将在决策方法中加以介绍。

在实际决策工作中，方案的拟订、评估和选择往往交织在一起，因为方案的拟订不是一次性完成，而是需要渐进地、不断地加以补充和完善。一个较好的方案通常都是在与其他方案的比较中，在受到其他方案的启发下形成的。这个过程说明了决策步骤的不可分割性。

（五）执行方案

将所选定的方案付诸实施是决策过程中至关重要的一步，没有决策的执行，就不能达到决策的目的；如果不能有效地实施，再好的方案也无法达到预期的目标。决策执行过程中应做好以下工作：（1）制定相应的具体措施，保证方案的正确执行；（2）确保有关决策方案的各项内容被参与实施的人充分接受和彻底了解；（3）运用目标管理方法把决策目标层层分解，落实到每一个执行单位和个人；（4）建立重要工作的报告制度，以便随时了解方案进展情况，及时调整行动。

有时在全面实施方案之前，可以先进行局部试行，验证在真实条件下是否真正可行，若不可行，为避免更大损失，则需再次考察前几个阶段的活动，修正或重新设计方案。

（六）检查处理

决策过程的最后一个阶段是控制决策的执行。一项复杂的决策方案的执行通常需要较长的时间，在这一过程中，所有先期考虑到的后果都会变成可能发生的问题，所以，必须通过定期的检查评价，及时掌握决策执行的情况，将有关信息反馈到决策机构，以便采取措施进行处理。决策者必须跟踪决策实施情况，取得各种反馈信息。一方面，是为了及时发现情况，查明原因，采取积极措施纠正行动与既定目标的偏离，以保证既定目标的实现；另一方面，对客观条件发生重大变化而导致原决策目标确实难以实现的，则要进一步寻找问题，确定新的决策目标，重新制订可行的决策方案并进行评估和选择。所以，反馈也是决策过程中执行活动的一个重要环节，它使决策与环境统一在一个大系统中，通过执行—反馈—修正这样的循环运动，使决策方案始终保持其正确性。

第四节　管理决策方法

根据决策所采用的分析方法，可以把决策方法分为定性决策方法和定量决策方法。本节将对管理决策中经常用的方法进行一个系统的说明。

一、定性决策方法

在计算机广泛应用、各种定量决策方法层出不穷的时代，定性分析方法仍然有它们特有的优势：（1）人们面对信息不完全的决策问题时，只能依赖于决策者自身和他人的知识和经验，对一些需要决策的问题进行大致的估计和预测。（2）当决策问题与人们的主观意愿关系密切时，或者当多个决策者意见有分歧时，需要采用定性分析或以定性分析为主的决策方法。（3）当决策问题十分复杂，现有的定量分析方法和计算工具难以胜任时，人们不得不进行粗略的估计和采用定性分析方法。

（一）集体决策方法

1．头脑风暴法

在群体决策中，由于群体成员心理相互作用影响，易屈于权威或大多数人的意见，形成所谓的“群体思维”。群体思维削弱了群体的批判精神和创造力，损害了决策的质量。为了保证群体决策的创造性，提高决策质量，管理上发展了一系列改善群体决策的方法，头脑风暴法是较为典型的一个。

头脑风暴法可以分为直接头脑风暴法（通常简称为头脑风暴法）和质疑头脑风暴法（也称反头脑风暴法）。前者是指专家群体决策尽可能激发创造性，产生尽可能多的设想的方法，后者则是对前者提出的设想、方案逐一质疑，分析其现实可行性的方法。采用头脑风暴法组织群体决策时，要集中有关专家召开专题会议，主持者以明确的方式向所有参与者阐明问题，说明会议的规则，尽力创造融洽轻松的会议气氛。一般不发表意见，以免影响会议的自由气氛。由专家们“自由”提出尽可能多的方案。

一般来说，头脑风暴法应遵守如下原则：（1）庭外判决原则。对各种意见、方案的评判必须放到最后阶段，此前不能对别人的意见提出批评和评价；（2）欢迎各抒己见，自由表达，创造一种自由的气氛；（3）追求意见数量；（4）探索取长补短和改进办法，鼓励参加者对他人已经提出的设想进行补充、改进和综合。

2．名义小组法

名义小组法是指在决策过程中对群体成员的讨论或人际沟通加以限制，但群体成员是独立思考的。像召开传统会议一样，群体成员都出席会议，但群体成员首先进行个体决策。

在集体决策中，如对问题的性质不完全了解且意见分歧严重，则可采用名义小组法。在这种方法下，小组成员互不通气，也不在一起讨论、协商，小组只是名义上的。这种名义上的小组可以有效地激发个人的创造力和想象力。

在使用名义小组法时，管理者先选择一些对要解决的问题有研究或者有经验的人作为小组成员，并向他们提供与决策问题相关的信息。小组成员各自先不通气，请他们独立思考，要求每个人尽可能把自己的备选方案和意见写下来。然后，再按次序让他们一个接一个地陈述自己的方案和意见。在此基础上，由小组成员对提出的全部备选方案进行投票，根据投票结果，赞成人数最多的备选方案即为所要的方案，当然，管理者最后仍有权决定是接受还是拒绝这一方案。

3．德尔菲法

德尔菲法又称专家意见法，是依据系统的程序，采用匿名发表意见的方式，即团队成员之间不得互相讨论，不发生横向联系，只能与调查人员发生关系，以反复地填写问卷，以集结问卷填写人的共识及搜集各方意见，经过反复征询、归纳、修改，最后汇总成专家基本一致的看法，作为预测的结果。这种方法具有广泛的代表性，较为可靠，可用来构造团队沟通流程，应对复杂任务难题的管理技术。

德尔菲法同常见的召集专家开会、通过集体讨论、得出一致预测意见的专家会议法既有联系又有区别。德尔菲法能发挥专家会议法的优点：第一，能充分发挥各位专家的作用，集思广益，准确性高；第二，能把各位专家意见的分歧点表达出来，取各家之长，避各家之短。同时，德尔菲法还能避免专家会议法的诸多缺点，例如，权威人士的意见影响他人的意见；有些专家碍于情面，不愿意发表与其他人不同的意见；出于自尊心而不愿意修改自己原来不全面的意见。德尔菲法的主要缺点是过程比较复杂，花费时间较长。

（二）有关活动方向的决策方法

1．经营单位组合分析法

一般企业都有两个以上的经营单位，企业要为不同的经营单位确定不同的活动去向及分配不同的资源。确定去向时要综合考虑企业或该经营单位在市场上的相对竞争地位和业务增长情况。一般依据两个标准：市场占有率与业务增长率，根据这两个标准把公司业务定位为幼童、明星、现金牛、瘦狗四个象限，如图 3-1 所示。

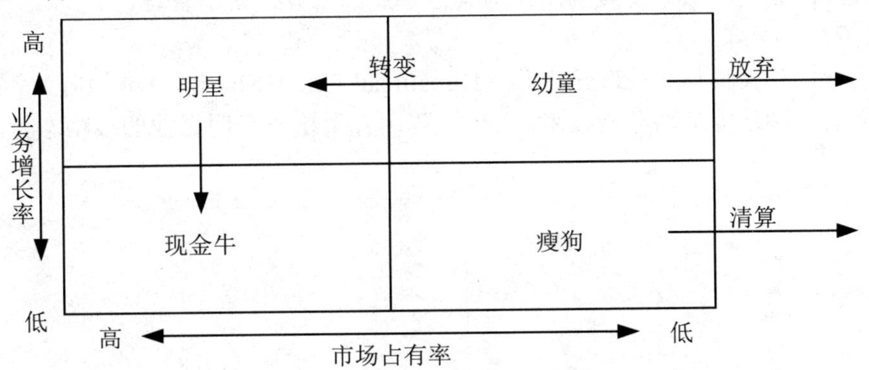

图 3-1　企业经营单位组合图

（1）幼童型业务。幼童型业务也称为问号业务（Question Marks），它是处于高增长率、低市场占有率象限内的产品群。前者说明市场机会大，前景好，而后者则说明在市场营销上存在问题。其财务特点是利润率较低，所需资金不足，负债比率高。对问题产品应采取选择性投资战略，对可能会成为明星的产品进行重点投资，提高市场占有率，使之转变成“明星产品”。对这类产品的改进与扶持方案一般均列入企业长期计划中，管理组织上也最好是采取智囊团或项目组织等形式。

（2）明星型业务。明星型业务（Stars）处于快速增长的市场中并且占有支配地位的市场份额，但是否产生正现金流量，取决于新工厂、设备和产品开发对投资的需要量。明星型业务是由幼童型业务继续投资发展起来的，可以视为高速成长市场中的领导者，它将成为公司未来的现金牛业务。但这并不意味着明星业务一定可以给企业带来源源不断的现金流，因为市场还在高速成长，企业必须继续投资，以保持与市场同步增长，并击退竞争对手。明星型业务要发展成为现金牛业务适合于采用增长战略。

（3）现金牛业务。现金牛产品（Cash Cow）又称厚利产品。它是指处于低增长率、高市场占有率象限内的产品群，已进入成熟期。其财务特点是销售量大，产品利润率高、负债比率低，可以为企业提供资金，而且由于增长率低，也无须增大投资。因而成为企业回收资金，支持其他产品，尤其明星产品投资的后盾。对这一象限内的大多数产品，市场占有率的下跌已成不可阻挡之势，因此可采用收获战略，即所投入资源以达到短期收益最大化为限。对于这一象限内的销售增长率仍有所增长的产品，应进一步进行市场细分，维持现存市场增长率或延缓其下降速度。对于现金牛产品，适合于用事业部制进行管理，其经营者最好是市场营销型人物。

（4）瘦狗型业务。瘦狗产品（Dogs）也称衰退类产品，它是处在低增长率、低市场占有率象限内的产品群。其财务特点是利润率低、处于保本或亏损状态，负债比率高，无法为企业带来收益。首先，对这类产品应采用撤退战略；其次，将剩余资源向其他产品转移；最后，整顿产品系列，最好将瘦狗产品与其他事业部合并，统一管理。

2．政策指导矩阵

政策指导矩阵又称指导性政策矩阵（Directional Policy Matrix，DP 矩阵），是由壳牌化学公司创立的一种新的战略分析技术。DP 矩阵用九个格子表明企业的战略态势，如图 3-2 所示。

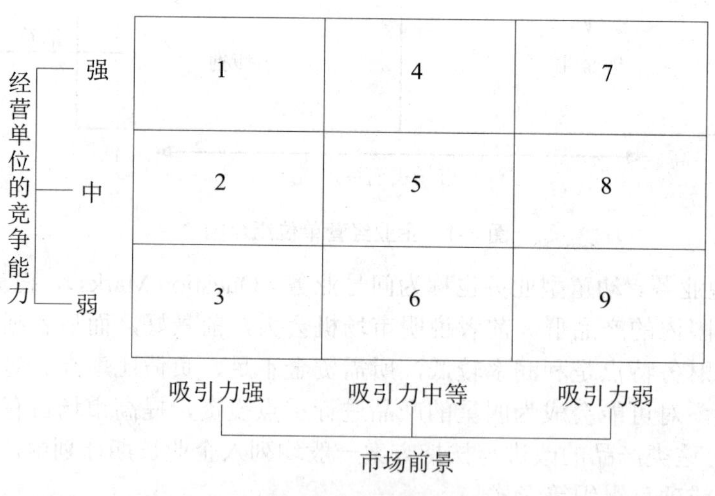

图 3-2 DP 矩阵

荷兰皇家/壳牌公司创立的政策指导矩阵，主要是用矩阵来根据市场前景和竞争能力定出各经营单位的位置。横轴表示市场前景，分为吸引力强、吸引力中等、吸引力弱三类，并用盈利能力、市场增长率、市场质量和法规形势等因素加以定量化。纵轴表示竞争能力，分为强、中、弱三类，由市场地位、生产能力、产品研究和开发等因素决定。这样，DP 矩阵就被分为 3×3 的九个不同的战略方格。九个战略方格又分成三大战略区间，落入不同的区间需要采取不同的战略方式。

（1）增长和建立区间：当企业落入 1、2、4 方格内时，该分部即被看作是增长型和建立型（Grow and Build）部门。当企业落入 1 方格时，应该优先追加投资，极力寻求在产业中的支配地位；当企业落入 2 方格时，择优投资，增强企业竞争能力，争取领先地位；当企业落入 4 方格时，应该有选择地投资，发展或保持领先地位。在此区域的企业一般采取一体化的扩张战略或加强型战略。

（2）坚持和保持区间：当企业落入 3、5、7 方格内时，该分部被看作是坚持和保持型（Hold and Maintain）部门。当企业落入 3 方格时，应该努力增强竞争能力或采取收割战略；当企业落入 5 方格时，应该识别有前途的领域并有选择地投资，一般不采取收缩型的战略；当企业落入 7 方格时，说明企业处于高竞争能力和低发展前景的战略状况。

（3）收获和剥离区间：当企业落入 6、8、9 方格内时，分部一般会采取收割或剥离战略。当企业落入 6、8 方格时，应减少投资，逐步退出；当企业落入 9 方格时，应全面抽回资金，并及时退出。对于处在该区域的企业一般比较适合采取收缩型战略，如合资经营、收割或清算等。

这里必须指出，由那些矩形组成的区域并未精确地加以限制，实际上，各区域的形状是不规则的；区域的边界也不固定，可以相互变化；在某些情况下，区域之间允许重叠。

3．SWOT 分析法

SWOT 分析法是一种企业战略分析方法，即根据企业自身的既定内在条件进行分析，找出企业的优势、劣势及核心竞争力之所在。其中，S 代表 Strength（优势），W 代表 Weakness（劣势），O 代表 Opportunity（机会），T 代表 Threat（威胁）；其中，S、W 是内部因素，O、T 是外部因素。按照企业竞争战略的完整概念，战略应是一个企业“能够做的”（即组织的强项和弱项）和“可能做的”（即环境的机会和威胁）之间的有机组合，如图 3-3 所示。

SWOT 分析有四种不同类型的组合：优势—机会（SO）组合、劣势—机会（WO）组合、优势—威胁（ST）组合和劣势—威胁（WT）组合。

（1）优势—机会（SO）：此时企业具有特定方面的优势，而外部环境又为发挥这种优势提供有利机会时，可以采取增长型战略。

（2）劣势—机会（WO）：此时企业存在外部机会，但由于企业存在一些内部劣势而妨碍其利用机会，可采取措施先克服这些劣势。这时应采取扭转型战略，目的是利用外部机会来弥补内部劣势，使企业改劣势而获取优势。

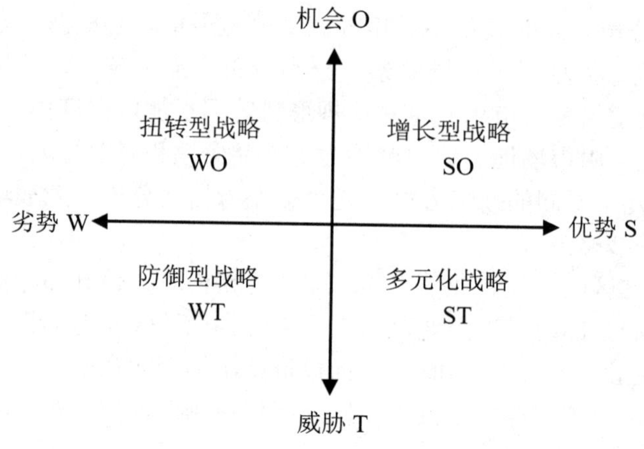

图 3-3　SWOT 分析图

（3）优势—威胁（ST）：企业自身具备某种竞争优势，占有一定的市场地位，但是外部却存在多种不稳性因素及威胁。此时，企业应采用多元化战略，尽量利用自身优势，回避或减轻外部威胁所造成的影响。

（4）劣势—威胁（WT）：此时企业内忧外患，往往面临生存危机，此时企业应采用防御型战略，或者采取聚焦战略把有限的资源集中到一个业务，或许可以扭转危机。

SWOT 方法自形成以来，广泛应用于企业战略研究与竞争分析，成为战略管理和竞争情报的重要分析工具。分析直观、使用简单是它的重要优点。即使没有精确的数据支持和更专业化的分析工具，也可以得出有说服力的结论。

二、定量决策方法

半个多世纪以来，随着信息技术的应用与计算机的普及，特别是多种定量分析软件的推广，定量分析方法逐渐从专家们的咨询机构走到企业、政府和各种实际应用部门。要详细介绍这些方法，是应用统计学、运筹学等课程的任务。下面对这些方法进行概括性的介绍，进一步的学习可以参考相关教材。

（一）确定型决策方法

确定型决策是指决策面对的问题的相关因素是确定的，从而建立的决策模型中的各种参数也是确定的。比起不确定型与风险型决策，确定型决策是比较容易求解的问题。实际中有许多问题虽然不是确定型的，但如果主要因素是确定的，也可以暂时忽略不确定性因素，简化为确定型决策的问题。

解决确定型决策问题的方法有很多种，包括线性规划、非线性规划、动态规划等。这里主要介绍其中的两种：盈亏平衡分析和线性规划法。

1．盈亏平衡分析

盈亏平衡分析（Break-even Analysis）又称保本点分析或量本利分析法，是根据产品的业务量（产量或销量）、成本、利润之间的相互制约关系的综合分析，用来预测利润、控制成本、判断经营状况的一种数学分析方法。它是一种通过分析产品成本、销售量和销售利润这三个变量之间的关系，掌握盈亏变化的临界点（保本点）而进行选择的方法。

盈亏平衡分析可以对项目的风险情况及项目对各个因素不确定性的承受能力进行科学的判断，为投资决策提供依据。

盈亏平衡分析的模型为：

$$I=S-(C_v\times Q+F)=P\times Q-(C_v\times Q+F)=(P-C_v)Q-F$$

式中：I——销售利润；P——产品销售价格；F——固定成本总额；C_v——单件变动成本；Q——销售数量；S——销售收入。

又因为总成本：$C=F+C_v\times Q$，总收入：$S=P\times Q$，盈亏平衡方程为：$C=S$，$P\times Q=F+C_v\times Q$。由此得出盈亏平衡点为：$Q=F/(P-C_v)$。

2．线性规划法

线性规划法是解决多变量最优决策的方法，是在各种相互关联的多变量约束条件下，解决或规划一个对象的线性目标函数最优的问题，即给予一定数量的人力、物力和资源，如何应用而能得到最大经济效益。当资源限制或约束条件表现为线性等式或不等式，目标函数表示为线性函数时，可运用线性规划法进行决策。

线性规划法就是在线性等式或不等式的约束条件下，求解线性目标函数的最大值或最小值的方法。其中目标函数是决策者要求达到目标的数学表达式，用一个极大或极小值表示。约束条件是指实现目标的能力资源和内部条件的限制因素，用一组等式或不等式来表示。运用线性函数规划法建立数学模型的步骤是：（1）确定影响目标的变量；（2）列出目标函数方程；（3）找出实现目标的约束条件；（4）找出使目标函数达到最优的可行解，即该线性规划的最优解。

线性规划是决策系统的静态最优化数学规划方法之一。它作为经营管理决策中的数学手段，在现代决策中的应用是非常广泛的。不过，这种计划方法要求有关变量间必须具有线性的关系，否则，在非线性关系的情况之下，就需要借助非线性规划来解决相应问题。

（二）风险型决策方法

决策树法利用概率论的原理和一种树形图作为分析工具。其基本原理是，用决策点代表决策问题，用方案分支代表可供选择的方案，用概率分支代表方案可能出现的各种结果，经过对各种方案在各种结果条件下损益值的计算比较，为决策者提供决策依据。

决策树分析法是常用的风险分析决策方法。该方法是一种用树形图来描述各方案在未来收益的计算、比较以及选择的方法，其决策是以期望值为标准的。人们对未来可能会遇到好几种不同的情况，每种情况均有出现的可能，人们目前无法确知，但是可以根据以前的资料来推断各种自然状态出现的概率。在这样的条件下，人们计算的各种方案在未来的经济效果只能是考虑到各种自然状态出现的概率的期望值，与未来的实际收益不会完全相等。如果一个决策树只在树的根部有一决策点，则称为单级决策；若一个决策不仅在树的根部有决策点，而且在树的中间也有决策点，则称为多级决策。典型的决策树模型如图3-4所示。

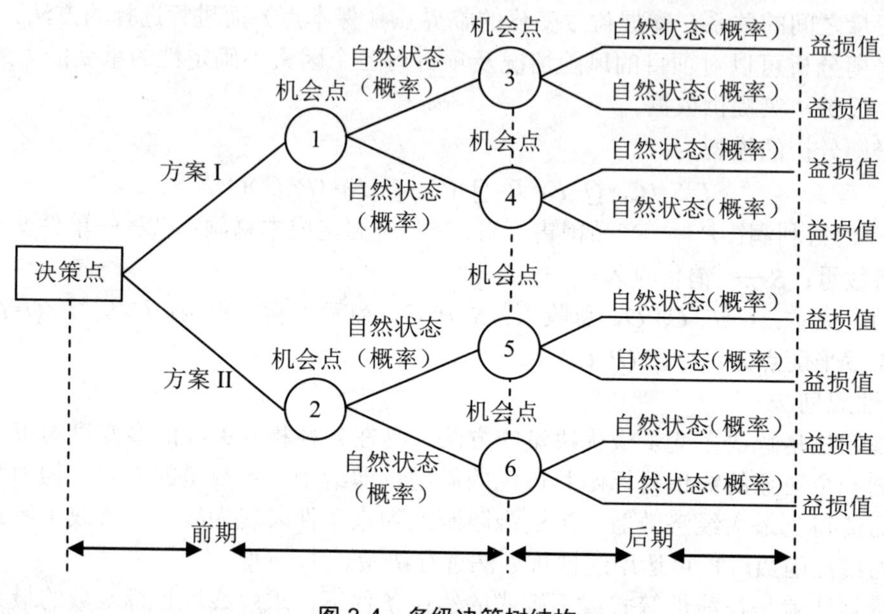

图3-4 多级决策树结构

运用决策树法的一般步骤如下。

（1）绘制决策树图。从左到右的顺序画决策树，此过程本身就是对决策问题的再分析过程。

（2）按从右到左的顺序计算各方案的期望值，并将结果写在相应方案节点上方。期望值的计算是从右到左沿着决策树的反方向进行计算的。

（3）对比各方案的期望值的大小，进行剪枝优选。在舍去备选方案枝上，用“=”记号隔断。

（三）不确定型决策方法

下面将通过一个例子来说明以下几种不确定型决策的方法。

【例3-1】M公司购买了一块土地作为新的高档楼群的地址，并且已经初步制定了三个不同规模的建筑草图，分别是30栋楼、60栋楼和90栋楼。项目财政上的成功取决于与楼房的大小和与楼房需求相关的随机事件。M公司的决策问题是在给定楼房需求的不确定性的情况下，选定一个能够带来最大利润的项目规模。

通过给定的问题发现，这一决策就是要确定楼群的规模。M公司有以下三个决策方案。

（1）d_1——一个小型楼群，有 30 栋楼。

（2）d_2——一个中型楼群，有 60 栋楼。

（3）d_3——一个大型楼群，有 90 栋楼。

选择最优方案的一个因素是楼房需求的不确定性。楼房的需求有一个很大范围的可能性，但主要考虑两种随机事件的可能后果：强需求和弱需求。在决策分析中，随机事件的可能后果被称为自然状态，并且有且只有一种自然状态会发生。在 M 公司的问题中，与楼房需求相关的随机事件有以下两种自然状态。

（1）s_1——楼房的强需求。

（2）s_2——楼房的弱需求。

管理者首先选择一个决策方案（规模），然后会有一个自然状态发生（楼房需求），最后会有某种结果发生。在这个问题中，结果就是 M 公司的利润，或称为收益。

下面用表 3-1 来说明 M 公司的楼群项目收益情况。

表 3-1　M 公司楼群项目收益矩阵

单位：万元

决 策 方 案	自 然 状 态	
	强 需 求	弱 需 求
小型楼群（d_1）	800	700
中型楼群（d_2）	1 400	500
大型楼群（d_3）	2 000	−900

1. 乐观法（大中取大法）

乐观法是指在评价一个决策方案时，只根据它所能带来的最大收益进行判断，最后所推荐的决策方案也必然是可能带来最大收益的方案。在一个追求最大利润的问题中，乐观法会使决策者选择与最大利润相应的决策方案。对于最小化问题，乐观法会使决策者选择与最小收益相对应的方案。

在例 3-1 中，根据表 3-1，首先确定每一奖惩方案的最大收益；然后选择能够带来最大收益的决策方案。根据这些步骤系统地确定出可能带来最大利润的决策方案，如表 3-2 所示。因为对应于 d_3，2 000 是最大收益，所以运用乐观决策方法进行分析的最优决策是建造大型楼群。

表 3-2　所有 M 公司决策方案的最大可能收益

单位：万元

决 策 方 案	最 大 收 益
小型楼群（d_1）	800
中型楼群（d_2）	1 400
大型楼群（d_3）	2 000 ←—— 最大收益的最大值

2．悲观法（小中取大法）

悲观法是指在衡量一个决策方案时，看它所能带来的最坏支付，所推荐方案是能带来最坏支付中最好的支付。对于后果以利润为标准的问题，悲观法使决策者选择产生最小利润中最大值的决策方案。对于最小化问题，这种方法所确认的决策方案是能最小化最大支付的方案。

根据表 3-1，首先确定每一决策方案的最小可能收益；然后选择能最大化最小支付的决策方案，如表 3-3 所示。

表 3-3　所有 M 公司决策方案的最小可能收益

单位：万元

决 策 方 案	最 小 收 益
小型楼群（d_1）	700 ◀—— 最小收益的最大值
中型楼群（d_2）	500
大型楼群（d_3）	−900

3．最大最小后悔值法（大中取小法）

最大最小后悔值法是一种既不纯乐观也不纯悲观的决策方法。下面仍通过 M 公司的例子来阐明这种方法。

【例 3-2】 假如 M 公司决定建小型楼群（d_1）且有强需求（s_1）。根据表 3-1 得知，M 公司将得到 800 万元的利润。然而，给定强需求（s_1）发生的话，建大型楼群的方案会产生 2 000 万元的利润，而这才是最优方案。最优方案的收益（2 000 万元）和建小型楼群决策方案的收益（800 万元）之间的差额就是机会损失或后悔值。这种机会损失或后悔值是当自然状态 s_1 发生时方案 d_1 带来的。因此，这里的机会损失或后悔值是 2 000− 800=1 200 万元。同理，如果 M 公司决定建中型楼群（d_2）且强需求（s_1）发生的话，那么机会损失或后悔值就是 2 000−1 400=600 万元。

下面是机会损失或后悔值的一般表达形式：

$$R_{ij}=|V_j^*-V_{ij}| \tag{3-1}$$

式中：R_{ij}——决策方案 d_j 和自然状态所带来的遗憾；V_j^*——自然状态 s_j 下的最优决策所对应的收益；V_{ij}——决策方案 d_i 和自然状态 s_j 所对应的收益。

注意式（3-1）中绝对值的作用。对于最小化问题，最优收益 V_j^* 是所有 j 栏中最小的一项。因为它的值总是小于或等于 V_{ij}，所以 V_j^* 和 V_{ij} 之差的绝对值就能保证后悔值是差额的量值。

根据式（3-1）和表 3-1 中的收益值，能计算出决策方案 d_i 和自然状态 s_j 的每个组合所带来的后悔值。因为 M 公司的问题是最大化问题，所以是总表中所有 j 栏最大的一项。因此，要计算后悔值，只需简单地用栏中最大的一项减去栏中的每一项。表 3-4 显示了 M 公司问题的机会损失或后悔值。

表 3-4　M 公司楼群项目的后悔值统计表

单位：万元

决 策 方 案	自 然 状 态	
	强　需　求	弱　需　求
小型楼群（d_1）	1 200	0
中型楼群（d_2）	600	200
大型楼群（d_3）	0	1 600

最大最小后悔值法的下一步就是列出每一决策方案的最大后悔值，表 3-5 显示了 M 公司问题的结果。选择产生最大后悔值中最小的那个决策方案，因此叫做最大最小后悔值法。对于 M 公司的问题来说，建中型楼群会有一个 600 万元的相应最大后悔值，而这就是最大最小后悔值法所推荐的方案。

表 3-5　所有 M 公司决策方案的最大后悔值

单位：万元

决 策 方 案	最大后悔值
小型楼群（d_1）	1 200
中型楼群（d_2）	600 ◀—— 最大后悔值中的最小值
大型楼群（d_3）	1 600

结尾案例

立石电机公司：经营制胜之道

立石电机公司是日本最大的控制设备制造企业，它生产的可编程控制器被广泛应用于各行各业，成为工业自动化的核心产品。

名噪一时的“生产者体制”，就是由立石电机公司提出的。依靠这种经营体制，立石电机公司踏上了腾飞之路。在 20 世纪 70 年代石油危机后，立石电机公司又毅然废除了“生产者体制”，但公司却取得了更大的发展。

1. 艰难创业

立石一真（以下简称立石）出生于 1900 年。这个时期正是人类历史上变化最剧烈、发展最神速的时代，立石曾风趣地说：“上帝让我与 20 世纪一同来临，就是要我去做出一番事业的。”

本着这个信念，立石从小就对科学产生了浓厚的兴趣。在报考大学时，立石却报考了当时属于冷门的电气工程专业。他从欧美发达工业国的发展史中得到启示：现代工业社会是漂浮在电流上的巨轮，离开了电，这艘巨轮必将搁浅。

在熊本大学电气工程系，立石以优异的成绩拿到了大学文凭，成为兵库水电厂最年轻的工程师。但一年后，立石辞掉了这家国营发电厂的工作，跑到一家私营电气制造公司工作。1929

年，美国纽约股票市场崩溃，其冲击也波及日本，整个日本经济陷入明治维新以来最严重的萧条期。成千上万的员工被解聘，立石也是其中一员。靠手头仅有的积蓄，立石租赁了一家小工厂，开始生产面向家庭的电气产品，但市场销路平平。

一个偶然的机会使立石再次把目光转回到工业电气领域。他从报纸上了解到医学界正在被X光曝光控制问题所困扰，这条消息给苦苦寻觅新产品的立石以极大的启发：用高速度的电流来精确地控制曝光时间。利用感应继电器为核心部件，立石研制出了将曝光时间控制在1/20秒的X光曝光定时器。产品虽然成功地问世了，但此时的立石已经穷困潦倒，不得不求助于日本X光公司，接受了该公司全部苛刻条件，才使X光曝光定时器得以投产。不过，该产品绝大部分利润都进入了日本X光公司的腰包，立石只能分食残羹。

2. 初获成功

虽然这是一次吃亏的合作，但立石却获得了喘息之机，他可以不必再为衣食琐事而四处奔走，从而静下心来专心致志地从事新产品开发。在1934年初，他研制成功了感应式保护继电器。这种继电器是许多工业电气设备上所不可缺少的关键零部件，它给立石的小企业带来了更广阔的市场、全新的发展机遇。1934年底，一场罕见的台风袭击了日本西部海岸，那里云集着日本众多企业，造成了巨大的损失。为恢复生产，各厂家急需大批感应式保护继电器。一向冷冷清清的立石小工厂接到的修理和订购继电器的订单堆积如山。立石索性把生产定时器的业务全部交给了日本X光公司，自己专心从事继电器制造业务，他把精力全部投入到通用电气零部件的生产上。到1937年，他已拥有3家大工厂，并在东京和大阪两大工业基地开设了办事机构。

对立石未来发展产生重要影响的事件，当属为东京大学研制微动开关。微动开关也称精密开关，是当今工业生产中最重要的部件之一。尽管当时微动开关尚未普及，但它却为立石电机公司日后的发展打下了基础。

战后经济复兴工作的全面展开，造成了日本电力供应紧张的局面。为控制电力需求的增长，日本政府向企业界征购限流器，立石抓住这个机会，在1948年把自己手中的企业改组为立石电气制造公司，全力投入到限流器制造中。

朝鲜战争的爆发，给立石电气制造公司带来了新的发展机会。美国放宽了对日本经济发展的限制，使日本工业界迎来了战后全面起飞的黄金时代。一时间，继电器、微动开关等电气部件的需求量激增，1953年立石电气制造公司的员工数比1949年翻了一番。

欣欣向荣的立石电气制造公司并没有使立石陶醉其中，他在百忙之中放下手头工作，亲赴美国进行考察。他称“美国的今天就是日本的明天”，考察可以帮助公司明确发展方向。在美国，给立石留下深刻印象的是美国工业生产的自动化程度，几乎任何一家工厂都拥有自己的自动生产线，既降低了产品成本，提高了产品质量稳定性，又简化了生产管理。他确信日本工业界也必将走上生产自动化的发展之路。为此，立石在回国后立即对公司的经营体制做了重大改革。

立石认为，未来的电气产品更新换代速度将越来越快，企业的经营重点应从“面向生产”转为“面向市场”。以前的总公司集权管理的“决策者体制”显然不能有效地适应市场变化，只有将权力下放给对客户要求最敏感的生产销售第一线部门，实行“生产者体制”的分权管理方式，才能紧紧跟上市场发展，始终立于不败之地。实行“生产者体制”后，立石电气制造公司把生产权和人事权下放给各个工厂厂长和子公司的经理，由他们根据市场变化，及时投产新产品、招募新的专业人员。从此，立石电气制造公司令人眼花缭乱地连续推出新产品，如无触点开关、应用于医学及生物学领域的应力计、综合售货机以及多种控制设备。到1967年，公司的年产值创下了8年增长10倍的纪录，达到100亿日元。一年后，公司更名为立石电机公司。同时，公司还定下了雄心勃勃的5年奋斗目标，声称要在1974年使产值达到1 000亿日元。

3. 遭受挫折

1973年的石油危机，一下子击中了日本经济的要害。这个资源贫乏的岛国，出现了自第二次世界大战以来最严重的经济衰退。各企业纷纷压缩规模，削减开支，以求渡过难关。

在“生产者体制”指导下，立石电机公司铺的摊子过广、涉足领域众多，所以受到很大冲击。在1974年公司不仅没有达到1 000亿日元产值的目标，反而在1975年和1976年连续造成亏损赤字。

4. 重振雄风

为扭转颓势，立石电机公司顺应潮流，果断放弃了当年名噪一时的“生产者体制”，精简管理层次，重新收回下放的权力，由总公司进行宏观调控。另外，立石电机公司对产品发展方向再次作出重大调整，一反20世纪五六十年代那种分门别类、各成一体的做法，重新以开发通用性电气部件为主。但这绝不是简单的轮回，而是螺旋上升。新的通用电气部件，采用了自动控制技术，安装有程序控制器，可根据各种具体用途进行编程处理，提高了产品的专用性。

立石电机公司也就此走出了低谷，在1978年实现产值1 010亿日元，虽然比原计划推迟了4年才达到这一目标，但却使立石电机公司对未来的前途更加充满了信心。

20世纪80年代世界经济仍处于低谷状态，日本企业界还雪上加霜地遇到棘手的日元升值难题。可立石电机公司却扬眉吐气地急速发展，在1988年产值高达3 150亿日元。这正是立石电机公司在70年代果断调整经营体制和产品发展方向的结果。

由于从制造适用范围狭窄的专用控制电气部件转入生产通用性极强的可编程控制部件，立石电机公司的产品成本总体上呈下降之势，客户范围却呈增加之势。许多日本企业在日元升值之后，为继续保持产品价格优势，下决心提高生产自动化程度，这使得立石电机公司的产品在国内拥有了不断扩大的市场。与此同时，立石电机公司利用日元升值之机，大量从中国台湾和韩国进口廉价电气零件，然后将它们组装成可编程控制器在国内外市场销售，谋得巨额利润。

资料来源：哈佛经理案例全集第七章：决策选择与决策程序. http://wenku.baidu.com/view/9054c16fb84ae45c3b358c46.html.

讨论题：

根据上述案例，请回答以下问题：

1. 从本案例可以看出，立石电机多次决策的重点考虑因素是（　　）。

A．内部因素　　B．外部因素

C．政治环境　　D．经济环境

2．你认为决策的成功依赖于（　　）。

A．收集与决策有关的事实，并确保其准确　　B．决策者理性的思考

C．果断采取行动使决策付诸实施　　D．凭感觉进行决策

本章小结

1．管理决策环境分为一般环境、任务环境和内部环境。

2．一般环境包括政治法律环境、社会文化环境、经济环境、技术环境、自然环境、人口环境和国际环境。

3．管理决策程序分为六个阶段，分别是发现问题、确定目标、拟订方案、抉择方案、执行方案和检查处理。

4．管理决策的方法分为定性决策方法、定量决策方法和定性定量相结合的方法。

5．定性决策方法一般包括头脑风暴法、名义小组法、德尔菲法、经营单位组合分析法、政策指导矩阵法和SWOT分析法。

6．定量决策方法包括确定型决策法、风险型决策法和不确定型决策法。

关键词

一般环境　任务环境　决策程序　定性决策　定量决策

思考题

1．影响决策的因素有哪些？哪些是外部的？哪些是内部的？

2．当今企业面临什么样的新的决策环境？

3．通过本章的学习，你知道了哪些管理决策方法？

4．什么是定性决策方法？请举一个定性决策方法应用的例子。

5．定量决策方法适用的情形是什么？有哪些不同的类型？

网络练习

1．试着进入一家上市公司的网站，了解并描述其内部环境的基本情况。

2．分析这家公司目前正在开展的经营业务，并运用经营单位组合分析法对其各项业务作出判断。

3．找到该公司所作出的一项决策，并分析它是采用什么方法制定的。

自测题

（一）判断题

1．不确定型决策是指具有多种未来状态和相应后果，但是只能确定各状态的发生概率而难以获得充分可靠信息的决策问题。（　　）

2．按照决策的作用可以把决策分为战略决策、管理决策和专业决策。（　　）

3．群体决策容易导致妥协。（　　）

4．信息越多并不能保证决策就越科学。（　　）

5．决策拟定的方案越多越好。（　　）

（二）选择题

1．主要根据决策人的直觉、经验和判断能力来进行决策的是（　　）。

A．确定型决策　B．不确定型决策　C．程序化决策　D．非程序化决策

2．不确定型决策与风险型决策的区别在于（　　）。

A．可供选择的方案中是否存在两种或两种以上的自然状态

B．各种自然状态发生的概率是否可知

C．哪种自然状态最终发生是否确定

D．决策是否经常重复进行

3．针对欧美国家对我国纺织品的配额限制，某公司决定在北非投资设立子公司，这种决策属于（　　）。

A．管理决策　B．战略决策　C．业务决策　D．程序化决策

4．企业中销售量大、产品利润率高、负债比率低，可以提供资金的业务属于（　　）。

A．瘦狗型业务　B．明星型业务　C．现金牛业务　D．幼童型业务

5．以下选项中属于管理决策内部环境的是（　　）。

A．经济环境　B．顾客　C．合作伙伴　D．董事会

第四章　计划管理的基本理论

学习目标

- ☑ 了解计划是什么，为什么重要
- ☑ 识别和分析各种类型的计划
- ☑ 计划工作过程和基本原理
- ☑ 战略计划的概念
- ☑ 愿景、使命和目标
- ☑ 概述战略计划的过程

开篇案例

乔森家具公司五年目标

乔森家具公司是乔森先生在20世纪中期创建的，开始时主要经营卧室和会客室家具，取得了相当大的成功，随着规模的扩大，自20世纪70年代开始，公司又进一步经营餐桌和儿童家具。1975年，乔森退休，他的儿子约翰继承父业，不断拓展卧室家具业务，扩大市场占有率，使得公司产品深受顾客欢迎。到1985年，公司卧室家具方面的销售量比1975年增长了近两倍。但公司在餐桌和儿童家具的经营方面一直不得利，面临着严重的困难。

1. 董事长提出的五年发展目标

乔森家具公司自创建之日起便规定，每年12月份召开一次公司中、高层管理人员会议，研究讨论战略和有关的政策。1985年12月14日，公司又召开了每年一次的例会，会议由董事长兼总经理约翰先生主持。约翰先生在会上首先指出了公司存在的员工思想懒散、生产效率不高的问题，并对此进行了严厉的批评，要求迅速扭转这种局面。与此同时，他还为公司制定了今后五年的发展目标。具体如下。

（1）卧室和会客室家具销售量增加20%。

（2）餐桌和儿童家具销售量增长100%。

（3）总生产费用降低10%。

（4）减少补缺职工人数3%。

（5）建立一条庭院金属桌椅生产线，争取五年内达到年销售额500万美元。

这些目标主要是想增加公司收入，降低成本，获取更大的利润。但公司副总经理托马斯跟随乔森先生工作多年，了解约翰董事长制定这些目标的真实意图。尽管约翰开始承接父业时，对家具经营还颇感兴趣。但后来，他的兴趣开始转移，试图经营房地产业。为此，他努力寻找机会想以一个好价钱将公司卖掉。为了能提高公司的声望和价值，他准备在近几年狠抓一下经营，改善公司的绩效。

托马斯副总经理意识到自己历来与约翰董事长的意见不一致，因此在会议上没有发表什么意见。会议很快就结束了，大部分与会者都带着反应冷淡的表情离开了会场。托马斯有些垂头丧气，但他仍想会后找董事长就公司发展目标问题谈谈自己的看法。

2. 副总经理对公司发展目标的质疑

公司副总经理托马斯觉得，董事长根本就不了解公司的具体情况，不知道他所制定的目标意味着什么。这些目标听起来很好，但托马斯认为并不适合本公司的情况。

他心里这样分析道：第一项目标太容易了——这是本公司最强的业务，用不着花什么力气就可以使销售量增加 20%；第二项目标很不现实——在这个领域的市场上，本公司就不如竞争对手，绝不可能实现100%的增长；第三项目标与第二项目标相矛盾——想增加销售量，就要加强产品设计和提高产品质量，还要扩大生产线，进行广告宣传，这些都要求增加费用，而不是什么削减费用；第四项目标亦难以实现——由于既要扩大生产，又要降低成本，这无疑会对工人施加更大的压力，从而也就迫使更多的工人离开公司，这样空缺的岗位也就越来越多，在这种情况下，怎么可能降低补缺职工人数 3%呢？第五项目标倒有些意义，可改变本公司现有产品线都以木材为主的经营格局，但未经市场调查和预测，怎么能确定 5 年内我们的年销售额就能达到 500 万美元呢？

经过这样的分析后，托马斯认为他有足够的理由对董事长所制定的目标提出质问。除此之外，还有另外一些问题使他困扰不解，一段时期以来，发现董事长似乎对这个公司已失去了兴趣；他已 50 多岁，快要退休了。他独身一人，也从未提起他家族将由谁来接替他的工作。如果他退休以后，那该怎么办呢？托马斯毫不怀疑，约翰先生似乎要把这家公司卖掉。董事长企图通过扩大销售量，开辟新的生产线，增加利润收入，使公司具有更大的吸引力，以便在出卖中捞个好价钱。“如董事长真是这样的话，我也无话可说了。他退休以后，公司将会变成什么样子，他是不会在乎的。他自己愿意在短期内葬送掉自己的公司，我有什么办法呢？”

资料来源：http://www.guanlinet.com/showarticle.asp?id=65,102,251.

讨论题：

1．你认为约翰董事长为公司制订的发展计划合理吗？为什么？你能否从本案例中概括出制订计划需注意哪些基本要求？

2．假如你是托马斯，如果董事长在听取了你的意见后同意重新考虑公司计划的制订，并责成你提出更合理的公司发展计划，你将怎么做？

第一节 计划工作的基本要素

计划是管理的首要职能。其实质是对组织任务和组织目标的明确和分解，说一件事情有计划地进行或者一个公司有计划、有步骤地行事，就是说明公司处于管理状态。由于计划的重要作用，计划被管理者奉为宝典，凡事必有计划，不打无准备之战。

一、计划的概念

什么是计划？不同的学者对其具有不同的理解，下面是一些学者关于计划含义的不同陈述。

（1）计划是预先决定的行动方案。

（2）计划是事先对未来应采取的行动所做的规划和安排。

（3）计划职能包含规定组织的目标，制定整体战略以实现这些目标，以及将计划逐层展开，以便协调和将各种活动一体化。计划既涉及目标（做什么），也涉及达到目标的方法（怎么做）。

（4）计划是一种结果，它是计划工作所包含的一系列活动完成之后产生的，它是对未来行动方案的一种说明。

（5）计划工作是一种预测未来、设立目标、决定政策、选择方案的连续程序，以期能够经济地使用现有的资源，有效地把握未来的发展，获得最大的组织成效。

这些陈述分别从目的、过程、结果、内容、实施等不同角度给出了计划所包含的含义，对于我们完整地理解计划的含义非常重要。

综合上述定义，本文对计划的定义是：

计划是确定组织在未来一定时期内的目标，以及如何实现这些目标的过程。简单而言，计划内容包括“5W1H”，计划必须清楚地确定和描述这些内容。

- ❑ What—做什么？目标与内容。
- ❑ Why—为什么做？原因。
- ❑ Who—谁去做？人员。
- ❑ Where—何地做？地点。
- ❑ When—何时做？时间。
- ❑ How—怎样做？方式与手段。

管理存在于集体协作活动中。为了使人们的集体活动卓有成效，就必须使人们明确他们应该去完成什么目标，明确为了完成这些目标必须通过什么途径，采取什么方案。这种旨在明确所追求的目标以及相应的行动方案的活动，就是管理的计划职能。计划是所有管理职能中的一个最基本的职能，它是对未来活动所进行的预先的行动安排，是一种针对未来的筹谋、规划、谋划、策划、企划等。古人所说的“运筹帷幄”，就是对计划职能的最形象的概括。

计划活动是连接可能与现实、今天与明天、现在与未来的桥梁。通过计划活动，那些本来不一定能够实现的事情变得有可能实现，有可能变糟的事情得以向好的方向转化。尽管计划不是万能的，周密的计划也会受到各种环境因素的干扰，但如果没有了计划，许多事情的发展就只有听之任之，听天由命了。常言道，人无远虑，必有近忧，深刻地道出了计划的重要性。

二、计划的特点

计划工作是管理的重要职能，这是由于它有如下特点。

（一）计划的目标性

计划工作致力于企业的目的或目标的实现。计划将人们的行动集中于目的或目标的实现，计划使得人们能够预测哪些行为有利于目标的实现，哪些行动会背离目标，哪些行动会彼此相互抵消，而哪些行动则与目标毫不相关。计划工作有利于组织或企业根据所要实现的目标，将人们的集体活动结合成一种彼此协调、相互支持、始终如一的力量，避免出现混乱和无序。可以说，没有计划的行动将是盲目的行动，而盲目的行动是难以实现目标的。

（二）计划的先导性

计划在管理职能中处于领先地位。这是因为其他职能都是为了支持、保证目标的实现，因此它们只能在计划工作确定了目标以后才能进行，没有计划，其他职能就无从谈起。另一方面，在有些情况下，计划职能是唯一需要完成的工作。如果计划中进行的可行性论证表明，没有必要采取进一步的行动，那就无须进行其他的职能。

计划与控制尤其密不可分。人们常常将这两项职能称为管理的一对孪生子，或称之为一枚硬币的两个面。从一定意义上说，计划与控制是同一活动的两个方面，没有计划就谈不上控制，控制就是纠正偏离计划的偏差，以保持活动的既定方向。离开了计划的控制是毫无意义的，人们如果不知道自己要到哪里去，当然也就无法知道自己是否正在走向要去的地方。

（三）计划的普遍性

“凡事预则立，不预则废”，任何组织活动都要有正式或不正式的计划。组织中的管理者，无论职位高低、职权大小，都或多或少地需要进行计划工作。计划工作是各级主管人员的一个共同的职能，尽管这些人由于所处的位置和所拥有的职权不同，他们在从事计划工作中会有不同的特点和范围。另外，有研究表明，计划工作本身能够使人产生成就感，因而让下级参与计划的制订，可以调动下级的积极性、主动性和创造性，有利于计划的贯彻。

（四）计划的效益性

米切尔指出：凡事计划则不如无计划。因为计划是有成本的，所以计划的预期收益要和现实成本比较，就可以确定计划的详细程度，并不是说计划越多越好，越完备越好。计划工作要讲求效益，他的效益是以实现计划目标所带来的收益，扣除执行计划所支出的费用，以及各种非预期的代价之后的总额来衡量的。在这个效益概念中，既包括人们通常所理解的按照资金、工时或产品单位等表示的投入产出关系，也包括了诸如个人或群体的满意、组织的士气等评价标准。如果一项计划提高了产量，但却造成了职工的恐惧、不满和士气低落，那么这一计划的效益就不会很高。

三、计划的重要性

许多管理者和组织失误的原因不在于其技术能力，而是因为其缺乏有效计划的能力。美国人豪斯（R. T. House）和他的同事们曾经对计划的重要性进行了较为深入的研究，他们调查了 92 家企业，其中 17 家企业有正式的长期计划，其他企业或仅有非正式的长期计划，或者完全没有长期计划。然后，根据反映企业经营状况的五个指标——销售额、销售利润率、股票价格、股票的收益率、税后利润进行比较，发现有正式长期计划的公司几乎都优于没有长期计划的公司。事实上，有效的计划是一切成功的秘诀，有多方面的收益。

（一）计划是管理者指挥的依据和控制的基础

计划清楚地确定了目标和实现目标的手段，这就为组织活动提供了一幅路线图或行动图，减少了不确定性和模糊性，并对有限资源作出合理的分配。这样管理者的指挥和控制又有了依据和基础。管理者要根据计划分派任务并确定下级的权力和责任，促使组织中的全体人员的活动方向趋于一致而形成一种复合的组织行为，以保证达到计划所设定的目标。国家要根据五年计划安排基本建设项目的投资，企业要根据年度生产经营计划安排各月的生产任务，并进行新产品开发和技术改造。计划使得管理者的指挥、控制、协调更有效，使管理工作的监督和检查、纠偏有了明确的依据。

（二）计划是降低风险、掌握主动的手段

组织未来的情况是不确定的，组织及其利益相关者之间的信息有一定的不对称性。这是组织活动的风险所在。未来的情况是不断变化的，计划是预期这种变化并且设法消除变

化对组织造成不良影响的一种有效的手段。未来的资源价格可能会变化，竞争者可能会推出新的产品和服务，国家对企业的方针、政策、顾客的意愿和消费观念也在不断地变化。对此如果没有预先的估计，就可能导致组织行为的失效，给组织带来各种风险。计划作为组织未来活动的一种筹划必然会对未来的各种情况进行预测，针对各种变化因素制定各种应对措施，以最合理的方案（一般会有备选方案）安排达成目标的系列活动，使组织未来活动的风险大大降低。

（三）计划有利于组织合理配置资源，减少盲目浪费，提高效益

计划工作的重要任务就是使未来的组织活动均衡发展。组织的资源是短缺的，预先进行认真的计划能够消除不必要活动所带来的浪费，能够避免在今后的活动中由于缺乏依据而进行轻率判断所造成的损失。计划可以使组织的有限资源得到更合理的配置，通过各种方案的技术分析，选择最有效的方案用于实施。由于有了计划，组织中各成员的努力将合成一种组织效应，这将大大提高工作效率，从而带来经济效益。

（四）计划有利于管理者加强沟通，增强组织凝聚力

计划工作中，必然要进行沟通，加强协调，集思广益；总结过去，展望未来。这就可以提高士气，增强组织凝聚力。

四、计划的分类

管理实践活动的复杂性，决定了组织计划的多样性，各种组织根据不同的背景和不同的需要会编制出各种各样的计划。为了更准确地把握计划在不同情况下的特性和作用，有必要按照不同的标准对计划进行分类。下面介绍常见的几种关于计划的分类方法和基于这些分类方法的各种计划。

（一）时间界限为依据

按照计划期限的长短可以把计划划分为长期计划、中期计划、短期计划。一般地说，长期计划习惯上是指 5 年以上的计划，要解决的问题是组织的长远目标、发展方向以及如何达到；中期计划为 1～5 年的计划，是长期计划在时间上的具体化，是长期计划和短期计划的衔接。短期计划是指 1 年或 1 年以下的计划，要解决的是操作和实施，是对行动的具体规定。这三种计划在时间上依次分解，阶梯叠加。随着时间的缩短，计划的不确定性下降。

当然，这种划分不是绝对的，会因组织的规模和目标的特性而有所不同。例如，我国的“南水北调”工程，规模巨大，它将会涉及许多建设领域和地方行政单位的管理活动，所以即使是短期计划也需要两年以上的时间。而对于时装公司来说，流行时装生产的中期

计划可能至多为半年。

（二）制定者的层次

按计划制定者的层次可以把计划划分为战略计划、施政计划、作业计划。

（1）战略计划是由高层管理者制订的，体现了组织在未来一段时间里的基本目标、发展构想以及实施的政策。它具有长期性、全局性和指导性，在较长的时间内决定组织资源的运动方向，影响组织的各个方面。弹性较大。

（2）施政计划是由中层管理者制订的，将战略计划中框架性的目标和政策转化为具体确定配套的目标和政策，具有明确的时间界限，一般按年度制订。

（3）作业计划是由基层管理者制订的，是对施政计划的集体操作性安排，包括计划期内的预算、利润指标，流程、单位、人选的确定，任务、资源和权责的分配等。

（三）计划的对象

从计划针对的对象可将计划分为综合性计划和专业性计划两大类。

（1）综合性计划是对业务经营过程中各方面活动所做的全面规划和安排。在较长一段时期内执行的战略计划往往是覆盖面较广泛的综合性计划，但短期计划也有的是综合性的，如企业往往需要编制年度综合经营计划。

（2）专业性计划则是对某一专业领域的职能工作所做的计划，它通常是综合性计划某一方面内容的细化。例如，与企业经营活动直接相关的销售计划、生产计划、产品研发计划，以及为业务活动服务的人事计划、财务计划、物资供应计划、技术改造计划、设备维修计划等，都是特定职能领域的专业性计划。这些计划只涉及企业活动的某一方面，它们与综合性计划的关系是局部与整体的关系。

五、计划的形式

计划是对未来行动的安排，其具体形式多种多样。人们可能对诸如一个新工厂的建设计划、一种新产品的开发计划等计划形式比较熟悉，但实际上计划还可能表现为其他各种形式，如目标、使命、政策、规则等。一般情况下，可以将计划看作是一个由上至下的层次结构，它由如下几部分组成。

（一）目的或使命

任何组织的存在都有其目的或使命。例如，一所大学的目的或使命是为了培养人才和研究学问；医院的目的或使命是为了救死扶伤；而一个工商企业的使命或目的则是向社会提供有经济价值的商品或服务。任何一个组织或企业只有搞清楚了自己存在的目的或使命，才能够确立其奋斗的目标。要正确解答这个目的或使命问题，首先必须明确谁是本企业的顾客，这些顾客所期望的是什么。应当说，社会上的每一个组织都应当知道自己的顾客是谁，自己是在为谁生产。唯有如此，它才不负其使命。

（二）目标

目标是企业生产经营活动所要达到的结果。它既是计划的终点，也是组织工作、领导工作以及控制工作的结果。企业的总目标是最基本的计划，企业的各个部门各有其目标。目标的性质以及目标与计划工作的关系将在后面讨论，在这里所要强调的是，无论是企业的总目标，还是各种具体目标，它们都是计划的形式之一。确定目标的方法和进行其他形式的计划所采用的工作方法基本上是一致的。例如，企业在一定时期内的销售目标不能单靠主观愿望和猜测来确定，而必须根据企业的总目标和企业所面临的内外部环境来决定。

（三）策略或战略

军事上的策略常常取决于敌人的行动，因此，策略这个词始终含有对抗的意思。在管理上，策略或战略通常是表示一种总的行动方案，指为实现总目标而做的重点部署和资源安排。策略为企业的经营活动指明了方向，尽管它并不是确切地说明企业应当如何去实现其目标，而是对企业的经营思想和行动起到指导的作用。策略实际上是一种复合性的计划形式，一项策略往往是目标、政策和各种方案的综合。

（四）政策

政策是决策的指南，它规定了行动的方向和界限。政策是组织活动中必不可少的，它使各级主管人员在决策时有一个明确的思考范围，同时也有利于统一和协调组织成员之间的思想和行动。政策允许管理人员有斟酌裁量的自由，它是一种鼓励自由处置问题和进取精神的手段，尽管其自由处置的权限也有一定的限度。企业为了确保其目标实现，应当尽量保证其政策具有一贯性和完整性。

（五）程序

程序是对所要进行的活动规定的时间顺序，它规定了如何处理未来活动的例行方法。通常，程序说明了进行某种活动或完成某项工作的方法、时间、承担人员及所需要的资金、工具等。人们常常将反复出现的业务编制出程序，一旦该项业务再次出现便可依例而行。程序规定了如何采取行动，而不是说明如何思考问题。通过对例行活动制定程序，可使管理人员将注意力集中于例外事情上。组织中的程序多种多样，如采购程序、请假程序、费用报销程序等都是。

（六）规则

规则可以说是一种最简单的计划，它规定按照一定的情况，采取或不采取某一特定的行动。从一定意义上说，程序可以看作是由一系列的规则所组成的。就其本质而言，规则和程序旨在抑制思考，所以往往用于不希望人们自由行动的场合。规则和政策是不一样的，政策的目的在于指导人们决策，留有自由裁量的余地；而规则尽管也起着指导的作用，但不允许人们自由行动。

（七）规划或方案

规划或方案是一种综合性的计划，它包括了为实施既定方针所必需的目标、政策、程序、规则、任务委派、资源安排以及其他要素。规划或方案也有多种多样，在实践中既有像航空公司开辟新航线那样的大型规划方案，也存在着诸如某小企业的车间主任为了提高工人士气而编制的一般方案。

一个主要方案的实施可能要有许多的派生计划来支持。各种计划之间必须相互配合、彼此协调，否则会因为任何一部分的差错而导致主要规划或项目方案的延误和挫折，造成时间和金钱上的损失。

（八）预算

预算是用数字来表示预期结果的一种计划。它既可以用货币来表示，也可以用诸如工时、机时、产品单位或任何用数字表示的其他指标来表示。虽说预算也是一种控制手段，但预算的制定显然属于计划工作的内容。预算可以迫使企业事先对预期的现金周转量、费用和收入、工时或机时的利用等进行数字上的整理。预算工作的主要优点就是：它促使人们去做计划，同时，由于预算必须要用数字来表示，所以它又有利于促使计划工作做得很仔细和确实。

第二节　计划工作的总体程序与关键环节

计划通常被称为管理的主要职能，因为它构成了所有其他管理职能的基础。没有计划工作，管理者就不知道如何组织、领导和控制。事实上没有计划也就不会有组织、领导和控制。计划工作主要包括两个重要的要素：目标和计划。

一、目标的设立原则

目标是个体、群体和整个组织期望的产出，是计划工作的基础，它提供了所有管理决策的方向，构成了衡量标准，参照这种标准就可以度量实际工作的完成情况。一般企业制定目标主要遵循 SMART 原则。

SMART 分别是 Specific、Measurable、Achievable、Relevant、Time-bounded 五个英文单词的缩写。

（1）Specific：具体的，指目标要清晰、明确，不能笼统，让考核者与被考核者能够准确理解目标。

（2）Measurable：可度量的，目标要可量化，考核时可以采用相同的标准准确衡量。

（3）Achievable：可实现的，目标通过努力要能够实现，设立的目标不能偏高或偏低，偏高不能实现，偏低失去意义。

（4）Relevant：相关的，设立的目标要能够与个人的工作结合起来，与绩效考核的结果相联系。

（5）Time-bounded：有时间限制的，目标要在规定时间内完成才有意义，而且有效规定的期限能够提高生产力和工作品质。

二、计划工作的步骤

计划工作是一个由若干互相衔接的步骤所组成的连续的过程。这一过程可以大致分为如下八个步骤。

（一）估量机会

从一定意义上讲，估量机会是正式的计划工作开始之前所必须做的准备工作，但却是计划工作中不可缺少的一个起点。其内容包括初步考察未来可能出现的机会以及本组织认识和把握机会的能力，根据自身的优势和劣势判断本组织的竞争地位，明确进行计划的理由以及期望得到的结果等。计划目标能否现实可行，便取决于这一步骤的工作。

（二）确立目标

在估量机会的基础上，计划工作的第一步就是要为组织以及各组成部分确立目标。目标要说明预期的成果，指明将要做的工作有哪些、重点应放在哪里、将必须完成哪些任务等。企业或组织的总目标将成为所有计划的指南，各个领域的分目标和各个部门的具体目标必须反映总目标的要求，通过各领域、各层次目标的相互支持、相互协调，形成一个完整的目标系统。

（三）明确计划的前提条件

计划的前提条件就是计划实施时预期的内外部环境条件。由于未来环境的复杂性，要搞清楚其每一个细节是不现实的，也是不经济的。因此，组织所要确定的计划前提必须限于那些关键性的、对计划的实施影响最大的条件。为了使企业或组织的各个领域、各个部门的计划协调一致，各级、各类管理人员所依据的计划前提条件也必须协调一致。

（四）确定备择方案

一般来说，实现某一既定的目标往往存在着多个可供选择的方案。管理人员应当牢记这一格言：如果看起来似乎只有一种行动方案，这一方案很可能就是错误的。因为这容易使人们放弃去探索更好的方案。但在实践中，通常的问题并不在于备择方案太少，而是我们所面临的选择常常太多。这就要求主管人员通过初步的考察和计算，排除希望不大的那些方案，将备择方案的数目减少为最有成功把握的有限几个方案。

（五）评价备择方案

在找出了各种备择方案并考察了它们各自的优缺点之后，计划的下一个步骤便是根据计划的前提条件和计划目标来分析评价各种方案。有的方案可能获利能力大，但投资大，回收期也长；有的方案获利小，但风险也小；而有的方案则更适合于企业长远目标的要求。一般来说，由于备择方案多，而且有大量的可变因素和限定条件，从而评价备择方案的工作往往是非常复杂的，为此常须借助于运筹学、数学方法和计算技术等各种手段来进行方案评价。

（六）选择方案

这一步骤实际上意味着进行决策或决断。管理人员或者依据自己的经验，或者通过对备择方案进行实验，或者对方案进行分析研究来作出选择。在对各种备择方案进行分析和评价的过程中，有时可能会发现同时有两个或两个以上的方案是可取的，在这种情况下，管理人员也许会决定同时采取几个方案，而不是某一个。

（七）拟订派生计划

在选定一个基本的计划方案后，还必须围绕基本计划来制订一系列派生计划来辅助基本计划的实施。例如，某大企业在作出新建一个分厂的决策后，这个决策就成为制订一系列派生计划的前提，各种派生计划都要围绕它来进行拟定。如人员的招聘和培训计划、材料和设备的采购计划、广告宣传计划、资金筹措计划等。

（八）用预算将计划数字化

计划的最后一个步骤就是要将之转化为预算，使之数字化。预算是用数字形式表示的组织在未来某一确定期间内的计划，是计划的数量说明，也是用数字形式对预期结果的一种表示。这种结果可能是财务方面的，如收入、支出和资本预算等；也可以是非财务方面的，如材料、工时、产量等方面的预算。预算是汇总各类计划的工具，同时也是衡量计划执行情况的重要标准，因此预算又常常被看作是一种重要的控制手段。

不管是建设一座新工厂，还是开发一种新产品，它们所涉及的人力、资金或者所用时间都会有所不同，因而有些计划比较简单，有些则比较复杂，但它们计划工作的步骤却是共通的，任何一种完整的计划工作都要遵循这些步骤。应该指出的是，计划工作中的某些步骤，即提出备择方案、对备择方案进行评价以及选择备择方案，实际也就是第三章重点讨论的决策过程。由此可以看出，在机会和目的为已知的条件下，计划工作的核心确实就是决策的过程。

三、计划的权变因素

在有些情况下，长期计划可能更重要，而在其他情况下可能正相反。类似地，在有些情况下指导性计划比具体计划更有效，而换一种情况就未必如此。那么决定不同类型计划有效性的都是些什么情况呢？本节将识别几种影响计划有效性的权变因素。

（一）组织的层次

在大多数情况下，基层管理者的计划活动主要是制订作业计划，当管理者在组织中的等级上升时，他的计划角色就更具战略导向。而对于大型组织的最高管理者，他的计划任务基本上都是战略性的。当然，在小企业中，所有者兼管理者的计划角色兼有这两方面的性质。

（二）组织的生命周期

组织都要经历一个生命周期（Lifecycle），开始于形成阶段，然后是成长、成熟，最后是衰退。在组织生命周期的各个阶段上，计划的类型并非都具有相同的性质，计划的时间长度和明确性应当在不同的阶段上作相应调整。

当组织进入成熟期，可预见性最大，从而也最适用于具体计划。而在组织的幼年期，管理者应当更多地依赖指导性计划，因为处于这一阶段要求组织具有很高的灵活性。在这个阶段上，目标是尝试性的，资源的获取具有很大的不确定性，辨认谁是顾客很难，而指导性计划使管理者可以随时按需要进行调整。在成长阶段，随着目标更确定、资源更容易获取和顾客的忠诚度的提高，计划也更具有明确性。当组织从成熟期进入衰退期，计划也从具体性转入指导性，这时目标要重新考虑，资源要重新分配。

计划的期限也应当与组织的生命周期联系在一起。短期计划具有最大的灵活性，故应更多地用于组织的形成期和衰退期；成熟期是一个相对稳定的时期，因此更适合制订长期计划。

（三）环境的不确定性程度

环境的不确定性越大，计划更应当是指导性的，计划期限也应更短。

如果正在发生着迅速的和重要的技术、社会、经济、法律或其他变化，精确规定的计划实施路线，反而会成为组织取得绩效的障碍。例如，20 世纪 80 年代末期，当航空公司之间在主要的国际航线上展开价格战时，再定价，给各航线分配飞机数量和容量，以及编制经营预算等方面，航空公司应当采用更带有指导性的计划。而且，变化越大，计划就越不需要精确，管理就越应当具有灵活性。

（四）未来许诺的期限

最后一个权变因素也与计划的时间框架有关。当前的计划越是影响到对未来的许诺，计划的时间期限应当越长。许诺概念（Commitment Concept）是指计划期限应当延伸到足够远，以便在此期限中能够实现当前的许诺。计划对太长的期限和太短的期限都是无效的。管理者不是计划未来的决策，而是计划当前决策对未来的影响。今天的决策是对未来行动和支出的许诺。

在不断变化的世界上，计划必须是灵活的，只有傻瓜才自以为是地相信他能准确地预测未来，但这并不等于说计划不重要。因此，管理良好的组织很少在非常详细的、定量化的计划上花费时间，而是开发面向未来的多种方案。

四、计划工作的原理

计划工作是一个指导性、科学性、预见性很强的管理活动，但同时又是一项复杂而又困难的任务，为了搞好计划工作的职能，必须注意以下基本原理。

（一）限定因素原理

限定因素是指妨碍目标得以实现的因素，也就是说，在其他因素不变的情况下，抓住这些因素，就能实现期望目标。

所谓限定因素原理，是指在计划工作中，越是能够了解和找到对达到所要求目标起限制性和决定性作用的因素，就越是能准确地、客观地选择可行方案。毛泽东曾在《矛盾论》中用哲学的语言说明了相同的原理："任何过程如果有多数矛盾存在的话，其中必定有一种是主要的，起着领导的、决定的作用，其他则处于次要的和服从的地位。因此，研究任何过程，如果是存在着两个以上矛盾的复杂过程的话，就要用全力找出它的主要矛盾。捉住了这个主要矛盾，一切问题就迎刃而解了。"

限定因素原理是决策的精髓。决策的关键就是解决抉择方案所提出的问题，即尽可能地找出和解决限定性的或策略性的因素。否则，如果对问题面面俱到地检查，不仅会浪费时间和费用，而且还有可能把主要注意力转移到决策的非关键性问题上，从而影响目标的预期实现。

（二）许诺原理

在计划工作中选择合理的期限应当有某些规律可循。许诺原理可以表述为：任何一项计划都是对完成各项工作所作出的许诺，因而，许诺越大，实现许诺的时间就越长，实现许诺的可能性就越小。这一原理涉及计划期限的问题。一般来说，经济上的考虑影响到计划期限的选择。由于计划工作和它所依据的预测工作是很费钱的，所以，如果在经济上不合算的话，就不应当把计划期限定得太长。当然短期计划也有风险，那么合理的计划期限如何确定呢？关于合理的计划期限的确定问题体现在“许诺原理”上，即合理计划工作要确定一个未来的时期，这个时期的长短取决于实现决策中所许诺的任务所必需的时间。例如，由于出现了意料之外的原材料大幅度涨价，某企业为了保证实现年度生产经营计划的利润目标，需要补充制订一个增加销售收入的计划，那么这个计划的期限至少要多长时间呢？这个计划至少要在一年中的什么时间以前制订并实施才能确保实现呢？根据许诺原理，该计划期限主要取决于从增加订货到最后实现销售收入的最短周期。对于该企业来说，从接收订单、签订合同到完成工程图设计，一般要两个月的时间。从进行生产准备、投产到出产品的生产周期一般也为两个月。商品通过铁路发运，整个发运过程的延续时间均为半个月左右，结算周期一般为一个月以上，而且有逐渐延长的趋势。因此，计划期限应定为半年，也就是说，计划工作的开始时间至少要在六月底以前。这也是为什么该企业每年要在六月底以前审查年度计划完成情况的原因。这项工作已成为一项惯例。

按照许诺原理，计划必须有期限要求，事实上，对于大多数情况来说，完成期限往往是对计划的最严厉的要求。此外，必须合理地确定计划期限，并且不应随意缩短计划期限。再有，每项计划的许诺不能太多，因为许诺（任务）越多，则计划时间越长。如果主管人员实现许诺所需的时间长度比他可能正确预见的未来期限还要长，如果他不能获得足够的资源，使计划具有足够的灵活性，那么他就应当断然地减少许诺，或是将他所许诺的期限缩短。例如，他所许诺的如果是一项投资的话，他就应当采取加速折旧提存等措施使投资的回收期限缩短，以减少风险。

（三）灵活性原理

计划必须具有灵活性，即当出现意外情况时，有能力改变方向而不必花太大的代价。灵活性原理可以表述为：计划中体现的灵活性越大，由于未来意外事件引起损失的危险性就越小。必须指出，灵活性原理就是制订计划时要留有余地，至于执行计划，则一般不应有灵活性。例如，执行一个生产作业计划必须严格准确，否则就会发生组装车间停工待料或在制品大量积压的现象。

对主管人员来说，灵活性原理是计划工作中最重要的原理，在承担的任务重而目标计划期限长的情况下，灵活性便显出它的作用。当然，灵活性是有一定限度的，它有以下限制条件。

（1）不能总是以推迟决策的时间来确保计划的灵活性。因为未来的不肯定性是很难完全预料的，如果我们一味等待收集更多的信息，尽量地将未来可能发生的问题考虑周全，当断不断，就会坐失良机，招致失败。

（2）使计划具有灵活性是要付出代价的，甚至由此而得到的好处可能补偿不了它的费用支出，这就不符合计划的效率性。

（3）有些情况往往根本无法使计划具有灵活性。即存在这种情况，某个派生计划的灵活性，可能导致全盘计划的改动甚至有落空的危险。例如，企业销售计划在执行过程中遇到困难，可能实现不了既定的目标。如果允许其灵活处置，则可能危及全年的利润计划，从而影响到新产品开发计划、技术改造计划、供应计划、工资增长计划、财务收支计划等许多方面，以致使企业的主管人员经过反复权衡之后，不得不动员一切力量来确保销售计划的完成。

为了确保计划本身具有灵活性，在制订计划时，应量力而行，不留缺口，但要留有余地。本身具有灵活性的计划又称为"弹性计划"，即能适应变化的计划。

（四）改变航道原理

所谓改变航道原理，是指计划工作为将来承诺得越多，主管人员定期地检查现状和预期前景，以及为保证所要达到的目标而重新制订计划就越重要。

计划制订出来后，计划工作者就要管理计划，促使计划的实施。而不能被计划所"管理"，被计划框住。必要时可以根据当时的实际情况作必要的检查和修订。因为未来情况随时都可能发生变化，制订出来的计划就不能一成不变。尽管我们在制订计划时预见了未来可能发生的情况，并制订出相应的应变措施，但正如前面所提到的，一是不可能面面俱到；二是情况在不断变化；三是计划往往赶不上变化，就要调整计划或重新制订计划。就像航海家一样，必须经常核对航线，一旦遇到情况就可绕道而行。故此原理称为"改变航道原理"。这个原理与灵活性原理不同，灵活性原理是使计划本身具有适应性，而改变航道原理是使计划执行过程具有应变能力，为此，计划工作者就应经常地检查计划，重新制订计划，以此达到预期的目标。

第三节　战略计划

合作发展组织的统计资料表明，20世纪50年代，美国大企业中制订战略计划的还只有20%左右，到了70年代，制订战略计划的大企业就达到了100%；进入90年代后，在我国战略计划也有了更深层次的发展，特别表现在形象战略（CI战略）的传播及应用上。CI战略是企业高层次发展的现代战略。

"战略"一词原本是个军事术语，意指指导战略全局的谋划。随着科学技术和社会经济的不断发展、客观环境的急剧变化，以及市场竞争的日趋激烈，人们逐渐认识到要干一件大事，就必须要使主观认识去适应客观环境的变化，特别要掌握未来的发展趋势。从而把"战略"一词由军事引入到了政治、经济、科学技术、企业经营管理等多学科领域。法国管理学家塔威尔在《企业的生存战略》一书中谈到：工业化企业的发展可分为三个时代。第一个时代是以企业家为特征的，即由资本家直接管理企业的时代；第二个时代是以管理专家为特征，或叫组织人（系统管理）的时代；第三个时代是以战略家为特征，强调现代企业的高层领导人员，必须有高瞻远瞩、深谋远虑的品质，能在复杂的环境中把握住企业未来的方向和命运。

一、使命、愿景、价值观和目标

战略管理过程的第一个要素是组织使命陈述，它提供了战略制定的框架和背景。使命陈述包括四个主要部分：公司使命、愿景、价值观与目标。企业愿景考虑的是企业未来的发展前景和发展方向，即考虑我们将会成为什么样的企业的问题；而企业使命则考虑的是我们的业务是什么，即考虑如何将经营的重点放在企业已有的业务活动上，满足所服务的客户需求，从而完成企业使命；核心价值观用于制定行为标准，指导和塑造公司员工的行为；企业目标则是企业在其战略管理过程中所要实现和改善的长期市场地位和竞争能力问题，并取得满意的战略绩效目标。

（一）愿景

愿景是组织未来所能达到的一种状态的蓝图，如世界 500 强企业 GE 提出的永远做世界第一。愿景阐述的是企业存在的最终目的，如“致力人文科技，驱动现代生活”（福田汽车愿景），是指组织长期的发展方向、目标、目的、自我设定的社会责任和义务，明确界定公司在未来社会范围里是什么样子。愿景确立的是组织的主体、本源，使命确立的是主体的目标。其逻辑是：组织先要有自己的理想，然后借助于“组织”这个平台来实现。很多组织在描述使命时，有时把使命与愿景合而为一，这表明该组织把组织的主体与目标合一。这种情况下，组织所提出的使命大多是“理想主义”与“现实主义”的结合体，是一种基于愿景的使命。

（二）使命

组织在未来完成任务的过程，代表企业存在的理由，如把长虹建成世界第一的彩电巨人——任重道远，自豪感。使命则是阐述在这样一种最终目的下，我们将以何种形态或身份实现我们的目标，如“成为全球领先的提供汽车产品和服务的消费品公司”（福特），紧随愿景之下。使命是在界定了愿景概念的基础上，具体地定义到回答组织在社会中的身份或角色，在社会领域里，该组织是分工做什么的。使命是企业对自身生存发展的“目的”的详细定位，是区别于其他企业而存在的原因或目的，也是企业胜利走向未来的精神法宝和指路明灯。

企业愿景和企业使命的逻辑关系是，企业使命是企业愿景的一个方面，换句话说，企业愿景包括企业使命，企业使命是企业愿景中具体说明企业经济活动和行为的理念，如果要分开来表述企业愿景和企业使命，企业愿景里就应不再表达企业经济行为的领域和目标，以免重复或矛盾。

（三）价值观

公司的价值观表明公司的管理层和雇员应当如何行动，他们应当怎么样做业务，他们希望建立什么样的组织来帮助公司实现使命。由于价值观决定公司内部人员的行为，它通常被视为企业文化的基石，企业文化是一系列控制员工在实现公司使命和目标时工作行为的价值、规范和标准。组织文化是竞争优势的重要来源。例如，Nucor 钢铁公司是世界上生产力最高和最赚钱的钢铁企业。它的竞争优势有相当部分是依靠极度高效率的员工队伍，而这又是企业文化价值观的直接产物。公司文化决定了一个公司如何对待自己的员工。这些价值观包括以下内容。

（1）公司管理层有义务保证员工获得同其生产力相符的报酬。

（2）员工应当相信，只要努力工作，他们将不会失去工作。

（3）员工有权利要求公平对待而且必须相信自己能够得到公平对待。

（4）如果感觉到不公平的对待，员工必须有申诉的途径。

在 Nucor 钢铁公司，价值观强调的是业绩与报酬和工作稳定性挂钩，还有公平对待员工，从而在公司内部形成有利于提高员工生产力的气氛。反过来，这有助于 Nucor 公司保持产业内最低的成本结构，能够在一个价格竞争激烈的行业内保持盈利能力。

（四）主要目标

在完成公司使命、愿景以及关键价值观的陈述之后，战略管理的下一项工作是制定使命陈述：明确主要目标。目标是对公司意图实现的一种未来状态的简要的和可衡量的描述。在上述框架中，目标是指公司为完成使命与愿景必须确实做好的具体工作。

好的公司目标应当包括以下四个特点。

（1）简明和定量。为经理们的工作提供标准和指向。

（2）切中要害。仅限于关键的和重要的事项。用于评估公司绩效的主要目标的数目不能太多，否则管理层无法关注于核心问题。

（3）既有挑战性又有实现性。应当能够激励员工提高公司的绩效。过于容易实现的目标无法激励员工，而不现实的目标则可能导致放弃努力。

（4）时限的要求。时限要求告诉员工实现目标的截止日期，它有助于激发紧迫感，本身就可以发挥激励作用。

综合以上，表 4-1 简明扼要列表举例了愿景、使命、价值观和目标的含义，加深理解和记忆。

表 4-1 愿景、使命、价值观和目标的定义及举例分析

	定　义	举　例
愿景	组织未来所能达到的一种状态的蓝图	世界 500 强企业 GE 提出的永远做世界第一
使命	组织在未来完成任务的过程，代表企业存在的理由	福特公司提出要成为全球领先的提供汽车产品和服务的消费品公司
价值观	公司的管理层和雇员应当如何行动，他们应当怎么样做业务，他们希望建立什么样的组织来帮助公司实现使命	在 Nucor 钢铁公司，价值观强调业绩与报酬和工作稳定性挂钩，还有公平对待员工
目标	公司为完成使命与愿景必须确实做好的具体工作	SBC 通信公司的目标：通过向新市场扩张不断提高我们的顾客基础，通过现代化的网络提供服务，向我们的每一位顾客提供更多的服务

二、战略计划的程序

（一）确定组织当前的宗旨、目标和战略

这是战略计划的起点。每个组织都有自己的使命（Mission），它规定了组织的目的和回答了下述问题：我们到底从事的是什么事业？定义企业的宗旨，促使管理当局仔细确定企业的产品和服务范围。

（二）外部环境分析

组织的环境因素对组织战略计划的制订起着关键性的影响作用。任何一个组织的高级管理人员要想制订一个能引导组织走向成功的战略计划，必须全面地调查和分析组织的环境因素，主要有市场环境因素、行业环境因素、政策法规环境因素、竞争对手因素、供给环境因素和国际环境因素等六个方面。组织的环境在很大程度上规定了管理当局可能的选择。成功的战略大多是那些与环境相适应的战略，重要的是准确把握环境的变化和发展趋势及其对组织的重要影响。

（三）发现机会与威胁

环境分析可以使管理者对环境信息进行分析和鉴别，评估哪些机会可以发掘，以及组织可能面临哪些威胁，捕捉良机，作出正确的决策。

（四）分析组织资源

将分析的视角从组织外部转向组织内部，这里的组织资源是指组织内部的资源，即组

织的人员拥有什么样的技巧和能力、组织的资金状况、公众对组织的看法等。这一步的分析使管理者认识到本组织在资源方面的限制条件，并能识别出组织与众不同的能力。

（五）重新评价组织的宗旨和目标

将上述（二）和（四）结合起来进行分析，对组织的机会进行再评价，通常称为SWOT分析，这一方法把对组织的优势（Strength）、劣势（Weakness）、机会（Opportunity）和威胁（Threat）的分析结合在一起，以便发现组织可能发掘的细分市场。按照 SWOT 分析和识别组织的机会的要求，管理当局需要重新评价公司的使命和目标，它们是实事求是的吗？它们需要修正吗？如果需要改变组织的整体方向，则战略管理过程可能要从头开始。如果不需要改变组织的大方向，管理当局则应着手制订战略。

（六）选择和制订战略

在战略目标已经设定，内外部环境分析已经完成的基础上，从发挥优势、克服劣势、利用机会和避开威胁这一原则出发，提出各种可能的备选战略方案，并经过进一步的分析、评价和比较，确定最有利于实现组织目标的战略方案。战略的选择通常涉及三个层次，即公司层战略、事业层战略和职能层战略。

（七）战略实施

战略实施碰到的首要问题是组织保证。必须认识到，组织是手段，是实现战略和目标的手段。"战略决定结构"应作为战略实施阶段所依据的原则，不同的战略要求不同的组织结构与之相适应。另外，还需要采取匹配符合战略要求的人力资源，设计相应的控制系统等相关职能措施以确保战略实施位于正确的轨道上。

（八）战略的调整与变革

当内外部环境条件发生改变时，或是当所选择的战略不能满足组织的要求时，要对战略进行及时的调整和变革。

一个典型的战略计划过程如图4-1所示。

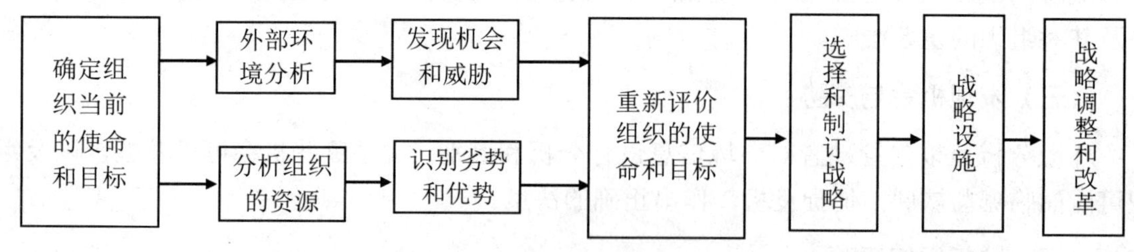

图4-1 典型的战略计划过程

结尾案例

通用电气战略计划的制订与演变

通用电气公司是美国最大的电器公司。该公司拥有职工近 40 万人，制造、销售和维修的产品约 13 万种，其中包括飞机引擎、核子反应堆、医疗器械、塑料和家用电器等，业务范围遍及 144 个国家和地区。1978 年，公司的销售额约达 200 亿美元，利润超过了 10 亿美元，其中 40% 来自国际市场。

1. 战略计划的由来

由于通用电气公司的规模越来越大，产品的种类越来越多样化，公司在经营管理上面临着以下几个关键问题：一是冒一定的风险使利润迅速增长，还是使利润持续不断低速增长？二是需要一个分权式的组织机构以保持组织上的灵活性，还是建立一个集权式的组织机构以加强对整个公司的控制？三是如何对付环境、技术和国际等方面的新挑战？经过研究，公司选择了利润高速增长的经营战略。但是，怎样管理这样一个机构，并对付来自环境、政治、经济、技术和国际上的各种挑战？通用电气公司的答案是需要制订战略性计划。因此，从 20 世纪 70 年代初期开始，通用电气开始制订战略性计划，并建立了一套制订战略性计划的机构、程序和原则。

2. 制订战略计划的机构、程序和原则

从组织机构上来说，通用电气公司在传统的事业部和大组的机构上，又建立了一种制订计划的机构——战略（计划）经营单位。这些经营单位的规模不一，大组、产品部、事业部门都可成为战略经营单位。在全公司共建立了 43 个战略（计划）经营单位。从定义上来说，一个战略计划经营单位，必须有一致的业务，相同的竞争对象，有市场重点以及所有的主要业务职能（制造、设计、财务和经销），所有这些都由战略（计划）经营单位的经理负责。在建立了战略计划经营单位之后，通用电气公司就形成了双重机构和双重任务，即新建的战略（计划）经营单位是计划机构，其职责是制订战略，原有的组织机构的任务是执行战略。

这种把生产组织和计划机构分开的思想，也应用在其他方面。例如，生产食品加工设备、特种电子元件和特种变压器的。每个产品部和事业部被划入一个工业零件大组，但在这些产品之间并没有战略上的共同点。每个产品部和事业部都在它独特的领域内进行生产，每个产品部和事业部都是一个战略（计划）经营单位，并制订自己的战略性计划。但是，将这些产品部和事业部划进工业零件大组的目的，是为了便于在生产上进行控制，而不是为了成为一个制订计划的机构。

建立了制订战略机构之后，下一步就是采用一种制订计划的程序。制订战略计划的程序，主要是靠一步一步地进行分析。例如，当观察外界环境时，通用电气公司考虑到社会、经济、政治和技术发展趋势，在过去和将来如何影响到市场、顾客、竞争对手和供应厂商，并由此可找出发展机会和对公司的威胁。当分析到本公司的资源时，应考虑到本公司酝酿、设计、生产、销售、资金和管理等方面的能力，由此可以找出本公司的强点和弱点。当分析到企业目标时，应考虑到公司股东、贷方、顾客、雇员、供应厂商、政府和社会的期望，并辨别出每一个因素如何指导或限制着企业的发展。总之，这个过程所强调的是进行全面的分析，在分析时将一切因素都考虑进去。该公司认为，经过这种分析，就会出现非常有效的战略。

例如，通用电气公司现在在向市场供应喷气式飞机的引擎方面取得了很大的成功，这是由于公司生产了适销对路的产品，而能够生产对路的产品，又是由于进行了周密的环境分析的结果。经过分析，公司认识到飞机引擎的发展周期是 5 年多，还认识到今天对噪声程度、化学污染、燃料节约、第一次生产成本、服务能力等方面的全面要求，已大大不同于 20 世纪 70 年代初期了。通用电气公司认为，他们对这些问题的综合考虑，应归功于战略计划的制订。

制订战略计划过程中的各个分析步骤，也使通用电气公司找到了发展业务和进行多样化生产的机会。通用电气公司下属的战略计划经营单位下决心兼并了考克斯广播公司，这使得通用电气公司在广播和可视电话方面有了新的市场。公司之所以如此快地进行这次兼并，是由于通过战略性的分析，预计到在这方面有发展机会。

在采用了上述制订战略计划的程序之后，还需要规定一些共同遵守的原则，以保证计划的制订。这些原则可以从以下几个方面加以说明。

（1）所有管理人员都要参与战略计划的制订和学习。通用电气公司的 320 名高级管理人员要集中 4 天时间研究和制订战略计划。428 名未来的计划人员要集中用两周时间全部完成战略计划的制订工作。在全公司 1 万名各级经理人员要接受一天了解战略计划的视听训练。公司认为，这样做的时间代价虽大，但却是成功的关键。

（2）制订计划时间表，以便对各种战略计划进行检查，并通过预算对不同的发展机会分配公司的资源。对战略计划的审查是为了使其付诸实施，通过预算对不同的发展机会分配资源，是为了从物质上保证战略性计划的实施。

（3）用投资矩阵图（又称业务屏幕）来声明投资的轻重缓急。每年通用电气公司都用上述矩阵图安排自己的投资。战略计划经营单位用顶上的横轴估价工业的吸引力，用边上的纵轴来估价自己的企业在该行业中的竞争。对投资增长类的企业在投资时予以优先照顾，对选择增长类的企业（即还有一定发展前途的企业）在投资时排在第 2 位。而对选择盈利类则要求它们在投资同利润之间保持平衡。对业务萎缩类的企业，则逐渐撤回投资。

公司认为，关键的问题是如何衡量工业的吸引力和企业本身的力量。为了解决这个问题，公司应用了多种因素估计表。

对于外界各因素和企业本身的力量有了精确的估价后，战略计划经营单位的经理就有了作出投资决策的信心。

（4）对战略计划经营单位的经理人员实行奖励制度。对于战略计划经营单位经理人员的考核，主要是看这些经理人员对通用电气公司的全面贡献如何。对投资增长类的企业经理人员来说，当他们的行动和计划能为全公司带来长远利益时，他们会得到更多的奖励。另一方面，对于业务萎缩类企业的经理人员来说，奖励的多少主要是看这些经理人员能否在短期内为公司赚到更多的利润。把奖励与战略性的任务联系起来，有助于克服那种不顾企业本身的实际潜力而使业务盲目扩大的倾向。

3. 通用电气战略计划的演变

通用电气公司管理制度的演变大体经过了以下几个阶段。

（1）20 世纪 60—70 年代的分权时期，促进了该公司的增长和经营的多样化。

（2）20 世纪 70 年代的战略计划的制订，使公司扩大了规模，增加了产品的种类并使利润持续不断地增长。而战略计划的重点就是建立战略计划经营单位，以及把各个下属单位的战略需要和整个公司的财源分配战略结合起来。

（3）20 世纪 80 年代，公司进入了第三个时期，即战略经营管理时期。在 80 年代，通用电气公司有一个高度分权的利润中心结构。这种结构共分 4 层，最下层是事业部，共有 175 个，每个事业部都有一个利润中心。这些事业部由 45 个部管辖，45 个部又由 10 个大组管辖，这 10 个大组形成最高管理层，它们向公司最高办公室报告工作。最下层的部分的销售额，一般不超过 5 000 万～6 000 万美元，如果超过这个限度，这个事业部就分为两个事业部。当时，通用电气公司占统治地位的管理哲学是控制幅度，这个幅度要“小到一个人足以管理得起来的程度”。

（4）20 世纪 90 年代的战略管理。通用电气公司在 20 世纪 80 年代制订战略计划所取得的成功，促使公司走向 90 年代的战略性管理。

为了应付迅速变化的外界环境，公司将保留计划机构和生产组织这种双重机构。为了应付日益扩大的规模，公司建立了一个新的管理层——大部。这个管理层介于公司执行办公室和每个单独的战略计划经营单位之间。全公司共分 6 个大部，即消费品和服务大部、工业产品和零件大部、动力系统大部、国际部、技术系统材料大部和犹他国际公司。其中，规模最小的犹他国际公司年销售额约为 10 亿美元，其他大部有些年销售额超过 40 亿美元。

大部的经理人员对下属各战略计划经营单位的经营好坏负有责任。大部经理人员负有审查下属各战略计划经营单位的战略的责任，并负责制订大部战略。大部的战略不仅包括向各战略业务单位分配资源，而且还要在各战略计划经营单位所主管的业务范围之外制订业务发展计划。为了处理更加复杂的情况，公司已将原来在一个管理层制订战略性计划的做法，扩大到若干管理层制订战略性计划，甚至在不同的业务之间制订战略性计划。现在公司除有 40～50 个战略（计划）经营单位的计划之外，还有 6 个大部的战略性计划和 1 个全公司的战略性计划。这些上层的计划不是下层计划简单的综合。每个管理层的计划都有不同的范畴。例如，如果整个公司的增长指标要快于国民生产总值，那么消费品和服务大部的增长指标就应该快于国民生产总值中的消费品部门，生产电视机的战略计划经营单位的增长指标就应该快于整个电视工业。公司认为，不同范围、新增添的价值和统一的指标，这三者是制订多层次战略性计划的中心思想，也是在统一的指标下进行分权管理的中心思想。

通用电气公司认为，从 20 世纪 70 年代到 90 年代的战略性计划的演变，适应了公司规模和经营多样化的发展，因而给公司带来了巨大利益。为了管理像通用电气公司这样规模巨大的和多样化的企业，公司还在继续研究新的管理方法。但公司认为，管理程序、管理结构固然重要，但同样重要的是需要有一批经理人员，这些处于各阶层的经理人员能够从战略上去思考问题。

资料来源：http://doc.mbalib.com/view/fdf5105e00cb31436e61b5a5f6d7b7b9.html.

讨论题：

评价分析通用电气的战略管理体系，并说明该体系如何帮助通用电气根据环境的变化来调整自身经营战略的。

本章小结

1. 计划是所有管理职能中的一个最基本的职能，它是对未来活动所进行的预先的行动安排，是一种针对未来的筹谋、规划、谋划、策划、企划等。

2. 计划工作是管理的重要职能，主要由于其有如下特点：目标性、先导性、普遍性、效益性。

3. 计划具有许多类型。通过对计划的划分有利于人们更深入、更具体地理解和掌握有关计划的规律和方法。计划类型的划分取决于依据的标准。

4. 计划有多种的表现形式，如使命、目标、战略、政策、程序、规则、规划和预算等。

5. 计划工作是一个由若干互相衔接的步骤所组成的连续的过程，其有效性受到若干权变因素的影响，同时需要遵循计划工作的基本原理，如限定因素原理等。

6. 战略计划的第一个要素是组织使命陈述，它包括四个主要部分：公司使命、愿景、价值观与目标。

7. 战略计划包括确定组织当前的使命、目标和战略，外部环境分析，发现机会与威胁，分析组织资源，重新评价组织的使命和目标，选择和制订战略，战略实施，战略的调整与变革等八个主要步骤。

关键词

计划　计划类型　战略计划　使命　愿景　价值观　目标

思考题

1. 什么是计划？计划可以分为哪些类型？
2. 计划在管理中的地位怎样？它与其他管理职能的关系又是怎样？
3. 计划的编制是个过程，结合管理学理论编制一个实际计划。
4. 如何理解企业的使命、愿景和目标？
5. 说明当今企业制订战略计划的重要意义。

@网络练习

1．访问 3M 公司网站（http://www.3m.com），找出相关公司历史的部分，运用由此获得的信息描述该公司自成立至今的战略演变。

2．分析 3M 公司战略演变背后的驱动力是什么？

3．你认为这一演变在多大程度上是具体的长期战略规划的产物？在多大程度上又是对环境不可预见的变化所作出反应的结果？

自测题

（一）判断题

1．目标必须是可量化的，不能量化的不能称其为目标。（　　）

2．当环境的不确定性程度越高时，计划越倾向于具体性的。（　　）

3．战略计划较作业计划具有更长的时间间隔，覆盖领域也较宽。（　　）

4．管理者所处的组织层次越高，计划越倾向于战略性计划。（　　）

5．计划工作可以消除变化。（　　）

（二）选择题

1．计划工作的起点是（　　）。

A．确定目标　　B．估量机会　　C．确定前提　　D．确定备选方案

2．根据计划的明确性，可以把计划分为（　　）。

A．长期计划和短期计划　　B．战略性计划和战术性计划

C．具体性计划和指导性计划　　D．程序性计划和非程序性计划

3．强调在制订计划时要留有余地，不能满打满算的计划工作原理是（　　）。

A．限定因素原理　　B．许诺原理　　C．改变航道原理　　D．灵活性原理

4．为了明确企业计划的外部条件，其关键是（　　）。

A．定量预测　　B．环境预测　　C．定性预测　　D．销售预测

5．战略计划的首要内容是（　　）。

A．战略选择、确定目标　　B．愿景和使命陈述、估量机会

C．组织资源分析确定前提　　D．战略环境分析

第五章　计划管理的方法与工具

学习目标

☑ 商业模式设计的技术路线与自测方法
☑ 目标管理的地位、步骤以及优缺点
☑ 竞争战略的常用分析工具
☑ 平台战略的内涵和平台生态圈的机制设计

开篇案例

麦当劳的商业模式：房地产公司

首先分析一下麦当劳公司的商业模式。相信读者去麦当劳时，都在想这样一家世界级的连锁企业到底靠什么赚钱？靠汉堡吗？有人说，我们要少去麦当劳吃汉堡，但要多去麦当劳学管理。麦当劳的经营管理有非常多的地方值得我们深入研究，其商业模式更是值得深入研究并引起我们深刻思考。

麦当劳的主打产品也是吸引消费者走进麦当劳的无疑是它的汉堡，但麦当劳靠汉堡赚钱吗？麦当劳的汉堡卖 12 元人民币，但我们要注意，麦当劳的汉堡其实利润非常少，甚至不赚钱。因为这么大的汉堡，要用最好的牛肉，最好的面包，面包里的气泡在 4 毫米时口感最佳，这样的面包不能用有些餐饮企业用的地沟油，只能用最好的油，而且十分钟以后不卖掉，只能扔掉。这么高的成本，加上房租、人员费用、推广费用，麦当劳的汉堡其实并不赚钱，但汉堡恰恰是吸引众多消费者去麦当劳的一个主要原因。

麦当劳靠什么赚钱？那些小小的不被人注意的可乐、薯条等小产品是它赚小钱的方法。一杯可乐 6.5 元，可能毛利 4.5 元，这是它赚小钱的地方。

麦当劳怎么赚取“中钱”呢？就是供应链。很多经理人都可以想到，麦当劳可以做集中采购，当麦当劳把全球几万家门店所用的牛肉、面粉、土豆集中采购时，利润就出来了。但是麦当劳供应链的高明之处还远远不止如此。如果麦当劳只想到集中采购，那就不是今天的麦当劳，就无法成为全球单一品牌最大、全球拥有 3 万家以上门店的快餐连锁企业。

麦当劳不仅通过集中采购获取稳定的利润，同时还积极参与到供应链的改造之中，通过改造供应链来降低供应链的成本，在所降低的供应链成本中与合作者分享，但最大的收益者肯定还是麦当劳。举一个例子，假设过去一斤土豆卖 5 元钱，亩产只有 3 000 千克，那么麦当劳怎么做呢？麦当劳公司为农场提供土豆种植改良技术，免费的。当农场拿到免费的土豆种植改良技术后，亩产从3 000千克涨到10 000千克。过去每亩收入3万元，单价5元、亩产3 000千克，现在亩产达到10 000千克以后，可以让农民把价格降到每斤2元，这样每亩总收入达到了4万元，比过去的3万元增长了1万元，这样一来，农场企业很开心。但最大的受益者是谁？毫无疑问是麦当劳公司。因为它从5元的单价变成2元的单价，单位成本大幅度降低。

因此，麦当劳从供应链中获取"中利"，并不是单纯依靠集中采购，而是同时积极深入地参与到供应链改造之中，通过改造供应链，使得整个价值链的整体收益大幅度增加，而它获得其中最大的一部分。可能有读者认为这样不公平，是不是麦当劳欺负农民？其实不尽然，因为这里最大的贡献者还是麦当劳，所以它获得最大的利润合情合理。

如果只有供应链的"中利"，麦当劳公司还走不了那么远，还无法形成今天如此明显的竞争优势。麦当劳靠什么赚大钱呢？答案是麦当劳公司的房地产。麦当劳主要利润来自于房地产，很多读者的第一反应是麦当劳专业的选址能力，麦当劳看中的地段房价往往都会涨，所以麦当劳靠房地产来盈利。注意了，这句话又只对了一半。

如果麦当劳只是像普通的企业或者普通的投资者那样，通过专业选址能力获取房产增值，这还不是麦当劳的高手所为，还只是普通的投资者。麦当劳的独特之处或者高明之处，体现在它不仅有专业的选址能力，还通过辛辛苦苦地卖汉堡，辛辛苦苦建立麦当劳的餐饮文化，建立起麦当劳商圈，通过麦当劳商圈不断拉动海量的人流量来到麦当劳以及附近的商圈。这种做法就会主动、直接地推动房产价格的提高，这就是麦当劳之所以成为"史上最牛的房地产公司"的秘密所在，它不是被动地等待房产升值，并不是单纯依靠所谓的专业选址能力，而是积极主动地长期拉动房产价格的增长。

资料来源：彭志强，刘捷，胥英杰. 商业模式的力量[M]. 北京：机械工业出版社，2009.

讨论题：

1．学习完这个案例，请你总结麦当劳的商业模式。

2．假如你是一个公司的管理者，从麦当劳的经营模式中获得哪些对你所在公司的经营有价值的启示？

第一节　商业模式设计及其评价

一、商业模式的基本定义

商业模式（Business Model，BM）是一种包含了一系列要素及其关系的概念性工具，用以阐明某个特定实体的商业逻辑。它描述了公司所能为客户提供的价值以及公司内部的结构、合作伙伴网络和关系资本（Relationship Capital）等用以实现（创造、推销和交付）

这一价值并产生可持续盈利收入的要素。

Paul Timmers 是较早明确定义和分类商业模式的人，他指出，商业模式是指一个完整的产品、服务和信息流体系，包括每一个参与者和其在其中起到的作用，以及每一个参与者的潜在利益和相应的收益来源和方式。此外，也有管理学家将商业模式定义为企业的顾客、合作伙伴及供应商的角色和相互关系的完整组合。这个特定的安排将决定主要的产品、信息与资金流和参与者利益等主要因素。

从商业模式的基本定义出发，任何一种商业模式均可看成是由三类策略所组成的特定的经营安排与实践，如图 5-1 所示。

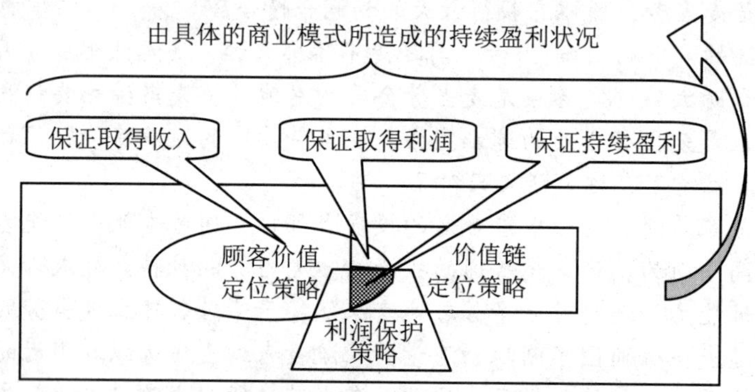

图 5-1　商业模式：由三类要素构成的策略组合

（1）商业模式的第一类策略或要素：顾客价值定位策略。这个策略具体要回答以下两个相互关联的问题。

① （这项业务）赚什么人的钱？或者说谁是这项业务的顾客？

② （这项业务）通过传递什么样的利益而赚钱？

这一策略成功的标志是：在这项业务上，企业能取得巨大的销售收入。

（2）商业模式的第二类策略或要素：价值链定位策略。这个策略具体要解决的问题是：为了创造并传递上述顾客价值，企业应如何安排最有利的内部业务活动与外部协作活动？这两方面活动实际上构成了一个特定的价值链安排。这种安排的原则是：在保证顾客价值的前提下，如何系统性降低企业的运营成本。这一策略成功的标志是：在这项业务上，企业能取得巨大的营业利润。

（3）商业模式的第三类策略或要素：利润保护策略。这个策略具体要解决的问题是：企业采取什么样的措施和手段来确保自己的利润？显然，这一策略成功的标志是：在这项业务上，企业能取得持续的巨额利润。

二、商业模式的特征

首先，商业模式是一个整体的、系统的概念，而不仅仅是一个单一的组成因素。如收入模式（广告收入、注册费、服务费），向客户提供的价值（在价格上竞争、在质量上竞争），组织架构（自成体系的业务单元、整合的网络能力）等，这些都是商业模式的重要组成部分，但并非全部。其次，商业模式的组成部分之间必须有内在联系，这个内在联系把各组成部分有机地关联起来，使它们互相支持，共同作用，形成一个良性的循环。

好的商业模式一般具备以下特征。

（1）顺应形势。好的商业模式都是适应形势，顺势而为的产物。在国内互联网行业，每一个崛起的互联网品牌背后都有着自己独特的商业模式支撑。传统门户背后是在线新闻，腾讯 QQ 背后是即时通信，百度背后是搜索，优酷背后是视频，阿里巴巴、淘宝、携程、当当背后是电子商务，前程无忧背后是招聘等，这些知名互联网品牌无不是某种互联网商业模式的代表。

（2）创造优势。好的商业模式往往具有开创性，能构建品牌自身的竞争优势，善于利用和整合存量有效资源，形成核心竞争力。

在医药行业，哈药集团在医药行业率先采用大广告投入、大品牌集群的发展模式，开创了医药行业的“哈药模式”。这种发展模式通过品牌药的大量广告投放促进品牌药销售，同时拉升了企业品牌知名度，而随着企业品牌知名度的上升，继而推动普药的销售。哈药集团通过这种为业界称为“哈药模式”的发展方式，赢得市场先机，跻身医药行业领军企业阵营。

（3）提供独特价值。好的商业模式要能提供独特价值。独特价值可能是新的思想，也可能是产品和服务独特性的组合。这种组合要么可以向客户提供额外的价值；要么使得客户能用更低的价格获得同样的利益，或者用同样的价格获得更多的利益。

（4）难以被模仿。企业通过确立自己与众不同的商业模式，如对客户的悉心照顾、无与伦比的实施能力等，来提高行业的进入门槛，从而保证利润来源不受侵犯。

（5）以客户为导向。好的商业模式都是脚踏实地，并建立在对客户行为的准确理解和假定上。

总之，好的商业模式必须能够突出一个企业不同于其他企业的独特性。这种独特性表现在它怎样赢得顾客、吸引投资者和创造利润。

三、商业模式评价的意义

商业模式评价就是对某个商业模式的性质、特征进行总体评价与结构分析。这种评价分析对于企业经营管理改进与创新具有以下特别重要的意义。

（1）可以确定在特定业务的经营上，企业可以取得何种程度的经营业绩。商业模式的性质将决定企业在指定的业务上持续获利的能力。

（2）可以确立企业在上述业务的经营改进的方向、内容与基本原则。对商业模式的系统评价，可以找到企业在指定业务经营方面存在的各种问题，根据其在商业模式框架中的影响，可以对这些问题进行性质分类，有的问题可能只是暂时的或枝节性的问题，但有的问题很可能是致命性的。例如，在顾客价值纬度评价中，如果企业现有业务所提供的顾客利益是高度可替代的，那么，这项业务就很难获得高溢价，也就难以获得持续性盈利。

（3）可以确定企业的关键资源及其开发方针。对商业模式的评价，可以确立商业模式改进甚至创新的方向、途径和关键措施。这又将支持企业确立需开发的关键资源的种类、规模和质量要求。这些信息对于系统性地、有条不紊地实现资源开发是至关重要的。

（4）可以支持企业建立起合适的战略联盟。该联盟既包括一般意义上的战略联盟，也包括各类资本投资机构。

四、顾客价值纬度评价的技术路线与自测方法

（一）总体评价路线

商业模式的顾客价值纬度评价，主要澄清的问题是：在指定的业务（产品）经营上，企业所服务或企图服务的顾客身份及通过该产品（或服务）所传递的利益，包括这种利益的性质、内涵、可替代性等。顾客价值纬度评价将解释和预测企业在该业务经营上所能获得的收入规模及其变化趋势。

商业模式的顾客价值纬度评价，可沿图5-2所示的分析而展开。

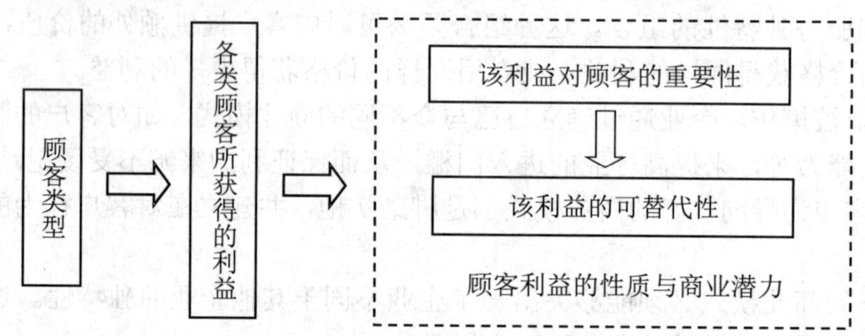

图5-2　商业模式的顾客价值纬度评价总体路线

（二）各主要环节的技术处理

1. 顾客类型

所谓顾客类型，即顾客身份类型，是对顾客价值分析评价的最重要的基础。在这一环节上，分析时要注意以下问题。

（1）一定要明确是哪一个产品或服务，如A产品（服务）。商业模式是针对具体业务的经营方法安排，因此不存在脱离了具体产品或服务的“商业模式”问题。

（2）顾客定位要具体到消费者的身份（而不是产品或服务）。顾客是购买并消费某种

产品或服务的行为主体，任何一类顾客，不论是自然人还是机构法人，均有其身份。明确这种身份，才能够进一步分析利益的性质、特征等顾客价值的本质问题。

（3）顾客必须是有支付决策权的人。在许多情况下，“顾客”的真实身份并不是像许多人想象的那样一目了然。如上所述，如果不能澄清顾客的真实身份，就不能完成顾客利益识别（不同的人有不同的利益偏好）。这里要强调的是在商业模式分析中，顾客是具体产生购买行为的主体。具体来讲，谁掏腰包谁就是顾客，尽管有时这种意义上的顾客不一定是产品使用者。

（4）同类顾客要合并。有时，由于企业不同的职能部门或职能小组会将同类顾客采用不同的称呼，这种名称上的差异并不代表实际上存在着不同的顾客，因此，应该将其进行合并。

（5）未落实的、仅仅是作为市场拓展目标的顾客群不能列入。有时，企业管理层会将“目标顾客”与当前实际顾客混为一谈。这样会混淆商业模式的真实属性，因为在这种情况下，有可能因为包括根本不在业务服务范围内的顾客群体而高估商业模式的质量。

2．各类顾客所获得的利益

企业要赚钱，就要尽可能对其产品（服务）报高价，而报价能力与产品或服务所包含的利益密切相关。任何一个顾客都是在为其所获利益（或者预期所获得的利益）而付费。而利益的性质将决定该顾客在价格问题上的态度，因而也决定企业的销售业绩及其持续性。因此，企业提供给顾客的利益性质将决定其砍价能力，砍价能力是商业模式质量的根本标志，也是企业经营管理努力的根本落脚点。

在这一环节上，分析时要注意以下问题。

（1）一定要和顾客联系起来，只有明确了顾客，利益才能有效地确定。

（2）可以先参照各业务经营部门（如销售部、售后服务部等）的见解，同时要进行检验、核实，主要澄清的问题是：根据什么可以确定本企业产品或服务为指定的顾客提供了这种利益？依据是什么？

（3）从最显著的利益分析起，不必强求细致、详细。

（4）如果无法直接分析、归纳顾客从产品（服务）中获得的利益，那么分析其主要的购买动机也可以，可以提出并回答这样的问题：“该类顾客是带着什么样的主要动机选择我们的产品（服务）？”

（5）有时，顾客购买是带着惯性的，并没有特别斟酌动机或理由。这时，利益就可从整体产业的角度分析（例如，网上购物，如果习惯了某一网站的产品及服务，懒得再找别家，选择是出于惯性，这时就可用整个电子商务公司的利益来代替企业提供的利益，但这种情况同时也意味着，该种利益很可能是高度可替代的）。

3．该种利益对顾客的重要性

利益的重要性是影响和决定购买意愿的关键因素。同一种利益，对不同的主体可能会产生不同的重要性。利益对顾客的重要性评价，涉及量化处理问题，即对给定的利益，衡量出它的重要性程度，以便最终评价一个具体的商业模式由于在顾客价值方面的特殊安排而具有的商业潜力或市场竞争力。

在这一环节上，重要性量化可以参照下列基本的标准。

（1）10 分——非常重要。该种利益对顾客的生产经营或生活学习等是必不可少的（必需品），其需求规模是不受限制的。

（2）7 分——重要。该种利益对顾客的生产经营或生活学习等有重要影响，该种利益会以较高的频率重复产生。

（3）5 分——有价值。该种利益对顾客的生产经营或生活学习等有积极影响，但需求频率不高。

（4）3 分——一般。该种利益对顾客的生产经营或生活学习等有实际影响，但需求频率很低。

（5）1 分——不重要。该种利益有消极成分，或潜在的消极性（如对成本、形象、生活质量等具有不利影响）。

4．该利益的可替代性

这里的“可替代性”是指提供相同或相似利益的经营商的数量与实力状况，这种经营商的数量和实力越大，企业以其现有的商业模式所产生的顾客利益的可替代性就越强。相应地，商业模式的竞争力也越弱。因此，这一项评价实际上是关于提供同类利益的经营者群体识别与评价。

在这一环节上，替代性量化可以参照下列基本的标准。

（1）10 分——无法替代。本企业是该种利益的唯一提供者。

（2）8 分——难以替代。本企业是极少数该种利益的提供者。

（3）5 分——有可能替代。有许多机构也提供这种利益，但本企业提供这种利益的方式有一定特点。

（4）3 分——较容易替代。有许多机构也提供这种利益，且本企业提供这种利益的方式没有一定特点。

（5）1 分——很容易替代。有大量机构也提供这种利益，且本企业提供这种利益的方式没有特点。

五、成本结构纬度评价的技术路线与自测方法

（一）总体评价路线

成本结构纬度评价是商业模式评价最常见的一类分析工作。这项工作的主要目的是形成对商业模式的资源运用效率进行衡量。在很多情况下，商业模式的差异就是通过这一纬度的差异而产生出来的。商业模式成本结构纬度评价的总体路线如图 5-3 所示。

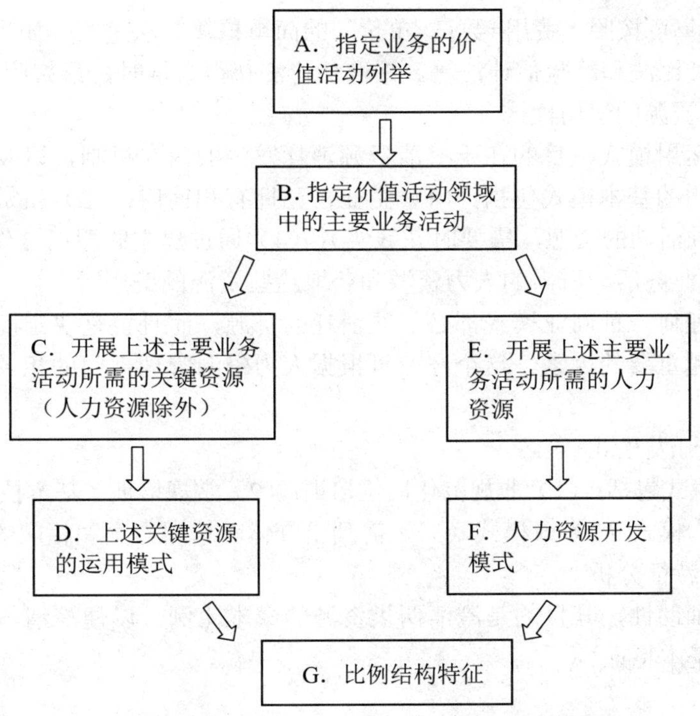

图 5-3　商业模式——成本结构纬度评价的总体路线

（二）各主要环节的技术处理

1．指定业务的价值活动列举

对于绝大多数业务来说，这里的价值活动主要是指基础价值活动。这种基础价值活动可以按照波特的价值链理论来进行归纳，即由原材料采购管理、制造、渠道开发与管理、促销以及售后服务等五个环节所组成。

2．指定价值活动领域中的主要业务活动

在上述五个活动领域内，商业模式具体驱动了哪些业务活动行为？这一分析可从该价值活动领域内，企业实际运用的流程梳理入手，如采购流程、促销流程等。通过流程梳理，澄清主要业务活动。

3．开展主要业务活动所需的关键资源和获取这些资源的费用

这里的“关键资源”，是指除人力资源以外的其他关键资源。列举关键资源的目的非常明确：当人们能够澄清资源的种类、数量之后，就可以评价为获得这些资源所需的资金成本。在这一环节上，分析时要注意下述问题。

（1）为抓住主要矛盾，这里要集中于关键资源，一般性资源不再列入。

（2）这里的资源可以等价为开展活动的条件，要特别注意一些非物质条件，如信息、技能等。

（3）费用计算可按照“费用=数量×单价”的简单核算方法进行，如果无法获得资源单价，则可以采取类比法和经验估计法等。采取估价法获得数据时，最好附上估计理由。

4．上述关键资源的运用模式

分析资源的运用模式，目的在于澄清资源消耗发生的内在机制，以及效用量的主要影响因素。资源运用的基本模式包括：（1）企业自己拥有和使用；（2）租赁；（3）外购（企业不拥有开展这项活动的资源，需要时花钱买）；（4）通过建立联盟而合作使用。

5．开展主要业务活动所需的人力资源和获取这些资源的费用

人力资源是任何一种商业模式都必然要消耗的资源，而且也是决定商业模式成本结构与成本水平越来越重要的因素。这个环节可根据人力资源管理部门的相关岗位定额数据进行折算。

6．人力资源开发模式

常见的开发模式包括：（1）非规范化岗位培训；（2）常规培训（基本技能培训）；（3）专项系统培训。如为模式（2）或模式（3），需列出具体的培训方案和相应的费用开支计划。

7．比例结构特征分析

这一分析是辅助性，其目的是澄清两类资源的成本比例，以便澄清一个具体的商业模式的成本结构的基本特征。

六、利润保护纬度评价的技术路线与自测方法

（一）总体评价路线

利润保护方法是商业模式的特征性要素之一。这一纬度的安排决定了企业的某项业务在持续性盈利方面的现状与趋势，因而是商业模式评价的重要内容之一。商业模式利润保护纬度评价的总体路线如图5-4所示。

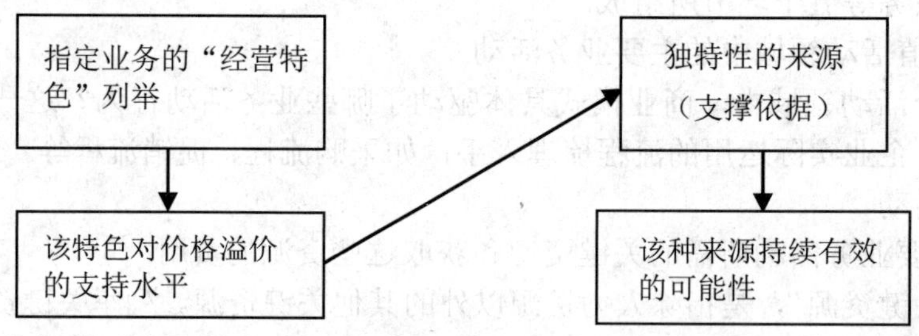

图5-4 商业模式的利润保护纬度评价总体路线

（二）各主要环节的技术处理

1．指定业务的“经营特色”列举

这个问题的实质是：本企业目前的产品或服务有哪些吸引顾客的独特卖点，可以导致

顾客的重复购买或顾客忠诚？从商业模式角度讲，这里要澄清的就是：何种顾客对本企业的何种产出特征将会产生依赖性？即该种顾客出于何种原因而会持续购买本企业产品或服务？

在这一环节上，分析时要注意以下问题。

（1）听取并核实业务部门的说法。

（2）本企业（业务经营单元）未加应用或未认识到的特色（卖点）不应归纳在内。

2．该特色对价格溢价的支持水平

这里，要分别识别的关键问题是：顾客对这些独特卖点的认可状况，换句话说，本企业能够根据这些卖点而提高自己的报价能力吗？如果是，则可评价高分；否则，则应评价低分。

在这一环节上，衡量评分要注意以下问题。

（1）支持水平分值衡量可按“高为10，较高为7，无法确定为5，一般为3，低为1”这样的序列量化。

（2）听取并核实业务部门（利润中心）的说法，作为评价的基本依据。

3．独特性的来源（支撑依据）

这里，涉及的是利润保护的核心。要考察的关键问题是：企业（利润中心）产生、维持这些卖点所依靠的资源条件是什么？如果某一独特性（卖点）是顾客高认可的，在此基础上，如果支持这一独特性的依据也是企业可以自主控制的，那么企业在该商业模式上获得了利润保护的高分。在这一环节上，分析要注意的关键问题是：尽可能全面，不要遗漏那些实际上发挥作用但未表现出来的资源条件。

4．该种来源持续有效的可能性

这个问题的实质是：企业占有这些资源条件的持续性。有些资源条件（如特殊的知识技能）将永远为企业所独占，而有些则较脆弱，如政府授权。

在这一环节上，衡量评分要注意以下问题。

（1）分类分析，即对不同的资源条件细化分析。

（2）可能性分值，可按“绝对肯定为10，显著为8，无法确定为5，一般为3，小为1”这样的序列评价。

（3）听取并核实业务部门（利润中心）的说法，作为评价的基本依据。然后，再结合专家意见进行较精确的核算。

七、商业模式的总体评价与主要类型

在商业模式纬度评价的基础上，企业管理层应进行综合性的总体评价，这个总体性信息对于形成总体管理改进的方向、必要性认识是十分重要的。

综合三个纬度的评价而得出的总体性质，可以划分出若干典型的商业模式类型，据此可帮助企业管理层认识到本企业所有开展的业务和其商业模式的质量分布状况。下面介绍几种典型的商业模式，如图 5-5 所示。

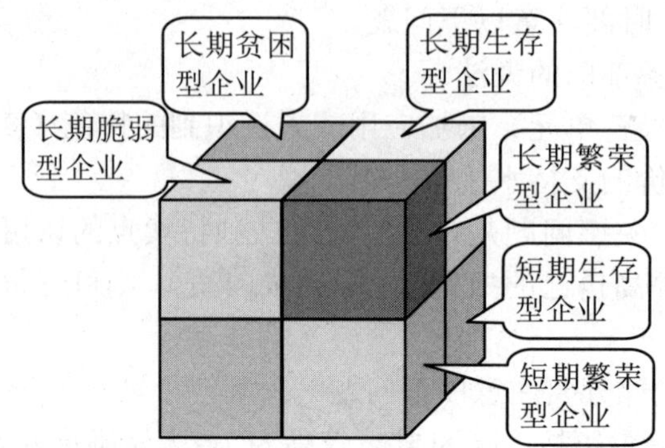

图 5-5 几种典型的商业模式及其基本属性

（一）长期贫困型

长期贫困型企业在顾客价值定位纬度以及成本结构方面均具有低分值。这类企业在经营方面存在根本性缺陷。以现有模式继续存在于市场当中的理由微弱，因此企业经营陷入持续贫困。

（二）长期脆弱型

长期脆弱型企业在顾客价值定位纬度方面具有低分值，而在成本结构方面具有中等以上水平。这类企业在内部管理方面具有一定水平，但这种优势被顾客定位方面的缺陷所侵蚀，因此企业经营较为脆弱。

（三）短期生存型

短期生存型企业在顾客价值定位纬度方面具有中等以上水平，但成本结构纬度和利润保护方面均为低分值。这类企业市场选择没有原则性缺陷，但在业务和管理活动的组织方面存在缺陷，较高总运营成本侵蚀了企业的销售业绩，且缺乏系统有效的利润保护措施，企业仅能维持短期生存。

（四）长期生存型

长期生存型企业在顾客价值定位纬度方面具有中等以上水平，而在成本结构纬度方面为低分值。较高总运营成本侵蚀了企业的销售业绩，但企业具有一定的利润保护能力，企业能维持较长期的生存。

（五）短期繁荣型

短期繁荣型企业在顾客价值定位纬度和成本结构这两个方面均具有中等或中上水平分

值，但在利润保护方面为低分值。这类企业具有短期盈利能力，但在抵御竞争和抵抗市场风险等方面较脆弱，因而难以获得持续稳定的增长。

（六）长期繁荣型

长期繁荣型企业在商务模式的三类问题解决方案上均为高分值，这类企业具有持续盈利能力。

第二节　目标管理的技术与实施

一、目标管理概述

（一）目标管理的概念

目标管理（Management by Objectives，MBO）的概念是管理专家彼得·德鲁克（Peter Drucker）1954 年在其名著《管理实践》中最先提出的，其后他又提出“目标管理和自我控制”的主张。德鲁克认为，并不是有了工作才有目标，而是有了目标才能确定每个人的工作。所以“企业的使命和任务，必须转化为目标”，如果一个领域没有目标，这个领域的工作必然被忽视。目标管理提出以后，便在美国迅速流传。我国企业于 20 世纪 80 年代初开始引进目标管理法，并取得较好成效。

所谓目标管理乃是一种程序或过程，它使组织中的上级和下级一起协商，根据组织的使命确定一定时期内组织的总目标，由此决定上、下级的责任和分目标，并把这些目标作为组织经营、评估和奖励每个单位和个人贡献的标准。

（二）目标管理的特点

目标管理指导思想上是以 Y 理论为基础的，即认为在目标明确的条件下，人们能够对自己负责。具体方法上是泰勒科学管理的进一步发展。它与传统管理方式相比有鲜明的特点，可概括为以下几点。

1．重视人的因素

目标管理是一种参与的、民主的、自我控制的管理制度，也是一种把个人需求与组织目标结合起来的管理制度。在这一制度下，上级与下级的关系是平等、尊重、依赖、支持，下级在承诺目标和被授权之后是自觉、自主和自治的。

2．建立目标锁链与目标体系

目标管理通过将组织的整体目标逐级分解，转换为各单位、各员工的分目标，形成完整的目标链。从组织目标到经营单位目标，再到部门目标，最后到个人目标。在目标分解过程中，权、责、利三者已经明确，而且相互对称。这些目标方向一致，环环相扣，相互配合，形成协调统一的目标体系。只有每个人员完成了自己的分目标，整个企业的总目标才有完成的希望。

3．重视成果

目标管理以制定目标为起点，以目标完成情况的考核为终结。工作成果是评定目标完成程度的标准，也是人事考核和奖评的依据，成为评价管理工作绩效的唯一标志。至于完成目标的具体过程、途径和方法，上级并不过多干预。所以，在目标管理制度下，监督的成分很少，而控制目标实现的能力却很强。

二、目标管理的基本程序

目标管理的具体做法分三个阶段：第一阶段为目标的设置；第二阶段为实现目标过程的管理；第三阶段为总结和评估。

（一）目标的设置

这是目标管理最重要的阶段，第一阶段可以细分为以下四个步骤。

（1）高层管理者预定目标，这是一个暂时的、可以改变的目标预案。即可以上级提出，再同下级讨论；也可以由下级提出，上级批准。首先，无论哪种方式，必须共同商量决定；其次，领导必须根据企业的使命和长远战略，估计客观环境带来的机会和挑战，对本企业的优劣有清醒的认识。对组织应该和能够完成的目标心中有数。

（2）重新审议组织结构和职责分工。目标管理要求每一个分目标都有确定的责任主体。因此预定目标之后，需要重新审查现有组织结构，根据新的目标分解要求进行调整，明确目标责任者和协调关系。

（3）确立下级的目标。首先下级明确组织的规划和目标，然后商定下级的分目标。在讨论中上级要尊重下级，平等待人，耐心倾听下级意见，帮助下级发展一致性和支持性目标。分目标要具体量化，便于考核；分清轻重缓急，以免顾此失彼；既要有挑战性，又要有实现可能。每个员工和部门的分目标要和其他的分目标协调一致，支持本单位和组织目标的实现。

（4）上级和下级就实现各项目标所需的条件以及实现目标后的奖惩事宜达成协议。分目标制定后，要授予下级相应的资源配置的权力，实现权、责、利的统一。由下级写成书面协议，编制目标记录卡片，整个组织汇总所有资料后，绘制出目标图。

（二）实现目标过程的管理

目标管理重视结果，强调自主、自治和自觉。并不等于领导可以放手不管，相反，由于形成了目标体系，一环失误，就会牵动全局。因此，领导在目标实施过程中的管理是不可缺少的。首先要进行定期检查，利用双方经常接触的机会和信息反馈渠道自然地进行；其次要向下级通报进度，便于互相协调；再次要帮助下级解决工作中出现的困难问题，当出现意外、不可测事件严重影响组织目标实现时，也可以通过一定的手续，修改原定的目标。

（三）总结和评估

达到预定的期限后，下级首先进行自我评估，提交书面报告；然后上下级一起考核目标完成情况，决定奖惩；同时，讨论下一阶段目标，开始新循环。如果目标没有完成，应分析原因总结教训，切忌相互指责，以保持相互信任的气氛。

三、对目标管理体制的分析

目标管理在全世界产生很大影响，但实施中也出现许多问题。因此必须客观分析其优劣势，才能扬长避短，收到实效。

（一）目标管理的优点

（1）目标管理对组织内易于度量和分解的目标会带来良好的绩效。对于那些在技术上具有可分性的工作，由于责任、任务明确，目标管理常常会起到立竿见影的效果，而对于技术不可分的团队工作则难以实施目标管理。

（2）目标管理有助于改进组织结构的职责分工。由于组织目标的成果和责任力图划归一个职位或部门，容易发现授权不足与职责不清等缺陷。

（3）目标管理启发了自觉，调动了职工的主动性、积极性、创造性。由于强调自我控制、自我调节，将个人利益和组织利益紧密联系起来，因而提高了士气。

（4）目标管理促进了意见交流和相互了解，改善了人际关系。

（二）目标管理的缺点

在实际操作中，目标管理也存在许多明显的缺点，主要表现在以下方面。

（1）目标难以制定。组织内的许多目标难以定量化、具体化；许多团队工作在技术上不可解；组织环境的可变因素越来越多，变化越来越快，组织的内部活动日益复杂，使组织活动的不确定性越来越大。这些都使得组织的许多活动制定数量化目标是很困难的。

（2）目标管理的哲学假设不一定都存在。Y 理论对于人类的动机做了过分乐观的假设，实际中是有“机会主义本性”的，尤其是在监督不力的情况下。因此许多情况下，目标管理所要求的承诺、自觉、自治气氛难以形成。

（3）目标商定可能增加管理成本。目标商定要上下沟通、统一思想是很费时间的；每个单位、个人都关注自身目标的完成，很可能忽略了相互协作和组织目标的实现，滋长本位主义、临时观点和急功近利倾向。

（4）有时奖惩不一定都能和目标成果相配合，也很难保证公正性，从而削弱了目标管理的效果。

鉴于上述分析，在实际推行目标管理时，除了掌握具体的方法以外，还要特别注意把握工作的性质，分析其分解和量化的可能；提高员工的职业道德水平，培养合作精神，建立健全各项规章制度，注意改进领导作风和工作方法，使目标管理的推行建立在一定的思想基础和科学管理基础上；要逐步推行，长期坚持，不断完善，从而使目标管理发挥预期的作用。

第三节　竞争战略创新分析

竞争战略是企业战略的一部分，又称为业务层战略或者SBU战略，它是在企业总体战略的制约下，指导和管理具体战略经营单位的计划和行动。企业竞争战略要解决的核心问题是，如何通过确定顾客需求、竞争者产品及本企业产品这三者之间的关系，来奠定本企业产品在市场上的特定地位并维持这一地位。下面介绍几种常见的竞争战略分析工具。

一、波特的基本战略

竞争战略管理领域许多重要的思想来自迈克尔·波特（Michael Porter）的工作，他的竞争战略框架阐明了管理者可以选择的三种一般的战略。成功取决于选择正确的战略，即所选择的战略与企业的竞争优势和产业的特性相匹配。波特的主要贡献是详尽地解释了管理者怎么建立和保持竞争优势，这种竞争优势可以使公司获得超过平均水平的盈利。建立竞争优势的一个重要的步骤是进行产业分析。

波特认为某些产业比其他产业具有内在的高盈利性（因此会吸引更多的新加入者，使原有的竞争对手留在产业内）。例如，软件行业从历史上看一直是高利润产业，航空公司是众所周知的低利润产业。但是即使是在不活跃的产业中，公司仍然可以创造大量的利润，而在“富有魅力”的产业中，公司也可能亏损，这其中的关键是如何开发竞争优势。

在任何产业中，都存在着五种竞争力量左右着竞争规则，这五种竞争力量（见图5-6）共同决定了产业的吸引力和盈利性，管理者可以应用下列的五个因素来评估产业的吸引力。

（1）新进入者的威胁。新竞争者进入行业的可能性有多大？

（2）替代品或服务的威胁。其他行业的产品代替本行业产品的可能性有多大？

（3）客户的议价能力。客户讨价还价的能力有多大？

（4）供应商的议价能力。供应商讨价还价的能力有多大？

（5）既有竞争者。目前行业竞争者的竞争强度有多大？

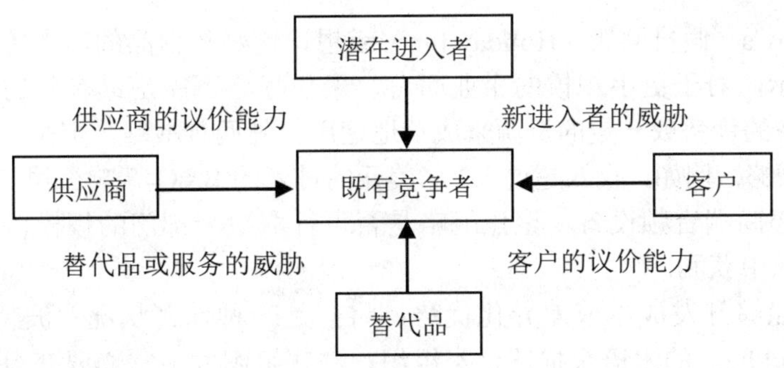

图 5-6 波特的“竞争五力模型”

波特还提出了管理者可以采用的三种基本竞争战略。一旦管理者评估了五种力量并确定了存在的威胁和机会，接下来就是选择适当的竞争战略，即与组织竞争优势（资源和能力）和所在行业相符的战略。根据波特的观点，没有企业能够在所有的事情上都获得成功，他提出，管理者应该选择能够给企业带来竞争优势的战略。波特进一步指出，竞争优势来自于比竞争对手的成本更低，或是与竞争对手形成显著的差异。鉴于此，管理者应该选择下面三种战略之一：成本领先战略、差异化战略和聚焦战略。管理者究竟选择哪一种战略，取决于组织的优势和核心能力以及它的竞争对手的劣势。

当组织选择了成为产业的低成本生产者的战略，它就是在遵循成本领先战略（Cost Leadership Strategy）。低成本领导者积极寻求在生产、营销和其他运营领域中的高效率，制造费用保持在尽可能低的水平上，企业想方设法削减成本。因此你不会在这些企业的办公室里发现昂贵的艺术品和华美的内部装饰。例如，沃尔玛设在阿肯色州本顿维尔的总部，也许不是你想象中的世界上最大零售商的样子。虽然低成本领导者并不过于强调产品或服务的装饰，但它们所销售的产品或服务在质量上必须不低于竞争对手，至少能够为消费者所接受，采用成本领先战略的公司的例子还包括现代公司和美国西南航空公司等。

寻求提供与众不同的产品并得到顾客广泛认同的公司，就是在遵循差异化战略（Differentiation Strategy）。差异化的来源可以是与众不同的质量、独树一帜的服务、创新的设计、技术的潜在能力或者杰出的品牌形象。对于这种竞争战略来说，关键在于产品和服务的属性必须使公司有别于它的竞争对手，并且足以创造价格的溢价，这种溢价超过了差异化所增加的成本。

实际上，任何成功的消费产品或服务都可以看成是差异化战略的成功案例，例如，诺德斯特罗姆（顾客服务）、索尼（高质量和创新设计）、苹果的 iPod（设计和品牌形象）等。

波特提出的前两种竞争战略寻求在广阔市场上的竞争优势，但是聚焦战略（Focus Strategy）的目的是在狭窄的利基市场上寻求成本优势。换言之，管理者选择产业中特定的细分市场或顾客群，而不是试图服务于广阔的市场。聚焦战略的目标是开发狭窄的细分市场，这些细分市场的划分可以基于产品品种、最终消费者类型、分销渠道或者消费者的地理分布。例如，Hospitality Mints 是位于北卡罗来纳州 Boone 的一家价值 2 000 万美元的公司，它为诸如Arby's、假日酒店（Holiday Inn）或想订购婚礼用品的新人等生产定制的薄荷糖。尽管研究显示，对于更小规模的企业而言，聚焦战略可能是最有效的选择，因为通常它们没有规模经济的优势或一定的资源来成功地运用另外两种战略，但是，也有大型企业成功地运用了聚焦战略。例如，收入超过6.2亿美元的丹麦的B&O音响公司（Bang & Olufsen）就集中精力于销售高端音频设备。聚焦战略是否可行取决于部门的规模以及组织能否从满足细分市场的需求中获利。

如果组织不能够开发成本或差异化优势，将会是一种什么状况？波特用“徘徊其间”（Stuck in The Middle）的术语来描述这类组织，这些组织发现它们要获得长期的成功是很困难的。波特继续指出，成功的组织经常会陷入困境，原因是它们脱离了原来的竞争优势，徘徊在两种典型的战略之间。

但是研究也表明，兼有低成本和差异化优势不是不可能的，它也能带来高绩效。但是，做到这一点不容易。为了成功地追求两种竞争优势，组织必须努力保持低成本，并牢牢地把握住其与众不同的资源。例如，Anheuser Busch、联邦快递、英特尔以及可口可乐公司，就使它们的产品既与众不同，又保持了低成本。

二、米尔斯和斯诺的概念类型

战略选择的第二个类型是由米尔斯（Raymond Miles）和斯诺（Charles Snow）提出的。他们认为，业务层战略一般属于下面四种类型中的一个：前瞻者（Prospector）、防卫者（Defender）、分析者（Analyzer）和反应者（Reactor）。表5-1对上述每一种战略进行了总结。当然，同一公司内的不同业务可能会追求不同的战略。

表5-1 米尔斯和斯诺的概念类型

战略类型	定义	案例
前瞻者	以创新和增长为导向，寻求新市场和新的增长机会，鼓励承担风险	亚马逊、3M、Rubbermaid
防卫者	保护当前市场，保持稳定增长，服务于当前的顾客	比克、eBay、Mrs.Fields
分析者	适度强调创新以保持当前市场和当前顾客的满意度	杜邦、IBM、雅虎
反应者	没有清晰的战略，视环境变化作出反应，随波逐流	国际收割机公司、Joseph Schlitz啤酒公司、凯玛特、沃德百货连锁店

实行前瞻者战略的企业是高度创新的企业，它总是寻求新的市场和新的机会，以增长和承担风险为导向。多年来，3M公司一直以自己是世界上最具创新精神的大型公司而自豪。3M公司的雇员经常被鼓励以创新和创业的精神开发新产品和新点子。这种对创新的专注引导3M公司开发出广泛的新产品和新市场，其中包括透明胶和防污涂料处理。亚马逊网上书店也是实行前瞻者战略的公司，它总是不断寻找新的市场机会，在网站上销售不同种类的产品。

同时，寻求新的增长机会和创新的前瞻者不同，实行防卫者战略的企业专注于保护自己当前的市场、保持稳定的增长和服务于当前的顾客，它们采取的策略通常是降低成本和提高当前产品的绩效。当书写工具市场饱和后，比克（BIC）公司采用的就是这种方法——一种较少进取性、较少企业家精神的管理风格，它的选择是保卫自己在产业中的主要份额。它的做法是强调高效率的制造和顾客满意。尽管 eBay 正在积极地向海外市场扩张，但在本国它却采用了防卫者战略，将业务专注在拍卖业务上。在对新市场进行前瞻的同时，它也在防卫自己的核心业务。

采用分析者战略的企业试图保护自己当前的业务并在新的业务中尝试创新，它们将前瞻者和防卫者的战略要素结合起来。绝大多数大型企业采用这一战略，因为它们既要保护自己现有的业务，同时还要开创新的市场机会。IBM 采用的就是分析者战略。杜邦现在采用的也是分析者战略，这家公司高度依赖现有的化纤业务所产生的收益为将来做准备。与此同时，杜邦公司还在有系统地进入新的业务领域，如生物技术、农业和制药。雅虎公司也在采用这一战略，将自己的角色聚焦于互联网入口服务，同时又寻找机会将这一服务扩展到更多的应用。

采用反应者战略的企业没有一个一致的战略，它随环境的变化作出反应，但无法预期或影响这些事件。可以预期，在这样的情况下，企业的绩效往往不如采用其他战略的企业。尽管绝大多数采用这种战略的企业会予以否认，但 20 世纪 70 年代的国际收割机公司（IH）是一个明显的反应者战略的例子。当这家公司的卡车、建筑机械和农业设备市场呈现一派兴隆景象时，它未能像竞争对手一样作出迅速的反应。当衰退来临、产品需求下降时，公司的反应显得过于迟钝，导致了数百万美元的损失。公司不得不卖掉几乎所有的业务分部，只留下卡车制造业务。国际收割机公司现在更名为 Navistar，从昔日卡车、农业机械和建筑机械领域中的一家主导公司沦落为一家中型的卡车制造商，因为它未能预见到自身环境的变化。

三、基于产品生命周期的战略

产品生命周期（Product Life Cycle）是一种说明产品生命过程中销售量变化的模式。理解产品生命周期中的四个阶段可以帮助经理们随时间的变化把握战略。如图 5-7 所示，产品生命周期始于新产品和新技术进入市场。在导入阶段，需求可能很高，有时甚至超过企业的供应能力。在这一阶段，经理们首要的工作是在不牺牲品质的条件下“将产品卖出家门”。聘用新员工、管理库存和现金流也是在这一阶段经理们应关心的问题。

在成长阶段，市场上制造同类产品的企业多了起来，销售持续增长。这一阶段中重要的管理问题包括保证品质和供货，企业开始实行差异化的方法。在成长阶段进入这一产业的企业可能会威胁现有组织的竞争优势，因此如何阻止竞争对手的进入是这一阶段中重要的管理问题。

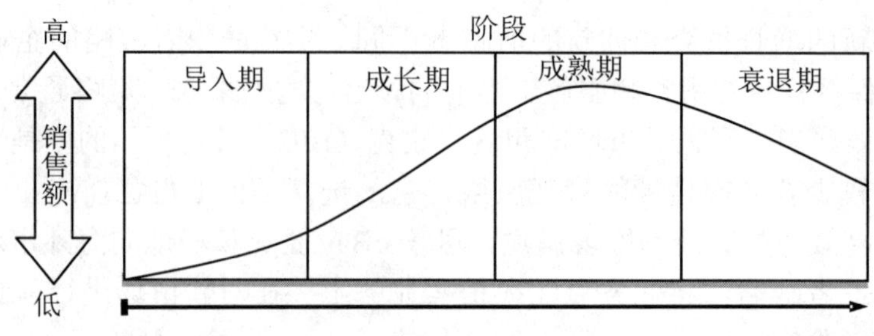

图 5-7　产品生命周期图

经过一段成长期，产品进入了生命周期中的第三个阶段。在成熟阶段中，产品总需求的增长开始放慢，制造这种产品的新企业的数目开始减少，现有的制造该产品的企业的数目也开始减少。对于期望长期经营该产品的企业来说，成熟阶段是非常重要的。产品的差异化在这一阶段仍然极为重要，但同时保持低成本、寻找新产品和服务也已经成为重要的战略考虑。

在衰退阶段，产品或技术的需求出现下降，制造产品的组织的数目出现下降，总销售额也下降了。需求下降通常是因为有兴趣采购某一特定产品的人已经买过了。在产品生命周期的早期阶段未能预见到衰退阶段的企业可能退出经营。那些对产品实行差异化、保持低成本或开发出新产品或服务的企业在这一阶段将做得较好。

四、竞争战略三角模型

AmoldoC.Hax 等人通过对近 100 家美国企业的研究后发现，近年有不少企业创造了另外两种基本的竞争战略类型——用户一体化类型和系统一体化类型（Amoldo C.Hax，DeanL. Wilde，1999），并获得成功。他们利用这两种新的竞争类型与波特提出的两种一般竞争类型，提出了竞争战略三角模型（见图 5-8），该模型的一个角是波特提出的两类一般竞争类型，它们的共同基础是产品的经济性；三角模型的另一个角是用户一体化战略，其成功的基础是用户经济性；三角模型的最后一个角是系统一体化战略，它们以提高系统的经济性为竞争基础。

用户一体化类型是指企业将提高用户价值为己任，力求通过企业的活动来降低用户个别成本，从而提高用户的价值。虽然采用此类型可能会造成企业成本水平的提高，但由于个别用户价值提高的贡献量不但大于市场一般水平，也大于本企业为此提高的成本量，所以企业的利润水平还是有所提高的。用户一体化的类型以用户经济性作为竞争的基础。用户一体化类型往往采用包括供应商、企业及用户在内的合伙或联盟的方式。

在采取用户一体化类型时，企业的活动边界实际上已经由仅包括本企业扩大到包括消费者活动在内的较大的范围。用户不再是企业的外部环境，而是企业内部成分之一，而且决定企业内部其他活动成分的构成及活动原则。企业可以通过接近用户来与用户形成一体。

例如，与用户一起开发新产品，按用户的要求安排自己的系统等。这种一体化有双重作用：其一是用户用于学习如何使用某产品或服务的投资，会形成较高的转换成本，这一较高的转换成本将用户与企业更牢固地捆绑在一起；其二是企业了解用户的要求，将提高企业满足用户要求的能力，从而提高企业对用户的吸引力。在成本敏感性较高、成本结构复杂而且变化较快的产业中，采用用户一体化战略，有可能改变消费者的寿命周期特征，甚至改变产业的竞争规则，从而改变已经稳定的产业组织关系。产业组织关系的改变可以改变企业在产业中的地位。

系统一体化战略类型：
以系统经济性为竞争优势
锁住业务互补方
将对手排除在系统之外

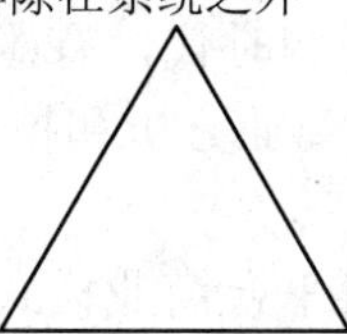

用户一体化战略类型：
以用户经济性为竞争优势
降低用户的成本或提高用户的价值

传统的一般竞争战略类型：
以产品经济性为竞争优势
低成本或差异性

图 5-8　竞争战略三角模型

系统一体化类型，是指以与该企业活动有直接关系的整个系统的优势，作为其竞争优势的基础，以形成系统经济为其经济基础。这一类型是通过建立并拥有产业标准来实现的。

系统一体化类型不仅意味着企业活动边界进一步扩大，而且改变了传统的企业关系及企业与用户的关系。在系统一体化类型中，企业与其他具有直接业务互补关系的企业（如计算机软件商及硬件商、音响设备制造商及 CD 盘的制造商就互为互补方）的活动成为统一的活动系统。通过相关企业对系统的大量投资及建立与系统相适应的产业标准的方法来提高业务相关企业（主要是供应商和外加工企业）的转移成本，从而锁住业务相关企业和用户，将竞争对手排除出该系统。

第四节　平 台 战 略

一、平台战略概述

（一）平台战略的内涵

平台商业模式的概念并非在近代才出现。历史上，也曾不断被运用，是人类社会中最有效的商业策略。古代欧洲的“市集”活着中国的“农贸市场”就是最好的例子。市集由商家和人群两个群体密切连接组成，并释放惊人的动能，提供完善的交易规则与互动环境，形成一个商业平台。因此，可以说无论哪个年代，以平台商业模式为战略仿真的例子在历史上层出不穷。

如今，平台商业模式已经显示出赢家绝对通吃的超级威力和创造性的破坏本质。未来商业模式的竞争，也主要是平台的竞争。中国互联网平台战略的启动，借由对用户利益的分配机制的探索，慢慢找到了开启的钥匙。目前来看，在国内互联网企业各自圈地的大背景下，各家企业的竞争看似渐趋稳定，甚至毫不相干，收获着自己的独特用户，维护着各自的利润。但因为平台战略的推动，很多相安无事的同业对手可能一夜之间便成为主要竞争对手，甚至不得不在市场上激烈厮杀。

在当下这个基于云端的移动互联网时代，有雄心的企业在制定战略时，必然讨论平台战略，但能做成平台的乃凤毛麟角。商业分析和报到也多半离不开对平台商业模式的讨论。那么何为平台商业模式？

本书借鉴学者陈威如和余卓轩对平台商业模式的定义，即指连接两个（或更多）特定群体，为他们提供互动机制，满足所有群体的需求，并巧妙地从中盈利的商业模式。例如，亚马逊 Kindle 阅读器连接了书商和读者，红酒交易中心则连接了各种酒的拍卖方与买方，而电子商务之首——淘宝网则连接了商品卖家与买家，让他们满足彼此的需求。

（二）平台模式的战略价值

在互联网的驱动下，21 世纪将是历史上通过平台战略全面普及人类商业行为的分水岭。

互联网为平台概念的产生提供了前所未有的契机，并使其以令人难以置信的速度和规模席卷全球。例如，对于音乐、小说、电影等感观式的体验性产品来说，互联网的兴起使复制成本几乎下降为零。同样，对于众多产业而言，互联网也大大降低了经销成本。学会正确运用平台战略的企业将会颠覆原有产业的价值链。盛大集团旗下的起点中文网便是很好的例子，它连接了作家与读者这两个原本处于产业链两端的族群，取代了出版商、经销商、零售商的角色，打碎并重组了整个产业结构。

正因为平台战略的创造性破坏本质，才会不断涌现更大的商业平台，取代旧有的平台企业。同时，平台战略具有颠覆以往商业模式的能力，甚至可能释放出革命性的威力，推翻产业架构，改变社会行为，所以才会不断激励平台企业做出创新和革新，挖掘新的商业机会跟上时代发展的步伐，集聚竞争优势。

二、平台生态圈的机制设计

（一）选择平台战略的条件

做平台战略的企业都认识到平台处于产业链的高端，收益丰厚、主动权大，在竞争中处于较为有利的地位；让所有合作者互利共赢、经营持久。因此，平台商业模式对企业有较强的诱惑力，但是平台战略也是最难成功的一个战略。选择平台战略的企业必须具备如下特征。

（1）选择平台战略的企业需要有能力累积巨大规模的用户。至少需要获得同行中规模第一的用户，提供质量过硬产品的同时，还需要契合用户的强烈需求，找到行之有效的市场推广手段。

（2）选择平台战略的企业需要给用户提供巨大的黏性服务。企业想要成功实施平台战略，做成平台，仅仅靠给用户提供产品远远不够，而更应该关注服务用户的硬性需求。

（3）选择平台战略的企业需要有合作共赢、先人后己的商业模式。因为，所谓平台，是为他人搭建，让他人来赚钱的。只有在平台上经营的合作伙伴良性成长，平台才能生存和壮大。只有让合作伙伴盈利，才能做成真正的平台。

（二）平台生态圈的机制设计

一个成功的平台企业并非仅提供简单的渠道或中介服务。平台商业模式的精髓，在于打造一个完善的、成长潜能强大的“生态圈”。它拥有独树一帜的精密规范和机制系统，能有效激励多方群体之间互动，达成平台企业的愿景。

平台生态圈的设计程序如下。

1．定义多边市场

构建或设计平台商业模式，首先要定义双边（多边）使用群体。许多典型的平台企业连接了两个不同的群体，如淘宝网的“卖家”和“买家”，但更多的平台企业连接的是三个甚至是多个不同的群体，就形成一个平台生态圈。因此，由平台商业模式再搭建而起的生态圈，不再是单向流动的价值链，而涉及多边群体。那么，就需要确定这些不同的用户群体是谁，以及他们的原始需要是什么。

2．激发网络效应

在人们接触平台生态圈的瞬间，他们便被多种精心策划的配套机制团团保卫，这些机制吸引他们入住平台内，与其他用户互动，让他们久留而不想离去。以环环相扣的机制所建立的体系，更能达到有层次的、循序渐进的多重目标。如何设计适合自己的产业与服务群体的整套机制是门艰深的艺术，这其中成败的关键是如何运用网络效应。

平台中的网络效应包括两大类：同边网络效应和跨边网络效应。同边网络效应是指当某一边市场群体的用户规模增长时，将会影响另一边群体内的其他使用者所得到的效用；而跨边网络效应是指一边用户的规模增长将影响另外一边群体使用该平台所得到的效用。效用增加则称为“正向网络效应”，效用减少则称为“福相网络效应”。通常平台企业所设的机制，都是为了激发网络效应的“正向循环”。

因而，平台企业需要以增加用户的“正向网络效应”为宗旨，为平台用户提供各种功能的实用软件和各类程序内容丰富的信息，加强用户对平台的体验和黏性，增加不同群体之间的吸引力，大大增加用户的使用意愿和满足感，进而推动互利共赢。

3．筑起用户过滤机制

平台企业建立生态圈必须拥有完善的配套机制，便不用惧怕用户群体规模大幅增长时带来的一些潜在问题，通过机制体系来过滤用户。一般可采取以下方法。

（1）鉴定用户身份的方法。有些平台强制要求用户必须以真实身份注册账号，或是手机号码验证等，如阿里巴巴等互联网电商平台，这可以有效提升平台服务的可靠度。

（2）让用户之间成为彼此的监督者的方法。用户彼此之间可以相互评分，这种评分机制可以起到很好的过滤效果。例如，卓越网、京东商城、当当网等电商平台建立的用户彼此评分机制，可以起到健全交易机制、区分优劣产品的作用。这种系统性的聚集重任的评价而凝聚出来的公信力，有助于平台成员之间的彼此判定，进而提升整个生态圈的质量标准。

4．设定“付费方”与“被补贴方”

多边模式，代表平台生态圈所连接的多组使用群体被视为多个不同的市场。这些市场都可能带来收益或产生支出，因此企业可以选择补贴某一边群体，借以激起该群体中人们入驻生态圈的兴趣，促进其使用者数量的增长，我们将此群体称为“被补贴方”；而另一些群体则需支付更多的费用以支持平台的运营，我们称为“付费方”。

5．赋予用户归属感

许多平台企业在制定种种机制时，往往聚焦在硬性功能上，而忽略了用户心理的软性层面，因此，协助平台用户对该生态圈产生归属心理，将收到意想不到的效果。事实上，能够潜移默化地激发用户归属感的方法之一，就是“赋予用户权限的机制”。赋予用户前所未有的权限，增强用户的话语权，让他们从内心萌生对平台的归属感，并通过一系列的互动机制打造环环相扣的体现，促进平台中的多边群体在相互交流时找到各自的归属感，并与对方一起扎根生态圈；例如，亚马逊用户都形成了一种“我是亚马逊人的归属感”。

6．决定关键盈利模式

平台企业在连接两边以上的群体后，必须决定核心的补贴策略。然后通过一连串系统化的机制，引发网络效应，促进生态圈的成长，凝聚各方成员的互动，并使其产生归属感，再通过用户过滤机制维持整个生态圈的质量。那么，接下来便是平台企业该如何实现盈利？

平台企业的盈利模式较为多元化，也可能随着生态圈的演变、竞争环境的改变而产生变化。同时，它也可能分散途径，由多种渠道收费达成盈利。平台商业模式的根基来自于多边群体的互补需求所激发出来的网络效应。因此，若要盈利。必须找到双方需求盈利之间的“关键环节”，设置获利关卡，在网络效应达到高峰时予以阻拦，设立关卡后从中获利。也可以通过用户数据挖掘拟定多层级的价值主张，进而推动盈利。

事实上，平台生态圈中各层面的机制与规则环环相扣，证实为了实现持续性盈利的核心目的。

结尾案例

奇士佳服装公司的目标管理

奇士佳服装公司建立于20世纪末期，作为新兴的企业，两年来产品市场占有率不断提高，取得了较好的业绩。为使企业得到更好的发展，该公司将长期规划确定为：

（1）从2002年起，三年内成为拥有国内知名品牌的服装企业。

（2）2005年以后成为全国三大服装公司之一。

根据这一战略规划的要求，公司推行了目标管理。其做法如下。

1. 制定目标过程

（1）环境调查。公司首先对国际国内服装市场环境作出调查和评价，又结合长远规划的要求和企业的具体生产能力，提出“三化一低”的总方针，即国际化、潮流化、创新化、低成本。

（2）制定总体目标。在环境调查基础上，公司将总方针具体化、定量化，初步制定出总目标方案，并发动全体员工自上而下反复讨论，逐步修改。最后由职工代表大会研究通过，正式确定了公司的2002年总目标。

公司考虑到在高层设置的目标是初步的，因此将总目标的拟订建立在反复循环过程中，避免从高层确定目标后就将目标分派给下属，强制下属人员订立各种目标，因为强制难以使下属人员自觉地投入。公司的做法是：把高层设置的目标看成是试验性的，由下级拟订出整个可考核的目标系列，往往比高层管理人员单方面确定目标更切合实际，根据它来进行暂定目标的修改。这样，目标的制定不仅是一个连续的过程，而且也是一个相互作用的过程。

公司为了使目标可以计量，不仅确定了可考核的目标，而且将不可考核的目标重新表示为可以计量的目标，如表5-2所示。

表5-2　可考核的目标与不可考核的目标的转换

不可考核的目标	可考核的目标
提高某新服装产品的利润水平	在本会计年度比上年提高利润率1.5%
提高管理人员素质	在2003年底，中层管理人员要通过系统培训，要有90%的人员经考试通过，50%的人员取得管理三级资格证书
提高生产部门的设备使用率和工人劳动效率	本年度提高设备开工率5%。一线服装工人劳动生产率提高10%

（3）制定部门目标。奇士佳服装公司的总目标确定后，全公司自上而下对总目标进行了层层分解和落实。各部门的分目标由部门和公司管委会共同商定，先确定项目，再制定各项指标标准。原则是部门的工作目标值只能高于总目标中的定量目标值。为避免目标数量过多，部门目标分为必考目标和参考目标。必考目标包括公司明确下达的目标和部门主要经济技术指标；参

考目标包括部门日常工作目标或协作目标。目标完成情况由各部门以目标管理卡的形式填报公司，由公司审定通过。

（4）制定基层和个人目标。

① 公司将目标的分解过程制定出流程图，先把部门目标分解到职能组，再分解到工段，然后再下达到个人。最终将任务落实到每个人身上。

② 建立个人班组目标管理卡，由部门负责实施和考核。

2. 实施目标过程

（1）自我检查、自我控制和自我管理。

（2）定期经济考核。

（3）及时信息反馈。

公司的目标管理循环周期为一年，但为了进一步落实经济责任制，及时纠正目标实施过程中与原目标之间的差距，公司的首席执行经理每季度要同那些直接下属碰头。对计划和目标进行情况开展讨论，直到达成一致看法。然后，将一致意见作为下一季度可考核目标记录下来。在完成任务的过程中，上级都会对下属提供帮助、建议和指导。通过这样的方式，上级便知道希望下属作出何种贡献，下属也会明白上级期待他们做些什么。

3. 目标成果评定过程

该公司运用了“自我评价”和上级主管部门评价相结合的做法。在每季度第一个月的10日前检查部门上报资料，核实后评定分数（各项指标分值标准事先已确定）。

该公司坚持目标管理同明确责任划分结合起来，使目标管理深入持久地开展下去。

资料来源：http://doc.mbalib.com/view/a2fb587f55d98ba7e56f70ac5dd3c4e5.html.

讨论题：

1. 根据这个案例，你认为实行目标管理时培养完整的管理环境和制定自我管理的组织机制这两者中哪个更重要？

2. 按照所给案例的目标管理程序，列出你所了解的企业或大学的总体目标及部门分解目标，并指出这些目标如何交织在一起组成一个网络。

本章小结

1. 商业模式评价分析对于企业经营管理改进与创新具有特别重要的意义，本章从顾客价值、成本结构和利润保护三个纬度介绍了商业模式评价的技术路线与自测方法。

2. 目标管理是一个全面的管理系统，在激励员工、绩效评估以及高效完成组织目标方面都非常有用。本章介绍了什么是目标管理、目标管理的基本程序以及目标管理的优缺点。

3. 本章介绍了几种主要的竞争战略分析工具：波特的基本战略、米尔斯和斯诺的概念类型、基于产品生命周期的战略和竞争战略三角模型。

4．平台商业模式是连接两个（或更多）特定群体，为他们提供互动机制，满足所有群体的需求，并巧妙地从中盈利的商业模式。互联网为平台商业模式提供了前所未有的契机，并使其以令人难以置信的速度和规模席卷全球。平台战略日益为人们所重视。运用平台战略一定要非常重视从不同角度对平台生态圈的机制设计。

关键词

商业模式　目标管理　竞争战略　平台战略

思考题

1．商业模式纬度有哪些？商业模式评价的技术路线分别是什么？

2．简述目标管理的基本步骤，并说明有哪些优缺点。

3．对于将目标管理作为一种全面的管理系统的观点，谈谈你的看法。

4．请描述波特的一般战略，并为每一种战略举出一个例子。

5．平台战略的内涵是什么？如何设计平台生态圈的机制？

网络练习

1．上网了解平台战略的诞生过程，以及它在国内外公司的应用历史和现状。

2．找出实施平台商业模式成功和失败的案例，并分析实施成功的原因是什么？实施失败的原因又是什么？

3．在此基础上结合本章所学的知识，尝试为一家组织设计绩效衡量指标。

自测题

（一）判断题

1．计划工作的实质是一种应对未来的变化和不确定性的有效手段。　（　）

2．目标管理方法是由上级制定目标、下级执行目标的管理方法。　（　）

3．计划职能在各管理职能中处于首要地位。　（　）

4．进入威胁的大小主要取决于进入壁垒高低以及现有企业的反应程度。　（　）

5．当市场逐渐饱和时，企业适合于采取多元化战略。（ ）

（二）选择题

1．目标管理的指导思想是以（ ）为基础的。

A．X 理论　　B．Y 理论

C．超 Y 理论　　D．Z 理论

2．王东为他的每个下属制定 20 个以上不等的目标，他这样确定目标不恰当的地方是（ ）。

A．没有挑战性　　B．没有明确时间期限

C．体现不出主要目标与次要目标之分　　D．体现不同目标的具体性

3．下述战略类型属竞争战略的是（ ）。

A．发展战略　　B．差异化战略

C．紧缩战略　　D．维持战略

E．多元化战略

4．所谓差异化战略，是指为使企业产品与（ ）有明显的区别，形成与众不同的特点而采取的一种战略。

A．原产品　　B．竞争对手产品

C．本企业产品　　D．同行业产品

第三篇　组　　织

第六章　组织工作的基本理论

学习目标

- ☑ 组织的名词含义与动词含义
- ☑ 组织工作的内容
- ☑ 组织结构与组织设计
- ☑ 影响组织设计的因素
- ☑ 权力与职权
- ☑ 职权配置的方式
- ☑ 业务流程重组
- ☑ 知识管理

开篇案例

联想给自己“动手术”

联想在20世纪80年代成立之初，在发展战略上，走的是“技、工、贸”之路。他们集中了一个人数相当多的研究中心，研制出了几十项可以转换为产品的阶段性成果，其中投资了500多万元的联想汉卡，在国内很有影响。从20世纪80年代到90年代初，尽管发展很快，但联想计算机在市场上的占有率很低，根本无法与国际著名品牌计算机抗衡。以柳传志为代表的联想领导层经过深入分析，认为联想发展成效不大，关键是缺乏市场开拓能力。计算机是通用性、竞争性很强的行业，在信息行业中，真正能以“技”引导行业的也只有微软、英特尔、IBM等几家，其他都是靠行销、靠贸易。联想虽然在技术和资金实力上与大的跨国公司有很大差距，但是经过多年的努力，联想已经建立了遍布全国的销售网络，拥有“联想”这一响亮的民族品牌，较强的生产能力和价格上的优势。因此，联想想要在竞争中取胜，必须要把力量集中到计算机市场占有率的扩张上，把企业发展战略由“技、工、贸”转变为“贸、工、技”。用柳传志的话说就是“先做贸易，然后再把大规模工业做清楚，最后通过技术引导市场”。

这一战略的转变导致了联想组织内部结构的重大调整。1994年，联想集团成立了计算机事业部，将公司内与计算机相关的十几个部门合并在一起，形成了供应、生产、销售、技术、服务一体化的新的计算机产业体系。计算机事业部在公司总体战略部署和统一经营计划指导下，对产供销各个环节实现统一管理，享有经营决策权、财务支配权和人事管理权。为保证战略目标的实现，作为企业组织结果调整的重要步骤，联想集团实行了严格的销售渠道策略，各地的分公司不再是“利润中心”，必须坚决地、完全地成为公司销售产品的渠道。计算机事业部以计算机销售为“龙头”，统一指挥系统，消除“内耗”，全方位降低成本，目标一致，利益一致，在保持原有市场份额的基础上，继续开拓新市场，抢占新的市场份额。

一系列正确的战略决策和有效的组织保证，促使联想的计算机事业取得空前发展，到1997年，联想计算机的国内市场占有率已上升到第一位，1998年，联想集团更成为中国最大的电子企业，并连续几年保持了这一“龙头老大”地位。

面对互联网经济的挑战，联想在2000年4月又主动给自己动了一个大手术，根据从网络信息产品技术和网络信息服务两个方面全面进军互联网这一新的发展战略，对集团组织结构进行重大调整，并让两位年轻的“少帅”负起全面指挥的责任。

这次大规模调整，联想集团从业务上分成两大子公司：一个以原“联想电脑公司”为主体，主要负责网络接入端产品和信息产品以及ISP和ICP服务，由杨元庆任总裁。另一个以原“联想科技发展公司”为主，组建“联想神州数码有限公司”，主要负责以电子商务为中心的网络产品，以及为客户提供全面的系统集成方案，由郭为任总裁。

虽然联想集团过去就有联想电脑、联想科技、联想集成等子公司，但实际上实行的是以事业部为主的管理体系，战略策划、财务、人事等都掌握在集团总部，而这次调整把战略策划、财务、投资等业务决策权下放到子公司，真正实行以子公司为主的体系。集团领导将站在更高的层面上进行决策，如公司长远的战略规划、企业文化的整合、整体资源的平衡、新的领军人物的发现与培养，以及新的业务投资导向等。柳传志指出，这次调整的根本目的是主动迎接以互联网经济为代表的时代挑战。

资料来源：王重鸣. 组织行为学[M]. 北京：石油工业出版社，2003：301.

讨论题：

联想集团给自己动了几次什么“手术”？每一次“手术”都涉及哪些组织工作？

第一节　作为管理职能的组织

一、组织的含义

“组织”作为名词和动词，各自有不同的含义。作为名词，它是指作为实体（Entity）本身的组织（Organization），即组织系统，是由两个或两个以上的个人为了实现共同的目标而合成的有机整体。这里的有机整体一词特别强调的是：构成组织的要素，包括人员、设备、无形资源（如信息、知识等），是一种经过主观思考后特别安排的群体组合。这种组合要达到特定的目的，并符合设计者的某些管理控制原则。作为动词，“组织”强调的是一种特定的管理行为，是指为达到特定的目的所进行的分工与合作关系安排这样一种行为。通常，这一行为要经过一个特定的活动过程（Process），这一过程也就是人们经常所说的组织（Organizing），即组织活动或组织工作。如果不加特指，组织一词经常表示的是组织工作。实际上，不难看出，名词意义的组织反映的是一种关系结构，是动词意义的组织工作的成果。

作为管理职能的组织，就是按照一定目的和程序而组成的一种权责角色结构（The Structure of Roles），其中包括以下四个重要概念。

（1）职权（Authority），是指经由一定的正式程序所赋予某个职位的一种权力。

（2）职责（Resposibility），是指某个职位应该完成某项任务的责任。

（3）负责（Accountability），反映上下级之间的一种关系。下级有向上级报告自己工作绩效的义务和责任，上级有对下级工作进行必要指导的责任。

（4）组织结构图（Organizational Chart），反映组织内各个机构、岗位上下左右相互关系的一种图表。

二、组织工作

组织工作作为一项管理职能是指在组织目标已经确定的情况下，将实现组织目标所必须开展的各项业务活动加以分类组合，并根据管理宽度原理划分出不同的管理层次和部门，将监督各类业务活动所必需的职权授予各层次、各部门的主管人员，以及规定这些层次和部门间的相互配合关系，其目的是通过建立一个适于组织成员相互合作、发挥各自优势的良好环境，从而消除工作中的各种冲突，使组织成员都能在各自的岗位上为组织目标的实现做出应有的贡献。

具体地说，组织工作包括以下四个内容。

（1）根据组织目标设计和建立一套组织结构和职位系统。

（2）确定职权关系，从而把组织上下左右联系起来。

（3）与管理的其他职能相结合，以保证所设计和建立的组织结构有效地运转。

（4）根据组织内外环境的变化，适时地调整组织结构。

由上可知，组织工作是管理的重要职能，是一个组织结构的创造和设计过程，组织职能的目的是通过任务结构和权力关系的设计来协调个体的努力，以达到持续性的高效率。这里，两个关键性的概念是结构和设计。结构是指组织中相对稳定的关系和方面。设计是指管理人员要有意识地作出努力来事先确定雇员们的工作方式。

三、组织结构

组织结构就是组织中正式确定的使工作任务得以分解、组合和协调的框架体系。它阐明了组织各项工作如何分配，谁向谁负责和内部的协调机制，是关于组织内权力与职务关系的一套形式化系统。组织结构的设计与使用受制于组织环境、组织目标、组织规模、组织文化和组织技术等变量因素，组织结构通常以组织结构图的形式表示出来，但图表只是组织结构的简化模式，并不代表真正的组织结构，图 6-1 是一家生产企业的组织结构图。

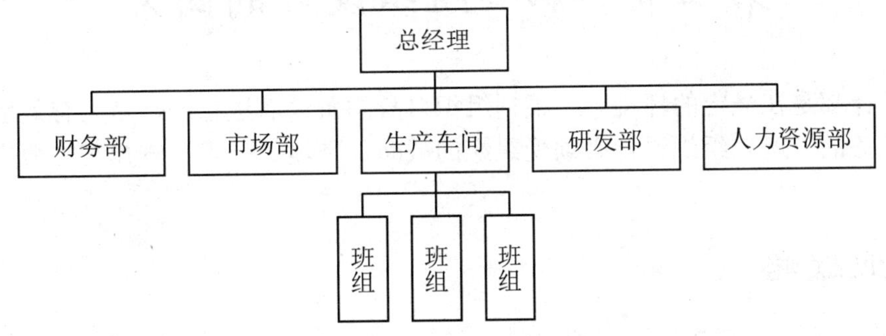

图 6-1　某生产企业的组织结构图

图 6-1 列示了该企业的各种职能领域，如生产、财务、研发等，在每一个职能领域下面可能还有几个层次。但是图表并不能说明组织的所有方面，具体情况如表 6-1 所示。

表 6-1　组织结构图的解释

图表说明的	图表没有说明的
（1）分工	（1）职权和职责的程度
（2）谁是谁的上级	（2）职能成员与直线成员之间的关系
（3）工作的性质	（3）地位或重要性
（4）根据职能、地理位置、生产过程或产品进行分组	（4）沟通路径
（5）管理的层次	（5）由职责、职权和分工形成的关系
	（6）非正式组织

资料来源：[美]哈罗德·孔茨，等．管理学精要[M]．韦福祥，译．北京：机械工业出版社，2005．

四、组织设计

组织设计是以组织结构安排为核心的组织系统的整体设计工作，是一项操作性很强的工作，它是在组织理论的指导下进行的。

组织设计理论又分为静态的组织设计理论和动态的组织设计理论。静态的组织设计理论主要研究组织的职权结构、部门结构和规章制度等。而动态的组织设计理论则在静态组织设计理论的基础上，加入了人的因素，并研究了在组织结构设计完成后，运行中遇到的各种问题，如协调、控制、信息联系、激励、绩效评估、人员配备与训练等。上述两者并不是相互排斥的，在动态的组织设计理论中，静态组织设计理论所研究的问题依然占主导地位，依然是组织设计的核心内容；动态组织设计理论是静态组织设计理论的进一步完善和发展。因此，我们在进行组织设计时，应该把静态与动态的组织设计理论结合起来。

第二节　影响组织设计的因素

组织设计都是在一定的环境下，根据组织自身的条件而进行的，是为有效地实现组织战略目标服务的，所以组织设计必须受组织的战略、环境、技术、规模与生命周期等因素的制约。

一、企业战略

组织结构必须服从于组织战略，为战略服务。战略选择的不同，组织的工作内容就不同，组织结构就不同。米尔斯和斯诺在考虑到外部环境中不确定因素对决策的影响后，形象地总结了以下四种战略类型以及相关的组织结构类型。

1．防御者型

采用这种战略类型的组织一般都是处于比较稳定的环境之中。决策者通过专业化分工以及程序化、标准化作业活动使组织稳固地发展，并据此防御竞争对手。这类组织由于具有严密的层级控制系统和高度的部门分工差异性，组织的目标稳定而富有效率。

2．探险者型

采用这种战略类型的组织一般都处于动荡变化的环境之中。决策者需要不断地开发新产品、寻找新市场、组织的目标可以灵活地加以调整，这必然使得组织要冒更大的市场风险。组织必须依靠建构更为柔性、分权化的组织结构，使各类人才和各个部门有充分的决策自主权，最终能够对市场的最新需求作出灵活的反应。

3．分析者型

采用这种战略类型的组织所处的环境也是动荡不定的，但决策者的目标比较灵活，尽可能使风险最小而收益最大。这类组织一方面要稳定现有产品的市场份额，即需要实行规范化、标准化、程序化的作业保证市场供给；另一方面，组织又需要分析富有竞争力的新产品，及时跟进，这时需要通过建构柔性灵活、分权化的组织结构，随时对外在环境的变化作出反应。

4．反应者型

采用这种战略类型的组织一般也是处于动荡变化的环境之中，但限于决策者的市场判断能力、内部管理能力、主动应变能力，组织者很难及时对外在环境变化作出反应，只好采用被动反应的战略以应付环境的不确定性。这种战略很明显是低效率的，组织往往面临强大的变革压力。

二、环境的影响

环境特征是组织结构选择必须考虑的因素。外部环境的迅速变化和复杂性程度的增强加剧了环境的不确定性。在不确定性环境中，组织必须保持灵活性，保持一种随时对环境变化作出反应的状态。比较早的关于环境与组织结构之间关系的分析是由汤姆·伯恩斯（Tom Burns）和斯托克（G. M. Stalker）在英国进行的。他们的研究结论发现，在稳定环境下对应的是机械式的组织结构，而不稳定环境下需要柔性的组织结构形式。管理实践已经证明，组织结构的各种形式以及变革都是以各自特有的方式来适应环境，从而获得超出竞争对手的优势。

三、技术的影响

任何组织都需要通过技术将投入转换为产出，那么，组织的设计就需要因技术的变化而变化，特别是技术范式的重大转变，往往要求组织结构作出相应的改变和调整。琼·伍德沃德曾收集英国 100 家制造企业的数据，来分析不同类型企业间是否在控制幅度、集权性、规范性等结构特征方面存在显著差异。她的研究发现，工业企业的生产技术同组织结构及管理特征有着系统的联系。伍德沃德指出，经营成功的企业的组织结构与其所属的技术类型有着相互对应的关系。而经营不成功的企业，通常其组织结构特征偏离了其相应的技术类型。

而技术对组织结构的影响还体现在信息技术的作用上。信息技术的不断发展，也促使新型的组织结构来配合它的发展。信息技术首先可能使得组织结构呈现扁平化的趋势；而且也可能会极大地影响到组织的集权与分权，但这种影响是双重的；信息技术还促进了各个部门间以及各部门工作人员之间的协调和沟通；当然在人力资源管理上也出现了一些新特点，如工作人员的自主权增大、专业人员的比率上升等。

四、组织规模与生命周期的影响

大型组织的结构形式远远不同于小型组织。小型组织通常是非正式的，劳动分工少，规章制度少（规范性程度低），专业人员和办公人员少，甚至不存在正式的预算和业绩考核系统。而大型组织则有着较多的分工，庞大的专业人员队伍，大量的规章制度，以及控制、业绩考核等内部系统。组织由小型组织向大型组织的发展过程需要经过若干阶段。在组织发展的不同阶段，其组织管理和结构明显不同。它将变得更加分权，专业化程度也将更高，计划工作量也越大，对协调的要求进一步增加，组织将更加正规化。组织的构成单位在地理上将更为分散，控制系统变得更加昂贵。

第三节　权力与职权配置

一、权力与职权

（一）权力及其类型

权力通常被描述为组织中人与人之间的一种关系，是指管理者影响别人的能力，亦即管理者个人对组织的决策或他人的行为的影响力。

管理者必须有权力，可权力又不只限于管理者，一个组织的所有成员都可以因为他们拥有某一方面的特长和知识而拥有权力。

权力分为五种类型：合法权、惩戒权、奖赏权、专家权和感召权。

（1）合法权是指组织内各管理职位所固有的合法的、正式的权力。不同组织成员因其所处的地位不同，享有的合法权也不同。这种权力可以通过向下属发布命令、下达指标直接体现出来，也可以借助组织内部的政策、程序和规则直接体现出来。

（2）惩戒权是管理者具有因下级没有执行命令或达到工作要求而通过降薪、降级、批评等手段对其进行惩戒的权力。

（3）奖赏权是管理者具有因下级执行命令或达到工作要求而通过升薪、晋升、表彰、提供更满意的工作环境和条件等奖赏手段对其进行奖赏的权力。

（4）专家权是指一个人拥有别人不具有的某种个人专长、特殊技能或知识，而他人又予以认可的一种影响力。

（5）感召权是指因个人的品质、社会背景等因素而赢得别人的尊重与服从的能力。

（二）职权及其类型

职权是一种制度化了的权力，它是建立在法律的基础上（国家立法、公司章程、协议、制度与合同等）的一种合理、合法的权力，并且具有一定的职责和义务。

职权可以分为以下三种类型。

1．直线职权

直线人员所拥有的发布命令及执行决策的权力，即指挥权。直线人员是指能领导、监督、指挥、管理下属的人员。

直线职权在组织内部保持一条持续的命令链，该命令链从最高管理层一直到最基层管理层。管理层级的等级链与命令链是对应的，每一管理层要对应的成为命令链中的一环。具有直线职权的管理者一方面接受上级的命令，另一方面向下属下达命令。

2．参谋职权

参谋职权就是参谋人员和参谋部门所拥有的辅助性职权，包括提供咨询、建议等。在组织权力关系中，直线权力是主导的，参谋职权是从属的。

具有参谋职权的管理者是组织中某个领域中具有专业特长的人员，他们向具有直线职权的管理者提出计划和建议，由具有直线职权的管理者作出决策。由于这两类管理者对组织目标实现担负的责任不同，为保证指挥的统一，参谋可以很多，负直接职责的管理者只能有一个人。参谋对具有直线职权的管理者承担工作责任，具有直线职权的管理者对参谋的工作承担领导责任。

3．职能职权

职权的第三种类型是职能职权。它是直线管理者把一部分原属自己的直线职权授予职能部门或职能管理人员的职权。在纯粹参谋的情形下，参谋人员所具有的仅仅是辅助性职权，并无指挥权。但是，有时由于知识和能力、精力等原因，上级管理者将直线组织中的某些专门的职能和权力授予参谋人员和部门，由参谋人员来直接领导和组织下级部门去完成某些工作和处理某些事情，这样就发生了部分直线职权的转移问题。职能职权实际上是直线职权与参谋职权的一种结合。直线职权对应的是组织整体目标的职责，职能职权对应的是组织整体目标中某项专业目标的职责。换句话讲，职能职权是因其职位对组织专业目标的实现担负职能管理职责的管理者所具有的职权。

使用职能职权是必要的，这样可以使工作做得更好或提高工作效率。但在使用职能职权时应该注意：第一，职能职权要与参谋人员或职能部门的专业工作相一致（也就是说，参谋人员或者职能部门只能在他的专业领域内拥有职能职权）。第二，使用职能职权仅限于具体工作方面，不能危及管理者正常的管理工作。第三，要加强协调工作，不要因此形成责任不清和工作上的混乱。

（三）三种职权的关系与矛盾

1．三种职权的关系与矛盾

要很好地配置和运用职权，必须对直线职权、参谋职权和职能职权的相互关系有深刻的理解。

（1）直线职权与参谋职权的关系是：直线职权是指挥权、命令权；参谋职权是建议权和直线管理者的授权，其建议内容也是通过直线职权的命令链向下才能得到下属的执行。拥有这两种职权管理者的矛盾焦点在于，参谋职权的拥有者是否拥有专家权，双方通过各自不同的影响力影响对方。

（2）直线职权与职能职权的关系是：由于职能职权是直线职权和参谋职权的结合，除了参谋职权外，得到上级直线管理者的授权后，可以对直线管理者行使某项专业管理职权，如审计部门对直线管理者的审计；也可以是对下属参谋职责部门行使专业管理职权，如总公司财务部对下属分公司财务部通过预算进行财务控制。拥有这两种职权管理者的矛盾焦点在于，实现全局目标与实现专业目标的关系处理上，管理者要按照专业目标服从全局目标的原则处理两者之间的关系。

（3）参谋职权与职能职权的关系是：由于职责的基础不同，拥有参谋职权的管理者对拥有直线职权的管理者负责，是直接对人负责；而拥有职能职权的管理者对专业目标的实现负责，首先是对目标负责，通过对目标负责实现对上级管理者负责，是间接对人负责。拥有这两种职权管理者的矛盾焦点在于，拥有参谋职权与职能职权的管理者往往是同一人员，他既要做好直线管理者的参谋，又要接受上级职能管理者的专业指导，当直线管理者与上级职能管理者出现矛盾时，他们更倾向于参谋职权的使用。

2．如何正确处理职权关系

（1）建立明晰的职权结构。首先要建立清晰的等级链；其次要明确划分权责界限；第三要制定并严格执行政策、程序和规范。在管理的实践中，越权处理，不尊重他人职权，是造成职权危机的最突出因素。所以，各管理者必须充分尊重别人的职权，以建立融洽的职权关系。

（2）正确协调职权关系。一是要互相尊重职权；二是要加强沟通与配合。不注意沟通是危及职权关系的另一关键因素。无论是上下级之间，还是同级之间，必须注意及时沟通，并加强工作中的支持与配合。

二、职权配置的方式

组织结构中职权配置的方式主要有三种，即授权、集权和分权。

（一）集权和分权

1．集权和分权的相对性

集权是指决策权在组织系统中较高层次的一定程度的集中；与此相对应，分权是指决策权在组织系统中较低管理层次的程度上分散。

集权和分权是一个相对的概念。绝对的集权意味着组织中的全部权力集中在一个主管手里，组织活动的所有决策均由主管做出，主管直接面对所有执行者，没有任何中层管理机构和中间管理人员。这种情况在现代社会经济组织中显然是不可能出现的。而绝对的分权则意味着全部权力分散在各个管理部门，甚至分散在各个执行者或操作者手中，没有任何集中的权力，因此主管的职位显然是多余的，一个统一的组织也不复存在。

集权和分权都是实现组织目标的需要，所以在现实社会中的组织，有的可能集权多一点，有的可能分权多一点，只要是能够实现组织目标，都是可以允许的。

2．判断一个组织分权程度的标准

判断一个组织分权程度的标准有以下几点：其一，较低的管理层次作出的决策数量越多，分权程度就越大。其二，较低的管理层次担任的决策重要性越大，分权程度就越大。其三，较低的管理层次担任的决策影响面越大，分权程度就越大。其四，较低的管理层次所作的决策上级审核的越少，分权程度就越大。

3．影响集权和分权的因素

（1）决策的重要性。这是影响集权与分权的程度的重要因素。一般来说，从经济标准、组织信誉、员工士气及相对竞争地位等方面来衡量，代价越高的决策，如巨额的采购项目、基本建设投资等，决策的正确与否责任重大，不适合授权给下级决策者，一般以集权为好。

（2）组织规模的大小。组织规模越大，管理的层级和部门数量就会越多，需要做出决策的数目就越多，如果集权程度高，协调起来也就越困难，信息的传递速度和准确性就会降低。要解决这些问题，加快决策速度、减少失误，使高层决策者能够集中精力处理重大问题，就需要向组织下层分散权力。

（3）政策的统一性。高层主管若希望在整个组织中采用统一的政策，以便于比较各部门绩效、保证步调一致，则集权程度较高；否则就会允许各单位根据客观情况制定各自的政策，则分权程度较高。

（4）员工的数量和基本素质。如果员工数量和基本素质能够保证组织任务完成，组织可以较多地分权；组织如果缺乏足够的受过良好训练的管理人员，其基本素质不能符合分权式管理的基本要求，则组织可以较多地集权。

（5）组织的可控性。组织中各个部门的工作性质大多不同，有些关键的职能部门，如会计等部门往往需要相对的集权，而有些业务部门，如研发、市场营销等部门，或者是区域性部门却需要相对的分权。组织需要考虑的是围绕任务目标的实现，如何对分散的各类活动进行有效的控制。

（6）组织所处的成长阶段。在组织成长的初始阶段，为了有效管理和控制组织的运行，组织往往采取集权的管理方式；随着组织的成长，管理的复杂性逐渐增强，分权的程度就越高。

4．集权与分权的均衡

集权的优点是可以加强统一指挥、统一协调和直接控制；缺点是会使高层管理人员负担过重，经常陷于日常事务之中，无暇考虑大政方针，并且事事请示汇报限制了各级人员的积极性，不利于管理人员的培养，难以适应迅速变化着的环境。

分权的优点可以减轻高层管理人员的负担，增强各级管理人员的责任心、积极性和自主性，增强组织的应变能力；缺点是可能会造成各自为政、各行其事的现象，增加各部门之间协调的复杂性，并且受到规模经济性、有无合格的管理人员的限制。

不管是集权还是分权，都只是管理的一种手段，目的是为更有效地实现组织的目标。在达到这一目的，最重要的是要在集权和分权之间恰当地权衡得失，取得良好的均衡，做到“既放得开又管得住”。

5．分权的途径

权力的分散可以通过两个途径来实现：其一是制度分权，也就是说，在组织设计过程中通过组织制度的明文规定给予一个职位以一定的职权。其二是工作授权，也就是管理者在工作过程中适当地授予下属职权。

（二）授权

1．授权的概念

授权是将完成某特定工作所承担的责任和相应的职权委派给下属，使下属在一定的监督下行使职权的过程。下属在授权范围之内自行决定如何完成工作，并有责任向上级管理者汇报。上级管理者在授权后，还具有解除授权的权力。

授权有特定的含义，在现实工作中，要注意区别授权和以下几个问题的区别。

（1）授权不同于代理职务。代理职务是在某一时期依法或受命代替某人执行其任务，代理期间相当于该职，是平级关系，而不是上级授权给他。

（2）授权不同于助理或秘书职务。助理或秘书只帮助主管工作，而不承担责任，授权的主管依然应负全责。在授权中，被授权者应该承担相应的责任。

（3）授权不同于分工。分工是一个集体内，由各个成员按其分工各负其责，彼此之间无隶属关系；而授权则是授权者和被授权者有上、下级之间的监督和报告关系。

（4）授权不同于分权。授权是指权力的授予和责任的建立，它仅指上、下级之间的短期的权责授予关系，授权是分权的一种途径。而分权是在组织中系统地授权，这种权力根据组织的规定可以较长时期地留在中、下级管理者手中。

2．授权的合理性

授权的合理性主要是指怎样可以让管理者完成更多的工作。下属完成了组织中的主要工作，从而减轻了管理者的工作负担。在某些情况下，下属在具体问题上可能比管理者更专业。授权还可以促进下属的成长。通过参与决策和问题的解决，下属获得了整体运作的经验，提高了管理能力。

3．要进行有效的授权必须要遵循的原则

（1）重要性原则。组织授权必须建立在相互信任的基础上，所授权限不能只是一些无关紧要的权力，要敢于把一些重要的权力或职权放下去，使下级充分认识到上级的信任和管理工作的重要性，把具体任务落到实处。

（2）适度原则。组织授权还必须建立在效率基础上。授权过少往往造成主管工作量过大，授权过多又会造成工作杂乱无序，甚至失控，所以不能无原则地放权。

（3）权责一致原则。组织在授权的同时，必须向被托付人明确授权的任务和目标、责任及权力范围，权责必须一致。否则，被托付人要么可能会滥用职权并导致形式主义，要么会对任务无所适从，造成工作失误。

（4）级差授权原则。组织只能在工作关系紧密的层级上进行级差授权。越级授权可能会造成中间层次在工作上的混乱和被动，伤害他们的负责精神，导致管理机构的失衡，进而破坏管理的秩序。

4．授权程序的构成

授权过程包括三个步骤：首先，管理者分配责任或交代下属一项工作。责任的分配可以是准备报告或负责某一任务。其次，在分配之后，下属获得了相应的职权。管理者可能给予下属获得所需要的信息或指导一组员工的工作的权力。最后，管理者决定下属的责任——下属承诺完成经理所分配的任务。而这三个步骤并不是机械地发生，而应该在实际应用中灵活授权，真正达到授权所产生的效果。

5．管理者有效授权的障碍

管理者有效授权的障碍来自两个方面：一是授权者；二是被授权者。

来自授权者的障碍有以下几个方面。

（1）不愿意授权。管理者不愿意授权的原因很多，如管理者认为下属的能力不如自己，自己做这项工作要比下属做得好。如果交给下属去做，还要花时间让下属明白自己的意图，这样做的效果还不知如何等。这些不愿意授权的原因使我们的管理者的工作量越来越大，一直干到自己干不下来才停下来考虑授权问题。现代管理者角色中多了一个“教师”角色，这个角色就是要解决管理者与下属工作关系的问题。如果管理者是通过影响力让下属来完成工作的，管理者就要教会下属如何工作，授权者要学会当“教师”。

（2）对委派的工作不再监管。管理者将职权授出后认为自己可以对委派出的工作不承担责任了，因此放任地让被授权者处理工作中的所有问题。被授权者只是代表授权者处理所授权的工作，被授权者对授权者负责，而授权者仍然要对该项工作对上级管理者或对组织负责，授权者是该项工作的最终责任人。因此，管理者在授权后要加强对被授权者的监管，要了解工作进程中的关键问题的解决情况，如果被授权者不能胜任，要及时地解除授权。授权是有风险的，加强监管是减少授权风险和及时回避授权风险的重要工作环节。

（3）授权是减少管理者的权力。由于管理者是将职权授予下属，所以很容易理解为授权减少了管理者的权力。其实事实正好相反，授权提高了管理者的影响力。通过“授权”让更多的员工运用职权决定如何去做好工作，从而建立员工对工作的热情、主动性、责任心和奉献精神，这样的员工越多，管理者的影响力就越大。

来自被授权的下级的障碍有以下几个方面。

（1）害怕在发生错误后会受到批评，不愿自行决定问题的处理办法。决策本来就是工作上非常困难的事，谁决策谁负责，事情既然是主管决定的，那么将来发生问题，领导应是责任人，受批评也不会轮到下级了。

（2）如果下级觉得自己缺乏必要的资源，恐不能圆满完成任务，将也不免不敢轻易承担新任务。一个人明知道预算有限制，人事有束缚，倘若接受了新任务，事情做起来会很辛苦，工作易受挫折，自然会拒绝接受交代的任务。

（3）缺少积极的激励。下级接受一项额外的责任，通常会牵涉到理智方面的努力，也牵涉到情绪方面的压力。因此我们期望一个人勇于接受新增的负荷，就该给予适当的激励。这种激励也许是工资的提高，也许是升迁机会的增大，也许是一项好听的头衔，也许是组织中的地位的提高，也许是主管的赞誉和赏识。此外，还有其他种种有形和无形的激励。这里，我们所要强调的是：如果我们能给予某人其需要的适当鼓励，则其欣然接受新责任的可能性也越大。

总之，对授权行为发生的双方，即领导和下级来说，都存在着对授权的不同看法和态度，而这些看法和态度又会直接影响到授权的实施及产生的效果。正确地分析造成这种看法和态度的原因，并从主观和客观上采取相应的措施；同时，主管和部属之间也能密切配合，共同努力，就能防止授权失效，从而产生积极的、富有建设性的成果。

第四节　组织工作的新工具

一、业务流程重组

（一）BPR的基本概念

业务流程重组（Business Process Reengineering，BPR），于1993年由著名管理学家迈克尔·哈默和詹姆斯·钱皮正式提出，认为业务流程重组是对业务流程的根本再思考和彻底再设计，从而使得在关键绩效指标（如成本、质量、服务和速度等方面）获得显著的改善。

BPR强调以业务流程为改造对象和中心，以关心客户的需求和满意为目标，通过对现有的业务流程进行根本的再思考和彻底的再设计，利用先进的制造技术、信息技术以及现代化的管理手段，最大限度地实现技术上的功能集成和管理上的职能集成，从而打破传统的职能型组织结构，建立起全新的流程型组织结构，最终实现企业经营在成本、质量、服务和速度等方面的巨大改善。它的主要特点是业务流程化、集中化、团队化，组织扁平化，工作并行化。它的重组模式是通过以作业流程为中心和打破金字塔状的组织结构，使企业不仅能够适应信息社会的高效率和快节奏，而且能够适应企业员工参与企业管理，实现企业内部上、下、左、右有效沟通的目的，从而使企业具有较强的应变能力和较大的灵活性。

（二）BPR的目标：从“烟筒式”组织向“水道式”组织的转变

1.“烟筒式”组织的基本特点

传统的劳动分工理论将企业划分成为一个个职能部门，它们之间相互独立，犹如一个个“烟筒”，各职能部门根据级别高低组成一个树形或金字塔似的结构，这就是“科层制”

管理。“科层制”管理虽然有利于专业化劳动技能与管理技能的发展，也有利于企业的稳定，但这种管理组织注重的是管理者而不是顾客，没有人对同级部门间的工作进行控制和协调，企业与顾客的联系只是单一的点对点方式，一个顾客如果想要查询发票信息，必须与企业的财务部门联系，与之打交道的销售部门只知道有关销售方面的信息。此外，由于部门之间的限制，很多工作只是为了满足企业内部管理机构的需要，从而存在很多无效的重复性工作。“科层制”管理下的企业员工，被局限于各自所属部门的职能范围内，评价他们工作的好坏标准是在一定边界内办事的准确度如何，任何冒险与创新行为都是不受欢迎的，因此，极大地抑制了个人能动性与创造性。另外，在传统劳动分工的影响下，作业流程被分割成各种简单的任务，并根据任务组成各种管理职能部门，经理们将精力集中于本部门个别任务效率的提高上，而忽视了整体目标，即以最快的速度满足顾客不断变化的需求。

2.“水道式”组织的基本特点

这种组织结构以适应顾客、竞争和变化为原则重新设计企业业务流程，然后根据业务流程管理与协调的要求设立部门，通过在流程中建立控制程序来尽量压缩管理层次，建立扁平管理组织，提高管理效率。它以整体流程最优为目标，对业务流程的管理以产品（或服务）和顾客为中心，将决策点定位于业务流程执行的地方，在业务流程中建立控制程序，从而可以大大消除原有部门间的摩擦，降低管理费用和管理成本，减少无效劳动和提高对顾客的反应速度。

在“水道式”组织中，员工在每个流程业务处理过程中，都能最大限度地发挥个人的工作潜能与责任心，流程与流程之间强调的是人与人之间的合作精神。另外，BPR 把客户与供应商视为企业整体流程的一部分。在知识经济时代仅靠自己企业的资源不可能有效地参与市场竞争，还必须将经营过程中的有关各方，如供应商、生产制造商、分销商、客户等纳入一个紧密的供应链中，才能有效地安排企业的供、产、销活动，满足企业利用全社会的一切市场资源快速高效地进行生产经营的需求，以期进一步提高效率和在市场上获得竞争优势。换句话讲，现代竞争不是单一企业与单一企业之间的竞争，而是一个企业的供应链与另一个企业的供应链之间的竞争。这就要求在进行业务流程重组时不仅要考虑企业内部的业务流程，还应对客户、企业自身与供应商组成的整个供应链中的全部流程进行重新设计。

“烟筒式”组织与“水道式”组织的比较如图 6-2 所示。

（三）BPR 的前期分析

业务流程重组是建立在企业基本需求的基础上的，在对企业进行业务流程重组时，不仅要了解企业的基本特征，而且还要进一步分析业务流程重组的每个阶段。

1. 需要重组的企业特征分析

通过分析，可以清楚地知道企业必须选择重组的一些商业环境以及商业规则改变的原因。每个组织都应该判断这些改变是否也适用于其自身。业务流程重组，只有在企业需要重新确定一个强化的战略地位时才真正有可能实施。因此，在业务流程重组之前明确企业的经营战略就变得异常重要。需要实施业务流程重组的一些战略指标主要包括：（1）认识到竞争对手将在成本、速度、灵活性、质量以及服务方面产生优势；（2）增强运营能力所需要的新的前景或战略；（3）重新评估战略选择的需要，进入新市场或重新定位产品与服务；（4）建立的核心运营流程是基于过时的商业假设或技术的；（5）企业战略目标几乎无法实现；（6）市场上的改变，如失去市场份额、新的竞争对手、新的竞争规则、产品生命周期缩短和新技术的运用等。

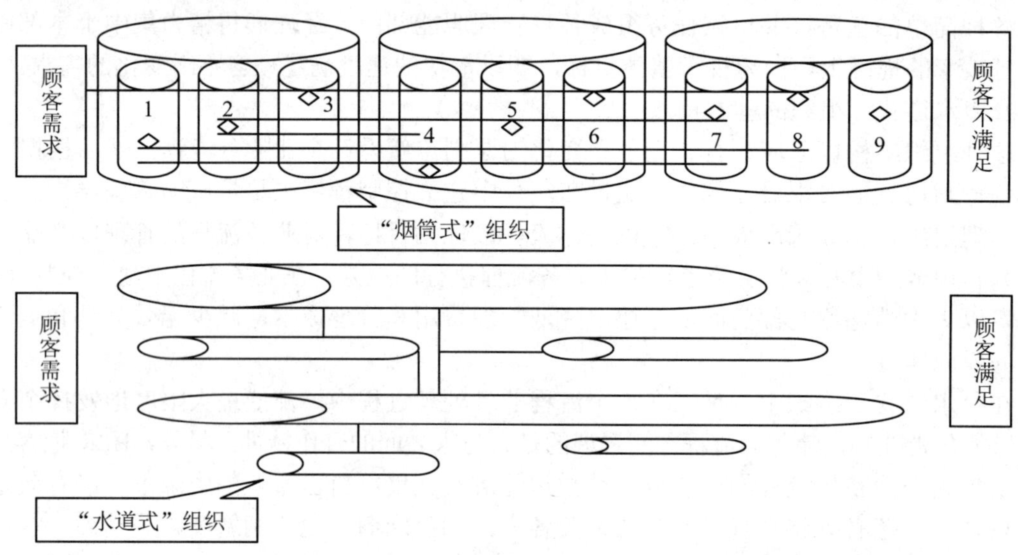

1．订单登记　2．价格核算　3．计划编制　4．预算　5．核算应付款　6．信用调查
7．产品生产计划　8．客户服务方案　9．存货控制

图6-2　“烟筒式”组织与“水道式”组织的比较

2．流程分析的一般方法

为了提出一种具有普遍指导意义的重组方法，威廉姆·J. 凯丁格等人通过调查33家咨询公司的实际运用情况，仔细分析了25种常见方法中阶段与任务的共性和差异，找出了每一阶段的核心任务，经过综合后得出了6个阶段21个任务的流程创新方法。

阶段1：设计远景（S1）。这个阶段主要是为企业的流程重组项目立项做准备，企业流程重组首先要得到企业高层领导的支持。基于高层领导和员工对企业流程的理解，以及企业的发展战略、信息技术、信息系统支持流程重组的潜力，确定需要重组的企业流程。

阶段2：项目启动（S2）。这个阶段包括成立流程重组小组；通知股东；制订项目实施计划和预算；通过设计标准、外部顾客的需求分析以及成本效益分析，确定流程重组的目标成果。

阶段 3：流程诊断（S3）。这个阶段的主要任务包括对现有流程及其子流程的建模，描述各个流程的属性，如活动、资源、沟通关系、管理职责、信息技术和成本等；通过确定流程的需求和顾客价值的实现情况，分析现有流程存在的问题及原因，确定非增值的活动。

阶段 4：流程设计（S4）。这个阶段的主要任务是完成新流程的设计。通过头脑风暴法等新技术，提出新流程的各种可能方案，新流程的方案应该满足企业的战略目标。同时要设计与新流程运营相适应的人力资源、信息技术、信息系统的体系结构，产生新流程的模型及其相应的说明、新流程的原型系统，以及支持新流程运营的信息系统的详细设计方案。

阶段 5：流程重组（S5）。这个阶段主要是应用变化管理技术来确保向新流程的平稳过渡。在这个阶段，需要建立信息技术平台和信息系统，完成员工的培训，以及组织结构及其运行机制的变革。

阶段 6：持续改进（S6）。这个阶段需要对现有业务流程的不断完善、改进，是由底层业务流程具体操作人员参与的活动，这是对业务流程的完善，主要注重人与技术的提高，通常和企业的全面质量管理活动联系起来。

（四）BPR 的总体流程

1．组织结构重组的基本内容

组织结构重组包含两项基本内容：职能解析与管理过程分析与重组，如图 6-3 所示。

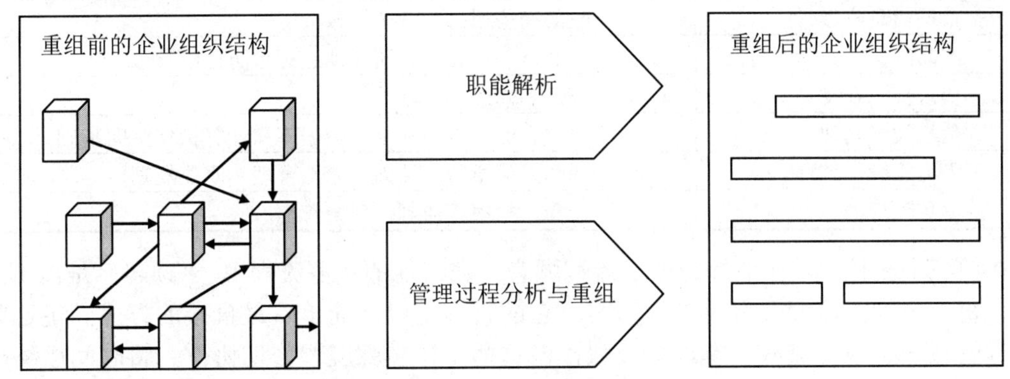

图 6-3　组织结构重组的基本内容

通过职能解析，可以确定企业所应具备的基本职能和为实现基本职能需要执行的工作内容。通过管理过程分析与重组，即对为实现基本职能所进行的活动顺序的分析，找出不合理的部分，进行重新安排，以使活动更加有效。这样就会形成企业必须具备的基本职能的各个管理过程，即重组后企业应该具备的管理过程。职能解析和管理过程重组是相辅相成的、相互修正的，利用职能解析和管理过程分析的结果，按照组织机构划分的原则，便可得到新的组织结构。由于重组原则和企业着眼点的不同，可以得到多种组织结构方案供决策者参考评价，最终确立重组后的组织结构。

2．构建流程型组织结构

首先，必须明确业务流程的含义。业务流程是指一系列为顾客创造价值并且相互关联的活动。单个业务流程（也被称为价值流）就是一个业务处理过程。它最终的服务目标是为顾客创造价值，但是单个业务流程面对的是内部虚拟顾客。经过分类，大多数大公司可以将业务流程保持在20个左右。表6-2是一个公司内典型的业务流程，不同类型的企业业务流程可能有所不同。

表6-2 企业中典型的业务流程

业 务 流 程	主要业务内容
顾客保证	赢得顾客，测定顾客需求，销售，保证顾客满意
订单履行	接受订单，完成订单，收款
顾客服务	为顾客提供服务，产品使用，规划和咨询
生产	产品生产，保持库存，与供应商保持联系
采购	帮助选择供应商，合同签订和管理
产品开发	产品设计，生产设备
科研	对具有潜在价值的科学和技术进行探索
市场营销	确定顾客需求，产品，价格，渠道，促销
市场信息收集	收集销售信息和竞争情报
产品维护	产品修理，在顾客所在地进行预防性维护
信息技术开发	开发和修改系统软件
信息技术基础	建立企业范围的网络、数据库和计算机化空间基础
人力资源	辅助人员招聘、培训、赔偿管理、职业规划
财务管理	会计，与银行谈判，现金管理

在前三个流程中，企业顾客就是流程顾客，在其他的业务流程中，“顾客”是内部的。然而，每一个业务流程都有明确的顾客。它的目标是以最简单、最直接的方式满足这些顾客。尽管在一个业务流程中有许多步骤，但这些工作步骤应该密切协作，将时间压缩至最短，从而使对顾客的反应最优化。

基于BPR的组织转型，就是要实现企业组织从职能型向流程型的转变，最终形成一套以流程为导向，面向顾客的扁平化组织结构体系和管理模式。

所谓流程型组织，就是以工作流程作为设计组织的基本着眼点，通过把与该流程相关的一系列业务活动纳入一个专案员或工作团队的职责范围而构建起来的一种新型组织。

流程型组织的基本单位是团队，它是由致力于共同的宗旨和绩效目标、承担一定职责、技能互补的异质成员组成的群体。团队在基层管理的工作设计中被广泛使用，但当管理层把团队这一组织形式运用到一个组织的中上层，成为该组织的中心协调手段时，这个组织实际上就是“团队”型组织。在一些小的公司，团队组织甚至可以覆盖整个组织。

在流程型组织中，其运作基础不再是职能单位，而是那些被集合在一起，全程执行流程运作的员工们构成的团队——流程工作小组。流程工作小组的形式有很多种，随着工作性质的不同，其组合也会有差异。企业在实际工作中可以根据情况采取以下三种基本形式。

（1）专案小组，就是把拥有不同技能的人组合起来，群策群力共同去完成例行的、复杂的工作。例如，处理保险索赔，可以从有关部门中挑选合适的人才，将他们组成专案小组来处理顾客的需求。

（2）虚拟工作小组，是在基于特别的需要为完成特定的任务时，才把合适的人才集合在一起。这类小组的生命周期较短，往往项目结束，小组即可解散。小组成员投入其他项目，视实际的需要组成不同的小组。在必要时，一个人可以隶属于不同的虚拟小组，参与不同的流程运作。

（3）专案员，它类似于专案小组，但成员只有一个。这既可以看作是活动的整合，也可以看作是员工工作性质的改变。由专案员来执行活动时，他们就由工作的单面手变成了工作的多面手，由专才变成通才，工作也由简单变为复杂，更具有挑战性和刺激性，也更能激发他们的工作热情，从而最终提高了工作效率。原来的工作流程现在成为某个人的自身工作，其流程的运作效率自然成倍增长。

二、知识管理

（一）知识管理产生的背景

知识管理的兴起是各方面因素逐渐汇集并自然演化的结果，这些因素促使企业产生了对知识管理的强烈需求。

1．外部推动因素

大多数组织是在它们自身根本无法控制的环境中运作的，其生存和成功在很大程度上会受到外部因素的影响。对于这些外部因素，组织只能去努力适应并尽可能地根据其变化作出反应，只有这样，它们才能在激烈的竞争中生存下来。这些外部因素主要有商业全球化及国际竞争、日益成熟和要求越来越高的顾客、更加有力的竞争对手和更加先进的供应商。

2．内部推动因素

在企业内部，许多新发展也为更好地进行知识管理创造了机遇。在不同的领域，这种状况也有所不同，但基本上都包括如下几方面的变化：企业效率的瓶颈、不断提高的技术能力以及对人类认知功能的认识进一步加深。

由于上述内外推动因素的原因，企业为了提升自己的综合实力，保持和发展企业竞争优势，最大限度地赢得组织的可持续发展能力，纷纷要求对组织进行知识管理。

（二）知识管理的概念

美国《福布斯》杂志于 1998 年 4 月 22 日发表了一篇题为《迎接知识经济》的文章，提出了知识管理的概念。文章认为，知识管理（Knowledge Management）不同于信息管理，它通过知识共享，运用集体智慧来提高企业应变能力和创新能力。

1．国外学术界的几种主要观点

巴斯认为，知识管理是指为了增强组织的绩效而创造、获取和使用知识的过程。

维纳·艾利对知识管理的定义是："帮助人们对拥有的知识进行反思，帮助发展支持人们进行知识交流的技术和企业内部结构，并帮助人们获得知识来源，促进他们之间进行知识交流。"

斯维比从认识论的角度对知识管理进行了定义，认为知识管理是"利用组织的无形资产创造价值的艺术"。

阿比克将知识管理活动定义为"对企业知识的识别、获取、开发、分解、使用和存储"。

马斯认为，知识管理是一个系统地发现、选择、组织、过滤和表达信息的过程，目的是改善雇员对待特定问题的理解。

维格指出，知识管理主要涉及四个方面：自上而下监测和推动与知识有关的活动、创造和维护知识基础设施、更新组织和转换知识资产、使用知识以提高其价值。

2．国内学术界的两种观点

（1）知识管理是将知识转化为公司更正确的决策和更好的作业方法，目的是在知识与有效行为之间建立起密切的反馈关系。

（2）知识管理是一种致力于将公司的知识资源转化为更大生产力、竞争力和创新价值的信息管理理论和方法。

（三）知识管理中的组织方法

1．智力资本的方法

智力资本的方法是由 Skandia 保险公司首先倡导并应用的，这种方法首先要识别组织中所拥有的有价值的知识，并在可能的情况下对其进行编码，然后运用资产管理的原则对这些经过识别的知识资产进行评估，其中包括确定这些资产的账面价值。在确定这些资产的账面价值时，如果这些知识已经被编码，那么评估过程就会相对简单一些，而当这些知识仍然存在于员工的头脑之中时，评估过程就要相对复杂了，因此，经常用"人力资本"和"结构资本"这样的术语来表明知识资产的不同来源。另外，知识管理会通过一些专门设计的程序将仍然存在于员工头脑中的隐性知识显性化，并将这些知识有效地传递给企业的相关部门，也就是将人力资本转化为结构资本。

2．将知识作为一项个人技能的方法

为实现相应的行为或结果，企业需要能够胜任知识工作的员工，因此它认为企业应该不断提高自己的人才储备。在这种方法中，要获取的知识主要是一些经验性的知识。

3．哲学化方法

哲学化方法首先试图提出一些更加深刻的认识，并从根本上对行为和知识阶段以及它们之间的联系进行重建，继而对新型工作方式所需要的信息进行重新梳理。这种方法试图通过探索一些与组织知识库有关的深层次的知识问题来“摆脱思考中的惯性”，因而，它可算是一种更高层次的方法。但同时也要看到它只是一种局部的解决方案，是一种原创性较强的方法。这种方法一旦能够成功运用，无疑能为我们创造一个有价值的认识框架，并能很好地阐释以后可能发生的各种知识管理活动。

4．技术化方法

技术化方法所隐含的假设是：知识完全能够被编码——即使现在不能，在将来某个时间也是可能的；而且技术可以通过对知识的获取、存储、传递、调度及促进来对知识进行管理。技术化方法通常贯穿于数据和信息阶段，技术主要是作为知识共享的通道或进行知识传递的媒介。

5．团队作为知识代理的方法（虚拟组织的方法）

该方法所关注的焦点是如何打破企业在经营过程中遇到的地理及组织结构方面的障碍，对分散于不同专家中的知识进行整合，并对那些为实现特定结果所必需的程序进行重新安排。

6．战略化方法

这种方法采取了两种形式：第一种形式是从知识的角度对企业进行重新审视。这种形式在一定程度上是与智力资本方法密切相关的，只是与智力资本方法不同。它并没有对现存的组织形式及结构提出根本挑战。但这种更为战略化的方法也会通过设计、自用和探索企业内部知识，以一种更加合理的方式对组织形式和结构进行重新界定。

战略化方法的另外一种形式是直接将知识管理定义为一种正式的战略管理过程。这是在企业理论中发展出的一种重要方法，只有这种以创新为基础的方法才能使企业得以生存并不断发展。因此，一项基于知识管理的战略必将包含并构建一些鼓励并维持创新的知识框架。

7．流程化方法

这种方法同样有两种形式：第一种形式是将知识管理本身作为一项可获得的企业流程。在这种形式中，知识管理体现为管理者（如那些试图对各种方案进行分析或改进的管理者）可获得的各种专业知识。

第二种形式是对企业各项活动及流程进行检查，以确定知识管理技术及方法的应用是否明显地提高了其盈利能力。这种方法可以与前面所提到的其他方法进行不同程度的结合，大量的实践已经证明，到目前为止这种方法对企业盈利的贡献是最大的。这种方法在使管理者集中关注某些特定问题方面具有很大的优势。

8．融合方法

大多数组织都在试图将前面七种方法有效融合起来，这种融合通常包含了技术、流程和智力资本方法等因素。

三、价值链方法

（一）价值链的概念与构成

价值链（Value Chain）这一术语首先是由迈克尔·波特提出的，他认为“企业是一个综合设计、生产、营销、交货以及对产品起辅助作用等活动的集合”。其创造价值的过程可分解为一系列互不相同但又相互关联的增值活动，综合起来即构成价值系统，其中的每一项经营管理活动就是这一价值系统中的价值链。企业的价值系统包括供应商价值链、生产单位价值链、销售渠道价值链和买方价值链等。

企业的价值链可分为支持性增值活动和基本增值活动两大部分。价值链理论认为：企业内的每一项活动都可能是顾客价值（利益）的创造者，同时，不同价值活动之间的衔接方式、效率、质量等也是创造具有独特性顾客价值的重要来源。这就是为什么要把价值活动组（群）称为价值链的原因。价值链思想强调：为创造出具有显著特色的顾客价值，企业内各种活动的开展方式、目标、评价原则等应协调一致。

（二）基于价值链的企业业绩优化分析方法

根据价值链理论，价值链由差额和价值活动组成。差额是企业创造的总价值与进行价值活动的总成本之间的差值，价值活动包括基本活动和辅助活动。企业基础设施、人力资源管理、技术开发、采购四个环节构成了辅助增值活动。而内部后勤、生产经营、外部后勤、市场营销、售后服务则是企业的基本增值活动，这些活动都与商品实体的加工流转直接相关。无论是什么具体行业、企业的经营活动都可以用价值链进行分析，只是不同行业的价值链构成并不完全相同，而同一环节在各行业价值链中的重要性也有所不同。同一产业内的企业有相似的价值链，但是竞争对手之间的价值链常常有所不同。价值链中价值活动本身、价值链内部联系和价值链的外部联系是企业竞争优势的来源。竞争优势来源于企业价值，它来自价值链中价值活动本身，价值链内部联系和价值链的纵向联系。换句话说，通过重构企业基本价值链和上下游价值链，或者跨行业地进行战略联盟取得协同效应，在价值活动上企业要比竞争对手取得更低的成本，或者对买方需要取得更大的标新立异的贡献，尤其是行业的某些特定价值链环节，从而与竞争对手拉开差距取得竞争优势。

（三）基于价值链的战略联盟分析与优化

除了用以进行企业的整体业绩分析与竞争优势构建以外，价值链方法还是进行战略联盟分析与优化的有效方法。

1．企业战略联盟与价值链环节中的核心专长互补

根据价值链的原理可以发现，某些价值增值环节上，本企业拥有优势，而在另外一些环节上，其他企业可能拥有优势。为达到“双赢”的协同效应，相互在各自价值链的核心环节上展开合作，可促使彼此核心专长得到互补，在整个价值链上创造更大的价值。这是企业建立战略联盟的原动力。

目前，国际上一些著名跨国企业在处理自身与外部市场的关系时，开始采用“价值链理论”的分析方法，即把企业的价值创造过程分解为一系列相关联的增值活动，其中各个环节的经营管理活动之间相互影响，并共同决定整条价值链的收益。而单个企业不可能在所有经营环节都保持绝对优势，因为这样将要承担过大的投资支出及风险，因此，企业只能在具有比较优势的环节上发展自己的核心能力。而要实现各个环节对价值链增值的最大贡献，企业就必须在各自的优势环节发展合作，从而达到互利共进的效果。战略联盟便是这种合作的典型形式。

要保持企业对某一产品的竞争优势，关键是保持这一产品价值链上特定战略环节的竞争优势，而并不需要在所有的价值活动上都拥有核心专长。战略环节要紧紧控制在企业内部，而非战略环节的许多活动则完全可以通过战略联盟，从而达到整个价值链生产的价值最大化。

“1+1＞2”是企业之间在价值链各环节中进行联盟合作产生更大经济绩效的形象描绘，不同环节的企业通过结为联盟伙伴关系，可促进联盟企业聚合自身的核心专长于某一环节，从而获取专业化经济效果，而相互之间的联盟合作又可在整个价值链上实现一体化经济。另外，联盟还使不同环节的企业实现功能和专长上的互补融合，优势叠加所产生的经济效果使部分之和大于整体，由此可见，价值链上的企业联盟可集中体现这种互补效应。

2．企业联盟与价值链一体化竞争

随着社会分工的深入，各个企业趋向于集中自身的优势资源与价值链的某个环节，通过与价值链各个环节的企业进行长期的联盟与协作，形成具有一定竞争优势的价值链。一般情况下，哪个企业更善于发展自己与上下游企业之间的合作关系，哪个企业就能赢得整个价值链上的竞争优势。在联盟的趋势之下，企业的竞争也逐渐地由单个企业之间的对抗发展成为两条价值链之间或者某条价值链和某个企业之间的竞争。因此，竞争的内容更加复杂，竞争的形式更加激烈。例如，在个人计算机行业，IBM 和微软通常被认为是一条价值链，而 BayNetworks 只是一家企业，IBM 和微软成功地击败各自的竞争对手，其中最重要的一条策略就是通过各种形式联盟，吸收了众多的合作伙伴和追随者，把企业发展成为一个强大的价值链群。

结尾案例

动力工业公司的集权和分权

动力工业公司是一个生产多种产品的汽车替换零件制造商，由于执行积极合并的政策，发展很快。董事长约翰·拉弗蒂认为公司的成长是健康的，公司之所以能以罕见的速度迅速扩大，其主要原因在于：公司的经营是在高度分权的基础上进行的。由于它是一个合并了一些公司的康采恩企业，拉弗蒂鼓励所属公司的经理们要仍像在参加动力工业公司以前那样继续经营。现在，正在谈判同中央电子公司的合并问题。这个公司生产广泛系列的电子元件，其中许多用于国防和宇宙工业。中央电子公司对动力工业公司发生兴趣，是由于动力工业公司能提供该公司在发展一种高功能变压器的最终阶段和建立生产新产品的工厂方面所急需的资金。可是中央电子公司的创办人和总经理罗莎·瓦斯克丝认识到同另一个公司合并的潜在危险：她将失去对她自己企业的控制，并沦为一个大公司的雇工地位。

但拉弗蒂不断向瓦斯克丝保证，动力工业公司是在高度分权基础上经营管理的，并描述他们的分权的概念如下："我们希望你，作为一个子公司的总经理，像过去一样照常进行管理。你的企业是成功的，这就没有理由说，作为动力工业公司的一部分，就不能成功地继续经营、销售、生产，以及产品开发等主要职能，只要你认为合适，一切由你经管。总之，我们是按银行家的方式，由我们供给资金，即供给你需要的用于改进和扩充的资本。虽然每个子公司的利润将上交总公司，但仍像你具有自己的公司一样，因为你每年将得到两种收入：一份有保证的薪金和你公司一定比率的净利。"

在做了这样的保证以后，瓦斯克丝决定同动力工业公司合并。在6个月里，一切都很顺利，瓦斯克丝几乎没看到公司总部有什么人来。到第7个月月初，总公司的会计员来访问瓦斯克丝，详细地向她说明公司需要有利润计划，并要求她编制好中央电子公司的利润计划、下年度详尽的收入和营业费用的预测。虽然会计员很和气，但却讲得十分清楚，如果中央电子公司的活动明显地偏离了预测的情况，总公司将派一组成本分析专家和工业工程师来查明偏离的原因并将提出必要的变革提议。

和会计员的这场经历刚过去，动力工业公司的劳资关系副董事长又访问了瓦斯克丝，并通知她，几个总公司的劳资关系参谋成员将参加同代表中央电子公司雇工的工会即将进行的谈判。瓦斯克丝抗议说，她对自己公司的劳资契约已谈判多年了。然而，人们对她解释说，这样做是为了全公司范围雇工的福利计划（如年金和保险），同时也是为了防止工会在工资领域中利用一个子公司来反对另一个子公司，所以集中控制谈判是非常必要的。在这次访问时，公司的一些劳资关系参谋成员还向瓦斯克丝略述了公司有关工资计划的规定，并作出安排以实施公司职员和主管人员的薪金计划。

接下来的一个月，瓦斯克丝访问了拉弗蒂，并询问为了取得建设生产高功能变压器新厂房的资金她应该采取什么步骤。拉弗蒂答复说："我将从总公司财务部门派人访问你，并向你指出如何填写基建资金申请表。这不过是个例行手续，但是请记住，你仅仅是15个子公司中的一个，大家都同时需要钱，况且今年能否取得这笔钱，不仅取决于你的需要，还将取决于其他14个公司的需要。”

资料来源：根据百度文库相关资料整理改编，http://wenku.baidu.com/view/3918052a3169a4517723a34d.html，2011-11-10.

讨论题：

1. 作为瓦斯克丝（中央电子公司的总经理），你认为母公司的管理政策基本上是集权还是分权？为什么？

2. 这种职权配置方式给中央电子公司带来了什么影响？作为公司总经理，瓦斯克丝在整个公司合并过程中应该吸取的经验教训是什么？

3. 动力工业公司的这种做法给公司自身会带来哪些好处？又会带来哪些坏处？

本章小结

1. “组织”作为名词，它是指作为实体本身的组织，即组织系统，是由两个或两个以上的个人为了实现共同的目标而合成的有机整体。“组织”作为动词，强调的是一种特定的管理行为，是指为达到特定的目的所进行的分工与合作关系安排这样一种行为。

2. 作为管理职能的组织，就是按照一定目的和程序而组成的一种权责角色结构，其中包括四个重要概念：职权、职责、负责、组织结构图。

3. 组织工作包括以下四个内容：根据组织目标设计和建立一套组织结构和职位系统；确定职权关系，从而把组织上下左右联系起来；与管理的其他职能相结合，以保证所设计和建立的组织结构有效地运转；根据组织内外环境的变化，适时地调整组织结构。

4. 组织结构是组织中正式确定的使工作任务得以分解、组合和协调的框架体系。组织设计是以组织结构安排为核心的组织系统的整体设计工作。组织设计的影响因素主要有企业战略、环境、技术、组织规模与生命周期。

5. 权力分为五种类型：合法权、惩戒权、奖赏权、专家权和感召权。职权可以分为三种类型：直线职权、参谋职权、职能职权。职权配置的方式有三种，即授权、集权和分权。

6. 组织工作的新工具有很多，近年来比较流行的有业务流程重组、知识管理、价值链方法。

关键词

组织工作　组织结构　组织设计　权力　职权　职权配置　企业流程重组　知识管理　价值链方法

思考题

1．组织设计的影响因素主要有哪些？

2．权力可以分为哪些类型？

3．三种职权（直线职权、参谋职权、职能职权）之间存在什么样的关系与矛盾？

4．为什么说“BPR 的目标是从‘烟筒式’组织向‘水道式’组织的转变”？

5．知识管理中的组织方法有哪些？

6．价值链方法的作用是什么？

网络练习

在互联网上查找三家性质不同的真实企业进行比较并分析以下问题。

1．它们在组织工作中分别采用了怎样的职权配置方式？

2．它们在组织工作中是如何处理直线职权、参谋职权、职能职权之间关系的？

自测题

（一）判断题

1．“组织”作为名词，它是指人们经常所说的组织活动或组织工作。（　）

2．组织设计是以组织结构安排为核心的组织系统的整体设计工作。（　）

3．在组织发展的不同阶段，其组织管理和结构明显不同，专业化程度也将更高，计划工作量也越大，因此组织也将变得更加集权。（　）

4．分权就是授权。（　）

5．管理者很容易将授权理解为减少了自己的权力。其实事实正好相反，授权提高了管理者的影响力。（　）

（二）选择题

1．以下都是影响组织结构设计的主要因素，除了（　）。

A．企业战略　B．协作方法　C．技术

D．环境　E．组织规模和生命周期

2．专家权是指（　）。

A．组织内各管理职位所固有的合法的、正式的权力

B．因下级没有执行命令或达到工作要求而通过降薪、降级、批评等手段对其进行惩戒的权力

C．因下级执行命令或达到工作要求而通过升薪、晋升、表彰、提供更满意的工作环境和条件等奖赏手段对其进行奖赏的权力

D．一个人拥有别人不具有的某种个人专长、特殊技能或知识，而他人又予以认可的一种影响力

E．因个人的品质、社会背景等因素而赢得别人的尊重与服从的能力

3．组织授权必须建立在效率基础上。授权过少往往造成主管工作量过大，授权过多又会造成工作杂乱无序，甚至失控，所以不能无原则地放权。这就是授权的（　）。

A．重要性原则　　B．适度原则

C．权责一致原则　　D．级差授权原则

4．流程工作小组的形式有很多种，以下哪一种形式不属于流程工作小组。（　）

A．专案小组　　B．专案员

C．绩效考核小组　　D．虚拟工作小组

第七章 组 织 设 计

学习目标

- ☑ 了解什么是组织结构
- ☑ 理解典型的组织结构形式的优点和缺点
- ☑ 领会组织部门化的类型
- ☑ 了解工作设计的方法
- ☑ 领会新型组织形式的类型
- ☑ 组织结构设计案例分析及应用

开篇案例

新数据公司的组织设计问题

新数据公司（NewData）是美国最大的服务商行，该公司为直接邮寄产品提供运输和客户服务。作为杂志订购市场的绝对领导者，它每年要向大约 1.12 亿用户送出 400 多种杂志。此外，它还提供书籍、金融和消费品的运送服务。几年前，由于杠杆收购和恶意并购给公司造成了沉重债务负担，公司持续面临资金短缺问题。此外，由于谣言、业绩问题和业务削减，还造成了公司大批客户的流失。Larry Jones 在成为该公司新的首席执行官后，对公司进行了大规模的重组，以帮助公司恢复元气。

公司原有的职能式组织运转得很正常，已经发展成为拥有 5 000 名员工、年收入达 2.4 亿美元的大企业。但规模的过度扩张导致了该公司过于庞大，而且部门割据现象严重，新员工在开始工作时根本不知道其他人的工作是什么。其电话市场调研、邮购、仓储和配送中心等设施在地理位置上是彼此分开的。客户们开始觉得这个巨大而且混乱的公司使他们蒙受了损失。为了保持原有客户并开拓新的业务，Larry Jones 希望公司能够增加各部门间的合作，使新数据公司做到以客户为中心。

资料来源：[美]理查德·L.达夫特. 管理学[M]. 第 5 版. 韩经纶，等，译. 北京：机械工业出版社，2003：293-294.

讨论题：

在组织设计方面，你对 Larry Jones 有什么建议？什么样的组织变革能够帮助新数据公司解决其客户服务问题？

第一节　组织结构设计

组织结构反映了组织的各个组成部分之间的相互联系和相互作用，它是实现组织目标的框架或体制。就像人类要确定体形一样，组织也是由结构来决定其形状的。

一、组织结构设计的原则

在组织结构设计的过程中，还应该遵循一些最基本的原则。通过这些原则还可以对一些组织结构进行效率判断，发现存在的问题，为下一步的组织变革打下良好的基础。组织结构设计的原则主要有以下几项。

（一）专业化分工原则

专业化分工是组织结构设计的基本原则。分工对于经济活动的意义早在亚当·斯密时代就已经得到了足够的重视，而根据美国学者泰勒的观点，专业化分工的原则不仅适用于生产领域，而且也适用于管理活动领域。从某种意义上讲，企业组织设计就是对管理人员的管理活动进行分工：部门设计是根据相关性或相似性的标准，对不同部门的管理人员的管理劳动进行横向分工；层级设计则是根据相对集权或相对分权的原则，把与资源配置方向或方式选择相关的权力在不同层级的管理机构或岗位间进行纵向的安排。

（二）统一指挥原则

统一指挥原则就是要求每位下属应该有一个并且仅有一个上级，要求在上下级之间形成一条清晰的指挥链。如果下属有多个上级，就会因为上级可能下达彼此不同甚至相互冲突的命令而无所适从。虽然有时在例外场合必须打破统一指挥原则，但是为了避免多头指挥和多头领导，组织的各项活动应该有明确的区分，并且应该明确上下级的职权、职责以及沟通联系的具体方式。

（三）管理幅度原则

管理幅度原则是指一个上级直接领导与指挥下属的人数应该有一定的限度，并且应该是有效的。法国的管理学者格拉丘纳斯（V. A. Graicunas）曾提出一套数学公式说明了当上级的管理幅度超过 6～7 人时，其和下级之间的关系会越来越复杂，以至于最后使他无法驾驭。该公式为 $N=n(2^{n-1}+n-1)$，其中 n 表示直接向一位上级报告的下级人数，N 表示需要协调的人际关系数。因此，当 n 呈算术级数增加时，上级需要协调的人际关系数会呈几何级数增加。这就意味着，管理幅度不能够无限度增加，毕竟每个人的知识水平、能力水平都是有限的。在本章的开篇案例中，可以明显地看出这种管理幅度的限制造成了公司发展的“瓶颈”。

（四）权责对等原则

组织中每个部门和部门中的每个人员都有责任按照工作目标的要求保质保量地完成工作任务，同时，组织也必须委之以自主完成任务所必需的权力。职权和职责的对等是效率的保证。如果有责无权，或者权力范围过于狭小，责任方就有可能会因为缺乏主动性、积极性而导致无法履行责任，甚至是无法完成工作；如果有权无责，或者权力不明确，权力人就有可能不负责任地滥用权力，甚至助长官僚主义的习气，这势必会影响到整个组织系统的健康运行。

（五）柔性经济原则

所谓组织的柔性，是指组织的各个部门、各个人员都是可以根据组织内外环境的变化而进行灵活调整和变动的。组织的结构应当保持一定的柔性以减少组织变革所造成的冲击和震荡。组织的柔性是和组织的经济性相对的，一个柔性的经济组织也必须符合经济的原则，组织在进行结构设计中必须充分考虑到柔性和经济性因素，保证组织结构既精简又高效，避免组织的僵化。

二、典型的组织结构类型

（一）直线制组织结构

直线制形式是最古老的一种企业管理形式。在这种组织结构中，职权直接从高层开始向下传递，经过若干个管理层次到达低层。每个下级人员只对他的直接上级负责。企业的一切管理工作均由企业的厂长（或经理）直接指挥和管理，不设专门的职能机构。厂长既是经营者，又是劳动者，也是出资者或出资者代表，如图7-1所示。这种类型的组织结构在我国许多民营中小企业很普遍。其优点是管理机构简单，管理费用低，指挥命令系统统一，决策迅速，责任明确，指挥灵活，上级和下级关系十分清楚，维护纪律和秩序比较容易。这种组织形式要求企业的领导者精明能干，具有多种管理专业知识和生产技能知识。

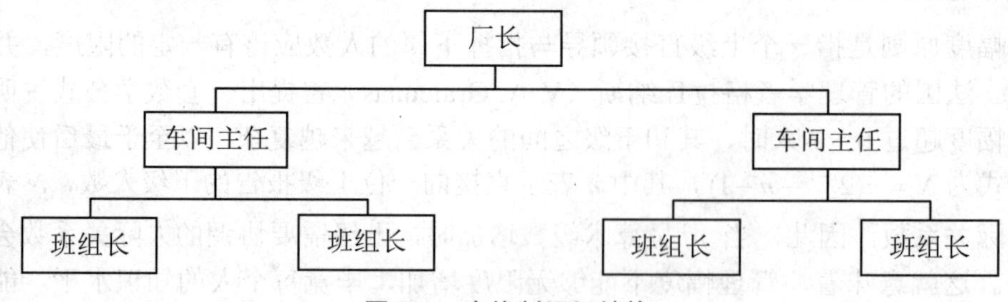

图7-1 直线制组织结构

但是这种管理方式也存在明显的不足。原因主要是一个人的精力毕竟有限，多数情况下最高领导者难以深入、细致、周到地考虑每一个问题，尤其在当今知识经济时代，单凭一个人很难正确把握。因此，这种管理工作比较简单和粗放。同时，组织中的成员只注意上情下达和下情上达，成员之间和组织之间横向联系差。另外，管理者一旦退休，他的经验、能力无法立即传给继任者，再找一个全能型又熟悉本企业情况的管理者立即着手工作，也是困难的。

（二）职能制组织结构

这种结构是根据职能划分部门的方式建立起来的，这种结构的特点是采用专业分工的管理者，代替直线制的全能的管理者，在组织内部设立职能部门，各职能机构在自己的业务范围内，有权向下级下达命令和指示，直接指挥企业的生产经营活动；各级负责人除了服从上级行政领导的指挥外，还要服从上级职能部门在专业领域的指挥，如图 7-2 所示。

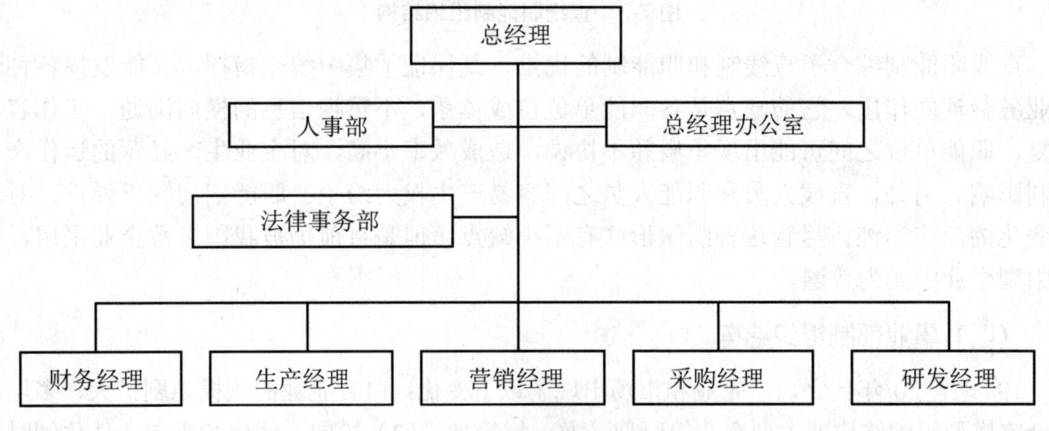

图 7-2　职能制组织结构

职能制的主要优点是：由于每个管理者只负责一方面的工作，就可能发挥专家的作用。专业管理工作做得较细，对下级工作指导具体，职能机构的作用若发挥得充分，可以弥补各级行政领导人管理能力的不足。这种职能制主要的缺点是：容易形成多头领导，削弱统一指挥；有时各职能部门的要求可能相互矛盾，使下级无所适从。

（三）直线职能制组织结构

直线职能制是对职能制的一种改进，是以直线制为基础，在各级行政领导下，设置相应的职能部门。即在保持直线制统一指挥的原则下，增加了参谋机构。这种组织结构的特点是只有各级行政负责人才具有对下级进行指挥和下达命令的权力，而各级职能机构只是作为行政负责人的参谋发挥作用，对下级只起业务指导作用。有些职能机构（如人事、财务、设备、质量等部门），只有当行政负责人授予他们直接向下级发布指示的权力时，才拥有一定的指挥职权，如图 7-3 所示。

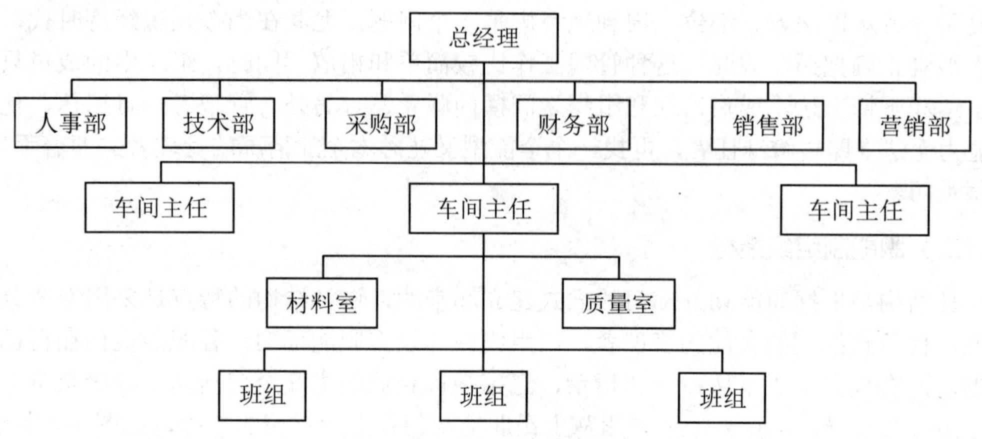

图 7-3 直线职能制组织结构

直线职能制综合了直线制和职能制的优点，既保证了集中统一指挥，又能发挥各种专家业务管理的作用。它的缺点是各职能单位自成体系，不重视信息的横向沟通，工作容易重复，职能单位之间可能出现矛盾和不协调，造成效率不高，对企业生产经营的运作产生不利影响。另外，直线人员和职能人员之间容易产生权力纷争；职能部门缺乏弹性，对环境变化的反应迟钝。尽管这种组织形式有不少缺点，但是目前仍被我国多数企业采用，在大中型企业中尤为普遍。

（四）事业部制组织结构

19 世纪 20 年代之后，企业和市场出现了以下变化：（1）企业的规模急剧扩大，多层次的金字塔型组织结构使大型企业像巨型恐龙一样笨拙；（2）横向一体化和纵向一体化同时得到发展，一个公司同时生产多种产品、提供多种服务，在多个国家或者地区销售；（3）市场竞争的激烈程度有增无减。鉴于企业的高层决策远离企业外部的消费者和内部的生产现场，不能适应企业发展的要求，一些企业开始寻求新的变革。这场变革以斯隆对通用汽车公司的成功改造为发端，确立了事业部制在现代大型企业中的稳固地位。这种组织形式是欧美、日本大型企业所采用的典型组织形式，如图 7-4 所示。

事业部制以产品、地区或者顾客群体为依据，在公司制企业内部组成了多个相对独立的集研发、采购、生产、销售等为一体的生产经营单位。事业部制可以区分为产品事业部、地区事业部和顾客群体事业部。事业部制使企业的管理层次增加得更多，“金字塔”更加耸立，或者说事业部制使金字塔式的企业组织结构登峰造极。事业部制是在一个企业内对具有独立产品市场、独立责任和利益的部门实行分权管理的一种组织形式。在总公司之下有一群“自主营运”的业务单位，即各“自主事业部”，通常可以按产品、服务、地区等因素来组建，每一单位都自行负责本身的绩效、成果及对公司的贡献。此种组织结构，其业务营运是分权化的，但政策管制是集权化的，各事业部在不违背公司总目标、总方针和总计划的前提下，充分发挥主观能动性，自行处理日常经营活动。

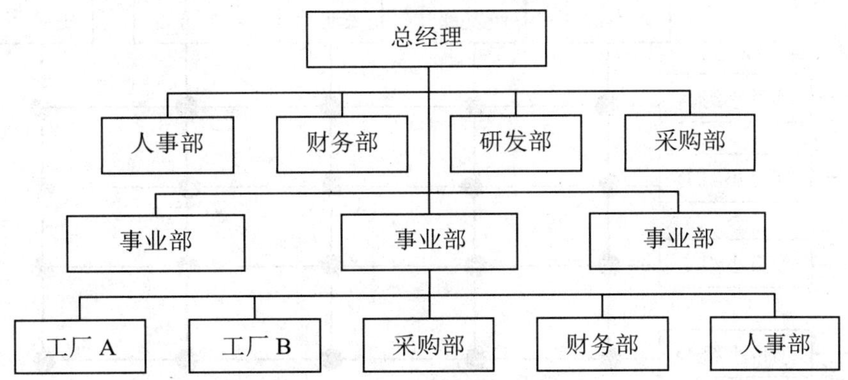

图 7-4　事业部制组织结构

事业部制组织的优点是公司能把统一管理、多种经营和专业化分工更好地结合起来；公司和事业部的责、权、利明确，能较好地调动经营管理人员的积极性；事业部制以利润责任为核心，能够保证公司获得稳定的利润；能趁早培养及考验经理人担任高层管理的责任。

事业部制的主要缺点是公司需要许多素质较高的专业人员来运作和监督事业部的生产经营活动；由于分权可能出现架空公司领导的现象，从而削弱了领导对事业部门的控制；各事业部门都有本部门独立的经济利益，相互间竞争激烈，可能发生内耗，协调起来也较困难。

（五）矩阵制组织结构

矩阵制组织结构出现在 20 世纪 50 年代。这一结构改变了传统的单一直线垂直领导系统，使一位员工同时受两位主管人员的管理，呈现交叉的领导和协作关系。这是一种二维结构，是在直线职能制垂直形态组织系统的基础上，再增加一种横向的领导系统。每一个职能领域的部门经理对当前处在发展阶段的所有项目都进行计划和控制。项目经理从各职能部门调集所需要的人员，对与整个项目有关的所有职能领域都进行计划和控制，如图 7-5 所示。

矩阵组织是一种对组织的不同资源进行管理的有效方式。它便于沟通、协调和集中管理、反应迅速。灵活应变的能力较强，成员参与决策的程度很高，从而有利于提高他们的积极性。当然，矩阵结构也存在一些问题，如职责和职权不易划分，人员受双重领导，容易引起管理上的混乱；成员不固定在一个位置上，有临时观念，有时责任心不够强等。

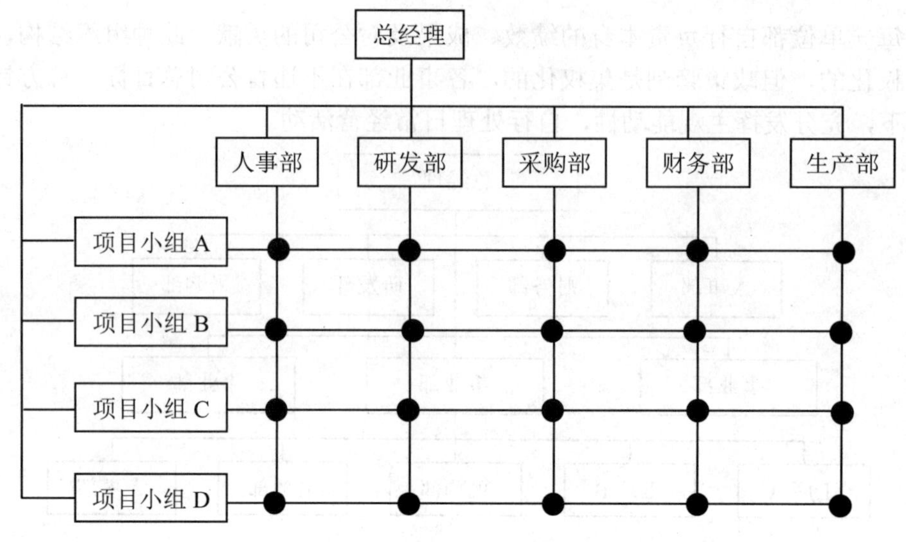

图 7-5 矩阵制组织结构

三、组织结构的部门化设计

组织的部门化指的是横向的组织设计，是指如何来划分组织的次级单元。要求在部门化过程中确定组织中各项任务的分配与责任的归属，以求分工合理、职责分明，从而有效地实现组织的目标。正如法约尔所指出的，它是“为了用同样多的努力生产更多和更好的产品的一种分工”。

（一）部门划分的原则

部门的划分是为了实现组织目标。在划分部门时应遵循如下一些具体原则。

1．精简原则

所谓精简，就是力求维持最少的部门。组织结构是由管理层次、部门结合而成的。组织结构要求精简，部门必须力求最少，但这是以有效地实现组织目标为前提的。按照这一原则，部门设计应当体现局部利益服从组织整体利益的思想，并将单个部门效率目标与组织整体效率目标有机地结合起来。另外，部门设计应在保证组织目标能够实现的前提条件下，力求人员配置和部门设置精简合理，不仅要做到“事事有人做”，而且要“人人有事做”，工作任务充裕饱满，部门活动紧密有序。

2．弹性原则

组织结构应具有弹性。划分部门应随业务的需要而增减。在一定时期划分的部门并不是永久性的，其增设和撤销应随业务工作而定。临时出现的问题可通过设立临时部门或工作组的方式加以解决。

3．目标实现原则

必要的职能均应具备，以确保目标的实现。在企业中，其主要职能是生产、销售和财务等。在医院里，其主要职能是医疗服务等。这些职能都必须有相应的部门加以对应。当某一职能设计两个以上的部门时，每一部门所承担的职能要有明确的规定。

4．分工与协作相结合的原则

在组织部门设计中，必须要对每一个部门、每一个岗位进行必要的工作分析和关系分析，并按照分工与协作的要求进行业务活动的组合。部门设计可以依据技能相似性的归类方法集合相关的业务活动，以提高专业分工的细化水平。但是，过分强调专业化分工也会造成管理机构增多、部门之间难以协调等问题。这时可以依据关系紧密性的归类方法，按照业务流程管理的逻辑顺序来集合业务活动，以达到紧凑、连续、利于协作的工作效果。

（二）部门划分的方法

部门划分的方法有很多种，但必须强调的是，并不存在适合于所有情况的唯一的最佳方法。到底采用何种划分方法，取决于所面对的具体情况，取决于在特定情境下如何才能获得最佳的结果。以下划分标准中，职能部门化和流程部门化是按照工作的过程标准来划分，而其余几种是按照工作的结果标准来划分的。

1．职能部门化

职能部门化是根据业务活动的相似性来设计管理部门。依据职能划分部门也是应用最广泛的方法之一，几乎所有类型组织结构中都可以找到它的踪迹。判断某些活动是否相似的标准是：这些活动的业务性质是否相似，从事活动所需的活动技能是否相同，这些活动的进行对同一目标的实现是否具有紧密相关的作用。

不同的企业，虽然所属行业、产品类型、制造工艺不同，但它们的活动都是围绕着生产条件的筹集与组合、物质产品或劳务的用户寻找以及为这两者提供资金保证来展开的。生产、营销以及财务被认为是企业的基本功能，而人事、公共关系、法律事务等职能是组织辅助性的或次要的职能。

按照职能划分部门有利于确保组织的主要基本活动得到重视；由于遵循了专业化原则，有利于提高人员使用的效率，同时也简化了培训工作；由于最高主管要对最终成果负责，从而为最高层实施严格控制提供了手段。

这种方法的缺点在于，容易使人们过度局限于自己所在的职能部门而忽视组织整体目标，部门间的协调比较困难；由于只有最高主管才能对最终成果负责，因而对各部门的绩效和责任很难评价；这种结构不利于培养综合全面的管理人才，组织适应环境变化的能力较差。

这种划分部门的方法如图 7-6 所示。

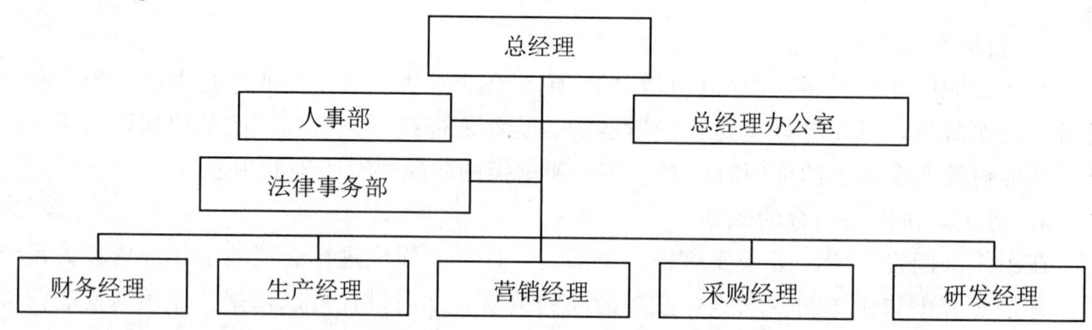

图 7-6 职能部门化组织结构图

2．产品或服务部门化

产品或服务部门化是依据产品线或服务来组合工作。在这种方式下，每一主要产品或服务领域都划归到一位主管人员的管辖之下，该主管人员不仅是所分管产品线或服务领域的专家，而且对所开展的一切活动负责。产品部门化具有以下优势：能使企业将多角化经营和专业经营结合起来；有利于企业及时调整生产方向；有利于促进企业的内部竞争；有利于高层管理人才的培养。

产品部门化的局限性是需要较多的像总经理那样能力的人去管理各个产品部门。同时各个部门主管也可能过分强调本单位的利益，从而影响企业的统一指挥；此外，产品部门某些职能管理机构与企业总部重叠会导致管理费用的增加，从而提高待摊成本，影响企业竞争。

这种划分部门的方法如图 7-7 所示。

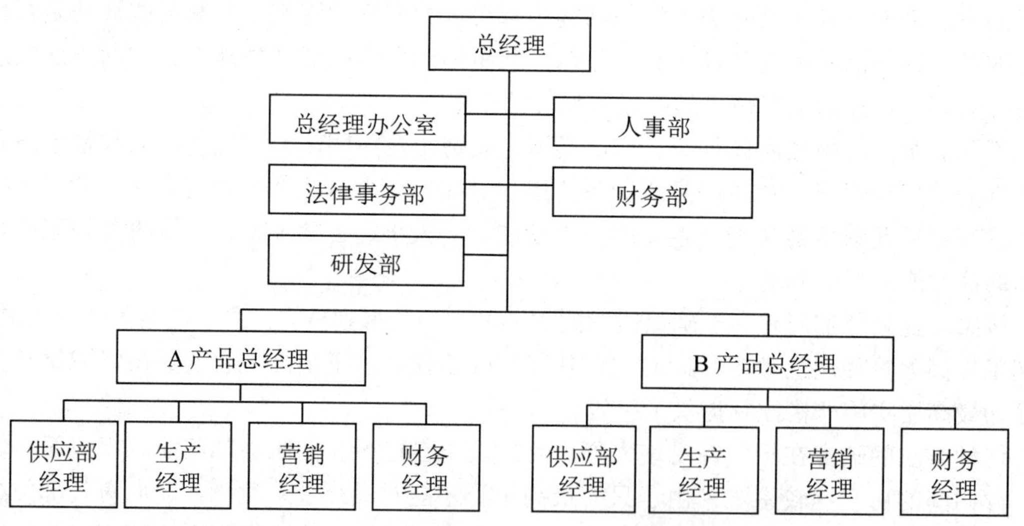

图 7-7 产品或服务部门化组织结构图

3．区域部门化

区域部门化是根据地理因素来设立管理部门的。组织活动在地理上的分散带来的交通和信息沟通困难曾经是区域部门化的主要理由。我们很难设想在一个交通和信息联络不方便的区域或国家，公司总部的经理人员能正确合理地遥控指挥一个在千里之外的生产单位的产品制造活动。但是，随着通信条件的改善，这种理由已不再那么重要。取而代之的是社会文化环境方面的理由。社会文化环境对组织的活动有着非常重要的影响：不同的文化环境决定了人们不同的价值观，从而使人们的劳动态度对物质利益或工作成就的重视程度以及消费偏好不一样，因此，要求企业采用不同的人事管理或营销方法。由于历史上各个地区之间的相互封闭，使得今天的一定的文化环境总是同一定的地理区域相联系。因此，根据地理区域的不同设置管理部门，甚至使不同区域的生产经营单位成为相对自主的管理实体，可以更好地针对各地区劳动者和消费者的行为特点来组织生产和经营活动。

按照区域划分部门，有利于鼓励地方参与决策，促进地区活动的协调，有利于管理者注意当地市场的需要和问题，生产的当地化有利于降低运输费用，缩短交货时间，有利于培养能力全面的管理者。

这种方法的主要缺点是，由于机构重复而使得费用增加，总部对地方控制的难度较大，要求管理者具有全面的管理能力。

这种划分部门的方法如图 7-8 所示。

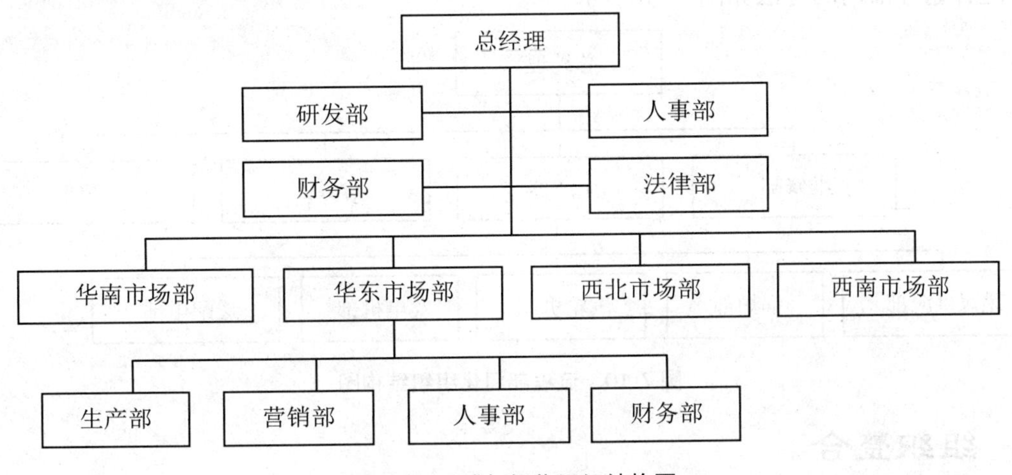

图 7-8 区域部门化组织结构图

4．顾客部门化

很多组织按照自己所服务的顾客来划分部门。这种方法是将与某一特定顾客有关的各种活动结合起来，并委派相应的管理者以形成部门。顾客部门化是依据共同的顾客来组合工作，这组顾客具有某些相同的需要或问题，要有相应的专家才能更好地予以满足。

采用这种方法有利于重视顾客的需要，增加顾客的满意程度，并有利于形成针对特定顾客的技能和诀窍。不足之处主要有，按顾客组织起来的部门常常要求特殊对待而造成部门间的协调困难，管理者必须熟悉特定顾客的情况，在有些情况下很难轻而易举地对顾客进行划分。

这种划分部门的方法如图 7-9 所示。

图 7-9　顾客部门化组织结构图

5．流程部门化

流程部门化按照工作或业务流程来组织业务活动。人员、材料、设备比较集中或业务流程连续是实现流程部门化的基础。例如，制造企业中设立的焊接车间、压力加工车间、电镀车间，医院的放射科、CT 室等，都是按照这种原则组织起来的。

这种方法有利于充分发挥设备的能力和专业技术人员的特长，便于设备维修和材料供应。不足之处是容易强调局部利益而忽视整体目标。

这种划分部门的方法如图 7-10 所示。

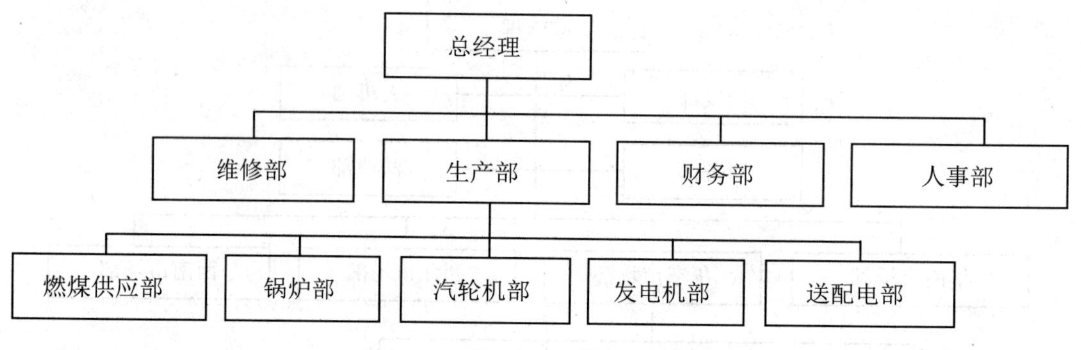

图 7-10　流程部门化组织结构图

四、组织整合

部门与层次划分是组织分化的重要表现。伴随着组织的分化，组织的内部协调日益重要。组织内部协调是指一个组织内上下左右、各个部门和人员都要朝着有利于完成本单位以及整个组织目标的方向而共同努力，故又称为组织整合。

（一）组织整合的影响因素

组织整合的需要程度由三大因素决定：一是工作的相互依赖性；二是组织内部的分化程度；三是组织合作带来的利益诱惑。

1. 工作的相互依赖性

组织中各项工作之间的相互依赖关系有如下三种情形。

（1）并列式相互依赖。组织内各单位之间只有共享资源和共担目标的关系，彼此间相互联系很少，相互影响也较小；彼此的工作和活动都相对独立。这些部门的成功与否，虽然不会影响其他部门的收益，但会影响整个组织的收益。所以，并列式的单位也应该具有全局的观点。

（2）顺序式相互依赖。前后工作之间存在一种像链条般的衔接关系，其中任何一个环节的中断都会导致整个活动失败。

（3）交互式相互依赖。这是一种往返双向式的关系，乙单位从甲单位接受投入后要将产出返送回甲单位，这样前后环节间的相互依赖程度就非常高。

以上三种相互依赖关系的程度是渐次提高的，它们所需的整合与协调也要相应增强。从减少协调费用的角度考虑，应使交互连接的工作尽可能邻近并使其相关的活动包容于最低层次的部门组合中，顺序连接的可次之，并列连接的再次之。这是部门设计过程中将分化和整合问题统筹考虑的重要方面。

2. 组织内部的分化程度

组织内部分化的程度会使整合与协调的需要和难度加大。组织的分化主要表现在如下三个方面。

（1）纵向上的分化。这是指组织划分为各个不同的等级层次的情况。在大中型组织中，从总经理到一般职工，中间可能有六七个甚至更多的层次，而小型组织则可能仅有两三个管理层次。组织层次越多，说明组织的纵向分化程度越高，结构复杂程度越大。在世界汽车制造业中，日本丰田汽车公司设立了 7 个组织层次，而美国通用汽车公司却有 21 个层次。从组织上下的工作关系和信息沟通角度来看，后者的纵向分化和结构复杂程度要比前者高许多，其整合和协调的问题也就更重要。

（2）横向上的分化。这可以从工作专业化分工的程度和职能部门的数目上反映出来。对生产和业务及管理工作都进行了精细的分工，配备有生产制造、市场营销、财务会计、研究开发、人事和采购等各种专业人员的组织，比由老板或经理包揽一切管理工作的组织，无疑具有更高的分化程度。而工作的组织方式或部门化方式的不同，以及部门设置的数量，则更进一步地显示了组织分化的程度及综合协调的难度。例如，按职能划分部门的组织比其他类型的组织，其分化的程度和协调的难度都更大。设置“六部二室”结构的组织比设有 20 多个职能部门的组织，其分化的程度相对较低，协调的难度减弱。专业化分工和职能化部门共同制造了组织结构的复杂性，从而直接影响着整合需要。

（3）空间上的分化。这是指组织单位在地理区域上的分布范围。组织的所有机构都集中在一个地点，这是地区分布最简单的情况。如果不仅在国内各地，而且在若干个国家和地区设有分支机构，则地区分布就更为复杂。缺乏地理上的直接接触和日常通信联系，自然会使组织的整合和协调的问题更加突出。

3．组织合作带来的利益诱惑

尽管有研究表明，组织内部一定的冲突、竞争能帮助组织成员明确目标、期望值和行为，并且能帮助组织对如何实现组织的目标进行更好的决策，但最新的观点却认为，合作是获得高业绩的最佳途径。合作给组织及其员工带来了更多的益处，这样，组织内部协调就更具有意义：合作提高了工作效率；合作获得员工的团结和满意；合作促进了组织目标的实现；合作促进了创新和创造性，它帮助组织迅速地开发新的技术、产品和服务。另外，部门间的合作使公司能够跟上当今快速变化的竞争性环境。当今最成功的组织都是最大限度地促进了合作的组织。

（二）组织整合的手段

1．组织等级链的直接监督

组织随着劳动者人数的增加和劳动分工协作关系的发生，通常需要推出一个人来负责统一指挥和监督其他人的活动，以达到行动上的配合一致。这个独立于作业活动而存在的指挥和监督人员，就是组织中脑力劳动与体力劳动开始分离后出现的第一个管理者。

随着组织规模的扩大，在最高管理者与作业人员之间往往又产生若干层次的中层管理者，这样就形成了组织监督管理的等级链体系。通过等级链进行的直接监督，是组织实现整合和协调的常用手段。

2．程序规则的工作过程标准化

随着组织规模的进一步扩大，单纯依靠等级链上的各层次管理者来进行监督和协调已不能满足需要。为减轻等级链的负担，可以把所要进行工作的内容、过程制定成详细的程序和规则，即通过规定标准的工作方法来达到各方面行动的协调配合。这样，各有关人员就可有条不紊地开展工作，以保证各种生产经营活动的协调进行。关于等级链与标准程序的关系，就像交响乐团的指挥与乐谱一样，两者都是有效地协调工作活动的必要手段。

3．计划安排的工作成果标准化

工作过程标准适用于那些简单、常规的工作。如果某项工作的过程不易分解，无法规定标准化的工作内容和程序，这时就需要变控制工作过程为控制工作者按照一定的程序从事自己的工作，只要产出的成果达到既定的标准要求，就能保证前后工序的顺利衔接。

4．教育培训的职工技能标准化

如果工作过程和产出的成果都无法预先规定出妥当的标准，这时只能通过工作者技能素质的控制来确保工作的协调进行。这种方式就是对从事某一工作所必须具备的知识、能力、经验等“投入”作出标准化的规定，在招收、聘用人员时遵照执行，并在任职过程中定期地加以检查、考评和培训，以此来保证工作活动达到统一要求。工作知识和技能投入的标准化实际上是对工作过程标准化的一种内化和替代，是组织实现控制和协调的一个间接机制。

5．直接接触的相互调整

这是下级工作人员之间通过直接的接触和沟通而主动调整各自的行动，以取得彼此的协调配合。例如，两人同划一条船，这两个划船手可以通过手势、面部表情和单独的语言沟通，密切配合地把船划向远方。再如，在组织中生产作业与物资供应两个系统之间，如果让作业管理人员直接与物资供应站联系供货事宜，要比通过两个系统共同的主管来进行监督协调节省时间。在许多情况下，横向的调整和协调可以对纵向的监督、控制和协调起到一定的补充甚至替代作用。

（三）组织整合手段的演化

组织整合的手段和协调的方式是由简单到复杂不断演化和发展的，随着组织规模的扩大、工作复杂性的提高和劳动分工的细化，组织的整合与协调机制也在不断发生变化，其序列关系的简单概括如图 7-11 所示。

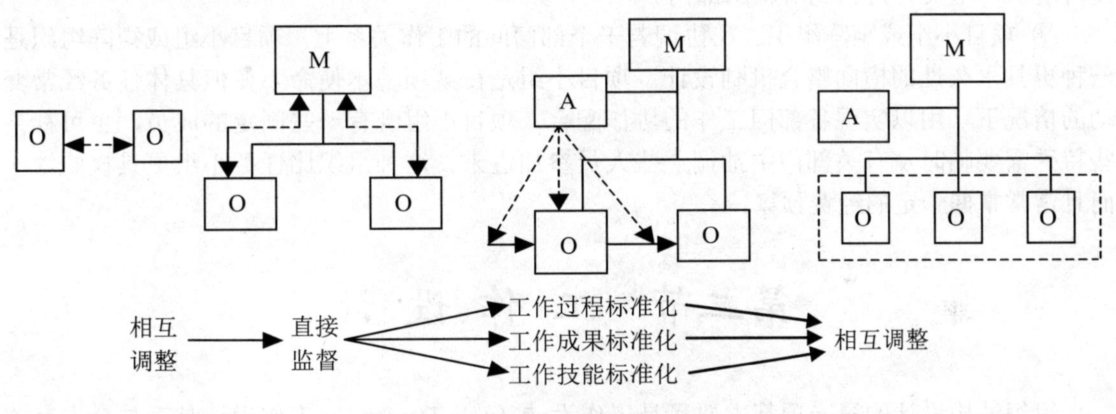

图 7-11　组织整合手段的演化

资料来源：芮明杰．管理学[M]．上海：上海人民出版社，2004：188．

（1）在组织发展的初期，简单的协作可以通过工作者（图中以 O 表示）之间的直接接触和相互协调来取得。随着组织人员的增加，劳动分工和工作协调日趋复杂化，只依靠个人之间的相互调整已不足以满足需要，必须有一名或多名管理者（图中以 M 表示）来对全体工作人员的行动进行统一的指挥和监督。

（2）当组织规模进一步扩大后，管理层次明显增多，通过逐级直接监督来协调下层人员的活动就很容易使等级链上的管理人员负荷超重。为了减轻直线管理人员的负担，组织管理队伍中逐渐分化出专门从事标准操作方法研究、产出计划和控制、人员招聘和培训等辅助管理工作的职能人员（图中以 A 表示），由他们帮助推进工作过程、成果和技能的标准化。

（3）标准化协调方式因为缺乏灵活性，所以难以应付可能出现的复杂多变局面，这时，具有高度应变能力的相互协调机制可能重新成为组织协调的一种重要机制。不过，最初的相互调整主要是依靠简单的直接接触开展协调，现代组织已发展出了联络职位、任务小组、项目小组乃至矩阵组织这些正规设置的结构性横向协调机制。

① 联络职位。与两个部门的人员间随机性横向沟通不尽相同，联络职位是某一部门的人员被派往需要加强联系的另一部门中工作，以加强这两个部门之间的活动协调。例如，采购部门将具有采购经验的人派到工程技术部门工作，以便为技术人员提供有关零部件选用的知识。这个联络员虽然在行政隶属关系上属于采购部门，但他的工作地点却在工程技术部门。

② 任务小组。它与联络职位的区别在于，任务小组独立于被协调部门之外，可用来协调许多个部门的工作。例如，新业务开发、成本和质量改进活动以及建立计算机管理信息系统等，仅靠一个联络员或直接接触调整往往难以达到妥善的协调，所以需要从各层次、各部门中抽调有关人员组成一个临时性的任务小组，以便经常相互磋商，实现各部门力量的良好配合。任务小组通常在组织执行特定的复杂任务时使用，一旦任务完成，这个小组便可解散，组员各自回到所属的部门。

③ 项目小组或矩阵组织。在协调若干个部门间的工作关系上，项目小组或矩阵组织是一种更具永久性的横向整合机制设计。项目小组是在某项基本使命不变但具体任务经常变动的情况下，用以实现各部门工作的协作配合。项目小组既有一些固定的成员，也可视某些特殊需要临时从有关部门中抽调一些人员参加进来。这种组织比任务小组更具权威性，而且常常掌握一定的经费预算。

第二节 工 作 设 计

组织结构设计的第一项基本要素是工作设计（Job Design）。工作设计是对与个人有关的工作职责的确定。例如，对于卡特彼勒公司的机械操作工来说，工作设计规定了他要操纵的设备、如何操纵以及要求达到的绩效标准。对于这家公司的一位经理来说，工作设计包括决策责任的定义、确定目标和期望值、建立适当的成功指标。工作设计的自然起点是确定期望的专业化。

一、工作专业化

（一）工作专业化的概述

工作专业化（Job Specialization）是将组织任务分解为小的构成成分的程度。工作专业化来自18世纪经济学家亚当·斯密“劳动分工”的概念，他描述了一家制造大头针的工厂如何通过劳动分工提高生产率。在这家工厂里，有一个人负责搬运铁丝，另一位负责拉直，第三人负责切断，第四人负责做圆头，如此等等。斯密指出，如果 10 名工人按这样的方式进行加工，则每天可以生产 48 000 枚大头针，而如果每人都负责从头到尾的所有工序，则一天一人只能生产 20 枚大头针。

年代上更近一些的专业化的例子是亨利·福特和其同时代人所倡导的汽车装配流水线。基于工作专业化的大规模制造技术在全世界范围内产生了重大影响。高水平、低成本的制造将美国变成了有史以来世界上最强大的经济体。

工作专业化是组织成长的自然结果。当沃尔特·迪士尼刚开始创办公司时，他自己做所有的事情——撰写卡通剧本、绘制和营销。随着业务的增加，他不得不雇用其他人员来完成上述职能。随着企业的成长，专业化的程度也在提高。今天在迪士尼电影公司里面工作的动画艺术家可能只负责绘制其中的一个角色或只负责背景绘制。迪士尼公司里面有数千个专业化程度不同的职位，没有人可以包揽全部。

（二）专业化的利益与局限

工作专业化为组织带来四个方面的利益：第一，完成小型、简单的工作的工人各自的效率会非常高。第二，不再需要在任务间转换的时间。如果员工需要完成几项不同的工作，他们在停止前一项工作、开始后面的工作时可能会浪费时间。第三，工作定义越细，越容易开发出支持这一工作的专业化的设备。第四，如果负责高度专业化的某位雇员旷工或离职，经理培训新人的成本相对较低。尽管专业化一般被认为适用于运营方面，许多企业已经将专业化延伸到管理和专业工作中。

不过，工作专业化也可能产生负面的作用。这方面最多的指责是高度专业化令工人对工作产生厌倦和不满足。对于专业化的工作缺乏激励和挑战，厌倦和单调感上升，旷工率增加，工作的质量将会受到影响。此外，预期中的专业化所带来的利益未必会出现。例如，美太格（Maytag）公司的一项研究指出，在工人间转移工作的时间大于同一个工人在不同工作间转移所需要的时间。因此，一定程度的专业化尽管是必要的，但在专业化的同时还应当考虑到可能的负面影响。管理者们必须留意切勿实行过度的专业化。事实上，除了专业化之外，近年来也出现了其他一些设计工作的方法。

二、其他工作设计方法

为了避免专业化的弊端，管理者们努力寻找其他工作设计方法，力求在组织效率、生产力和个人对创造与自主的需求之间取得平衡。其他五种工作设计方法是工作轮换、工作扩大化、工作丰富化、工作特性模式和工作团队。

（一）工作轮换（Job Rotation）

工作轮换是有计划地调换员工的工作。在库房工作的工人可能在周一负责卸货，周二负责将到货送入仓库，周三确认发票，周四负责发货，周五负责装车。就这样，工作没有变，工人的工作内容却在不断变化。但也正因为如此，工作轮换在提高员工激励和满意度方面并不成功。适用工作轮换的工作通常都是相对标准化和例行的工作。一开始，轮换的工人可能感到满意，但这种满足感很快就会消失。尽管有不少的美国公司采用了工作轮换的做法，但现在它主要是作为一种培训方法，用来提高工人的技能和灵活性。

（二）工作扩大化（Job Enlargement）

考虑到反复完成同一工作可能是员工不满意的主要原因，在管理实践中出现了工作扩大化的做法。工作扩大化是一种增加员工工作任务的工作设计方法。通过工作扩大化，员工将需要完成广泛的工作任务。人们认为这样可以减少员工工作中的不满意。许多组织应用了工作扩大化的方法，包括 IBM、底特律爱迪生公司、AT&T、美国公务员委员会和美太格公司。例如，美太格公司的洗衣机制造生产线以前由 6 名工人顺序负责，现在它将流水线进行了改造，由 4 名工人分别负责完整的制造工序。不过，尽管工作扩大化有一些积极的作用，但它的不利方面在很大程度上抵消了优势：一是培训成本上升；二是工会认为工资应当上涨，因为工人做得更多了；三是在许多情况下，即使实行了工作扩大化，工作仍然是令人厌烦的。

（三）工作丰富化（Job Enrichment）

一种更为全面的方法是工作丰富化，它认为仅仅增加工作任务的范围和变化还不足以改善员工的激励。工作丰富化在增加员工工作数量的同时提高员工对工作本身的控制。在工作丰富化的过程中，管理者们将某些控制授权给员工，以更加完整和自然的方式设计工作的结构。这些改变可以提高下属对责任的感受。工作丰富化的另一方面是不断赋予员工新的和富于挑战性的工作，从而为员工创造提高和进步的机会。

AT&T 是第一家实行工作丰富化的企业。在一次实验中，某服务单位中共有 8 位打字员完成客户服务单据。面对效率低和员工流失率高的困难，管理层认识到打字员们对顾客缺乏责任感，难以获得反馈。公司决定重组打字团队。他们将客户服务代表同打字员进行配对，将工作任务从 10 个步骤改成 3 个更一般的步骤，并且将他们的工作头衔予以提高。经过这一改变，单据处理的速度提高了 27%～90%，不再需要反复传话了，准确率提高了，员工流失率也几乎消失了。其他实行工作丰富化的公司还有德州仪器、IBM 和通用食品。不过，这一方法同样有消极的一面。在实行工作丰富化之前必须对工作体系进行分析，但是企业很少这样做，而经理们也很少在工作丰富化过程中考虑员工的偏好。

（四）工作特性模式（Job Characteristics Approach）

工作特性模式是一种照顾到工作体系和员工偏好的工作专业化方法。根据图 7-12，工作特性模式要求从五个核心维度对工作进行诊断和改善。

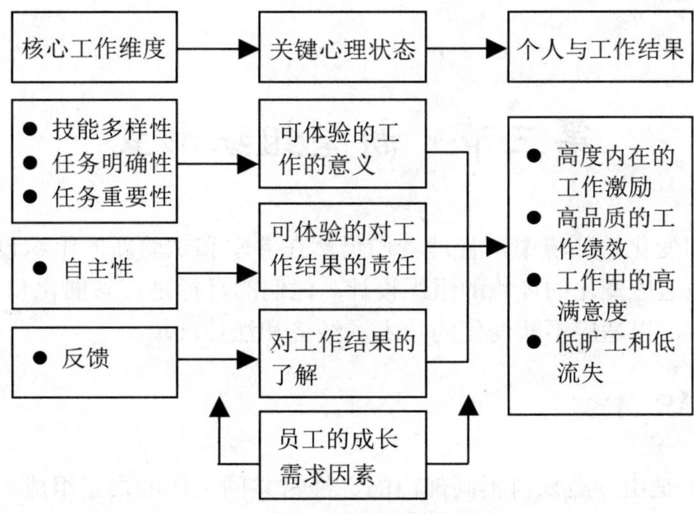

图 7-12 工作特性模式

资料来源：J.R. Hackman，G.R. Oldham. Motivation Through the Design of work: Test of a Theory[J]. Organizational Behavior and Human Performance，Vol.16（1976）：250-279，Copyright Academic Press，Inc. Reprinted by permission of Academic Press and the authors.

其中技能多样性（Skill Variety）指的是工作中所做的工作种类。任务明确性（Task Identity）是指员工工作的完整性或是否构成全部工作中一个可明确的部分。任务重要性（Task Significance）是指可感受到的任务的重要程度。自主性（Autonomy）是指员工对自己工作的控制程度。反馈是指员工在多大程度上了解对自己工作的评价。

工作设计在上述维度上的得分越高，员工越有可能体验到更多的心理状态。理论上的假设是，体验这些心理状态将导致高水平的激励、高品质的绩效、高水平的工作满意度和低水平的旷工与流失。最后一个与工作模式对不同员工影响的相关变量，被称为成长需求因素（Growth-need Strength）。成长愿望强烈的员工对基本工作特性反应强烈，而低成长需求的个体则没有强烈的反应或反应前后不一致。

关于工作特性模式的效力已经进行了许多研究。保诚保险公司的西南分公司将这一方法用于理赔部的工作设计。结果显示员工流失率小幅下降，工作品质出现了较小的但是可确定的上升。其他一些研究则未能得出如此确定的肯定结论。看来，尽管工作特性模式是工作专业化最好的替代方案，但它还远远不是最后的答案。

（五）工作团队（Work Team）

工作专业化的另一项替代选择是工作团队。赋予工作团队设计一组内部工作相关的工作体系的责任。在典型的装配线体系中，工作从一个工人转移到下一个工人，每个工人的工作高度专门化。而在工作团队中，则是由团队自行决定工作分配。例如，工作团队决定如何将特定的任务分配给成员、主管并且自行控制工作的绩效，他们还拥有制定工作日程的自主权。

第三节　新型组织形式

在当今复杂和变化的环境中，管理者们仍然在寻求和试验新的组织设计。许多组织正在创造最大限度地适应变化的环境的组织设计。他们的目标是打破僵化和组织中间的隔断，增强组织的灵活性，以适应不断变化的技术、经济和法律环境。

一、团队组织

团队（Team）是由一组来自不同部门的、经常共同工作的员工组成。成立团队的目的是解决员工共同关心的现有问题。有的团队可能存在数年，有的团队可能是跨职能团队，而有的公司还通过设立项目经理来增强职能部门间的协作。项目经理协调多个部门行动，以完成特定项目。

在基于团队的组织结构中，整个组织是由执行组织的各项任务的工作小组或团队组成。在这样的结构中，对员工的授权非常关键。这种组织已不存在从高层至基层的管理职权链；相反，员工团队可以自由地以他们认为最好的方式来安排工作。团队对其所负责领域的所有工作活动及结果负责任。在采用团队组织结构的组织中，几乎没有职能等级。组织的运作几乎完全依靠项目类型的团队。在这样的组织中，人们根据项目需要和个人能力从一个团队转入另一个团队。

二、虚拟组织

虚拟组织（Virtual Organization）是一个没有或很少有正式结构的组织。这样的组织通常只有少数几个永久性雇员和规模很小的行政总部。随着组织需求的变化，它的经理们会聘用临时员工、租赁设备和外包基本的支持性职能以满足不同情况的需要。当情况发生变化时，临时性的员工队伍也会发生变化，有些人会离开组织，有些人加入总部，外包的合同也会进行相应的修改。组织的存在形态完全取决于它的需求。虚拟组织往往在网上开展绝大部分业务。

自人类认识到人们需要合作方式应付挑战以来，一直存在着虚拟组织。19 世纪中叶南塔克特的捕鲸人就像一个虚拟组织一样联合起来工作，他们捕捉鲸鱼，经营当时这一种重要经济产品。旅游经纪人与世界各地的办公室建立联系，为旅行者漫游世界服务，旅游经纪人的工作方式本身就是虚拟组织的一种初步形式。建筑业承包商实际也是虚拟组织的一种实践形式。今天迅速兴起的虚拟组织则是靠信息技术连接起来的现代虚拟组织：要有全球的思维和当地的互动，由骨干队伍进行合作，通过保护和共享知识资产，来利用虚拟组织增强企业的竞争能力。

三、联盟型网络组织

联盟型网络组织（Alliance Network Organization）主要兴起于20世纪80年代后期。它是由两个或两个以上的企业，为达到共同拥有市场、共同使用资源等战略目标，通过各种联结纽带（如契约、股权等）而结成优势互补、风险共担、要素双向流动的网络组织。在该联盟网络之内，一种产品从研制开发到生产销售，均可打破企业界线，由联盟网络的成员共同参与，以实现各成员企业之间的资源共享、双赢互惠的目的。对个别企业而言，成为联盟型网络组织的一员，就意味着它能在其产品或市场领域内创造出可持续的竞争优势（如更好的技术、出众的质量、信誉、更高的市场占有率或较低的资本密集度）。

建立联盟型网络组织的一个重要目标就是把相互关联度较强的企业纳入到组成企业群的网络中，以便能够通过协同效应创造出高于资本成本的收益。联盟型网络组织成员的准入，更多的是要考查网络成员的相关性、共享、协同以及结成网络的必要性与可能性等方面的问题。结成网络的目的是获取网络收益，它应该使作为网络中的每个企业比其单独运作时能取得更高的盈利能力和竞争优势。这一方面在于，结成网络后的规模收益使每个成员企业的成本都低于其单独运作时所要承担的成本；另一方面，则有助于组织间的资源互取、相互学习与技术创新。

四、学习型组织

学习型组织（Learning Organization）是近年来发展起来的一种组织设计形式。这样的组织通过雇员的持续学习和开发实现持续的改进。从定义上讲，学习型组织是协助员工终身学习和个人发展，同时，持续对变化的需求作出反应的组织。在这个组织中，所有组织成员都积极参与到与工作有关的问题的识别与解决中，从而使组织形成持续适应和变革的能力。在学习型组织中，员工通过不断获取和共享新知识，参加到组织的知识管理中来，并有意愿将其知识用于制定决策或做好他们的工作。学习型组织的主要特点表现在其组织设计、信息共享、领导力以及组织文化等方面。

在学习型组织中，信息是广泛共享的，而且在这个组织中最接近问题的人员有责任和权力作出决策。由于所有层次的人都参与决策，使得战略既可从上而下，也可从下至上地执行。学习型组织中的员工授权程度是相当高的，员工们拥有权力和责任，他们可以根据自己的意愿，运用自己的能力来完成工作。而在组织文化方面，学习型组织中的文化鼓励公开性、无边界、平等、持续地改善和变化。全心全意实行这一方法的组织相信，只有成员持续学习，组织才能持续改进。

五、国际组织设计

当前组织设计中出现的另一个趋势是组织的业务国际化。绝大多数组织今天要同其他国家的供应商、顾客或竞争者打交道。由此所带来的组织设计方面的问题是如何设计才能最好地处理国际因素和国际市场竞争。例如，一家中等规模的企业想要进行“国际化”，它应当建立什么样的国际化部门？是应当保持现在的结构还是建立一个独立的国际业务部门？

图7-13描绘了四种常见的国际化组织设计形式。图7-13（a）最简单，拥有独立的国际部，李维斯服装公司采用的就是这种形式。图7-13（b）是福特汽车公司采用的形式，将地域部门化的做法推广到国际市场。图7-13（c）是将产品部门化方法推广到国际市场，由每位产品经理对自己的产品的全球表现负责。图7-13（d）是大型跨国企业最常用的形式，这是多事业部结构的一种推广，在不同的国家中拥有不同的分支机构。雀巢和联合利华公司都采用了这种设计形式。

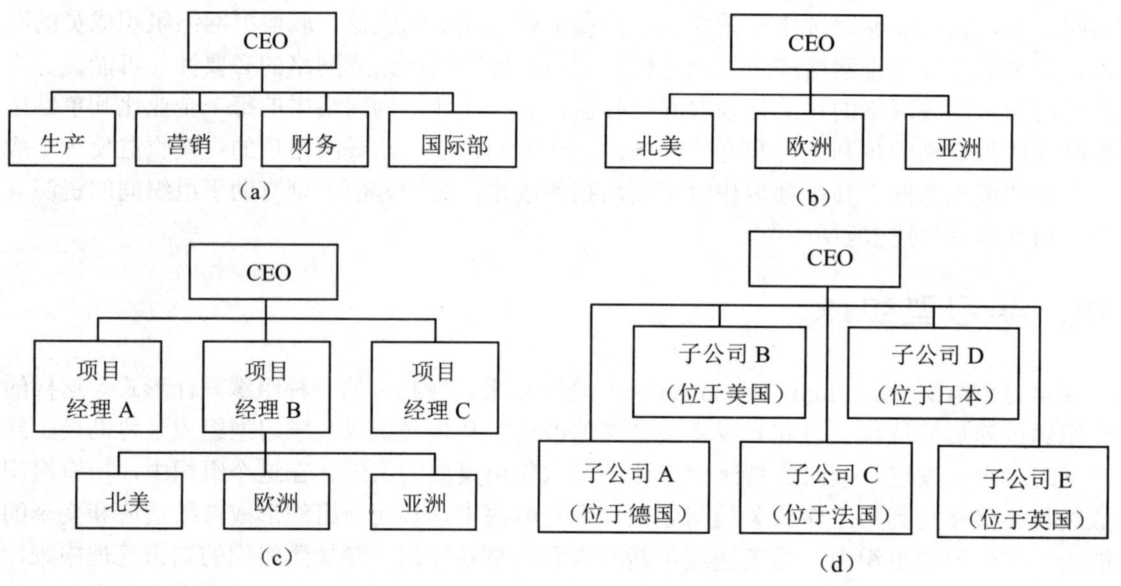

图7-13　国际组织的常见组织设计

结尾案例

邵逸夫医院：护理工作新环境

护理是现代医疗服务的核心部门，护理人员通常占医院技术人员的一半以上。传统的护理管理强调护士执行医嘱和做好病人的生理护理。在浙江大学邵逸夫医院，护理工作正在由单一的疾病护理转向以病人为中心的整体护理，出现了一些新的岗位和制度。

（1）全科护士。邵逸夫医院实行床位统一调配管理，全院各病区均为标准化设施，每个病区 42 张床位，配备 1 名护士长，1 名秘书，14～15 名床边护士，每个病区都有机会收住不同专科的病人，每位护士都有可能面对不同专科疾病的病人，病情观察和初步急救处理都由护士独立完成。医院通过护理规范化培训、全科护理培训及共性护理相关知识培训，培养全科护士，提高他们的批判性思维能力、交流能力和解决问题的能力。

（2）专科高级护士（Clinic Nurse Specialist）。由具有较高的专科护理知识并经过专门培训的高年资护士担任，有较强的管理能力、教育能力、组织协调能力和独立判断能力。邵逸夫医院在 7 个专业领域成功地设立了这样的护士，包括糖尿病教育护士、伤口/造口护士、静脉治疗护理护士等。

医院还开设了专科护士门诊，这些被称为 APN（Advanced Practice Nurse）的专科护士在自己擅长的领域为病人提供个体化专业护理服务。例如，手术后带有造口的病人和由于各种原因导致慢性难愈合复杂伤口的病人，可以到专科护士门诊挂号，进行造口、伤口的处理，获得护理技术方面的指导。需要长期留置静脉管路的化疗病人则可以挂静脉治疗护理门诊号，由专业的护士放置、维护留置静脉管路。

（3）护理秘书（Unit Secretary）。护理秘书是非护理专业人员，主要负责科室的日常行政和对外联系（如物品维修的联系）、为病人预约辅助检查或治疗时间、电脑管理（药物医嘱的电脑输入、化验报告的打印等工作），同时作为病区接待员，为病人及一切来访者提供信息服务。护理秘书的设立把护士从繁杂的非护理性事务中解放出来，也使护士长可以集中精力做好护理管理工作。

（4）在职培训。邵逸夫医院采用学分制护理继续教育管理体制。注册护士每年必须完成 25 个学分，其中必修分 10～12，其余为选修分。必修学分包括 CPR（心肺复苏）、模拟抢救（Mock Code）、当年设定护士必须掌握的必修分课程及技能考核，学分完成情况直接纳入年终考核。

（5）无线信息系统。病人一入院就会获得一个条码腕带，住院期间的所有信息可以通过条码腕带查询，如身份确认、生命体征查询、医嘱查询、治疗用药查询、检查报告查询。医生开出电子医嘱后由护理秘书确认医嘱，然后信息传递到相关部门，如药房、呼吸治疗科、检验科等。护士通过条码腕带、药物或试管标签的扫描，自动产生医嘱执行签名。条码腕带扫描使核对程序准确有效，提高效率，减少事故。同时也大大地减轻了护士的工作量，避免重复登记所浪费的时间。移动终端方便护士携带，在病人床边工作时响应十分迅速。由于记录了医嘱的实际执行状态，还使医疗质量监控和护理工作的量化成为可能。

（6）药房管理。邵逸夫医院实行单剂量发药。口服药按每次用量发放，用红、白、蓝三色表明早、中、晚，每个药袋上都写有病人的姓名、床号、药名、剂量、服用方法、药物作用等。经责任药师核对后交给病区护士再次核对无误后给予患者服用。由于药袋上贴有基本信息，病人自己也能进行核对。据国外研究统计，单剂量调配制度差错率为 0.64%，远低于传统配药制度 5.3%的差错率。

输液配药、加药占据了护士大量的时间，同时也存在安全隐患。邵逸夫医院设立了静脉输注混合药物配置（PIVAS）服务中心统一配药，整个操作在高洁环境下由药师完成，保证了药液无菌性，防止异物污染和潜在的药物相互作用。送到病区后，护士可以在很短的时间内接收、查对，从而使护士有更多的时间进行临床护理。

（7）护理委员会。医院建立了多个护理委员会指导护理部门提高质量，激励护理人员。例如，护理交流委员会由护士长和来自每个护理部门的护理交流协调员（护士）组成。交流和传授如何表达关怀、有效的倾听、建设性反馈，如何面对批评以及身体语言的技巧，提高临床护士与病人沟通交流的能力。在护患纠纷原因分析中，因护患交流原因引起的纠纷从 2003 年的 35.5%下降为 2007 年的 27%。交流委员会还改进了护士之间、护士和医生之间、护士和其他部门（如药房）之间的交流，创造积极的工作环境。

邵逸夫医院还把护士的关怀放入了护理理念。护士承担着特殊的工作压力，同事间支持委员会（Peer Support）就是一个关爱护士的心理健康的组织。护士在情绪低落时会得到同事和心理专家的支持。悲伤护理委员会则系统地指导护士们如何关爱病人和家属，帮助病人渡过难关，同时也减轻护士的心理压力。

资料来源：根据邵逸夫医院网站及其他网络资料综合整理。

讨论题：

1. 举例分析邵逸夫医院护理工作中所使用的工作设计方法。
2. 结合组织设计的基本原则谈谈邵逸夫医院结构设计的优势和劣势。

本章小结

1. 组织结构设计的五项基本原则。
2. 典型的组织结构类型包括直线制、职能制、直线职能制、事业部制、矩阵制。
3. 组织的部门化可以按照职能、产品、区域、顾客、流程等标准进行划分。
4. 组织设计由一系列基本要素构成，其中最常见的是工作设计，包括工作专业化、工作扩大化、工作团队和工作特征模式等。
5. 组织整合的影响因素以及组织整合的主要手段。
6. 新型组织形式包括团队组织、虚拟组织、联盟型网络组织、学习型组织、国际组织设计等内容。

关键词

组织结构　部门化　工作设计　组织整合　新型组织形式

思考题

1．组织结构设计的五项基本原则之间是否存在冲突？在具体组织设计中如何权衡？

2．典型的组织结构有哪几种？其各自的优缺点是什么？

3．一些人认为矩阵结构是不得已而采用的方式，因为它的双重命令链引起的麻烦比解决的问题多。你是否同意这种观点？为什么？

4. 描述工作专业化的其他五种替代方案，同工作专业化相比，它们分别具有哪些优势？

5．即使微软是一个全球性的公司，它还是将其研发活动集中到了位于雷德蒙德的总部。你对此如何看待？你能说出这个方案的弊端吗？

6．许多专家称近年来组织更多地应用团队。请问影响这一趋势的主要因素是什么？

网络练习

1．在互联网上找出一家真实的企业，选择的标准是：（1）电子商务企业；（2）你能够说明它是一家高绩效的企业。

2．试着描述该企业的基本组织结构，并且讨论该企业的组织结构设计所遵循的组织设计原则。

3．这个组织的结构设计采用了哪些部门化设计方法？比较这些设计方法的优劣。

自测题

（一）判断题

1．员工拥有一个以上的老板，这样的组织违反了统一指挥原则。（　　）

2．一位管理者在组织工作职能上做些什么，取决于他或她所处的组织层次。（　　）

3．最古老、最简单的组织结构形式是直线制组织结构。（　　）

4．矩阵式组织有利于决策的统一性。（　　）

5．工作团队是工作专业化的一个替代选择。（　　）

6．国际企业最简单的组织设计是建立一个单独的国际部。（　　）

（二）选择题

1．某民营企业的一名职员在工作中经常接到来自上边的两个有时甚至相互冲突的命令，而且像这样的事情几乎每天都在发生。以下哪种说法指出了导致这一现象的最本质的原因？（　　）

A．该公司在组织设计上采取了职能制结构

B．该公司在组织运作中出现了越级指挥问题

C．该公司的组织层次设计过多

D．该公司设计或运行中有意或无意地违背了统一指挥原则

E．该公司的管理幅度过窄

2．下列哪类企业最适合采用矩阵制组织结构？（　　）

A．纺织厂　　B．医院　　C．电视剧制作中心

D．学校　　E．化工厂

3．以下都是工作设计的主要方法，除了（　　）。

A．工作专业化　　B．工作轮换　　C．工作扩大化

D．工作团队　　E．工作绩效考核

4．中华商务中心是一家合资企业，以物业经营为主要业务。目前有写字楼租户272家，公寓租户426家，商场租户106家。公司在总经理下设有物业部、市场部、财务部、人事部、公关部、业务发展部等部门。物业部下设置了写字楼管理部、公寓管理部、商场管理部以及其他配套部门。试问，其整个公司和物业部内部的组织结构设计采取了何种部门化形式？（　　）

A．职能部门化和顾客部门化　　B．顾客部门化和职能部门化

C．流程部门化和职能部门化　　D．区域部门化和顾客部门化

E．职能部门化和流程部门化

5．在某小企业一次中高层管理人员会议上发生了如下争执："听着，如果我们不进行生产，什么也不会发生。"生产经理反驳道。"你错了"，研究开发部门的经理打断说，"如果我们不进行设计，什么事也不会发生。""你们说些什么呀？"营销经理反问道，"如果不是我们把产品卖出去，那才什么事都不会发生呢!"最后，一位会计师气愤地说："你们生产、设计或推销都无关紧要，如果不是我们对结果做了记录，谁会知道发生了什么？"这段对话最可能在何种类型的组织中出现？（　　）

A．职能制结构　　B．直线制结构　　C．事业部制结构

D．矩阵制结构　　E．学习型组织结构

第八章　组织变革与组织文化

学习目标

- ☑ 影响组织变革的四个权变因素
- ☑ 组织变革的过程
- ☑ 克服组织变革阻力的六种典型策略
- ☑ 组织创新的内涵、类别与特征
- ☑ 组织创新的原则和流程
- ☑ 组织文化的结构和基本要素
- ☑ 组织文化的功能
- ☑ 塑造组织文化的主要途径

开篇案例

谁该对苏州项目负责

A 公司是一家从事应用软件开发设计的计算机系统集成公司，它隶属于一家高级科技产业集团，下设市场部、软件开发部、技术支持部及办公室，公司的人事委托集团代行管理。苏先生是这家软件公司的总经理，公司每天 9:00 上班，今天他不到 9:00 就到了公司。他计划今天把最近即将招标的一个项目的技术方案写完。对这次招标，苏总经理非常重视。他不希望在技术方案上出差错，于是亲自动手完成这个方案。

9:00，员工陆续到位，开始了一天的工作。此时，苏总经理也有了一个初步的轮廓。这时，他接到一个电话，对方是正在实施中的苏州项目的用户代表。用户反映，公司的技术人员到现场安装后，未调试软件就回去了，到现在快两个星期了，还没给解决，不知是怎么回事。苏总经理听到这一情况很生气，一边安慰用户代表，一边想对策。他答应用户代表，最迟明天给他一个解决方案。

挂了电话，苏总经理把技术支持部的李经理找来了解情况，商量对策。李经理说，这次苏州项目，是派张力和李明去的，他们到了那儿把系统安装完后，用户又提出了一些新的要求。当时张力他们觉得新增功能不应包含在合同内，所以没有给对方明确答复。苏州那边所说的调试是指按他们的要求修改程序，根本不是什么现场调试。至于回来之后，之所以一直还没有给人家答复，“这你要问市场部了”。李经理说，“张力和李明回来之后，我就把情况对市场部和软件部说了。软件部说，最近活儿多，根本没时间改。也不知市场部是怎么跟用户协调的。市场部在谈这个单子时，有关系统的硬件配置方面的要求事先也没跟我们打招呼。在合同签约之后才把系统配置给我们。在备货时，我们发现有些型号市面上已经淘汰了。更有甚者，有些货的价格比他们的报价还高，让我们怎么买？他们倒好，来了一个大撒把，单子一签，什么都不管了。再有，软件开发部的软件也经常出毛病，让我们老被用户骂。要知道，我们的工资水平在全公司是最低的。”

苏总经理觉得问题有点麻烦，想听听软件部欧阳经理的看法再作决定。“欧阳，苏州的项目需要改软件的事，你知道了吧？”“这事儿老李找过我。但我们实在抽不出空。几个项目都压在我们身上了，而且都是急茬儿。我觉得应该在市场部加强技术力量，对项目的功能要求现场控制一下。现在可好，用户提什么要求就答应什么，根本不考虑我们开发的时间和工作量，在这种情况下，让我们怎么保证质量？话又说回来，技术支持部反馈回来的信息，很多是由于用户使用不当造成的。技术人员在给用户培训时应把常见的问题讲透。有些问题他们完全可以处理，不必事事找软件部。顺便跟您汇报一下，我们部的小任要离职。”

得知小任要离职，苏总经理忙问怎么回事。“说起来跟集团人事部的政策有关，小任是去年毕业来公司的。来时，人事部让他交了3 000元押金，说是每个新来的学生都这么做。小任虽然不乐意，但还是交了。今年又来了一个新毕业的学生，为这3 000元的事，找我好几趟。虽然我也觉得人事部定的政策有问题，但这是人事部的规定，我也没办法。可气的是，这家伙到处乱说，说什么‘到这儿打工还要交钱，这公司太黑，你们怎么能在这种公司待下去’等。本来活就忙，这不是扰乱军心吗。我一生气就让他走了。可小任听了那家伙的话，沉不住气了，说自己上当了，要让人事部给个说法。要么把3 000元退回来，要么他走人。其实他对现在的工资挺满意。这小伙子挺能干，给他的奖金也比较高，就是有点较真。在这节骨眼上，出这事，真够烦的。”苏总经理说：“这小伙子不能放走。我找人事部商量一下，看看有什么办法。”

已经快12点了。苏州项目的事还没解决，又冒出新的问题，苏总经理心想，看来自己只能晚上加班赶写方案了。

资料来源：万卉林，刘虹. 管理学——原理、方法与案例[M]. 第2版. 武汉：武汉大学出版社，2011：240-241.

讨论题：

如果你是苏总经理，你觉得应该如何处理苏州项目问题？为了防止类似于苏州项目的事件再次发生，软件公司应该采取什么措施？

第一节　组 织 变 革

一、组织变革的内涵与动因

（一）组织变革的内涵

组织处于动态发展的环境，必须能够适应组织内外的条件变化的要求，才能生存、发展和壮大。组织变革是组织发展过程中的一项经常性的活动，它是指组织为了适应内外环境及条件的变化，需要对组织的目标、结构及组成要素等适时而有效地进行各种调整和修正。正是因为组织变革需要经常进行的缘故，有人甚至指出，“组织”的准确名称应该叫做“再组织”。组织是一个社会系统，组织变革与技术系统的变革不一样，它不是纯粹的结构再设计的过程，而是一个需要激发变革的动力，同时又要克服变革的阻力，并采取有效措施对变革进行妥善管理的过程。

（二）组织变革的动因

组织变革的动因可以归纳为以下四个方面。

1．环境

环境的变化是导致组织结构变革的一个主要影响力量。因为任何组织都或多或少是个开放系统，组织作为整个社会经济大系统的一个组成部分，它与外部其他社会子系统之间存在着各种各样的联系，所以，外部环境的变化和发展必然会对组织结构的设计产生各种影响。当今的企业普遍面临全球化的竞争，由竞争者所推动的日益加速的产品创新，以及顾客对高品质和快速交货的越来越高的要求，这些都是环境动态性的表现。在这种动态的环境中，传统的以高度复杂性、高度正规化和高度集权化为特征的机械式组织，并不适合企业对迅速变化的环境作出灵敏的反应。因此，越来越多的企业管理者开始朝着弹性化或有机化的方向改进其组织，使组织变得更加精干、快速、灵活和富有创新性。

经济变化也会对组织造成影响，例如，全球性的经济萧条的压力迫使许多组织变得更注重成本上的节约。但即使是在强势的经济环境下，诸如利率、政府预算赤字和货币兑换率方面的不确定性，也都可能促使组织进行变革。

2．技术

技术也产生了变革的需要。因为组织的任何活动都需要利用一定的技术和反映一定技术水平的特殊手段来进行。技术以及技术设备的水平，不仅影响组织活动的效率或效果，还会对组织的职务设置与部门划分、部门间的关系，以及组织结构的形式和总体特征等产生相当程度的影响。

一个组织将投入转换为产出的过程或方法，会在常规化程度上表现出差异。一般地说，技术越是常规化的，结构就越显示出标准化的机械式特征；组织越是采用非常规划的技术，就越可能实行有机式结构。

3．战略

战略的重新制定或修订，通常会带来一系列的变化，因为战略决定了组织的目标，而组织结构应该促进组织目标的实现，因此，战略决定结构，结构追随战略，战略的变化必然带来组织结构的更新。企业战略可以在两个层次上影响组织结构：一是不同的战略要求开展不同的业务和管理活动，由此就影响到管理职务和部门的设计；二是战略重点的改变会引起组织业务活动重心的转移和核心职能的改变，从而使各部门、各职务在组织中的相对位置发生变化，相应地就要求对各管理职务以及部门之间的关系作出调整。

绝大多数现有的战略分析框架倾向于集中考察三个纬度：一是创新，反映组织对有意义的、独到的创新的追求；二是成本最低，反映组织对严格控制成本的追求；三是模仿，反映组织通过仿效市场上的领先者，力求使风险最小化而盈利机会最大化。那么，什么样的结构设计能与各种战略最佳匹配？创新者需要有机式结构提供灵活性和自由流动的信息；成本最低者则努力通过机械式结构取得高效率、稳定性和严密的控制；模仿者同时使用这两种结构，一方面通过机械式结构保持紧密的控制和低成本，另一方面又借助有机式结构寻求新的创新方向。

4．规模

组织的成长阶段也是引发组织变革的原因。哈佛大学葛雷纳教授指出，组织变革伴随着企业发展的各个时期，组织的跳跃式变革与渐进式演进相互交替，由此推动企业的发展。因为伴随着组织的成长，组织的规模、活动范围都在不断发生变化，不同成长阶段要求不同的组织设计与之相适应。

管理案例

英国教授：中国企业将成下一代全球市场明星

美国纽约，2014年9月在纽交所上市的阿里巴巴在一个多月后的10月底股价一度突破100美元，阿里巴巴的投资者之一Morgan Creek Asset Management主管MarkYusko认为，未来三年中国电子商务巨头阿里巴巴的股价有望上涨逾一倍，从而取代苹果，成为全球最大的上市公司。阿里巴巴的成长潜力让人看到中国崛起的、具有国际影响力的企业。

“阿里巴巴只是冰山一角，”英国兰卡斯特大学副校长Andrew Atherton教授对《第一财经日报》记者表示，“在中国还有不少快速成长的企业，拥有可以发展成为不同地区和不同领域中全球巨头的综合能力，会在未来三到五年对全球市场份额形成冲击，成为全球市场中下一代中国明星，撼动中国以及其他市场当前的霸主企业。”

增长秘方

关注中国发展的Andrew Atherton及其团队在过去一年中调研了上千家中国企业，他看到一些中国企业成为家喻户晓的全球品牌并在全球市场占有重要份额，如海尔、联想等，而他更关注的是那些具备了与现有的巨头在中国和全球其他市场竞争的潜力的中国企业。

以中国信息技术服务和解决方案供应商软通动力为例，其在主要的国际市场已经建立起了强健的市场地位，财富500强中89家公司都是其主要客户，其中55家更是全球客户。2012年销售收入的36%来自中国以外的市场，其中美国是其最大的海外市场（占年收入的22.7%），接下去是欧洲（6.6%）和日本（6.1%）。

“这些企业目前在中国以外的知名度虽然还不高，但是在未来3～5年内，它们都将展现出参与全球竞争的实力。”Andrew Atherton认为。

“我们关注的不只是企业的资产负债表，而更在于它们的增长。”Andrew Atherton说，特别是从“其在中国国内市场的地位、在国际市场的业务延伸程度、商业模式和战略的竞争力”三个角度观察研究这些中国企业如何成为国际市场上的有力竞争者。

“因为国内地位是进入其他市场的‘大本营’；国际活动反映出转变商业模式、进入其他市场的一种能力，也就是‘超越’本土市场的能力；商业模式作为在国内外进行扩张的基础，必须能够规模化、具有可持续性，并能够成功运用于不同市场、不同的客户分类。”

通过上述标准挑选出包括江苏亨通光电、华邦颖泰、大华技术、软通动力、海康威视等上百家不同行业、不同类型的有潜力的中国企业，Andrew Atherton发现这些公司未来增长轨迹十分强势，其增长率在16%～49%之间，前20位几乎全部是年增长率达到30%甚至更高的企业，前3位的增长率达到40%或以上。“从2008年到2012年间如此高水平的年增长率可以看出，这些企业能够保持优异的业绩和迅速的扩张。如果保持现有增长水平，将足以撼动中国以及其他市场当前的霸主企业。”

按照2012年的增长率推算，2017到2018年之前，百强企业的年销售收入至少将达到100亿元人民币（10亿英镑或15亿美元）。其中很多企业的年销售收入将超过200亿元人民币（20亿英镑或30亿美元）。按照这些指标计算，百强企业的规模将在未来5年内达到大型企业的标准。

这些潜力企业的共同特点在于，Andrew Atherton说：“首先，都已经在国内市场中建立起很强大的基础，有些甚至在市场中占据主导地位，这使它们在全球化发展中有一个坚实的后盾；其次这些企业绝大部分都有强大的商业模式和企业战略，企业战略清晰，拥有流程和绩效的有效监控，对行业动态有深入了解，并深知客户需求。”

他还注意到，这些企业活跃在各行各业，不仅包括制造和生产业的企业，也有不少来自科技、互联网以及服务业的企业等。“行业的类型反映出服务业和互联网在中国日益重要的地位。广泛的行业分布则说明中国的商业基础多样化程度不断提高。一些新兴企业有望在设计、创新、服务等领域展开激烈竞争。”

而从地理分布上看，这些企业很多总部都设在北京、上海，或广东、浙江、江苏等沿海省份，反映出这些地区的经济发展现状。不过从整体来看，企业的地理分布还是较广泛的，西部、北部、东部和东南部均有分布。

差距与方向

不过市场总是瞬息万变的，这些目前看上去有潜力的中国企业，未来能否真正顺利成为全球企业，在Andrew Atherton看来，关键在于以下努力。首先是要开发全球战略与商业模式，“目前大多数企业可能已经在中国以外的少数几个国家开展业务，但是还没有真正的全球化战略。”

以海康威视为例，其正在做全球化战略方面努力，在摄像产品方面，除了继续扩大已有市场份额外，还正在开发在价格和功能上更能吸引不同区域消费者的更富竞争力的产品。这能给公司带来在欧洲和北美进行价格竞争的机会，同时在中等收入和快速发展的经济体中（包括金砖国家的巴西、俄罗斯、印度和中国）扩展市场的空间，后者是全球增长最快的消费者群体。

更重要的是，Andrew Atherton说，在中国继续快速发展的同时，也需要在其他市场找到成功的商业模式。“这些高增长的潜力企业往往在国内的激烈竞争中胜出，已经形成特色的有活力和竞争力的商业模式，但这不意味着在国际市场就可以把这样的商业模式照搬，这需要企业在认真调查研究后找准自己全球化战略的定位与方向。”

此外，Andrew Atherton认为，上述潜力企业还要从文化等方面增强对不同市场和消费者的理解，建立相应的模型，即便具有成本优势，但不能以价格竞争为最重要的手段，更要重视质量改善以达到国际水平。

“正在不断展现其能力的中国企业迈入全球一流企业的行列是绝对值得各方关注的一件事情。”ACCA资深会员Ng Boon Yew表示，越来越多的欧洲、北美国家将中国视为自己在很多行业内的强劲对手，“现在正是它们同中国企业发展并加强合作关系、共同开拓全球市场的时候了。”

资料来源：第一财经日报，2014-11-07.

二、变革过程

组织变革是涉及面广、工作量大、十分敏感而负责的系统工作。成功而有效的组织变革通常要经历解冻、变革、冻结三个有机联系的过程。

（一）解冻

由于任何一项组织变革都或多或少会面临来自组织自身及其成员的一定程度的抵制力，因此，组织变革过程需要有一个解冻阶段作为实施变革的前奏。解冻阶段的主要任务是发现组织变革的动力，营造危机感，创设需要变革的氛围与知觉，并在采取措施克服变革阻力的同时具体描绘组织变革的蓝图，明确组织变革的目标和方向，以形成待实施的比较完善的组织变革方案。

（二）变革

变革阶段的主要任务是按照所拟定的变革方案的要求开展具体的组织变革运动或行动，以使组织从现有结构模式向目标模式转变。这是变革的实质性阶段，通常可以分为实验与推广两个过程。这是因为组织变革的涉及面较为广泛，组织中的联系相当错综复杂，往往“牵一发而动全身”，这种状况使得组织变革方案在全面付诸实施之前一般要进行一定范围的典型试验，以便总结经验，修正进一步的变革方案，在试验取得初步成效后再进入大规模的全面实施阶段。

（三）冻结

组织变革过程并不是在实施了变革行动后就宣告结束。涉及人的行为和态度的组织变革，从根本上说，只有在前面有个解冻阶段、后面有个冻结阶段的条件之下的改革才有可能真正的实现。

现实中经常出现，组织变革行动发生了以后，个人和组织都有一种退回到原有习惯的行为方式中的倾向。为了避免出现这种情况，变革的管理者就必须采取措施保证新的行为方式和组织形态能不断得到强化和巩固，这一强化和巩固的阶段可以视为一个冻结或重新冻结的过程。缺乏冻结这一阶段，变革的成果就有可能退化消失，而且对组织成员也将只有短暂的影响。

从图 8-1 中可以看出，变革的模型包含从实施阶段到变革力量的反馈，这种反馈环节说明变革过程本身必须加以监察和评价。实施战略可能有缺点并导致不良后果，但是及时的行动可以纠正这种情况。此外，反馈通向最初起始步骤这一点使我们认识到任何变革都不是最后的。会出现一种新的情况，在其中又会出现其他的问题和事件；出现新的情况本身又会变成变革的主题。模型说明不存在“最后的解决”，它强调的是现代的经理们在一个动态的环境中工作，其唯一可以肯定知道的东西就是变革本身。

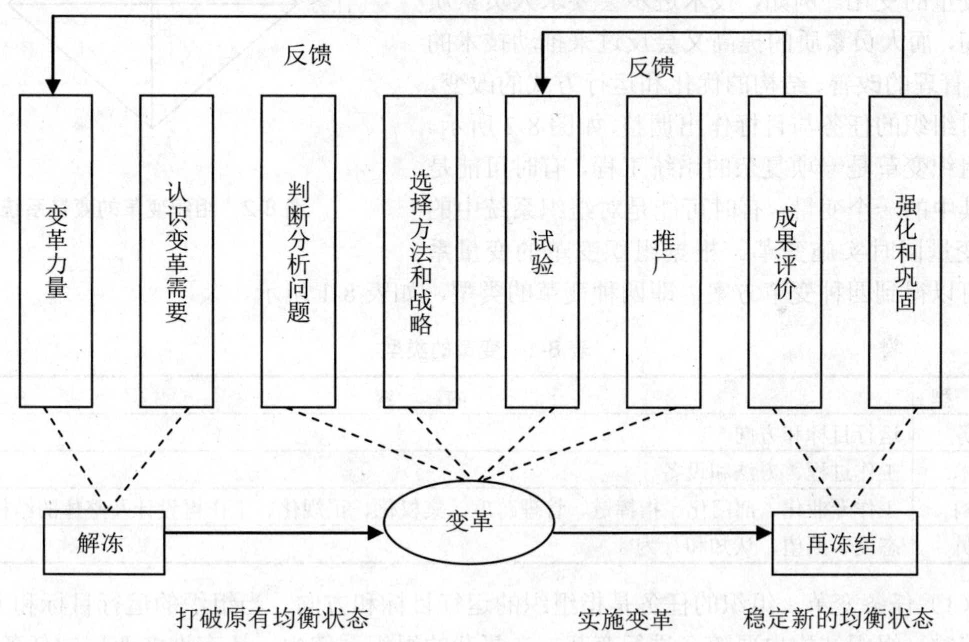

图 8-1 变革过程模型

一个问题的解决会带来新的问题的这种过程已经得到了广泛的承认。布劳和科斯特称其为“改革的辩证过程”，并以许多例子说明这种困境。他们观察到自动流水线技术提高了生产率，但同时雇员旷工率和工人转厂率却增多了。自动流水线工作单调，千篇一律，使工人相互间变得陌生，带来不满，使士气下降，人事问题涌现。这样，解决问题本身就又带来了一组不同的困难，因此，管理人员在考虑改革时必须看到这一点。

三、变革管理

发动变革包括两大任务：一是识别要进行变革的组织领域；二是使变革过程进行下去。为了使变革能够顺利进行，管理者必须识别出组织变革过程中的动力与阻力，并找出应对阻力的方法。

（一）组织变革的变量系统与变革的类型

美国管理学家李维特认为组织是一个多变量的系统，在此系统中，至少包含四个最重要的变量，即任务、技术、结构与人员。这四个变量具有很强的依赖性，其中任何一个发生变化，都有可能引起其他变量的变化。例如，技术进步会要求人员素质的提高，而人员素质的提高又会反过来推动技术的进步、管理的改善、结构的优化和运行方式的改变，从而对组织的任务与目标作出调整，如图 8-2 所示。

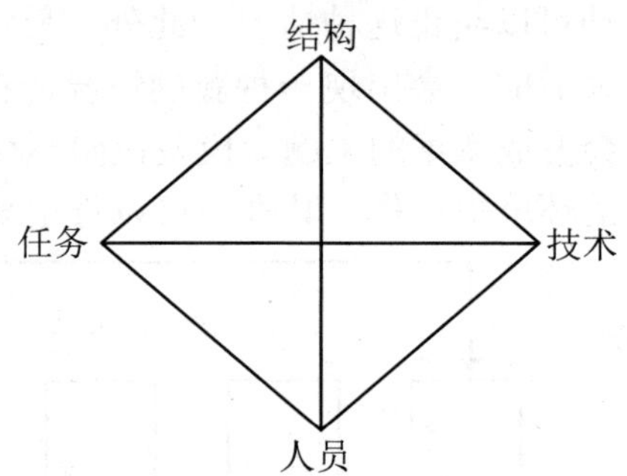

图 8-2　组织变革的变量系统

组织变革是一项复杂的系统工程，有时可能是针对其中的一个变量，有时可能是对组织系统中的几个变量同时实施变革。根据组织变革的变量系统，可以得到四种变革方案，即四种变革的类型，如表 8-1 所示。

表 8-1　变革的类型

类　型	内　容
任务	运行目标和方向
技术	工作过程、方法和设备
结构	工作专业化、部门化、指挥链、管理跨度、集权化、正规化、工作再设计及整体的结构设计
人员	态度、期望、认知和行为

（1）任务变革。组织的任务是指组织的运行目标和方向。当组织的运行目标和方向进行调整时，组织结构也要随之进行变革。在复杂的组织系统内，还有许多亚层次任务存在，它们是为总任务服务的，这些亚层次任务实际上就是各个部门的具体工作任务和目标，这是决定各级部门机构设置的重要因素。任务变革包括组织目标层次总任务的变革和部门层次亚任务的变革。

（2）技术变革。组织中的技术因素包括设备、建筑物、工作方法、新技术、新材料、新的质量标准和新的管理技术控制手段等。因此，技术变革通常涉及新的设备、工具和方法的引进以及实现自动化或计算机化等。

技术因素的变革，可以间接地促进组织任务的改变，或直接促进组织技术条件与制造方法的改进，从而影响到组织人员与组织结构。

（3）结构变革。结构包括组织的职权系统、工作流程系统、协作系统、意见交流与信息反馈、人力资源管理等专业职能系统，以及集权的程度等。变化的条件或战略要求组织结构也作出相应的改变，因为组织职能是随着计划职能的，结构是实现通过计划建立目标的一种手段。组织变革范畴内的结构变革，指的是试图通过改变任务和权威关系的形式上的结构以改进工作成效的管理行动。结构变革将改变正式的任务和权力的定义的某些方面，管理者可以对组织结构的要素的一个或多个加以变革，例如，可以将几个部门的职责组合在一起，或者精简某些层次、拓宽管理跨度，以使组织扁平化和减少官僚机构。为提高组织的正规化程度，可以制定出更多的规则和程序。而通过提高分权化程度，可以加快决策制定的过程。其他结构方面的变革包括从职能型结构向事业部型结构的转变，以及矩阵制结构的创建等。

（4）人员变革。人员变革的内容涉及组织成员的态度、动机、行为、技术文化修养、职业道德水准、人际关系、受激励的程度、组织文化与价值观念等。人的因素的变化，也是引起组织变革的最复杂、最深刻、最难把握的因素之一。组织发展这一词汇，虽然有时也用以泛指所有类型的组织变革，但通常更侧重于借以改变人员及人际间工作关系的本质和性格的各种方法或方案，常见的组织发展方法如图 8-3 所示。贯穿这些方法的一条共同的主线是，它们都设法带来组织人员内部或相互关系的改变。

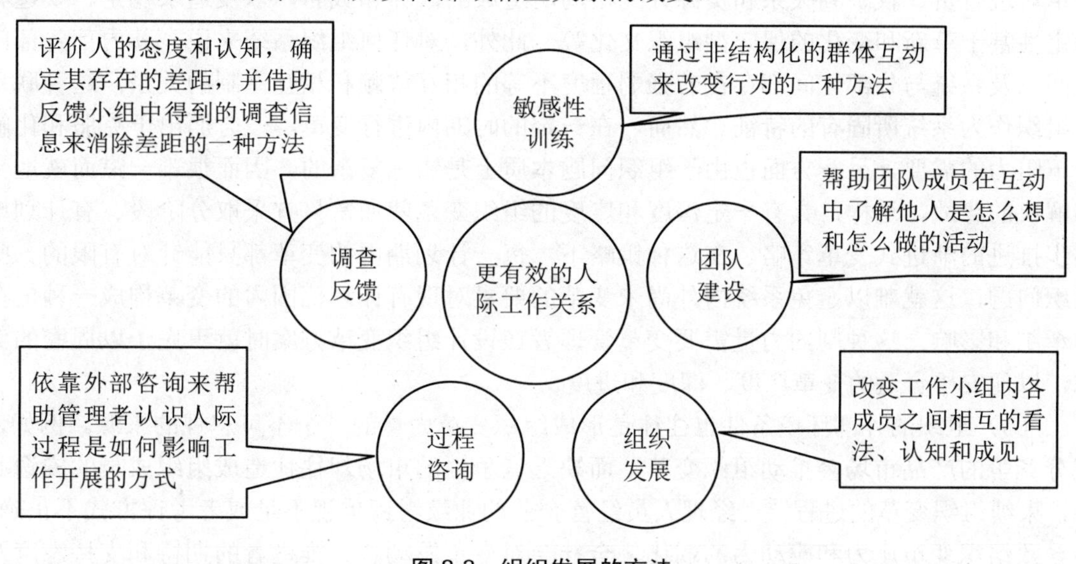

图 8-3　组织发展的方法

（二）变革中的动力与阻力

组织变革时常面临动力与阻力两种力量的较量。组织变革的动力是指发动、赞成和支持变革，并努力去实施变革的驱动力。总的来说，组织变革动力来源于人们对变革的必要性及变革所能带来的好处的认识，例如，企业内外各方面客观条件的变化，组织本身存在的缺陷和问题，各层次管理者（尤其是高层管理者）居安思危的忧患意识和开拓进取的创意意识，变革可能带来的权力和利益关系的有利变化，以及能鼓励革新、接受风险、赞赏失败并容忍变化、模糊和冲突的开放型组织文化，这些都可能形成变革的推动力量，引发变革的动机、欲望和行为。

组织变革中的阻力是指人们反对变革、阻挠变革甚至对抗变革的制约力。这种制约组织变革的力量可能来源于个体、群体，也可能来自组织自身甚至外部环境。

（1）个体对待组织变革的阻力，主要是因为其固有的工作和行为习惯难以改变、就业安全需要、经济收入变化、对未知态度的恐惧以及对变革的认知存在的偏差等而引起。群体对变革的阻力，可能来自于群体规范的束缚，群体中原有的人际关系可能因变革受到改变和破坏，群体领导人物与组织变革发动者之间的恩怨、摩擦和利害冲突，以及组织利益相关群体对变革可能不符合组织或该团体自身的最佳利益的顾虑等。人们总是担心失去已有的，变革威胁到人们在现状中已作出的投资。人们对现有系统的投资越多，就越会阻挠变革，一般来说，老年员工比年轻员工更加抵制变革，由于老年员工对现有系统的投资更多，因而调整到变革状态后失去的也更多。

（2）来自组织层次的对组织变革的阻力，包括现行组织结构的束缚，组织运行的惯性，变革对现有责、权、利关系和资源分配格局所造成的破坏和威胁，以及追求稳定、安逸和确定性甚于革新和变化的保守型组织文化等。此外，对任何组织系统来说，其内部各部门之间以及系统与外部之间都存在着强弱程度不等的相互依赖和相互牵制的关系，这种联系是组织作为系统所固有的特征。然而，在一定的时期内进行变革，一方面出于克服和化解变革阻力的需要，另一方面也由于组织问题本质上是错综复杂的，因而很难一蹴而就地全部解决的缘故，这样，具有一定深度和广度的组织变革就通常只宜采取分阶段、有计划地逐步推进的渐进式变革策略。在这种策略下，每一计划期内的变革都只能针对有限的一些组织问题，这就难以避免系统内外尚未变革的要素对现有计划范围内的变革构成一种内在的牵制和影响。这种制约力量需要变革管理者在设计组织变革方案时就事先予以周密的考虑，以便安排合适的变革广度、深度和进度。

（3）组织的外部环境条件也往往是形成组织变革力量的一个不可忽视的来源。例如，充分竞争的产品市场会推动组织变革，而缺乏竞争性的市场却往往造成组织成员的安逸心态，束缚组织变革的进程；对经理人员经营企业的业绩考评重视不足或者考评方式不正确，会导致组织变革压力和驱动力的弱化。全社会对变革发动者、推进者的期待和支持态度及相关的舆论和行动，以及企业特定组织文化在形成和发展中所根植的整个社会或民族的文化特征，这些都是影响企业组织变革成败的力量。

(三) 变革阻力的克服

组织变革阻力的存在，意味着组织变革不可能一帆风顺，这就给组织变革的管理者提出了更严峻的变革管理的任务。当管理者确定了有害的变革阻力后，可以采取哪些措施予以克服呢？有六种策略可以用来应对变革的阻力，如表 8-2 所示，这六种策略包括教育和沟通、参与和投入、提供便利和支持、协商和同意、操纵和拉拢、明示的或暗示的强制。依据阻力的来源与类型的不同，管理者可以选用其中的任何一种策略。

表 8-2　克服组织变革阻力的六种典型策略

方　法	一般的应用条件	优　点	缺　点
教育和沟通	信息缺乏，或资料分析不精确	人们一旦被说服，就往往会帮助实施变革	如果涉及的人很多，就会浪费时间
参与和投入	变革的发起者所需的资料不完整，或者其他人的反对力量强大	参加到变革计划中的人会热衷于它的实施，他们所掌握的相关信息也将包括到计划之中	如果参与者设计了一项不合适的变革方案，就很浪费时间
提供便利和支持	人们是因调整问题而反对	这是处理调整问题的最好方法	可能耗费时间和金钱，并有可能白费
协商和同意	有些人或有些团体将在变革中遭受明显的损失，而且这些团体的反对力量很强大	有时这是一条避免强烈抵触的简便途径	如果它提醒了其他人都要通过协商才能顺从的话，你将要付出相当高的代价
操纵和拉拢	当其他技巧都无效或太昂贵时	这是一种相对迅速、节约的解决方式	为未来埋下隐患，因为人们可能会认识到自己被操纵了
明示的或暗示的强制	时间紧急而且变革的发起人有相当的权利	迅速并能解决任何反抗	如果发起者激怒了某些人，就很危险

成功的组织变革管理者，应该既注意到所面临的变革阻力可能会对变革成败和进程产生消极的、不利的影响，为此要采取措施减弱和转化这种阻力；同时，变革管理者还应该看到，人们对待某项变革的阻力并不完全是破坏性的，而是可以在妥善的管理或处理下转化为积极的、建设性的。例如，阻力的存在至少能引起变革管理者对所拟定的变革方案和思路予以更理智、更全面的思考，并在必要时作出修正，以使组织变革获得不断的完善和优化，从而能取得更好的组织变革效果。

管理案例

绩效主义成就了三星 毁了索尼

著名的托利得定理说“测验一个人的智力是否属于上乘，只看脑子里能否同时容纳两种相反的思想而无碍其处世行事”（法国心理学家托利得提出）。意即思可相反，得须相成。“橘生淮南为橘，生于淮北则为枳”，都是关于存在意识的朴素智慧。关于绩效考核的争议过程，似乎在一步步逼近真理——前提是，必须回归公司管理基本层面：生存土壤。更要命的是，这关乎生死。

《绩效主义毁了索尼》这篇文章，相信不少朋友都有看过，反对和支持文章观点的争议到现在为止还没停止，估计一时半会儿也停不下来。作者是索尼前常务理事、机器人研发负责人土井利忠（文章署的是他的笔名“天外伺郎”）。

他的主要观点是，20世纪90年代中期之后，索尼引入美国式的绩效主义，扼杀了索尼的创新精神，最终导致索尼在数字时代的失败。

土井利忠对“绩效主义”做了个定义，指的是“业务成果和金钱报酬直接挂钩，员工为了拿到更多报酬而努力工作”，也就是我们中国企业再熟悉不过的“绩效薪酬制度”。

真的是这个东西“毁了索尼”吗?

一、绩效主义助推三星转型

一个不争的事实是，三星在数字时代打败了索尼，但三星却比索尼更早引入美国式的绩效薪酬制度。

1988年，李健熙接班，提出二次创业，一项重要的举措就是在三星推行“自律经营”。

所谓自律经营，就是将企业经营权和责任全部分配给具有专业资质的各分子公司社长，由他们全权负责，让他们就像企业的主人一样，自主思考、自主决策、自主做事；企业赚到钱之后，拿出一部分奖励他们。

也就是说，三星集团对各子公司经营层实行的是“明确经营的完全责任、赋予履职的足够权限、按照绩效奖励团队”的管理模式。

李健熙认为“奖励工资”是人类最伟大的发明，也是资本主义的一大优势。李健熙上任后，大胆打破三星传统，推行“信赏必赏”的奖励工资制度，给管理层发放年薪。三星集团各子公司CEO的年薪中，基本工资只占25%，其余的75%由绩效决定。

员工的基本工资比重占60%，另外40%由能力而定。能力评价决定员工实际年薪，评为一级能得130%的酬金，若评为五级，甚至连基本工资都领不到。同一职级的员工，实际年收入最高与最低可以相差5倍。这在李秉哲时代以及当时韩国其他公司是不可想象的，引起了极大的震动。

三星干部和员工与公司绩效绑定的收入有两种：一种是半年一次评定发放的“PI”（生产率奖金）；另一种是一年一度评定的“PS”（利润分享）。

PI的数额由半年度业务目标达成情况来决定。每个部门、BU和公司按照“EVA、现金流和每股收益”等指标的半年达成情况被分为A、B、C三级。

假如一个员工所在的部门、BU和公司都被评为A，这个员工能拿到基本工资300%的奖金；如果不幸全是C，一分钱也拿不到。

如2005、2006年，存储半导体、移动电话和TV部门的PI就拿得“盆满钵满”，而非存储半导体和家电部门的人就惨了，全部是C，真的一分钱都没拿到。

PS 其实是“超额利润分享”。每年三星总部都会给下面分子公司下达一个利润目标，经营年度结束后，如果实际利润超过目标利润，超出部分的 20%作为奖金分配。2006 年，三星电子超额利润达到 2.52 亿美元，当年提取用于员工分配的奖金就高达 5 040 万美元。

李秉哲时代，三星实行高度集权的管理模式，即源自日本明治时代的“上头指示、下面做事”的集权体制。权力都在总部，下面的分子公司负责人只负责执行总部命令，缺乏主人翁精神，缺少经营主动性。这种体制在短缺经济时代，也就是产量和规模决定胜败的时代固然没有问题，效率也很高。

但是，进入 20 世纪 90 年代的“丰裕时代”后，质量、创新和速度决定成败的时代，这种高度集权、僵化、分子公司没有经营主动性的管理体制不再适应新的环境。

李健熙在三星推行“自律经营”，目的是要“将集团经营重心下沉”，让分子公司总经理承担起完全的经营责任来，这种“分权”的管理模式改变了他父亲李秉哲时代高度中央集权的管理模式。绩效薪酬作为“自律经营体制”的一部分，有力地促进了“经营重心下沉”管理模式的推进。

一句话总结当时的“自律经营体制”，就是“责权放下去，收入拉开来”。来自美国的“绩效主义”，确实起到了扭转三星既有的僵化体制、激活分子公司经营团队、培养他们的主人翁意识和经营自主性、助推三星新经营转型的目的。

二、绩效主义给索尼带来了什么

如果仔细回顾一下索尼 20 世纪 90 年代的历史，你将会发现：就在同一时期，上面发生在三星的管理模式转型的故事，在索尼也演了一遍。

索尼导入绩效主义的起点是 1994 年，其标志则是“公司制度”。

索尼将原来的事业部制改革为公司制，即把业务单元改造成独立公司，其负责人要对资产负债表和损益表负责，并拥有权力投资新业务。这时的索尼，总部像一家控股公司，负责新业务投资和整体协调；在公司体制下，索尼把计划和产品开发人员从总公司分散到每个公司。

与“责任、权力、资源下沉”相配套，索尼同时导入“绩效薪酬”制度。

改革前，索尼考核业务单元负责人的是两个指标：“收入”和“利润”。改革后，除了这两个指标外，还有“ROE、ROA、Cash Flow”等类上市公司考核指标，并将这些指标完成情况与经营者收入挂钩。索尼总部给每一个公司规定 10%的资金成本，任何一项投资，要求 ROI 必须超过 10%这个底线。

1998 年，索尼更进一步，考核重点变成了“股东价值”，以及 EVA 指标，将 EVA 与管理者的薪酬挂钩：业务单元管理者奖金，50%由公司业绩决定，25%取决于索尼整体业绩，剩下 25%由个人目标管理来决定。在公司内部的员工层面，与三星类似，导入绩效考核机制，并将考核结果与个人奖金和晋级相结合。

索尼当时采取“公司制度”的目的，与三星实行“自律经营体制”差不多，就是为了激发业务单元的主动性、积极性，鼓励他们承担完全的经营责任，抓住“从模拟到数码”技术大变轨的机会，继续领先消费电子行业。

索尼公司制度和绩效薪酬的改革初始阶段（1995—1998 年），确实达到了董事会所期望的“刺激收入、增加利润”的目标，1997、1998 连续两年收入、利润大幅增长，是历史上绩效最好的两年。

但是，这些收入和利润仍然是“模拟技术产品”带来的。好景不长，1998 年之后，随着数字技术快速取代模拟技术，索尼开始陷入衰退和亏损。究其原因，与当年的管理模式改革导致的负面作用有直接关系。

负面作用之一：短期导向

索尼分子公司总经理要“对投资承担责任”，而且投资的 ROI 不得低于 10%，这就使得他们不愿意投资风险大但是对未来很重要的技术和产品，而更愿意做那些能够立竿见影又没有多大风险的事情。

如 VAIO 电脑，出井伸之的意图是通过把音响与视频功能整合，引发个人电脑革命——把它打造成划时代的、能够像当年 Walkman 一样有轰动效应的“娱乐电脑”（之前，电脑都是工作用的）。

但是电脑业务部门有短期利润压力，更多的资源就用在开发下一个季度挣钱的产品上，而不是更具创意、更不确定的 VAIO 身上，结果 VAIO 变成了一款反应平平的“Me Too”产品。

负面作用之二：本位主义

每个业务单元都变成独立核算经营公司，当需要为其他业务单元提供协助而对自己短期又没有好处的时候，这种体制下人们没有积极性提供协作。三星推出数码融合产品“康宝 DVD”之后，2001 年，索尼希望推出一款超过三星“康宝”的融合产品“Cocoon”，它可以把电视节目录制到它所带的 DVD 的硬盘上。

这个全新的产品的开发涉及电脑部门、电视部门、DVD 部门，还有 Cocoon 产品部门自己。结果 DVD 部门不支持，Cocoon 只好在不带 DVD 功能的情况下上市，根本卖不出去。DVD 部门之所以不支持，因为担心 Cocoon 上市会挤占它的传统 DVD 产品销售。

由此看来，土井利忠的那篇文章还算是实事求是的，并没有夸大其词，或者像有人说的出于“泄私愤”。

确实，索尼引进美国式绩效主义让索尼赚了小钱、误了大事。不过，仔细一想，不对——同一个时期，三星采取的也是同样的管理体制，同样考核业务单元的 EVA，同样根据短期业绩表现支付奖金，同样有 PS 利润分享，为什么三星能够避免“短期导向”和“本位主义”？绩效主义怎么就没把三星给毁了呢？

三、问题不在考核，在权威缺位

如果仔细观察 20 世纪 90 年代中期三星与索尼组织结构上的差异，你会发现大体相似，横向都是按照产品品类划分业务单元，纵向都是按照总部——分子公司进行分工的。但有一点小小的不同，三星的总部除了老板和一般职能部门之外，还有一个“秘书室”。

这个秘书室是三星管控体系区别于索尼的关键之处，也正是两个公司在管控模式上的差别，造成了“绩效主义”的两种截然不同的结果。

三星秘书室的存在价值类似于市场当中的政府，它干的事情就是分子公司和事业部不愿意干的那些“有风险、短期看不到受益、付出没回报但对企业整体和长远有利”的事情。

首先，在战略决策阶段，三星秘书室是一个研究和提案部门：其职能包括“情报收集与分析、研究与组织研究、制订战略方案、向李健熙提建议”。

所有重大的投资决策都是由秘书室研究提出方案，最后由老板拍板决定的，哪怕是三星电子总裁尹钟龙都没有这个权力。例如半导体/液晶屏的投资、金融危机时的产业结构调整、数码融合等战略动议，主推力量并不是分子公司 CEO 而是秘书室。

其次，在战略执行阶段，秘书室承担的是双重任务：一是亲自操盘一些重要的战略相关事项，如金融与资本运作、产业结构调整、战略资源配置、重要人事决策与执行；二是重点战略任务的监督执行，尤其是涉及跨部门协调的战略任务。由于秘书室的介入，三星电子和三星集团其他分公司一直都能够“分享资源”和“创造协同效果”。

一旦几个业务部门出现分歧，需要一起协作时，秘书处会立刻介入进行协调，业务单元不得不接受秘书处的决议。如2000年左右三星推出大量数码融合产品，大多是跨业务部门协作的结果。2007 年，苹果推出智能手机后半年，三星即推出智能手机，正是秘书室调动全集团资源集中攻关的成果。

有人会问，分子公司和事业部怎么会听秘书室的呢？这是三星管控模式厉害的地方。当年实行分权管理的时候，李健熙始终警惕的一点是：业务单元变成“个体户集中营”，只关心自己的“一亩三分地”，集团丧失掉“集中力量办大事”的能力。

因此，李健熙并不指望下面的业务单元负责人既要对短期绩效负责，又要对企业整体和长远利益负责，而是把二者在分子公司和秘书室之间做了“切割”。

与此对应，李健熙并没有将权力全部放下去，而是“有限授权”，相当一部分权力依然保留在总部——也就是秘书室。秘书室拥有所有分子公司高管的任免权、调配权、考核权、分配权、处分权，以及重大投资权和分子公司项目投资审批权。

此外，秘书室还有强大的监察功能，对分子公司一举一动盯得很紧。一句话，秘书室实际上就代表老板，拥有足够的“权威”。

索尼呢？索尼的公司体制的问题在于“分权过度”。索尼的子公司有自己的董事会，有独立的投资权、财务权和人事权，其负责人要对资产负债表和损益表负责，并拥有权力投资新业务。

过度分权刺激下，业务单元会热衷于对短期业绩有利、不确定性较低的业务进行投资，而对未来不确定性高、风险大的突破性创新没有积极性，以至于面对行业大变局的关键时刻，企业内部未能形成“有组织的努力”，未能在战略成败的关键点上形成合力。

这种彻底的“分权”体制，使得总部的战略职能“悬空”，监管和协调功能“失调”，导致索尼在行业变轨时期（也就是创新成功更加依赖“协作”而不是“分工”的时期），丧失了创新的能力。

等到出井伸之四年之后（1998 年）明白这一点并试图废除“公司制”的时候，由于组织习性已经养成，最好的变革时机已经错过，已经无力回天了。

资源来源：《亦观察》NO.37，作者为李序蒙、白刚。

第二节　组 织 创 新

一、组织创新概述

（一）创新的提出

“创新”（Innovation）一词最早是由美籍奥地利经济学家熊彼特（J. A. Schumpeter）在1912年出版的《经济发展理论》一书中提出。他认为“创新”就是把生产要素和生产条件的新组合引入生产体系，即“建立一种新的生产函数”，其目的是为了获取潜在的利润。它包括以下五种情况。

（1）引进新的产品，即产品创新。制造一种消费者还不熟悉的产品，或一种与过去产品有本质区别的新产品。

（2）采用一种新的生产方法，即工艺创新或生产技术创新。采用一种产业部门从未使用过的方法进行生产和经营。

（3）开辟一个新的市场，即市场创新。开辟有关国家或某一特定产业部门以前尚未进入的市场，不管这个市场以前是否存在。

（4）获得一种原料或半成品的新的供给来源，即开发新的资源，不管这种资源是已经存在，还是首次创造出来。

（5）实行一种新的企业组织形式，即组织管理创新。如形成新的产业组织形态，建立或打破某种垄断。

熊彼特的创新概念主要属于技术创新范畴，也涉及了管理创新、组织创新等，但他强调的是把技术与经济结合起来，因而他所说的创新是一个经济学的概念，是指经济上引入某种“新”的东西，不能等同于技术上的发明，只有当新的技术发明被应用于经济活动时，才能成为“创新”。他把发明与创新分开，强调第一个将发明引入生产体系的行为才是创新。

（二）创新的内涵

创新与变革两个概念常常被混为一谈，事实上两者是有所区别的。组织变革被认为是被组织采纳的一个新构思或新行为。相对立地，组织创新（Organizational Innovation）被认为是采纳一些对于组织所在行业、市场或一般环境来讲是全新的构思或行为。关于创新和变革的区别，被引用最多的应该是迈克尔·维斯特（Michael West）及其同事的观点，他们描述了以下组织创新的特征。

（1）创新是组织内部一种有形的产品、过程和步骤。一个新的观念可能是创新的开端，但还不能将其视为创新本身。

（2）创新必须在其引入的社会环境中（如工作群体、部门或整个组织）是全新的，尽管对于引入它的个体而言不必是全新的。

（3）创新必须是有意的而绝非是偶然的。

（4）创新不是例行程序的变化。任命一名新员工代替退休或辞退的员工，不能被视为创新性的变化，一个全新职位的设立才是创新。

（5）创新必须是致力于为组织、组织的某些部门或更广泛的群体创造效益（至于是否成功，是另外一回事）。有意识的破坏行为，如消极怠工或纯粹反复无常的行为，都不在创新之列。

（6）创新必须产生公共效果。如果某个人在工作中引入一种变化，但对组织中的其他人没有明显的影响或意义，那就不能称之为创新。

（三）创新的类别与特征

组织的创新可从不同角度进行考察，根据不同的角度，可以将创新划分为以下不同的类型。

（1）局部创新和整体创新。从创新的规模以及创新对系统的影响程度来考察，可将其分为局部创新和整体创新。局部创新是指在系统性质和目标不变的前提下，系统活动的某些内容、某些要素的性质或其相互结合的方式，系统的社会贡献的形式或方式等发生变动；整体创新则往往改变系统的目标和使命，涉及系统的目标和运行方式，影响系统的社会贡献的性质。

（2）消极防御型创新与积极攻击型创新。从创新与环境的关系来分析，可将其分为消极防御型创新与积极攻击型创新。消极防御型创新是指由于外部环境的变化对系统的存在和运行造成了某种程度威胁，为了避免威胁或由此造成的系统损失扩大，系统的内部展开的局部或全局性调整；积极攻击型创新是在观察外部世界运动的过程中，敏锐地预测到未来环境可能提供的某种有利机会，从而主动调整系统的战略和技术，以积极开发和利用这种机会，谋求系统的发展。

（3）初建期的创新和运行中的创新。从创新发生的时期来看，可将其分为系统初建期的创新和运行中的创新。系统的组建本身就是社会的一项创新活动。系统的创建者在一张白纸上绘制系统的目标、结构、运行规划等蓝图，这本身就要求有创新的思想和意识，创造一个全然不同于现有社会（经济组织）的新系统，寻找最满意的方案，取得最优秀的要素，并以最合理方式组合，使系统良好运作。创新活动更大量地存在于系统组建完毕开始运转以后。系统的管理者要不断地在系统运行的过程中寻找、发现和利用新的创新机会，更新系统的活动内容，调整系统的结构，扩展系统的规模。

（4）自发创新与有组织的创新。从创新的组织程度上看，可分为自发创新与有组织的创新。任何社会经济组织都是在一定环境中运转的开放系统，环境的任何变化都会对系统的存在和存在方式产生一定影响，系统内部与外部直接联系的各子系统接受到环境变化的信号以后，必然会在其工作内容、工作方式、工作目标等方面进行积极或消极的调整，以应付变化后适应变化的要求。同时，社会经济组织内部的各个组成部分是相互联系、相互依存的。系统的相关性决定了与外部有联系的子系统根据环境变化的要求自发地做了调整后，必然会对那些与外部没有直接联系的子系统产生影响，从而要求后者也作相应调整。

与自发创新相对应的是有组织的创新。有组织的创新包含两层意思：（1）系统的管理人员根据创新的客观要求和创新活动本身的客观规律制度化地检查外部环境状况和内部工作，寻求和利用创新机会，计划和组织创新活动。（2）与此同时，系统的管理人员要积极地引导和利用各要素的自发创新，使之相互协调并与系统有计划的创新活动相配合，使整个系统内的创新活动有计划、有组织地展开。只有通过有组织的创新，才能给系统带来预期的、积极的和比较确定的结果。

二、创新管理

创新能否被管理，在学术界存在着分歧。有学者认为组织创新很少按照一系列清晰的、可预测的阶段发展下去，并且管理人员在组织创新中的控制和指导能力是非常有限的，而很多对创新管理过程的讨论都高估了管理人员在此过程的能力和影响；也有学者认为，有计划的、系统的创新管理过程是存在的，并且大多数的创新来自有目标、有组织的活动，这种活动遵循一定的规律、步骤和程序。如彼得·德鲁克所言，经过周密分析、勤奋而系统化地工作所产生的有目的的创新是可以作为创新实践加以讨论和展示的。无论创新是否能够被管理，至少有一点是肯定的，即组织可以通过采取一定的方法和手段，促进组织的创新活动。

（一）激发组织创新的因素

创新需要在一定的环境中才能产生并且发挥效力，那么究竟什么样的环境才是有利于激发创新的呢？罗宾斯指出，激发组织创新力的因素主要来自三个方面，分别是结构因素、文化因素以及人力资源因素，如图8-4所示。

1．结构因素

有关结构因素对创新影响的研究表明了如下几点。

（1）有机式结构对创新有正面影响。因为有机式结构纵向变异、正规化和集权化程度低，可以提高组织的灵活性、应变力和跨职能工作能力，从而使创新更易于得到采纳。

（2）拥有富足的资源能为创新提供另一重要的基石。组织资源充裕，使管理当局有能力购买创新成果，敢于投下巨资进行创新并承受失败的损失。

（3）部门间密切的沟通有利于克服创新的潜在障碍。跨职能团队、任务小组及其他这类组织设计都可促进部门之间的交流，从而得到创新型组织的广泛采用。

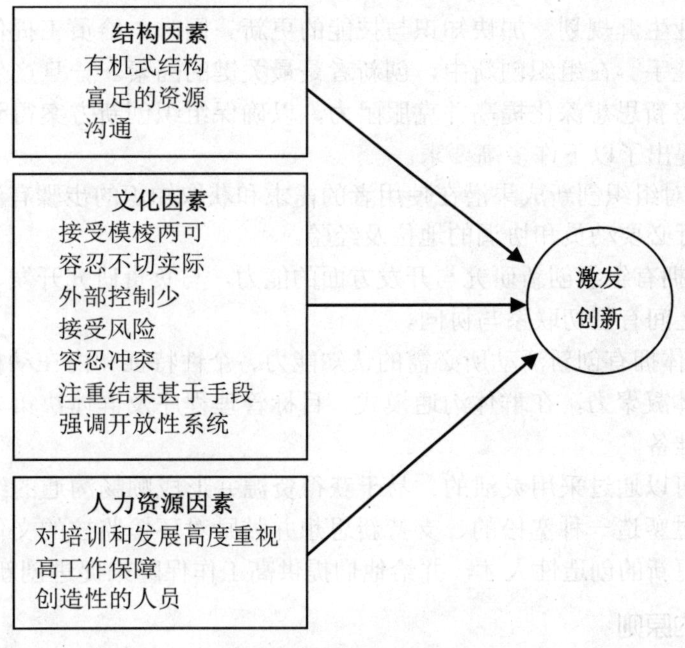

图 8-4 创新的因素

资料来源：[美]斯蒂芬·P. 罗宾斯，玛丽·库尔特．管理学[M]．第 7 版．孙健敏，等，译．北京：中国人民大学出版社，2004：368．

2．文化因素

富有创新力的组织通常具有共同的文化。充满创新精神的组织文化通常具有如下特征。

（1）接受模棱两可。过于强调目的性和专一性会限制人的创造性。

（2）容忍不切实际。不强调专一性，鼓励多种思路，容忍不切实际的想法和主张。

（3）外部控制少。组织把规章、条列、政策之类的监控减少到最低限度，加大管理的自由度。

（4）接受风险。鼓励管理者和员工大胆试验，不用担心可能失败的后果。把可能的错误作为学习的机会。

（5）容忍冲突。鼓励群体中的不同意见，中等程度的群体冲突有利于调节群体气氛，从而实现更高的经营绩效。

（6）注重结果甚于手段。提出明确的目标后，个人被鼓励积极探索实现目标的各种可行途径。注重结果意味着，对于任一给定的问题，可能存在若干种正确的解决办法。

（7）强调开放性系统。即组织时刻监控环境的变化，随时作出快速的反应。

3．人力资源因素

人力资源是组织创新的基本保证。创新型组织积极地对其人力资源进行培训和开发，帮助员工实施职业生涯规划，加快知识与技能的更新。同时，给员工提供高工作保障，鼓励员工成为创新能手。在组织创新中，创新者是最关键的因素。一旦产生新思想，创新者会主动而热情地将新思想深化提高并克服阻力，以确保组织创新方案得到推行。成功的组织创新对创新者提出了以下许多高要求。

（1）创新者对组织创新成果潜在使用者的需求和获取知识的步骤有深刻了解，并拥有对财力、物力进行必要动员和协调的地位及经验。

（2）创新者拥有组织创新研究与开发方面的能力，与负责研究开发、市场销售和生产等诸部门的人员之间有密切联系与协同。

（3）创新群体拥有创新活动所必需的认知能力、个性特征和内在动机，并具有较高的自我效能感和群体凝聚力，在群体沟通模式、目标管理程序及群体决策方式等方面，使组织创新具备心理准备。

因此，组织可以通过采用灵活的、易于获得资源并形成顺畅沟通的结构来激发和培育创新；还可以通过塑造一种宽松的、支持新思想并鼓励对环境监控的文化，以及广纳训练有素、知识不断更新的创造性人才，并给他们提供高工作保障来促进创新。

（二）创新的原则

德鲁克指出，核心的创新原则中有几个“做”，即必须要做到的事情；还有几个“不能做的事”，即尽量避免做的事情；另外，还包括三个基本条件。

1．要做的事

（1）有目的、有系统的创新要从分析机遇着手。不同的领域、不同的来源在不同的时间有不同的重要性，对所有创新的来源必须系统地加以分析和研究。仅仅注意它们是不够的，研究工作必须有组织地、系统地定期进行。

（2）创新既是概念的，又是感知的。创新第二个要做的事情是出去多看、多问、多听。这项工作不能进行得太频繁。成功的创新者都利用左右两个大脑。他们一方面看数字，另一方面看人。他们分析出要利用某个机遇需要什么样的创新。然后，他们走出去，观察客户和用户，了解他们的期望、价值观和需要。

（3）创新若要行之有效，必须简单而专一。它只能做一件事情，否则就会一塌糊涂。如果它不简单，就不能运作。每一种新事物总会遇到麻烦，如果太复杂，就难以修补。所有有效的创新都异常简单。即使是可产生新应用和新市场的创新，也应该以专一、清晰和有计划的应用为标准。它应该专注于它所满足的特殊需求，以及它所产生的特殊的最终结果。

（4）有效的创新都是从不起眼开始的。它们并不宏大，只试图做一件与众不同的事情。创新最好能从小起步，开始只需要少量资金、少数几个人，只需要有限的小市场。否则就没有充足的时间来进行调整和改变，而及时调整和改变是创新成功所必需的。初始阶段，很少有创新是“基本正确”的。只有规模很小，对人员和资金的要求不高时才能进行必要的改变。

（5）成功创新的目标是行业或市场的领导地位。它是最终目标但不一定是“成为一个大企业”，事实上，没有人能够事先知道一个创新将成就大企业还是使其业绩平平。但是如果一个创新不从一开始就注重行业和市场领导地位，那么它不可能有足够的创新意识，因而也不可能有所建树，旨在主宰一个行业或市场的战略与只期望在一个程序或市场中占据一小块获利点的战略是很不相同的。

2．不能做的事

（1）不要太聪明。如果创新想获得规模和重要地位，它们必须能够由普通人操作，能够由低能人或近于低能的人操作。因为能力低下者是唯一充足和永不衰竭的供应源。任何事情过于聪明，无论是在设计还是在操作上，几乎都注定会失败。

（2）不要有过多花样，不要分心，不要一次做过多事情。偏离核心的创新可能会变得零散。它们将只能是点子，而成不了创新。核心不一定是技术或知识。事实上，在所有企业中，市场知识都是比知识和技术更好的统一核心。但是，创新工作必须有一个统一的核心，否则它们就可能分崩离析。创新需要有一种集中能量的统一努力支撑它。它还要求使它有效的人员彼此了解，而要达到这一点，同样需要一个统一的、共同的核心。分心和一心多用会损害这种统一的核心。

（3）不要为未来进行创新，应该为现在进行创新。一个创新可能会有广泛的影响，可能到20年后才完全成熟，但是创新必须着眼于现在。

3．三个条件

最后，还有三个条件。这三个条件都是显而易见的，但常常被人忽视。

（1）创新是工作。它需要知识和大量的聪明才智。显而易见，创新者比一般人更聪明。另外，创新很少涉足多个领域。创新与其他工作一样讲究才干、天赋和气质。但当所有条件都具备时，创新就变成辛苦、专注和有目的的工作，需要勤奋、恒心和责任。

（2）要想成功，创新者必须立足自己的长项。由于创新的风险和由此产生的对知识与实干能力的重视，使得发挥长处对创新就显得尤为重要。此外，与其他工作一样，创新也讲究气质上的“吻合”。企业在他们并不真正尊重的领域不会有出色的表现。

（3）创新是经济与社会双重作用的结果，对一般人来说它是行为的一种改变，或是一种程序的变化，即人们工作或生产方式的变化。因此，创新必须与市场紧密相连，专注于市场，而且由市场来推动。

（三）创新管理的流程

玖·笛德等人提出了一个创新管理的流程模型（见图 8-5）。创新管理包括信息收集和整理阶段、创新战略分析与制定阶段、提供资源阶段、实施阶段和学习再创新阶段。

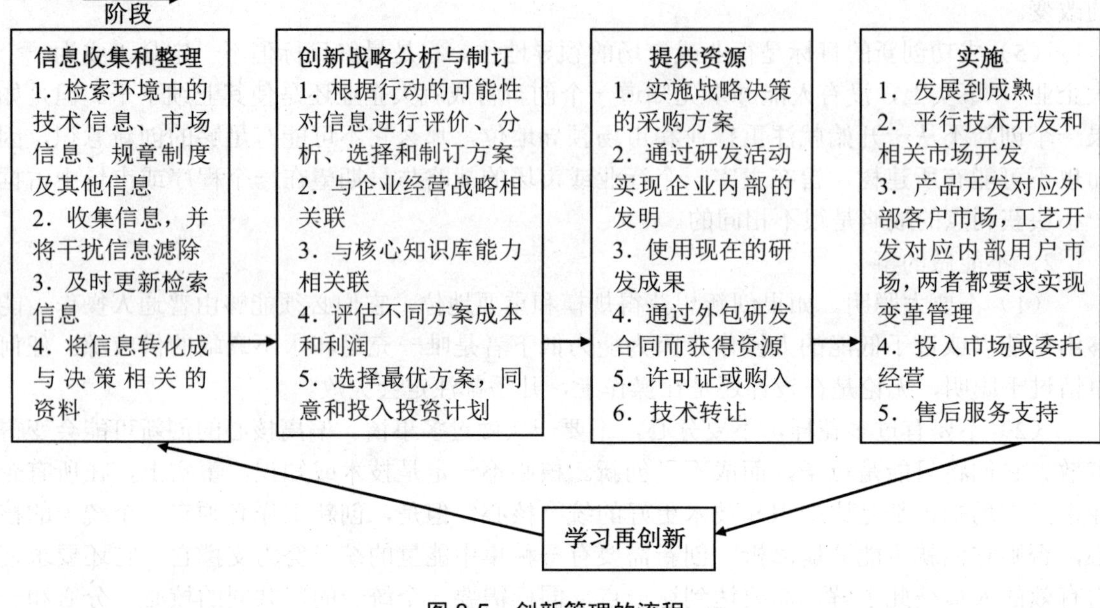

图 8-5　创新管理的流程

1. 信息收集和整理阶段

德鲁克在《创新与企业家精神》一书中总结了创新的七个来源，他们分别是意外的成功或失败、企业内外部的不协调、过程改进的需要、行业和市场结构的变化、人口结构的变化、观念的改变和新知识的产业。创新的力量可能是它们的一种或几种共同作用的结果。创新管理第一阶段的任务就是要充分利用和组织这些资料，对这些有关创新的信息进行识别、选择和处理，并将这些信息转化成与决策相关的资料。

2. 创新战略分析与制订阶段

此阶段主要根据收集到的信息进行创新方案的制订、选择，并使创新战略随着企业的发展进一步优化。在进行创新战略分析和制订中，企业要重视三方面的问题：企业可获得的技术和市场机会；企业的现状，即现有的物质基础、资金状况等；创新发展战略必须考虑与企业整体业务之间的匹配。在综合各方面知识的基础上，企业要形成与企业战略相关的行动方案，并根据收集到的资料对方案的投入和产出进行分析，从而选择一个满意的方案。然后根据方案的预测情况决定人、财和物等资源的投入。

3. 提供资源阶段

这一阶段根据已有的方案，利用可获得的知识解决组织遇到的问题，当然这种知识并不一定是组织所拥有的。这个阶段包括通过内部或外部联合获得原始创新，或对已有创新的转让。这一阶段根据组织的资源、能力和外部环境等各方面的进一步权衡，要么进入详细开发的下一步，要么对原有的方案进行修改或直接采用他人的成果。当然，这并不是简单地将资源放在系统中，而是采用资源的有效利用方式。此外，该阶段还应创造一种促进创新的有利条件。

4．实施阶段

这一阶段是创新管理的核心。在前三个阶段的基础上，这一阶段的投入有明确的目标，即从广泛的研究到关注具体方案的解决，最终导致创新结果，并为将创新的结果推向市场做准备。这一阶段需要大量时间、人力、财力以及物力的投入。本阶段的显著特点是一系列解决问题的循环，并通过它解决预期或突发问题。虽然在图 8-5 中市场和技术被看作平行的过程，但在实际操作中，它们的互动可以有效地进行创新管理。

5．学习再创新阶段

再创新包括两个方面的内容：一方面，本轮的创新成功实际是为下一轮创新提供动力；另一方面，如果创新失败，需要在失败中吸取经验教训，以资下一轮创新借鉴。

第三节 组 织 文 化

组织具有自己的各种构成要素，把这些要素有机地整合起来，除了要有一定的正式组织和非正式组织以及“硬性”的规章制度之外，还要有一种“软性”的协调力和凝合剂，它以无形的“软约束”力量构成组织有效运行的内在驱动力。这种力量就是被称为管理之魂的组织文化。

一、组织文化的概念和基本特点

（一）组织文化的概念

一般而言，文化有广义和狭义两种理解。广义的文化是指人类在社会历史实践过程中所创造的物质财富和精神财富的总和。狭义的文化是指社会的意识形态，以及与之相适应的礼仪制度、组织机构、行为方式等物化的精神。文化具有民族性、多样性、相对性、积淀性、延续性和整体性等特点。

对于任何一种组织来说，它都有自己特殊的环境条件和历史传统，从而也就形成了自己独特的哲学信仰、意识形态、价值取向和行为方式，因此，每种组织也都具有自己特定的组织文化。就组织特定的内涵而言，组织是按照一定的目的和形式建构起来的社会群体。为了满足组织自身运作的要求，必须要有共同的目标、共同的理想、共同的追求、共同的行为准则以及相适应的机构和制度，否则组织就会是一盘散沙。组织文化的任务就是努力创造这些共同的价值观念体系和共同的行为准则。

组织文化是指组织在长期的实践活动中所形成的，并且为组织成员普遍认可和遵循的，具有本组织特色的价值观念、团体意识、行为规范和思维模式的总和。

（二）组织文化的基本特点

组织文化本质上属于“软文化”管理的范畴，是组织的自我意识所构成的精神文化体系。组织文化是整个社会文化的重要组成部分，即具有社会文化和民族文化的共同属性，又具有自己的不同特点。它的基本特点包括以下四个方面。

1．独特性

每个组织都有其独特的组织文化，这是由不同的国家和民族、不同的地域、不同的时代背景以及不同的行业特点所形成的。如美国的组织文化强调能力主义、个人奋斗和不断进取；日本文化深受儒家文化的影响，强调团队合作、家族精神。

2．相对稳定性

组织文化是组织在长期的发展中逐渐积累而成的，具有较强的稳定性，不会因组织结构的改变、战略的转移或产品与服务的调整而改变。在一个组织中，精神文化比物质文化具有更多的稳定性。

3．融合继承性

每一个组织都是在特定的文化背景之下形成的，必然会接受和继承其国家和民族的文化传统和价值体系。但是，组织文化在发展过程中，也必须注意吸收其他组织的优秀文化，融合世界上最新的文明成果，不断地充实和发展自我。也正是这种融合继承性使得组织文化能够更加适应时代的要求，并且能形成历史性与时代性相统一的组织文化。

4．发展性

组织文化随着历史的累积、社会的进步、环境的变迁以及组织的变革逐步演进和发展。科学健康的组织文化有助于组织适应外部环境和变革，而不科学、不健康的文化则可能导致组织的不良发展。改革现有的组织文化，重新设计和塑造科学健康的组织文化过程，就是组织适应外部环境变化、改变员工价值观念的过程。

二、组织文化的结构和基本要素

（一）组织文化的结构和表现形态

一般认为，组织文化有三个层次结构，即表层文化、中介文化、深层文化。

1．表层文化

表层文化又称物质文化，是指凝聚着组织文化抽象内容的物质体的外在显现，它包括组织实体性的文化设备、设施等，如带有本组织色彩的工作环境、作业方式、图书馆、俱乐部等。表层文化是组织文化最直观的部分，也是人们最易于感知的部分。

2．中介文化

中介文化是指体现具体组织文化特色的各种规章制度、道德规范和员工行为准则的总和，也包括组织体内的分工协作关系的组织结构。它是组织文化核心层（内隐部分）与显现层的中间层，是由深层文化向表层文化转化的中介。

3．深层文化

深层文化是潜层次的精神层，是指组织文化中的核心和主体，包括组织精神、价值体系、道德观念等。组织文化的表现形态有物质文化、制度文化、管理文化、生活文化、观念文化等。

（二）组织文化的基本要素

组织文化的构成要素有组织精神、组织理念、组织价值观、组织道德、组织素养、组织行为、组织制度、组织形象等。

从最能体现组织文化特征的内涵角度来看，组织文化的基本要素包括以下几种。

1．组织精神

作为组织灵魂的组织精神，一般是指组织经过共同努力奋斗和长期培养所逐步形成的认识和看待事物的共同心理趋势、价值取向和主导意识。组织精神是一个组织的精神支柱，是组织文化的核心，它反映了组织成员对本组织的地位、形象和风气的理解和认同，也蕴含着对本组织的发展、命运和未来所抱有的理解和希望，折射出一个组织的整体素质和精神风格，是凝聚组织成员的无形的共同理念和精神力量。组织精神一般是以高度概括的语言来表达的。如美国国际商业机器公司的精神——“IBM 就是服务”，南京汽车集团有限公司的“四创精神——创业、创新、创优、创名牌”，南京商厦股份有限公司的“三自精神——自豪之情、自知之明、自立之能”。

2．组织价值观

组织价值观是指组织内部管理层和全体员工对该组织的生产经营、服务等活动以及指导这些活动的行为的一般看法或基本观点。它包括组织存在的意义和目的，组织中各项规章制度的必要性与作用，组织中各层级和各部门中各种不同岗位的人们的行为与组织利益之间的关系等。

组织价值观一旦形成就会成为组织评判事物和指导行为的基本观点和选择方针。每一个组织的价值观都会有不同的层次和内容。成功的组织总是会不断地创造和更新组织的信念，不断地追求新的、更高的目标。

组织价值观的基本特征包括以下几项。

（1）调节性。组织价值观以鲜明的感召力和凝聚力，有效地协调、组合、规范、影响和调整组织的各种实践活动。

（2）评判性。组织价值观一旦成为固定的思维模式，就会对现实事物和社会生活作出好坏、优劣的衡量和评判，或者肯定与否定的取舍选择。

（3）驱动性。组织价值观可以持久地促使组织去追求某种价值目标，这种由强烈的欲望所形成的内在驱动力往往构成推动组织行为的动力机制和激励机制。

组织价值观具有不同的层次和类型，优秀的组织总会追求崇高的目标，高尚的社会责任和卓越、创新的信念。如美国百事可乐公司认为“顺利是最重要的”；日本三菱公司主张“顾客第一”。

3．组织道德

组织道德是通过组织道德伦理规范表现出来的。它由组织向组织成员提出应当遵守的行为准则，通过组织群体舆论和行为压力规范人们的行为。组织文化内容结构中的伦理规范既体现组织自下而上环境中社会文化的一般性要求，又体现着本组织各项管理的特殊需求。因此，如果高层主管不能设定并维持高标准的伦理规范，那么，正式的伦理准则和相关的培训计划将会流于形式。由此可见，以组织道德为内容与基础的员工伦理行为准则，是传统的组织管理规章制度的补充、完善和发展。正是这种补充、完善和发展，使组织的价值观融入了新的文化力量。

4．组织素养

组织素养包括组织中各层级员工的基本思想素养、科技和文化教育水平、工作能力、精力以及身体状况等。其中，基本思想素养的水平越高，组织中的组织精神、价值观念、道德修养的基础就越深厚，组织文化的内容也就越充实、丰富。可以想象，当一个行为或一项选择不容易判定对与错时，基本思想素养水平较高的管理者容易帮助组织作出正确决策。组织文化必须包含组织运作成功所需的组织素养。

5．组织形象

组织形象是指社会公众和组织成员对组织、组织行为与组织各种活动成果的总体印象和总体评价，反映的是社会公众对组织的承认程度，体现了组织的声誉和知名度。

组织形象包括人员素质、组织风格、人文环境、发展战略、文化氛围、服务设施、工作场合和组织外貌等内容，其中对组织形象影响较大的有以下五个因素。

（1）服务（产品）形象。对企业来说，社会公众主要是通过产品和服务来了解企业的，并在使用产品和享受服务的过程中不断形成对企业的感性化和形象化的认识。因此，那些能够提供品质优良、造型美观的产品和优质服务的企业，总是能够赢得良好的社会形象。

（2）环境形象。这主要是指组织的工作场所、办公环境、组织外貌和社区环境等，它反映了整个组织的管理水平、经济实力和精神风貌。整洁、舒适的环境条件不仅能够保证组织工作效率的有效提高，而且也有助于强化组织的知名度和美誉度。

（3）成员形象。这是指组织的成员在职业道德、价值观念、文化修养、精神风貌、举止言谈、装束仪表和服务态度等方面的综合表现，是组织形象人格化的体现。组织成员整洁美观的仪容、优雅良好的气质、热情服务的态度，再加上统一鲜明的服饰，既反映了个人的不俗风貌，也反映了组织的高雅素质，有利于组织在社会公众之中树立良好的组织形象。

（4）组织领导者形象。组织领导者形象体现为组织领导人的领导方式、待人接物、决策规划、指导监督、人际交往行为乃至言谈举止之中的文化素质、管理能力等。那些具有较强领导能力、公正可靠、气度恢弘、勇于创新、正直成熟、忠诚勤奋的组织领导者不仅能以无形的示范能力潜移默化地影响组织中的每个成员，而且也会争取到社会公众对组织的信赖和支持，有利于不断扩大和巩固组织的知名度。

（5）社会形象。社会形象是指组织对公众负责和对社会贡献的表现。组织要树立良好的社会形象，既有赖于与社会广泛的交往和沟通，实事求是地宣扬自己的社会形象，又要在力所能及的条件下积极参与社会公益活动，例如支持教育科研文体事业，支援受灾地区，开展社区文明共建等。这样，良好的社会形象就会使组织在社会公众的心目中更加完美，使之增加对组织的认同理解。

组织文化的结构层次、表现形态和基本要素之间有着不可分割的内在联系，我们可以用组织文化复合网络图来表明，如图 8-6 所示。

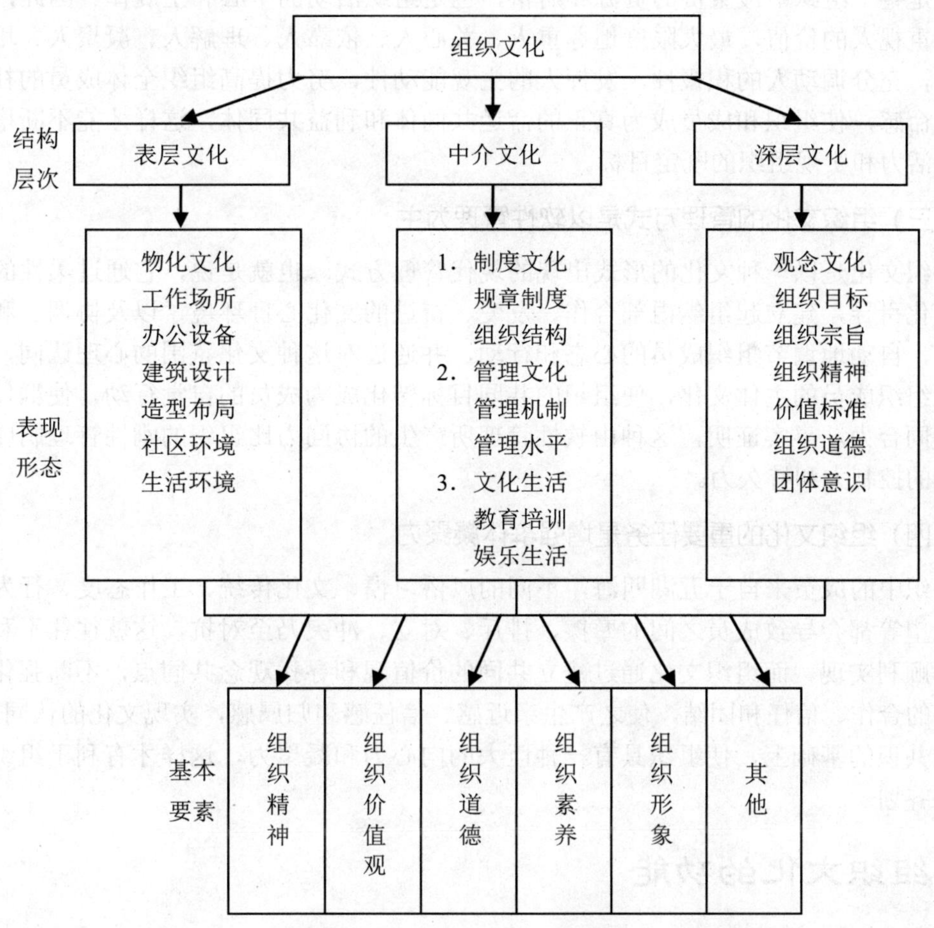

图 8-6 组织文化复合网络图

三、组织文化的性质

（一）组织文化的核心是组织价值观

任何一个组织都会将自己认为最有价值的对象作为本组织追求的最高目标、最高理想或最高宗旨。一旦这种最高目标和基本信念成为统一本组织成员行为的共同价值观，就会构成组织内部强烈的凝聚力和整合力，成为组织成员共同遵守的行动指南。因此，组织价值观制约和支配着组织的宗旨、信念、行为规范和追求目的。从这个意义上来说，组织价值观是组织文化的核心。

（二）组织文化的中心是以人为主体的人本文化

人是整个组织中最宝贵的资源和财富，也是组织活动的中心和主旋律。因此，组织只有充分重视人的价值，最大限度地尊重人、关心人、依靠人、理解人、凝聚人、培养人和造就人，充分调动人的积极性，发挥人的主观能动性，努力提高组织全体成员的社会责任感和使命感，使组织和成员成为真正的命运共同体和利益共同体，这样才能不断增强组织的内在活力和实现组织的既定目标。

（三）组织文化的管理方式是以软性管理为主

组织文化是以一种文化的形式出现的现代管理方式。也就是说，它通过柔性的而非刚性的文化引导，建立起组织内部合作、友爱、奋进的文化心理环境，以及协调、和睦的人群氛围，自动地调节组织成员的心态和行动，并通过对这种文化氛围的心理认同，逐渐地内化为组织成员的主体文化，使组织的共同目标转化成为成员的自觉行动，使群体产生最大的协同合力。事实证明，这种由软性管理所产生的协同力比组织的刚性管理制度有着更为强烈的控制力和持久力。

（四）组织文化的重要任务是增强群体凝聚力

组织中的成员来自于五湖四海，不同的风俗习惯、文化传统、工作态度、行为方式、目的愿望等都会导致成员之间的摩擦、排斥、对立、冲突乃至对抗，这就往往不利于组织目标的顺利实现。而组织文化通过建立共同的价值观和寻找观念共同点，不断强化组织成员之间的合作、信任和团结，使之产生亲近感、信任感和归属感，实现文化的认同和融合，在达成共识的基础上，使组织具有一种巨大的向心力和凝聚力，这样才有利于组织齐心协力和整齐划一。

四、组织文化的功能

组织文化作为一种自组织系统，也存在许多独特的功能，其中突出的功能有以下几点。

（一）整合凝聚功能

组织文化通过培育组织成员的认同感和归属感，建立起成员与组织之间的相互信任和依存关系，使个人的行为、思想、感情、信念、习惯以及沟通方式与整个组织有机地整合在一起，形成相对稳固的文化氛围，凝聚成一种无形的合力和整体趋向，以此激发出组织成员的主观能动性。正是组织文化这种自我凝聚、自我向心、自我激励的作用，才构成组织生存发展的基础和不断成功的动力。

（二）约束适应功能

组织文化能从根本上改变员工的旧有价值观念，建立起新的价值观念，使之适应组织正常实践活动的需要和外部环境的变化要求。一旦组织文化所提倡的价值观念和行为规范被成员接受和认同，成员就会自觉不自觉地作出符合组织要求的行为选择，倘若违反，则会感到内疚、不安或自责，从而自动修正自己的行为，尤其对于刚刚进入组织的员工来说，为了减少他们本身带有的在家庭、学校、社会所养成的心理习惯、思维方式、行为方式与整个组织的不和谐或者矛盾冲突，就必须接受组织文化的改造、教化的约束，使他们的行为趋向组织的一致和谐。在这个意义上说，组织文化具有一定程度的强制性和改造性。这种约束适应功能可以帮助组织指导员工的日常活动，使其能快速地适应各种因素的变化。

（三）激励导向功能

组织文化作为团体共同价值观，并不对组织成员具有明文规定的具体硬性要求，与组织成员必须强行遵守的、以明文规定的制度规范不同。从总体上来讲，组织文化只是一种软性的理智约束，通过组织的共同价值观不断地向个人价值观渗透和内化，使组织自动生成一套自我调控机制，以一种适应性文化引导组织个体成员的行为和活动，以“看不见的手”协调组织的管理行为和实务活动。组织文化这种激励导向功能以尊重个人思想、感情为基础，形成一种无形的非正式控制，使组织目标自动地转化为个体成员的自觉行动，达到个人目标与组织目标在较高层次上的统一。组织文化激励导向功能具有的这种软性约束和自我协调的控制机制，往往比正式的硬性激励规定有着更强的控制力、持久力，并且某些方面的激励作用是硬性激励无法比拟的。

（四）自我完善功能

组织文化的形成是一个复杂的过程，往往会受到政治、社会、人文和自然环境等诸多因素的影响，因此，它的形成需要经过长期的倡导和培育。正如任何文化都有历史继承性一样，组织文化一经形成，便会具有持续性，并不会因为组织战略或领导层的人事变动而立即消失。组织文化不断深化和完善的行为一旦形成良性循环，就会持续地推动组织本身发展，反过来，组织的进步和提高又会促进组织文化的丰富、完善和升华。

组织在不断的发展过程中所形成的文化积淀，通过反复地反馈和强化，随着实践的发展而不断创新和优化，推动组织文化从一个高度向另一个高度迈进。

五、塑造组织文化的主要途径

组织文化的塑造是个长期的过程，同时也是组织发展过程中的一项艰巨的、细致的系统工程。许多组织致力于导入 CIS 系统，颇有成效，这种系统已成为一种直观的、便于理解和操作的组织文化塑造方法。一般来讲，组织文化的塑造可以通过以下主要途径实现。

（一）选择价值标准

组织价值观是整个组织文化的核心和灵魂，因此选择正确的组织价值观是塑造组织文化的首要战略问题。

选择组织价值观有以下两个前提。

（1）要立足于本组织的具体特点。不同的组织有不同的目的、环境、习惯和组成方式，由此构成千差万别的组织类型，因此必须准确地把握本组织的特点，选择适合自身发展的组织文化模式，否则就不会得到广大员工和社会公众的认同与理解。

（2）要把握住组织价值观与组织文化各要素之间的相互协调，因为各要素只有经过科学的组合与匹配才能实现系统整体优化。

在此基础上，选择正确的组织价值标准要抓住以下四点。

（1）组织价值标准要正确、明晰、科学，具有鲜明特点。

（2）组织价值观和组织文化要体现组织的宗旨、管理战略和发展方向。

（3）要切实调查清楚本组织员工的认可程度和接纳程度，使之与本组织员工的基本素质相和谐，过高或过低的标准都很难奏实效。

（4）选择组织价值观要坚持群众路线，充分发挥员工的创造精神，认真听取员工的各种意见，经过自上而下和自下而上的多次反复后，审慎地筛选出既符合本组织特点，又反映员工心态的组织价值观和组织文化模式。

（二）强化员工认同

一旦选择和确立组织价值观和组织文化模式之后，就把基本认可的方案通过一定的强化灌输方法使其深入人心，具体做法如下。

1．重点宣传

充分利用一切宣传工具和手段，大张旗鼓地宣传组织文化的内容和要求，使之家喻户晓、人人皆知，以创造浓厚的环境氛围。

2．树立典型榜样

典型榜样和英雄人物是组织精神和组织文化的人格化身与形象缩影，能够以其特有的感染力、影响力和号召力为组织成员提供可以仿效的具体榜样，而组织成员也正是从英雄人物和典型榜样的精神风貌、价值追求、工作态度和言行表现之中深刻理解到组织文化的实质和意义。尤其是组织发展的关键时刻，组织成员总是以英雄人物的言行作为自己的行为向导。

3．培训教育

有目的的培训与教育，能够使组织成员系统接受和强化认同组织所倡导的组织精神和组织文化。培训教育的形式可以多种多样。

（三）提炼定格

1．精心分析

在经过群众的初步认同、实践之后，应当将反馈回来的意见加以分析和评价，详细分析和深入比较实践结果和规划方案的差距。

2．全面归纳

在系统分析的基础上，综合地整理、归纳、总结和反思，采取去粗取精、去伪存真、由此及彼、由表及里的方法，去掉那些落后的、不为员工所认可的内容与形式，保留那些进步的、卓有成效的、为员工所接受的内容与形式。

3．精练定格

把经过科学论证的经过实践检验的组织精神、组织价值观、组织文化等予以条理化、完善化、格式化，再加以必要的理论加工和文字处理，用精练的语言表述出来。

（四）巩固落实

建构完善的组织文化还需要经过长时间的巩固落实。在巩固落实阶段要做以下工作。

1．必要的制度保障

在组织文化演变为全体员工的习惯行为之前，要使每一位成员都能自觉主动地按照组织文化和组织精神的标准行事是几乎不可能的。即使在组织文化已经很成熟的组织中，个别成员背离组织宗旨的行为也是经常发生的。因此，建立某种奖优罚劣的规章制度是很有必要的。

2．领导的率先垂范

培育和巩固优秀的组织文化都是非常困难的。这就要求组织领导者观念更新、作风正派、率先垂范。

（五）丰富发展

任何一种组织文化都是特定历史的产物，当组织的内外环境条件发生变化时，应不失时机地调整、更新、丰富和发展组织文化的内容和形式。正是在这种组织文化不断地调整、更新、丰富和发展的过程中，我们的组织管理才能达到更高的层次。

以上塑造组织文化的途径如图 8-7 所示。

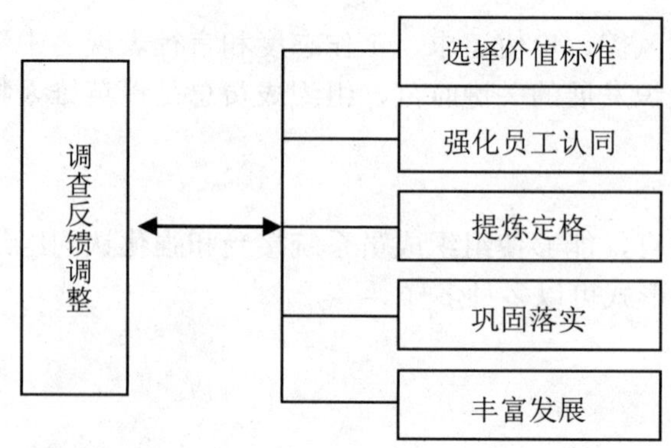

图 8-7　塑造组织文化的途径

结尾案例

海尔的企业文化

海尔有海一样宏伟的目标和宽广的胸怀，天天有创新，时时在超越。海尔不断发展壮大的动力和内在凝聚力的一个极其重要的支撑点，就在于海尔人身上所展现的与时俱进的时代精神和坚持不懈的学习热情。

作为中国民族工业的骄子，海尔自然不甘落后。在经历了十几年的高速发展后，它的下一个战略目标是成为一个国际化企业，进入世界 500 强。而企业要实施国际化，首先必须是每个人的国际化。这就要求最大限度地把每一个员工的创新力发挥出来，让每个人都成为 SBU（战略事业单位），从而创造企业的整体活力。海尔创建学习型企业就是基于这种管理背景提出来的。其特征有两个：一是建立起有活力的员工队伍；二是用合力的组织支撑员工进行创新。其核心是加强员工的工作责任心和解决创新的动力问题，预防和规避“大企业病”的发生。

实现创造世界名牌的目标的关键，首先在于具备国际化素质的人才。怎样才能多出人才？海尔的认识是在创建学习型企业的过程中“经营”人才，通过用先进的企业文化培育人、领导者言传身教影响人、建立开放的终生学习机制，使人才素质在企业发展中不断提高。

1. 用先进的企业文化培育人

海尔集团首席执行官张瑞敏说：海尔这十几年来最有价值和最值得骄傲的，不仅仅是物质上的成就，更重要的是在精神及思想观念上实现了创新和革命。其中，通过深化、开发和运作自己的企业文化，海尔培育了一个崇高的，让所有员工都能认同、都能忘我追求的企业价值观，这也是海尔能够做大做强、作出让世界震惊的奇迹的核心优势。

海尔文化有三个层次：最表层是物质文化，即海尔的发展速度、海尔的产品等；中间层是中介（制度）行为文化；最核心的是价值观，即精神文化。海尔的价值观就是创新，体现在经营理念上便演绎出了“有缺陷的产品就是废品”“市场的难题就是我们的课题”“先卖信誉再卖产品”等。

他们以《海尔人》报、“海尔新闻”等为载体，坚持不懈地向员工灌输海尔文化，让员工人人皆知，人人认同，以此统一全体员工的思想。《海尔人》是他们自己创办的报纸，每周出版一期，员工人手一份；“海尔新闻”每周编辑三期，在就餐时间滚动播放，让广大员工及时了解企业的最新动态、发展变化和新人新事。另外，他们还编写了《海尔企业文化手册》。新员工进厂的第一课是讲企业文化；大学生进厂听的第一个报告也是企业文化的内容。他们还号召员工自己动手，开展以漫画形式诠释海尔理念的“画与话”“你画我评”活动，教育员工自觉实践海尔理念。这些丰富多彩的教育形式，使“敬业爱国，追求卓越”的海尔精神和“迅速反应，马上行动”的海尔作风深深扎根于每个海尔员工的心中，海尔文化成为大家衡量是非的重要标准。近年来，海尔先后兼并了 18 家长期亏损的企业，这些企业加盟海尔后，都在短短的几个月内扭亏为盈，其中一个重要的原因就是对海尔文化的理解与实践。

海尔文化也造就了一大批不同肤色的海外职工队伍。在美国海尔工业园宽敞明亮的车间里，到处可见醒目的“优秀的产品是优秀的人干出来的”“用户永远是对的”等标语。来自美国的员工也通过绘画、写诗来表达自己成为海尔一员的感受。员工凯尔文画的中途抛锚的汽车表达了其对海尔质量理念的理解：1%的质量缺陷对用户来说意味着 100%的灾难。在海尔，工作时间统一着装、厂区内严禁吸烟等规定，已经得到大家的严格遵守。

2. 领导者言传身教影响人

大兴学习之风，提高人才素质，关键在于领导者能不能经营自我。说到学习，就必须要讲一讲张瑞敏的“读书哲学”。张瑞敏的“读书哲学”完全在于企业发展的运用。他有个习惯，经常把从书中捕捉到的对企业经营管理有用的章节复印下来，旁边写上自己的感受，提炼出对海尔的现实指导意义，然后发给中高层管理干部互动讨论。

首席执行官的读书爱好和钻研不但带动了海尔中高层干部的读书活动，而且连普通的职工也都以读书为乐。1998 年，张瑞敏用《第五项修炼》一书推动了海尔互动学习型团队的建设，员工们都把《第五项修炼》中的话运用到自己的工作中，转化成对海尔文化的理解。一位管理学教授在海尔参观，与生产线上的一位班长随便交流时，这位班长竟很自然地谈到《第五项修炼》，说要把他的班组建成“互动的学习型团队”。教授听后颇为惊叹：“没想到海尔的一个普通工人具备这么好的知识修养！”张瑞敏常常说：借来的火照亮不了自己的灵魂。只有自己不断探索，事事创新，广大职工才能明确地去做事情。为提高集团高级管理者的素质，海尔从几年前开始，坚持每周进行培训。培训课上，张瑞敏提出推进流程再造的阶段性指导思想，总裁杨绵绵进行具体的讲解，然后大家一起互动讨论。会后，培训的内容又变成每个经理人下周的作业，在实践中进行验证。与普通的培训不一样，作为“教师”的海尔领导者在每次课上所使用的案例都来自海尔市场的实践，而不是书本。这说明在海尔，领导者本身就在不断地学习与创新，始终以自己的亲身实践感召着员工进行创新。

3. 建立开放的终生学习机制

经过 17 年的创新实践，海尔集团已经搭建起适合集团战略发展要求的、围绕不断创造市场需求的、开放的学习培训系统，形成了科学的培训需求分析、培训课题设计系统以及对培训效果进行考核的完整的监督体系，并不断通过发现员工在实际工作中的差异及遇到的问题，来确定或校正自己的培训内容，从而在企业形成了全员积极参与学习、培训的良好氛围。他们在创建学习型企业的过程中，还非常注意把工作和学习结合起来，对工作中出现的优劣案例及时进行现场培训、学习，使得工作学习化。

为调动各级人员参与培训的积极性，海尔将培训工作与激励机制紧密结合。海尔大学每月对各单位的培训效果进行动态考核，划分等级，等级的变动与单位责任人的月度考核连在一起，以此促进单位负责人关心员工学习的责任心。“培训是最大的福利。”在海尔内部，实施了“定时培训”的硬性制度，即要求每位管理人员每年脱产培训的时间不得低于100个小时，工人不得低于20个小时。更新知识是海尔培训工作的一项辅助内容，它包括新技术、新工具、新信息培训以及学历再提高教育等。其中，学历教育已成为知识培训的一种主要形式。他们通过与清华大学、青岛海洋大学等一些大专院校联合办学或举办远程教育等形式开办了“专升本”、研究生课程班、研究生学历班等。同时，他们还采取了“请进来”“走出去”的办法，每年有计划地请一些国际、国内知名的专家学者到海尔，用海尔的实际案例和国际著名企业的成功案例对员工进行培训，或有针对性地选派大批人员到国内外著名的培训机构或企业进行学习，加快人员素质国际化的过程。

资料来源：万卉林，刘虹．管理学——原理、方法与案例[M]．第2版．武汉：武汉大学出版社，2011：241-244.

讨论题：

1．试分析海尔组织文化的特色。

2．比较海尔文化与其他企业文化的区别。

本章小结

1．组织变革的动因可以归纳为环境、技术、战略、规模四个方面。

2．成功而有效的组织变革通常要经历解冻、变革、冻结三个有机联系的过程。

3．克服组织变革阻力的六种典型策略包括教育和沟通、参与和投入、提供便利和支持、协商和同意、操纵和拉拢、明示的或暗示的强制。

4．组织的创新可从不同角度进行考察，根据不同的角度，可以将创新划分为不同的类型：（1）局部创新和整体创新；（2）消极防御型创新与积极攻击型创新；（3）初建期的创新和运行中的创新；（4）自发创新与有组织的创新。

5．创新管理包括信息收集和整理阶段、创新战略分析与制订阶段、提供资源阶段、实施阶段和学习再创新阶段。

6．组织文化是指组织在长期的实践活动中所形成的，并且为组织成员普遍认可和遵循的，具有本组织特色的价值观念、团体意识、行为规范和思维模式的总和。

7．一般认为，组织文化有三个层次结构，即表层文化、中介文化、深层文化。组织文化的构成要素有组织精神、组织理念、组织价值观、组织道德、组织素养、组织行为、组织制度、组织形象等。

8．组织文化作为一种自组织系统，也存在许多独特的功能，其中突出的功能有以下几点：整合凝聚功能、约束适应功能、激励导向功能、自我完善功能。

9．一般来讲，组织文化的塑造需要经过以下主要途径：选择价值标准——强化员工认同——提炼定格——巩固落实——丰富发展。

关键词

组织变革　变革动因　组织创新　创新管理　组织文化　组织文化塑造

思考题

1．如何理解组织变革、组织创新、组织文化的概念？

2．组织变革的类型有哪些？

3．组织变革的阻力有哪些？

4．组织创新的原则是什么？

5．组织文化有哪些重要功能？

6．有可能改变一个公司的企业文化吗？如果可以改变的话，公司应该采取哪些措施？

网络练习

1．在互联网上找出一个真实的公司，了解它的企业文化、公司规范、社会活动、仪式典礼、标语口号、员工语言、员工行为、企业故事等方面的情况。

2．根据了解到的信息描述这家公司的企业文化，包括表层文化、中介文化和深层文化。

自测题

（一）判断题

1．组织变革过程需要有一个解冻阶段作为实施变革的前奏。（　　）

2．组织变革中的阻力是指人们反对变革、阻挠变革甚至对抗变革的制约力。这种制约组织变革的力量可能来源于个体、群体，也可能来自组织自身甚至外部环境。（　　）

3．无论创新是否能够被管理，至少有一点是肯定的，即组织不可以通过采取一定的方法和手段来促进组织的创新活动。（　　）

4．组织形象是组织文化的核心。（　　）

5．组织文化的管理方式是以软性管理为主。（　　）

（二）选择题

1．以下都是引起组织变革的主要动因，除了（　　）。

A．环境　　B．文化　　C．技术

D．战略　　E．规模

2．当组织中有些人或有些团体将在变革中遭受明显的损失，而且这些团体的反对力量很强大时，下列哪种方法最适合用来克服组织变革的阻力？（　　）

A．教育与沟通　　B．参与　　C．支持

D．谈判　　E．操纵与合作

3．以下都是组织创新的类型，除了（　　）。

A．局部创新和整体创新　　B．个体创新和群体创新

C．消极防御型创新与积极攻击型创新　　D．初建期的创新和运行中的创新

E．自发创新与有组织的创新

4．在管理者尝试改变组织文化之前，（　　）。

A．他们必须理解组织的文化　　B．他们应当更加注重成长和竞争力

C．他们必须保护组织免受“外人”影响　　D．他们应当减少对组织文化的需要

E．他们必须消除任务环境中对变革的抵制

5．以下都是组织文化的主要功能，除了（　　）。

A．战略决策功能　　B．整合凝聚功能

C．约束适应功能　　D．激励导向功能

E．自我完善功能

第九章　组织人力资源管理

学习目标

- ☑ 掌握人力资源的含义与性质
- ☑ 掌握人力资源管理的含义
- ☑ 了解人力资源管理的过程
- ☑ 掌握人力资源的吸引、开发和保持
- ☑ 掌握战略人力资源管理的定义和特征
- ☑ 了解战略人力资源管理的分层分类模型
- ☑ 了解战略国际人力资源管理的定义和内容
- ☑ 了解 EPRG 模型

开篇案例

这些年，万科是怎样培养干部的

“万科新动力”

1999 年底，万科提出“新动力”计划，开启校园招聘，培养学生作为新生力量，以此补充万科因规模发展而出现的人才需求。“新动力”计划最难能可贵的是坚持了 15 年。自 2000 年开始，从第一年的只有 36 人，到最新一期的 313 人。万科 15 年间总共招聘 1 700 多人，目前留在公司的有 1 280 多名新动力成员。值得一提的是，万科总共 41 家一线地产公司的总经理，其中有 11 位是新动力出身，接近总经理群体比例的 30%，他们已经成长为万科最中坚、最核心的一股力量。

“海盗行动”

万科“海盗行动”从 2000 年开始，将以“中海外”为首的优秀房地产企业作为人才吸纳的对象。在两到三年的时间内，有 50 位中高管加入到了万科。那样一个举动对于当时的万科，在工程质量管理、项目管理、成本管理等方面都给予了极大的提高。而学习“中海好榜样”也曾经是万科的一个口号。“海盗行动”确实支撑了万科的高速发展，这种定向挖掘的方式在一定阶段内对公司的发展是非常有帮助的。现在万科也成为很多公司定向挖掘的对象，大家或许都会有这样一个过去、今天和未来。

007行动

007行动，对外更多的叫社会精英行动。2007年，万科成为千亿级企业似乎指日可待，但管理层只管理或见识过几十亿、几百亿的企业，当万科到达千亿级的时候，谁来管理这家企业，谁又能够有眼界、有能力把握这家企业的组织规模、组织架构、人才管理、竞争策略、战略等。针对当时的情况，万科采取了走出去的策略，而且这次走出去不是在同行业内寻找，而是去寻找那些“既见过猪跑又吃过猪肉”的人。那段时间，一些真正管理过千亿级企业，或者在千亿级企业工作过的人，成为万科的挖掘对象。所以在社会精英行动中，宝洁、百安居、麦肯锡等这样千亿企业中的优秀人才陆陆续续加入到万科。从那一个时刻开始，已经为未来万科达到千亿做好了人才准备。

千亿计划

千亿计划设定的目标是三年选送1 000个人去日本学习，而花费大约是1亿元人民币。这个计划的初衷来自王石主席对提高中国的工程质量水平，提高房地产行业的工程质量管理水平，提高万科的工程管理和质量文化等的倡导。这代表了一个企业的决心和魄力，并非是急功近利可以完成的。现在陆续已有500多人先后在日本学习，长则一个月、短则半个月或者一周的时间，包括一线公司的总经理、集团高管，还包括工程、采购、设计、营销等这些专业人员以及客服人员。这个计划真正体现了一个企业的使命感。

跨界学习

跨界变革时代，万科也意识到房地产行业确实不能只在同行业内互相交流学习，更应该走出去。从2014年开始，万科管理学院先后安排了由总裁郁亮亲自带队，每次几十到一百多人的团队，去华纳基因、阿里巴巴、淘宝、腾讯、海尔、小米等企业，通过实地了解这些不同行业、不同类型、不同规模的公司，学习他们的经验。在万科，推崇“学习是一种生活方式”，给高端人才提供的培训就是跨界学习，向优秀的人学习更优秀的思维，而并不局限于某一个行业，只有这样才会让思维跳出固有的模式，发生质的飞跃。

珠峰行动

一线公司的总经理，包括总部职能部门的总经理是一个企业最核心的群体，如何能对这个群体进行有效的培训对一个企业的发展至关重要。2011年，遍访了很多名企、商学院之后，将华润的60班、70班，包括后来的80班等作为了学习的榜样和方向。

为什么叫“珠峰行动”呢？因为这个班里的每个人都要给自己设定一个挑战性的任务。最开始的时候要求每个人都登珠峰，但这不够现实，现在修订为每个人都要跑马拉松，女性可以半马，男性可以全马，现在这部分人有约1/3已经跑完全马。在这里，你必须要给自己设定一个要跳好几跳才能够得着的目标，这也是一个对自我的挑战。

最初给这个人群设定的培养目标叫做“培养万科未来事业的接班人”。第一期选择与合益集团合作，确定学制为两年。第一期是29人。当时入选的不仅仅是一线公司的总经理，而是选择了1975年以后出生的一批中青年，这些人有些是一线公司的总经理，有些是职能部门的管理层，也有一些是一线公务人员。这个班级的名字就叫做珠峰行动。是在郁亮总裁登珠峰之前确立的。

王石先生曾经说过，“世界上最难攀越的山其实就是自己”。其实每个人心里都有一座山，每个人都有自己的目标，但是要想达到这样的目标，最难克服和最难跨越的可能就是自己的那些困难、弱点、性格中的一些缺陷，或者其他的一些障碍等。

当时我们给郁亮总裁提出了一个要求，必须要像当年华润 60 班一样，像宁高宁一样，每一次上课都在场，要亲自做班主任。一个企业的高端人才培训，如果要总结一下经验的话，一定是要从头做起，这个头就是最高领导。

2013 年 3 月正式开班，到今天已经上了很多次课，包括一期、二期，郁亮总裁一堂课都没有落过，而且他每次都带着笔记本，课堂笔记做得非常详细。甚至从头至尾，包括晚自习、晨跑他都全程参加。如果一定要说成功的要素，这一定是其中重要的一个。

成功的要素之二是找一个好的合作伙伴，这一点也很重要。因为仅仅靠企业内部 HR 的一些资源，虽然对公司、对学员都比较熟悉，但是如何查漏补缺，如何将一些他们在这个阶段最需要的、跨界的、最新的知识传达给他们，这还要有赖于一些合作伙伴的帮助。而拥有华润 60 班经验的合益集团就成为了我们的合作者，两年的课程设计，包括前期的访谈等都出自合益。

还有一个很重要的成功要素，就是要把班级建设、管理的事情交给班级自己，而不是人力资源部。除了课程的设定，其余所有的纪律、学习、吃住安排，包括 PK、运动环节，都由班级自己来完成。

此后，没培训过的一线公司的总经理都进入到“珠峰行动”的第二期，共有 30 人。课程的设计基本上一致，但有一些新的元素和变化。

最后课程形成了三大模块。第一个是和战略相关的维度，战略增长；第二个是组织运营；第三个是领导效能。这三个模块中，我们分别设置了八门课，三大主题。

战略增长模块包括了感知城市、具体的商业模式、区域竞争战略。组织运营模块包括了构建组织能力、组织管控。领导效能模块包括领导力提供价值、个人修为等。

打开自己

NGO，塑造杰出领导人，这是合益的一个很经典的王牌课程，三天半的时间，就是去打开自己。前期工作比较复杂，有大量的测评工作，其最重要的目的就是把自己打开，看一下自己究竟是什么样子，包括个人素质、个人的领导风格、对于组织氛围的影响力等。这些方面都会以一个报告的形式呈现。在这个报告出来以后，最重要的环节是每个人必须晒报告。班主任，也就是直接上司郁亮总裁，还有分管人事的执行部门都坐在后面，而学员要当着大家的面来晒自己的长项和弱项，这对于作为在各地是“一哥”的人，是有很大的压力。

这一课对大家很有触动。很多人上培训班的时候，包括很多特别聪慧、特别牛气的老总们，觉得集中四天的时间到深圳总部，可能最大的事情就是能静下心来处理邮件，晚上跟远方的同事联线开会。但是从培训的第一天开始，老总就告诉秘书这几天的时间所有的手机都是关机的，没有时间来接电话，不是因为组织上不准接电话，而是因为离开课堂五分钟或者几分钟的时间，对个人将是最大的损失。当培训的内容能够真正帮助到学员，能够让学员觉得对他自己是真正有启发的，才能留得住人，留得住心。伴随着整个两年的时间，还有很多人文、艺术、哲学、历史、经济、军事等这样的课程。如“中国哲学”是北大的哲学系主任王博老师任课。另外，还有讲述《红楼梦》的课程。《红楼梦》和企业管理其实没什么密切关系，但是作为企业未来的中坚力量，这些人一定是更加复合的。更加懂人的人，才能成为一个好的管理者。

感知世界

第二门课叫做“感知世界”，这与万科自己的战略有关，因为万科要成为城市配套服务商，所以对于管理者来说要学会了解这个世界，学会认识这个城市，感知这个城市。我们从这样几个维度来考虑：第一是人口；第二是城市化的进程；第三是社区活动；第四是心理学。做房地产的人如果不了解城市，不了解人，不了解社会，不了解社区，不了解每个个体的心理，在未来是很难做好的。

领悟模式

第三个叫“领悟模式”，属于战略模块。我们尝试跨界学习，选择了阿里巴巴。阿里巴巴是一个可以把生意模式阐释清楚，而且把它变成现实的企业，所以我们在生意模式方面重点学习了杭州的阿里巴巴。同时我们邀请了北大国际的老师来给我们讲战略课程，这种战略采购的课程会非常多。我们每次课程之后都有领导力复盘的环节，还有PK的环节，我想在设计中都会有很多的考虑。这个模块最后到规划落实的阶段，我们请到了哈佛商学院的普鲁斯来给我们讲课，普鲁斯曾经在IBM战略转型时在那里工作，所以对企业非常了解，IBM的战略转型是全世界都非常关注的，再加上普鲁斯的哈佛商学院的一些背景以及他对中国的兴趣，都成为我们选择他的原因。

其实，万科对于人才的培训计划一直在调整，这是一个持续进步、持续完善的过程。在万科，学习是一种生活方式，培训也是一种投资。

资料来源：http://m.winshang.com/bbs146155.html，2015-03-03.

讨论题：

万科是如何吸引与保持人力资源的？

第一节 人力资源的性质

一、人力资源的含义与性质

（一）人力资源的含义

人力资源是与自然资源或物质资源相对应的一类资源，有广义人力资源和狭义人力资源之分。广义的人力资源是指以人的生命为载体的社会资源，凡是智力正常的人都是人力资源。狭义的人力资源则是指能够推动国民经济和社会发展的、具有智力劳动和体力劳动能力的人口的总和，换句话说，人力资源是指在一个国家或地区中，处于劳动年龄、未到劳动年龄和超过劳动年龄但具有劳动能力的人口之和。

人力资源的基本方面包括人的体力和智力。如果从现实的应用形态来看，则包括体质、智力、知识和技能四个方面。具有劳动能力的人，不是泛指一切具有一定的脑力和体力的人，而是指能独立参加社会劳动、推动整个经济和社会发展的人。所以，人力资源既包括劳动年龄内具有劳动能力的人口，也包括劳动年龄外参加社会劳动的人口。

关于劳动年龄，由于各国的社会经济条件不同，劳动年龄的规定不尽相同。一般国家把劳动年龄的下限规定为 15 岁，上限规定为 64 岁。我国招收员工规定一般要年满 16 周岁，员工退休年龄规定男性为 60 周岁（到 60 岁退休，不包括 60 岁），女性为 55 周岁（不包括 55 岁），所以我国劳动年龄区间应该为男性 16～59 岁，女性 16～54 岁。

（二）人力资源的性质

人力资源是一种特殊而又重要的资源，是各种生产力要素中最具有活力和弹性的部分，它具有以下性质。

1．生物性

与其他任何资源不同，人力资源属于人类自身所有，存在于人体之中是一种“活”的资源，与人的生理特征、基因遗传等密切相关，具有生物性。

在管理中首先要了解人的自然属性，根据人的自然属性和生理特征进行符合人性的管理。人力资源属于人类自身所特有，具有不可剥夺性。这是人力资源最根本的特性。

2．时代性

人力资源的数量、质量以及人力资源素质的提高，即人力资源的形成受时代条件的制约，具有时代性。

3．能动性

人力资源的能动性是指人力资源是体力与智力的结合，具有主观能动性，具有不断开发的潜力。能积极主动、有目的、有意识地采取行为、手段，获得一定的结果。

4．两重性

两重性（双重性）是指人力资源既具有生产性，又具有消费性。

人力资源的生产性是指人力资源是物质财富的创造者，而且人力资源的利用需要一定条件，必须与自然资源相结合，有相应的活动条件和足够的空间、时间，才能加以利用。人力资源的消费性是指人力资源的保护与维持需要消耗一定的物质财富。

生产性和消费性是相辅相成的，生产性能够创造物质财富，为人类或组织的生存和发展提供条件；消费性则能够保障人力资源的维持和发展。同时，消费性也是人力资源本身的生产和再生产的条件。消费性能够维持人的生计，满足需要，提供教育与培训。相比而言，生产性必须大于消费性，这样组织和社会才能获益。

5. 时效性

人力资源的时效性是指如果长期不用人力资源，就会荒废和退化。从个体来看，人们都具有幼年期、青壮年期和老年期，各阶段的劳动能力和生产能力各不相同；从社会来看，人才的培养和使用也有培训期、成长期、成熟期等。

6. 连续性

人力资源的连续性（持续性）是指人力资源是可以不断开发的资源，不仅人力资源的使用过程是开发的过程，培训、积累、创造的过程也是开发的过程。

7. 再生性

人力资源是可再生资源，通过人口总体内各个个体的不断替换更新和劳动力的“消耗—生产—再消耗—再生产”的过程实现其再生。人力资源的再生性除受到生物规律支配外，还受到人类自身意识、意志的支配，人类文明发展活动的影响，新技术革命的制约。

二、人力资源管理的含义

人力资源管理是指组织在人力资源的获取、开发、保持和使用方面所进行的计划、组织、激励和控制活动。现代组织的人力资源管理就是管理者运用现代化的科学方法，对与一定物力相结合的人力进行合理的培训、组织和调配，使人力、物力经常保持最佳比例，同时对人的思想、心理和行为进行恰当的梳导、控制和协调，充分发挥人的主观能动性，使人尽其才、事得其人、人事相宜，以实现组织目标。

根据上述定义，可以从以下两个方面来理解人力资源管理。

（1）对人力资源外在要素——量的管理。对人力资源进行量的管理，就是根据人力和物力及其变化，对人力进行恰当的培训、组织和协调，使两者经常保持最佳比例和有机的结合，使人和物都充分发挥出最佳效应。

（2）对人力资源内在要素——质的管理。主要是指采用现代化的科学方法，对人的思想、心理和行为进行有效的管理（包括对个体和群体的思想、心理和行为的协调、控制和管理），充分发挥人的主观能动性，以达到组织目标。

第二节 人力资源管理过程

为了实现组织目标，人力资源管理通常包括工作分析、人力资源规划、员工招聘与选拔、员工培训与开发、绩效考评、薪酬管理、劳资关系管理等过程，如图9-1所示。其中工作分析、人力资源规划、员工招聘与选拔，员工培训与开发、绩效考评，薪酬管理、劳资关系管理分别属于人力资源的吸引、人力资源的开发、人力资源的保持的范畴。

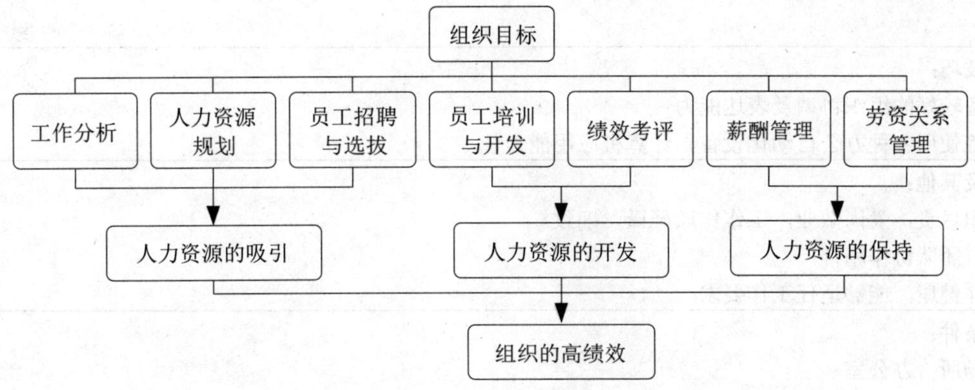

图 9-1 人力资源管理的过程

一、人力资源的吸引

(一) 工作分析

工作分析是对组织各个工作职位的性质、结构、责任、流程，以及胜任该职位工作人员的素质、知识、技能等，在调查分析所获取相关信息的基础上，编写出职务说明书和岗位规范（见表 9-1）。

表 9-1 职位说明书示例 1

职位名称	人力资源管理	职位代码	GL01	所属部门	人事部
职　　系	组织管理	职　　数	2	职系上级	部长
职位概要： 人力资源的开发与管理					
研究方向/管理对象： 人力资源的合理配制、职工培训、人才引进、薪酬管理等					
工作内容： 分管劳资关系、薪酬保险、人力调配、培训、人才引进等工作中的部分内容					
任职资格： 教育背景： ★人力资源管理、劳动人事、组织管理等相关专业本科以上学历 培训经历： ★人力资源管理、组织管理方面专业培训经历 ★劳资关系方面法律知识培训经历 经验： ★正规企、事业单位人事部门两年以上工作经验 ★具有上述“工作内容”中多项分工的实践经历					

续表

技能技巧： ★具备较好的组织协调及表达能力 ★熟练使用各种办公自动化设备、计算机应用能力佳
态度及其他： ★尽职尽责，爱岗敬业，工作作风严谨、细致 ★具有团队协作精神 ★身体健康，能够适任工作要求
工作条件： 工作场所：办公室 环境状况：舒适 危险性：无危险，无职业病危险

一般来说，工作分析主要包括工作描述和工作要求两方面的内容。

（1）工作描述就是确定工作的具体特征。它包括工作名称、工作活动和程序、工作条件和物理环境、社会环境、职业条件等。

（2）工作要求说明了从事某项工作的人所必须具备的知识、技能、能力、兴趣、体格和行为特点等心理及生理要求。制定工作要求的目的是决定重要的个体特征，以此作为人员筛选、任用和调配的基础。

工作要求的主要内容包括有关工作程序和技术、工作技能、独立判断与思考能力、记忆力、注意力、知觉能力、警觉性、操作能力（速度、准确性和协调性）、工作态度和各种特殊能力的要求。职务要求还包括文化程度、工作经验、生活经历和健康状况等。

（二）人力资源规划

人力资源规划是指把组织人力资源战略转化为中长期目标、计划和政策措施，包括对人力资源现状分析、未来人员供需预测与平衡，确保组织在需要时能获得所需要的人力资源的过程（见图9-2）。

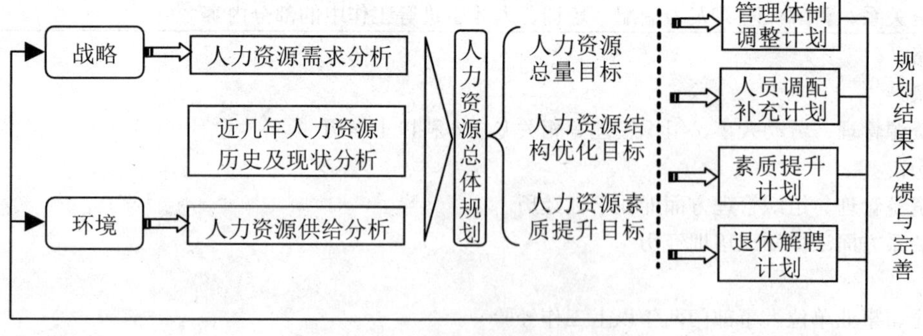

图9-2 人力资源规划的内容

人力资源规划的程序即人力资源规划的过程，一般可分为以下几个步骤：收集有关信息资料、人力资源需求预测、人力资源供给预测、确定人力资源净需求、编制人力资源规划、规划制定时间、实施人力资源规划、人力资源规划评估、人力资源规划的反馈与修正。

1．收集有关信息资料

人力资源规划的信息包括组织内部信息和组织外部环境信息。

（1）组织内部信息主要包括组织的战略计划、战术计划、行动方案、本组织各部门的计划、人力资源现状等。

（2）组织外部环境信息主要包括宏观经济形势和行业经济形势、技术的发展情况、行业的竞争性、劳动力市场、人口和社会发展趋势、政府的有关政策等。

2．人力资源需求预测

人力资源需求预测包括短期预测和长期预测、总量预测和各个岗位需求预测。

人力资源需求预测的典型步骤如下。

步骤一：现实人力资源需求预测。

步骤二：未来人力资源需求预测。

步骤三：未来人力资源流失情况预测。

步骤四：得出人力资源需求预测结果。

3．人力资源供给预测

人力资源供给预测包括组织内部供给预测和外部供给预测。

人力资源供给预测的典型步骤如下。

步骤一：内部人力资源供给预测。

步骤二：外部人力资源供给预测。

步骤三：将组织内部人力资源供给预测数据和组织外部人力资源供给预测数据汇总，得出组织人力资源供给总体数据。

4．确定人力资源净需求

在对员工未来的需求与供给预测数据的基础上，将本组织人力资源需求的预测数与在同期内组织本身可供给的人力资源预测数进行对比分析，从比较分析中可测算出各类人员的净需求数。这里所说的“净需求”既包括人员数量，又包括人员的质量、结构，即既要确定“需要多少人”，又要确定“需要什么人”，数量和质量要对应起来。这样就可以有针对性地进行招聘或培训，为组织制定有关人力资源的政策和措施提供依据。

5．编制人力资源规划

根据组织战略目标及本组织员工的净需求量，编制人力资源规划，包括总体规划和各项业务计划。同时，要注意总体规划和各项业务计划及各项业务计划之间的衔接和平衡，提出调整供给和需求的具体政策和措施。一个典型的人力资源规划应包括规划的时间段、计划达到的目标、情境分析、具体内容、制定者、制定时间。

6．规划制定时间

规划制定时间主要指该规划正式确定的日期。

7．实施人力资源规划

人力资源规划的实施是人力资源规划的实际操作过程，要注意协调好各部门、各环节之间的关系，在实施过程中需要注意以下几点。

（1）必须要有专人负责既定方案的实施，要赋予负责人拥有保证人力资源规划方案实现的权利和资源。

（2）要确保不折不扣地按规划执行。

（3）在实施前要做好准备。

（4）实施时要全力以赴。

（5）要有关于实施进展状况的定期报告，以确保规划能够与环境、组织的目标保持一致。

8．人力资源规划评估

在实施人力资源规划的同时，要进行定期与不定期的评估。可以从以下三个方面进行。

（1）是否忠实执行了本规划。

（2）人力资源规划本身是否合理。

（3）将实施的结果与人力资源规划进行比较，通过发现规划与现实之间的差距来指导以后的人力资源规划活动。

9．人力资源规划的反馈与修正

对人力资源规划实施后的反馈与修正是人力资源规划过程中不可缺少的步骤。评估结果出来后，应进行及时的反馈，进而对原规划的内容进行适时的修正，使其更符合实际，更好地促进组织目标的实现。

（三）员工招聘与选拔

员工招聘与选拔是根据人力资源规划和工作分析的要求，为组织招聘、选拔所需要人力资源并录用安排到一定岗位上的过程。

一般公司员工招聘与选拔的流程如下（见图9-3）。

（1）人力资源部门根据各部门人员编制情况和部门招聘申请，与各部门充分沟通后提出初步意见，报总经理审核，批准后执行招聘。

（2）招聘分为外聘和内聘。

① 外聘：内部员工推荐、面向社会登报招聘、到学校招聘、参加人才交流会及劳务市场现场招聘、委托专业猎头公司及行业协会、网络招聘等形式。

② 内聘：公司内部员工都可以根据所需岗位要求并结合自身能力参与竞聘，但需要参与公司组织的面试和考核。

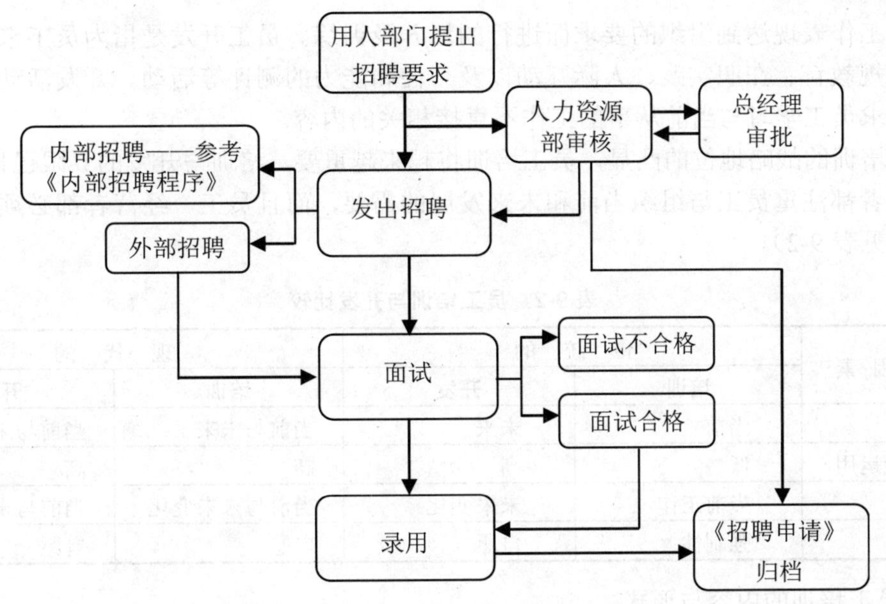

图 9-3 员工招聘与选拔流程

（3）应聘人员应如实填写《应聘登记表》，并提交学历、简历、身份证、各类职称证书等应聘材料的原件及复印件。人力资源部门在收齐应聘者材料后，会同用人部门管理者对应聘者资格进行书面材料初审，应聘者书面材料初审合格者通知面试或当场面试。

（4）面试小组一般由人力资源部门与用人部门领导等人员组成。面试小组主要审核应聘者是否具备专业素质及资格，对应聘者是否具备正式录用资格以及综合素质进行评审。面试小组成员应对面试结果作出评价并表明意见，评价标准应根据公司实际情况和岗位业务需要。面试（加试）结束后，由人力资源部对面试结果进行汇总和综合分析，并将拟录用者的材料报总经理批准。

（5）录用名单确定后，及时确定并通知；对招聘未入选面试及面试不合格者，由人力资源部将其资料整理入公司人才库。对于确定录用人员由总经理进行最终面试并确定。对合格人员，人力资源部会同用人部门协商其进入公司日期，并确定其职级后报总经理审批。

二、人力资源的开发

（一）员工培训与开发

培训（Training）与开发（Development）两个术语有时可以混用。实际上两者是有差异的。员工培训是指组织有计划地实施有助于员工学习与工作相关能力的活动。这些能力包括知识、技能和对工作绩效起关键作用的行为。培训是指为员工在自己现在或未来的工作岗位上的工作表现达到组织的要求而进行的培养及训练。员工开发是指为员工未来发展而开展的正规教育、在职实践、人际互动以及个性和能力的测评等活动。开发活动以未来为导向，要求员工学习与当前从事的工作不直接相关的内容。

随着培训的战略地位的凸显，员工培训将越来越重要，培训与开发的界限已日益模糊。现在，两者都注重员工与组织当前和未来发展的需要，而且员工、经营者都必须接受培训与开发（见表9-2）。

表9-2 员工培训与开发比较

比较因素	传统的		现代的	
	培训	开发	培训	开发
侧重点	当前	未来	当前与未来	当前与未来
工作经验运用	低	高	高	高
目标	当前工作	未来变化	当前与未来变化	当前与未来变化
参与	强制性	自愿	自愿	自愿

1．员工培训的内容与形式

（1）培训的内容。员工培训的内容与形式必须与组织的战略目标、员工的职位特点相适应，同时考虑适应内外部经营环境变化。一般来说，任何培训都是为了提供员工在知识、技能和态度三方面的学习与进步。

① 知识学习是员工培训的主要方面，包括事实知识与程序知识学习。员工应通过培训掌握完成本职工作所需要的基本知识，组织应根据经营发展战略要求和技术变化的预测，以及将来对人力资源的数量、质量、结构的要求与需要，有计划、有组织地培训员工，使员工了解组织的发展战略、经营方针、经营状况、规章制度、文化基础、市场及竞争等。

② 技能的提高。知识的运用必须具备一定技能。培训首先对不同层次的员工进行岗位所需的技术性能力培训，即认知能力与阅读、写作能力的培训。

③ 态度的转变。态度是影响能力与工作绩效的重要因素。员工的态度与培训效果和工作表现是直接相关的。管理者重视员工态度的转变使培训成功的可能性增加。通过培训可以改变员工的工作态度，但不是绝对的。管理者应根据员工不同的特点找到适合每个人的最有效的影响与控制方式，规范员工的行为，促进员工态度的转变。

（2）培训的组织形式。为适应不同的培训目的、不同的培训内容、不同的受训者等，员工培训的组织形式也多种多样。从培训职能部门的组建看，培训有学院模式、客户模式、矩阵模式、组织办学模式和虚拟培训组织模式等五种模式；从培训的对象看，培训有管理人员培训、专业技术人员培训、基层员工培训及新员工培训；从员工培训的时间看，培训有全脱产培训、半脱产培训与业余培训等。

2．员工培训的系统

有效的培训系统是员工培训的重要保障。精心设计员工培训系统是非常重要的。员工的培训系统包括培训需求的确定、培训目标的设置、培训方案的设计、培训的实施、培训成果的转化及培训评价和反馈等几个环节，如图 9-4 所示。

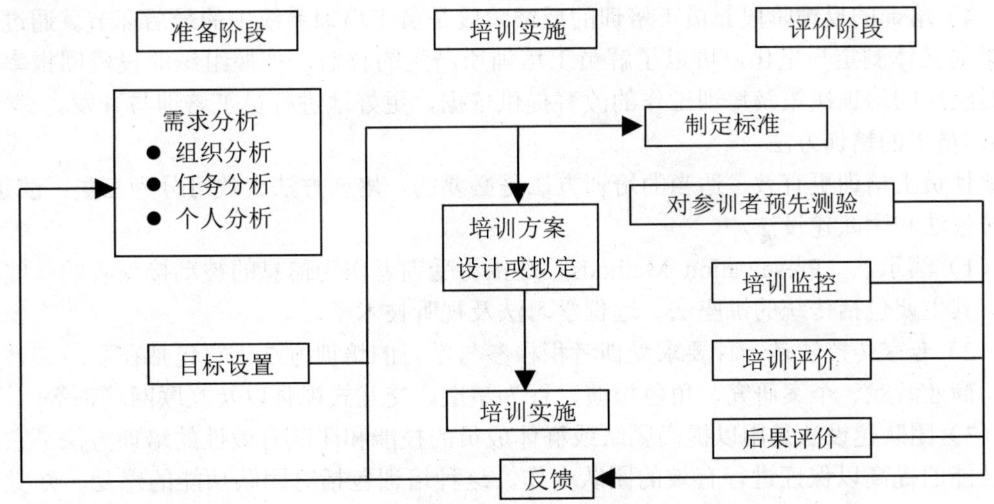

图 9-4 员工培训系统模型

（1）培训的准备阶段。在员工培训的准备阶段，必须做好两方面的工作：一是培训需求分析；二是培训目标确定。

① 培训需求分析对是否需要进行培训来说是非常重要的。它包括组织分析、任务分析与个人分析三项内容。组织分析是要在组织的经营战略下，决定相应的培训，并为其提供可利用的资源、管理以及对培训活动的支持。任务分析包括任务确定以及对需要在培训中加以强调的知识、技能和行为进行的分析。个人分析可帮助培训者确定谁需要培训，即通过分析员工目前绩效水平与预期工作绩效水平来判断是否有进行培训的必要。

② 培训目标是指培训活动的目的和预期成果。目标可以针对每一培训阶段设置，也可以面向整个培训计划来设定。培训目标一般包括三方面的内容：一是说明员工应该做什么；二是阐明可被接受的绩效水平；三是受训者完成指定学习成果的条件。

（2）培训的实施阶段。在培训的实施阶段，组织要完成两项工作：设计培训方案和培训实施。

① 培训方案的设计是培训目标的具体操作化，即目标告诉人们应该做什么，如何做才能完成任务，达到目的。

② 培训实施是员工培训系统关键的环节。要保证培训的效果与质量，必须把握以下几个方面：选择和准备培训场所；课程描述；课程计划；选择培训教师；选择培训教材；确

定培训时间等。

（3）培训的评价阶段。培训评价是员工培训系统中的重要环节。一般包括五个方面的工作：确定培训项目评价标准，评价方案设计，培训控制，对培训的评价，对培训后果的评价。

（4）培训的反馈阶段。员工培训的反馈阶段是员工培训系统中的最后环节。通过对培训效果的具体测定与量化，可以了解员工培训所产生的收益，把握组织的投资回报率；也可以对组织的培训决策及培训工作的改善提供依据，更好地进行员工培训与开发。

3．员工的培训方法

要使员工培训更有效，适当的培训方法是必要的。培训方法大致可分为三类：演示法、专家传授法和团队建设法。

（1）演示法（Presentation Methods）是指将受训者作为信息的被动接受者的一些培训方法。其主要包括传统的讲座法、远程学习法及视听技术学习。

（2）专家传授法是一种要求受训者积极参与学习的培训方法。它包括在职培训、情境模拟、商业游戏、个案研究、角色扮演、行为塑造、交互式视频以及互联网培训等。

（3）团队建设法是用以提高团队或群体成员的技能和团队有效性的培训方法。它注重团队技能的提高以保证进行有效的团队合作。这种培训包括对团队功能的感受、知觉、信念的检验与讨论，并制订计划以将培训中所学的内容应用于工作当中的团队绩效上。团队建设法包括探险性学习、团队培训和行为学习。

（二）绩效考评

1．绩效考评的定义

绩效考评是对员工在一定时间内对组织的贡献和工作中取得的绩效进行考核和评价，及时作出反馈，以便提高和改善员工的工作绩效，并为员工培训、晋升、计酬等人事决策提供依据。

2．绩效考评的方法

绩效考评的基本方法包括行为导向型主观考评法、行为导向型客观考评法和结果导向型考评法。

（1）行为导向型主观考评法，是指依据一定的标准或设计好的维度对被考评者的工作行为进行主观评价的方法。主要包括排列法、选择排列法、成对比较法和强迫分布法。

行为导向型主观考评法的优点：当绩效管理主要为了区分员工绩效，该方法就显得特别重要并且避免了过严或过宽及居中趋势的误差。如果绩效衡量的结果被应用在加薪、决策等此类管理决策方面，这种方法显得尤其有价值。

行为导向型主观考评法的缺点：无法与组织的战略目标联系在一起。主观性较强，其信度和绩效往往取决于评价者本人。从反馈目的看缺乏具体的依据，该种方法的评价结果不为大多数员工和管理者所接受。

（2）行为导向型客观考评法，是根据一定的客观评价标准对员工进行评价的方法。主要包括关键事件法、行为锚定等级评价法、行为观察法和加权选择量表法等方法。

行为导向型客观考评法的优点：与组织的战略联系较为紧密，向员工提供明确的绩效指导和反馈；使用这一技术的人也参与了开发和设计，所以可接受程度较高。

行为导向型客观考评法的缺点：必须时常对行为的衡量进行监控和修正，才能保证其与组织的目标联系在一起；并且不太适合比较复杂的工作，对这种工作而言，取得成功的途径和行为都是多种多样的。

（3）结果导向型考评法，是根据员工的工作成果对员工进行绩效考评的方法。以员工的工作结果为基础的评价方法是衡量员工的最终工作结果，它体现员工凝结形态的劳动。这种方法为员工设定一个最低的工作成绩标准，然后将员工的工作结果与这一明确的标准相比较，主要包括目标管理法、直接指标法、绩效标准法和成绩记录法等实施步骤和基本方法。

结果导向型考评法的优点：当员工的工作任务的具体完成方法不重要，而且存在着多种完成任务的方法时，结果导向的评价方法就非常适用。

结果导向型考评法的缺点：一是由于员工绩效的多因性，员工的最终工作结果不仅取决于员工个人的努力和能力因素，也取决于宏观的经济环境和微观的工作环境等多种其他因素，因此，以结果为导向的绩效考评很可能缺乏有效性；二是可能强化员工只重结果而不择手段的倾向；三是团队工作的组织中，把员工个人的工作结果作为绩效考核的依据会加剧员工个人之间的不良竞争，妨碍彼此之间的协作和相互作用，不利于整个组织的工作绩效；四是在为员工提供绩效反馈方面的作用不大，它无法向员工提供如何改进工作绩效的明确信息。

三、人力资源的保持

组织吸引和开发了员工队伍后，还必须保持队伍。为了保持队伍，组织需要进行有效的薪酬管理，并形成良好的劳资关系。

（一）薪酬管理

薪酬管理包括对基本薪酬、绩效薪酬、奖金、津贴以及福利等薪酬结构的设计与管理，以激励员工更加努力地为组织工作，从而实现组织发展战略目标，如图 9-5 所示。

1．薪酬管理系统

薪酬管理系统是对组织工资水平、工资结构、工资制度、工资形式、工资待遇的管理系统，旨在监督它们是否达到了组织与个人的目标。由于工资管理中包含很多内容，因此它是最困难和最具挑战性的人力资源管理领域之一，如图 9-6 所示。

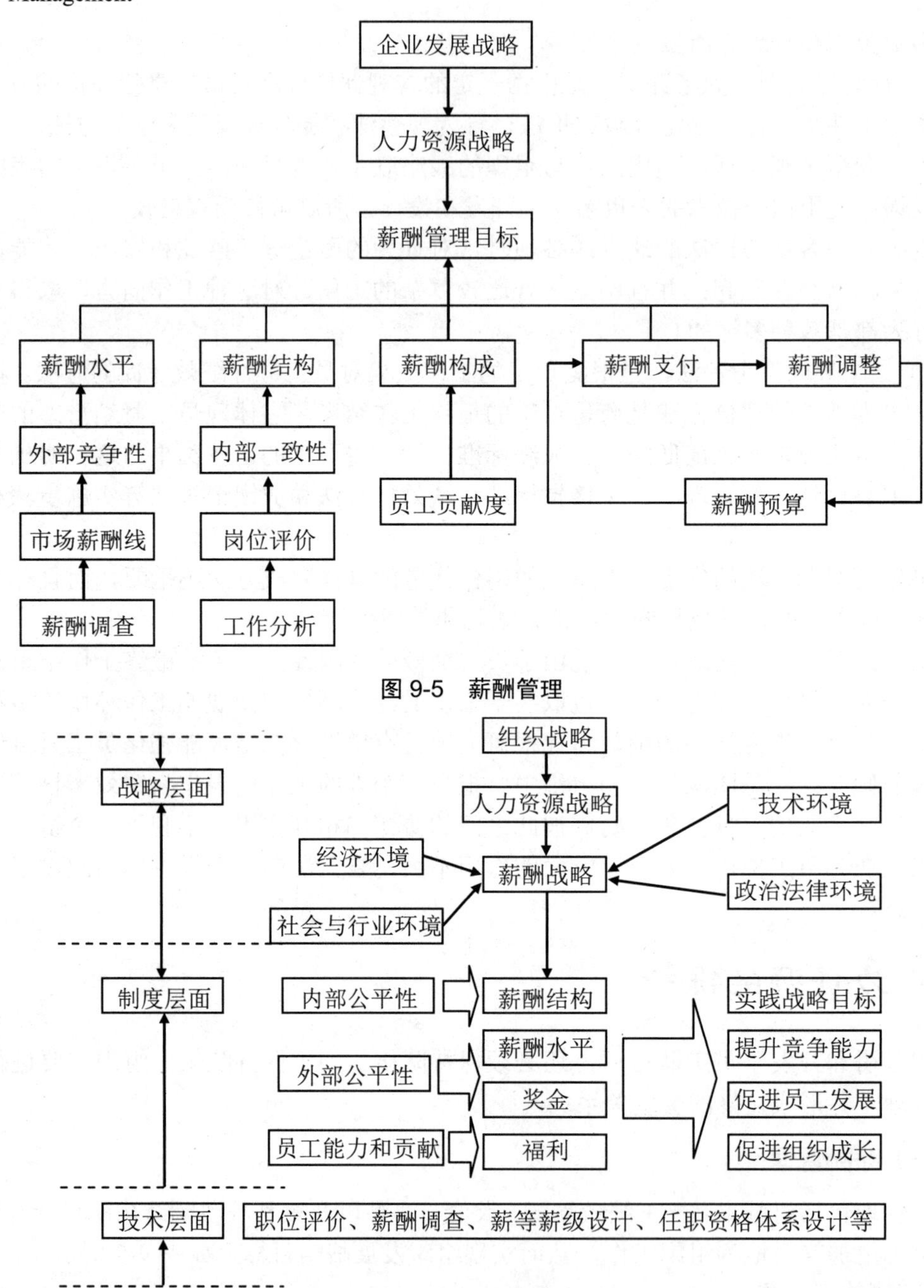

图 9-5　薪酬管理

图 9-6　薪酬管理系统

工资管理系统的首要任务是报酬公平。组织吸引、激励和留住有能力的员工，在很大程度上是通过组织的报酬机制实现的。报酬必须对所有相关方面公正实施，而且应该让人感觉到是公平的。根据员工关系的特点，内部薪酬公平可能更重要，而工作评价是内部公平首要的方法。如何处理好既吸引人才又降低成本这对矛盾，是薪酬管理系统的焦点和难点。

薪酬制度设计应考虑以下因素。

（1）个人岗位因素，即考虑不同岗位、不同绩效表现和同岗位人员配备。

（2）组织因素，即考虑组织发展阶段、组织规模、组织盈利水平。

（3）外部环境因素，即考虑劳动力市场、地区，行业薪酬结构良好的薪酬管理体系有助于组织发展。

2．薪酬结构

薪酬结构分为显性薪酬和隐性薪酬，显性薪酬主要包括基本工资、加班费、奖金、津贴和补贴、股权、员工福利；而隐性薪酬则主要包括办公环境、学习成长机会等。

（1）基本工资是组织雇员劳动收入的主体部分，也是确定其劳动报酬和福利待遇的基础。其具有常规性、固定性、基准性、综合性等特点。基本工资又分为基础工资、工龄工资、职位工资、技能工资等。在我国按劳动法规定，基本工资在每个地区都会有它的最低标准。

（2）加班费是指员工超出正常工作时间之外所付出劳动的报酬。劳动法有明文规定，用人单位安排劳动者加班或者延长工作时间，应当按照下列标准支付劳动者加班或者延长工作时间的工资报酬：一是工作日安排劳动者延长工作时间的，支付不低于劳动者本人日或者小时正常工作时间工资的百分之一百五十的工资报酬；二是休息日安排劳动者工作又不能安排补休的，支付不低于劳动者本人日或者小时正常工作时间工资的百分之二百的工资报酬；三是法定休假日安排劳动者工作的，支付不低于劳动者本人日或者小时正常工作时间工资的百分之三百的工资报酬。

（3）奖金是组织和雇主对雇员超额劳动部分或劳动绩效突出部分所支付的奖励性薪酬，是组织为了鼓励雇员提高工作效率和工作质量付给雇员的货币奖励。因此，与基本工资相比，奖金具有非常规性、浮动性和非普遍性等特点。组织中常见的奖金有全勤奖、超产奖、节约奖、年终奖、效益奖等。

（4）津贴和补贴是指组织为了补偿员工特殊或额外的劳动消耗和从事特种作业而付给员工的报酬，以及为了保证员工工资水平不受物价影响而支付给员工的物价补贴。常见的津贴和补贴有夜班津贴、车船补贴、降温费、特种作业补贴、出差补助、住房补贴、伙食补贴等。

（5）股权是指授予公司员工以一定的价格在将来某一时期购买一定数量公司股票的选择权。认股权一般授予高级管理人员或对公司有重大贡献的员工，目的是提高员工的归属感，激发其为公司努力工作的欲望。

（6）员工福利是一种以非现金形式支付给员工的报酬。员工福利从构成上来说可分成两类：法定福利和公司福利。法定福利是国家或地方政府为保障员工利益而强制各类组织执行的报酬部分，如社会保险；而公司福利是建立在组织自愿基础之上的。员工福利内容包括养老、医疗、住房、寿险、意外险、财产险、带薪休假、免费午餐、班车、员工文娱活动、休闲旅游等。

（7）办公环境是指为员工创造良好的工作氛围，这是组织重视人的情绪、人的需求、人员激励的体现。

（8）学习成长机会是指组织结合自身的组织目标，有计划、有目的地对员工进行专业知识、业务技能或管理技能的培训，创造环境让员工学习提高专业知识技能或管理技能。

（二）劳资关系管理

劳资关系管理是指协调和改善组织与员工之间的劳资关系，进行组织文化建设，营造和谐的劳资关系和良好的工作氛围，保障组织经营活动的正常开展。劳资关系或称为劳雇关系，一方面是受雇主雇用从事工作获得工资者，另一方面是雇用劳工的事业主、事业经营的负责人或代表事业主处理有关劳工事务的人，彼此间的关系即属劳雇关系。

我国的劳资关系管理重在合作、和谐、协调。换言之，以合作代替对立、以和谐代替纠纷、以沟通代替隔膜。

第三节　战略人力资源管理

战略人力资源管理是在经济全球化和技术创新引致外界环境迅速变化，竞争激烈的背景下，组织为提升整体绩效，维持和增强竞争优势而进行的强化柔性自我调整和更新的人力资源管理方式，是一次继人事管理发展到人力资源管理后的又一次管理理论和实践的飞跃。战略人力资源管理将组织的注意力集中于优化结构和文化、开发员工能力和素质、提高效率和业绩，使组织通过不断获取、开发、保留和激励优秀员工，积累和保持竞争优势。

一、战略人力资源管理的定义和特征

（一）战略人力资源管理的定义

战略人力资源管理产生于20世纪80年代中后期，二十多年来这个领域的发展令人瞩目。对这一思想的研究与讨论日趋深入，并被欧、美、日企业的管理实践证明为是获得长期可持续竞争优势的战略途径。相对于传统人力资源管理，战略人力资源管理（Strategic Human Resources Management，SHRM）定位于在支持企业的战略中人力资源管理的作用和职能。目前，学术理论界一般采用Wright & Mcmanhan的定义，即为企业能够实现目标所

进行和所采取的一系列有计划、具有战略性意义的人力资源部署和管理行为。

（二）战略人力资源管理的特征

1．人力资源的战略性

企业拥有这些人力资源是企业获得竞争优势的源泉。战略人力资源（Strategic Human Resources，SHR）是指在企业的人力资源系统中，具有某些或某种特别知识（能力和技能），或者拥有某些核心知识或关键知识，处于企业经营管理系统的重要或关键岗位上的那些人力资源，相对于一般性人力资源而言，这些被称为战略性的人力资源具有某种程度的专用性和不可替代性。

2．人力资源的系统性

企业为了获得可持续竞争优势而部署的人力资源管理政策、实践以及方法、手段等构成一种战略系统。

3．管理的战略性

人力资源管理的战略性是指其“契合性”，包括：（1）“纵向契合”，即人力资源管理必须与企业的发展战略契合；（2）“横向契合”，即整个人力资源管理系统各组成部分或要素相互之间的契合。

4．管理的目标导向性

战略人力资源管理通过组织建构，将人力资源管理置于组织经营系统，促进组织绩效最大化。

二、战略人力资源管理的内容和内在逻辑

（一）战略人力资源管理的内容

战略人力资源管理的内容，学者们站在各自的角度提出了不同的看法，但是本质上基本一致。也就是说，战略人力资源管理的主要内容都是围绕着人力资源的获取、开发、保持展开的。概括起来就是战略人力资源规划、战略招聘管理、战略培训与开发管理、战略绩效管理、战略薪酬管理、战略国际人力资源管理等。

（二）战略人力资源管理的内在逻辑

从根本上说，战略人力资源管理着眼于服务企业战略，获取竞争优势，提高企业的核心竞争力，从而达到企业的目标。

为了达到企业目标，就要对企业现有人力资源进行分层分类的管理，并以此构建企业战略性人力资源管理体系，如图 9-7 所示。

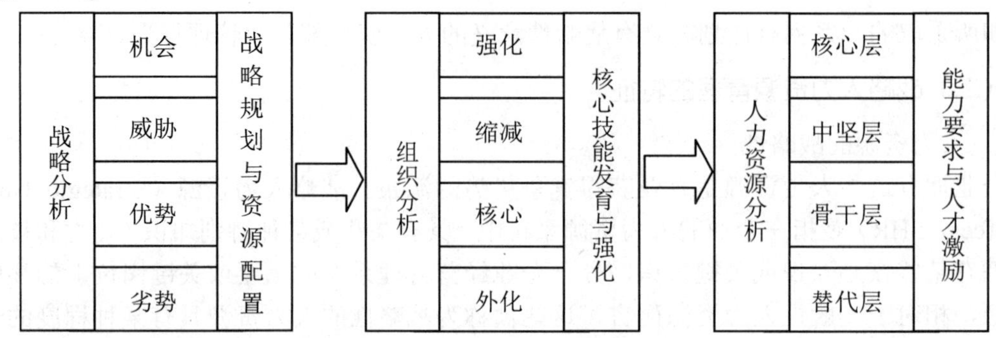

图 9-7 战略人力资源管理的内在逻辑

三、战略人力资源分层分类管理模式

（一）战略人力资源分层分类管理模式

一个企业的核心能力就突出表现为企业所具有的核心人力资源。核心人力资源是形成企业核心能力的基础，并已取代资金、技术、资本而成为商业企业重要的战略性资源，是构成公司核心竞争力的基本要素。作为知识和技能“承载者”的核心人力资源，代表了企业所拥有的专门知识、技能和能力的总和，是企业创造独占性的异质知识和垄断技术优势的基础。针对这一特殊的战略性资源必须进行分层分类的科学管理，以人为本，注重人和事的相互适应，注重对员工的培训和潜能的开发，建立有效的激励机制，才能充分发挥其创造性和主观能动性，从而谋求企业与员工个人的共同发展。

我们可以用“价值性”和“唯一性”这两个标准来对人力资源分层分类，并以此界定企业的核心人力资源。首先有必要对所依据的这两个维度进行分析，然后利用“分层分类矩阵模型”将人力资源划分为四个象限加以界定，如表 9-3、表 9-4 和图 9-8 所示。

表 9-3 人力资源分层分类标准

分析纬度	人力资源的“价值性”	人力资源的“唯一性”
具体内涵	● 推动变革 ● 反映消费者需要 ● 提供出色的客户服务 ● 达成最优质量 ● 有助于流程完善 ● 发展新的商业机会 ● 直接影响效率和生产率 ● 最小化产品成本、服务成本	● 在市场上没有得到广泛应用 ● 不能被购买或采购 ● 难以模仿和复制 ● 特别的 KSA（知识、技能、能力） ● 难以替代 ● 在公司定做 ● 通过有经验的人开发 ● 差异性

表 9-4 人力资源分层分类详解

职能体系	核心人力资源	义务性人力资源	辅助性人力资源	独特性人力资源
雇佣模式	知识工作	传统工作	合同工	伙伴
雇佣关系	组织为核心	工作为核心	交易	合作
工作设计	● 授权 ● 用户导向	● 清晰定义 ● 适度授权	● 准确定义 ● 范围有限	● 团队为基础 ● 自主
员工配置	● 才能——学习能力 ● 提升	● 外部招募 ● 短期目标	● 外部资源 ● 特定的招聘	● 能够合作 ● 成就
培训开发	● 现场培训 ● 公司特色	● 限于具体情况 ● 关注短期	局限于规章、流程	● 持续性培训 ● 公司具体情况
绩效评价	● 关注战略贡献 ● 培训	● 培训 ● 关注短期绩效	行政管理	● 团队导向 ● 完成目标
报酬激励	● 外部公平（高工资或持股） ● 为知识、经验、资历付薪	● 外部公平（市场比较） ● 为绩效付薪	按小时或临时工作付薪	● 团队的激励 ● 合同、薪酬、为知识付薪

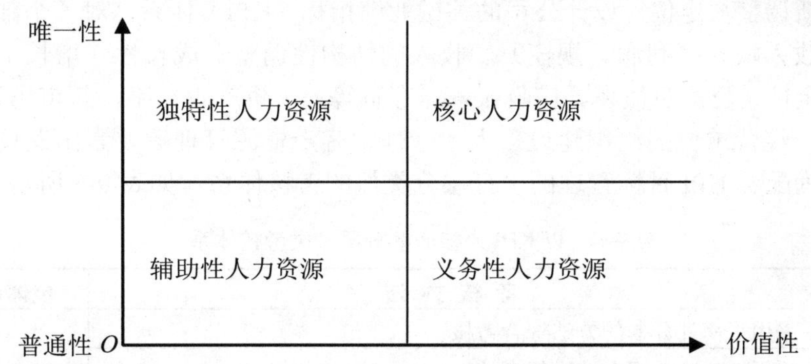

图 9-8 战略性人力资源分层分类管理矩阵

我们可以把企业中的各类人员依据这两个标准划分入这四个象限，形成人力资源分类图。四种人力资源并不是一成不变的，它们之间的联系和相互转换需要建立一套评估的方法。

（二）构建分层分类的战略人力资源管理体系

构建分层分类的战略性人力资源管理体系，首先要求在公司战略层面上调整组织定位与结构。

1. 战略性人力资源管理的组织基础——理顺企业纵向与横向权责体系

公司建立创新授权机制的前提是对企业中不同层级人员职能的重新定位和再认识。从垂直分层上看，应考虑“战略层—管理层—操作层”的分工；从横向分类看，应当考虑业务流程和工作职责的明晰化。

2．战略性人力资源管理的定位——系统规划企业长期发展战略

它要求企业必须突破传统的“人事”定位，从一种维持和辅助型的管理职能上升为一种具有战略意义的管理职能。以此提高人力资源在公司中的战略价值，保证公司的人力资源政策与公司的发展战略匹配，对人力资源进行系统规划。

公司的价值创造主体，是公司的领导层和核心业务类员工。价值创造主体的获取和业务能力提升，是公司人力资源规划的核心所在。人力资源规划是一种战略规划，着眼于为未来的企业生产经营活动预先准备人力，持续和系统地分析企业在不断变化的条件下对人力资源的需求，并开发制定出与企业组织长期效益相适应的人事政策的过程。

3．战略性人力资源管理的价值评价体系——以关键业绩指标为核心的分层分类的目标管理

建立符合企业战略性人力资源管理要求的员工业绩评价系统，是当前企业人力资源管理走向客观和理性的突破口，也是进行薪酬分配，调动员工积极性的重要内容。分层分类的绩效评价系统是在公司战略与业务定位的基础上，从战略分解和市场压力传导的角度，配合各部门重新调整与定位，设计公司的关键业绩指标（KPI）体系，对各个部门进行分层分类管理。从收入增长（利润、规模）、收入的结构性调整、成长性（增长率、目标达成率）、资产安全性（资产负债率、应收账款、存货等）、资产收益率、新市场开拓与培育、制度执行情况、经营单位的组织建设、人才管理、客户资源管理等要素出发设计可量化指标。总体思路为配合KPI目标管理的“分层分类”的考核体系，如表9-5所示。

表9-5 以KPI为核心的分层分类考核体系

层级	考核办法	整体性考核思路
高层管理人员	采用平衡计分卡的方法综合考核	KPI关键业绩指标目标管理
中层管理人员	采用360度考评办法进行考核	
一般员工	采用工作成绩评价、能力评价以及工作态度评价相结合的方式进行考核	

4．战略性人力资源管理的价值分配体系——以岗位工资为基础的薪酬管理

有效的薪酬制度是吸引、留住、激励高素质人才的必要条件。战略性人力资源管理中的“价值分配”的内容不仅包括工资、奖金、红利、股权，还包括职权、信息、机会、学习等，其中最重要的是企业薪酬体系的设计要体现分层分类的原则，其薪酬管理模式所遵循的基本思路如下。

（1）必须贯穿“企业的战略目标—人力资源目标和战略—薪酬目标和战略”这条主线，强调提升企业竞争力。即要站在企业战略、组织和整个人力资源管理系统的高度来思考薪酬制度建立的目标、战略和基准，明确“要实现企业的战略目标，需要什么样的人力资源

（关键成功要素分析），希望核心人才产生何种行为（关键成功行为界定）；我们要吸引和保留哪部分核心人才；通过什么手段来吸引和保留、激励这部分核心人才；其中，薪酬在其中起到什么样的作用”。

（2）必须围绕“价值创造—价值要素的分析—价值要素的评价—价值分配”这一价值链条，即要明确是谁创造了公司的价值，哪些要素参与了价值的创造，如何来评价不同要素和不同的人在价值创造中的贡献，谁是价值创造的主体，从而确定价值分配制度应该向谁倾斜。价值链的引导过程中组织对员工的期望，即对员工行为的“要约”非常重要，应该通过合理的薪酬结构来体现。

以岗位工资为基础的分层分类薪酬体系如表 9-6 所示。

表 9-6　以岗位工资为基础的分层分类薪酬体系

层　级	薪酬体系		整体性薪酬思路
高层管理人员	采用年薪制和股票期权		以岗位工资为基础
中层管理人员	岗位工资+绩效工资+奖金分工		
一般员工	职能部门	以岗位分析和职位评价为基础，以岗位工资为主，绩效工资为辅	
	业务部门	以任职资格和职位评价为基础，以绩效工资为主，以岗位工资为辅	

5．战略性人力资源管理的培训开发体系——以在职培训为基础构建学习型组织

现代企业战略性人力资源管理必须树立人力资本投资观，要比投资物质资本更注重投资人力资本。构筑企业人力资源竞争力，就要高度重视人力资源的培训和开发，确立教育培训的战略性地位，建立“学习型企业”，将教育培训制度化，根据企业发展战略，制定可行的培训开发规划，建立全员教育和终生教育体系，促使员工不断更新观念，优化知识结构，提高综合素质。加强中高级管理人员的培养，努力造就一批既精通市场运作规则，又能准确把握国内外行业发展趋势，具有国际化水准的专业管理人才队伍。同时，配合公司从业资格认证制度的推行，通过分期轮训、网上教育和参加社会培训等多种渠道，开展大规模的员工培训活动，逐步建设高素质的员工队伍。

6．战略性人力资源管理的配置异动体系——以竞聘上岗为基础的用工管理

战略性人力资源管理要求企业打破人才流动中的体制障碍，保证人才市场主体充分到位。因此，在企业人力资源配置上，必须在严格的成本约束的条件下，将那些劳动边际生产力低于社会平均边际生产力的员工（即无效的劳动力）置换出来，才能实现企业人力资源的最佳配置，实现劳动力（员工）与其他生产要素的有机结合。能岗匹配原理是竞聘上岗的理论基础，干部任期制是竞聘上岗的制度基础。公司按照公平、公正、公开、竞争、择优的选人用人标准，合理配置人员，建立能上能下、能进能出的用人机制。通过竞聘上岗的战略性人力资源配置模式，正是基于追求人才合理的开发、人才合理的配置、人才的

最佳使用为目的，通过公开竞聘的方式，搭建一个公平竞争、双向选择、人尽其能的人力资源配置平台，更好地满足业务发展和结构调整对人力资源的需求，从符合任职条件的人群中挑出最适合、最匹配的人，使职得其才，才得其用，能岗匹配，效益最佳。同时这又是极大地鼓舞斗志、广开才路的好方法。

以竞聘上岗为基础的分层分类用工管理如表 9-7 所示。

表 9-7　以竞聘上岗为基础的分层分类用工管理

层　级	竞 聘 体 系	整体性配置思路
高层管理人员	通过董事会考察任免	以竞聘上岗为基础
中层管理人员	干部任期制+能岗匹配制的竞聘上岗	
一般员工	根据岗位要求和任职条件，双向选择，竞聘上岗	

结尾案例

联想：如何让新员工入模子

当企业推行多元化战略，尤其是通过并购实现多元化经营时，它们往往面临着相似的管理窘境：一方面，新业务导致员工人数剧增，企业面临新员工培养和管理的压力；另一方面，新并入企业已有既有文化，双方难以顺利磨合。即便对于有着 30 年发展历史的联想控股而言，当选择走上多元化战略之路时，也面临同样的困扰，不过联想控股并没有去尝试或者创造一种新的方法，而是让“入模子”这一在企业内实行了 20 年的文化培训工具焕发出新能量。

联想于 1984 年由柳传志创建。如今，联想控股的业务逐渐从电脑、数码产品扩展到投资、地产、医疗服务和农业等领域，旗下的成员公司（联想控股主要控股的企业，联想控股与成员公司不是母公司与子公司的关系，而是战略合作关系，联想控股在不同的成员企业股权比例不同——作者注）包含联想集团、君联资本、神州租车等 10 多家，员工总人数也从当初的 11 人猛增至如今的近 6 万人。2013 年，联想控股营业额高达 2 440 亿元。2014 年，神州租车在香港成功上市，同时自 2012 年创立的农业与食品品牌“佳沃”开始为市场熟知。

联想控股的多元化经营之所以能取得如此成绩，离不开它对企业文化的重视以及在文化培训上的有效做法。早在 20 世纪 90 年代，柳传志就明确了文化建设对企业发展的重要性，并成立管理学院进行“入模子”等文化培训项目的开发。

配合战略做改良

“入模子”创立于 1991 年，也就是联想管理学院成立之时。如今，打开联想控股网站的“企业文化”的子页下面，我们能在醒目的位置看到这样一句话：“在联想，我们将文化比喻为模子。”具体来说，所谓“入模子”，意即企业像一个模子，有独特的企业管理和文化要求；所有加入公司的员工，都要进到模子里熟悉公司的企业文化。如前所述，在诞生之后的 20 年里，“入模子”更多是服务于新员工培训，让新员工对公司文化要求以及各方面情况有更系统全面的认识。

到了2010年，当联想控股提出中期战略之后，管理学院为了让文化培训在不同背景的成员企业中都能起到较好的实效，对“入模子”进行了改良，使之成为一个更为贴近业务，也更注重文化体验的培训。

不同于一般的拓展训练或新员工培训，“入模子”并非简单的内容灌输，而是用体验的方式，让参与者能够真切感受到企业文化的可信性和实用性。具体做法上，“入模子”呈现出以下三大特点，带有明显的强导入性。

（1）采用小组制。“入模子”项目为期4天3夜（中午开始，中午结束，实际时间只有3天），全程采用封闭式管理。受训对象既包含总部的新员工，也包括控股旗下各个成员公司分管企业文化建设的负责人，以及人力资源部具体做文化建设的人员。管理学院对参加人数严加控制，成员公司的参与者最多五六人，少则一两人，从而保证每期总人数在50～60人。所有参与者会被分成5～6个小组，每组10人左右。在3天的培训中，所有任务都以小组的形式进行，不计个人成绩。这在无形之中增加了成员的团队协作的要求。管理学院对培训时长和人数进行了严格把控，以便保证培训效果。

（2）加大体验性教学的比重。管理学院不采用填鸭式的灌输方式，只是让员工死记硬背一些理论知识；而是将理论知识与实践相结合，令受训者不仅掌握价值观、方法论，还通过完成团队任务并全程进行竞赛的方式，让他们学以致用。具体而言，管理学院老师讲授的三门核心课程——《联想的历史》、《联想的文化》和《联想的管理》的时间只约占“入模子”的1/3，余下时间用于让老员工和高管与受训人员进行面对面交流，及各种团队任务竞赛。管理学院将联想的价值观（企业利益第一、求实、进取和以人为本）、方法论（目的性极强、分阶段实施和复盘），以及管理三要素（建班子、定战略和带队伍）的学习与运用全部融入到每个任务中，让学员在完成任务的过程中用管理三要素自建团队、制定目标，通过复盘团队任务的执行结果，自己感悟核心价值观、方法论以及联想管理理念所起的作用。

例如，所有学员会被打乱排组，小组成员来自控股公司的不同部门或成员企业。组长由管理学院统一指定，并事先接受集中培训。通过民主推举或自荐的方式，每个小组选出3人担任干部，与组长组成组委会。组委会即“班子”，负责本组的各项活动和执行。小组“班子”会设定培训3天的目标，并带领小组实现这一目标，即定战略和带队伍。管理学院对小组在3天里参加的每一项活动打分，但并不计个人成绩，以便让团队成员形成团队（企业）利益第一的意识。在此基础上，小组成员会在晨间拓展的竞赛后，以及每天晚上进行“复盘会”。小组“班子”会带着成员对当天的团队表现进行分析和反思。“复盘”的重要意义在于，这不仅是巩固培训内容的重要方法，它也是联想控股希望员工掌握的一种日常行为方式。通过反复的复盘活动，受训人员能更好地掌握复盘这一方法。

（3）用考核强化记忆。在培训的3大类内容中，除新老员工进行交流之外，文化课和拓展训练项目都要进行考核打分。文化课以知识竞赛的方式考核，题目均来自于3门文化课（联想的历史与现状、文化和管理）上传授的内容。在培训行将结束时，各小组还要综合本小组的讨论和复盘会的情况，向全体人员做总结汇报，由评委打分，结果纳入团队竞赛总成绩。高强度的竞赛非但没引起学员的反感，反而将他们的积极性充分调动了起来。“很多人一开始并没把培训放在心上，当完全融入后，他们会为了团队的荣誉感而通宵达旦地熬夜商讨策略。”高强这样描述。

服务战略提供定制化培训

2011年，在对“入模子”进行改良的一年后，管理学院又针对成员公司，推出了定制化的“入模子”项目。

针对成员公司的“入模子”主要以贴近业务的文化传播为主。高强相信，对一个已经有一定文化基础的公司，强行灌输不但效果不好甚至可能适得其反。因此，联想控股对成员公司开展的“入模子”，更多是以成员公司的需求为出发点，考虑到企业的行业特点、发展阶段、队伍结构以及CEO个性等因素来设计有针对性的方案。具体来说，成员公司的“入模子”表现为以下三个特点。

（1）量身定做。由于成员公司“入模子”的学员规格较高，主要为中层以上领导者，为了抓住他们的需求，管理学院的人通常会提前一个月做深入调研，对所有中层以上管理者做全面访谈，了解他们及其员工当前的心态、该公司发展的特点，以及企业原本的文化情况。最后，有关人员还会与CEO做深入的一对一访谈和沟通，了解公司目前关心的是什么，然后挑选一个现任CEO最关心的问题，组织员工一起讨论，让公司上下了解管理的瓶颈在哪，或者公司需要解决的重要困惑和挑战在哪，公司该如何行动。例如，在对正奇金融进行“入模子”培训前，管理学院联合联想控股战略投资部、正奇本部及3家成员公司的中高层管理人员及员工进行了41人次访谈调研。其后，他们又经数次讨论分析，并与管理层协商，确定了“入模子”的基调，将公司目前几块业务的“统合增效”作为需要重点关注的问题。

（2）文化+战略。成员企业的“入模子”一半内容沿袭了控股公司“入模子”的内容和形式，保留了三门关于文化的理论课，压缩了拓展训练项目；另一半内容则是结合企业的新战略，让成员企业的CEO或董事长与员工进行战略沟通，以便让公司上下明晰未来发展方向。以酒业公司丰联集团的“入模子”为例，学员要上3门理论课，参加拓展训练并随时复盘。除此之外，“入模子”还囊括了该公司学员更为关注的业务相关内容，如白酒发展趋势、丰联业务规划等，通过对业务内容的讲解，让学员了解集团的战略布局。

（3）注意尺度和时机。为了防止“入模子”在文化导入上过于强势而起到反效果，管理学院非常注意把控尺度。高强表示：“文化是不是让人信任和接受，有用是前提。所以，我们并不过分强调宣贯，而是证明文化确实对战略业务发展有切实的帮助。”此外，管理学院对成员公司进行“入模子”的时机也极为重视。为了取得更好的效果，他们不会选在成员公司被并购后就立刻展开，而是等到双方有一定了解后，再让企业“入模子”。

“入模子”不是洗脑，“模子”也在被改造

经过4年的发展，控股公司层面的“入模子”项目已取得良好的成果。不少学员在事后的培训反馈中表示，自己对联想的企业文化有了真切的认识，在培训中学到的管理三要素、价值观与方法论也让自己在日常工作中受益不少。联想控股财务部的金朝就说，“入模子”带给他的是全方位的震撼，他在老一代的联想人身上，看到了求实、进取的联想核心价值观的自然流露，看到了以身作则将联想文化代代相传，看到了联想成功的基因。君联资本的杨云霞则表示：“‘入模子’对于我的投资业务有帮助，去武汉看项目，对方企业创始人要我谈谈柳总是如何做到今天的。自己能够就文化和管理侃侃而谈，赢得对方团队的认可。此外，通过‘入模子’也认识了一批新朋友。”

然而，并非每个人都愿意接受这种方式，尤其是追求个性的年轻员工，往往容易把这种培训看成“洗脑”。这同样也是联想管理学院面临的挑战。在高强看来，“入模子”包含两个核心——选择和塑造。“模子”是一个双向选择，联想把模子摆在这里，告诉员工联想的做法和经验，员工可以选择接受，也可以选择离开。但这种塑造也是双向的。“我们的模子是可以改的，新进来的员工也在塑造联想。”不过，改模子的前提是先入模子。

资料来源：http://manage.hr369.com/culture/201506/177772.html，2015-06-09.

讨论题：

1．参考案例材料，请列举十种以上的培训方法。

2．结合案例说明联想是怎样对员工进行文化培训的？对其他企业有何借鉴意义？

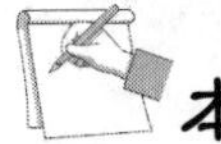

本章小结

1．人力资源是指在一个国家或地区中，处于劳动年龄、未到劳动年龄和超过劳动年龄但具有劳动能力的人口之和。

2．人力资源具有生物性、时代性、能动性、两重性、时效性、连续性和再生性的特点。

3．人力资源管理是指运用现代化的科学方法，对与一定物力相结合的人力进行合理的培训、组织和调配，使人力、物力经常保持最佳比例，同时对人的思想、心理和行为进行恰当的诱导、控制和协调，充分发挥人的主观能动性，使人尽其才、事得其人、人事相宜，以实现组织目标。

4．人力资源管理的过程包括人力资源的吸引、开发和保持。

5．介绍战略人力资源管理的概念、特征、模型及模型的运用。

关键词

人力资源　人力资源管理　战略人力资源管理　战略国际人力资源管理　EPRG 模型

思考题

1．解释人力资源、人力资源管理、战略人力资源管理的概念。

2．结合实际说明企业进行人力资源管理的重要性。

3．举例说明某企业是如何进行人力资源吸引工作的。

4．举例说明某企业是如何进行人力资源开发工作的。

5．举例说明某企业是如何进行人力资源保持工作的。

6．什么是战略人力资源管理？为什么要进行战略人力资源管理？

网络练习

在互联网上找出一家真实的企业，并分析以下问题。

1．该企业是怎样进行人力资源管理吸引、开发和保持的？

2．该企业有没有实行人力资源管理战略？为什么？

3．该企业有没有进行战略国际人力资源管理？为什么？

自测题

（一）判断题

1．人力资源是指一切具有为社会创造物质文化财富，为社会提供劳务和服务的人。（　　）

2．绩效管理系统的可接受性在很大程度上取决于组织成员对它的公平性的认可。（　　）

3．只有跨国公司才需要进行战略国际人力资源管理。（　　）

4．战略人力资源分层分类管理模式是最好的战略人力资源管理模式。（　　）

5．组织的发展战略和人事政策决定了组织对人力资源的需求状况。（　　）

（二）选择题

1．绩效考评的基本方法包括（　　）。

A．行为导向型主观考评法　　B．行为导向型客观考评法

C．结果导向型考评方法　　D．过程导向型客观考评方法

2．我国法律规定企业招收员工一般要年满（　　）周岁。

A．15　　B．16　　C．17　　D．18

3．人力资源管理的过程包括（　　）。

A．吸引　　B．开发　　C．保持　　D．控制

4．下列选项中属于薪酬结构中显性薪酬的是（　　）。

A．基本工资　　B．工作环境　　C．奖金

D．加班费　　E．培训机会

第四篇　领导与激励

第十章　领导工作的基本理论

学习目标

☑ 了解领导的基本含义
☑ 理解管理与领导的关系与区别
☑ 掌握领导者影响力的基本内容
☑ 理解与掌握领导的行为理论
☑ 理解与掌握领导权变理论
☑ 理解领导工作的方法和工具

开篇案例

谁才是合适的领导

谢丁是设在北京中关村电子一条街的一家计算机公司中分管人事工作的副总经理。公司董事会日前作出了“第二次创业”的战略决策，并据此将公司经营业务的重点从组装“杂牌”计算机转到创立自己“品牌”的方向上来。谢丁必须在这周内作出一项人事决定，挑选一个人担任公司新设业务部门的领导。他有三个候选人，他们都在公司里工作了一段时间。其中一位是李非。这小伙子年纪不大，但领导手下人挺有一套办法，所以谢丁平时就比较注意到他。另一个原因是，李非的领导风格很像谢丁自己。谢丁本人是曾在部队从事过通信系统维护工作的退役军人，多年军队生活的训练使他养成了目前这种因为习惯而很难改变的领导方式。但谢丁自己心里也明白，公司新设立的业务部门更需要能激发创造性的人。李非是外埠某大专院校电子计算机专业的专科毕业生，四年前独自到北京“闯世界”，经过面试来到了本公司工作。他的性格与言行让人感到，他是一个固执地坚持自己主意的、说一不二的、敢作敢为的人。另一位是秦雯，她是另一种性格的人，通过自学获得了文科学士文凭。她为人友善，喜欢听取下属的意见，并通过前一段时间参加工商管理短训班的学习以及自己在实践中的总结、提高，形成了一种独特的领导风格。对于第三个候选人彭英，谢丁没有给予多少考虑，因为彭英似乎总是让他的下属作出所有决策，自己从没有勇气说出自己的主张。

资料来源：http://www.zzhxxy.com/jwc/news_show.asp?id=1326.

讨论题：

假如你是在谢丁身边工作多年的一位参谋人员，谢丁想让你从纯理性角度对该项人事决策作一分析。请问你该建议谢丁选择谁担任新设业务部门的领导人？为什么？

第一节　领导的性质

一、领导的含义

汉语中的“领导”可以作名词用，即领导者，也可以作动词用，即领导行为或领导过程，管理学中所研究的领导一般指后者。

关于领导的含义在管理学界有许多观点，它们各有长处与特点。其中以美国管理学家孔茨等人的观点最具有代表性。他们认为，领导是一种影响力，是对人们施加影响的艺术或过程，从而使人们心甘情愿地、满怀热情地为实现组织或群体的目标而努力。关于领导代表一种影响力的观点有三个要点：第一，它揭示了领导的本质，即影响力。这种影响力能够引导人们的行为。这里的引导是指使人们以某种方式跟随一个特定的过程的行动。第二，它明确指出领导是一个过程，是引导人们行为的过程，不仅如此，它还是一个艺术过程。这是因为，领导者面临着千变万化的组织内外环境，特别是面对着身份不同、受教育程度不同、文化和经历背景不同的各种各样的人，这些人进入组织或群体的目的和需要各不相同，而且人们的需要、目的等都处在动态的变化之中。所以，对人的领导与其说是一种过程，不如说是一种艺术。越是高层次的领导行为，艺术的成分就越多。第三，它指出了领导的目的。领导的目的在于使人们心甘情愿地、满怀热情地为实现组织或群体的目标而努力，所以说，领导是一项目的性非常强的行为。使人们情愿地而非无奈地、热情地而非勉强地为组织或群体的目标而努力，这体现了领导工作的水平。

一般认为，领导（Leading）是一种影响力，是对人们施加影响的艺术或过程，从而使人们努力地为实现组织的目标而努力。具体来说，所谓领导即一种人与人间的交往过程，通过该过程来影响、激励和引导人们执行某项任务，以达到特定目标的一种行为。这个领导过程是由领导者、被领导者和其所处环境这三个因素所组成的复合函数，用公式表示就是：领导=F(领导者,被领导者,环境)。

二、领导者的影响力

从狭义的角度理解领导工作，它指的是领导者运用其拥有的权力，以一定的方式对他人施加影响的过程。影响意味着使他人的态度和行为发生改变。而要产生这种影响，领导者就必须拥有着比被领导者更大的权力，这种权力是领导者对他人施加影响的基础。换句话说，领导是由权力派生而来的。

所谓权力，是指一个人主动影响他人行为的潜在能力。这里“潜在”的意思就是说，一个人可能拥有一定的权力，但他可能根本就未行使这种权力。例如，一个足球队的教练有权开除表现不好的队员，但是由于队员们意识到教练拥有这种权力因而严格要求自己，这样教练实际上就很少真正行使这方面的权力。

在一个组织内部，权力可以按其来源不同而分为五种，如图10-1所示。

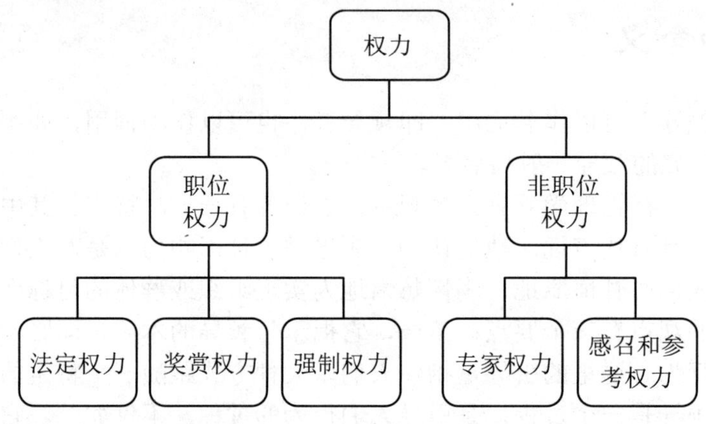

图10-1 领导权力来源

（一）法定权力

法定权力是指组织内各领导职位所固有的合法的、正式的权力。这种权力可以通过领导者利用职权向直属人员发布命令、下达指示来直接体现，有时也可借助于组织内的政策、程序和规则等而得到间接体现。连队士兵听从连长指挥向敌军阵营发起猛攻，因为连长具有这种人们所接受的合法的职权。同样，企业中的各级管理人员对其下属也拥有法定权力，这种权力是组织的等级指挥链所规定的。

（二）奖赏权力

奖赏权力是指提供奖金、提薪、升职、赞扬、理想的工作安排和其他任何令人愉悦的东西的权力。由于被领导者感觉到领导者有能力使他们的需要得到满足，因而愿意追随和服从他。可以说，领导者所控制的奖赏手段越多，并且这些奖赏对下属越是显得重要，那么他拥有的影响力就越大。

（三）强制权力

强制权力是指给予扣发工资奖金、降职、批评乃至开除等惩罚性措施的权力。强制权力和奖赏权力都与法定权力密切相关，如采购员可以向生产现场提前或拖延供应急需的零部件而发挥影响力，交通警察可以对违反交通规则的驾驶员发出违章罚款单或扣留驾驶执照，这些权力的行使都是与其所担负的工作和职务相关的。

（四）专家权力

专家权力是指由个人的特殊技能或某些专业知识而产生的权力。例如，律师、医生、大学教授和企业中的工程师可能拥有相当大的影响力。与之相反，一个身居领导职位的人，因为缺少某种专门知识，因而可能缺乏相应的专家权力。提倡“内行当家”，其道理之一就在于此。

（五）感召和参考权力

感召和参考权力是与个人的品质、魅力、经历、背景等相关的权力。例如，黑人领袖马丁·路德·金，尽管法定的权力很小，但凭着他人格的力量，有力地影响着许多人的行为。同样的情形还见于电影明星、战斗英雄和其他具有表率作用的榜样人物身上。除此之外，有些人与领导者或某权威人物有着特殊的关系，可能因此具有与普通人不同的影响力，此为参考权力。如董事长的夫人，她显然不在公司担任职务，却可能对该企业内的员工产生影响力。又如总经理的秘书，其头衔和职务层级远低于部门经理，却可能令这些人对他或她敬畏三分。

一个领导者获得影响力的途径是多样的。我们将主要依靠法定权力、奖赏权力和强制权力而形成的影响力，统称为职位权力，而与个人因素相关的专家权力、感召和参考权力统称为个人权力。正式组织中的有效的领导者应该是兼具职位权力和个人权力的领导。仅有职位权力的领导者只会是指挥官，而不能成为令人信赖和敬佩的领袖。非正式组织的领导者并不拥有职位权力，但却能使周围的人对他一呼百应，其影响力就主要来源于其个人的力量。这从一个侧面说明，正式组织的领导者应该加强个人素质的修炼，以便在拥有职位权力的同时获得更大的个人权力。

三、管理和领导的联系与区别

正确把握领导的实质，还要弄清楚领导和管理的关系。领导是管理的一个职能，属于管理活动的范畴。在较平稳的时期，管理者的核心任务是维持现行的活动，他们可依靠制度、政策、规章来规范职工的活动；在加速变革的时代和动荡的环境中，领导的作用更显重要，有效的领导能指明前景，并引导组织成员共同努力去实现组织目标。管理强调的是计划和预算、组织各种资源（如人力资源和物质资源等）及控制和解决问题。领导强调的是提供方向、影响人和增强组织成员的凝聚力，以及激励与鼓舞人。

不能把领导者与管理者混为一谈，因为它们并不是完全相同的概念。领导者不一定是管理者，管理者也并不一定都是领导者。从领导的实质中我们知道领导者既存在于组织中，也存在于一定的群体中；既存在于正式组织中，也存在于非正式组织中。而管理者是组织中有一定的职位或负有一定责任的人，他存在于正式组织之中。有的管理者可以运用职权迫使人们去从事某一项工作，但不等于就是一个合格的领导者；有的人并没有正式职权，却能以个人的品质、学识等去影响他人，他是一位领导者。为了使管理工作更加有效，应该选取有一定影响力的人员来从事管理工作，也应该把每个管理者都培养成好的领导者。

四、领导职能的内容和作用

在组织内管理者行使领导职能，就是在实现组织目标的同时，巧妙地将组织成员个人愿望和需要的满足与组织目标的实现结合起来，影响组织成员更积极、主动地去实现组织目标。行使领导职能不可避免地要与沟通、激励等发生关系，以及营造组织气氛和建设组织文化等内容。领导的作用主要体现在以下三个方面。

1．沟通协调作用

组织的目标是通过分工与协作来实现的。即使组织制定了明确的目标，但由于组织中的成员对目标的理解、对技术的掌握和对客观情况的认识因他们的知识、能力、信念等方面的差异而不同，人们在思想认识上发生分歧，在行动上出现偏离目标的现象都是不可避免的，因此，需要领导者来协调人们的关系和活动，使组织成员步调一致地朝着共同的目标前进。

2．指挥引导作用

在组织的分工与协作活动中，领导应该通过引导、指挥、指导或先导活动，帮助组织成员最大限度地实现组织的目标。尽管引导、指挥、指导、先导等活动略有差异，但共同的要求都是：领导者不是站在组织成员的后面去推动、去督促，而是作为领导者来引导他们前进，鼓舞人们去奋力实现组织的目标。

3．激励鼓舞作用

任何组织都是由不同需求、欲望和态度的个人所组成，组织成员的个人目标与组织目标不可能完全一致。领导活动的目的就在于把个人目标与组织目标结合起来，引导组织成员为实现组织目标而作出贡献。领导工作的作用很大程度上表现为调动组织中每个成员的积极性，使其以高昂的士气为组织作出贡献。如果领导不具备激励、鼓舞的能力，那么，即便组织内拥有再多的优秀人才，也很难发挥整体作用。

第二节 领导理论

现代西方领导理论的发展大体上经历了四个阶段：第一阶段从19世纪末到20世纪40

年代。研究的重点主要是具备什么样素质的人才适合当领导，或者当了领导之后需要具备哪些素质才能成为一个出色的领导者。人们把这一时期关于领导者特质的研究统称为领导特质理论，将这一时期称为特质研究时期。第二阶段始于20世纪40年代中期到60年代末期。研究的重点主要集中于领导行为，探讨什么样的领导行为、领导风格才能提高领导绩效。人们把这一时期关于领导行为的研究称为领导行为理论，将这一时期称为领导行为研究时期。第三阶段始于20世纪60年代末期到80年代。这一时期研究的重点是影响领导绩效的情境因素，如工作任务、团体类型、下属特征等，将这一时期称为权变理论研究时期。第四阶段从20世纪80年代至今。这一时期的研究比较分散，人们从多方面、多角度来研究影响领导绩效的各种因素，产生了多种领导理论，如交易型领导理论、魅力型领导理论以及领导—员工交换理论等，形成了领导理论的百花齐放的繁荣景象。

一、领导特质理论

所谓特质理论是指研究领导者的个人特质对领导成败的影响。这种理论首先是由心理学家开始研究的，他们的出发点为，根据领导效果的好坏，找出好的领导人与差的领导人在个人品质或特性方面有哪些差别，由此确定优秀领导人应具备哪些特性。研究者认为，只要找出成功领导人应具备的特点，再考察某个组织中的领导者是否具备这些特点，就能断定他是不是一个优秀的领导人。这种归纳分析法成了研究领导特质理论的基本方法。

对领导特质的研究最初是由心理学家开始的。他们的出发点是，根据领导效果的好坏，找出好的领导者与差的领导者在个人品质或特性方面有哪些差异，由此确定优秀的领导者应具备的素质。研究者认为，只要找出成功领导者应具备的特点，再考察某个组织中的领导者是否具备这些特点，就能断定他是不是一个优秀的领导者。这种归纳分析法是领导特质理论研究的基本方法。

领导特质理论按其对领导特性来源所作的不同解释，可分为传统领导特质理论和现代领导特质理论。传统特质理论认为，领导者所具有的品质是天生的，是由遗传因素决定的，而不是后天培养的，他们具有一种超凡的神授能力与魅力。这就是所谓的伟人论或天才论。现代领导特质理论则认为领导者的品质与特性是在实践中形成的，是可以通过教育训练培养的。

（一）国外学者对领导者应具有的素质的研究

20世纪70年代以来，有关领导者应具备的素质，国外学者进行了大量的研究。

各种研究，因为角度不同，得出的结论也包罗万象，各有特色，甚至相互矛盾。下面简单介绍几种研究结果。

1．斯托格第的观点

斯托格第（R. M. Stogdill）通过调查，总结出领导者的品格包括以下几个方面。

（1）五种身体特征，如精力、外貌、身高、年龄、体重等。

（2）两种社会性特征，如社会经济地位、学历等。

（3）四种智力特征，如果断性、说话流利、知识广博、判断分析能力等。

（4）十六种个性特征，如适应性、进取心、热心、自信、独立性、外向、机警、支配、有主见、急性、慢性、见解独到、情绪稳定、作风民主、不随波逐流、智慧等。

（5）六种与工作有关的特征，如责任感、事业心、毅力、首创性、坚持、对人的关心等。

（6）九种社交特征，如能力、合作、声誉、人际关系、老练程度、正直、诚实、权力的需要、与人共事的技巧等。

2．鲍莫尔的观点

美国普林斯顿大学的鲍莫尔（W. J. Baumol）提出了作为一个企业家应具备以下十个条件：合作精神、决策能力、组织能力、精于授权、善于应变、敢于求新、勇于负责、敢担风险、尊重他人和品德高尚。

3．皮奥特维斯基和罗克的观点

在皮奥特维斯基（Piotwisky）和罗克（Robe）两位管理学家1963年出版的一本名为《经理标尺：一种选择高层管理人员》的著作中，对成功经理的个人特性列举如下。

（1）能与各种人士就广泛的题目进行交谈的能力。

（2）在工作中既能“动若脱兔”地行动，又能“静若处子”地思考问题。

（3）关心世界局势，对周围生活中发生的事也感兴趣。

（4）在处于孤立环境和困难局势时充满自信。

（5）待人处事机巧灵敏，而在必要时也能强迫人们拼命工作。

（6）在不同的情况下根据需要，有时幽默灵活，有时庄重威严。

（7）既能处理具体问题，也能处理抽象问题。

（8）既有创造力，又愿意遵循惯例。

（9）能顺应形势，知道什么时候该冒险，什么时候谋求安全。

（10）做决定时有信心，征求意见时谦虚。

4．德鲁克的观点

美国管理学家德鲁克（P. Drucker）在《有效的管理者》一书中指出了五种有效领导者的特性，并指出它们是可以通过学习掌握的，这五种特征包括以下几个方面。

（1）知道时间该花在什么地方，领导者支配时间常属于被动地位，所以有效的领导者都善于系统地安排与利用时间。

（2）致力于最终的贡献，他们不是为工作而工作，而是为成果而工作。

（3）重视发挥自己的、同事的、上级的和下级的长处。

（4）集中精力于关键领域，确立优先次序，做好最重要的和最基本的工作。

（5）能作出切实有效的决定。

（二）我国学者对领导者素质的研究

我国学者从 20 世纪 80 年代初开始，也对领导者的素质进行了一系列的研究，许多专家学者都撰写文章，提出领导者应具备的素质。概括起来，领导者应具备以下四方面的素质。

1．精神素质

作为一个组织的领导者，应具备良好的精神品质和工作作风。具体地说，就是要具有强烈的事业心和责任感；要有创新精神、拼搏精神、奉献精神；要有竞争意识、人才观念、效益观念；要具有良好的生活作风，遵纪守法，品行端正，不搞特殊化等。

2．知识素质

作为一名领导者，在从事管理工作的时候，面对的是各种各样的人和复杂的工作，而人和管理工作都具有很多不确定性，涉及多方面的知识，这就要求领导者具有广博的知识，要求掌握有关法规和政策，具备经济和管理知识以及心理学、社会学、领导学及某些必备的科技专业知识。对于不同层次的领导人在知识方面的要求是不同的，越是高层次的领导人，知识面要求就越宽。

3．能力素质

一个人能否成为优秀的领导者，除了精神和能力在领导者素质中占有重要地位，一个人能否成为优秀的领导者，起码应具有良好的决策能力、与人共事的能力、识人用人的能力和较强的自我控制能力。

4．身体素质

领导者要体魄强健，精力充沛，能够负荷繁忙的工作。

有人认为，领导特质理论不是一种研究领导的好方法，因为并非所有成功的领导者都具备上述特质理论所描述的品质，而且许多非领导者可能具备上述的大部分甚至全部品质，而且几乎没有一种品质是所有领导者所共有的。所以，领导特质理论无法指出哪些素质是领导者必需的，而且也无法对各种品质的相对重要程度作出评价。各研究者所列的领导者特性，大都是描述性的，并没有说明领导者应在多大程度上具有某种品质，并且各种领导特质理论所显示的结果相当不一致，这是因为领导特质理论忽略了被领导者和环境的作用，事实上，一个领导者作用发挥得如何，与领导者环境有很大的关系。把领导活动割裂在被领导者因素和环境因素之外，仅从领导者自身研究，就会产生相互重叠甚至相互矛盾的结果。尽管如此，这些理论并非一无用处，一些研究表明了个人品质与领导有效性之间确实存在着相互联系。此外，领导特质理论系统地分析了领导者应具备的条件，向领导者提出了要求和希望，这对于我们培养、选择和考核领导者也是有帮助的。

二、领导行为理论

由于领导特质理论研究没有取得预期的结论，也由于 20 世纪 40 年代中期行为科学的兴起，研究者从领导特质研究转向了领导行为的研究，通过考察领导者实际做了什么和怎么做的，来寻找领导效果的答案。

（一）有关领导行为的早期研究

对于领导行为方式的研究最早是由著名心理学家勒温（Lewin）和利普特（Lippit）等人进行的，他们通过试验研究不同的领导方式对下属群体行为的影响，认为存在着三种不同的领导工作方式：专制方式、放任方式和民主方式。勒温认为，独断的领导者是那些自己单独制定决策的人，他们通过严格的管理来达到工作目标，但却导致群体成员没有责任感，情绪低落，逆来顺受，消极被动。放任式的领导者既不为下属提供明确的方向，也不参与他们的决策制定。这种领导方式效率最低，只达到社交目标，不能有效地完成工作任务，由于几乎没有指导和评价，会引起群体的失望和混乱，导致了工作的低质量。民主的领导者在制定决策时，与下属商讨，允许下属参加决策。这种民主的领导方式效率最高，不但能够完成工作目标，而且群体成员关系融洽，有凝聚力，工作主动性强，并有创造性。虽然对这三种领导方式可以比较明确地予以界定，但该研究却无法判断出哪一种类型是最有效的，或者在什么环境下应该采取哪一种领导方式，因为每一种领导方式对下属都有不同的效果。

（二）领导行为四分图理论

较为全面且重复较多的行为理论，来自于20世纪40年代末期的俄亥俄州立大学进行的研究，研究者希望确认领导者行为的独立维度，他们收集了大量来自下属对领导行为的描述，开始时列出了一千多个因素，最后归纳出两大类，称之为“结构”和“关怀”维度。结构维度指的是为了达到组织目标，领导者界定和构造自己与下属的角色的倾向程度。它包括试图设立工作、工作关系和目标的行为。具有高结构特点的领导者会向小组成员分配具体工作，要求员工保持一定的绩效标准，并强调工作的最后期限。关怀维度指的是一个人具有信任和尊重下属的看法与情感的这种工作关系的程度。高关怀的领导者帮助下属解决个人问题，他友善而平易近人，公平对待每一个下属，并对下属的生活、健康和满意度等问题十分关心。研究者们将领导行为分为四种类型：高关怀，低结构；高关怀，高结构；低关怀，低结构；低关怀，高结构。其中，所谓“高关怀”是指领导者高度关怀、尊重下属，建立高度信任的人际关系；而“低关怀”则相反。所谓“高结构”是指领导者高度关注界定和建构自己与下属的角色，高度强调组织的需要；而“低结构”则相反。领导行为四分图如图10-2

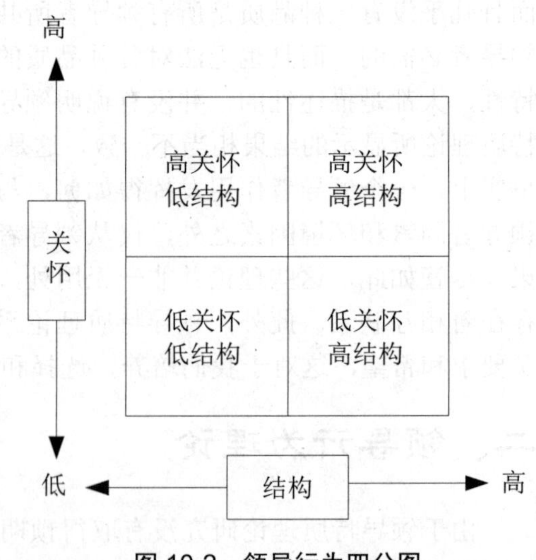

图10-2 领导行为四分图

所示。

以这些概念为基础进行的大量研究发现，一个在结构和关怀方面均高的领导者（高—高型领导者，）常常比其他三种类型的领导者（低结构、低关怀，或者均低）更能使下属达到高绩效和高满意度。但是，高—高型风格并不总是产生积极的效果。例如，当工人从事常规任务时，以高结构为特点的领导行为导致了高抱怨率、高缺勤率和高离职率，工作的满意度水平也很低。其他研究还发现，直接上级主管对领导者进行的绩效评估等级与高关怀性呈负相关关系。总之，俄亥俄州立大学的研究说明，一般来说，高—高型风格能够产生积极效果，但同时也发现了足够的特例表明这一理论还需加入情境因素。

（三）管理方格理论

在四分图的基础上，布莱克（Robert R. Blake）和穆顿（Jane S. Mouton）于 1964 年在《新管理方格》一书中提出了管理方格理论。该书倡导用方格图表示和研究领导方式。他们认为，在企业的领导工作中往往出现一些极端的方式，或者以生产为中心，或者以人为中心，或者以 X 理论为依据强调监督，或者以 Y 理论为依据强调相信人。为避免趋于极端，克服以往各种领导方式理论中的“非此即彼”的绝对化观点，他们指出：在对生产关心的领导方式和对人关心的领导方式之间，可以有使两者在不同程度上互相结合的多种领导方式。为此，他们就企业中的领导方式问题提出了管理方格法，使用自己设计的一张纵轴和横轴各 9 等分的方格图，纵轴和横轴分别表示企业领导者对人和对生产的关心程度。第 1 格表示关心程度最小，第 9 格表示关心程度最大。全图总共 81 个小方格，分别表示对生产的关心和对人的关心这两个基本因素以不同比例结合的领导方式，如图 10-3 所示。

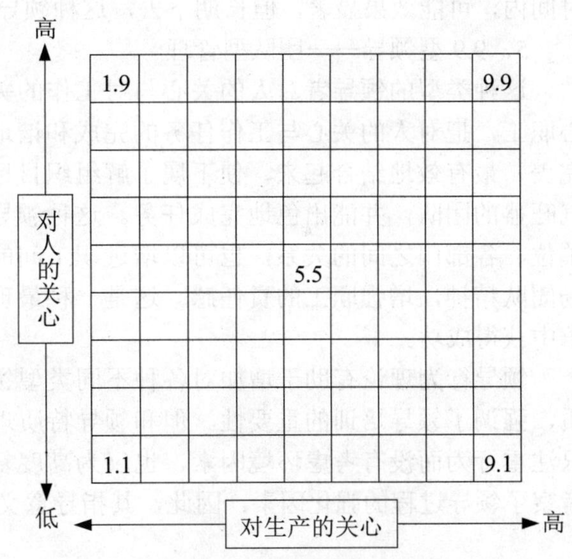

图 10-3 领导管理方格

在管理方格图中，共有以下五种典型的领导方式。

1. 1.1 型领导——贫乏型管理

1.1 型领导者最大的特征是身在其位，不谋其事，对下属和工作都漠不关心，放任自流。这是最低能的领导方式，也是很少见的极端情况。但这种领导者能够胜任日常单调、重复而没有挑战性的工作。在激烈的竞争环境中，这样的领导方式必然导致失败。

2．1.9 型领导——乡村俱乐部型管理

这种类型的领导者最大的特征是重视下级的态度和情感，对下级关心备至，一味迁就，做老好人，不关心工作，认为只要职工精神愉快，生产成效自然好，把对职工的关心放在第一位。这种领导的结果可能很脆弱，一旦和谐的人际关系遭到破坏，生产成效就会随之下降。

3．5.5 型领导——中庸型管理

这种类型的领导者对人的关心与对生产的关心程度基本保持平衡，既不过分偏重人的因素，也不过分偏重任务，努力保持两者的和谐统一，以免顾此失彼。他们喜欢显示民主作风，不喜欢冲突，希望维持现状，只图维持一般的工作效率和士气，不能促使下属发挥创新精神，因此，从长远来看，这种类型的领导者难以在激烈的竞争中立足。

4．9.1 型领导——任务型管理

这种类型的领导者的最大特征是好强和有力量，控制他人的欲望特别强烈，只注重任务的完成，强调生产和效率，不注重人的因素，把职工看成是机器。对他们来说，任务是第一位的，成功是最重要的。他们常常独断专行，喜欢监督别人，喜欢使用能力强的人，常常发怒，尤其在失败时。这种领导方式把人的因素的影响降到最低，在竞争激烈的有限时间内，可能效果显著，但长期下去，这种领导者就会疏远下属，并造成生产效率的下降。

5．9.9 型领导——团队型管理

这种类型的领导者对人的关心与对工作的关心都达到了最高点。领导者诚心诚意地关心职工，把对人的关心与工作任务的完成和谐地统一起来，使组织的目标和个人的需要最完美、最有效地结合起来，使下属了解组织目标，关心工作成果，进而形成休戚与共、士气旺盛的团队，并能出色地完成任务。这种领导方式既可以增加组织的竞争能力，改善各单位、各部门之间的关系，也可以增进职工间的相互理解与合作，促进职工的创造力，发扬团队精神，增强职工的责任感。这是一种最理想的领导方式，这种方式可以在激烈的竞争中获得成功。

领导行为理论有助于增加对各种不同类型领导行为的理解，注重行为模式而非领导特质，强调了领导培训的重要性。但和领导特质理论研究一样，都属于静态层面上的研究，只注重行为而没有考虑环境因素，也仅为高度复杂的领导过程提供了一个简单的视野，只考察了领导过程的强化因素，因此，其指导意义也是有限的。

三、领导权变理论

人们越来越清楚地认识到，为了预测领导成功而对领导现象进行的研究其实比分离特质和行为更为复杂。由于未能在这些方面获得一致性的结果，使得人们开始重视情境的影响，并在此基础上逐渐形成了领导权变理论。领导权变理论所关注的是领导者与被领导者的行为与环境的相互影响，尤其关注不同的领导方式与各种环境之间的适应性。该理论认为，领导是一个动态过程，而且领导方式应随着下属的特点和情境的变化而变化，这样才能获得较高的领导绩效。领导绩效取决于领导者、被领导者、环境三因素之间相互作用的结果。领导权变理论的代表性研究主要有菲德勒的领导权变模型、赫塞和布兰查德的情境领导理论、豪斯的路径—目标理论等。

（一）菲德勒的领导权变模型

菲德勒的领导权变模型指出：群体绩效的最大化取决于与下属相互作用的领导者的风格和情境对领导者的控制和影响程度之间的合理匹配。即群体绩效=领导风格+情境，菲德勒理论的第一个基本假设是领导者所领导的组织具有好的工作表现时，其领导是有效的，而不是通过领导者的所作所为及其本人来判断。菲德勒的第二个假设是领导者的领导风格是稳定不变的，只有通过选择领导者以适应情境或者是改变情境以适应领导者，其领导才会非常有效。第三个假设是对领导者有利情境取决于领导者对其下属行为的影响程度。菲德勒开发了最难共事者问卷（Least Preferred Co-worker Questionnaire，LPC 问卷），用以测量个体是任务取向型（LPC 得分低，小于 57 分）还是关系取向型（LPC 得分高，大于 64 分），当然，还有处于两者之间的，很难说出这些人的个性特点。另外，他还分离出以下三项情境因素（权变变量）用以确定领导有效性。

（1）领导者与成员关系。即领导者被成员所接受的程度，即信任、喜爱、尊重、忠诚和愿意追随的程度，以及领导者对下属的吸引力。

（2）任务结构。工作任务是否明确，即成员对组织任务的理解程度。

（3）职位权力。领导者拥有的权力变量（如雇佣、解雇、晋升和加薪）的影响程度。

通过操作这三项因素能产生与领导者行为取向的恰当匹配。菲德勒把领导者所处的情境从最有利到最不利，共分为八种不同的情境类型，他认为，三项因素齐备是领导最有利的情境，三者有一项或两项具备是领导的一般情境，三者都缺的是最不利的情境。菲德勒通过对 1 200 个团体进行调查分析得出结论，如表 10-1 所示。当个体的 LPC 分数与三项权变因素的评估分数相匹配时，则会达到最佳领导效果。

表 10-1　菲德勒领导类型与情境变量之间的关系

对领导者的有利性	情境类型	领导者与被领导者的关系	任务结构	职位权力	有效领导类型
有利	1	良好	有结构	强	任务导向型
	2	良好	有结构	弱	任务导向型
	3	良好	无结构	强	任务导向型
中间状态	4	良好	无结构	弱	人际关系型
	5	不良	有结构	强	人际关系型
	6	不良	有结构	弱	人际关系型
	7	不良	无结构	强	任务导向型
不利	8	不良	无结构	弱	任务导向型

（1）在极为有利或不利的情况下，任务导向型是有效的领导类型，效果较好。

（2）一般情况下，人际关系型是有效的领导类型，效果较好。

菲德勒领导权变模型的应用非常广泛。菲德勒认为，个体的领导风格是稳定不变的，个体的 LPC 分数决定了他最适合于何种情境条件。因此，提高领导有效性的途径只有两条：第一条是替换领导者以适应情境，如果领导者不能适应他所在的领导情境，那么只能用另外一个领导者来替换他；第二条是改变情境以适应领导者，重新建构任务结构和领导职位权力，使环境符合领导者的风格。但是，该模型也存在一些缺点，如变量较少，LPC 问卷只是一份简单的心理测验，LPC 分数并不稳定，权变变量过于复杂和困难。

（二）赫塞和布兰查德的情境领导理论

另一个被广泛推崇的领导模型是保罗・赫塞（Paul Hersey）和肯尼思・布兰查德（Kenneth Blanchard）开发的情境领导理论，这是一个重视下属的权变理论。赫塞和布兰查德认为，依据下属的成熟度水平选择正确的领导风格会取得领导的成功。这一理论常被作为主要的培训手段而应用，如《幸福》杂志 500 家企业中的北美银行、IBM 公司、美孚石油公司、施乐公司等都采用此理论模型，它还为所有的军队服务系统所承认。尽管对这一理论的效率尚未进行深入广泛的考察，但由于其广泛的接受性和很强的直观感知力，我们还是将其纳入进来介绍。

在领导效果方面对下属的重视反映了这样一个事实，是下属们接纳或拒绝领导者，无论领导者做什么，其效果都取决于下属的活动。然而这一重要维度却被众多的领导理论所忽视或低估。

赫塞和布兰查德将成熟度定义为：个体对自己的直接行为负责任的能力和意愿。它包括两项要素：工作成熟度与心理成熟度。前者包括一个人的知识和技能。工作成熟度高的个体拥有足够的知识、能力和经验完成他们的工作任务，而不需要他人的指导。后者指的是一个人做某事的意愿和动机。心理成熟度高的个体不需要太多的外部鼓励，他们靠内部动机激励。

情境领导模式使用的两个领导维度与菲德勒的划分相同：任务行为和关系行为。但是，赫塞和布兰查德更向前迈进了一步，他们认为每一维度有低有高，从而组合成以下四种具体的领导风格。

（1）命令（高任务—低关系）。领导者定义角色，告诉下属应该干什么、怎么干以及何时何地去干。

（2）说服（高任务—高关系）。领导者同时提供指导性的行为与支持性的行为。

（3）参与（低任务—高关系）。领导与下属共同决策，领导者的主要角色是提供便利条件与沟通。

（4）授权（低任务—低关系）。领导者提供极少的指导或支持。

赫塞和布兰查德的情境领导理论的最后部分定义了以下成熟度的四个阶段。

第一阶段：这些人对于执行某任务既无能力又不愿意。他们既不胜任工作又不能被信任。

第二阶段：这些人缺乏能力，但却愿意从事必要的工作任务。他们有积极性，但目前尚缺乏足够的技能。

第三阶段：这些人有能力却不愿意干领导者希望他们做的工作。

第四阶段：这些人既有能力又愿意干让他们做的工作。

图 10-4 概括了情境领导模型的各项要素。当下属的成熟度水平不断提高时，领导者不但可以不断减少对活动的控制，还可以不断减少关系行为。在第一阶段中，下属需要得到明确而具体的指导。在第二阶段中，领导者需要采取高任务—高关系行为。高任务行为能够弥补下属能力的欠缺；高关系行为则试图使下属在心理上“领会”领导者的意图。在第三阶段中出现的激励问题运用支持性、非指导性的参与风格可获得最佳解决。在第四阶段中，领导者不需要做太多事，因为下属既愿意又有能力担负责任。

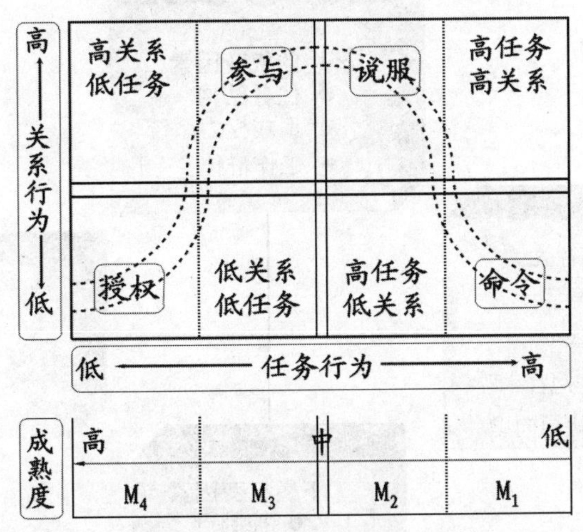

图 10-4　赫塞和布兰查德的情境领导模式

（三）豪斯的路径—目标理论

路径—目标理论是罗伯特·豪斯（Robert House）开发的一种领导权变模型，该理论认为，领导者的工作是帮助下属达到他们的目标，通过明确指明实现工作目标的途径来帮助下属，提供必要的指导和支持，为下属清理各项障碍和危险，以确保各自的目标与群体或组织的总体目标相一致。

按照路径—目标理论，领导者的行为被下属接受的程度取决于下属是将这种行为视为获得满足的即时源泉，还是作为未来获得满足的手段。领导者行为的激励作用在于：（1）使下属的需要—满足取决于有效的工作绩效；（2）提供有效绩效所必需的辅导、指导、支持和奖励。为了考查这些陈述，豪斯确定了以下四种领导行为。

（1）指导型领导。让下属知道期望他们的是什么，以及完成工作的时间安排，并对如何完成任务给予具体指导。

（2）支持型领导。十分友善，并表现出对下属需求的关怀。

（3）参与型领导。与下属共同磋商，并在决策之前充分考虑他们的建议。

（4）成就导向型领导。领导设定富有挑战性的目标，并期望下属实现他们的最佳水平。

与菲德勒的领导理论相反，豪斯认为领导者是灵活的，同一领导者可以根据不同的情境表现出任何一种领导风格。

路径—目标理论模型如图10-5所示。图10-5表明，路径—目标理论提出了两类权变变量作为领导行为结果关系的中间变量，他们是下属控制范围之外的环境（任务结构、正式权力系统和工作群体）以及下属个性特点中的一部分（控制点、经验和知觉能力）。以下是由路径—目标理论引申出的一些假设范例。

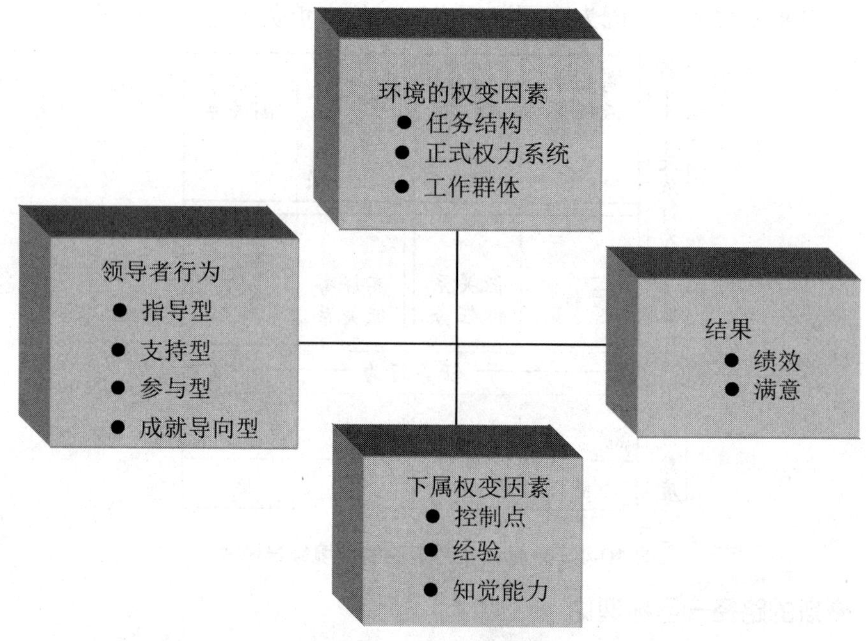

图10-5 路径—目标理论

（1）当任务不明或压力过大时，指导型领导导致了更高的满意度。

（2）当下属执行结构化任务时，支持型领导导致了员工高绩效和满意度。

（3）对知觉能力强或经验丰富的下属，指导型的领导可能被视为累赘多余。

（4）组织中的正式权力关系越明确化，领导者越应表现出支持型行为。

（5）控制点为内部的下属，对指导型风格更为满意。

（6）当任务结构不清时，成就导向型领导将会提高下属的努力水平。

对这些假设的验证性研究结果是令人振奋的，也就是说，当领导者弥补了员工或工作环境方面的不足，则会对员工的绩效和满意度起到积极的影响。但是，当任务本身十分明确或员工有能力和经验处理它们而无须干预时，如果领导者还花费时间解释这些任务，则下属会把这种指导性行为视为累赘多余甚至是无用。

四、领导理论研究的新进展

20 世纪 80 年代以前，领导理论研究的重点是领导行为的有效性，领导作风与领导行为如何随着工作情境而应变的规律等。20 世纪 90 年代以来，人类进入了全球化、信息化的时代，经济全球化、政治民主化、信息网络化，时代在呼唤着新型的领导，迫切需要领导理论的创新与发展。为回应时代的呼唤和社会的挑战，人们经过在实践活动和理论研究中提出和产生了很多的新理论、新观点，使领导理论研究的范围变得更加宽广。下面将简要介绍交换型和变革型领导行为理论、魅力型领导理论和领导—成员交换理论。

（一）交换型和变革型领导行为理论

1985 年，倍斯（R. Bass）正式提出了交换型领导行为理论和变革型领导行为理论，它以一个“走在大街上的”普通人看待领导行为，具有实际的应用价值，在实践中得到了广泛应用。

1．交换型领导行为理论

交换型领导行为理论的基本假设是：领导—下属间的关系以两者一系列的交换和隐含的契约为基础。该领导行为以奖赏的方式领导下属，当下属完成特定的任务后，便给予承诺的奖赏，整个过程就像一项交易。其主要特征是：（1）领导者通过明确角色和任务要求，指导和激励下属向既定的目标活动，领导者向员工阐述绩效的标准，意味着领导希望从员工那里得到相应的回报；（2）以组织管理的权威性和合法性为基础，完全依赖组织的奖惩来影响员工的绩效；（3）强调工作标准、任务的分派以及任务导向目标，倾向于重视任务的完成和员工的遵从。

2．变革型领导行为理论

变革型领导行为是一种领导向员工灌输思想和道德价值观，并激励员工的过程。在这一过程中，领导除了引导下属完成各项工作外，常以领导者的个人魅力，通过对下属的激励、刺激下属的思想、对他们的关怀，去变革员工的工作态度、信念和价值观，使他们为了组织的利益而超越自身利益，从而更加投入于工作中。该领导方式可以使下属产生更大的归属感，满足下属高层次的需求，获得高的生产率和低的离职率。变革型领导行为的前提是领导者必须明确组织的发展前景和目标，下属必须接受领导的可信性。其主要特征为：（1）超越了交换的诱因，通过对员工的开发，智力激励，鼓励员工为群体的目标、任务以及发展前景超越自我的利益，实现预期的绩效目标；（2）集中关注较长期的目标，强调发展的眼光，鼓励员工发挥创新能力，并改变和调整整个组织系统，为实现预期目标创造良好的氛围；（3）引导员工不仅为了组织的发展，也为了自身的发展承担更多的责任。

（二）魅力型领导理论

20世纪初，德国社会学家马克思·韦伯（Max Weber）提出了“Charisma”，即“魅力”这一概念。他将魅力定义为“存在于个体身上的一种超出了普通人标准的品质，因而会被认为是超自然所赐予的、超凡的力量，或者至少是一种与众不同的力量与品质”。魅力型领导就是“基于对一个个体的超凡神圣、英雄主义或者模范性品质的热爱以及由他揭示或者颁布的规范性形态或者命令”的权威。

从20世纪70年代后期开始，一些学者对这一概念做了重新解释和定义，进行了深入的研究，充实了新的内容。1987年，康格（J. A. Conger）与卡纳果（R. N. Kanungo）提出了魅力型领导理论。其中，假设魅力是一种归因现象。随后，他们又进一步修正发展了系统的魅力型领导理论。魅力型领导理论提出，部属对领导者进行魅力归因，而领导者的魅力主要由领导者的品质和行为、领导技能以及情境因素共同决定。

1．领导者的品质和行为

部属对领导者的魅力归因依赖于领导者的各种行为。各种领导行为在每个魅力型领导者身上并不以相同的程度出现。部属对于每种领导行为的魅力归因的相对重要性在一定程度上取决于领导情境。

在最新研究中，康格和卡纳果概括出魅力型领导者区别于无魅力领导者具有下述品质和特征。

（1）魅力型领导者反对现状并努力改变现状，设置与现状距离很远的目标愿景。他们能用很容易理解的术语向部属阐明这个愿景。阐明愿景的过程能紧扣部属的需要，部属能够接受并认同领导者阐明的愿景，因此能有效地鼓舞部属。无魅力领导者则通常会维持现状，要么仅仅做一些很小的渐进变化，他们没有宏伟、具体明确的组织目标和愿景。

（2）与那些无魅力领导者相比，对自己的能力和判断力充满自信的领导者更可能被认为是有魅力的。领导者的积极和自信具有感染力，除非领导者表现自信，否则创新战略的成功更可能归因于运气，而不是领导者的超常能力。

（3）领导者采取个人冒险、付出巨大代价、作出自我牺牲实现他所主张的愿景，领导者更可能被认为是有魅力的。领导者冒着个人在金钱、地位、名誉等方面的巨大风险投入到他所主张的愿景，不为自己的个人利益而为组织的利益、部属的关注所激励，部属产生对领导者的信任，认为领导者是有魅力的。

（4）领导者经常突破现有秩序的框架，采用一些新奇、异乎寻常的手段实现目标愿景，从而被部属认为是有魅力的。领导者给部属留下这样的印象：领导者非同寻常，采取一些非常规的处理问题方式，运用创新战略取得成功。部属会将这些行为归因于领导者的超常能力。

（5）领导者经常依靠专长权力和参照权力去执行创新战略，而不仅仅使用合法权力来实现组织的目标。领导者清晰地描述一个合理的、吸引人的组织战略的愿景，如果战略是成功的，部属更可能归因于领导者的专长权力，更可能认为领导者是有魅力的。领导者可以要求部属发展一个一致的组织战略，从而使部属感到满意和受到激励，然而，这样的领导者通常不会被认为是有魅力的。

（6）领导者对环境的变化非常敏感，反对现状并采取果断措施改变现状。领导者被部属认为是改革创新的代表，是有魅力的。领导者需要敏锐观察环境了解部属的需求，以确认一个及时的、创新的、吸引人的愿景。

2．领导技能

根据康格等人提出的魅力型领导四阶段模型，魅力型领导对部属产生一系列影响。

（1）对环境作持续评估，形成愿景。愿景能够鼓舞人心，吸引、留住、凝聚人才。如果一个领导没有愿景，没有目标，那么部属对组织的未来发展就会感到茫然，甚至失去信心。魅力型领导具有战略远见，通过描绘吸引人的组织愿景吸引、凝聚部属。

（2）运用动听的、说服性的语言和行为与组织成员进行愿景沟通。魅力型领导的战略远见、游说力、自信、冒险精神、非传统知识和经验以及自我牺牲，从而表现领导者是超常的。部属将魅力型领导作为自己的偶像，努力希望变得与他们一样。部属由于追求快乐、模仿魅力型领导，对领导的个人认同，从而强烈地支持组织目标。

（3）构建组织成员的信任和忠诚。部属出于自愿地而非被强迫地支持领导者实现愿景。领导者进而构建组织成员对他本人及目标愿景的信任和信心。魅力型领导的赞许成为部属自我价值的尺度。领导不仅对部属行为和成就进行认同和表扬，而且也对部属适时提出实现更高目标的期望。

（4）运用角色模范、授权以及一些非传统技术以实现愿景。魅力型领导的影响在于部属内化了领导者的信念和价值观。部属不仅模仿领导者造型、姿势和演说方式等外在行为，而且学会适应了领导者对于工作的态度和信念。魅力型领导描绘吸引人的组织愿景，使员工将领导者的态度、信念内化，从而成为实现组织目标的内在动力，并最终实现组织愿景。

3．情境因素

情境因素对于魅力型领导特别重要。组织的成功不仅取决于领导者，也取决于情境因素。魅力型领导者在组织危机情境下更可能出现。然而，康格等人并不认为危机情境是魅力型领导诞生的必要条件。即使在缺少巨大危机情境下，魅力型领导者也可能对现状不满，并努力改变现状。当部属发现常规方式不再有效时，领导者的非常规战略给部属的冲击将更大。魅力型领导可能勾画吸引人的组织愿景，有提前的危机感，抛弃以前处理问题的方式，而以非同寻常的方式解决问题，构建展示新方式、更专业的平台。所有领导者的这些行为将产生部属对领导者魅力的归因。

（三）领导—成员交换理论

领导—成员交换理论起源于1975年Graen等关于新员工组织社会化的研究，起初被称作“垂直二元联结理论”，因为它的焦点是一个具有直接权威的人与另一个人组成的垂直二元关系中相互影响的过程。1982年由格瑞恩等人正式改称为领导—成员交换理论（Leader-Member Exchange Theory，LMX理论）。领导—成员交换理论指出，由于时间压力，领导者与下属中的少部分人建立了特殊关系。这些个体成为圈内人士（In-group），他们受到信任，得到领导更多的关照，也更可能享有特权；而其他下属则成为圈外人士（Out-group），他们占用领导的时间较少，获得满意的奖励机会也较少，他们的领导—下属关系是在正式的权力系统基础上形成的。

该理论同时指出，在领导者与某一下属发生相互作用的初期，领导者就暗自将其划入圈内或圈外，并且这种关系会相对稳固，不随时间的推移而改变。目前尚不清楚领导者到底是如何将某人划入圈内或圈外，但有证据表明，领导者倾向于将具有以下特点的人员归入圈内：态度或个性特点与领导者相似、有能力、具有外向的个性特点等，如图10-6所示。需要指出的是，虽然表面上是领导者在进行选择，但实际上是下属的特点在推动领导者作出分类。

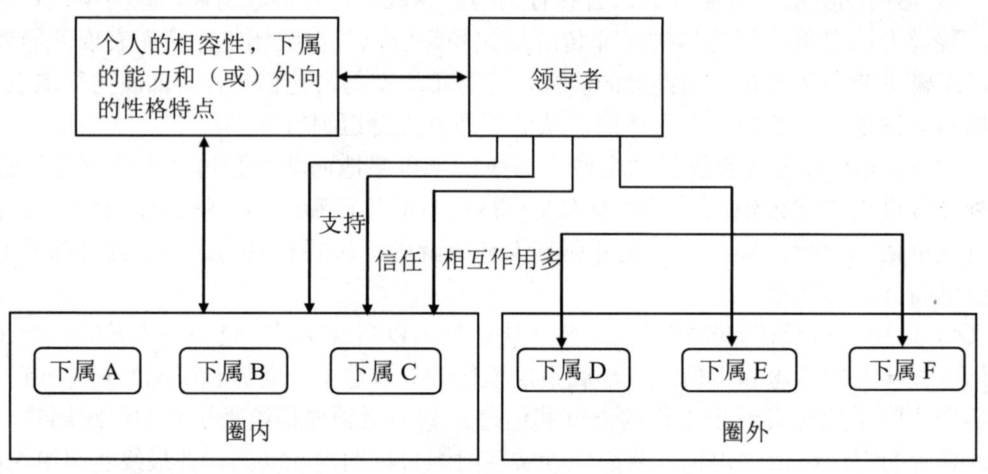

图10-6 领导—成员交换理论

大量的实证研究也证实了“圈内成员”和“圈外成员”的存在，Hollander（1978）和其他人通过研究发现，很多组织中都存在圈子的现象。因此领导者与成员之间的交换关系就出现了两种类型：领导者与“圈内”成员建立的是一种高质量的领导—成员交换关系，这些成员被赋予额外的奖励、责任和信任，从而领导者得到的是他们的信任和工作绩效。他们之间是一种相互信任、相互尊重、相互吸引和相互影响的关系。而领导者与“圈外”成员建立的是一种低质量的领导—成员交换关系，是一种自上而下的以等级关系为基础的契约式关系。

第三节 领导工作的方法和工具

好的领导与社会的生产力、创新能力和富裕密切相关。从根本上来说，没有哪个社会组织可以没有领导。如今5%的就业人口占据领导位置，在新兴行业（如信息业、金融业和咨询业）领导人才的比例甚至达到了 20%～25%，而且比例还在上升中。基于这样重要的意义，领导者经常不幸地被认为是全能天才，被认为能满足一些不实际的要求，他们被当作战士、诺贝尔奖获得者和明星。其实没有这样完美的领导者，只有有效的领导者和真正的“业绩家”，但是他们也不想被倒进模具里，被塑造成统一的形象。他们彼此不同，就是自己。

但是所有有效领导者的共同之处是他们对自己的工作了如指掌。他们有一定的准则，知道自己的工作。他们相当有技巧地运用一定的工具完成自己的任务，并对其负责。下面将介绍有效领导的四大原则和七个工具，这七个工具和对它们的正确使用是效率和有效性之间的桥梁：原则决定哪些事物是正确的，而这些工具则保证你怎样做是正确的。

一、领导工作的原则

原则保证人们在完成任务和运用工具时达到应有的质量，它们是管理有效性的核心和可行的企业文化的本质。为了保证原则被坚守，需要对自我纪律进行测量，根据原则行事，这个每个人都可以学习。随着企业结构的复杂化，有约束力的规则变得越发重要。

（一）以结果为导向

领导力首先意味着有效率。甚至有些领导者似乎都忘记了这一点。如果你问他们在公司都干些什么时，80%的人都会向你描述他干的一些实际工作和因此所承受的压力。只有20%的人会说到他在公司的作用和达到的目标。最终是成果说了算。严肃对待目标的人会将其注意力集中在“什么可以”，而不是“什么不可以”。

结果导向经常被误认为是领导风格，其实这个并不直接说明执行的方式方法。结果可以通过不同的方法取得。与结果导向更相关的是动力。将结果看作是为企业作出的贡献给人带来满足和必要的动力。引导员工并和他们进行讨论，帮助他们认识到自己的贡献和工作的意义。这个工作既是结果的一部分，也是有效领导的内容。

（二）注重对整体的贡献

有效的领导者对他工作的理解不是从他的职位出发，而是将工作与他的知识、能力和经验结合起来取其合力为整个企业作贡献。排名、地位和优待，对于他来说，只有当这些因素能帮助他取得业绩才是重要的。好的领导将这种观点视为企业行为、整体思维、拉平等级和持续动力的前提。专业人士一般只知道他的工作、工作的现实情况，而不是企业的情况和整体的情况，因此在这个意义上专家行为被误读，成为产生沟通问题的原因之一。而专家又是现代企业相当重要的资源之一，他们必须自己融合到整体中来，了解同事并知道自己在整个企业中的作用。如同交响乐指挥师指挥各个独唱者和谐的合唱一样，一个有效的领导者应该指挥他的专家们成为整体中的一员，互相协调。领导者的这项工作决定每个人该怎么做。明确强大的目标导向会不断增强企业思维和行为，这不只意味着产品，还意味着顾客，不只意味着利润，还意味着企业。贡献导向对于领导者相当重要。他们必须经常问自己为整个企业做了什么，而且还要经常用这个问题问员工："你们对企业的贡献在哪里？"而且因为企业越变越复杂，领导者有必要和员工们一起定义这个贡献，将这个抽象的整体植入人们脑中。

（三）集中精力于少数事情

有效的领导是将有限的精力集中于一小部分精选出来的重点，将能量集中于少数几个目标上。在这个网络的、互动的和全球化的世界只有集中才能达到结果。集中要求自我纪律和懂得优先，在此一个清晰的组织结构也是必要的。在目标太多、太杂的情况下"目标管理"也起不了作用，因为"目标管理"的意义在于只有少数几个清晰的目标，这几个目标还是相互联系，并可以集中力量完成的。这些目标还会在最底层的微小工序中体现出来。领导者下一年的工作计划不应该超过半页纸。与手工工作相比，脑力劳动的生产率是相当低的，脑力劳动需要长时间的不间断工作，但是现实中，管理者被不断打扰似乎成了他们工作的一个特征。时间是有价资源，很多人对其的利用却不够而且经常浪费它。领导者必须要善于管理时间，提高时间利用率。

（四）利用长处

人们运用已有的东西比一切从零开始更得心应手，这是完全符合逻辑的。但是大部分领导者，特别是人事专家不是这样行事，他们和他们的员工们致力于克服短处而不是思考如何发挥自己的长处。利用长处的原则与所有和人有关的事物相关，如挑选人才和人才培训、设立岗位和分配职务、业绩评价和潜力分析等。始终瞄准人的长处可以使不少人事制度工具成为多余，使得人事工作变得精简，成本变低也更有效。

利用人的长处的前提是领导者要了解员工的长处。然而人的感知力总是先觉察到别人的不足、缺陷，而不是某人的优势。其实每个人不管如何无能也总有过人之处，反过来再优秀的人也有缺点。有效的领导者应该知道怎样安排一个人可以发挥出他最大的能力，他们应该知道员工们会什么。至于人的短处，管理者关心的只是如何不让它妨碍长处的发挥。将员工置于一个正确的位置上、委以合适的工作，员工们就自然而然地表现出最高水平，不需要领导者在后面使劲督促。人们做他刚好会的事情自然会做得最好。

二、领导者的工具

为了完成任务，有效的领导者需要一系列的工具，掌握了这些工具的领导者可以极大地缩减工作量和简化工作，下面列举了对任何组织形式内任何领导者都适用的七个工具：会议、报告、职位设计和分配、个人工作方法、预算、绩效测评和系统地运走“垃圾”。

（一）会议

大部分领导者把他60%的时间花在会议上，而他们中的大多数人承认，大部分的会议是没有效率和结果的。为了提高会议的效率，首先要删除不必要的会议。因为随着团队工作的增加和专业化的加深，会议也越来越多，虽然有时是完全无理由的。好的团队工作有一个显著的特点就是将会议数量最小化。许多领导者反射式地召开会议，只是因为出现了一点新东西或作了什么决定，或者纯粹是例行公事。这种会议狂热症简直是时间杀手，真正的工作往往是在会前或会后完成的，而好的准备工作需要的时间经常被忽视。后果是：结构混乱的会议、信息流的缺失、决策基础不够。会议准备的工具是议事日程，一个好的议事日程包括的项目不多，但是它上面的都是重要的项目。在会议上，领导者应该居于所有人视线和感觉的中心。居于会议中心的意思是组织讨论、将要跑题的讨论拉回正题、主持会议让每个人都可以发表自己的观点，在会议最后对各个方案进行选择，定下最后的方案、明确实施措施、分配工作和确定检查机制。因为会议只有一个目的：产生结果。

（二）报告

写下来的东西是一个有效的工具，即使在这个电气和电子通信的时代也是如此，现代通信技术带来了所有工作形式的改变，同时专业报告的规则和纪律失去效力。书面形式迫使我们考虑、总结、推翻不成立的论点和认清可能的边界。不管是报告、记录、通知、卷宗、业务报告或报价单都应该站在读者的角度考虑，而不是面向写报告的人。中心问题是：报告在读者那里想得到一个什么样的反应？首先当然是理解，然后是行动。为了达到这个目标，领导者在撰写报告时就要注意将报告面向读者，在内容和形式上迎合读者的喜好。所有报告不管是纸制的还是电子邮件必须符合语法、用词和标点符号用法规范，而且结构应该是有逻辑的。报告和文献应该简化交流并且保证重要的东西读者都明白，所以领导者应该注意避免几个广泛传播的“恶习”，如写大而空的话、不必要的图表，这些东西只会剥夺人们的自我解释空间，不是把问题说清楚而是将人弄糊涂。

（三）职位设计和分配

有效目标的前提是每个员工都被安排了正确的任务和职位。这时职位设计大小应适当，不能太小，但是职位也不能设计得太大而过度要求员工，甚至根本不能完成。职位分配比纯粹的职位描写要更加专业和与情境相关，它也超出了纯粹的职位设计的范畴。这是领导者要优先考虑的工作。有些员工一眼就明白自己的职责所在并且会相应行事，但是有些人需要领导者明确地告诉他，他的关键任务在哪里。领导者需要这些人集中于关键任务上，最好是将分配给他的工作以书面形式固定下来，特别是在复杂的或变化非常快的情况下。最好的员工应该安置在优先处理的事务上，这里就是职位分配起作用的地方了。

最好将职位管理与某个业务期末尾的预算和目标订制工作联系起来。每隔六到八个星期，领导者应该亲自通过谈话的形式了解员工是否遵循各自的优先原则完成工作任务。有效的领导者让他们最优秀的员工远离例行公事或不重要的事，把这种事分配给第二或第三优秀的员工去完成，这样建立起一个“被分享的任务”机制，每个人都以他的方式为中心工作出力。这样领导者引导员工认识到自己任务的主次并执行。

（四）个人工作方法

个人的工作方法对于领导者来说具有极其重大的意义，没有哪个因素可以如此直接和广泛地影响到他工作的效率，也没有什么东西可以如此直接地与他工作的成效相关。如果没有方法，才干、经验和专业知识都无用，发展个人工作方法不是浪费时间，相反它能大大地节省时间。具体地说，工作方法与领导者个性和环境条件有关，如行业、工作性质、企业规模、企业内的职位、已有基本条件或年龄。所以也要不断检查工作方法：我的工作方法与我现在的任务相适应吗？与我工作的重心相适应吗？与企业的情况相适应吗？好的方法可以使人作出更多的成绩，同时不损害身体健康、不损害伙伴关系、不必放弃享受生活，也不会成为工作的奴隶。

可以将长期目标分成一个个小步骤，并将一些重要的日期提前在日程表上标注。另外，日程表不能填得太满，以至于一些无法预见的事情发生时难以应对，因为这种事是肯定会出现的，最好在日程表上为这种突发事件也安排出时间。因为领导者的事务总是无穷无尽的，所以他们需要一个有效的处理系统，这种处理系统的基础是授权的艺术和一眼分辨重要和紧急事务的能力。有效的领导者能掌握传统的和现代的通信技术，而不是反过来。就是说，他会事先考虑是电话、传真、信件还是电子邮件是最好的媒介，他事先准备简短的电话通话，文本也是有模板的，还有口述录音机。个人工作风格还包括密不透风的复述体系，工作通过“应做项”和“已做项”固定下来，保证工作的效率、专业性和有效性。

（五）预算

预算是管理者的一个高级工具，但是不是所有从工商院校毕业的学生都会制定预算，更不用说从别的专业毕业后从事领导工作的人了。因为没有这个能力或根本对数字的东西不屑一顾，很多人只能放弃这个工具。一个不知道预算的领导者是不可信的，而且容易被操纵。彼得·德鲁克属于一直强调预算工具的管理大师之一，而且认为预算不仅仅是财务方面的事。特别是对部门业绩负有责任的领导者（如利润中心、业务部或子公司的领导者）一定要将预算这个工具加以利用起来。对于有经验的领导者来说，预算是组织他们计划和工作的法宝。没有经验的管理者通过预算了解他的新工作领域。预算是运用关键资源，尤其是人力资源的最好手段。预算还是有效沟通的重要基础之一，因为首先必须清楚，到底要就什么进行沟通。有效预算的基础在于，我们现在活动想要达到的结果是什么？预算不能是过去情况的单纯外延，人们必须将长期的计划、战略、创新和变化聚集起来考虑。

（六）绩效测评

一个有说服力的绩效评估必须是个性化的，顾及各个员工和工作的不同。“一刀切”的模式不合适，特别是针对每个不同的人。大多数标准事先定下对工作内容和能力的条条框框，而有些内容是根本不存在、不可证明或根本不需要的。另外，即使是两个人去做相同一件工作，方法也会截然不同。例如，员工甲完成了销售任务可能是因为他有突出的专业知识；员工乙也完成了任务，但他凭借的是对顾客友善的态度和对顾客敏锐的感知。这个问题最容易引发将不能量化的东西伪量化的结果，而由此得出的结果具有蒙蔽性。

与随便挑一个模式对人进行测评相反，领导者应该相信自己的评定能力，将测评建立在这个问题的基础上：在这个具体的企业中、在这个特殊的岗位上、在这个特殊的情境中最需要的能力是什么？这个员工最特别的特长在哪里？怎样才能将人的特长和岗位的特殊需要联系起来，最好地发挥人的特长？只有这样才能得到一幅现实的图像。这里需要的评定能力可以有目的地训练提高。“识人”不是一个神秘的技能，它需要的是仔细观察。优秀的领导者对员工的评价不是一次完成的，而是不断为他观察到的员工表现做记录。这个人在以为没人看到他的情况下如何表现？在日常的一些小情境中的真诚、骨气、开放度和融合度如何？这些片断的观察最终拼成对这个员工的评价拼图，这样一个整体评价比点状的评价有效得多。

（七）系统地运走“垃圾”

另外，不为人知而极为重要的是企业如同机体一样需要排出老的、冗繁的、多余的东西。这样的过程使得有些企业精干高效，而有些企业老态龙钟。“系统地运走‘垃圾’”的想法来自彼得·德鲁克，他的出发点是这样一种考虑：我们需要丢弃一些什么东西？什么事情该停止？这些问题是有效领导者在涉及产品、市场、客户和技术问题上至少每三年应该考虑的问题，在变化阶段这个时限还要缩短。其他方面如管理过程、计算机系统、报表、报告和会议，每年都应该审核。

“系统地运走‘垃圾’”的思想至少是三个结论的关键：一是真正有效的精益管理和正确的企业流程再造方式；二是有效的管理变革和有效创新；三是对机构核心本质的思考、对基本业务或企业目标的定义、对企业的使命。

系统地清理企业中的“垃圾”，同时也是最快捷、最简单地增强领导者和员工个人工作效果的方法。因为这样，领导者可以更好地将精力集中于核心事务，节约时间和更有效地利用资源。

结尾案例

领导变革——Universal Machinery 自动化机器公司

Universal Machinery 是一家全球性自动化机器公司。10 年前，该公司在上海开设了一家分厂。多年来，上海分厂一直蓬勃发展，10 年间销售额增加了 30 倍，员工人数上升到 6 500 人。大部分员工为自己能在一家全球性企业工作、生产先进技术的机器而感到自豪。该工厂还被誉为合资企业和 Universal Machinery 全球各分厂的典范。

但是现在，技术、经济、竞争环境使得 Universal Machinery 发生了翻天覆地的变化。竞争对手们通过技术创新对 Universal Machinery 全公司形成了挑战。它不再是产品创新和技术的领先者，只能算是同行中最优秀者之一。

竞争者的挑战冲击到了各地的工厂。竞争对手推出了价格更为低廉的同类产品，使得上海厂的产品需求大幅滑坡，销售额一落千丈。由于工厂固定成本高，人员多，利润受到了很大影响。这些消极因素使工厂遭受了重创。中国工厂中的员工人数从 6 500 锐减至 1 000。下岗使得工人情绪很大。很多人已经在另谋出路，这使得缺勤率非常高，有些员工旷工时间高达六个星期。产品质量也大受影响，劣质产品重新加工所形成的成本增加，客户投诉增加，劳资冲突日趋严重。

为了稳住局面和人员，Universal Machinery 决定给上海分厂一个新机遇，让它自行生产开发自动柜员机。总部考虑到上海分厂人员的经验，觉得让其开发是可行的。总部管理层还觉得，如果有开发新产品的机会，员工的精神风貌可能会有所改观。

果然，上海分厂开发出了新产品——型号为 2000 型。新机器被引进到当地市场，全球银行（Global Bank）在上海的分行订购了几百台。随后其他银行也下了自己的订单。一时间，上海分厂的前途似乎一片光明，工人们又开始投入到努力的工作当中。

但是客户订购的第一批 2000 型自动柜员机不久就故障频频。全球银行要求修好老的柜员机，否则不进新货。当其他客户听说这件事后，也开始拒绝进货。这一消息传到了 Universal Machinery 在美国的总部后，越来越多的人提出，干脆把上海厂永久性地关闭掉。但是也有人没有完全放弃对上海分厂的希望，要求再给它一次机会。

在这一多事之秋，上海厂来了一位李经理。李经理现年 39 岁，出生于北京，在 Universal Machinery 任职已有一段时间。李经理不久就发觉开发出 2000 型机器之前的那些问题又在死灰复燃。士气低到了不能再低，工人们怨气冲天，一方面对管理层深表怀疑，另一方面自己找出事情来做，免得被解雇。他还发现，经理们确确实实认为工厂的问题并非是他们的责任，而且他们相信自己的产品在质量和价格上是具有竞争性的。同时，在自动柜员机方面，由于客户拒绝进货，生产线已经陷于停顿，纷至沓来的零部件使得库存积压问题日趋严重。

资料来源：[美]约翰·科特. 变革的力量[M]. 方云军，译. 北京：华夏出版社，1997.

讨论题：

1. 如果你是李经理的话，你会首先解决哪个问题呢？

2．你为什么将该问题提到首要地位？

3．你又如何去解决这一问题呢？

本章小结

1．领导是一种影响力，是一种过程，在实现共同目的的这一过程中追随者是自愿性行为。

2．领导的作用体现在三个方面：沟通协调作用、指挥引导作用和激励鼓舞作用。

3．领导特质理论着重从领导的品行、素质、修养出发来探索领导的有效性。

4．领导行为理论则着重分析领导者的领导行为和领导风格对其组织成员的影响，从而找出较为有效的领导行为和风格。

5．领导权变理论则着重研究影响领导行为和领导有效性的环境因素，从而探索提高领导有效性的方法。

6．有效领导者遵守着一定的原则并有技巧地运用工具完成自己的任务，这些工具和对它们的正确使用是效率和有效性之间的桥梁。

关键词

领导　领导特质理论　领导行为理论　领导权变理论　领导工作的工具

思考题

1．试述领导与管理的区别。

2．什么是权力？领导者的权力来源是什么？发挥领导者的影响力为什么不能单纯依靠职权？如何正确地使用这些权力？

3．“高—高”型是最有效的领导风格吗？

4．对比情境领导理论与管理方格理论。

5．从所学的有效领导者使用的工具中，你得到哪些启示？

网络练习

1．搜索一家提供了有关公司使命、目标和价值观等方面信息的公司的网页。浏览网页，获取关于该公司高层管理者及其个人领导风格的信息。你认为该公司的使命、目标和价值观是如何影响其领导过程的？

2．搜索一个目前在行业内处于龙头地位且发展势头很好的公司的网站。该公司发展的各个不同阶段，其领导者是如何根据环境的变化不断调整自己的领导方式的？

3．搜索 2～3 家中外公司的网站或学术文献网站，了解和分析东、西方不同文化背景下公司领导对员工表扬和批评的不同方式。

自测题

（一）判断题

1．以员工为中心的领导方式最强调的是提高员工的生产效率。（　　）

2．领导者究竟要选择哪种领导方式，除了考虑下级的个性特点因素，还要考虑人际关系。（　　）

3．俱乐部型的领导在工作中主要表现出注重良好的气氛和关心职工的生活，同时也非常注意工作效率的提高。（　　）

4．领导特质理论认为，社会经济地位是领导者区别于非领导者的因素之一。（　　）

5．好的管理者一定会是好的领导者。（　　）

（二）选择题

1．按照布莱克和穆顿的管理方格图，分别用横坐标表示对生产的关心程度，纵坐标表示对人的关心程度，其中 9.9 型的管理风格被称为（　　）。

A．贫乏型领导　　B．任务或权威式管理
C．乡村俱乐部式的管理　　D．团队式的管理

2．根据菲德勒的领导权变模式理论，下列哪种因素不是确定领导风格有效性的变量。（　　）

A．上下级关系　　B．工作任务结构　　C．组织规模　　D．职位权力

3．根据路径—目标理论对领导方式划分的方法，如果领导人十分友善，对职工关心，注意处理人际关系，那么这种领导方式叫做（　　）。

A．指示型　　B．支持型　　C．参与型　　D．成就导向型

4．根据赫塞和布兰查德的情境领导理论，领导者的风格要随着下属成熟程度不断变化，当下属成熟程度属于低任务—高关系类型时，管理方式应该是（　　）。

A．命令型　　B．说服型　　C．参与型　　D．授权型

5．假如你是公司的总经理，当企业出现以下事件需要同时作出决策时，你应把精力放在哪件事上？（　　）

A．某项业务标书的撰写　　B．生产计划的制订
C．上月奖金的分配　　D．研究在美国设立分公司的可行性

第十一章　员工激励管理

学习目标

☑　了解激励的本质和激励的基本过程
☑　理解内容激励理论、过程激励理论、激励整合模型
☑　掌握期望理论、公平理论和强化理论
☑　了解激励员工的方法与技巧

开篇案例

格兰仕的激励体系

格兰仕是微波炉界的“大白鲨”，它凭借持续不断的价格战，大幅吃掉竞争对手的利润空间，提前结束了微波炉行业的战国时代。它在拼搏了 3 年夺下了中国第一的宝座之后，仅用 2 年的时间又拿下了全球第一的桂冠。如今的格兰仕用实力和业绩成为了世界家电行业 500 强中国入选企业第一名，中国家电出口的两强企业之一。是什么驱动着格兰仕这个“大白鲨”斗志不已、不停游弋呢？答案是格兰仕的激励体系焕发了广大员工的热情和积极性，从而为自身的发展提供了澎湃的动力和竞争的活力。

格兰仕首先看重员工对企业的感情投入，认为只有员工发自内心地认同企业的理念、对企业有感情，才能自觉地迸发出热情、为企业着想。在 1 万多人的企业里，要让员工都具备主人翁的心态，站在企业利益的角度来做好各环节的工作，在保证质量的同时严格控制住成本，这无疑是很难的。因而他们加强对全体员工的文化培训，用群众的语言和通俗的故事将公司的理念和观点传达给每位员工。为自己的长远、共同的利益而工作，成了格兰仕人的共识。

在注重感情投入、文化趋同的基础上，格兰仕对待不同的员工，采取不同的激励方法和策略。对待基层工作人员，他们更多地采用刚性的物质激励；而对待中高层管理人员，则更注重采用物质和精神相结合的长期激励。

基层工人的收入与自己的劳动成果、所在班组的考核结果挂钩，既激励个人努力又激励他们形成团队力量。基层人员的考核的规则、过程和结果都是公开的，在每个车间都有大型的公告牌，清楚地记录着各生产班组和每位工人的工作完成情况和考核结果。对生产班组要考核整个团队的产品质量、产量、成本降低、纪律遵守、安全生产等多项指标的完成情况，同时记录着每个工人的完成工件数、加班时间、奖罚项目等。根据这些考核结果，每个人都能清楚地算

出自己该拿多少、别人强在什么地方、以后需要在什么地方改进。也许这些考核设计并不高深，但要持之以恒的坚持、保持公正透明的运行，却不是每个企业都能做到的。依靠这个严格、公平的考核管理体系，格兰仕将数十个车间和数以万计的工人的业绩有效地管理了起来。

中高层管理层是企业的核心队伍，关系到企业的战略执行的效率和效果，他们往往也是企业在激励中予以重视的对象。格兰仕同样对这支骨干队伍高度的重视，但并没有一味地采用高薪的方式，因为他们认为金钱的激励作用是递减的，管理者需要对企业有感情投入和职业道德，不能有短期套利和从个人私利出发的心态。他们在干部中常常用“职业军人”作比喻来说明这个道理，说抗美援朝战争中，美军的失败是“职业军人”的心态，他们打仗拿着工资奖金，所以从心理上不敢打、不愿打，能打赢就打；打不赢就跑；遇到危险，举手投降。而中国的志愿军心中有着爱国热情、民族尊严，不因危险、困难而退缩，士气如虹、坚韧不拔，所以才最终赢得了“小米步枪对抗飞机大炮”的战争。

所以格兰仕对中高层管理者更强调用工作本身的意义和挑战、未来发展空间、良好信任的工作氛围来激励他们。格兰仕的岗位设置相当精简，每个工作岗位的职责范围很宽，这既给员工提供了一个大的舞台，可以尽情发挥自己的才干，同时也给了他们压力与责任。在格兰仕没有人要求你加班，但加班是很经常的，也是自觉的，因为公司要的不是工作时间和形式，而是工作的实效。同时这也是公平的赛马机制，众多的管理者在各自的岗位上，谁能更出色地完成工作，谁就能脱颖而出。格兰仕为员工描绘了美好的发展远景，这也意味着给有才能的人提供了足够的发展空间，这大大地激励着富有事业心、长远抱负的管理者们。

在平时，格兰仕对管理者们工作的业绩和表现进行考核，只发几千元的月度工资，而把激励的重点放在财务年度上。他们将格兰仕的整体业绩表现、盈利状况和管理者的薪酬结合起来，共同参与剩余价值分配，从而形成长期的利益共同体。他们采取年终奖、配送干股、参与资本股的方式，递进式地激励优秀的管理者。如所有考核合格的管理者，都会有数量不等的年终奖；另外，公开评选优秀的管理者，参与公司预留的奖励基金分配，这个奖励基金是按公司的盈利状况提取的；其中最优秀的几名管理者则配送次年的干股，不需要支付现金购买公司股份，能够参与公司次年一定比例的分红；通过几个年度考核，能提升到公司核心层的高层管理者，则可以购买公司股权，成为公司正式的股东。目前已有50多名中高层管理者拥有格兰仕的股份（资本股），有70多名管理者拥有干股，这构成了格兰仕是各条战线上与公司利益高度一致的中坚力量。这样通过层层的激励方式，不断培养、同化、遴选了格兰仕忠诚度高、战斗力强的核心队伍，构成了格兰仕长远发展的原动力。

“适合就是最好的”，每个企业都有自身的特点，都有千差万别的历史背景、人际关系和经营理念，但最关键的是要设计和运行适合自身特点的激励体系，才能更好地解决好发展的动力问题，格兰仕的激励体系无疑能给我们一些有益的启示。

资料来源：梁环宇，格兰仕的激励体系．全球品牌网，2009-03-12.

讨论题：

1．格兰仕的激励体系有什么特点？

2．运用一种或多种激励理论分析格兰仕的激励体系。

第一节　激励的本质与人性假设

一、激励的本质

激励是引导人们特定行为发生、指向和保持的各种力量的组合。在每天的工作中，员工可能会尽心尽力地工作，也可能勉强适度工作或者尽可能少地工作，管理者的目标是通过采取激励手段，增加第一种行为，尽可能减少最后一种行为。

个体行为是复杂的。个体绩效取决于完成工作的意愿（激励）、完成工作的能力和工作环境中可利用的资源。对于员工的能力问题，管理者可以通过培训或替换员工来解决；对于可利用资源问题，管理者可以购买或配置的方式保证资源充足。但是，如果问题出现在激励上，管理者很难发现问题的性质，找到立竿见影的解决方案。

二、人的行为过程

现实生活中的人的行为过程十分复杂，如图 11-1 所示，激励始于需要，需要产生心理紧张并引发动机，动机产生行为，行为导致需要满足与否，满足与否的评价反馈后产生新的行为循环。

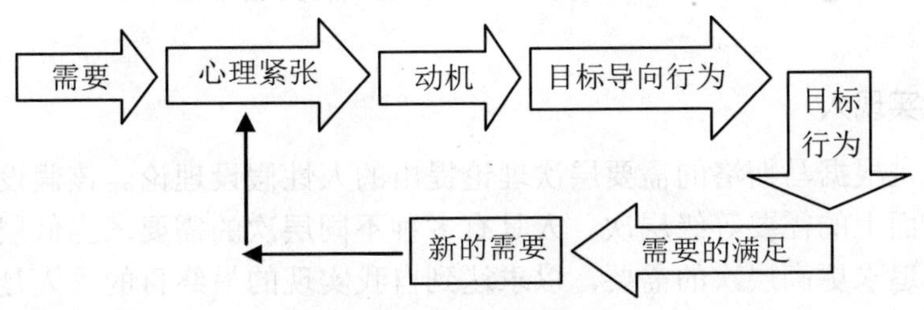

图 11-1　人的行为过程模型

需要是外部刺激或内部刺激作用于人脑而产生的某种生理上或心理上的不平衡状态。动机是促使人采取某种行动的内在驱动力，它是引起和维持个体行为，并将此行为导向满足某种需要的愿望。例如，员工感到他的工资太低，他就会有增加收入的需要，为此，他会产生行为动机，寻求满足这一需要的方法，如通过努力工作以争取加薪或者另找新的工作，选择某一行为（如工作更努力），经过一段时间努力工作后，他会评估自己的成就，如果通过努力工作，工资提高了，他会体会到需要满足的快乐并继续努力工作，如果没有得到加薪，他可能会尝试另一种选择。

三、人性假设

美国管理学家沙因综合了梅奥的人际关系学说，麦格雷戈的 X、Y 理论和马斯洛的需要层次理论，加上他本人的看法，提出了以下四种关于人的本性的假设。

（一）理性经济人

以泰勒为代表的古典管理学的人性假设理论认为，人的行为是在追求他本身最大的利益，企业中人（包括工人、资本家和经营者）的行为目的都是以最少的投入代价来获取最大的经济利益，个人想要高工资，资本家想要高利润。因此，组织成员工作的动机只是为了获得金钱报酬，人工作的动力主要来自经济上的各种刺激。正是基于这种人性假设理论，泰勒以“时间—动作”分析为出发点，只考虑提高劳动生产率，无视工人的情感，主张管理者与生产工人严格分开，建立严格的工作规范，加强监督管制，实行奖励性的报酬体系。所以，这种假设认为人基本上是被动的，而且受到组织操纵、推动和控制。麦格雷戈的 X 理论和这种人性假设理论也是如出一辙的。

（二）社会人

社会人假设是根据梅奥关于人基本上是受社会需要所激励的思想提出的假设。该假设认为人的最大动机是社会需要。只有在管理政策和措施能满足被管理者的社会需要时，员工的工作积极性才会被有效地激发出来。依据这种假设，社会需要的满足比经济上的物质刺激更能激励人。人群关系理论和行为科学中的人性假设理论基本上都是以社会人为基础的人性假设理论。

（三）自我实现人

自我实现人是根据马斯洛的需要层次理论提出的人性假设理论。该假设认为，人的动力来自五个自下而上的需要等级层次。人具有多种不同层次的需要，当低层次的需要得到满足后，人就会追求更高层次的需要，以求达到自我实现的最终目的。人是自我推动的，外来的控制和惩罚等威胁反而会造成不良的后果，人的自我实现倾向与组织所要求的行为并没有冲突。

（四）复杂人

复杂人假设是沙因于 20 世纪 60 年代末至 70 年代初提出的人性假设理论。根据沙因的观点，人的复杂性主要表现为两个方面：其一，就个体人而言，其需要和潜力会随着年龄的增长、知识的增加、地位的改变、环境的改变，以及人与人之间关系的改变而各不相同。其二，就群体的人而言，人与人是有差异的，人在不同的组织或不同的部门，会引发不同的动机和行为表现，人能够学到新动机，也能够对不同的管理策略作出反应。因此，无论是“经济人”“社会人”，还是“自我实现人”的假设，虽然各有其合理性的一面，但并不适用于一切人。

第二节　激 励 理 论

激励理论可分为三大类：内容理论、过程理论和强化理论（如表 11-1 所示）。内容理论（Content Theories）关注于个体内部的激发、定向、保持和停止行为的因素。这些理论试图确定能够激励个体的特定需要。过程理论（Process Theories）描述和分析行为是如何受个体内外部因素作用而激发、定向、保持和停止的。行为强化理论（Reinforcement Theories）关注为什么有些行为能保持，有些行为却消失。三种理论对管理者都有重要的意义，互为补充，因此有学者将这些理论整合形成整合激励理论。

表 11-1　激励理论概览

理　论	理 论 解 释	理论及奠基人	管理学意义
内容	激励员工的因素	马斯洛——五个需要层次理论	管理者需要了解员工行为受哪些因素影响，进而通过控制或诱发这些因素促进组织期望的员工特定行为
		奥尔德弗——ERG 理论	
		赫茨伯格——保健—激励的双因素理论	
		麦克利兰——成就、亲和、权力	
过程	激励如何发生	弗鲁姆——选择的期望理论	管理者需要理解为什么人们选择特定的行为方式来满足需要，以及在实现目标后如何评估自己的需要
		波特—劳勒激励模式	
		亚当斯——基于个体比较的公平理论	
		洛克——目标设定理论，意识目标和目的是行为的决定因素	
强化	行为如何保持	斯金纳——强化理论	强化是一种强大的保持员工激励的工具

一、内容型激励理论

内容型激励理论（Content Perspectives on Motivation）关注人的行为过程中的始发因素——需要，认为管理者需要了解员工行为受哪些因素影响，进而通过控制或诱发这些因素促进组织期望的员工特定行为。

（一）需要层次理论

需要层次理论（The Hierarchy of Human Needs）假设人们的需要是不同的，每种需要的重要性也是不同的，可以依重要性大小排序。马斯洛（A. H. Maslow）的需要层次论和奥尔德弗（Alderfer）的ERG理论就是两种广为人知的需要理论。

1．马斯洛的需要层次理论

马斯洛将每个人的需要都划分为以下五个层次（如图11-2所示）。

需要层次	基本因素	组织因素
自我实现需要	成长、成就、晋升	有挑战性工作、创造性
尊重需要	地位、承认、被尊重	头衔、领导认可、负有责任
归属需要	友谊、感情、伙伴	和谐工作团队、同事友谊
安全需要	安全、保障、稳定	安全工作环境、养老金计划
生理需要	食物、房屋、性欲、空气	基本工资、空调、工作条件

图11-2 马斯洛的五个需要层次

（1）生理需要（Physiological Needs）。它是人类维持生命所必需的最基本的需要——食物、空气等。当其得不到最低限度的满足时，其他的需要都会退到次要的地位。管理者应该明白，受生理需要支配的员工工作主要是为了工资和舒适的工作环境（如休息室、照明、适宜的温度和通风）。

（2）安全需要（Safety Needs）。它包括人们对目前生命财产安全的要求和对未来生活保障的要求两方面。不仅希望现在的生活环境稳定有序，而且希望在不确定的未来，不论发生什么情况都能有办法保证基本生活需要的满足，希望就业有保障、医疗有保险，希望老有所养。

（3）社交（或归属）需要（Affiliation Belonging or Social）。它是指人们在社会生活中，希望被他人所接受、关心和爱护，在感情上归属于某一个群体的要求。这些需要是通过工作中的友情、社会交往得到满足。

（4）尊重需要（Esteem Needs）。它是一种对于自尊和来自他人的尊重的心理需要。自尊包括对于获得信心、能力、成就的渴望和感到自身重要性的要求。来自他人的尊重建立在自己工作成就的基础之上，管理者可以通过提供如头衔、好的办公室等各种外在的成就符号来满足这些需要。

（5）自我实现需要（Needs for Self-actualization）。即指人类对于不断成长、发展，开发和实现自己的潜力需要。这是更高层次的也是管理者最难满足的需要，这种需要只能通过内在的体验来获得。如塑造促进自我实现的文化来帮助员工。

马斯洛认为五种需要像阶梯一样从低到高，按层次逐级递升，但这种次序也不是完全固定的。某一层次的需要相对满足了，就会向高一层次发展，追求更高一层次的需要就成为驱使行为的动力。五种需要可以分为高、低两级，其中生理需要、安全需要和归属需要都属于低一级的需要，这些需要通过外部条件就可以满足；而尊重需要和自我实现需要是高级需要，他们是通过内部因素才能满足的，而且一个人对尊重和自我实现的需要是无止境的。同一时期，一个人可能有几种需要，但每一时期总有一种需要占支配地位，对行为起决定作用。

2．ERG 理论

奥尔德弗发展了马斯洛的需要层次理论，他把马斯洛的需要层次紧凑为三个可能相互重叠的层次——生存需要、关系需要和成长需要。

（1）生存需要（Existence Needs）：对应生存和安全的需要。

（2）关系需要（Relatedness Needs）：专注于人们同社会环境的关系，与马斯洛的爱和社交的需要相近。

（3）成长需要（Growth Needs）：与马斯洛的尊重需要和自我实现需要相近。

在对待人们满足不同需要的方式上，ERG 理论与需要层次有差别。第一，奥尔德弗认为，可以同时有两种需要导致激励；第二，ERG 理论提出了“受挫—退回”过程，即如果某人在试图满足成长需要时不断遭受挫折。关系需要就重新成为主要激励力量，引发个人重新定向努力，以寻求满足该低层次需要的新方法。图 11-3 表示奥尔德弗的 ERG 理论。实线代表需要与需要满足之间的直接关系。箭头代表需要受挫时发生的事件。“受挫—退回”过程认为，生存、关系和发展需要沿着具体的—不具体连续统一体在变化，其中生存最具体，发展不具体。奥尔德弗还认为，当比较不具体的需要未得到满足时，就要寻找满足比较具体的需要。

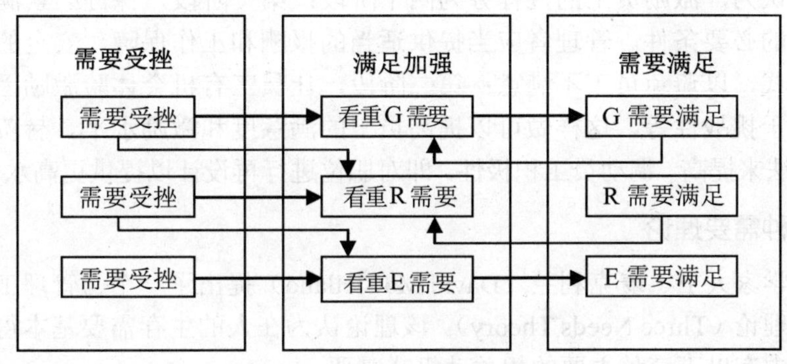

图 11-3 “受挫—退回”过程

（二）“双因素”理论

美国心理学家弗雷德里克·赫茨伯格（Frederick Herzberg）于 20 世纪 50 年代后期通过对匹兹堡地区 11 个工商业机构中近 2 000 名白领工作者进行调查研究，提出了关于员工工作态度的“双因素”理论（Two Factor Theory）。赫茨伯格发现，企业中存在一系列的外部条件或工作环境，包括工资报酬、地位和工作条件。对满意的员工提供这些条件不一定能够激励他们，但缺乏这些条件又可能导致不满。由于它们保持一定水平的“没有不满”，因此，外部条件又称为不满意因素或保健因素（Hygiene Factors）。其次，存在一系列的内部条件或工作内容。包括成就感、责任增加、承认、成长与晋升等，缺乏这些条件不会导致很多的不满，但这些条件存在时就会形成很强的激励作用，导致工作业绩优良。因此它们被称为满意因素或激励因素（Motivators），如图 11-4 所示。

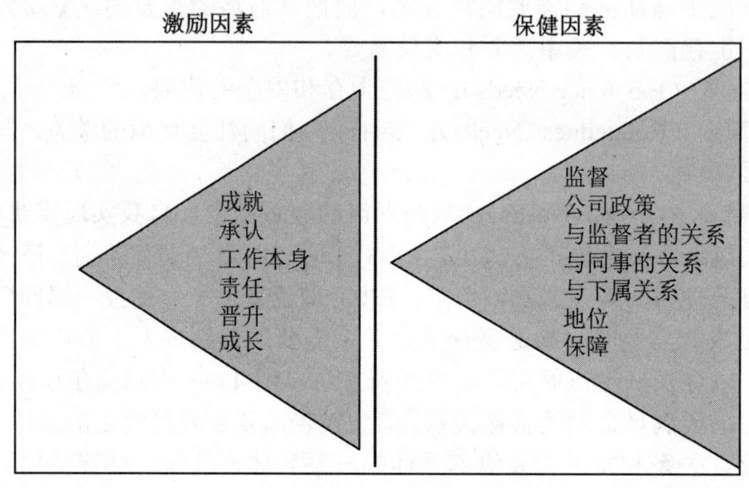

图 11-4 “双因素”理论

赫茨伯格认为，激励员工的过程分为两个阶段：第一阶段，保健因素满足员工只是让员工“满意”的必要条件。管理者应当提供适当的报酬和工作保障、安全的工作条件和可接受的督导方式，以避免员工不满意；第二阶段，让员工有机会体验激励因素，如成就与认可、工作富于挑战性等，这样做可以提高员工的满意度和激励水平。赫茨伯格推荐用职位丰富化的方法来提高、调动员工积极性。即对职位进行再设计以提供更高水平的激励因素。

（三）三种需要理论

美国管理学家大卫·麦克利兰（David MaClelland）提出了一个与管理工作联系更加紧密的三种需要理论（Three Needs Theory）。该理论认为在人的生存需要基本得到满足的前提下，人在工作中有以下三种主要的相关动机或需要。

（1）成就需要（Need for Achievement），是指达到标准，追求卓越，争取成功的需要。有高度成就需要的人，有极强的事业心，他们总是寻求能够独立处理问题的工作机会，并且希望及时地了解自己工作的成效。

（2）权力需要（Need for Power），是指一种影响或控制他人且不受他人控制的欲望。研究者们发现，具有高度权力需要的人，往往会追求组织中的高层职位；他们大多能言善辩、性格坚强、头脑冷静，总是希望他人服从自己的意志并证明自己是正确的。

（3）亲和需要（Need for Affiliation），即一种寻求被他人喜爱和接纳，力图建立友好亲密的人际关系的愿望。亲和需要强烈的人往往热心肠，乐于帮助别人，能从与他人的友好交往与相互理解中得到乐趣。这样的人有较好的合作精神，对于维护一个集体中融洽和谐的友好关系有极重要的作用，但对被社会集体所排斥较为敏感并会感到很大的痛苦。

麦克利兰认为，当某人的某一需要强烈时，就会激励该人行动起来去满足那个需要。具有强烈权力动机的人所采取的行动会影响他人的行为，并在情感上强烈影响他人，即他们关心的是给予其追随者地位以奖励；具有强烈亲和动机的人倾向于与他人建立、维护及恢复亲密的个人关系。

从管理的角度来看，高成就需要者特别适合于那些独当一面，能够显示其工作业绩的工作，如经营自己的企业、在公司中主管一个独立的部门，或者处理销售业务等。在一个组织中，善于发现那些具有高成就需要的人，为他们提供施展才能的机会，及时肯定和宣传他们的业绩，并给予较高的荣誉，有助于培养和激发其他成员的成就需要，对促进组织的成功十分重要。而那些有很高的权力需要但亲和需要很低的人，往往能成为大型组织中的优秀管理者。

二、过程型激励理论

过程型激励理论（Process Perspectives on Motivation）是指着重研究人从动机产生到采取行动的心理过程。它解释了为什么人们选择特定的行为方式来满足需要，以及在实现目标之后如何评估自己的需要。过程型激励理论主要有期望理论、波特—劳勒综合激励模型、公平理论和目标设定理论。

（一）期望理论

期望理论（Expectancy Theory）是由美国心理学家维克托·弗鲁姆（Victor Vroom）于1964 年提出来的激励理论。该理论认为，激励取决于结果的价值和达成结果的可能性。如图 11-5 所示，激励产生努力，而努力再加上能力和环境则导致绩效，绩效反过来导向各种组织奖励（成果），每一种奖赏都具有一定的价值，称为“效价”。

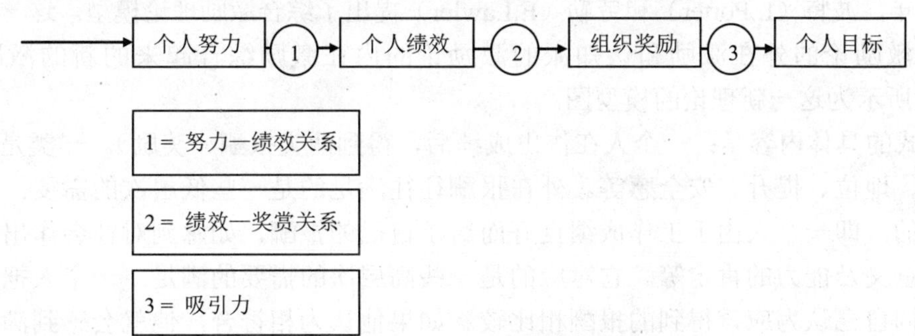

图 11-5 期望理论模型

该模型的具体内容是：认为只有当人们预期到某一行为能给个人带来既定结果，且这种结果对其具有吸引力时，个人才会采取这一特定行为。也即激励（Motivation）取决于行动结果的价值评价（Valence）和其对应的期望值（Expectancy）的乘积：

$$M = V \times E$$

式中：M 表示激发力量，是激励行为发生的强度；V 表示成果价值（效价），是指奖励（成果）所对个人的价值；E 表示期望值，是人们根据过去经验判断自己达到某种目标的可能性。

效价和期望值的不同结合会产生不同的激励力量：

$$E_{高} \times V_{高} = M_{高}$$

$$E_{中} \times V_{中} = M_{中}$$

$$E_{高} \times V_{低} = M_{低}$$

$$E_{低} \times V_{高} = M_{低}$$

$$E_{低} \times V_{低} = M_{低}$$

该模型包含以下三项变量。

（1）努力—绩效期望。这是个体对努力能够导致绩效的可能性的知觉。如果个体相信努力可以直接导致绩效，期望值会很高（接近 1.0）；如果个体认为努力与绩效之间不相关，则努力—绩效期望会很弱（接近 0）；如果个体相信两者之间相关，则努力—绩效期望处于中间水平（介于 0～1.0 之间）。

（2）绩效—奖励期望。这是个体对绩效将导致某一具体成果性的知觉。如果个体相信高绩效将会导致加薪，期望值会很高（接近 1.0）；相反，个体认为绩效与奖励之间不相关，则绩效—奖励会很弱（接近 0）。

（3）效价或奖励的吸引力。这是指个体在组织内得到的奖励（成果）所体现的价值，即“效价”。如果成果是个体所希望的，则效价为正；反之，则为负。如果成果对个体无关紧要，则效价为零。

（二）波特—劳勒综合激励模型

1968 年，波特（L.Porter）和劳勒（E.Lawler）提出了综合激励理论模型。这一模型是将行为主义激励论的外在激励和认知派的激励论的内在激励综合起来的新的激励模型。如图 11-6 所示为这一新理论的模型图。

该模式的具体内容是：一个人在作出成绩后，得到两类报酬（奖励）。一类是外在的，包括工资、地位、提升、安全感等。外在报酬往往满足的是一些低层次的需要；另一类报酬是内在的。即一个人由于工作成绩良好而给予自己的报酬，如感到对社会作出贡献、对自我存在意义及能力的肯定等。它对应的是一些高层次的需要的满足。一个人把自己所得到的报酬同自己认为应该得到的报酬相比较。如果他认为相符合，他就会感到满足，并激励他以后更好地努力。如果他认为自己得到的报酬低于“所理解的公正报酬”，那么，即使事实上他得到的报酬量并不少，他也会感到不满足，甚至失落，从而影响他以后的努力。

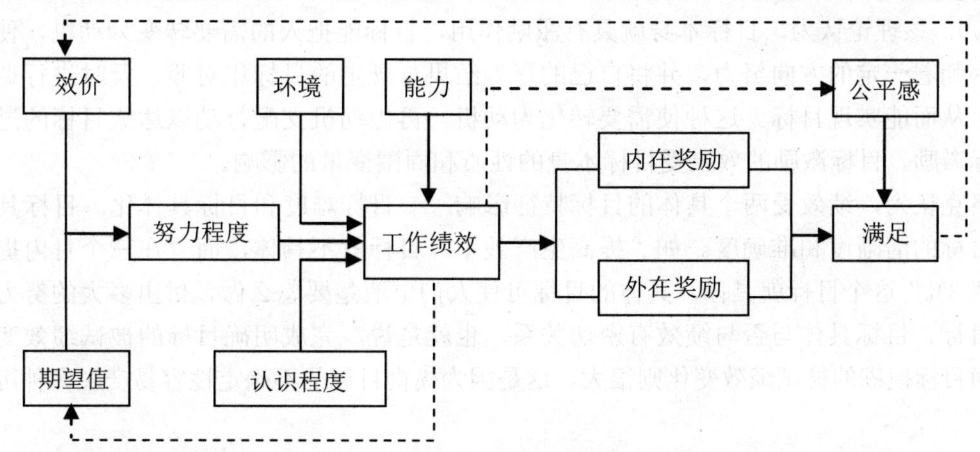

图 11-6　波特和劳勒的综合激励模型

（三）公平理论

美国心理学家亚当斯（J. S. Adams）在 20 世纪 60 年代发表了《对公平的理解》和《在社会交换中的不公平》两篇论文，提出了公平理论（Equity Theory）。该理论认为个人总是将自己的付出—所得比与参照对象进行比较，如果他们感到自己的收入低于应得报酬，工作的积极性将降低，如果他们认为自己的收入高于应得报酬，会激励他们努力工作以使自己的报酬合情合理。公平理论的模式可表示为：

$$Q_p/I_p=Q_o/I_o$$

式中：Q_p 代表一个人对他所获报酬的感觉；I_p 代表一个人对他所做投入的感觉；Q_o 代表这个人对参照对象所获报酬的感觉；I_o 代表这个人对参照对象所做投入的感觉。

参照对象为他人、制度和自我三种类型。他人是指组织中从事相似工作的其他个体，包括朋友、邻居及同行；制度是指组织中的薪金政策与程序，以及这种制度的动作；自我是指员工自己在工作中付出与所得的比率。

如果员工感到不公平时，员工可能会采取以下几种策略以寻求公平：（1）曲解自己或他人的付出或所得；（2）采取行为使他人的付出或所得发生改变；（3）采取某种行为改变自己的付出或所得；（4）选择另外一个参照对象进行比较；（5）辞去他们的工作。

（四）目标设定理论

美国马里兰大学管理学兼心理学教授爱德温·洛克（Edwin A. Locke）在研究中发现，外来的刺激（如奖励、工作反馈、监督的压力）都是通过目标来影响动机的。目标能引导活动指向与目标有关的行为，使人们根据难度的大小来调整努力的程度，并影响行为的持久性。于是，在一系列科学研究的基础上，他于 1967 年最先提出“目标设定理论”（Goal Setting Theory）。该理论认为，目标本身就具有激励作用，目标能把人的需要转变为动机，使人们的行为朝着一定的方向努力，并将自己的行为结果与既定的目标相对照，及时进行调整和修正，从而能实现目标。这种使需要转化为动机，再由动机支配行动以达成目标的过程就是目标激励。目标激励的效果受目标本身的性质和周围变量的影响。

洛克认为，绩效受两个具体的目标特征影响——目标难度和目标具体化。目标具体化是指目标的清晰度和准确度。如“提高生产效率”目标就不具体，而“在三个月内提高生产效率 3%”这个目标就具体。具体的目标可使人们更清楚要怎么做，付出多大的努力才能达到目标。目标具体与否与绩效有密切关系。也就是说，完成明确目标的被试绩效变化很小，而目标模糊的被试绩效变化则很大。这是因为模糊目标的不确定性容易产生多种可能的结果。

目标难度是指目标的挑战性和达成目标所需要的努力。难度依赖于人和目标之间的关系，同样的目标对某人来说可能是容易的，而对另一个人来说可能是难的，这取决于他们的能力和经验。一般来说，目标的绝对难度越高，人们就越难达到它。在完成任务的人有足够的能力、对目标又有高度的承诺的条件下，任务越难，绩效越好。

目标的实现还与自我效能感有关。自我效能感的概念是由 Bandura 提出的，自我效能感就是个体在处理某种问题时能做得多好的一种自我判断，它是以对个体全部资源的评估为基础的，包括能力、经验、训练、过去的绩效、关于任务的信息等。当对某个任务的自我效能感强时，对这个目标的承诺就会提高。这是因为高的自我效能感有助于个体长期坚持在某一个活动上，尤其是当这种活动需要克服困难、战胜阻碍时。高自我效能感的人比低自我效能感的人坚持努力的时间要长。

目标设定理论的效用与民族文化有一定的联系。民族文化为一国全体或绝大多数居民共有的价值观，它形成一个民族的行为以及他们看待世界的方式。美国是崇尚个人主义的社会，强调个性自由及个人的成就，因而开展员工之间个人竞争，并对个人表现进行奖励，是有效的人本主义激励政策。中国和日本都是崇尚集体主义的社会，员工对组织有一种感情依赖，共同的组织目标设定更容易构建员工和管理者之间和谐的关系。

目标设定理论受到广泛的关注和支持。因此，又有学者提出了扩展模型，如图 11-7 所示。

扩展理论认为，目标指导的努力是四个目标特性的函数：目标难度、目标具体化、目标接受和目标承诺。目标难度是指目标的挑战性和达成目标所需要的努力；目标具体化是指目标的清晰度和准确度；目标接受是指个体将目标接受为个人目标的程度；目标承诺是指个体本身对目标的兴趣程度。有助于提高目标接受和承诺的因素包括参与目标设计过程、制定既有挑战性的目标，以及相信实现目标将得到有价值的奖励等。

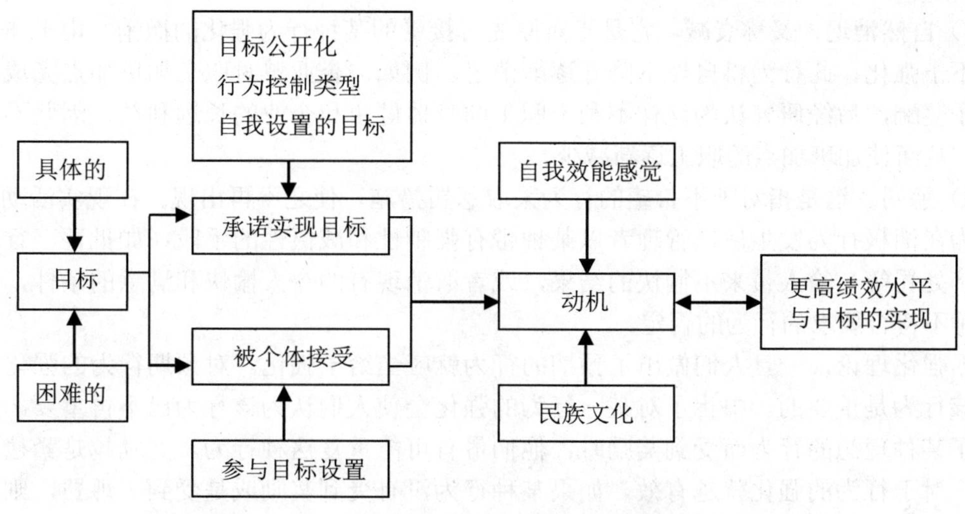

图 11-7 目标设定理论扩展模型

三、强化理论

强化理论（Reinforcement Theory）是美国心理学家和行为科学家斯金纳（B. F. Skinner）提出的以学习的强化原则为基础的关于理解和修正人的行为的一种学说。该理论认为，行为是结果的函数，行为的原因来自于外部。当人们因采取某种行为而受到奖励时，他们就非常有可能会重复这种行为；当某种行为没有受到奖励或者是受到惩罚时，则其重复的可能性就会非常小。

与前述的其他几种激励理论不同，强化理论不考虑需要、期望、公平这些因素，只关注人们采取某种行动后会带来什么后果。

具体来说，强化主要包括正强化、负强化、自然消退和惩罚四种类型。

（1）正强化，又称积极强化。当人们采取某种行为时，能从他人那里得到某种令其感到愉快的结果，这种结果反过来又成为推进人们趋向或重复此种行为的力量。例如，企业用某种具有吸引力的结果（如奖金、休假、晋级、认可、表扬等），以表示对职工努力进行安全生产的行为的肯定，从而增强职工进一步遵守安全规程进行安全生产的行为。

（2）负强化，又称消极强化或规避。它是指人们为了避免不合意或不希望的结果而努力克服某种行为。例如，企业安全管理人员告知工人不遵守安全规程，就要受到批评，甚至得不到安全奖励，于是工人为了避免此种不期望的结果，而认真按操作规程进行安全作业。

惩罚是负强化的一种典型方式，即在消极行为发生后，以某种带有强制性、威慑性的手段（如批评、行政处分、经济处罚等）给人带来不愉快的结果，或者取消现有的令人愉快和满意的条件，以表示对某种不符合要求的行为的否定。

（3）自然消退，又称衰减。它是指对原先可接受的某种行为强化的撤销。由于在一定时间内不予强化，此行为将自然下降并逐渐消退。例如，企业曾对职工加班加点完成生产定额给予奖酬，后经研究认为这样不利于职工的身体健康和企业的长远利益，因此不再发给奖酬，从而使加班加点的职工逐渐减少。

（4）惩罚。这是指对于不希望的行为采取惩罚措施，使之不再出现。在现实活动中，它表现为在消极行为发生后，管理者以某种带有强制性和威慑性的手段（如批评、行政处分、经济处罚等）给人带来不愉快的结果，或者取消现有的令人愉快和满意的条件，以表示对某种不符合要求的行为的否定。

根据强化理论，一旦人们做出了预期的行为就应当给予强化。对预期行为的强化告诉了人们该行为是重要的。中止了对某一行为的强化会使人们认为该行为已不再重要。当人们采取了某种理想的行为而受到奖励时，他们最有可能重复这种行为。奖励越是紧接着理想行为，对于行为的强化就越有效。如果某种行为没有受到奖励或是受到了惩罚，则这种行为再次重复的可能性就会大大降低。

在实践中，管理者应当把重点放在积极强化而不是惩罚上。对于不期望的行为，采取自然消退的做法有时要比惩罚更有效。尽管惩罚措施消除不良行为的速度要快于自然消退，但其效果经常只是暂时的，而且常常伴随着不良的负面作用，如冲突、缺勤或辞职等。另外，还要注意强化的时机和频率。强化的时机和频率是指上一次强化与下一次强化的时间间隙。如果根据时间来进行强化的时机，可分为固定间隔法和可变间隔法。前者是每隔一固定的时间即实施强化，如每月支付薪水；可变间隔法是对行为强化的时间并不固定，如不定期的表扬和突击检查、奖励或处罚；根据行为重复出现的情况来进行强化可分为固定比例强化法或可变比例强化法，前者指一定数量的行为重复出现之后进行强化，如销售人员，当销售一定数量的产品后马上给予奖励，可以激励员工努力销售；可变比例强化法则是每次强化行为数量不同，但管理者希望重复的行为达到一定比率即给予强化，如新员工第一次拿到订单，主管给予表扬，第五次、第九次又分别给予奖励，这样新员工拿到订单的努力会不断得到加强。

四、激励理论整合

以上介绍的激励理论可能都行之有效。现实比理论要复杂得多，前述理论每一种理论有效并不意味着其他理论无效，他们可能是互为补充的。因此，上述理论可整合（见图 11-8）。

图 11-8 所示激励理论的整合模型的基本框架来自期望理论。如果一个员工感到努力和绩效之间、绩效和奖励之间、奖励和个人目标满足之间存在密切联系，那么他就会努力工作。反之，每一种联系又受到一些因素的影响。个体的绩效水平不仅取决于他的努力程度，还取决于他在完成工作所具备的能力水平，以及组织在衡量员工绩效方面有没有一个被人

们认为公平客观的绩效评估体系。如果一个人觉得自己是根据绩效因素而受到奖励的，那么，绩效—奖励关系就会更强。如果认知评价理论在实际工作中是完全有效的，那么基于工作绩效的奖励会降低个体的内部动机水平。在期望理论中，最后一个联系是奖励—个人目标关系。如果个体由于工作绩效而获得的奖励能满足与个人目标相一致的主导需要，他就会表现出极高的动机水平和工作积极性。

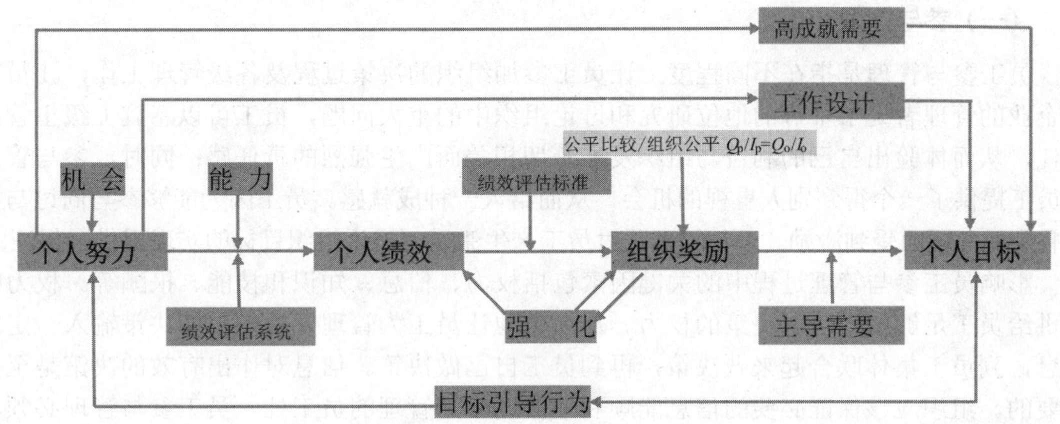

图 11-8 激励理论的整合模型

整合理论模型还考虑到了成就需要、强化以及公平比较/组织公平。高成就需求者受到的激励不是来自组织对他绩效评估或组织提供的奖励。对他们来说，努力与个人目标之间有着最直接的关系。对高成就需求者来说，只要他们从事的工作能提供个人职责、信息反馈和中等程度的风险，他们就会产生完成工作的内存驱动力。所以，这些人并不关心努力－绩效、绩效－奖励以及奖励－个人目标的关系。

强化理论也包括在该模型中，它通过组织提供的奖励对个人绩效的强化而体现出来。如果员工认为奖励体系是对高工作绩效的补偿，那么这种奖励就会进一步强化和鼓励持续的高绩效水平。奖励也是组织公平研究中的关键部分。员工会通过比较自己与他人的所得来判断对自己的产出是否满意，但是他们也会考虑自己被对待的方式——当员工对薪酬不满时，他们对程序公平和主管的关怀会更敏感。

第三节 常用的激励策略

第二节介绍的激励理论解释了激励特定行为的原因，但人的行为是复杂的，行为的社会环境和组织环境也是不断变化的，管理者希望激励员工符合组织目标的行为，需要采取不同的激励策略和方法。

一、选择有效的激励方式

一般来说，常见的激励方式有员工参与管理、奖罚、工作丰富化和弹性工作制等，下面介绍几种常见的激励方式。

（一）参与管理

员工参与管理是指在不同程度上让员工参加组织的决策过程及各级管理工作，让员工与企业的管理者处于平等的地位研究和讨论组织中的重大问题，员工可以感到上级主管的信任，从而体验出自己的利益与组织发展密切相关而产生强烈的责任感；同时，参与管理为员工提供了一个得到别人重视的机会，从而给人一种成就感。员工因为能够参与商讨与自己有关的问题而受到激励。参与管理既对员工产生激励，又为组织目标的实现提供了保证。

影响员工参与管理过程中的关键因素包括权力、信息、知识和技能、报酬等。权力即提供给员工足够的用以做决策的权力。从简单地让员工为管理者要作出的决策输入一定的信息，到员工集体联合起来做决策，再到员工自己做决策。信息对作出有效的决策是至关重要的。组织应该保证必要的信息能顺利地流向参与管理的员工处。员工参与管理必须具有作出好的决策所要求的知识和技能。报酬能有力地吸引员工参与管理。一方面，有意义的参与管理的机会提供给员工内在的报酬，如自我价值与自我实现的情感；另一方面，提供给员工外在的报酬，如工资、晋升等。在参与管理的过程中，这四个方面的因素必须同时发生作用。如果仅仅授予员工做决策的权力和自主权，但他们却得不到必要的信息和知识技能，那么也无法作出好的决策。如果给予了员工权力，同时也保证他们获取足够的信息，对他们的知识和技能也进行训练和提高，但并不将绩效结果的改善与报酬联系在一起，员工就会失去参与管理的动机与热情。

员工参与管理有多种形式，最主要的几种形式是分享决策权、代表参与、质量圈和员工股份所有制方案。分享决策权是指下级在很大程度上分享其直接监管者的决策权。代表参与是指员工不是直接参与决策，而是一部分工人的代表进行参与。质量圈是由一组员工和监管者组成的共同承担责任的一个工作群体。他们承担着解决质量问题的责任，对工作进行反馈并对反馈进行评价，但管理层一般保留建议方案实施与否的最终决定权。员工并不一定具有分析和解决质量问题的能力，因此，质量圈还包含了为参与的员工进行质量测定与分析的策略和技巧、群体沟通的技巧等方面的培训。员工股份所有制方案是指员工拥有所在公司的一定数额的股份，一方面，使员工将自己的利益与公司的利益联系在一起；另一方面，员工在心理上体验做主人翁的感受。员工股份所有制方案能够提高员工工作的满意度，提高工作激励水平。员工除了具有公司的股份，还需要定期被告知公司的经营状况并拥有对公司的经营施加影响的机会。当具备了这些条件后，员工会对工作更加满意。

员工参与管理的途径是多种多样的，各个国家都有一些适合本国国情和地方特色的途径。从国外的情况看，西方国家为振兴企业，缓解劳资冲突，创造了许多职工参与的方式。如德国的职工参与采取了监督型模式，即选举职工代表参与公司监事会；瑞典采取经营管理型模式，即选举职工代表参与公司董事会。此外，还有“职工建议制度”“振脑会”“初级董事会”“劳资协议机关参与”等多种多样的职工参与方式。我国员工参与企业管理的主要形式有职工代表大会制度、企业管理委员会、职工董事、监事制度等。

（二）工作丰富化

工作丰富化是指在工作中赋予员工更多的责任、自主权和控制权。工作丰富化与工作扩大化、工作轮调都不同，它不是水平地增加员工工作的内容，而是垂直地增加工作内容。这样员工会承担更多重的任务、更大的责任，员工有更大的自主权和更高程度的自我管理，还有对工作绩效的反馈。它不但丰富了工作内容，而且改变了工作性质、工作方式，工作要求更高。一般来说，工作丰富化的具体方法主要包括以下几个方面：第一，在工作方法、工作程序和工作速度的选择等方面给下属以更大的自由，或让他们自行决定接受还是拒绝某些材料或资料；第二，鼓励下属人员参与管理，鼓励人们之间相互交往；第三，放心大胆地任用下属，以增强其责任感；第四，采取措施以确保下属能够看到自己为工作和组织做的贡献；第五，在基层管理人员得到反馈以前，把工作完成的情况反馈给下属；最后是在改善工作环境和工作条件方面，如办公室或厂房、照明和清洁卫生等，要让员工参与并让他们提出自己的意见或建议。

（三）奖罚激励法

奖罚激励法是指利用奖励或惩罚的方法，对人们的一些行为予以肯定而对另一些行为予以否定，激发人们内在动力的激励方法。奖励或惩罚都可以在一定程度上满足或刺激职工的心理需要，尤其是奖励可以使职工有一种成就感，从而有利于强化激励作用。

奖励的形式多种多样，但基本上可分为物质奖励和精神奖励，以及两种奖励相结合。其中，物质奖励满足人的生理需要，精神奖励满足人的心理需要。例如，奖金、住房、生活用品等是物质奖励；奖状、奖章、命名、标兵、模范，介绍经验、优秀事迹的宣传都是精神奖励。又如，科技成果奖、晋升晋级则是物质与精神相结合的奖励。

惩罚是对员工进行处罚，通过创造一种令人不快或带有压力的条件，以否定某些不符合要求的行为。惩罚是一种管理上的负激励，处罚方式有批评、降级、罚款、降薪、淘汰等。

（四）弹性工作制

弹性工作制是指在完成规定的工作任务或固定的工作时间长度的前提下，员工可以灵活地、自主地选择工作的具体时间安排，以代替统一、固定的上下班时间的制度。弹性工作制的形式主要有以下几种。

（1）弹性工作制。这种时间安排系统要求员工每周工作一定时间，并且要遵守一些限制条件，至于什么时候工作可以自己灵活安排。

（2）工作分担方案。该计划允许由两个或更多的人来分担一个完整的全日制工作。例如，企业可以决定一周有40小时的工作，由两个人来分担。其中一个人上午工作，另一个人则可以在下午工作。

（3）弹性工作地点方案。只要员工能够完成单位指定的工作任务，以电子通信为手段与单位沟通，单位允许员工在家里或在离家很近的其他办公室中完成自己的工作。如远距离办公。员工可以待在家里，通过电脑和调制解调器与工作单位保持联系的工作方式。

（4）核心时间与弹性时间结合。企业可以决定，一个工作日的工作时间由核心工作时间（通常为5个小时）和前后两头的弹性工作时间组成。核心工作时间是每天某几个小时所有员工必须上班的时间，弹性时间是员工可以自由选定上下班的时间。

（5）工作任务中心制。公司对员工的劳动只考核其是否完成了工作任务，不规定具体时间，只要在所要求的期限内按质量完成任务就照付薪酬。

（6）紧缩工作时间制。员工可以将一个星期内的工作紧缩在2～3天内完成，剩余时间自己安排“充电”。

（五）计件工资制

计件工资是按照员工生产合格产品的数量和预先规定的计件单价计量和支付劳动报酬的一种工资形式。计件工资的计算与分配事先都有详细、明确的规定，在企业内部工资分配上有很高的透明度，使得员工对自己所付出的劳动和能够获得的劳动报酬心中有数，因此，具有很强的物质激励作用。

（六）绩效工资制

绩效工资制是以员工被聘上岗的工作岗位为主，根据岗位技术含量、责任大小、劳动强度和环境优劣确定岗级，以企业经济效益和劳动力价位确定工资总量，以职工的劳动成果为依据，在绩效测量的基础上支付员工工资的可变薪酬计划。绩效工资制的主要特点：一是有利于雇员工资与可量化的业绩挂钩，将激励机制融于企业目标和个人业绩的联系之中；二是有利于工资向业绩优秀者倾斜，提高企业效率和节省工资成本；三是有利于突出团队精神和企业形象，增大激励力度和雇员的凝聚力。

（七）团队激励计划

团队激励计划又称为团队激励薪酬计划，是指根据团队的工作业绩来确定团队工资水平的激励性报酬方案。团队激励计划可以增强团队制订计划和解决问题的能力，而且有助于促进团队成员间的相互合作，从而提高团队的工作业绩，为企业带来更多的收益。研究证明，在提高绩效方面，团队激励计划和个人激励计划具有相同的功效。如果团队规模在8～

12 人之间，并且给予他们的任务是整个团队的任务而非单个人的任务的话，团队激励方案的实施效果将是最好的。

(八) 股票期权方案

股票期权方案即企业在与经理人签订合同时，授予经理人未来以签订合同时约定的价格购买一定数量公司普通股的选择权，经理人有权在一定时期后出售这些股票，获得股票市价和行权价之间的差价，但在合同期内，期权不可转让，也不能得到股息。在这种情况下，经理人的个人利益就同公司股价表现紧密地联系起来。股票期权制度是上市公司的股东以股票期权方式来激励公司经理人员实现预定经营目标的一套制度。

二、激励员工的一些建议

上述激励员工的策略能否有效，没有一个简单的、放之四海而皆准的行为指南。但是，以下这些建议会对管理者如何激励员工有实质性的帮助。

（1）认清个体差异。几乎所有的当代激励理论都认为每个员工都是一个独特的不同于他人的个体，他们的需要、态度、个性及其他重要的个体变量各不相同。

（2）人的性格与能力与职务相匹配。大量研究证据表明，将人的性格与能力和职务进行合理匹配能够起到激励员工的作用。例如，高成就需要者应该从事小企业的独立经营工作，或在规模较大的组织中从事相对独立的部门运作。但是，如果是在大型组织中从事管理工作，候选人必须是高权力需要和低归属需要的个体。同样道理，不要让高成就需要者从事与其需要不一致的工作，当他们面对中度挑战水平的目标，并且具有自主性和可以获得信息反馈时，能够做得最好。

（3）员工参与目标制定。目标设定理论告诉我们，管理者应确保员工具有一定难度的具体目标，并对他们工作完成的程度提供反馈。对于高成就需要者来说，外部目标的重要性则比较小，他们靠内部动机激励，但高成就需要者在任何组织中显然都是少数。目标如何设定取决于员工对目标的可接受性和组织文化的认识。如果员工预期到目标会受到抵制，那么使用参与做法将会增加目标的可接受性程度。如果参与做法与组织文化相抵触，则应由管理者单独设定目标。因为当两者相抵触时，员工们很可能会把参与做法看作被组织所操纵，因而会拒绝这种方式。

（4）个别化奖励。由于每位员工的需要不同，因此对某人有效的强化措施，可能并不适合于其他人。管理者应当根据员工的差异对他们进行个别化的奖励，管理者能够支配的奖励措施包括加薪、晋升、参与目标设定和决策的机会。

（5）奖励与绩效挂钩。管理者必须使奖励与绩效相统一，只有奖励因素而不是绩效才能对其他因素起到强化作用。主要的奖励（如加薪、晋升）应授予那些达到了特定目标的员工。管理者应当想办法增加奖励的透明度，如消除发薪的保密性，代之以公开员工的工资、奖金及加薪数额，这些措施将使奖励更加透明，更能激励员工。

（6）检查公平性系统。员工应当感到自己的付出与所得是对等的。具体而言，员工的经验、能力、努力等明显的付出项目应当在员工的收入、职责和其他所得方面体现出不同。但是，在公平性问题上，存在着众多的付出与所得的项目，而且员工对其重要性的认识也存在差异，因而这一问题十分复杂。研究发现，白领员工将工作质量、工作知识列在付出因素的首位，但蓝领员工却将这些因素列在付出因素的末位，他们认为最重要的付出因素是智力和个人对完成任务的投入，这两个要素对于白领员工的重要性程度却很低。在所得方面，也同样存在着差异，只不过差异不太显著。例如，蓝领员工将晋升放在很高的位置，但白领员工却将它的重要性排在第三位。这些差别意味着对某人具有公平感不一定对其他人也有公平感，所以理想的奖励系统就能够分别评估每一项工作的投入，并相应给予合适的奖励。

（7）不要忽视钱的因素。当我们专心考虑目标设定、创造工作的趣味性、提供参与机会等因素时，很容易忘记金钱是大多数人从事工作的主要原因。以绩效为基础的加薪、奖励及其他物质刺激，在决定员工工作积极性上起着重要的作用，这一点不能忽视。

结尾案例

海尔员工激励

韩愈曰："世有伯乐，然后有千里马"。海尔集团总裁张瑞敏却认为，企业领导者的主要任务不是去发现人才，而是去建立一个可以出人才的机制，并维持这个机制健康持久地运行。这种人才机制应该给每个人相同的竞争机会，把静态变为动态，把相马变为赛马，充分挖掘每个人的潜质。海尔明确地提出"人人是人才，赛马不相马"，即为海尔人提供公平竞争的机会和环境，尽量避免"伯乐"相马过程中的主观局限性和片面性。

关于海尔的"赛马不相马"用人理念，张瑞敏有着一些精辟的阐述："每个人都可以参加预赛、半决赛、决赛，但进入新的领域时必须重新参加该领域的预赛"——参赛机会人人均等，只要有参赛的想法，无论是何资历和学历，都可报名参加；但是，入选机会只给有能力、有业绩的人，只有通过实战预赛才能进入新的领域。"给你比赛的场地，帮你明确比赛的目标，比赛的规则公开化，谁能跑在前面，就看你自己了"——海尔有广阔的发展空间，提供目标和规则，方向清晰、机制完善，个人能否成功，全凭自己的能力。

海尔不相信"伯乐"，"相马"可能会错失良才、误用庸才。"千里马"不能看出来，而要在赛场中赛出来。能力决定业绩，业绩说明一切。

海尔的在位监控有两项主要内容：第一，干部主观上要有自律意识，能够自我控制、自我约束；第二，集团客观上要建立控制体系，控制工作方向、工作目标，避免犯方向性错误；控制财务，避免违法违纪。

海尔有严格的监督控制机制，任职人员要接受三种监督：自检，进行自我约束和监督；互检，所在团队进行相互约束和监督；专检，业绩考核部门的约束和监督。干部的考核指标分为五项：自清管理；创新意识及发现、解决问题的能力；市场的美誉度；个人的财务控制能力；所负责企业的经营状况。五项指标根据重要程度给予不同权重，每项得分结合该项权重算出最终得分。分数分为三个等级，用于区别干部的工作表现。每月考评中，那些工作没有失误但也没有起色的干部同样被归为批评之列，这种持续不断的压力杜绝干部不思进取。

海尔集团实现了持续壮大，但内部的发展却并不平衡。企业之间不仅有差距，有的差距还非常巨大。整体的发展，并不意味着所有的局部也跟进发展。一位领导如果长期不动，很容易让他所领导的企业、团队思想僵化、模式固化，甚至导致企业守旧不前。

针对这种情况，海尔提出“届满轮流”，在特定岗位任期满后，集团根据全局目标和个人发展需要，调到其他岗位任职。“届满轮流”不但避免了在原有领域固步不前，还为海尔培养了一批了解多个领域、能把握全局的综合管理人才。

资料来源：百度文库，2014-12-26.

讨论题：

1．海尔的“人人是人才，赛马不相马”，对于哪类人群最具有激励作用？请试用激励理论说明。

2．海尔的任职人员要接受三种监督，这种监督具有哪些正激励作用？哪些负激励作用？

3．“届满轮流”对任职者与候选人都有激励作用，请分别论述。

本章小结

1．激励是引导人们特定行为发生、指向和保持的各种力量的组合。关于激励的思考，早期管理学者提出了关于激励员工的不同人性假设。

2．激励的内容理论关注员工行为受哪些因素影响，包括需要层次理论、ERG 理论、激励双因素理论和成就需要、亲和需要和权力需要三种需要理论。

3．激励的过程理论解释了为什么人们选择某种特定的行为方式。期望理论认为只有当人们预期到某一行为能给个人带来既定结果，且这种结果对其具有吸引力时，个人才会采取这一特定行为；公平理论认为个人总是将自己的付出—所得比与参照对象进行比较，如果他们感到自己的收入公平，则会产生工作的积极性，否则，工作的积极性将降低；目标设定理论则认为，激励的源泉来自于个人的内在目标。

4．强化理论研究人们的行为如何保持，认为导致奖励结果的行为很可能不断重复，而导致惩罚结果的行为则不大可能重复，行为是其结果的函数。

5．激励的三种类型理论可能都是有效的，它们可能是互为补充的。因此，上述理论可整合形成整合激励模型。

6．在管理实践中，人的行为是复杂的，行为的社会环境和组织环境也是不断变化的，管理者希望激励员工符合组织目标的行为，需要采取不同的激励策略和方法。

关键词

激励　需要　动机　需要层次理论　激励因素理论　期望理论　公平理论　强化理论　目标设定理论　整合激励模型

思考题

1．激励的本质是什么？X 理论和 Y 理论中人性假设是什么？

2．马斯洛的需要层次理论内容是什么？

3．描述赫茨伯格的激励—保健理论。

4．激励的内容理论、过程理论和强化理论的研究内容有什么不同？

5．谈谈如何运用目标设定理论解释员工的工作积极性。

6．在激励员工方面，强化理论告诉了我们什么？举例说明如何应用强化、间隔强化与消退来管理员工行为。

7．基于绩效的报酬方案与期望理论之间有哪些共同之处？

网络练习

1．在互联网上找出一家真实的企业，选择的标准是：（1）中小企业；（2）你能够说明它是一家高绩效的企业。

2．试着描述该企业的薪酬制度，并讨论该企业的薪酬激励方案，请解释原因。

3．试例举该企业还有哪些激励措施，并分析其理论根据。

自测题

（一）判断题

1．动机不仅因人而异，对同一个人来说还因时而异，因情境而异。（　）

2．麦格雷戈认为 X 理论的假设最准确地抓住了人的真实本质，应该用来指导管理实践。（　）

3．赫茨伯格的双因素理论将工作满意和工作不满意看作一个二维连续体，认为工作满

意和工作不满意是相互对立的。 （ ）

4．目标设定理论认为具体的目标会提高工作成绩。 （ ）

5．强化理论的关键是关注目标和期望。 （ ）

（二）选择题

1．A、B 两人都是同一个企业的职工，两人横向比较结果是 $Q_A/I_A > Q_B/I_B$，则 B 可能的表现是（ ）。

A．要求增加报酬 B．自动减少投入以达到心理上的平衡

C．离职 D．没有任何改变

E．更加努力

2．高级工程师老王在一家研究所工作，该所拥有一流的研究设备，根据双因素理论，你认为下列哪一种措施最能对老王的工作起到激励作用？（ ）

A．调整设计工作流程，使老王可以完成完整的产品设计而不是重复做局部设计

B．调整工资水平和福利措施

C．给老王配备性能更为先进的个人电脑

D．以上各条都起不到激励作用

3．某企业规定，员工上班迟到一次，扣发当月 50%的奖金，自此规定出台之后，员工迟到现象基本消除，这是哪一种强化方式？（ ）

A．正强化 B．负强化 C．消退 D．忽视

4．公司好几个青年大学生在讨论明年报考 MBA 的事情。大家最关心的是英语考试的难度，据说明年将会有很大提高。请根据激励理论中的期望理论，判断以下四人中谁向公司提出报考的可能性最大？（ ）

A．小郑大学学的是日语，两年前来公司后才开始在电视台初级班业余学习英语

B．小齐英语不错，本科学管理，但他妻子年底就要分娩，家中又无老人可依靠

C．小吴是公认的高材生，英语棒，数学强，知识面广，渴望深造，又无家庭负担

D．小冯素来冷静多思，不做没把握的事。她自信 MBA 联考每门过关绝对没问题，但认为公司里想报考的人太多，领导最多只能批准 1 人，而自己与领导关系平平，肯定没希望获得领导批准

5．一位父亲为了鼓励小孩用功学习，向小孩提出：如果在下学期每门功课都考试 95 分以上，就给物质奖励。在下述什么情况下，小孩会受到激励而用功学习？（ ）

A．平时成绩较好，有可能各门功课都考 95 分以上

B．奖励的东西是小孩最想要的

C．父亲说话向来都是算数的

D．上述三种情况同时存在

第十二章　人际关系与沟通的管理

学习目标

- ☑ 理解组织人际沟通，掌握沟通的基本过程
- ☑ 理解人际沟通、团队沟通、组织沟通和虚拟组织沟通的异同
- ☑ 了解各种不同的沟通渠道与网络
- ☑ 掌握非正式沟通渠道的特点以及管理者对其的运用
- ☑ 理解有效沟通的主要障碍以及改善沟通的方法

开篇案例

杨瑞的困惑

杨瑞是一个典型的北方姑娘，在她身上可以明显地感受到北方人的热情和直率，她喜欢坦诚，有什么说什么，总是愿意把自己的想法说出来和大家一起讨论，她在上学期间很受老师和同学的欢迎。2008 年，杨瑞从西安某大学的人力资源管理专业毕业，她认为，经过四年的学习自己不但掌握了扎实的人力资源管理专业知识，而且具备了较强的人际沟通技能，因此她对自己的未来期望很高。为了实现自己的梦想，她毅然只身去华南求职。

经过将近一个月的反复投简历和面试，在权衡了多种因素的情况下，杨瑞最终选定了东莞市的一家研究生产食品添加剂的公司。她之所以选择这家公司是因为该公司规模适中、发展速度很快，最重要的是该公司的人力资源管理工作还处于尝试阶段，如果杨瑞加入，她将是人力资源部的第一个人，因此她认为自己施展能力的空间很大。

但是，到公司实习一个星期后，杨瑞就陷入了困境中。原来该公司是一个典型的小型家族企业，企业中的关键职位基本上都由老板的亲属担任，其中充满了各种裙带关系。尤其是老板给杨瑞安排了他的大儿子王某做杨瑞的临时上级，而这个人主要负责公司研发工作，根本没有管理理念，更不用说人力资源管理理念。在他的眼里，只有技术最重要，公司只要能赚钱，其他的一切都无所谓。但是杨瑞认为越是这样就越有自己发挥能力的空间，因此，在到公司的第五天，杨瑞拿着自己的建议书走进了她的直接上级的办公室。

“王经理，我到公司已经快一个星期了，我有一些想法想和您谈谈，您有时间吗？”杨瑞

走到经理办公桌前说。

“来来来，小杨，本来早就应该和你谈谈了，只是最近一直扎在实验室里就把这件事忘了。”

“王经理，对于一个企业尤其是处于上升阶段的企业来说，企业的发展要持续必须在管理上狠下工夫。我来公司已经快一个星期了，据我目前对公司的了解，我认为公司主要的问题在于职责界定不清；雇员的自主权力太小致使员工觉得公司对他们缺乏信任；员工薪酬结构和水平的制定随意性较强，缺乏科学合理的基础，因此薪酬的公平性和激励性都较低。”杨瑞按照自己事先所列的提纲开始逐条向王经理叙述。

王经理微微皱了一下眉头说：“你说的这些问题我们公司也确实存在，但是你必须承认一个事实——我们公司在盈利，这就说明我们公司目前实行的体制有它的合理性。”

“可是，眼前的发展并不等于将来也可以发展，许多家族企业都是败在管理上。”

“好了，那你有具体方案吗？”

“目前还没有，这些还只是我的一点想法而已，但是如果得到了您的支持，我想方案只是时间问题。”

“那你先回去做方案，把你的材料放这儿，我先看看然后给你答复。”说完，王经理的注意力又回到了研究报告上。

杨瑞此时真切地感受到了不被认可的失落，她似乎已经预测到了自己第一次提建议的结局。果然，杨瑞的建议书石沉大海，王经理好像完全不记得建议书的事。杨瑞陷入了困惑之中，她不知道自己是应该继续和上级沟通还是干脆放弃这份工作，另找一个发展空间。

资料来源：豆丁网。

讨论题：

1．杨瑞和王经理除了是上下级关系外，还是一种什么关系？

2．杨瑞和王经理之间的沟通在沟通的内容、形式上有什么特点？

3．杨瑞和王经理对于公司职责界定不清、雇员的自主权力太小、员工薪酬结构和水平的制定随意性较强的认识是否一致？

第一节　组织人际关系与沟通

一、组织人际关系

在群体互动的过程中，人际关系、沟通是组织中普遍存在的，是管理活动中最重要的组成部分。从表 12-1 所示的某饭店总经理工作日程表可以看出，他将大部分的时间用于同其他同事共同工作、沟通和互动。

表 12-1 某饭店总经理工作日程表

时 间	工 作	内 容
7:30—8:00	巡视检查工作	
8:00—8:30	案头批阅工作	1. 阅读报刊 2. 阅读各类饭店运转管理方面的经营报告 3. 批署各类工作文件 4. 大堂副理每日的工作日志
8:30—9:00	每日工作晨会	各相关部门通报（客房、前厅、餐厅、工程、保安、其他）→各部门提出部门整体运作协调事宜→总经理作出相应工作指令→部门跟进运转
9:00—9:30	早餐	
9:30—11:30	综合事务处理	1. 对外业务处理 2. 部门协调业务的处理和跟进 3. 其他
11:30—13:00	巡视对客营运服务系统	
13:00—13:30	案头工作	根据中午巡视者所掌握到的第一手信息资料下达相关工作指令
13:30—17:00	灵活安排时间表	午餐、与客人沟通、业务洽谈、运转巡视等
17:30—18:30	拜访、约见客户	
18:30—20:30	巡视或与 VIP 客人共进晚餐	如 VIP 宾客抵、离店时的迎来送往，主动看望 VIP 客人；促销性的拜访、会见和接待，餐厅运转巡视，与 VIP 客人共进晚餐
20:30—23:00	案头工作、部门碰头会议	总结一天的工作
23:00—24:00	饭店夜间安全巡检	

资料来源：广州某五星级酒店。

（一）人际关系的性质

人际关系的性质是指个人与个人之间的关系构建及其形成的心理距离和行为倾向。个体之间一种是获致性关系，另一种是先赋性关系。获致性关系由独立个体之间的、通过交往而建立起来的，蕴含着各种各样内容的关系。先赋性关系则不是独立个体之间的、通过交往建立的可选择关系，而是建立在家庭、家族或者亲缘关系等先赋性关系基础上的。组织人际关系实质上也是一种先赋性关系，是建立在组织结构的基础上而通过交往建立的可选择关系。但是，来自不同文化背景的人在组织这个“公共”领域沟通的内容、形式会存在着差异。

（二）中西方文化背景下人际关系的性质

人际关系的性质在中国文化与西方文化是不同的。在西方文化中，所谓“人际关系”是自我的个体与另一个自我的个体之间形成的心理距离和行为倾向。个体之间的关系大多是由人与人之间的互动建立起来的，蕴含着各种各样内容的关系，是一种“获致性关系”。

人际关系如果是积极的，双方相互认识、互相尊重、友爱且乐于相处；人际关系如果是消极的，双方可能会互不喜欢、缺乏相互尊重并且不愿意相处。绝大多数人际互动介于这两个极端之间，但是组织成员为了实现组织的目标会以专业的方式互动。这类互动是相对正式化、结构化的，虽然双方可能相互尊重或者缺乏互信，但是只要认同对方在工作中的专业能力，沟通时会是坦诚的、专业化的，不会因为缺乏相互尊重而出现问题。因为在西方文化中人与人之间的相互独立、可选择的交往关系必然形成“私人领域”与“公众领域”的分野，并意味着“公开”与“私下”、“公众”与“个体”的对应和划分。它一方面表现为对私人领域的尊重与肯定，另一方面表现为对与他人相交时遵守契约的尊重与肯定。在组织沟通内，员工会恪守规范规则和信用，即“公事公办”。

中国人所注重的人际关系其内涵并不完全同于西方。它不是独立个体之间的、通过交往建立的可选择关系，其逻辑起点与其说是自我，不如说是家庭、家族或者亲缘关系。中国人的“关系”其实质是先赋性的。中国人往往没有“公”与“私”的明确分野，而只有对关系远近的亲疏判断。在中国，“关系”意味着身份形式与内容的统一。关系的内容随先定的身份形式而来，关系越是靠近亲缘的核心，其内容越是具有肯定性、情感性、合作性、亲密性；越是远离亲缘核心，便越具有否定性、越少合作、越疏淡。如果超出亲缘关系的范围，不属于“自己人”，就不存在“关系”，被认为“不相干”“八竿子打不着”。因此，即使是在组织中，人际沟通也不一定会“公事公办”，员工会因为互动双方关系亲密程度差异而在沟通的内容、形式上都存在着差异。开篇案例就是一个例子。

二、沟通

（一）什么是沟通

沟通（Communication）就是信息的交流，是信息从发出者到达接收者并为接收者所理解的过程。良好的沟通，应是经过传递之后被接收者感知到的信息的意义与发送者发出的信息的意义完全一致。人与人之间的信息交流和人与机之间、机与机之间的信息交流存在着很大的不同。人与机、机与机之间的信息交流仅交流事实资料、数据等，其中不含有任何情感的因素。但是，人是有思想的、有感情的，人与人之间的信息交流，即沟通，用语言、文字、动作来实现，有很大的丰富性、直观性，从而决定了人与人之间沟通的独特之处，这就是它同时传递着事实与情感两方面的信息。即一方面传递着历史、现在、未来的资料、数据、报告、任务完成情况、人员变化情况、职工行为情况等方面的事实材料；而另一方面无论是发布信息的一方，还是接收信息的一方，在发布信息或接收信息时，都会把个人的好恶、看法或评价、态度、感情等一方面或几方面的信息融合到事实信息中。从这个意义上说，沟通是事实与情感的传递。

正式工作中的沟通，事实是基础，尤其是一些反映企业生产经营状况的资料，不能融进感情因素，否则就会引起事实的歪曲。例如，企业的生产经营状况，特别是一些财务报表资料应尽可能地用数字说话，而要避免用语言去形象地描述，因为在描述过程中，必然要带点感情因素。个人之间的沟通，在以事实为基础的前提下，应注重感情的交流。在个人之间交流时，不能“说谎”，否则大家就会对你失去信任，从而不利于今后的沟通。

总之，在沟通中，一定要正确处理“事实”与“感情”的因素，应以事实为基础，在此基础上考虑运用“感情”策略。

（二）沟通的过程

沟通过程（Communication Process）是一个发送者把信息通过沟通渠道传递给另一个接收者的过程（见图12-1）。沟通过程包括以下几个要素。

（1）信息源，发送者把头脑中的想法进行编码而生成有“意义”的信息。

（2）信息，以语言、图像、数据和表情等包含概念、思想、观点的传播载体。

（3）编码，就是传送者把信息转换为接收者能懂的符号（如言语、文字、图片、身体姿势、表情动作等）。

（4）通道，传送信息的媒介物或者渠道和方式。

（5）解码，接收者把信息转译成为具有特定含义的信息。

（6）接收者，就是信息指向的个体。

（7）反馈，当接收者为信息解码并接受利用后，就会决定是否应该有反馈、回应或者传送新信息的必要。

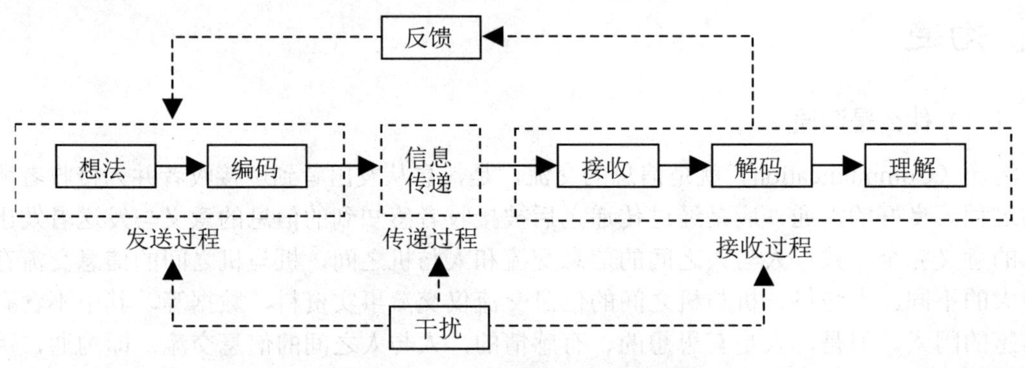

图12-1 传递信息的过程

从上述过程模式可以看出，要实现有效的沟通，必须做好信息发送、沟通渠道、信息接收三方面的工作。IBM 就特别强调沟通渠道的重要作用。因为如果渠道不畅通的话，信息发送者与接收者之间就无法“交流”。当然，三者都是不可缺少的要素。

1．信息发送

沟通过程开始于发送者。发送者首先产生某种想法或情感，以发送者和接收者都能理解的方式（编码）向接收者发送。信息发送的最重要环节是克服信息竞争，引起接收者的注意。当今时代是信息时代，各种各样的信息每时每刻都在向外传递（发送），所以设法引起接收者的注意至关重要。例如，假设李明目前有四项急待解决的问题，这时，不识时务的经理王涛试图与之沟通，显然，王涛的信息发送面临着信息竞争的问题，他欲达到沟通的目的，首先必须设法让李明放下手头的事务，专心听他的讲话，否则沟通过程即告中断。

信息编码最重要的是能以接收者理解的方式准确发送信息。信息编码能否准确发出受到四个条件的影响：技能、态度、知识和社会—文化系统。首先，一个人的语言文字表达能力对于传递信息有着至关重要的作用。受教育水平较低的人，可能偏向于用较通俗的口语编码，反之，则可能喜欢书面语言；其次，个体的态度影响着编码方式。亲人间可能采用身体语言，陌生人则可能有较书面化的语言。另外，沟通活动还受到在某一具体问题上所掌握的知识范围的限制。关于某一问题的知识影响着要传递的信息。明识知识可能准确表达，人们没有思考清楚的默识知识可能不可言传只能意会；最后，人们在社会—文化系统中所持的观点和见解也影响着行为。人们的信仰和价值观（均是文化的一部分）影响着编码方式。

2．沟通渠道

任何信息都是通过一定的渠道进行传递的。沟通的渠道有多种（后文有较详细的阐述），如口头的、书面的、备忘录、计算机、互联网、电话、电报和电视等。其中，电视传递信息最为直观、方便，更能引起接收者的注意。互联网传递信息更为快捷。当然，沟通并非只能利用单一的渠道，可以使用两种或两种以上的沟通渠道。例如，谈判协议的签订过程就利用口头协调、书面签订两种渠道。多种多样的沟通渠道并非都是最优的，有利有弊，发送信息者必须合理选择渠道组合，才能顺利实现沟通过程。

3．信息接收

信息接收者对信息的接收是沟通过程最为复杂、重要的阶段，许多管理者发现，他们与员工的沟通经常在此阶段失败。这一阶段，接收者不但要正确理解、把握信息的要点，接收信息的内容，而且还要付诸于行动。理解信息，也就是把信息译成“意义”。只有当发送者与接收者对编码的“意义”理解相同或相近时，信息沟通才能准确。一些管理者为了克服信息不被理解的问题，经常反问其下属是否懂了。但这种方式难以奏效，因为压力集中于接收者一方，他们不敢轻易说出“不”字。最好的办法是管理者要求下属重复一下他们听的内容，这样管理者可以对信息的沟通进行有效控制。

接收信息的内容，是指接收者在理解了信息之后，遵照信息中反映出的发送者的意愿，采取初步行动。下属员工的感受与态度对于信息内容的接受具有较大制约作用。如某公司的员工可能有代同事签到的习惯，上级管理部门得知这种情况之后，命令主管人员禁止此事。但是主管人员可能考虑到不愿与下属发生冲突而不执行上级命令。

接收者理解并接受了信息的内容之后，下一步就是付诸行动了，也即执行沟通，由于在执行过程中，有时会出现意外耽搁或者错误地领会信息发送者的意思的现象，所以，管理者应亲自监督工作是否按照原定要求完成。否则沟通可能受挫。例如，马明远派遣手下督查员检验一份工作，检查该单上的产品是否能在当天下班前向外发出。该督查员按要求做完了检查工作，并在下午4点40分把产品送到了邮局。但是，邮局最后一班收取邮包是在下午 4 点，显然这种产品只有等到第二天才能发出。可见，管理者应亲临督查，确保命令的正确执行，否则沟通目的无法实现。

沟通信息的接收阶段重要性是显而易见的，那么，如何使接收更加有效，应是管理者最关心的问题。最好的办法是设法使下属明确组织目的实现与员工需要之间的关系。正如某公司经理向该公司所做报告中所说："我们发现大多数基层管理人员的确非常明白组织目标与其单位产量之间的关系。但是，成功的基层管理人员应能使其下属同样明确上述关系。"

尤其是对企业主管人员来说，不但要注意沟通渠道建设，更重要的是要做一个有效的发送信息者与接收信息者。例如，万国公司的经理牛东生，在与人谈话时，一方面一直保持着微笑，认真倾听下级、顾客的每一句话；另一方面，尽力创造良好的气氛，使每一个人畅所欲言。特别是在听了"难听"的、"刺耳"的话之后，从来不把"生气"流露出来，使得公司的下情能及时传递上去。

三、沟通的作用

沟通已被广泛地应用于管理的各个方面，特别是在领导者怎样与周围人进行交流上。可以毫不夸张地说，管理沟通是企业各种活动的纽带，是把群体智慧集中于群体系统中的一种方法。

（一）沟通就是实行变革

从广义上说，企业内管理沟通的目的在于产生某种变革，按照有利于企业发展的方向，对各种活动施加影响。通过企业内外的沟通，可以把多项管理职能联成一体，便于各项内部职能发挥作用。企业管理沟通有利于各项活动的开展，特别表现在以下几个方面：（1）制定并向公众宣传企业经营战略目标；（2）制定实现目标的具体步骤、策略；（3）高效率地管理人力资源及其他多种资源；（4）挑选、培训、评价企业中的各级管理人员；（5）营造良好的外部环境，采取合理措施激励员工；（6）各种目标的最终实现。不过，在大企业与小企业中沟通的程序上是有一定差别的。大企业不但要考虑与外部的信息交流，而且要考虑企业内部的信息交流。

（二）决策有效化、合理化的前提

企业重大经营方针的拍板、决策，对于企业成败至关重要。决策过程就是把情报信息转变成行动的过程。决策过程中，内容的确定、可供方案的选择，都需要收集、处理、传递和使用诸如市场、技术、价格、资源、人力和员工情绪等信息资料。这些资料的收集必然只能通过沟通传递信息；同企业内部的组织层次密切相关。信息首先由基层向上层传递，各部门的管理者把收到的信息进行总结、消化并在其范围内付诸行动，之后又把信息向更高一层管理者传递，再次总结、消化、行动，直到传递到最高决策者。最后由最高决策者归纳总结，进行决策。可见，沟通顺利是决策有效合理的重要保证。

（三）人际关系优化的关键

企业组织内各成员的关系如何，主要由沟通的水平、渠道和方法来决定。特别是优化管理者与被管理者之间的关系更离不开沟通。例如，各员工关系融洽，必须彼此互相了解，有联系，这又必须依靠沟通来保持；管理者同他的下属搞好关系，直接决定着公司决策的最终实施。所以优化这种关系，是每个管理者所追求的，这也只有依靠沟通来达到。

（四）组织行动统一的工具

当企业最高决策层作出某一决策或者制定某一项新的工作方针时，企业内员工对这项决策或政策所做的反应是不可能一样的，主要因为各员工所处的位置不同、知识水平不同，信息获得渠道及信息获得量也不同。这就给统一组织行动来贯彻实施该决策、政策带来困难。解决这一问题的办法，就是求助于有效的沟通。通过交换意见，统一认识，明确政策或决策的意义所在。这样才易于统一行动，达到企业经营战略目标。

（五）认清形势的依据

企业内部的各级管理者及普通员工对自己的职责和工作环境认识越清，工作的效率越高。IBM 公司的成就已世人皆知，该公司成功的秘诀之一就是：公司内部畅通的沟通。在 IBM 内部沟通的渠道主要可分为三大类：员工—直属经理的沟通、员工—越级管理层的沟通以及其他类型的沟通。员工—直属经理的沟通是其沟通的主要形式。其主要内容是：员工向经理提出自己的目标（IBM 采用目标管理体系）、经理对员工的检查与考核、经理对员工加薪、经理与员工的感情交流等。员工—越级管理层的沟通，主要有四种形式，即越级谈话、员工意见调查、由人事部安排的员工与总经理面谈、高层主管者的座谈。其他方式的沟通主要有公告栏、内部刊物、有话直说、申诉制度等。

第二节　组织中沟通的形式

组织中常见的沟通形式包括组织人际沟通、网络和团队沟通和组织沟通。

一、组织人际沟通

组织人际沟通是指人们在组织活动中彼此交流各种事实和感情的过程。根据沟通的目的不同，分为工具式沟通和感情式沟通。前者是指发送者将信息、知识、想法、要求传达给接收者，其目的是影响和改变接收者的行为，最终达到企业的目标；后者是指沟通双方表达情感，获得对方精神上的同情和谅解，最终改善相互间的人际关系。

人际沟通常见的形式主要为口头沟通和书面沟通。口头沟通是指采用口头语言的形式进行的沟通，如日常谈话、讲课、电话等。研究表明，绝大多数管理者将 50%～90%的时间用于谈话。书面沟通就是利用语言文字的形式进行沟通，一般比较正式、准确、权威而且具有备查的功能，如合同、协议、通知、布告等。两种沟通方式的特点各不相同，如表 12-2 所示。

表 12-2　口头沟通和书面沟通的优缺点

方　　式	特　　征	优　　点	缺　　点	媒　　介
口头沟通	● 沟通最直接 ● 可正式的会谈，也可非正式的讨论 ● 可长可短 ● 可通过一些附加设施（如录音机）加以记录保存 ● 可能表现个人风格 ● 可在个人或群体间进行 ● 可面对面地进行，也可相距甚远（如通过电话） ● 能让人们感受到直接参与 ● 为人们参与沟通和相互比较提供条件 ● 形式和内容不同，产生不同的影响	快速传递、快速反馈、信息量很大	传递中经过层次愈多信息失真愈严重，核实越困难	面对面的交谈、会议（电话会议）、演说、讨论会、电话（可视话）、电子邮件（语音邮件）
书面沟通	● 沟通是间接的 ● 可能是正式的或非正式的 ● 可长可短 ● 对于一个有经验的沟通者，能表达出个人风格 ● 在群体内部经常受限于约定俗成的规则 ● 能够反复修改 ● 信息传递者能自由地表达自己的观点和情感，而不必受他人反应的影响 ● 能够很容易被复制，为沟通的内容提供充实的文本 ● 能够将同一信息同时发送给许多人	持久、有形、可以核实	效率低、缺乏反馈	备忘录、报告、信函、文件、通知（海报或布告）内部通信或内部期刊

在人际沟通中到底采用何种方式主要取决于沟通的情境，口头沟通适用于个人的、非程序性的和简短的非正式信息传递；书面沟通适用于非个人的、程序性的和篇幅长的正式沟通。

二、网络和团队沟通

网络沟通是群体和团队的沟通模式，一般适合三至五人之间的信息和思想感情交流。

其类型如图 12-2 所示。

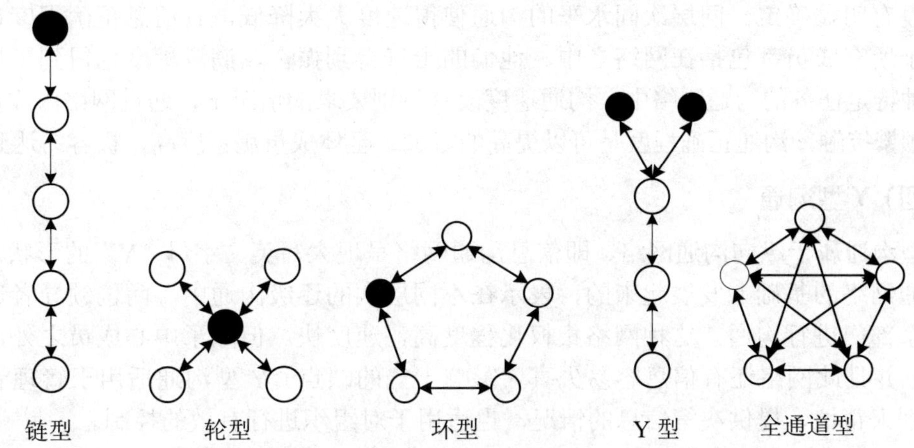

图 12-2　网络沟通类型

（一）链型沟通

这是典型的命令链型的沟通（Chain of Dommand）。从图 12-2 中的链型图形态上可以看出，两端成员与居中的三个成员所联系的范围是不平衡的。前者只同内侧成员进行单向联系，后者则可以同两人沟通信息。链型沟通相当于信息从最高管理层逐阶传递到最低管理层。层层传递，一方面导致传递速度减慢，信息失真程度加大；另一方面权力也逐渐分散。在这种沟通网络中的成员，由于拘泥于形式的特性，平均满意度一般不高，且参与的程度也较低。

（二）轮型沟通

这种类型的沟通属于集权性沟通网络（Centralired Network），即信息沟通网络呈现链条形状。图 12-2 中轮型图表示在五个层次中，信息逐级传递，只有上行与下行沟通。在组织内部，大体相当于一个管理者管理几个部门的权力控制系统。集权化高，解决问题迅速是轮型沟通的优点，但是除了居中的领导者之外，其他成员的满意程度最低，不利于振奋士气。轮型沟通一般适用于比较简单的工作以及一些紧急攻关任务，它可以使沟通正确且快速地完成。

（三）环型沟通

环型沟通属于典型的分权沟通网络（Decentralized Network），即信息沟通网络呈现车轮的形状。图 12-2 中环型图表示一个领导者与四个下级保持双向沟通，而四个下级之间没有互相沟通现象。网络中所有成员处于同一层次或同一水平，任何人都可以担任领导者的地位，并没有明显确定。同层次同水平的沟通使得速度大大降低，且信息正确程度也很低。但是由于所有成员都包括在网络之中，他们的士气得到振奋，满意程度也得到了提高。如果在一种特定任务的沟通网络中，沟通速度没有特别要求的情况下，通过网络内成员的相互交流，频繁接触，沟通正确程度是可以提高的。加之全体成员满意度高，极容易达到目标。

（四）Y型沟通

Y型沟通属于纵向沟通网络，即信息沟通网络呈现大写英文字母“Y”的形状。它是在链型沟通网络的基础上发展起来的，表示在不同层次的逐级沟通中，两位领导者通过一个人或一个部门进行沟通。这种网络集权化程度高，速度快。但除了中心成员之外，平均满意度低，并且此网络还有信息容易失真、影响士气的缺点。Y型沟通适用于管理者工作繁重需要别人帮忙，提供决策信息的情况，也适用于对组织进行有效的控制。

（五）全通道型沟通

图12-2中全通道型图表示五个人之间的沟通，它没有一个固定的信息中心，其成员之间总是互相传递信息。这种类型的沟通类似于非正式沟通网络，具有开放性，各成员间都有一定的联系，网络中权力高度分散，管理者的预测能力较低，但沟通渠道多样化，沟通速度很快，且成员满意程度非常高。另外，全通道型沟通的正确性适中，因为沟通太多，易造成秩序混乱，影响信息的正确性程度。

网络沟通各有其优缺点，管理者在具体运用这些信息沟通网络时，应尽可能地扬长避短，并根据不同的目的和要求，决定采用什么类型的沟通网络（见表12-3）。

表12-3 沟通网络类型对比

对比项目＼类型	链型	轮型	环型	Y型	全通道型
解决问题的速度	较快	快	慢	较快	最慢
信息的精确度	较高	高	低	较低	最高
领导人的产生	较显著	显著	不发生	会易位	不发生
士气	低	很低	很高	低	最高
工作变化的弹性	慢	较慢	很快	较快	最快
组织化	慢	稳度	不一定	最慢	稳定

三、组织沟通

组织沟通是指在正式组织中通过组织制度规定的信息沟通渠道进行信息的传递交流。在企业内部，任何信息传递失误，都会导致一定的损失。如生产方面的沟通，一旦出现信息失真或沟通中断，必然造成产量降低，损失惨重。另外，多种渠道传递的信息量十分巨大，但并不都是企业急需用的信息。管理者只有正确地选择信息，才能有效地决策。可见，管理者要从庞大的信息流中选择正确的信息，只有通过同他的上级或下属之间的沟通才能实现。在一个企业内部，各组织层次的信息沟通是多方向流动的，并且各种沟通是并存的，但基本上可以分为上行沟通、下行沟通与水平沟通三种形式，如图 12-3 所示。一个企业如只有上行沟通或下行沟通，实践必将证明这种沟通是失败的。三种沟通方式必须共同存在，形成三位一体的模式，才能使企业沟通达到管理的目标。

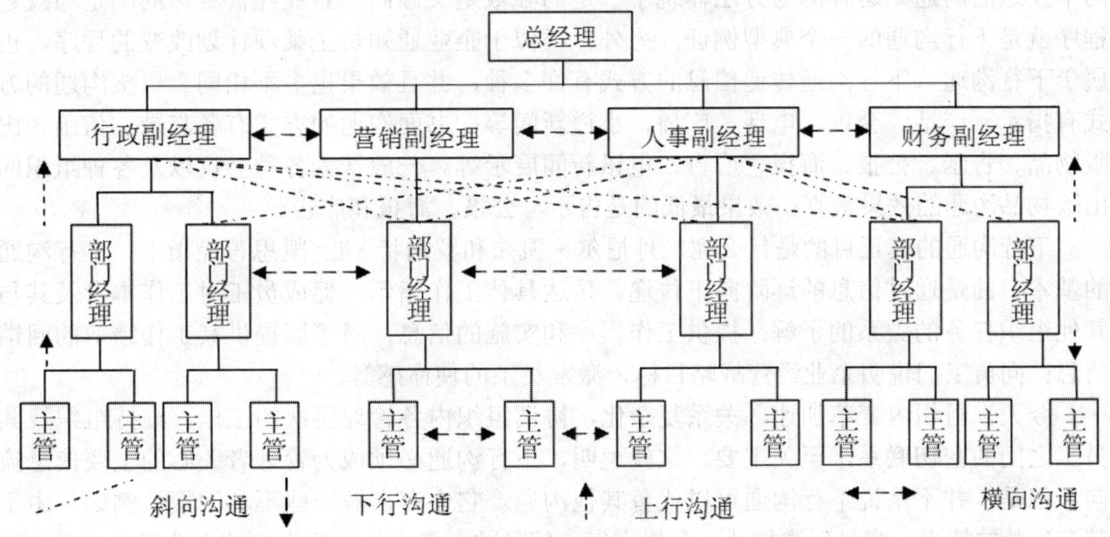

图 12-3　组织沟通

（一）上行沟通

上行沟通（Upward Communication）是下级通过内部管理层次，将信息逐级向上发送的沟通（见图 12-3）。上行沟通为下属提供了一条向上级传递信息、表达思想的途径。但实践证明，这种沟通方式没有引起管理者的足够重视，在沟通环节上经常受到管理者人为的阻碍，他们筛选信息，部分地传递信息，违反了客观传递信息的要求，使沟通效率无法提高。

上行沟通具有启发性，通常利用于在民主的氛围之中进行。管理者通过这种民主的有效的上行沟通方式，有助于评价下行沟通方式的绩效，而且有助于了解员工目前所面临的各种问题。通常，上行沟通涉及员工方面的信息主要包括员工的工作绩效与达到目标的程度；员工未能解决的和当前所面临的问题；各种组织改进意见与建议；员工对本身工作、同事和组织的态度与想法等。显然，这些资料为管理者有效管理人力资源提供了可贵的依据。

上行沟通的方法有提建议制度、员工申诉和请求程序、非正式讨论、控告制度、调解会议、正式会议、员工信函、协商会议、态度调查、离职交谈以及员工辅导与工会代表等。

这些方法中，凡是人与人之间直接的方式都是最有效的；凡是间接的非人与人之间的方式都是效果低下的。有效地进行上行沟通需要营造民主的氛围，使下属感到可以自由沟通。民主氛围实质上是受企业管理部门的直接影响，因此，一个管理者真正做到“体察民情”，就必须为创造上行信息自由流动而承担责任。

（二）下行沟通

下行沟通（Downward Communication）是上级主管通过内部的管理层次，将信息逐级向下发送的沟通。这种沟通方法体现了一定的独裁主义倾向。企业经营目标的制定与规划程序就是下行沟通的一个典型例证。另外，类似于企业通知员工某项计划改变的程序，也属于下行沟通。下行沟通传递信息的方式有许多种，并且效果也多不相同。口头沟通的方式有指示、谈话、会议、电话、广播、小道新闻等；书面沟通的方式有备忘录、信函、出版物品、告示、公报、海报、广告、电讯新闻展示等。一般认为各种会议以及各种组织的出版物品沟通的效果最真；效果最低的是告示、公报、海报和广告。

下行沟通的真正目的是什么呢？丹尼尔·凯兹和罗伯特·L. 凯恩曾经指出，下行沟通的基本目的是通过信息的逐阶向下传递，传达具体工作指示；促成员工对工作本身及其与其他组织任务的关系的了解；提供工作程序和实施的信息；对下属提供其工作绩效的回馈信息；向员工们说明企业经营战略目标，激发员工的使命感等。

今天，组织内变革加速，关系复杂化，协调组织内各管理层次的工作，维持组织及其员工之间的密切联系，至关重要。这就说明，下行沟通必须成为管理者关心的主要信息流向。但是，并不是说下行沟通可以代替其他沟通。它也存在着一些不利因素。例如，由于带有独裁的特点，容易促进权威，有损士气；信息的大量下传，受影响的人数逐渐增多，造成下属负担加重；信息自上而下，层层传递，往往过程迟缓，甚至发生歪曲信息或失误等。

（三）水平沟通

前述上行沟通、下行沟通是组织内最正式的、最重要的沟通。因为信息传递的方向只涉及上和下，因此两者可以共同称为纵向沟通（Vertical Communication）。这种纵向沟通发挥作用的同时，也给管理者带来了许多问题。例如，因为上行和下行沟通经由不同的管理层次，导致信息曲解、失真等不良现象；因为纵向沟通涉及了不同层次的管理者，所以必须考虑权力与地位的影响；高层领导人对待沟通的态度，对沟通成败具有直接影响。

水平沟通（Lateral Communication）是对纵向沟通的有效补充，是应纵向沟通的需要而产生的。它与纵向沟通共同组成企业组织内部三位一体的沟通模式。水平沟通也称横向沟通（如图 12-3 所示），是指同一组织层次的人和部门之间的沟通。另外，对角沟通也属于水平沟通的范畴。对角沟通（Diagonal Communication）是指组织内部不同层次的没有直接隶属关系的部门或个人之间的信息交流。水平沟通方式有利于信息快速流动，促进理解，起到协调行动，实现组织目标的作用。例如，某机械制造公司高层管理人员中，销售部、生产部和财务部的经理必须横向沟通，即水平沟通，协调努力，才能制订出综合性整体计划。

具体地说，水平沟通的需要是由企业内部组织结构问题所引起的。首先，水平沟通是争取时间的需要。有时，为了尽快决策，信息必须超越组织层次的级别而进行传递。例如，营销代表接收了一顾客关于产品质量问题的控诉信息，他首先该做的不是向上级主管部门报告，而是争取时间，尽快与生产部门经理取得联系，以免影响继续扩大。其次，水平沟通是组织内各部门之间协调的需要。如前面提到的销售部、生产部和财务部必须保护水平沟通，否则无法协调。水平沟通的方式可以采用口头沟通，也可以采用书面沟通。企业环境为口头沟通提供了许多机会，如娱乐团体的非正式聚会、共进午餐、正式会议、委员会会议和董事会会议等。书面沟通方式，企业内也很多见，如公司办的报纸、杂志和布告栏等。

第三节 电子沟通与虚拟组织沟通

一、电子沟通

（一）电子沟通

电子沟通（E-communication）是以计算机技术与电子通信技术组合而产生的信息交流技术为基础的沟通。其中又以网络沟通发展最快，网络沟通是指通过基于信息技术（IT）的计算机网络来实现信息沟通活动。网络沟通的主要形式包括电子邮件、网络电话、网络传真、网络新闻发布、即时通信与微博等。电子沟通被广泛应用于传统实体组织与虚拟组织沟通中。

（二）电子沟通的主要通信技术

以时间和空间作为维度，可以将通信技术分为四类，即同步互动、非同步互动、远程同步互动、远程非同步互动，具体如图 12-4 所示。远程同步互动技术包括电子邮件户、语音邮件、电子布告栏和网页、项目管理软件；远程非同步互动技术有桌面视听会议、网络视频会议、电子会议系统、电子白板等。

时间		空间：相同	空间：不同
	相同	会议辅助软件	桌面视听会议、网络视频会议、电气会议系统、电子白板
	不同	团队工作室、共享文化	电子邮件、语音邮件、电子布告栏和网页、项目管理

图 12-4 通信技术的分类

（1）电子邮件。电子邮件是一种使用广泛、易于了解、用于远程合作的、非同步互动的计算机辅助技术。参与者既不必在相同时间也不必在相同地点发送或接收信息。电子邮件系统不仅可以传送文本文件，还可以传送图表、图像、仿真、视听等文件。目前，电子邮件系统已经在全球范围内得到广泛使用。它作为一种合作工具的特点是便于使用，为人们提供了思考和做出反馈的时间，能够在较短的时间内收到，并且能够同时将相同的信息发送给许多不同的人。大多数公司都通过公司内部网和互联网来使用电子邮件系统，特定的电子邮件系统需要特定的软件来支撑。

（2）语音邮件。它是一种不能及时提供反馈、可用于远程合作、非同步互动、传送信息的媒体技术。尽管电子邮件已经成为公司首选的工具，但是由于语音邮件与其他邮件相比更个人化，并且有传递发送人声调的优点，所以在虚拟沟通方面仍然很重要。这种通信技术一般在找不到对方，又有紧急信息相告时使用。

（3）电子布告栏和网页。电子布告栏和互联网或内部网的网页为信息和观点的发布、文件的展示和编辑以及不需要即时回答的问题进行讨论提供了共享的工作空间。许多组织都建立了自己的电子布告栏或网站，所有的组织成员在组织许可的情况下，可以包括相关利益者都能够登录电子布告栏或网站。通过电子布告栏可以获得大量的、与特定主题相关的、来自组织内部或外部的信息。许多大型的咨询公司都运用电子布告栏来共享知识和信息，因为这样可以为公司节省大量的时间，并且能将最佳的实际经验运用在工作当中。当然，电子布告栏的不当使用也会导致灾难，所以在使用中一定要格外注意。

（4）项目管理软件。目前，有些项目管理软件与电子邮件系统相连，项目经理能够通过电子邮件系统发送规范化的表格，要求组织成员填制与项目任务和时间安排相关的信息，当表格填制完毕之后用电子邮件的方式回复，项目经理能很容易地更新日程表，然后再发送给每一位组织成员。这种通信工具并不受工作地点的限制。

（5）桌面视听会议。这是一种可用于远程合作、进行同步互动、传送信息丰富的媒体技术。会议的参与者通过电话在不同地点进行聚会，能够看见对方并听见对方的声音。桌面视听会议能够得到令人关注的效果，因为人们可以通过电子方式聚会，并与面对面互动相同，能用眼神、手势或身体语言来帮助表达。

（6）网络视频会议。网络视频会议对虚拟组织来说是最通常使用的工具之一，如使用恰当，则可以方便知识传递、协调互动关系，达到与面对面会议相同的效果。但是网络视频会议需要更多准备工作和协调工作才能富有效率。

（7）电子会议系统。近年来，电子会议系统一直用于在面对面的环境中提高团体互动和决策的效率。随着其效果的不断增强，开始用于在相同时间、不同地点的远程会议。目前，电子会议系统以广域网或内部网为基础，并且正在逐步适应互联网。电子会议系统的使用要求每一位组织成员都配有装载特定的电子会议软件的计算机，并且还需要专业的协调人员安排会议进程，协调整个会议，使电子会议软件发挥其重要作用。电子会议系统适用于产生创意、分析问题、投票、总结提纲、解释等各种不同类型的任务，并且它与各种不同类型的软件都相兼容，如文件处理、图表、展示、项目管理软件等。随着情况的变化，组织成员可以反复交叉使用应用软件和电子会议系统。如果他们需要一些信息以助于进行决策，就可以从其他应用软件中获取信息，以便于所有的组织成员都能浏览、探讨、投票并进行修改，在制定的决策之后就会传回最新数据和信息。电子会议系统还可以与其他系统进行整合使用。例如，桌面视听会议系统，当他们在浏览会议产生的信息的同时，能在屏幕上看见其他成员的眼神、手势或身体语言，这有助于提高会议的效率和效果。

（8）电子白板。电子白板可以作为帮助组织成员相互交流的又一网络工具。现在至少有几种不同类型的电子白板。大型电子白板有墙壁大小，与互联网相连，可以给出席会议的人发送上面画的任何图片。个人电子白板或者画板也可以联结到计算机的外围设备。当然，也可以创建虚拟的电子白板，使用共享图表文件可使多个与会人员在自己的计算机屏幕上，同时修改每个人看到的图表。互动式的电子白板能够使许多类型的网络会议从中受益。

二、虚拟组织与虚拟组织沟通

（一）虚拟组织

“虚拟组织”一词最初是由美国学者普瑞斯治、戈德曼和内格尔于 1991 年提出来的，这一概念赋予“组织”新的含义：第一，组织不是以实体的现实表现形式存在，而是以实现组织目标这一本质形式存在，或可以理解为以“类似”实体组织的目标实现方式而存在；第二，在全然不同的“虚拟现实”，更精确的说法是“数字现实”这一领域中，组织呈现出巨大的力量；第三，在虚拟世界中，“虚拟”一词并非完全意义上的虚拟，而是建立在实体基础上的虚拟。也就是说，在虚拟组织实现目标的过程中，仍然需要必要的人力、物力采取跨时空的方式通过网络等媒介方式实现互动。

虚拟组织是指以计算机网络为支撑的、具有某种核心能力的、动态结合的集合体，它可以是企业、团队、政府机构、社区等。虚拟组织是一种典型的动态联盟形式，它变传统的集权式组织结构为开放式网络组织结构。

（二）虚拟组织沟通

虚拟组织沟通主要是通过 Email、Intranet、Internet 等网络进行的以计算机技术为依托的管理沟通。

（三）传统实体组织与虚拟组织沟通比较

传统实体组织进行的是人际沟通，是人与人之间依托传统媒介的信息、情感等相互传递的过程，人际沟通更强调人与人之间、人与群体之间及群体与群体之间面对面之间的交流。从沟通的方式上看，传统实体组织主要是通过面对面进行沟通，而虚拟组织主要是通过电子方式进行的沟通。从沟通的内容与形式上看，虚拟组织的管理沟通更加关注内容，而传统组织的人际沟通形式重于内容，虚拟组织管理沟通中信息和知识可以通过共享数据库实现共享，而传统组织的管理沟通中信息和知识不能共享。从沟通的网络结构形式上看传统的实体组织以轮型为主，而虚拟组织的管理沟通是全通道型的，虚拟组织的管理沟通更加依赖信息和通信技术，如表12-4所示。

表12-4　虚拟组织与实体组织沟通主要特征比较表

沟通差异	实体组织	虚拟组织
内容与形式	形式重于内容	内容重于形式
信息和知识	不共享	共享（通过共享数据库）
反应速度	迟缓	迅速
沟通网络结构形式	轮型、全通道型	全通道型
对信息和通信技术的依赖程度	较弱	极强
沟通方式	主要通过面对面进行沟通	主要通过电子方式进行沟通

（四）虚拟组织沟通方式的特点

信息沟通技术在新型企业中的应用，使虚拟组织的沟通方式与传统企业组织相比有了很大变化。可以简要概述为以下四个方面。

（1）增加组织网络化沟通。没有应用信息沟通技术的传统企业中，其组织架构得不到相关的技术支持，往往呈现典型的金字塔形或科层结构，企业管理层掌握稀缺的资源，并由上而下进行组织控制。而在虚拟企业组织中，由于其组织架构呈现由科层向网络化演进的特征，特别是通过信息技术联网，员工的网络化沟通方式使相互沟通会有明显增加。

（2）互动式沟通方式的出现。在信息沟通技术条件下，一方面沟通更为方便和迅捷，另一方面企业内部也可以建立局域网、广域网，其沟通的反馈速度大大增强。这样，虚拟组织内部可以建立一种立体的互动沟通方式。所谓立体互动沟通方式即很多人参加的、有序的、相互反馈的沟通方式。在传统沟通中，如一个大型的会议，由于人很多，无序和噪声会很快充斥沟通的场所，因此很难进行有序的、互动式沟通。而通过企业内部网络和信息技术，企业员工可以进行整体有序的讨论和沟通，并有助于进行决策。如大家可以通过点击鼠标迅速做出决定，而对信息和观点也可以迅速归类。

（3）传统沟通手段的新演变。由于语音邮件、视频会议、网上交流工具等的出现，使沟通方式出现升级现象，并会形成新的格局。传统的会议、培训、面试、看板管理等方式会被新的沟通方式逐渐替代，或者是这些沟通方式会逐渐演变和整合。如培训的方式可能演变为网上培训以及员工的自主式培训，而传统的聚会式会议被网络会议取代一部分功能。

（4）沟通技术对组织权力的影响。信息沟通技术的引入同时会提高掌握相关技术的组织人员的突出地位。由于沟通技术的引进，导致组织内部权力的变动和转移，从而使一些掌握独特信息技术资源的人在组织中的地位不断提高。如果为提高决策的科学性，一家公司准备引进一套专家系统，在以往工作中使用过类似系统的员工就很可能会成为该组织沟通网络中不可或缺的一员，会提高其在组织体系中的作用。虽然沟通技术引进，使熟悉和掌握计算机技术或知识沟通技术的人的地位变得越来越重要，但也有研究表明，计算机技术的应用有助于提高团体互动中的平等性。当没有标志地位差异的形象和其他非文本信息时，个体将比在面对面互动方式下更加平等地参与工作。

（五）虚拟组织的沟通空间

信息技术对虚拟组织管理沟通的内容、方式、效果等有重要影响，其沟通的空间格局也发生了一些变化。

首先，管理沟通减少了时空的制约。技术对虚拟组织的直接影响表现在可以改变当前安排和规划组织的方式。因为技术使远距离和非同步沟通成为可能，所以很多虚拟组织可以成为虚拟和模块化的，共同工作的人通常不必在同一场所办公。如当前出现了分布式工作、远程办公、弹性工作制、虚拟办公等形式，这些方式都可以使员工通过多种信息渠道，在不同的时间和地点协同办公。由于组织结构的变化和组织空间的拓展，也相应构成了一个虚拟的、扩大化的沟通空间。这个沟通空间的出现，又赋予了沟通新的内容。

其次，网上沟通形成的网上空间。信息技术的应用，使企业内网和外网的应用十分广泛。在应用内网和外网进行沟通时，网上沟通成为主流，虚拟组织又出现了一个网上的虚拟沟通空间。一方面为知识和信息的沟通及共享创造了条件。但另一方面，网上沟通空间也有一个边界问题，即如何处理知识与知识、信息与信息之间的关系，有些知识和信息应控制在什么范围，并保证一些知识和信息不应超出相应的范围，以减少因“溢出”而造成的负作用。如果对网上的信息与知识量进行一定的把关和控制，则又会出现一个电子信息沟通渠道的把关人，这个“把关人”的眼光、标准及如何判断取舍的价值观又会对整个沟通的过程有直接的影响。从总体上看，网上虚拟空间将成为新型企业组织中，与实体或称为物理沟通空间相并行的沟通渠道。

最后，信息沟通技术与虚拟组织设计的互动关系。信息化沟通技术的出现与应用，是否会自动改善虚拟组织管理沟通以及必然提高企业的沟通效果，这是一个有较大分歧的问题。有的研究者认为，通过信息技术的应用可以自动改善企业的沟通现状，而有的学者则提出反对，认为信息化技术的沟通手段，依然要根据其特点，进行组织流程、人员以及沟通内容的再设计，并进行规划后才能实施新的方案。

虚拟组织信息化技术条件下的沟通，不能过于依赖计算机等新技术，而是要根据虚拟组织的特点，对信息化技术本身进行规划和调整，加速沟通手段和方案的创新。正如一些学者在评价电子商务时，认为“电子商务会影响组织的结构。因为组织结构必须能够赋予企业面对市场要求做出响应的能力。公司必须自问要如何才能设计出并且实施这些新的组织结构，如何才能将移动式计算机及软件经纪人这些新的科技观念加入企业流程设计中来。”实际上，信息化的沟通技术也是如此，需进行相关的组织设计与调整。

（六）合理有效利用通信技术

虚拟组织与传统组织最大的不同之处，在于大量通过通信技术来加强联系。虚拟组织的重要特征是跨越时间、空间、部门、组织、文化的边界共事，如果没有通信技术，虚拟组织就不可能实现开放式边界，就不可能实现高效的沟通。所以虚拟组织面临的一大挑战就是如何对通信技术进行协调和管理，克服有效沟通的障碍。因此，正确选择和使用通信技术的问题是组织应该关心的首要问题。当然，对虚拟组织来说，通信技术的成功运用不仅仅局限于跨越边界进行有效的沟通、协调和合作，还必须了解每一种通信技术的特征以及任务的性质，从而选择和使用正确的通信技术，以提高虚拟组织的沟通效率。

如前所述，无论是对远程同步互动技术，还是对远程非同步互动技术来说，最基本的要求是人们必须要有使用的意愿并且能够共享信息，只有这样才能发挥其应有的作用。如果人们主观上不愿意或者没有能力使用这些技术，那么这些技术就没有任何价值可言。对虚拟组织来说，意味着组织成员必须有必要的硬件和软件，知道如何使用并且愿意使用，以最大限度地发挥其作用。另外，在组织中要培养起一种支持组织工作的文化，因为技术本身只是提供了条件，只有运用得当才能提高组织管理沟通的效率。伯尼·戴柯文认为“人们必须清楚不能单凭一种媒体来建立有效的沟通和联系，每种媒体适合于不同的信息种类。”所以，要想通过通信技术进行有效的远程沟通和合作，必须对影响通信技术选择和使用的因素加以考虑，从而有效运用各种不同的通信技术，以提高虚拟组织的绩效。

尽管通信技术本身并不足以使虚拟组织获得成功，但它却是成功所必需的条件。所以我们必须对每一种技术的特征以及使用时应注意的问题有全面的了解，只有这样，才可能选择和使用正确的技术，从而提高虚拟组织管理沟通的效率。表12-5对每一种通信技术的特征以及使用时应注意的问题进行了详细说明。

表12-5 企业沟通新技术示例

技术手段	特征	使用指导
电子邮件	使用广泛，可用于远程合作、非同步互动、不能及时提供反馈，传送信息贫乏的媒体，不能用眼神、手势或身体语言来帮助表达	不要过度使用，信息简洁切题、不翻页；定期查看电子邮件；必要时使用自动回复；在主题栏明确信息主题；不发送紧急、秘密、垃圾信息
语言邮件	可用于远程合作、非同步互动、不能及时提供反馈、传送信息贫乏的媒体；与E-mail相比更个人化，不能用眼神、手势或身体语言来帮助表达	在找不到对方，又紧急信息相告时使用；适用于远程工作，但不能取代面对面的互动；发送信息时，留下解释性信息，以便让接收人了解发信的原因；发送语音邮件后，将主要信息再用E-mail或Fax等方式传送

续表

技术手段	特征	使用指导
布告栏和网页	可用于远程合作、非同步互动、不能及时提供反馈；成本较低、易于使用；传送信息贫乏的媒体；利于知识和信息的共享	所有团队成员都应该能够登录电子布告栏或网站；在使用电子布告栏时其不当使用会导致灾难
项目管理软件	可用于远程合作、非同步互动、不能及时提供反馈；可用于项目管理；成本较低、易于使用传送信息贫乏的媒体	定期查看最新信息；项目经理对整个项目管理过程进行有效的协调
桌面视听会议	可用于远程合作、进行同步互动、及时提供反馈；传送丰富信息的媒体；通过电话进行、成本较低、易于使用；需要最低限度的技术支持	会议主持人要有高效组织能力；在整个会议期间，分配每个参加者一个角色；留出充分的时间进行培训和准备；使用视觉线索沉默不等于同意
网络视频会议	可用于远程合作、进行同步互动、及时提供反馈；传送丰富信息的媒体；通过网络进行、成本较高；需要频率较高的宽带支撑	事先制订一个支持计划，以便遇到困难时使用；对通常使用的名词进行定义；会议时间不宜过长；充分调动全体人员的积极性；录制会议内容给缺席人员使用
电子会议系统	可用于远程合作、进行同步互动、及时提供反馈；传送信息的丰富程度适中；成本较高；需要特殊的培训和辅助；可以与其他软件兼容使用	适用于产生创意、分析问题、投票、总结提纲、解释等各种不同类型的任务；可以与其他技术系统进行整合使用，有助于提高会议的效率和效果
电子白板	可用于远程合作、进行同步互动、及时提供反馈；可以提高网络视频会议的效率和效果，使人们显示和修改自己随时创建的图表和建议；传送丰富信息的媒体种类较多	就如何修改共享图表达成一致的协议；就像使用记事簿一样使用电子白板

第四节　组织中的非正式沟通

企业除了需要正式沟通外，也需要并且客观上存在着非正式沟通。正式沟通提供信息的“骨骼”，而非正式沟通则提供“血”和“肉”，它包括听取各种各样的观点、猜测、疑问、刁难、敌意、奉承、冲突、威胁，这些都是正式沟通中难以传递的。

一、非正式沟通

非正式沟通是指非官方的、不受任何约束的信息传播。它的主要功能是传播职工（包括管理和非管理人员）所关心和与他们有关的信息，它取决于职工的个人兴趣和利益，与企业正式的要求无关。心理学研究表明，非正式沟通的内容和形式往往是能够事先被人知道的。它具有以下几个特点。

（1）非正式沟通信息交流速度较快。由于这些信息与职工的利益相关或者是他们比较感兴趣的问题，再加上没有正式沟通那种程序，信息传播速度大大加快。

（2）沟通的信息比较准确。据国外研究，它的准确率可高达 95%。一般来说，非正式沟通中信息的失真主要来源于形式上的不完整，而不是提供无中生有的谣言。人们常常把非正式沟通（俗称小道消息）与谣言混为一谈，这是缺乏根据的。

（3）沟通效率较高。非正式沟通一般是有选择的、针对个人的兴趣传播信息。正式沟通则常常将信息传递给本不需要它们的人。企业管理人员的办公桌上往往堆满了一大堆毫无价值的文件。

（4）沟通可以满足职工的需要。由于非正式沟通不是基于管理者的权威，而是出于职工的愿望和需要，因此，这种沟通常常是积极的、卓有成效的，并且可以满足职工们的安全的需要、社交的需要、尊重的需要。

（5）沟通有一定的片面性。非正式沟通中的信息常常被夸大、曲解，因而需要慎重对待。

二、非正式沟通的类型

非正式沟通网络是指通过非正式沟通渠道联系的沟通网络。非正式沟通网络有以下四种类型（见图 12-5）。

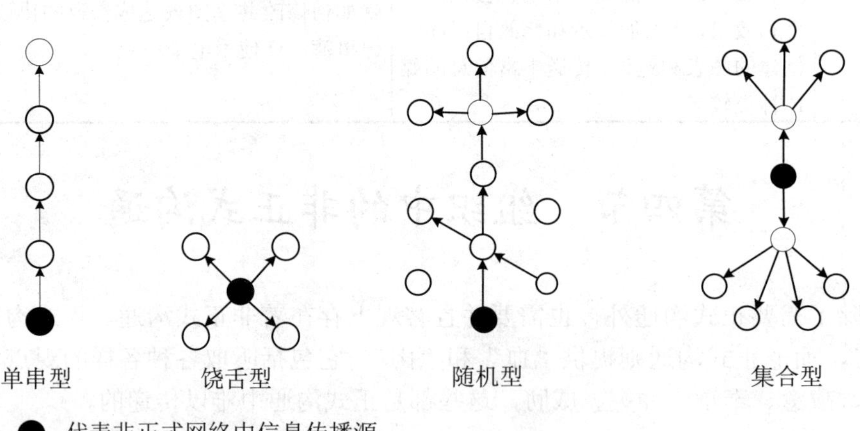

图 12-5 非正式沟通网络的类型

（1）单串型。信息在非正式沟通渠道中依次传递。每一个传播者都只告诉另外一个人，即信息由一连串的人传递给最后的接收者。

（2）饶舌型。饶舌型也叫流言传播式，信息由非正式沟通渠道中的关键人物传递给其他所有人。

（3）随机型。信息由某人随机地传递给其他一些人，这些人再随机传递给另一些人。

（4）集合型。信息由某人有选择地传递给一些特定的人，这些人又将信息再次传递给另一部分特定的人。

三、非正式沟通的形式

常见的组织非正式沟通的形式包括小道消息、走动管理和非语言沟通。

（一）小道消息

小道消息也称藤状网络式，是指员工之间的非正式沟通。任何组织中都存在这种沟通方式，尽管这种沟通方式不是组织官方所认可的，但它将所有的员工联系起来，从组织高层到基层，从参谋人员到直线员工，无所不包。管理者应承认或接受小道消息的存在，并应管理好流言，即不让流言破坏组织的活动，而不是消灭流言。流言是日常经营和管理中的一部分。有一些小道消息的流言对于组织工作无关紧要，而有些流言则不然。流言可分为四种：（1）表达了散布流言者的希望或愿望。这是最积极的流言，能够帮助刺激其他人的创造性。通常对工作问题的解决方案，就是员工口头表达的渴望变革的结果。这些改善有时会增加组织内部某些部门的效率。（2）来自于员工的害怕和焦虑，导致员工们普遍的不安。这些流言有时是破坏性的，需要管理者的正式否认。（3）最具有攻击性或破坏性的流言，它分解团队、破坏忠诚，其动机是攻击甚至仇恨。（4）可预期的流言，常常发生在员工们等待一项宣布很长时间之后。

当组织正式沟通渠道闭塞时，小道消息就会成为组织中主要的沟通方式。此时，小道消息实际上是一种服务手段，因为它提供的信息能够帮助管理人员弄清楚不明确或不确切的事情，而员工也会利用小道消息填补信息空白。在组织变革之际，有激动人心或令人焦虑的事情发生时，小道消息会变得更加活跃。令人惊异的是，在通常情况下，小道消息具有极高的组织相关性和准确性。研究表明，约有 80%的小道消息涉及与组织相关的话题，而非私人的、恶意的流言。同时，小道消息中，70%～90%的细节都是准确无误的。

许多管理者都十分反感小道消息，因为他们认为这些小道消息都是捏造的、恶意的、有害的。可事实并非如此。管理者应当明白，每六个重要信息中大约有五个在某种程度上是经由小道消息传播的，而不是由官方渠道传递的。因此，高明的管理者重视并善于利用小道消息。当然，在危急时刻，管理者需要有效地控制小道消息，使之不成为信息的主要传播渠道，以减少有害小道消息对组织的危害性。

（二）走动管理

走动管理（Management by Wandering Around，MBWA）是指高阶主管利用时间经常抽空前往各个办公室走动，以获得更丰富、更直接的员工工作问题，并及时了解所属员工工作困境的一种沟通策略。

走动管理不是到各个部门走走而已，而是要搜集最直接的讯息，以弥补正式沟通管道的不足。正式的沟通管道通过行政体系逐级上传或下达，容易生成过滤作用（Filtering）以及缺乏完整讯息的缺点。过滤作用经常发生在超过三个层级以上的正式沟通管道中，不论是由上而下或由下而上的讯息传达，在经过层层传达之后，不是原意尽失就是上情没有下达或下情没有上达；另外，通过正式沟通管道搜集到的讯息，缺乏实际情境的辅助，不易让主管做出正确的判断，往往会因而失去解决问题的先机。走动管理就是要上层主管勤于搜集最新讯息，并配合情境做最佳的判断，以及早发现问题并解决问题。

敏锐的观察力是走动管理成功的要素。在走动的过程中，主管必须敏锐地观察到工作的情境与人员，及其所透露出的讯息；同时也透过询问、回答、肢体语言等，对讯息作出及时的回应。主管的态度也很重要，如果让员工或同仁有被视察的感觉，主管就很难获得想要获得的讯息；如果来去匆匆，也难达成预期的效果。同时，主管也不必期望每次都能获得新的讯息，只要有机会获得最新讯息，就有机会防患事发于未然，不必等到事发之后再焦头烂额地处理。

（三）非语言沟通

非语言沟通是相对于语言沟通而言的，是指通过身体动作、体态、语气语调、空间距离等方式交流信息、进行沟通的过程，是超出严格的语言含义本身的沟通形式。在沟通中，信息的内容部分往往通过语言来表达，而非语言则作为提供解释内容的框架，来表达信息的相关部分。因此非语言沟通常被错误地认为是辅助性或支持性角色。非语言沟通的功能就是传递信息、沟通思想、交流感情。

研究发现，管理者使用三种非语言沟通——意象、环境和身体语言。

第五节　组织沟通的管理

在沟通过程中，无论采用何种沟通方式，都会遇到各种干扰，影响接收者获得信息或信息被丢失或曲解。我们把这些干扰因素称为“沟通障碍”。因此，管理者应该理解沟通过程的“沟通障碍”，使沟通的利益最大化，沟通问题最小化。

一、有效沟通障碍

（一）组织结构因素

1．地位差别

组织成员间因地位不同而造成的心理隔阂，被管理学者称为“位差效应”，指由于地位的不同使人形成上位心理与下位心理，具有上位心理的人因处在比别人高的层次而有某种优势感，具有下位心理的人因处在比别人低的层次而有某种自卑感。有上位心理者的自我感觉能力等于他的实际能力加上上位助力，而有下位心理者的自我感觉能力等于他的实际能力减去下位减力。我们在实际工作和交往中也常有这样的体验，在一个比自己地位高或威望大的人面前往往会表现失常，事前想好的一切常在惊慌失措中乱了套，以致出现许多尴尬的场面，可是如果在一个地位或能力都不如自己的人面前，我们却可一切应付自如，乃至有超常发挥。有关的研究也表明，地位的高低对沟通的方向和频率有很大的影响，地位是沟通中的一个重要障碍。在一个公司的组织结构中，由于管理级别的不同而在员工中产生了一些地位、等级感。在沟通过程中，地位和职位的不同将表现得更加明显。由于在公司中的职位不同，经理人员可能与员工的观点亦不一致，这是两者相互沟通的严重障碍。

沟通双方地位很大程度上取决于他们的职位，由于地位和职位差别而产生的障碍也可歪曲信息的向上传递。因为地位和职位的关系，员工可能删去了一些不好的细节，而只汇报他们认为经理“喜欢听”的信息，这种情况被称为“筛选”问题。同样，部门经理在向上级汇报情况时也可能删去一些自认为失败的细节。因此，由于害怕如实汇报会对自己的职位不利，从而使下级主管或员工在向上汇报情况时，往往遗漏了一些重要的商业信息，经过这么几层的筛选，信息到了企业最高主管那里已经面目全非了。一般来说，信息通过的等级越多，它达到目的地的时间也越长，信息失真率则越大。

2．信息传递链

在传统的工业经济下形成的组织结构大多是直线型的职能组织。主要表现为管理层次多，名目繁多的科室“叠床架屋”，公司机构庞大，沟通效率低，公司的制度越来越多，文牍主义盛行，会多、文件多，事事请示，层层批示沟通信息失真。

从沟通的意义上看，这种组织的信息流动是单向的，每一个层次只对它的上一个层次负责。由于管理层次多，下情往往要通过重重关卡才能上达。况且，被称为信息传递的“永久冻土层”的中层科室虽然最了解实际情况，但或是为了部门利益，或是迫于企业领导者威严，经常采取报喜不报忧的做法，对信息进行过滤，只有少部分来自基层的真实情报被送到领导那里。所以，在信息沟通中就非常容易出现放大和缩小效应，导致信息失真。日本管理学家在实践中证实信息每经过一个层次，其失真率约为 10%～20%，上级向他的直接下属所传递的信息平均只有 20%～25%被正确理解，而下属向他的直接上级所反映的信息被正确理解的则不超过10%。所以，管理者在与下属沟通和交流时，除了要尽力获得原始信息外，还应多注意了解反面信息，并要在沟通和交流中保持信息内容的准确无误。

3．团体规模

当工作团体规模较大时，人与人之间的沟通也相应变得困难。这是由于人员的增多对沟通渠道的增长具有乘数效应，其增长速度大大超过人数的增长速度。而个人的精力和时间都是有限的，沟通人数太多会影响沟通的效果。因此，组织规模过大会造成沟通障碍。

4．空间约束

主管与下级之间的空间距离减少了他们面对面的沟通，会导致误解或不能理解所传递的信息，还会使得主管和下级之间的误解不易澄清。企业中的工作常常要求员工只能在某一特定地点进行操作。这种空间约束的影响在员工单独于某位置工作或在数台机器之间往返运动时尤为突出。空间约束不利于员工之间的交流，也限制了他们的沟通。一般来说，两个人之间的距离越短，他们交往的频率也就越高，沟通的效果也会越好，反之，则沟通效果越差。由此可见，沟通空间也是制约管理沟通效果的一个重要因素。

（二）心理因素形成的管理沟通曲解

1．沟通主体知觉引发沟通障碍

认知或者知觉过程，是人们依赖自己的经验，对所获得的信息进行选择、解释和评价的心理过程。人们在沟通过程中，会把信息转换成对他人有意义、能理解的符号或文字。在转换的过程中，我们会将过去发生的事件、经验，现在的动机和对未来的预期等作为参考，而接收者也会依赖自己的一个特别的参考框架来解读这些信息。接收者将处理和分辨信息，而不是简单地对事件本身做出反应。如果人们相互间的参考架构和解释判断越相似，沟通也就越容易进行。但事实是，人们不是都按相同的方式获取和判断信息的，即使是面对相同的信息，也可能按不同的方式挑选、组织和理解。由于认知的不同，误解在沟通中时常出现，因此认知上的差异是有效沟通的主要障碍之一。

由于不同的个人受到价值、文化背景以及当时其他环境因素的影响，知觉过程是因人而异的。站在不同立场上的人们，对于同一个信息的评价各有不同。人们把距离自己远的观点，常常评价为比实际上更远的观点，而对于接近他们立场的信息，却认为比实际上更加接近自己的观点，甚至认为与自己的观点完全相同。这表明，站在各种不同立场上的人们，评价那些与立场有关的现象时常常是不客观的。由于人们很难同样地接受事物和环境，知觉对于沟通有着重要的影响，包括我们在与他人打交道和作评价时使用成见、先入为主、晕轮效应、投射以及选择性等。

2．个体沟通风格差异

有不同人格特征的员工会有不同的工作风格和偏爱方式，这些既会影响他们的沟通，甚至也能影响到他们的工作绩效。由于工作时间、场所的限制和其他人不同的工作模式的压力，按自己偏爱的方式工作和生活是件难事，人们不得不相应地调整自己的行为。虽然如此，人们还是极少改变他们的核心价值观和基本风格。不管在什么地方，只要有可能，人们还是愿意回复到按自己最熟知的典型方式行事。这些基于核心价值观和深层动机的风格模式如果处理不当，也会形成管理沟通的障碍。一个外倾的人寻求多样化和刺激，他们喜欢社交，很难按照有结构、有计划的方式做事；内倾的人喜欢在沟通之前把事情想清楚，喜欢深刻钻研某个问题。使用感觉方法的人往往非常在意事实，喜欢具体而清晰的任务，偏爱制度和方法，对常规的细节很耐心；直觉方法的人有着丰富的想象力，集中注意力于整体而不是具体问题，不喜欢例行公事，具有创造性的眼光和洞察力，遵循自己的灵感，喜欢复杂事物，对常规问题感到厌烦。使用理性思维方法的人在决策前对信息有一个细致的分析过程，他们关心的是所要做的事，从而忽视了其他人的利益和情绪；用感情方法决策的人，具有个人的主观决策标准，用信念衡量决策的对与否。偏爱判断的人不喜欢模糊和松散，他们非常有条理，喜欢把问题清晰化，并解决它。偏爱知觉的人倾向于搜集尽可能多的信息，强调诊断过程重于做出结论和解决问题，往往把注意力过多地集中于调查上，努力发掘与问题相关联的事实。

（三）人际因素对管理沟通的影响

1．人际关系

人际关系即信息发送者与接收者之间相似程度。双方如果相互猜疑，会增加抵触情绪，影响交流；双方若坦诚相对，就有利于有效沟通。人际关系不和谐，沟通自然容易人际关系紧张，沟通难度也就加大了。如果沟通的一方认为信息给自己带来危害时，他就会对这些信息做一些有利于自己的加工，这样就会造成信息失真，另一方将收到不完整甚至错误的信息。

2．信任情况

信任情况即沟通者从某种利益出发或原则出发，认为对方有不值得信任的地方，或缺乏较高的信任度，彼此怀疑而形成的沟通障碍。沟通是发送者与接收者之间给与受的过程，信息传递不是单方面，而是双方面的事情，因此，沟通双方的诚意和相互信任至关重要。上下级之间的猜疑会增加抵触情绪，减少坦率交谈的机会，也就不可能进行有效的沟通。沟通者的可信度受到沟通者的身份地位、良好意愿、专业知识、外表形象、共同价值等五个因素的影响。沟通者通过对这五个因素的分析和提升，不但可调整自己的初始可信度，而且可以增加后天可信度，增强沟通者在受众心目中的整体可信度。

3．拒绝倾听

拒绝倾听表现在一些沟通者漫不经心，或者自高自大，拒绝倾听上级和下级的意见，或者源于“我知道所有事情”的优越情绪，或者源于“我一无是处”的自卑情绪。

4．自我中心

人们习惯于关注自我，总认为自己才是对的。在倾听过程中，过于注意自己的观点，喜欢听与自己观点一致的意见，对不同的意见往往是置若罔闻，这样会错过聆听他人观点的机会。

（四）沟通传递过程中的障碍因素

1．信息过滤

信息过滤也称信息失真影响，主要是指信息发送者有意操纵信息，修改信息，甚至篡改信息，以使信息显得对信息接收者更为有利。在组织中，当信息在自上而下的传递过程中，下属会揣摩上级的意图，从而导致信息膨胀，而当信息在自下而上的传递过程中，下属常常压缩或整合信息以使上级不会因此而负担过重，从而导致信息被删减。过滤的主要决定因素是组织结构中的层级数目，组织中的纵向层级数目越多，过滤的机会就越多，信息的失真度也就越大，因此组织层次应越少越好。

2．情绪因素

在接收信息时，接收者的感情会影响到他对信息的解释。不同的情绪感受会使个体对同一信息的解释完全不同。任何极端的情绪体验都可能阻碍有效沟通。当人们处于狂喜或盛怒的状态时，由于不能进行客观的理性的思维活动，而代之以情绪性的判断，这些都会阻碍有效沟通。因此，我们应避免在情绪很不稳定、沮丧、狂喜等时做出决策，因为此时我们无法冷静、周密地思考问题。

3．非语言信息冲突

非语言提示几乎总是与口头沟通相伴，如果二者协调一致，则会彼此强化。如当你的言语告诉别人你很生气，你的语调和身体动作也应该表明你很愤怒，否则别人会感到不理解，而且信息的清晰度也会受到影响。如果你的上级告诉你，他很想了解一下你目前负责的项目的进展情况，而当你在向他汇报时，他却在看着其他文件。这便是一个相互冲突的信号，它让你无法判断你的上司是否真正关心你的项目。

4．语言与口头语

由于我们每个人的文化程度不同，加上所处的自然与社会环境的不同，同样的词汇对不同的人来说含义是不一样的。不同地位或不同部门的人虽然都说汉语或英语，但他们经常说一些不同的“语言”。例如，财务部门的主管可能在与计划部门的主管进行交谈中用一些专业术语而使对方感到迷惑。同样地，如果计划部门主管用一些专业术语，也使对方感到摸不着头脑，这种沟通的问题就是所谓的“行话”障碍。另一种语言障碍在于我们所用语词的多义性。同一句话对不同的人或在不同的环境能表示不同的意思。因此，在传递信息时，传递者必须将那些容易引起误解的词句表达明白、清楚，因为每个信息传递者理解所收到的信息都是从自己的角度出发。也就是说，部门主管在向员工传达指令时，应尽可能使员工明白而不要抱着员工应该明白的态度。因此，他们应该运用一些朴实、直接的语言向员工传达指令。

5．文化障碍

文化障碍主要包括沟通双方的背景文化差异，如价值观、信仰、知识、行为准则等，可能形成沟通障碍，特别要注意跨文化障碍。沟通的微观环境中的文化氛围，尤其是一旦这种氛围为某一方认同，双方对其理解的程度差异将严重影响沟通。组织或社会的规则差异，不同的规则导致不同的行为。

6．沟通主客体层次差异及知识经验水平的限制

主管和下级的层次之间存在的差异主要表现在知识及专业技术层次差异，主管忽视了下级的知识层次，倾向于使用技术性的术语，或者是行政性的术语，下级对这些术语却一无所知，若发送者与接收者在知识水平上相差太大，在发送者看来很简单的内容，而接收者却由于知识水平太低理解不了，双方没有“共同的经验区”，接收者不能正确理解发送者的信息，沟通就会出现障碍。

7．媒介障碍

媒介障碍即沟通者缺乏良好的沟通媒介，如中介人和各种沟通工具、设备、技术、手段通道等。沟通媒介是信息发送者把信息传递到接收者那里所借助的手段，它传递信息是否快捷、清晰，直接影响到沟通的效果。实际上，媒介本身就是信息，选择媒介就是在传递相应的信息。如果缺乏良好的沟通媒介，或是选择了不适当的媒介，都会对沟通效果造成严重影响。

（五）信息技术对管理沟通的影响

由于信息沟通在组织中无所不在。因此，信息化技术的应用，对于管理沟通本身有十分重要的改善作用。沟通是目的，信息技术要为沟通服务。

1．信息技术对沟通的速度的影响

信息技术的应用，对企业的内部沟通来说，其首要的意义就是，通过网络和计算机技术使信息传递数字化，加快了信息沟通的速度，使企业的管理沟通成为一种快速的信息交流。

2．信息技术对沟通流程的改变

信息化技术的应用，或者说企业信息化，使沟通的流程发生变化，并使沟通的方式、手段和类型出现新的形态。例如，信息技术使网际的虚拟沟通成为可能。

3．信息技术对沟通效果的影响

现在是一个信息爆炸的时代，企业主管人员面临着“信息过量”的问题。尽管信息技术对沟通的信息量、速度都有积极意义，可以改善沟通的效果。但信息技术对于沟通效果也是一柄双刃剑，信息技术应用带来的信息过剩问题，也会导致沟通结果的混杂和无序。信息过量不仅使主管人员没有时间去处理信息，而且也使他们难于向同事提供有效的、必要的信息。

4．信息技术创造沟通全新工具

信息技术使企业沟通工具越来越丰富，继传统的人际与书面媒介的沟通工具之后，出现了计算机、网络等电子沟通媒介。信息技术在沟通中的应用，也带来一系列的新问题，如网络沟通中的信任、信息的过剩等，都给组织管理沟通带来新的挑战。

二、实现有效管理沟通的主要途径

（一）明确管理沟通的重要性，正确对待管理沟通

随着社会经济的不断发展，企业竞争日趋激烈，愈来愈多的企业家们意识到企业发展的根本动力还是来自于本企业内部的员工。因此，为了充分调动企业员工的主动性、积极性和创造性，有效地解决员工与经理人员之间的信息沟通是必不可少的。传统管理十分重视计划、组织、领导和控制，而对管理沟通常有疏忽。不少国内企业认为信息的上传下达有了组织系统就可以了，对非正式沟通中的小道消息常常采取压制的态度。这表明管理层还没有从根本上重视管理沟通问题。只有企业的管理人员和普通员工都认识到管理沟通对提高组织绩效、实现和谐管理的重要意义，我们才能真正实现有效的管理沟通，提高企业整体管理水平。

（二）保证信息完整和有效

1．加强信息的全面对称

这一原则有两层含义：一是所传递的信息是完全的；二是所传递的信息是精确对称的。有效沟通的信息组织原则要求沟通者在沟通过程中掌握三个方面的完全信息：首先，沟通中是否提供全部的必要信息。在提供全面信息的同时，沟通者还要分析所提供信息的精确性，如分析数据是否足够、信息解释是否正确、关键因素是什么等问题；其次，是否回答询问的全部问题，信息的完全性就是要求沟通者回答全部问题，以诚实、真诚取信于人；再次，是否在需要时提供额外信息，就是要根据沟通对象的要求，结合沟通的具体策略向沟通对象提供原来信息中不具有的信息或不完全信息。

2．强化信息的甄选

针对信息过量问题，要对信息进行甄选，选出有用的信息，以提高决策的效率和准确性。

（三）健全组织的沟通渠道，提高沟通效率

1．结合运用正式沟通渠道和非正式渠道

应设法缩短信息传递链，拓宽沟通渠道，保证信息的畅通和完整，如减少组织机构重叠，降低信息的损耗率，在利用正式沟通的同时，开辟高层管理人员至基层管理人员的非正式的沟通渠道等。

组织的沟通渠道对组织沟通效率的提高具有决定意义。作为一个组织，要充分考虑组

织的行业特点和人员心理结构，结合正式沟通渠道和非正式沟通渠道的优缺点，设计一套包含正式沟通和非正式沟通的通道，以使组织内各种需求的沟通都能够准确及时而有效地实现。

在正式沟通渠道方面，目前大多数企业的管理沟通还是停留在指示、汇报和会议这些传统的沟通方式上，它们不能顺应社会经济的发展、组织成员心理结构以及需求层次的变化，从而使得组织成员的精神需求不能得到充分满足。定期的领导见面和不定期的群众座谈会是一种很好的方式。领导见面会是让那些有思想、有建议的员工有机会直接与主管领导沟通，群众座谈会则是在管理者觉得有必要获得第一手的关于员工真实思想、情感时，而又担心通过中间渠道会使信息失真而采取的一种领导与员工直接沟通的方法。在非正式沟通渠道方面，企业要充分利用现有的资源、技术条件，及时有效对沟通渠道进行改进和完善，如采用的郊游、联谊会、聚会等非正式沟通的良好方式。

2. 减少沟通的层级

人与人之间最常用的沟通方法是交谈。交谈的优点是快速传递和快速反馈。在这种方式下，信息可以在最短的时间内被传递，并得到对方回复。但是，当信息经过多人传送时，口头沟通的缺点就显示出来了。在此过程中涉及的人越多，信息失真的可能性就越大。每个人都以自己的方式理解信息，当信息到达终点时，其内容常常与开始的时候大相径庭。因此，管理者在与员工进行沟通的时候应当尽量减少沟通的层级。越是高层的管理者越要注意与员工直接沟通。

（四）塑造利于沟通的组织文化

任何组织的沟通总是在一定背景下进行的，受到组织文化类型的影响。企业组织的精神文化直接决定着员工的行为特征、沟通方式、沟通风格，而企业组织的物质文化则决定着企业的沟通技术状况、沟通媒介和沟通渠道。

1. 塑造提供沟通机会的组织文化

首先，要鼓励所有员工去思考并表达出来，这样的文化要创造条件，创造机会让人沟通。这种文化要让人感觉到沟通的正面效果，使之有诱因去进行新的沟通，有些特别的奖励机制要建立。组织中和谐的人际关系是优化沟通环境的前提，平时组织领导者可以多开展一些群体活动球赛、观看演出、聚餐等，鼓励工作中员工之间的相互交流、协作，强化组织成员的团队协作意识。这些措施在一定程度上都能起到促进人际关系和谐的作用。

2. 营造平等、理解、信任的组织文化氛围

组织成员之间也应相互承认并尊重彼此的差异，促进相互理解，在此前提下的人际沟通也将会更有效地改善人际关系。信任不是人为的或从天上掉下来的，而是诚心诚意争取来的。组织中民主的文化氛围和科学的领导者作风是良好的沟通环境的核心要素。所以，组织者应致力于营造一种民主的组织氛围，组织领导者也应适当地改善自己领导风格和提

高领导水平。

（五）掌握沟通技巧

在国内的很多企业中，沟通只是单向的，即领导向下传达命令，下属只是象征性地反馈意见，两者并没有实现有效的沟通，也就没有真正解决问题。所以，管理者应学习掌握良好的沟通技巧，以提高沟通的效果。

1．明确角色与换位思考

主导沟通者应该十分清楚自己在沟通过程中为实现沟通目标所扮演的主导角色与职能，同时进行换位思考，将心比心，使自己所运用的各种沟通要素能够为对方愉快接受。在沟通过程中运用换位思考：受众需要什么？我能给受众什么？如何把受众需要的和我能提供的进行有机联结？管理沟通的过程是管理推销自己观点的过程。在沟通策略的选择上要根据对象的不同类型作选择，但其前提是对自我的正确认识，要坚持“人所欲，施于人”的理念而不是“已所欲，施于人”的理念去进行沟通。

2．针对不同沟通对象的特点采用不同沟通方法

要取得良好的管理沟通效果，必须深入了解沟通对象。首先，他们是谁，即对受众作个体分析和整体分析；其次，他们了解什么，即受众对背景资料的了解情况；最后，他们感觉如何，即受众对你的信息感兴趣程度如何。沟通对象由于心理需求、性格、气质、管理风格等的不同可以分为各种不同的类型。针对不同类型的人，在沟通过程中，应采用不同的策略。针对人心理需求的不同，要承认不同个体的需要特点，在沟通时朝着满足他人需要的目标努力，既有助于问题的解决，又有助于建立良好的人际关系，以实现建设性的沟通。按照个人管理风格、信息处理风格和气质类型的不同，采用相应的沟通策略。

3．积极倾听

沟通是双向的行为，要使沟通有效，双方都应当积极投入交流。当员工发表自己的见解时，管理者也应当认真地倾听。美国的一项研究表明多数公司的员工把60%的时间用在倾听上，经理们平均把57%的时间用在倾听上。而人们在四种沟通技术上的时间分配依次是倾听占53%、读占17%、说占16%、写占14%。当别人说话时，我们在听，但是很多时候都是被动地听，而没有主动地对信息进行搜寻和理解。

积极地倾听要求管理者把自己置于员工的角色上，以便于正确理解他们的意图而不是你想理解的意思。同时，倾听的时候应当客观地听取员工的发言而不做出判断。当管理者听到与自己不同的观点时，不要急于表达自己的意见，因为这样可以避免漏掉余下的信息。积极地倾听应当是接受他人所言，而把自己的意见推迟到说话人说完之后。积极倾听原则：一是要从内心认识到倾听的重要性；二是要从肯定对方的立场去倾听；三是要有正确的心态，克服先验意识。学会给对方以及时的、合适的反应。

积极倾听的技巧分为以下五种：一是解释，倾听者学会用自己的词汇解释讲话者所讲

的内容，从而检查自己的理解；二是向对方表达你对他感受的认同，当有人表达某种情感或感觉很情绪化时，传递你的感受；三是要适当表达反馈意思，即把讲话者所说的内容、事实简要概括；四是能够综合处理对方信息，即综合讲话者的几种想法为一种想法；五是大胆地设想，即从讲话者角度大胆地设想。

4．直接、清楚的语言表达

使用一些易于理解并且尽可能清楚的语句有利于有效沟通。专业术语，或“行语”只有在双方都理解的基础之上才能使用，应尽量避免冗长的、专业的语句。同时，也要避免冗长乏味的语言表达，避免不必要的重复，传递的信息中只包括相关的有用信息。例如，宝洁公司规定，提供给高层管理者的报告或备忘录不得超过两页纸。

5．利用反馈技术，变单向沟通为双向沟通

在促进信息沟通的几种有效方法中，信息反馈是最重要的一种。反馈即信息返回，就是将信息沟通变成一种双向的信息流动，如信息发送者通过提问、讨论等方式来确定信息接收者是否真正了解了信息。观察接收者并通过非言词的线索来判断他的反应，这些非言词的线索包括迷惑或明白的神态、脸部的表情或眼睛的活动等。当然，这种反馈仅用于面对面的信息交流，这也正是面对面信息交流的最大益处。也许对于信息发送者来说，最好的反馈技术莫过于亲自让接收者再重述一遍所接收的信息，这种方法应该比那种只简单地询问的方法会带来更满意的效果。在信息接收重述所接收的信息时，信息发送者可以了解对方具体掌握的程度，并且可即时回答对方所提出的一系列问题。这种技术方法可能是使发送的信息被充分接受的最直接、快捷的方法。当企业主管进行书面信息交流时，反馈技术也很适用。在签署一个书面意见或发送一份书面信息时，企业主管可以先让自己的秘书或其他人理解一下自己写的东西，通过掌握他们理解的情况而对自己的表达方式进行改进。同样地，在发送完书面信息之后，企业主管最好通过电话或传真等方式了解一下信息接收者对信息的掌握情况，以尽量减少不必要的麻烦和差错。

6．选择适当的沟通气氛和时机

紧张、压抑和焦虑是有效信息沟通的障碍。当一位企业主管试图与一位员工进行交流，而这位员工的情绪非常低落时，那么双方最好再找个彼此心里都感觉比较平静的时间交谈。对企业主管来说，要想有个比较好的环境、气氛同员工进行交流，最好的办法之一是安排一个确定的时间，在一个安静的场所进行。

7．针对不同的沟通对象使用不同的语言

在同一个组织中，不同的员工往往有不同的年龄、教育和文化背景，这就可能使他们对相同的话产生不同理解。另外，由于专业化分工不断深化，不同的员工都有不同的“行话”和技术用语。而管理者往往注意不到这种差别，以为自己说的话都能被其他人恰当地理解，从而给沟通造成了障碍。由于语言可能会造成沟通障碍，因此，管理者应该选择员工易于理解的词汇，使信息更加清楚明确。

8. 注意恰当地使用非语言沟通

在倾听他人的发言时，还应当注意通过非语言信号来表示你对对方的话的关注。例如，赞许性地点头、恰当的面部表情、积极的目光相配合。如果员工认为你对他的话很关注，他就乐意向你提供更多的信息，否则，员工有可能把自己知道的信息不向你汇报。研究表明，在面对面的沟通当中，一半以上的信息不是通过词汇来传达的，而是通过肢体语言来传达的。要使沟通富有成效，管理者必须注意自己的肢体语言与自己所说的话的一致性，并熟练掌握以下非语言沟通技巧。

（1）使用目光接触。当你在听他人说话时，对方可能通过观察你的表情判断你是否在认真倾听和真正理解。所以，与说话者进行目光接触可以使你集中精力，减少分心的可能性，并可以鼓励说话的人。

（2）展现恰当的面部表情。有效的倾听者会将所听到信息的有关情况表示出来。如何表示呢？可通过非语言信号。例如，赞许性地点头、疑惑性地摇头、恰当的面部表情（微笑等）与积极的目光接触等，这些都是向说话人表明你在认真倾听及是否听懂，从而有利于沟通。

（3）选择合适的沟通空间距离。与对方保持怎样的距离，对于不同国家的人而言，空间距离有着不同的意义。研究发现，越往北走时，人与人之间的空间距离越大越舒适，而越往南走，人与人之间越亲近则越舒适。考虑到文化背景的不同而区别对待固然十分重要，在沟通中考虑到个人的不同而灵活应变则更为重要。

9. 注意保持理性，避免情绪化行为

在接收信息时，接收者的情绪会影响到他们对信息的理解。情绪激动会使我们无法进行客观的、理性的思维活动，而代之以情绪化的判断。管理者在与员工进行沟通时，应该尽量保持理性和克制，如果情绪出现失控，则应当暂停沟通，直至恢复平静后再进行。

10. 注重礼节

沟通者不但要意识到听众的观点和期望，还应考虑到听众的感情。礼节来自于态度的真诚，不但应习惯性地、礼貌地运用谢谢、请等词语和社会规范，关键在于对他人的尊重和关心是发自内心的。很多管理者习惯于对下属发号施令，习惯于让下属按照自己的意愿去做事，却忽略了对下属的尊重。所以对于有效的管理者，在平时应该注重与下属沟通的礼节。

注重礼节还要求沟通者从信息接收者的角度去准备每一个沟通的信息，要设法站在受众的位置去思考问题，充分关注受众的背景和需要，尽可能向受众提供全面系统的信息，也就是要求沟通者以全面周到的理念去传递信息。其中，最为主要的就是沟通者要去领会和认识受众的愿望、问题、环境、情绪和可能的反应。具体来说，可以从三个方面入手：第一，理念上要着重于“你”而不是“我”“我们”，要求沟通者站在对方的立场去考虑问题，但在表达时在思想上永远是“你”，而言行上是“我们”；第二，关注并告知受众的兴趣和利益，着重“你”的最本质特征，语言是表面的，利益是内在的；第三，运用肯定的、令人愉悦的陈述。要学会肯定对方，要善于从对方的语言中提炼出正确的思想，对对方表示肯定和尊重，不要总是显示自己高人一等。

11．目标和策略的确定

沟通目标的确定分三个层次：（1）总体目标，沟通者期望实现的最根本结果；（2）行动目标，指导沟通者自身走向总体目标的具体的、可度量的、有时限的步骤；（3）沟通目标，沟通者就受众对笔头、口头沟通起何种反应的期望。沟通策略的选择，如图 12-6 所示，在沟通过程中，沟通者根据自己对沟通内容的控制程度和沟通对象的参与程度不同，可以采取四种不同的沟通形式，即告知、说服、征询、参与。

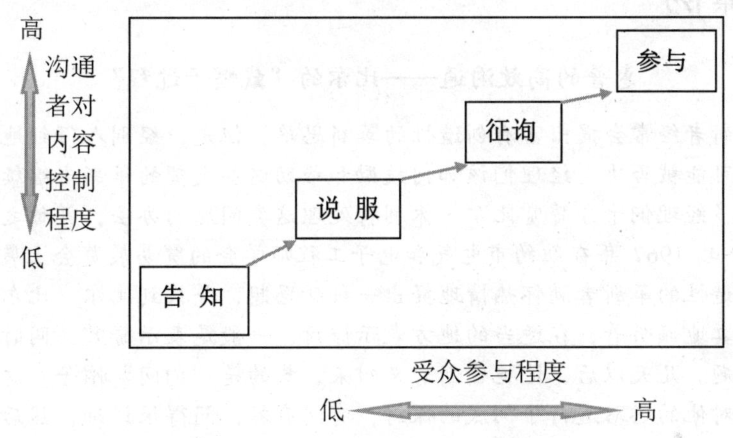

图 12-6　四种不同的沟通形式差异

（1）告知策略。“告知策略”一般用于沟通者属于权威或在信息掌握程度上处于完全控制地位的状况，沟通者仅仅是向对方叙述或解释信息或要求，沟通的结果在于让受众接受你的理解和要求。如老板要下属知道或明白规定任务的完成，但不需要他们参与意见。

（2）说服策略。“说服策略”一般发生在这样的背景下：沟通者属于权威或在信息方面处于主导地位，但受众有最终的决定权，沟通者只能向对方说明做或不做的利弊，以供对方参考，但沟通者的目标在于让受众根据自己的建议去实施这样的行为。如销售人员向客户推销产品，或技术部门主管向预算委员会提出增加研究开发经费的建议，对方可以接受或不接受你的建议或你的预算，最终决策权还在听众。

（3）征询策略。“征询策略”一般发生在沟通者希望就计划执行的行为得到受众的认同，或者沟通者希望通过商议来共同达到某个目的。双方都要付出，也都有收获。如沟通者希望说服同事支持他向高层管理者提出某个建议。

（4）参与策略。“参与策略”则具有最大程度的合作性。沟通者可能起先尚没有形成最后的建议，需要通过共同讨论去发现解决问题的办法。如采用头脑风暴法，让与会者就某个创新性的问题提出新思想。

在上述四种策略中，我们把前两者告知和说服统称为指导性策略，把后两者征询和参与统称为咨询性策略。现在分析在何种情况下应该用指导性策略，何种情况下应采用咨询性策略。一般来说，当沟通者认为沟通的目的在于通过为他人或下属提供建议、信息或制定标准的方式帮助他们提高工作技巧时，可采用指导性策略。而当沟通者认为沟通的目的在于帮助他人或下属认识他们的思想、情感和个性问题时，则更适合采用咨询性策略。指导性策略重在能力，而咨询性策略重在态度。

结尾案例

惠普的高效沟通——比尔的“戴帽子过程”

企业一些革新者经常会提出富有创造性的革新思路，但是，经别人仔细地进行客观分析以后，这些思路很可能被否决。经理们该如何鼓励和帮助这些失望的革新者继续保持热情呢？多年来，惠普的许多经理们十分赞赏比尔·休利特处理这类问题的办法，并称之为比尔的“戴帽子过程”。惠普公司1967年在纽约市电气和电子工程师学会的贸易展览会上展示它的一台计算机。一位富有创造性的革新者满怀热情地提出一种新思想，并找到比尔。比尔马上戴一顶“热情”帽子。他认真地倾听着，在适当的地方表示惊讶，一般是表示赞赏，同时问一些十分温和的、不尖锐的问题。几天以后，他把创新者又叫来，戴的是“询问”帽子。这回提出了一些非常尖锐的问题，对他的思路进行了彻底的探讨，有问有答，问得很详细，然后就休会了，未做出最后决定。不久以后，比尔戴上“决定”帽子，再次会见这位革新者。在严格的逻辑推理和敏感的思索下，做出了判断，对这个思路下了结论。即便是最后的决定否定了这个项目，这个过程也给予这个创新者一种满足感。这是“惠普之道”中倡导的使人们继续保持热情和创造性的一个极为重要的沟通方式。

资料来源：崔佳颖. 从惠普文化看企业有效沟通. 经济与管理研究[J]，2005（11）.

讨论题：

1．惠普公司比尔的“戴帽子过程”式沟通属于何种沟通方式？

2．惠普公司比尔的“戴帽子过程”式沟通为什么会高效？

本章小结

1．组织人际关系性质不同，沟通会有所不同。在西方文化中，个体之间的关系大多是一种“获致性关系”，在组织沟通内，会恪守规范规则和信用，即“公事公办”。中国人的“关系”其实质是先赋性的，在组织中，人际沟通会因为互动双方关系亲密程度差异而在沟通的内容、形式上都存在着差异。

2. 沟通是信息的交流，是信息发出者到达接收者并为接收者所理解的过程。良好的沟通，应是经过传递之后被接收者感知到的信息的意义与发送者发出的信息的意义完全一致。沟通过程是一个发送者把信息通过沟通渠道传递给另一个接收者的过程。它包括信息源、信息、编码、通道、解码、接收者和反馈七要素。

3. 组织中常见的沟通形式包括组织人际沟通、网络和团队沟通、组织沟通和电子沟通。组织人际沟通是指人们在组织活动中彼此交流各种事实和感情的过程。网络沟通是群体和团队的沟通模式，一般适合三至五人之间的信息和思想感情交流。组织沟通是指在正式组织中通过组织制度规定的信息沟通渠道进行信息传递的交流。电子沟通是以计算机技术与电子通信技术组合而产生的信息交流技术为基础的沟通。

4. 非正式沟通是指非官方的，不受任何约束的信息传播。常见的组织非正式沟通的形式包括小道消息、走动管理和非语言沟通。

5. 组织沟通的管理就是认识清楚有效沟通的障碍，克服沟通障碍，实现有效沟通。

关键词

沟通　组织人际沟通　网络沟通　组织沟通　电子沟通　虚拟组织沟通　非正式沟通

思考题

1. 试述沟通的性质及重要性。
2. 试述沟通的过程和沟通的类别。
3. 书面和口头沟通各有哪些优点？
4. 人际沟通、团队沟通与组织沟通有什么不同？
5. 非正式沟通的特点有哪些？
6. 管理人员应该怎样对待非正式沟通？
7. 有效沟通的障碍主要有哪些？

网络练习

1. 写一封自荐信，通过电子邮件分别与大型企业、中型企业和家族小企业联系。要求：一种是随意找的企业；另一种是在企业有熟人介绍的企业，以了解企业的沟通联络方式。

2. 给定五种情境：（1）向一家大型企业的员工说明医疗福利和管理方面的复杂变化；（2）快速向老板请示如何完成工作；（3）告知顾客你的商店开始一项新的有奖销售促销；

（4）申斥一位员工的旷工行为；（5）提醒职员禁止工作时间玩游戏。说明你将采用哪种沟通方式。然后找一位有十年工作经历的人回答这一问题。比较你们之间在回答问题时的差异，并解释为什么？

自测题

（一）判断题

1．管理者所做的每件事都涉及沟通。（　　）

2．编码就是将传递的信息进行转化和理解。（　　）

3．对信息的传送、接收或反馈造成干扰的因素是噪声。（　　）

4．信息发送者的态度和知识水平并不影响编码信息的有效性。（　　）

5．反馈将信息返回到信息发送者手中，同时检验了对信息的理解是否达成。（　　）

（二）选择题

1．一项研究结果表明，一线管理者将80%的工作时间用于沟通。而在其所有的沟通活动中，有45%的时间用于“听”，30%的时间用于“说”，16%的时间用于“读”，9%的时间用于“写”。根据这一研究结果，以下哪一种说法是不正确的？（　　）

A．在沟通活动中，一线管理者45%的时间在接收信息，30%的时间在发送信息

B．这一研究结果表明一线管理者的主要职能是领导，如指导和指挥

C．一线管理者进行口头沟通的时间比书面沟通的时间多了两倍多

D．有效的沟通是一线管理者开展管理工作的基础

2．管理界有这么一种主张：“如果你想表扬某人，最好形成文字；而如果你想批评某人，那么只需要打个电话说一下就可以完事了。”按照这种主张，不同的强化方式各应采取何种沟通方式？（　　）

A．正强化宜采取书面沟通方式，负强化宜采取口头沟通方式

B．正强化宜采取书面沟通方式，一般性的批评宜采取口头沟通方式

C．正强化宜采取口头沟通方式，负强化宜采取书面沟通方式

D．正强化宜采取口头沟通方式，惩罚宜采取书面沟通方式

3．李总经理出差两个星期才回到公司，许多中层干部及办公室人员马上就围拢过来。大家站在那里，七嘴八舌一下子就开成了一个热烈的自发办公会，有人向李总汇报近日工作进展情况，有人向李总请求下一步工作的指示，还有人向李总反映公司内外环境中出现的新动态。根据这种情况，你认为下述说法中哪一种最适当地反映了该公司的组织与领导特征？（　　）

A．链式沟通、民主式管理　　B．轮式沟通、集权式管理

C．环式沟通、民主式管理　　D．全通道式沟通、集权式管理

4．某企业原先重大战略决策的基本过程是由各部门（如财务部、销售部、生产部、人事部等）独立把各自部门的情况写成报告送给总经理，再由总经理综合完成有关的战略方案。后来，对此过程做了些调整：总经理收到各部门呈上的报告后，有选择地找些管理人员来磋商，最后由自己形成决策。再后来，总经理在收到报告后，就把这些报告交给一个由各部门人员共同参与组成的委员会，通过委员会全体成员的面对面讨论，最终形成有关决策。对此你的看法是（　　）。

A．这种处理方式的改变对企业战略决策以及其他方面的工作没什么影响

B．这种处理方式的改变可以大大提高企业决策的效率

C．这种处理方式的改变增加了信息沟通的范围，可带来更多的成员满意感

D．这种处理方式的改变提高了企业上下信息沟通的效率

5．公司质管部王经理在质量管理的总体目标、步骤、措施等方面与公司主要领导人有不同看法。王经理认为，质量管理的重要性在公司上下并未得到充分重视；公司领导则认为，他们是十分重视产品质量问题的，只是王经理的质量控制方案成本太高且效果不好。最近一段时间，这种矛盾呈现激化现象。一天上午，王经理接到公司周副总的电话，通知他去北京参加一个为期 10 天的管理培训班，而王经理则认为自己主持的质改推进计划正在紧要关头，一时脱不开身，公司领导应该是知道这个情况的，他们作出这样的安排显然是不支持甚至是阻挠自己的工作。因此，王经理不仅拒绝了领导的安排，还发了一通脾气；而公司周副总也十分恼火，认为王经理太刚愎自用，双方不欢而散。你认为这里出现的沟通失败的最主要原因是什么？（　）

A．周副总发送的信息编码有问题　　B．信息传递中出现了噪声

C．王经理对于周副总的反馈有问题　　D．王经理对于信息的译码出了问题

第十三章　团队与冲突管理

学习目标

☑ 了解团队的基本类型
☑ 理解团队的基本特征
☑ 领会人际冲突管理风格的类型
☑ 学会应用激发、控制和解决冲突的技术

开篇案例

全食品市场公司的高绩效团队

1980 年，约翰·麦凯（John MacKay）与别人合资成立全食品市场公司（WFM）时，他采用了日本管理学书籍中的一条重要建议，这些书随后广泛流传，即成功的公司依靠团队，而不是个人。尽管这家位于德克萨斯州奥斯汀的食品零售店从最初仅雇用 19 名员工的一家超市，发展到在 3 个国家开业并拥有 4 万名员工和 181 家连锁商店，它以团队为基础的组织结构始终没有改变。

全食品市场公司每家店面大约有 10 个小团队，如食物准备团队、出纳团队、海鲜团队等。团队是“自我管理型”，因为团队成员自行决定自己的工作，很少受到管理层的干涉。每个团队都要为存货管理、劳动生产率以及毛利润负责。团队成员要作出许多有关产品布局的决定——这和大多数连锁食品杂货店的集中采购形成了鲜明对比。

全食品市场公司的团队同时也握有新聘员工是否可以成为长期的团队成员的表决权。当某位应聘者被临时雇用 30～45 天之后，团队成员就要为应聘者是否可以成为长期的团队成员进行投票表决，并且需要至少 2/3 的成员投票通过才有效。因为自己的月度奖金是以团队绩效为基础的，因此团队成员对这样的招聘决定都非常慎重。每隔四周，公司会根据各个团队的目标和成本效率计算他们的绩效。当团队找到可以使工作更加有效的方法时，由此节省下来的预算会在团队成员中进行分配。这样的团队奖金累加起来，每个人的工资单上都可以额外增加好几百美元。

资料来源：[美]查尔斯·W. L. 希尔，[澳]史蒂文·L. 麦克沙恩. 管理学[M]. 李维安，周建，译. 北京：机械工业出版社，2009：205-206.

讨论题：

全食品公司是如何利用团队进行管理的？体现了哪些高绩效团队的特征？

第一节 团 队 概 述

很多因素可以解释全食品市场公司为什么会创造零售业的神话，并且成为美国最佳工作场所之一，但公司重视团队建设显然只是其中一个原因。其他行业的许多公司同样采取了团队的形式，许多银行和经纪公司也会以团队的形式来更好地满足复杂客户的需求。

一、团队的概念

团队（Team）就是一组相互影响的人，共同实现与组织目标相关的某一目标，并且将他们自己想象为组织内部的一个社会实体。这个定义有几个要点需要强调：首先，所有的团队都是为了实现某个目标而存在的，如装配某个产品，提供某项服务，设计某项新的生产设备，或者作出某项重要决定。其次，团队成员通过相互依赖和为了满足共同目标对协作的需求而集聚在一起。所有团队都需要某种形式的沟通，让团队成员得以相互协作，分享共同的目标。再次，团队成员相互影响，尽管在团队的目标和行为方面，有的成员比其他人的影响力更强。最后，只有当团队成员想象他们自己是一个团队时，团队才会存在。

构成团队的要素是目标、人员、定位、权限、计划。

（1）目标。团队应该具有一个既定的目标。没有目标，团队就没有存在的价值。尽管每个团队的目标各不相同，但任何团队都有一个自己的目标，这个目标把相互依存、相互联系的人们维系在一起，使他们以一种更加有效的合作方式来达成个人和组织的目标。

（2）人员。人是构成团队最核心的力量，三个或三个以上的人就可以构成团队。人员的选择是团队非常重要的一个部分。在一个团队中可能需要有人出谋划策，有人制订计划，有人具体实施，有人协调不同的人共同完成工作，还有人去监督团队工作的进展，评价团队最终的贡献，不同的人通过分工来共同实现团队的目标。

（3）定位。团队的定位包含以下两层意思：① 团队的定位。团队在企业中处于什么地位，由谁选择和决定团队的成员，团队最终应对谁负责，团队采取什么方式激励成员等。② 个体的定位。作为成员在团队中扮演何种角色，是负责制订计划还是具体实施或进行评估。

（4）权限。团队当中领导者权力的大小与团队的发展阶段相关。一般来说，团队越成熟，领导者所拥有的权力相应越小。在团队发展的初始阶段，领导权相对比较集中。团队权限包括整体团队在组织中拥有哪些决定权和组织的基本特征。

（5）计划。计划既是实现最终目标的一系列切实可行的行动方案，也可以是为实现目标的具体工作程序。按计划实施可以保证团队工作的进度。只有按步骤完成每一项计划，团队才会一步步贴近目标，从而最终实现目标。

二、团队的类型

在组织环境中有多种团队类型。最容易区分的两种团队形式是：作为组织正式结构中一部分的团队和增加员工参与而组成的团队。另外，还包括对于当前组织绩效特别重要的一类团队——虚拟团队。

（一）正式团队

正式团队是组织创建的，它是正式组织结构的一部分。正式团队有垂直团队、水平团队以及特别行动团队等。

1．垂直团队

垂直团队是由一位经理和其正式命令链的下属组成，有时也被称作功能性团队或命令团队。该垂直团队在某些情况下包括3～4个层级。典型地说，垂直团队包括某组织内的整个一个部门。都是由组织创造产生，通过团队成员联合行动和相互作用而达成特定目标。

2．水平团队

水平团队是由同一层级但具有不同专长的职员组成。水平团队是由几个部门抽出的，他们被赋予某项任务，在该任务完成后可被解散。水平团队最常见的类型是任务小组和委员会。

（1）任务小组是由不同部门的人员组成，以完成某一特定任务并仅在该期间存在。有时也被称作跨职能小组。任务小组可以被用于创造新产品或写作新教科书。几个部门被牵涉其中，各种不同观点都应该予以考虑，因此这类任务使用水平团队更有效。Hallmark Cardstock公司中形成了一个由艺术家、作家、版画家、设计家以及摄影家组成的跨职能团队，为每一个重要的节日开发新的贺卡。

（2）委员会通常长期存在并可以是组织结构的一部分。委员会的成员资格通常是由个人职衔和地位确定，而不是因其专长决定。委员会通常需要正式代表，与之不同的是，任务小组则是建立在个人特长的基础上为解决某问题而存在的。委员会一般是为了解决经常出现的问题而存在的。例如，投诉委员会负责处理员工的投诉；顾问委员会通常对员工的赔偿和工作惯例等方面提出建议等。

作为组织水平结构的一部分，任务小组和委员会有如下优势：它们允许组织成员交换信息；它们为其所代表的组织单位的协调提出建议；它们发展新思想以解决组织问题；它们帮助开发新的组织政策。

3．特别行动团队

特别行动团队是为解决特殊、重要的或创造性的项目而存在于正式组织结构以外的团队。例如，麦当劳曾组织一个特别行动团队将一种新的鸡肉食品推向市场。这个团队需要一个自由活动的空间，于是最终该公司就将其从正式的公司组织结构分离出来，成为一个可以独立行使职权的成功团队。但在很多大公司中，特殊目的的团队仍是正式组织结构的一部分，并有其自己的报告结构，只是其成员将自己视为独立体。

（二）自我管理团队

全食品市场公司不仅将它的员工组成团队，而且还组成自我管理团队。自我管理团队一般具备以下几个方面的特点。

（1）自我管理团队完成整项工作，无论是产品、服务还是一个更大产品服务的一部分。全食品市场公司团队成员对于他们所在地区的整个流程都负有责任，如准备食物、陈列、零售和一些采购工作。

（2）由团队而不是管理者对每个团队所要完成的任务进行分配。换句话说，团队的计划、组织和控制工作的活动，很少或没有受到正式职权更高的人的直接干涉。哈雷-戴维逊公司就将这种高自主性运用到了极致，它在堪萨斯城的装配车间里没有一个管理者。取而代之的是 8～15 个员工组成的自我管理团队通过协商来决定每天的事情，一个代表了团队和管理的“伞形群体”对工厂范围内的事物进行决策。

（3）自我管理团队控制大多数的生产投入、运作和产出。例如，在全食品市场公司，一些自我管理团队直接和供应商联系，所有人都为他们的工作流程负责，并且站在产出的角度与顾客进行互动。

（4）自我管理团队负责在工作流程发生问题时对其进行纠正。换句话说，这些团队保证自己的质量和物流控制。

（5）自我管理团队接受团队层次的反馈和奖励。尽管团队成员也可能接受个人反馈和奖励，但是应该由团队而非个人为工作负责的事实，得到了认可和强化。

调查估计，在美国有 1/3～2/3 的大中型组织在部分运营活动中采用了自我管理团队结构。此外，几乎大多数高效率的制造企业都依靠这种团队。这种流行趋势可以看出自我管理团队可能会提高产出率和工作满意度。

既然自我管理团队这么好，那么为什么并非每个组织都有这样的团队呢？自我管理团队可能在大多数组织中会增加价值，但并不是很容易实现。还需要确保以下条件：一是为整个流程负责。自我管理团队负责整个产品的生产、服务的提供或者其他整个流程时，会取得更好的工作效果。二是足够的自治。从管理控制到组织协调，自我管理团队都应该有足够的自治权。这种自治权能够更快、更有效地对客户和股东的需求进行反馈。团队同时通过授权对成员进行激励。三是技术支持团队的动力。当技术执行方式支持团队成员之间的合作沟通，并且增加工作丰富度时，自我管理团队就是成功的。

（三）虚拟团队

虚拟团队（Virtual Teams）是一种新型的、由计算机联系起来的团队。成员根据自己的需要进入或退出网络并且轮流担任领导。普华永道公司在全美70个办公地点雇用了190个培训专家。这些专家和许多提供员工发展服务的顾问、学者一起，为新项目建立虚拟团队。该公司利用虚拟团队来更好地利用人力资本，虚拟团队里的成员跨越空间、时间和组织界限进行运作，他们通过信息技术相互联系以完成组织任务。他们与普通团队的区别在于：他们通常不在同一个地方工作；成员们主要依靠信息技术而不是面对面的交流，来沟通协调自己的工作。

在过去的30年中，虚拟团队在组织中是最显著的一种发展形势。这种团队流行的一个原因就是互联网、内联网、即时通信和其他技术，使远距离人们的交流和协调变得空前容易。另一个原因是因为虚拟团队是以知识为基础的工作模式的转换。当团队成员分布在不同地点时，生产产品仍然是不可能的，但是可以进行决策，进行创意。信息技术允许人们进行知识交换，包括软件代码、生产发展计划和战略决策观点等。

和传统团队一样，虚拟团队也要面对距离和时间引发的所有挑战。信息技术对于虚拟团队的存在和高效运作起着十分关键的作用，但是迄今为止还没有一种能够完全解决距离问题的技术。管理研究学者给出了以下提高虚拟团队绩效的三条建议。

（1）虚拟团队的能力。虚拟团队成员需要具备超越传统团队所要求的能力。他们应该能够：通过技术轻松交流、通过强烈的自我领导能力来激励和指导自己的行为，而不用同事或领导在附近进行监督，以及拥有较高的情商，这样他们可以从电子邮件和其他有限的沟通媒介中理解到团队其他成员的感受。

（2）灵活的信息技术。研究者发现，公司领导喜欢把技术强加给虚拟团队，而不是他们采用适合自己需要的技术。最好的情况是虚拟团队拥有沟通的配套工具（电子邮件、虚拟白板、视频会议等），这些工具会在项目的不同部分发挥或丧失自己的重要性。

（3）偶尔的面对面的互动。这似乎有悖于虚拟团队的整体概念，但对于高层次的交流和相互理解而言，迄今为止还没有任何一种技术可以代替面对面的互动。当虚拟团队刚刚形成时，这种直接的交流特别具有价值。

三、加入团队的动机

人们出于各种动机加入团队，他们加入组织也就是加入了职能群体。人们接受职位是为了赚钱或从事自己所选择的职业。一旦进入组织，他们就被分配一定的工作或角色，成为职能群体的成员。已经加入现有职能团队的人们被告知、要求或自愿加入委员会、工作组或团队。人们加入非正式群体或兴趣群体的动机比较复杂。事实上，对团队合作者的需要已经变得如此强烈，许多组织拒绝聘用不愿意与他人一起工作的人。一般认为人们加入团队的动机如下。

（一）人际吸引

非正式群体或兴趣群体形成的原因之一是人们相互间的吸引，这是由许多不同的因素促成的。人们相处久了，即使单纯的亲近感也会产生吸引力。如果人们拥有共同的态度、人格或经济地位，则吸引力就会增加。

（二）群体活动

个体可能因为群体的活动而受到吸引。慢跑、桥牌、保龄球、诗歌、战略游戏和航模可能都是人们喜欢的活动。许多人喜欢加入群体参与，有些活动则本来就是群体项目。许多大型企业，如壳牌石油和苹果电脑，自组了橄榄球队、垒球队或保龄球队。

（三）群体目标

群体的目标也会激励个体加入。环境保护可能是一个群体的目标，而政治筹款则是另一个群体的目标。个体加入群体不是受到其他群体内成员的吸引，也不是群体的工作有吸引力，而是为了献身于群体的目标。

（四）需要满足

满足亲和需要是个体加入群体的原因之一。一个新来的社区成员可能选择加入新来者俱乐部，认识更多的人或找到与人相处的机会。

（五）工具性利益

个体加入群体最有力的一个原因是群体成员资格可以为个体提供工具性利益。例如，高年级大学生通常会加入几个专业俱乐部或协会，因为在简历中写上这样的资格有助于获得好的工作。与此类似，加入高尔夫球俱乐部的经理们不一定是喜好或者情感满足，而可能是通过加入这个俱乐部，可以获得重要的和有用的业务接触。而俱乐部的会员身份是建立这些接触的工具。

第二节　团队的特性

一、团队的基本特征

团队变得成熟之后，一般都会呈现出四个重要的基本特征——角色结构、行为规范、内聚和非正式领导。

（一）角色结构

角色（Role）是团队中的个体在帮助实现团队目标的过程中所扮演的部分。有些人是领导，有些人做工作，有些人负责内部衔接等。事实上，有人承担了任务专家的角色（专注于完成任务），有人承担社会情感的角色（向团队成员提供社会和情感支持）。有些人通常是同时扮演两种角色，也有些人不扮演任何角色。群体的角色结构是群体成员规定和接受的角色和角色间的相互关系。

通常，角色结构是角色事件的结果。角色的发展过程一般开始于期待角色——其他成员对个体的期待，然后转换为发送角色——团队成员用于将期待角色沟通给个体的信息和暗示，再然后是个体感受到发送角色的含义，最后个体在角色中真正所做的就是发挥角色。当然，角色事件通常不会这样简单。如果这一过程出现扰乱，个体可能会体验到角色模糊、冲突或过载。

（1）角色模糊（Role Ambiguity）是当发送角色不清楚时发生的情况。如果你的老师要你写一篇学期论文但又不告诉你更多的信息，你可能会陷入角色模糊。你不知道题目是什么，要写多长，格式如何以及何时交稿。在工作环境中，角色模糊可能是由于工作描述做得不好，主管指示模糊不清，或者同事的暗示不清楚，结果是下属不知所措。角色模糊对于遇到困难的个体和期望员工实现高绩效的组织，都可能构成严重的问题。

（2）角色冲突（Role Conflict）是构成发送角色的信息和暗示很清楚，但它们本身是相互冲突或排斥的。一种常见的形式是角色间的冲突。例如，老板要求加班，而家人要求早点回家，这些要求就是冲突的。在矩阵组织中，一个人在不同的团队中所扮演的角色之间，或者团队角色和此人在职能群体中的永久性职位之间都可能产生冲突。

（3）角色过载（Role Overload）是指对角色的期待超出了个体的能力。如果经理一次交代员工办理几件重大事项，大大增加了这名员工的工作负担，此时可能会出现角色过载现象。角色过载还可能发生在个体一次承担过多的角色。例如，如果某人工作过分辛苦，同时担当多项职务，还要承担家庭责任，则很可能出现角色过载的现象。

（二）行为规范

规范（Norms）是群体或团队能够接受的或预期其成员能够符合的行为标准。例如，许多委员会都有议事规范。如果某人发言时间太长，其他人可能会不理睬他、保持距离或流露不满，甚至因为他“违反”规范而惩罚他。在这个意义上，规范决定了可接受和不可接受之间的界限。有些群体的规范限制行为的上限，例如不要积极发言，只完成最低限度的工作。还有一些群体的规范限制行为的下限，例如开会前必须先阅读报告。管理者有时可以利用规范帮助组织向好的方向转化。

（1）规范一般化。某一群体的规范不能一般化到其他群体。某些学院要求教员上课时穿正装，不穿正装的教师可能受到惩罚。反过来，有些学院的规范则是随意穿着，穿正装则会受到“惩罚”。即使在同一工作领域，类似的群体或团队也会有不同的规范。一个团队可能总是努力超过预定目标，另一个则总是刚好完成目标。

（2）规范变化。在某些案例中，群体和团队也可能会发生规范的变化。例如，团队中资历最浅的成员可能被要求从事最不令人愉快或琐碎的工作。这些任务可能是招待一名已经知道吝啬小费的顾客（餐馆）、负责佣金低的产品（销售部）。另一个例子是某些个体，特别是非正式领导，享有打破某些规范的特权。如果团队约定在 8 点开会，任何人迟到都会被指责。不过，非正式领导者可能会晚来几分钟，只要这种事情不常发生，群体可能不会抱怨。

（3）规范统一性。有四种因素促进了规范统一性（Conformity）：首先，同群体相关的因素很重要。例如，有些群体向成员施加统一性的压力高于其他群体。其次，促成行为的最初刺激可能影响统一性。刺激越是模糊，统一性的压力越大。例如，关于团队将转化为一个新单位的消息。再次，个体特质决定了个体对统一性的倾向。例如，智力高的人通常不容易接受统一性。最后，情境因素（团队规模和规整性）也影响统一性。如果个体知道了群体的规范，他可以有几种选择，最简单的就是遵守规范。

（三）内聚

内聚（Cohesiveness）是成员忠诚和群体承诺的程度与群体内相互吸引的程度。在高度内聚的团队中，成员们共同工作、相互支持和信任，通常能够有效地实现所选择的目标。相反，缺乏内聚的团队通常协调不好，成员相互间不够支持，很难实现目标。令人感兴趣的是增加和降低团队内聚的因素以及团队内聚的作用。

（1）增加内聚的因素。五种因素会增加群体或团队的内聚：第一（也是最有力的一种），群体间的竞争。当两个或更多的群体处于直接竞争时，每个群体都会变得更加内聚。第二，正如人际吸引有助于形成群体，吸引也可以加强内聚。第三，外人对群体的整体有利评估可以增加内聚。因此，如果群体赢得了销售竞赛或冠军，或受到了上级认可和表扬，则有助于增加内聚。第四，如果所有的团队成员认同他们的目标，则内聚很可能会增加。第五，成员互动越频繁，则群体会越加内聚。

（2）降低内聚的因素。五种因素会降低群体或团队的内聚：第一，随着组织规模扩大，内聚倾向于降低。第二，团队成员对群体的目标看法不同也会减少内聚。第三，群体内竞争也会降低内聚。如果群体成员间相互竞争，他们就会专注于自己的行为而不是群体的行动。第四，群体或团队由一人或数人支配时，总的内聚性会降低。其他成员也许会认为失去了互动和贡献的机会，从而令团队失去吸引力。第五，失意的经验也会降低群体内聚。销售团队在竞赛中垫底、不断输球的球队、因为工作业绩差而被申斥的工作群体都可能降低内聚。

（3）内聚的作用。一般而言，团队内聚增加，成员间的互动得到加强，规范得到统一，团队的满意度也会提高。内聚还会影响团队的绩效，不过绩效还要受到团队绩效规范的影响。当内聚和绩效规范都高时，群体绩效最高，因为团队愿意实现高绩效（规范）而成员则共同努力（内聚）。当规范高而内聚低时，绩效水平中等。尽管团队愿意获得高绩效，但成员间协作不一定很好。当绩效规范低时，绩效一定会低，而不论内聚程度如何。最差的情境是低绩效规范同高内聚相结合。在这种情况下，所有成员都同意限制绩效（规范低），而群体在保持这一绩效水平方面团结一致（高内聚）。如果内聚低，经理可以通过制定高的目标，或奖励实现目标，或引进高绩效的新团队成员来提高绩效规范。但是一个高内聚的群体很可能抗拒这种干预。

（四）非正式领导

绝大多数职能性群体与团队都拥有正式的领导——由组织任命或选拔，或由群体成员选举产生。有些群体指定领导（如球队的队长），但是有些则没有。此外，即使已经有一位正式的领导，团队仍然可能继续寻找他人来做领导。群体或团队中的正式领导和非正式领导可能是同一个人，也可能是不同的人。如果正式领导只能担负其中一种角色，则非正式领导往往会出现以补充正式领导的职能。如果正式的领导无法担负任何一种角色，则一名或多名非正式领导会出现并担负其两方面的职能。

在很多情境下，非正式领导很有权威，因为他们的权力来自参考权力或专家权力。如果他们为组织的最大利益服务，他们将成为组织最大的资产。但是，如果他们的目标同组织目标相对立，则会惹出很大的麻烦。这些领导可能会降低绩效规范和对组织构成破坏。

二、有效团队的特征

一个有效的团队由一群相互独立却拥有共同目标的人员所组成，同时成员也认同共同努力是达成目标的最佳方式。有效的团队也会带来愉快的经验，使成员期盼团队开会时间的到来，同时感受到进步与成就。有效的团队表现出以下特征。

（1）有效团队拥有独立的个体。就如鹅群，整个集体的生产力和效率决定于全体成员的合作和相互努力。

（2）有效团队使团队成员具有更高的工作效率。就如同鹅类，鹅群的飞行效率较之单个的飞行效率要高出许多。

（3）团队对个体具有其特有的吸引力。在鹅群中，团队成员愿意加入群体是因为他们可以从团队中获得利益。

（4）有效团队并不是只拥有一个领导。如同鹅类，领导的位置在很广的范围内轮换。

（5）在有效团队中，团队成员彼此照顾和培养。如同在围棋的对弈中，要想取胜，不是靠单个棋子的力量，而是依赖相互之间的配合，所以没有任何一个成员是价值小的或者是不被赏识的。所有的人都被看作团队整体的一部分。

（6）有效团队拥有支持领导并为领导欢呼的团队成员。团队成员间相互鼓励，“支持，是团队合作的温床”，必须学会依赖伙伴，并把伙伴的培养与激励视为最优先的事，懂得取胜要靠大家协调合作的道理。当管理层营造了一种支持性的环境时，团队合作就很有可能产生。营造这样一种环境，包括倡导成员作为集体考虑问题，留下足够多的时间供大家会谈，以及对成员取得成绩的能力表示信心。这些支持性的做法帮助组织向团队合作迈出了必要的一步。因为这些步骤促进了更深一步的协调、信任和相容，团队领导需要发展一种有利于创造这些条件的组织文化。

（7）有效团队的团队成员彼此之间拥有很高的信任。团队成员之间表现出整体性并且也愿意其他成员成功，如同成员自己成功一样。

有效团队的特征，除了上面的几条之外，当然还包括一些其他的特征。才能与角色分明也是有效团队的特征之一。团队成员必须适当地胜任工作并且有合作的意向，除了这些要求以外，只有在所有成员都清楚他们要与之打交道的所有其他人的角色时，成员们才能作为一个团队工作。做到这一点，成员们才能根据条件的需要，迅速行动起来，而不需要有人下命令。换言之，团队成员能根据工作的需要自发地作出反应，采取适当的行动来完成团队的目标。

三、团队的五种机能障碍

（1）缺乏信任。第一种团队机能障碍是团队成员之间缺乏信任。该问题源于成员都害怕成为别人攻击的对象。大家不愿意互相敞开心扉，承认自己的缺点和弱项，导致无法建立相互信任的基础。

（2）惧怕冲突。无法建立相互信任的危害极大，因为它成为第二种机能障碍——惧怕冲突的基础。缺乏信任的团队无法进行直接而热烈的思想交锋，取而代之的是毫无针对性的讨论以及无关痛痒的意见。

（3）欠缺投入。缺乏必要的争论之所以成为不利的问题，是因为它导致了第三种机能障碍的发生：欠缺投入。团队成员如果不能切实投入，在热烈、公开的辩论中表达自己的意见，即使它们似乎在会议上达成一致，也很少能够真正统一意见，作出决策。

（4）逃避责任。因为投入不够并不能达成共识，团队成员就会逃避责任，这就是第四种机能障碍。由于没有在计划或行动上真正达成一致，所以即使最认真最负责的人发现同事的行为有损于集体利益时，也会犹豫不决而不去予以指出。

（5）无视结果。如果团队成员不能相互负责、督促他人，第五种机能障碍就有了可以滋生的土壤。当团队成员把他们个人需要（如个人利益、职业前途或能力认可）甚或他们的分支部门的利益放在整个队伍共同利益之上时，就导致了无视结果。

四、团队效能模型

团队效能（Team Effectiveness）是指团队对组织、成员个体及其团队存在的影响效果。为什么有的团队很有效而有的团队却是低效的？有很多的学者提出了很多团队效能模型，图13-1展示的团队效能模型对现存的研究进行了总结。

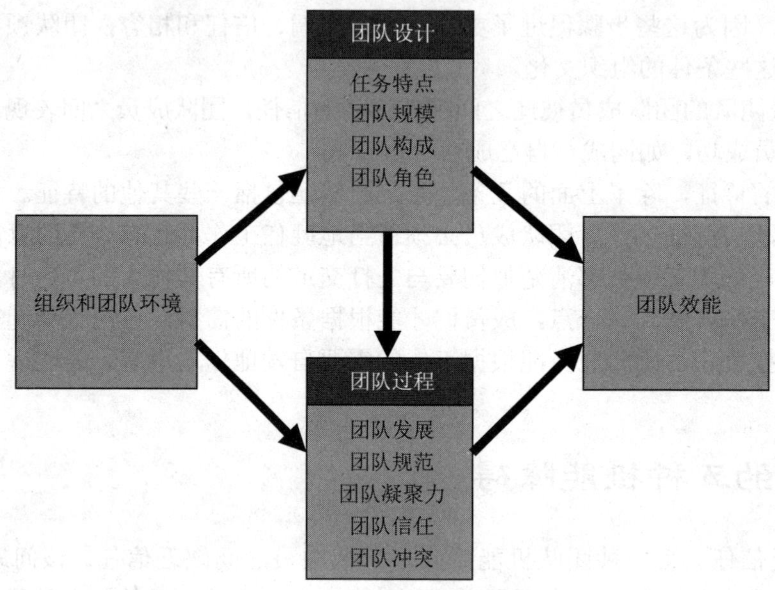

图 13-1 团队效能模型

（一）团队效能和环境因素

首先，高效团队会实现与组织或者群体所属系统相关的目标。其次，团队效能与成员的满意度、成就感有关。人们加入团队是为了满足他们个人的需求，所以在某种程度上，绩效可以通过这种需求的满足程度进行衡量。最后，团队效能指的是团队的生存能力。团队必须能够维持对成员的承诺，尤其是在团队发展的动荡时期。没有这种承诺，人们可能会离开，团队可能会解散。这种团队效能也包括确保足够的资源和寻找适宜的运作环境的能力。

组织和团队环境代表了所有可以影响团队的外部因素。只有团队成员能够因为团队效能而获得一些奖励时，他们在一起工作的效率才会更高。沟通系统可以影响团队效能，尤其是影响虚拟团队的效能，它们高度依赖信息技术进行工作协调。另一个环境因素是组织结构，当员工围绕工作过程进行组织时，团队会发展得更好，因为这样可以增强团队成员之间的互动，高效能团队也要依赖于支持和战略指导，而团队成员则更关注运作效率和灵活度。

（二）团队设计

除了建立一个和谐的环境之外，管理者还需要认真设计团队本身，包括任务特点、团队规模、团队构成和团队角色。

（1）任务特点。专家们希望找出最好的团队工作方式。一些证据表明，如果任务得到很好的组织，团队的效率会更高，因为清晰的任务结构可以更加容易地协调多个人的工作。而且需要关注任务的相互依赖性，团队成员必须分享个人任务的共同投入，在完成工作时相互交流，或者部分报酬取决于其他成员的表现。任务依赖性越高越需要团队，而非个人的单独工作。

（2）团队规模。工作团队的理想规模通常被认为是 7 人，当然 5～12 人一般也能够带来良好的团队业绩。这一类团队的规模足以利用各种技能的便利，使得成员能表达各种情绪并积极解决各种问题。他们的规模也足以使得成员感到从属于某一团队的亲切。一般来说，当团队规模增大时，每一成员与其他人的相互作用变得很困难。大团队使得个人满意度的需求的达成更加困难，于是人们找不到理由继续为目标效力。5～12 人组成的团队则更有效率。若团队人数超过 20 人，经理就应将其分为几个小组，各自拥有自己的人员和目标。

（3）团队构成。全食品市场公司对于雇佣可以在一起工作的团队成员时非常慎重。新的应聘者是否被聘用，需要得到团队成员而不是管理者的赞同。团队成员之所以参与雇佣决策，是因为团队需要可以合作而非单独工作的人，这样的人应该遵守团队的指导原则并且支持团队的目标。高效团队成员也应该拥有实现团队目标所需要的有价值的价值和知识，并且可以和其他人进行很好的合作。团队成员的组成还要满足多样性。如果成员具备多样化的知识、技能和视角，团队遇到需要创新性建议的复杂问题时，则会表现出更高的效率。

（4）团队角色。团队要取得长期成功就必须有某种结构以保证其成员的社会地位和完成任务。成功的团队中任务的完成和社会满意度是通过两种类型的角色达成的：任务专家和社会情绪。作为任务专家的人员的精力主要放在帮助团队达成目标。他们的行为通常表现为创造力、提出建议、寻找信息、总结、鼓动。扮演社会情绪角色的成员支持团队成员的情感需求，并帮助他们加强其社会地位。他们的行为主要表现为鼓励、协调、缓和紧张、跟随、妥协。当然也有一些团队成员具有双重角色身份。双重角色人员不但为完成任务作出贡献，还能满足人们的情感需求，这一类人员可以成为团队的领导。因为他们同时满足了两种需求，从而为其他成员所仰慕。还有一种被称为非参与型角色，此类任务既不为团队任务作出贡献，也不关心社会需求。这类人员在团队中一般地位较低。团队管理者应该记住的重要一点是，团队必须具有两种角色的任务存在，才可能有效能。

（三）团队过程

团队过程从属于那些会随着时间改变的动因并且会受到团队领导的影响，这些代表着团队设计和重塑过程中的发展动力。本节将讨论团队过程中的发展阶段、规范、凝聚力、信任，而团队过程的冲突将在后面进行重点阐述。

1．团队发展阶段

当一个团队被创造产生后，它的发展阶段是明显的。新团队与成熟的团队是不同的。以下是团队发展的典型的五个阶段。

（1）形成阶段。形成阶段指的是团队形成和熟悉的阶段。成员之间开始交流，发展友谊并了解每个人的任务倾向。找出哪些行为可以被他人接受。在这一阶段不确定性极高，成员通常会接受来自正式或非正式领导的指示。成员对团队有依赖性，除非他们能够找到基本规定以及他们应完成的任务。

（2）爆发阶段。在此阶段，个人性格暴露，成员开始了解自己的角色和应该完成的任务。此阶段的特点是冲突和不协调。成员对于团队任务有不同的看法。他们可能会争夺职位，小团体会形成。小团体之间对于团队的目标以及怎样完成该目标有各自的看法。团队还没有形成统一的整体，它的特点就是缺乏整体性。除非一个团队能够成功地度过此阶段，他们才有可能继续进行并取得业绩。在此爆发阶段，领导应鼓励团队成员参与团队活动。成员则应提出建议，互相批评，共同渡过这一不确定时期。

（3）规范阶段。此时矛盾得到解决，团队达到和谐和统一。人们就谁做领导以及各自的团队角色达成一致。成员之间开始接受并互相了解。不同意见得到解决，成员之间发展了团体归属感。这一阶段一般较短。此时领导的主要任务是强调整体性并帮助澄清团队规则和价值观。

（4）执行阶段。处于该阶段的团队主要强调解决问题、完成任务。成员相互协作以成熟的方式解决不同意见。他们以完成任务为目标。面对挑战，他们彼此相互作用，将所有的讨论都转向完成任务这一目标，此时，领导应集中于管理良好业绩表现。而团队成员都应该为完成任务作出应有的贡献。

（5）终止阶段。只发生于团队任务有限，完成后应解散的情况。此时完成任务不再成为最大的关注点，成员之间可能会感到高度的一体化、情感化。于是对团队的解散感到遗憾或觉得压抑。他们也可能会对任务的完成感到快乐，却对失去团队成员间的友谊和联系而伤感。此时领导也许想以一种庆祝的方式纪念团队的解散，如发匾或给予奖励等。

2．团队规范

团队规范是指成员共同遵守的行为标准，它们是非正式的。规范首先是在一个新团队的成员相互作用时产生。而运用于日常行为与员工产出和业绩的规范则是逐渐形成的。规范告诉成员哪些是可以接受的，并指导成员朝着可接受的产量或业绩努力。一般来说，有以下四种控制和指导员工行为的一般规范。

（1）关键事件。一般在团队历史上关键事件会成为重要先例。任何关键事件都可以导致规范的产生。在某组织内某部门领导邀请他的所有员工到家中吃饭，第二天员工们发现谁也没有去，于是导致这样一条规定的产生：禁止外出娱乐。

（2）首发行为规则。首发行为规则指的是第一次行为通常为以后的行为设定标准。例如某公司团队领导在第一次会议时提出问题，然后引导成员，直到获得所需的解决方案。此方式很快就在生产率低下的团队中成为惯例，这些人总是让别人猜自己是怎么想的。

（3）传播行为。将规范传到团队以外。例如，许多管理团队禁止抽烟的规定，因为该团队认为抽烟是极不好的行为，因而某些团队成员躲起来抽烟或用漱口水消除口中异味，以免被曝光。而在一些大公司制定的规范是"如果你想获得提升，就不要抽烟。"这是通过引入外部规范来约束团队成员的例子。

（4）明确陈述。通过明确陈述，团队领导或团队成员可以向团队说明其规范的含义。明确陈述清楚地表明了期望的是什么，从而具有极大的影响力。作出明确陈述将是经理在一个已经成立的团队中，对规范进行修改的最佳方式。

3．团队凝聚力

团队凝聚力是吸引员工忠于团队并激励成员留在团队的程度，这被视为团队成功的一个重要因素。影响团队凝聚力的因素主要有团队的结构特点和环境。

（1）团队的相互作用。团队之间的联系越紧密，团队就更加有凝聚力。通过不断地相互作用，团队成员相互了解并对团队更加忠心。

（2）拥有的共同目标。如果团队成员就目标达成一致，他们就会更有凝聚力。有共同的目标和方向，会使团队更加团结。

（3）团队的个人吸引力。团队的个人吸引力是指团队成员有相似的态度和价值观并乐于共处。

（4）竞争的存在。如果在团队与其他团队之间有适当的竞争，那么其凝聚力就会带领他们走向胜利。不管竞争是在销售团队之间（为争取最佳销售业绩），还是发生在制造部门（减少不合格品），竞争会增加团队的稳定性和凝聚力。

（5）团队成功和外部的良好评价。团队成功以及外人对团队的良好评价也能增加团队的凝聚力，当团队取得成功并且受到组织内其他人的认可时，团队成员感觉良好，于是他们对团队的忠诚度也增加。

而对于团队凝聚力的效果一般可以分为两类：士气和生产力。一般来说，凝聚力强的团队士气较高，因为成员之间交流较多，集体气氛友好。成员间保持友谊从而形成对组织的忠诚，同时共同决策和行动。团队的高度凝聚力会给成员的满意度和士气带来积极的影响。关于团队业绩，在有凝聚力的团队中，成员的生产力一般更加统一。凝聚力的团队无法对其成员行为进行控制，因而成员的生产力差异大。

4．团队信任

任何关系，包括团队成员之间的关系，实际上取决于某种程度的信任。信任是指一种心理状态，包括基于对他人的意图和行为的积极期望和接受打击的心理预期。当你处在危险状况，他人会影响到你，但你相信他们并不会伤害你，这时就产生了高水平的信任。信任包括你对与其他团队成员的关系的信念和感知。一般来说，个人信任其他人是基于三种基础：揣摩、知识和身份。

基于揣摩的信任说的是一种逻辑地揣测其他团队成员会有适宜的行为表现，因为如果行为违背合理的预期，他们就会接受惩罚。每个团队成员都相信彼此会实现目标，因为如果失败了，他们就会接受惩罚。在班级项目中，学生们最起码会信任他们的团队成员将如期完成作业中属于自己的那一部分，因为老师会惩罚那些什么也不做的学生。

另一种对团队成员行为的预期是基于知识的信任。我们越了解他人，就越能预测他们将要做什么，也就越相信他们，最终达到某种合理的信任程度。即使我们不赞同个别团队成员的行为，但基于一致性也会对他产生某种程度的信任。以知识为基础的信任和对其他人能力的信心相关。人们基于他人的知识和专长而对他人产生信任，就如对医生的信任一样。

第三种被称作基于身份的信任，建立在团队成员共同的理解和情感联系的基础之上，是最高水平的信任。当团队成员思考、感觉和行为都彼此相像时，便会产生这种信任。高绩效团队之所以显示出了这种信任，是因为他们享有共同的价值观和思维模式。基于身份的信任与社会身份的概念相联系：你越以团队成员身份进行自我定义，就越会信任这个团队。

第三节　人际冲突与群体间冲突

有效的团队管理的所有技能中，没有一项比处理团队成员之间的冲突更加重要。人们在同一个组织内部一起工作时，事情未必总是很顺利。事实上，冲突是组织中人际关系不可避免的一部分。只要人们在团队中共同工作就会出现冲突。冲突可以产生于某个团队成员之间或产生于几个团队之间。本节将研究冲突如何影响整体绩效。还将探讨个体间冲突和群体间冲突的原因。

一、冲突的性质

冲突（Conflict）是两个或更多个人与群体间的分歧。这一分歧可能相对轻微，也可能非常严重，可能很快结束，也可能持续数月或数年，可能是与工作有关的，也可能纯粹发生在个人之间。冲突可以表现为多种形式，如竞争、瞪视、叫喊或退缩。群体可能联合起来保护受欢迎的成员，驱逐不受欢迎的成员。组织还可能寻求法律补偿。

绝大多数人认为冲突是应当避免的，因为冲突意味着对抗、敌意、不快和争执。事实上，管理者和管理理论家传统上一直认为冲突是一种应该避免的问题。近年来，我们认识到，尽管冲突可能导致严重的问题，但有些冲突也可能是有益的。显然冲突是客观存在的，主张接纳冲突，使冲突的存在合理化，并希望将冲突转化为有利于组织的程序。

只要冲突的形式是诚恳的或建设性的，则它在组织中很可能带来正面的效果。另一方面，如果工作关系受到破坏并且冲突达到了破坏性的水平，则它必须进行调整。而对于组织来说，应该保持适度的冲突，使组织养成批评与自我批评、不断创新、努力进取的风气，组织就会出现人心汇聚、奋发向上的局面，组织就有旺盛的生命力。20 世纪 90 年代中期以来，全世界企业管理界掀起了建立学习型组织的企业管理浪潮，这在很大程度上，是关于如何转化企业环境中激发的越来越多的冲突。其组织行为观点的中心，实际上是要求组织开放和提高内外沟通效率，达到提高组织在市场中的盈利水平的目的，并进一步提高组织的竞争力。

二、冲突的原因

冲突可能出现在人际关系中，也可能出现在群体间的关系中，也有时出现在组织和环境之间的矛盾中。

（一）人际冲突

由于成员间在知觉、目标、态度等方面之间的差异，个人间的冲突在任何组织内部都是不可避免的。人际冲突常见的原因是许多人所说的“人格撞击”——两个人相互不信任对方的动机、不喜欢对方或就是不能相处。冲突可能来自不同信仰、对组织或自己工作的某些方面的不同看法。

而冲突也可能是由于个体间过度竞争产生的。例如，有两个人竞争同一份工作，他们可能会求助于政治行为来取得优势。如果他们都认为对方的行为不适当，相互的指责将不可避免。即使“赢家”已经决出，但双方的冲突仍然会导致人际关系持续紧张，特别是在挑选“赢家”的标准模糊或可以从不同角度进行解释时。

（二）群体间的冲突

群体间的冲突也是非常普遍的现象。例如，公司的营销部门可能在产品的品质和交货期方面同生产制造部门产生分歧；两个销售群体可能在如何实现销售目标方面意见不一致；两个经理群体也可能在如何分配组织资源方面产生争议。

许多群体间冲突是由于组织的原因而不是个人的原因。例如在一家百货公司里，仓库和销售部门之间发生冲突，销售部门认为仓库送货不及时，影响贴价格标签和上架；而仓库员工则反过来指责销售部门没有预留准备时间，何况他们还有其他工作。

就像个体间目标差异一样，不同的部门也有不同的目标，而且这些目标往往是不相容的。营销部门的目标是销售最大化，希望提供多种多样大小、形状、色彩和类型不同的产品，但制造部门的目标则是成本最小化，希望大量生产少数几个品种。

而对稀缺资源的竞争也会导致群体间冲突。许多组织，特别是大学、医院、政府机构和夕阳产业中的企业，资源非常有限。群体为达到各自的目标希望增加自身的资源，于是就带来了相互冲突。只要群体必须为了稀缺的减少的资源进行竞争时，冲突就不可避免。

（三）组织与环境间的冲突

组织与另一个组织间的冲突被称为组织间的冲突。企业竞争就是一种组织间的冲突，但有时冲突会变得过于极端，甚至对簿公堂。通用汽车公司和大众汽车公司就曾经为一位离开通用而加入大众的高级经理是否带走秘密资料而进行了长达4年的艰苦诉讼。

组织和环境中的其他因素也会出现冲突。例如，组织可能和消费者之间就某项产品的索赔发生冲突。以前麦当劳公司因为在公布的快餐营养成分中省略了关于脂肪内容的细节而惹出麻烦。制造工厂可能同政府职业安全部门发生冲突，一方认为自己已经遵守了政府的要求，而另一方却认为做得不够。企业也可能和供应商产生冲突，认为对方提供的材料品质不佳，而对方却认为这些是合格品。最后，经理和员工群体之间也可能发生冲突。经理认为员工群体工作不力，而员工群体则认为自己做得很好，问题出在经理缺乏领导能力。

第四节　组织内冲突的管理

管理者应该如何应对组织内潜在的冲突呢？本节首先阐述人际冲突管理风格，然后再探讨团队冲突的结构性解决方案，最后探讨管理者管理冲突的一般方法和步骤。

一、人际冲突管理风格

有效的团队成员为适应特别的环境会有不同的处理冲突的风格，每种风格都和一种环境相对应，这些风格基于既要满足自己的愿望也要满足其他人的愿望。图13-2中描述了五种处理冲突的风格，其中的两个维度一个代表个人过于专断，另一个则代表个人对冲突持有的合作态度。

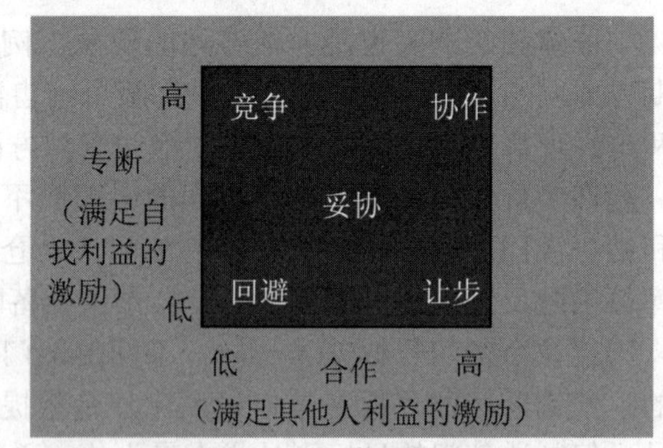

图13-2　控制冲突风格模型

（1）竞争风格。竞争风格是指非常专断地坚持实行自己的建议和方式。这种方式在需要快速、决断地作出决策的场合中很实用。例如应急处理或很紧迫地消减成本。

（2）回避风格。回避风格通常既不专断也不合作，走中间路线。当要解决的事情很琐碎，或根本没有取胜把握时适用。例如，待搜集的重要信息被延误了或某个中断的代价非常昂贵。

（3）妥协风格。妥协风格的实质是既要坚持也要合作，当双方都很重要时比较适用。例如对手也有同样的权力，双方就要同时摒除差异，或人们迫于时间压力要达到暂时的解决。

（4）让步风格。让步风格显示出高度的合作，当人们意识到自己的错误时，该风格很有效。当某事项对他人比对自己还重要时也很适用。

（5）协作风格。协作风格反映了两种趋势，即自信坚持和合作。协作风格可以使双方得到双赢，虽然它需要实质的讨价还价和谈判。当双方都认为自己太重要了以至于无法妥协时，协作风格很重要；当不同的人要融入一个共同的整体方案中或大家需要达成一致意见时，协作风格也很适用。

当个人与他人产生冲突时，可以使用不同的解决冲突的风格。但是，当经理或团队成员之间发生冲突时，他们应该怎么做呢？研究发现有以下几种技术可以作为解决个人和部门之间冲突的战略。

（1）最高目标。当某个大的目标无法由单方完成时，它就被叫做最高目标。最高目标要求有冲突的团队为了达成目标要相互协作。人们必须要团结起来。随着员工将自己的注意力集中于团队和组织的目标，冲突会随之减少。因为他们着眼于大的眼界并意识到他们必须合作才能完成目标。

（2）谈判。这意味着双方相互融合并试图系统地达成一个解决方案。他们试图具有逻辑性地解决问题，去识别及解决冲突。这种方式的成功在于个体能将个人的恩怨置之脑后，并通过商业化的行为解决冲突。

（3）调停。调停是运用第三方解决冲突的手段之一。调停者可以是基层经理、高层经理或从人力资源部门请来的人员。调停者可以与双方商讨冲突本身并谋求一个解决方案。如果不能达成一个能令双方都满意的方案，冲突双方有可能将矛盾转移到调停者身上，并坚持自己的方案。

（4）促进沟通。经理可以促进沟通以确保冲突双方获取准确的理解，并为争论者提供聚在一起的机会以交换信息减少冲突。当他们彼此了解之后，怀疑也就随之消失了，这样才能改进团队的工作。以下四种方法可以帮助促进沟通，并使团队保持将注意力集中于实质事项而不是个人冲突。

① 关注事实。让团队的讨论以具体事项为中心而不是个人性格特点。处理更多而不是更少的信息和数据，可以使团队聚焦于具体事项或者阻止会议转向漫无目的的争论。

② 开发多元备选方案。团队要精心开发许多备选方案，有时候要故意开发4～5个方案，以使个人冲突的机会比较少，因为多元的方案可以使成员的精力投入到解决问题当中。另外，产生多元方案本身就很有乐趣和创造力，这样会使会议有比较积极的态度，同时也减少了冲突的机会。

③ 保持权力的平衡。经理和团队领导应该接受团队的决策并将该决策视之为可行，即理解也要执行，不理解也要执行。执行状况是否良好要看团队内部是否达成权力均势。尽量通过没有等级的权力分配来使得每个团队成员都具有平等的参与和表决的权力。

④ 不要强人所难。有些事项肯定会有冲突的，但经理们一定要找出一种不强人所难就能达成共识的方式。当存在着持续的异议时，团队领导有时必须采用其他成员提供的资料来做决策。并不一定要求团队所有成员的意见都统一，允许保留不一样的想法和决策，否则会造成冲突和不安的上升。

二、团队冲突的结构性解决方案

到目前为止，我们已经看到团队冲突中有关人际关系的一面，但是如果冲突升级，或冲突悬而未决，管理者们就需要识别产生冲突的结构性原因，并采用相关的解决方法。最常见的产生冲突的一个结构性原因是目标不一致。

没有任何解决目标不兼容的简要方法，但有一种方法是重视对冲突双方群体来说的超常规目标（Superordinate Goals）。超常规目标是冲突各方持有的共同目标，这类目标比部门或个人的目标都更重要，而冲突往往是基于部门或个人目标而发生的。通过增加对公司层面目标的承诺，员工会减少对冲突的关注，并因此感知较少的与之有竞争关系的个人或部门层面目标的同事之间的冲突。

团队冲突的另一个来源，是成员带入团队的不同的信仰、背景和价值观。价值观决定偏好和激励，因此不同价值观的人倾向于不同的决定和不同的激励。而多样化价值观和背景可以提高团队绩效，因此减少这种多样化并不是通常状况下解决冲突的最好方法。相反，管理者们需要寻找让员工可以理解双方分歧的方法——换句话说，应该增加团队成员之间的情感共鸣。

团队冲突存在的第三个原因是任务的相互依赖性。你的工作和其他人的工作联系越紧密，你的行为就越有可能干扰到双方的目标。加之团队在一定程度上是由成员的相互依赖性界定的，从而发生冲突在所难免。如果冲突失控，管理者们则应该寻找降低相互依赖程度的方法。例如，两个人为同一个顾客提供高度独立的两种服务的效果，就不如由同一个人提供两种服务的效果好。

最后，冲突的产生经常源于模糊的规则和责任。通过明确这些责任和期望，可以最终解决双方的冲突。

三、管理冲突的方法

在人际冲突管理风格以及团队冲突的结构性解决方案的基础上，下面给出一个一般的解决冲突的方法。这种方法可以激发建设性冲突，在冲突爆发之前加以控制，并且在冲突爆发之后加以解决，如表 13-1 所示。

表 13-1　管理冲突的方法

方　法	具体策略
激发冲突	● 提高个体和团队之间的竞争 ● 请外来者帮助打开局面 ● 改变现有的程序
控制冲突	● 扩大资源的基础 ● 加强依赖的协调 ● 建立高远的目标 ● 人格与员工工作习惯的匹配
解决和消除冲突	● 避开冲突 ● 说服冲突各方妥协 ● 召集冲突各方面对冲突谈判解决

（一）激发冲突

在某些情境下，组织可能会通过将个体或群体置于竞争性环境中，从而激发冲突。经理们可能会组织销售竞赛，制订激励计划、奖金或其他竞争激励品以激发竞争。只要基本规则是公平的并且让参与者感受到公平，竞争所激发的冲突就将是建设性的，因为每一方都会努力获胜，从而提高组织某些方面的绩效。激发冲突的另一个有用方法是在群体中加入一名或多名外来者帮助打开局面，他可以提出关于组织行动的新观点，从而变革已经确立的程序，特别是那些已经过时的程序，也可以激发冲突。这样的行动可以促使人们重新评估自己完成工作的方式及他们的做法是否正确。

（二）控制冲突

控制冲突的方法之一是扩大资源基础。假定一位高管只有 180 万美元的预算，但却收到两份各为 100 万美元的预算请求，那么冲突必然会发生，任何一方都觉得自己应该获得充分的预算，得不到就会不满意。如果两个方案真的都值得运作，最好的方法也许是想办法再弄 20 万美元。而加强依赖的协调可以减少冲突发生的机会，可以利用一些管理技术，如利用管理层级、依赖规则和程序、任命联络人、组织任务团队和部门整合等来达成协调合作。另外，管理者还可以试图将人格与员工的工作习惯进行匹配来避免个体间的冲突。同时，制定超常规、高层次的目标也可以降低个体和群体间的目标不相容问题。

（三）解决和消除冲突

冲突毕竟是不可避免的，因此管理者不能回避冲突，应该根据冲突所处的情境而采用不同的冲突解决风格，有避开冲突以及谈判等方法。但是不论应用哪种方法，组织和管理者都应当认识到，如果想要获得建设性的结果和避免破坏性的结果，冲突必须得到适当的解决。例如，联合碳化物公司安排 200 名经理参加为期 3 天的培训。这些经理参加许多项练习和讨论，来学习如何同最可能发生冲突的人相处以及如何解决这些冲突。公司经理们后来报告说，组织内的敌意和不满大大减少了，员工也报告说工作关系更为愉快了。

结尾案例

谁来领导耐克

成功的企业家变得离不开组织、离不开产品和员工，他们往往很难将事业交给他人。耐克公司的创始人奈特（Phil Knight）在亲手挑选的接班人佩雷兹任职 13 个月之后迫使他离职。佩雷兹经验丰富，但是奈特批评他不理解和不能有效地配置耐克的管理团队。

从 1971 年公司成立之日起，耐克的组织文化就是一个传奇。体育文化压倒一切，高层管理人员全都是运动健将。记者罗斯写道："早期耐克的管理会议吵吵嚷嚷，不时爆发冲突……奈特几乎从不制止，他喜欢这种热情。"今天的公司文化保留了这种紧张和竞争。奈特本人也是一个性情中人，在比赛中很多次哭出声来。

耐克从外部引进了一小批精英人士，但管理团队的成员几乎都是内部提拔的。高管们在不同的部门转换以丰富经验。在任何工作上，公司都会有几个人能够接替。矩阵式的组织结构意味着每个人都要向多个老板报告，增加了信息的分享。内部提拔的传统、跨部门的培训和水平沟通创造出一个高度内聚的管理团队。

奈特聘用聪明的、有抱负的、热爱运动的经理，然后充分授权。他说的和做的很少，而让管理者们猜测他的想法。例如，在一名高管发起一个新的事业部时，奈特的指示只有两个字"卖鞋"。耐克公司的一位前任经理说："他不会坐下来和你仔细的分析，他认为你应该自己弄清楚。他喜欢和你面对面交谈，让你说出自己最好的想法。"

经理们将奈特视为鼓舞、愿景的来源，一位父亲式的人物。而在现实中，他很少露面，不过问细节。奈特在绝大多数问题上不发表意见，他会说，"我保留明天改变看法的权利"。高管们自行作出决定。奈特说，"过去 40 年来，公司围绕着我的个性成长。他们已经忘记了这些是我的个性，我也忘了。"

佩雷兹是一个害羞的、内向的人，有点像奈特，在运动产业中，他还是一个新手。佩雷兹在消费产业中管理多样化产品线的知识是耐克所急需的，因为它正在将业务扩大到服装和设备。佩雷兹在庄臣公司负责过多起收购项目，这些经验对耐克的成长也会有大的帮助。

佩雷兹一上任就触犯了天条。一位经理说："在拥有二三十年经验的老员工看来，他提的问题都是匪夷所思的。"佩雷兹声称奈特干扰他的决策。他说："从我到这里的第一天起，他就像以前一样介入公司的经营。他同我的直接下属谈话，这让我和我的下属都感到无所适从。"

佩雷兹对耐克的获奖广告提出疑问，惹恼了许多营销经理。一位营销经理说："他依靠试算表、分析方法，而不是良好的、创造性的营销感觉。"事实上，佩雷兹和多名高管发生争执，包括两名竞争CEO职位的内部经理帕克和邓森。

奈特指责佩雷兹："我认为他的过错是在公司里和产业中到处插手，让人对管理团队产生误解。"佩雷兹责怪耐克的管理人员，认为他们抵制变革。奈特的第三个任期看来已经确定无疑。董事约塞夫说，"外部人士休想成功"。观察家们还批评董事会没有对创始人离开的企业制定愿景。公司治理专家马歇尔说："公司治理的核心就是摆脱帝王CEO的概念。"

在佩雷兹离职后，多年担任耐克高管的帕克和邓森分别担任总裁和CEO。然而，67岁奈特年事已高，耐克需要一个继任计划。公司还需要新的思想，但是奈特未必同意。董事会可以设法明确责任，为奈特找些有趣的其他工作。管理者，即使是那些竞争CEO的失败者，也必须支持新的领导人，否则就应当让他走开。正如一名高级猎头所说的："不能让脚去适应鞋，你应当设计新的鞋子。"

资料来源：根据百度文库相关资料整理改编，http://wenku.baidu.com/view/98e93bd6b9f3f90f76c61be9.html，2011-12-10.

讨论题：

1．耐克的团队有哪些规范？这些规范的统一性程度如何？

2．高度内聚的耐克团队有哪些正面结果？有哪些负面结果？

3．外来者佩雷兹在担任CEO期间体验到了人际冲突和群体间的冲突。在你看来，这样的冲突是太多、正好还是太少？冲突得到正确的处理了吗？请解释。

本章小结

1．团队是指作为一个单位执行与工作有关的任务、职能和活动的一组成员，团队往往是独立工作的。团队的类型一般包括正式团队、自我管理团队和虚拟团队等。

2．人们加入团队是为了谋职。加入非正式和兴趣群体的原因包括人际吸引、群体活动、群体目标、需要满足和工具性利益。

3．团队的四项重要特征是角色结构、行为规范、内聚和非正式领导。有效团队具备一些特征，同时团队也存在五种机能障碍。

4．冲突是两个或更多个人与群体间的分歧。冲突太多或太少都会损害绩效。冲突产生的原因可能是因为人格差异，也可能是因为组织的战略和行为。

5．人际冲突管理风格主要有五种：竞争、协作、回避、让步、妥协。而组织之间、组织和环境要素之间产生冲突可以通过三种方法解决：激发冲突、控制冲突、解决和消除冲突。

关键词

团队　规范　内聚　非正式领导　团队效能　人际冲突　群体间冲突　冲突管理

思考题

1. 个人加入团队的理由有很多，绝大多数团队中的成员是出于各自不同的目的而加入的。这会造成什么样的结果？团队的领导如何设法减少由于加入原因不同而引起的冲突？

2. 有效的团队具备哪些特征，又存在哪些机能障碍？请举例说明有哪些方法可以提高团队的效能？

3. 你认为团队是一项将会有长远价值的管理技术，还是在不久的将来会被其他方式所取代？

4. 描述你所观察到的组织内的一个人际冲突。这一冲突对组织是有利还是有害？

5. 若你是学生项目团队中的一员，并且有某人没有行使他在团队中的职责。你将采用何种解决冲突的风格？为什么？

网络练习

1. 在互联网上找出一个真实的团队的例子，选择的标准是：(1) 不能是传统的营利性组织；(2) 你能够说明它是一个高绩效的团队。

2. 说明该团队高绩效的原因。（提示：考虑团队特征和活动，例如角色结构、行为规范、内聚和冲突管理。）

3. 企业管理者可以从这个团队中学到什么？如何将这一团队成功的因素应用到企业中？

自测题

（一）判断题

1. 如果组织决定采用团队的形式，它是在实施一次重大的组织变革。（　　）
2. 人与角色冲突源于来自同一信息源的冲突信息。（　　）
3. 不了解团队规范的个体会主动接受来自其他团队成员的沟通。（　　）
4. 团队内竞争减少了内聚。（　　）
5. 扩展资源基础是控制冲突的方法之一。（　　）

（二）选择题

1. 组织创建团队的原因包括下面所有的，除了（　　）。

A．向那些实际完成任务的人授予更多的责任
B．让员工拥有更大的权力和决策自由
C．增加了组织中主管的人数
D．组织可以提高灵活性和反应速度
E．组织可以充分运用员工的知识

2．团队在发展中遵循下列哪种过程？（　　）

A．形成、爆发、规范、执行、终止　　B．爆发、形成、规范、执行、终止
C．规范、执行、爆发、形成、终止　　D．形成、规范、爆发、执行、终止
E．爆发、执行、形成、规范、终止

3．如果在角色事件中出现重大的扰动，下列情况可能出现，除了（　　）。

A．角色模糊　　B．角色间冲突　　C．内部发送者冲突
D．人与角色冲突　　E．角色普遍化

4．下列哪一项不会影响规范统一性的水平？（　　）

A．来自团队的要求统一的压力
B．团队的性质是跨职能团队还是高绩效团队
C．个体特质，例如智力
D．情境因素，例如团队规模
E．引发行动的初始刺激的模糊程度

5．两名负责同一名客户不同项目的经理都希望利用公司有限的印制资源。认识到除非能够做到共同成功，否则都会失去这家客户，他们之间的冲突降低了。请问是下列哪一项帮助控制了冲突？（　　）

A．扩大资源基础　　B．加强协作　　C．超常规的目标
D．人际问题解决法　　E．改变现有程序

第五篇　控　　制

第十四章　控制工作的要素

学习目标

☑ 理解控制的定义
☑ 了解控制的目的与原则
☑ 掌握控制的过程
☑ 掌握控制的类型
☑ 理解控制的基本方法

开篇案例

尚品宅配的转型

今天，消费者不是没钱，而是任性。只愿为自己的个性化意愿买单。

尚品宅配就是C2B转型的典型案例，从传统家具制造企业成功升级为以高端定制为核心的现代家居服务商。

在设计端，借助互联网或专卖店，消费者可以参与设计平面布局、体验全屋模拟，还可以借助条码化生产系统自助查询订单进展。为便于消费者选择，它采集了数千个楼盘的数万种房型数据，建立了“房型库”，辅以自身的“产品库”，这样消费者的选择、对比和修改就有了现实的基础。

在生产端，由于销售的不只是单个产品，而是近乎于“魔方组合”的空间解决方案，这对“生产柔性”环节提出了很高的要求。尚品宅配仅在软硬件上就投入数百万元，大大提升了柔性化生产的能力。例如，为电子开料锯加装“制造执行软件”，实现快速、准确地裁切加工；为加工中心安装CAD/CAM接口软件，设计师为消费者提供的设计图，同时也转换为指导机器生产的工业化制造图纸；为加工设备加装电子广告牌，则大大压缩了找图、读图的准备时间。此外，尚品宅配还采用了生产管理软件，用以杜绝误工、返工的情况。

通过信息技术的改造，对于消费者而言个性化的全屋板式家具组合，在车间则变成了一块块贴有准确条形码编号的板件。个性化定制与标准化大批量生产的矛盾因此得以解决，生产流程得到极大的简化。

通过一系列系统和流程再造，尚品宅配的日生产能力提高了10倍，材料利用率从85%提升到93%以上，出错率从30%降到3%以下，交货周期从30天缩短到10天左右，同时也由于先下单、后生产而实现了零库存。

尚品宅配通过与消费者一起合谋设计、研发、生产和组件配置，实现了成瘾价值主张的再造，促进传统产业互联网化过程改进，成功从传统家具制造成功升级为以高端定制为核心的现代家居服务商。

资料来源：八八众筹. 风口：把握产业互联网带来的创业转型新机遇[M]. 北京：机械工业出版社，2015.

讨论题：

1. 尚品宅配转型的环境背景是什么？
2. 尚品宅配转型后与转型前控制系统的区别表现在哪里？

第一节　控制的本质

当今社会，一个组织所面对的环境错综复杂，具有高度的不确定性，组织活动也非常繁杂。一项完美的计划，如果没有令人满意的控制系统，在实施过程中仍然会出问题，最终影响到预期的结果。于是认识问题并及时纠正偏差是管理工作水平的衡量标准，在组织中建立完善的控制系统，有助于管理者授权，能更好地做好管理工作。

一、控制的概念

关于控制的定义有很多表述。按《现代汉语词典》对控制的解释，控制有两层含义：一是掌握住不使任意活动或越出范围；操纵。二是使处于自己的占有、管理或影响之下。

法约尔认为："在一个企业中，控制就是检查核实所发生的每一件事是否符合所规定的计划、所发布的指示以及所确定的原则，其目的就是要指出计划实施过程中的缺点和错误，以便加以纠正和防止重犯。控制对每件事、每个人、每个行动都起作用。"

作为管理的一项重要职能，控制被定义为管理人员为了保证组织目标的实现，对下属工作人员的实际工作进行测量、衡量和评价，并采取相应措施纠正各种偏差的过程。控制是每一位管理者的职责，无论哪一层次的管理者，都必须对计划的实施和目标的实现负责，所以，各级管理者必须承担控制的职能。

简单地说，管理中的控制就是纠偏，即纠正实际执行情况与所计划的理想状态之间的偏差，以确保计划目标的实现。

小案例

巴菲特真情告白：生命与债务

巴菲特2011年公布的2010年致股东的信中，有一节是"生命与债务"，讲述了他爷爷总结的巴菲特家族人生幸福的第一大秘决：建立一笔备用金以防万一。用中国的话就是有备无患。

巴菲特把爷爷的备用金原则用在投资上，成为自己取得长期成功的第一大秘决：尽量不要借债，财务杠杆可能会置企业于死地，同时建立巨额的备用金，既可以以防万一，又可以迅速抓住难得一见的投资良机。

这个人生道理和投资原则听起来似乎太简单了，普通老百姓也明白。有备无患，每个人都明白，并不代表每个人都能做到。2008年金融危机，百年一见，多家大银行倒闭，AIG这么庞大的保险公司也倒闭了，但巴菲特的伯克希尔这家以保险为主业的公司不但没倒闭，账面上还拥有450多亿美元现金,2008年雷曼破产之后的金融危机期间短短25天就投资出去156亿美元，还出资260亿美元收购了美国最大的铁路公司伯灵顿公司。

资料来源：刘建位. 第一财经日报，2011-03-05.

二、控制与计划的关系

从控制的概念可以看出，控制职能几乎包括了管理人员为保证实际工作与计划一致所采取的一切活动。要全面理解控制，需要把控制与计划联系起来。

控制与计划既有区别，又紧密联系。控制职能是指按计划标准来衡量所取得的成果并纠正所发生的偏差，以保证计划目标的实现。各项计划能否如期完成，取决于控制工作是否有效。计划是控制的目的和依据，控制则是完成计划任务的手段。两者的关系具体表现在以下几个方面。

（1）两者的内涵有相互交融之处。从计划的不同表现形式上看，有些计划本身就已经具有控制的作用，例如组织的政策、组织程序和组织规章等，规定了组织的行为方针、解决问题的方法和步骤，对组织的各项管理活动的实施进行约束。而作为“数字化”的计划——组织预算本身就是一种基本的控制方法。

（2）计划起着指导性作用，它是管理人员设计控制系统的基准。从逻辑上讲，控制过程的第一步总是制订计划，管理者在计划的指导下领导各方面工作以便达成组织目标，而控制则是为了保证组织的产出与计划一致而产生的一种管理职能。

（3）计划预先指出了所期望的行动和结果，而控制则是按计划指导实施的行为和结果。计划本身越明确、全面、系统，控制系统的设计和控制方法的选择就越科学、充分。

（4）孔茨认为，计划是一座桥梁，它把我们所处的这岸和我们要去的对岸连接起来，以克服这一天堑。由此可见，计划工作为组织控制系统提出了明确的目标，如果没有计划来表明控制的目标，管理者就不可能进行有效的控制，而且没有有效的控制系统，同样我们也没办法从桥这岸到达对岸。计划和控制都是为了实现组织的目标，两者互相依存。

三、控制的目的

为什么要进行控制？也就是控制的目的是什么？是组织和管理者必须要搞清楚的问

题，概括来说，控制要达到如下目的。

（一）适应环境的变化

当今日益复杂的商业环境中，所有的组织都必须应对变化。如果管理者能够确立目标并能够立即实现，那么就不需要控制。但是，在目标确立与目标实现这段时间里会发生很多变化，甚至会发生改变目标的事情，这就需要建立相应的控制系统以应对各种变化，从而实现组织的最终目标。

（二）维持现状

管理活动的核心其实就是：维持与创新。“维持”就是维持现状，它是控制要达到的第一目的，也是基本目的，即在变化着的内外环境中，通过控制，随时将计划的执行结果与标准进行比较，当发现有超过计划容许范围的偏差时，则及时采取必要的纠正措施，以使系统的活动趋于相对稳定，实现组织的既定目标。我们不能低估维持现状的重要性，它是管理系统的生命所在，没有维持就没有组织经营管理的生命。

（三）实现管理突破

虽然维持是管理系统的生命，但一个系统仅仅有“维持”是不够的，在某些情况下，变化的内外部环境会对组织提出新的要求，管理者对现状不满，要改革，要创新，要开拓新局面。这时，就势必要打破现状，实现管理突破，即修改已定的计划，确定新的现实目标和管理控制标准，使之更先进、更合理。

（四）应对组织复杂性

当企业组织结构设计相对简单、只购买极少的原材料、只生产一种或几种产品、满足于稳定的产品需求时，其管理人员利用非常基本、简单的结构就可以维持控制。但是，当企业组织设计复杂、利用多种原材料生产许多产品、涉及广阔的市场领域、拥有大量竞争对手时，就需要复杂的系统以便维持适当的控制。

（五）保持竞争优势

企业核心竞争力，体现在特定的能力上，有效实施控制，可以降低生产经营成本，从而形成成本竞争优势。如果通过健全的内部控制系统，建立优秀的企业文化，无疑会使企业保持持久的竞争优势。

四、控制的原则

在管理实践中，无效的控制会导致计划无效和组织无效。有效的控制必须具备一定的条件，并遵循科学的控制原则。

（一）关键点原则

所谓关键点原则，是指控制工作要突出重点，不能主次不分，胡子眉毛一把抓，要针对重要的、关键的因素实施重点控制。事实上，在实际工作中也很难达到完全控制，因为组织中的活动往往错综复杂，组织资源有限，管理者精力、能力的局限，管理者根本无法对每一个方面的工作都能顾及，他们应该将注意力集中于计划执行中的一些关键影响因素上。因此，找出或确定这些关键因素，并进行重点控制，是一种有效的控制方法。控制住了关键点，也就控制住了全局。

选择关键控制点的能力是管理工作的一种艺术，有效控制在很大程度上取决于这种能力。目前，已经存在一些有效的方法，能帮助主管人员在某些控制工作中选择关键点。例如，网络计划技术就是一种运用网络图的形式来组织生产和进行计划管理的一种方法，它能在有多种平行作业的复杂管理活动网络中寻找关键活动和关键路线，是一种强有力的系统工程方法，广泛应用于工程建设、工农业生产、航空航天等领域。

（二）及时性原则

高效率的控制系统，要求能迅速发现问题并能及时采取措施纠正。信息是控制的基础，为提高控制的及时性，信息的收集和传递必须及时。如果信息的收集和传递不及时，信息处理的时间又过长，则偏差就不能及时纠正。信息自发生到被采集的时间间隔越短就越及时，最快的是信息采集与信息发生同步。当采取纠正措施时，如果实际情况已经发生了变化，这时采取的措施如果不变，不仅不能产生积极作用，反而会带来消极影响。

（三）灵活性原则

灵活性原则是指控制职能的灵活性越大，因未来意外事件引起损失的可能性就越小。有效的控制系统应具有足够的弹性，以适应各种不利的环境变化或利用各种新的机会。

一个灵活的控制系统能在计划变化以及发生未曾预见事项的情况下继续发挥作用。一项管理计划方案在某种情况下可能会出现问题，控制系统应能报告这种失常的情况，同时还应有足够的灵活性来保持对运行过程的管理控制。例如，很多企业都实施了 ISO9000 族体系认证，企业在满足标准要求的途径和方法方面，在确保质量标准有效性的前提下，可以由组织根据自身特点进行策划安排，显示在满足标准要求的途径和方法上的灵活性。

（四）控制的经济性原则

经济性原则是指组织经营活动过程中获得一定数量和质量的产品和服务及其他成果时所耗费的资源最少。经济性主要关注的是资源投入和使用过程中成本节约的水平和程度及资源使用的合理性。控制是一项需要投入大量的人力、物力、财力等各种资源的活动，耗费之大是今天许多应予以控制的问题没有得以控制的重要原因，因此在进行控制时必须坚持经济性原则。控制要选择合适的范围和控制点，控制太多会不经济，控制太少会失去控制。控制更要选择合适的控制技术、手段和方法，努力降低控制的耗费而提高控制效果，以最少的资源投入实现控制效率最大化。

（五）组织适应性原则

控制必须反映组织结构的类型和状况。组织结构既然是明确组织内每个人应当担任什么职务的主要依据，因而也就是明确职权和责任的依据。为此，控制必须反映组织的结构状况并由健全的组织结构来保证，否则，控制只能是空谈。组织结构的设计越是明确、完整和完善，所设计的控制系统越是符合组织结构中的职责和职务的要求，就越有助于纠正脱离计划的偏差。

五、控制的过程

无论是哪种控制对象，其所采用的控制技术和控制系统实质上都是相同的。控制的基本过程都包括三个步骤：一是确定标准；二是衡量绩效；三是纠正偏差。控制的过程如图 14-1 所示。

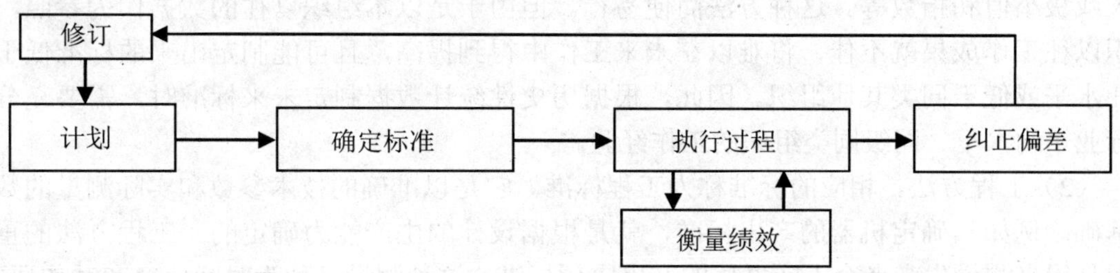

图 14-1　控制的过程

（一）确定控制标准

确定控制标准是控制过程的起点，由于计划是控制的依据，所以从逻辑上讲，控制过程的第一步是制订计划，但是计划内容详尽，环节复杂，各级管理人员在实际管理活动中，往往不便于掌握其中的每个细节，因而有必要建立一套科学的控制标准。

标准是一种作为模式和规范而建立起来的测量单位或具体的尺度，对照标准，管理人员可以判断绩效和成果。标准是控制的基础，离开标准要对一个人的工作或一项劳动成果进行评估则毫无意义。

控制标准有定量和定性两大类。定量标准分为以下几种：（1）实物标准，通常用于耗用原材料、雇用劳动力、提供产品及服务等基层单位。例如，单位产量工时所耗用的燃料数、单位机器台班的产量、每百立方米混凝土人工数、每日门诊的病人数等；（2）时间标准，主要是反映工作时间进度的各种标准，如完工日期、时间定额等；（3）货币标准，如产品成本、销售收入、应缴税金、利润等；（4）综合标准，如劳动生产率、废品率、市场占有率、投资回报率等。而定性标准只用于某些不能用数量来衡量的方面，它们只能用一些定性描述，有时有一定的弹性，如企业的声誉、顾客满意度、员工满意度、员工的工作能力等。一般来说，标准应简单明了，可以定量，容易测定。

控制标准制定的科学与否以及水平的高低，关系到整个控制工作的有效性。因此，一个好的控制标准，应符合四个要求：（1）总结性，标准不能过于繁杂，以免给衡量和鉴定工作带来麻烦；（2）一致性，标准之间要相辅相成，完成一个标准应对完成另一个标准有促进作用，不能相互矛盾、相互影响；（3）可行性，制定的标准既不能过高，也不能过低，标准过高，经过努力也无法实现，会挫伤员工的积极性；标准过低，不经过努力就能实现，控制也就失去了本来的意义；（4）稳定性，有利于简化控制工作，也有利于保持员工的工作积极性。

控制对象的不同，为它们建立标准的方法也不一样。一般来说，可以使用的建立标准的方法有以下三种。

（1）统计方法。由统计方法获得的标准称为统计标准。它是依据组织活动的历史数据，记录或对比同类组织水平，依据统计方法对未来活动确定的标准。最常用的是统计平均值、极大或极小值和指数等。这种方法简便易行。但由于是以本组织以往的数据作为参照，若组织以往工作成果就不佳，将难以在未来工作中得到提高，且可能制定出来的标准低于同行业水平或低于同类其他组织。因此，根据历史性统计数据制定未来标准时，需要充分考虑行业平均水平、同级同类组织的工作经验。

（2）工程方法。相应的标准称为工程标准。它是以准确的技术参数和实际测量的数据为基础。例如，确定机器的产出标准，就是根据设计的生产能力确定的。工程方法的重要应用是用来测量生产者个人或群体的产出定额标准，这种测量又称为时间研究和动作研究。

（3）经验估计法。经验估计法是指由有经验的管理人员凭借经验确定标准。一般这种方法作为统计方法和工程方法的补充，但是历史资料缺乏或者组织从事的是新兴产业时，经验估计就显得非常有价值。经验估计法在运用时应当注意利用各方面管理人员的知识和经验，综合大家的判断，尽量缩小偏差，使标准科学合理。

（二）衡量绩效

在确定了标准以后，为了确定实际工作的绩效究竟如何，管理者首先需要收集必要的信息，将实际工作成绩和控制标准进行比较，对工作作出客观的评价，从中发现两者的偏差，为进一步采取措施提供全面准确的信息。

衡量什么是衡量绩效工作中最为重要的方面。管理者在衡量绩效过程中要满足如下要求。

（1）衡量标准的客观性。在确定控制对象衡量标准时，需要对标准本身进行检验，需要辨别并剔除那些不能为有效控制提供必要信息、容易产生误导作用的不适宜的标准。

（2）样本的代表性。对于一个确定的总体和来自于它的样本，由样本的结果去推断总体，这些推断是否与实际相符取决于样本的代表性。如果用样本去推断总体常常能获得正确的结论，那么这个样本的代表性较好，也就是说，这个样本能较好地代表总体；反之，如果用样本去推断总体时常常“犯错”，那么这个样本的代表性就不够好，甚至是较差，也就是说，这个样本不能较好地代表总体。

例如，2012 年 3 月某省公布了本省几个城市 PM2.5 监测情况，17 个监测点 PM2.5 数据均达标，但选点多在公园、郊区而很少分布于街道，引起了很大的争议。很显然，如果这样进行监测环境状况，是很难达到控制环境恶化、改善环境的目的的。

（3）适宜的适量频度。控制过多或不足都会影响控制的有效性。对影响某种结果的要素或活动过于频繁的衡量，不仅会增加控制成本，还可能引起有关人员的不满，从而影响他们的工作态度；检测次数过少，又可能延误对一些重大偏差的纠正。例如，一位教学督导员在一学期里总计听了某位教数学课的青年教师 10 次课，使该教师非常紧张，压力非常大，一直以为自己的教学存在什么大的问题。其实其教学并不存在什么突出的问题，只是该督导员以前是一名数学教师，对数学比较感兴趣。这名教学督导员这样做，对教学的督导工作实在是起不到太好的作用。一般来讲，被控制活动的性质决定了衡量的频度和衡量的时机，如中央银行对金融机构资产质量的控制需要经常考核，对于商业银行开发金融新产品的活动控制频度则相对较低。

（4）建立信息管理系统。建立信息反馈机制是非常重要的，通过有效的信息网络将工作情况通过分类、比较、判断、加工后，适时地反映给有关的管理人员，既能减轻主要管理人员的负担，又能提高控制效率。然后再由相关负责人员将经过加工的有序信息与预定标准进行比较，及时发现问题，从而保证计划的顺利实施。

怎样衡量是衡量绩效的另外一个重要方面，即要明确衡量的手段和方法。常见的衡量绩效方法有四种：个人观察、统计数据、口头汇报和书面报告。这些方法各有其优点和缺点，将它们结合起来使用，可以大大增加信息的来源并提高信息的准确程度。

（1）个人观察就是管理者通过到工作现场观察被控制对象及相关人员的实际情况和工作表现，提供关于实际工作的最直接和最深入的第一手资料。这种观察可以包括非常广泛的内容，因为任何实际工作的过程总是可以观察到的。例如，“走动管理”就是一种个人观察的典型方法。管理者到达工作现场，直接与员工交流，交换关于工作如何进展的信息，可以获得员工面部表情、声音语调以及怠慢情绪等常被其他来源忽略的信息。

（2）统计数据的方法是利用控制对象的过程和输出结果的资料——各种统计图表进行衡量，其优点是一目了然，便于对比。现在由于计算机的广泛应用，使统计数据的获取更加便捷。

（3）利用口头汇报的方法获取信息，包括各种会议、一对一的谈话或电话交谈等。这种方式衡量绩效的优缺点与个人观察的方式相似。尽管这种信息可能是经过过滤的，但是它快捷、有反馈，同时可以通过语言词汇和身体语言来扩大信息，还可以录制下来，像书面文字一样能够永久保存。

（4）书面报告与统计报告相比要显得慢一些，与口头报告相比要显得正式一些，更加规范和系统。这种形式比较精确和全面，且易于分类存档和查找。

由于这四种方法各有其优缺点，管理者在控制活动中必须综合使用方能获得较好效果。

（三）纠正偏差

控制的最后一个步骤就是根据衡量和分析的结果采取适当的措施。在衡量绩效后，若无偏差或偏差过小，那么控制的过程就已经结束。只有在偏差处于限定度之外时，控制过程才会进行到第三步，即纠正偏差。

纠正偏差过程中要注意做好如下工作。

（1）确定偏差产生的原因。偏差的产生，可能是在执行任务过程中由于工作的失误而产生的，也可能是原有计划的不周所导致，必须对这两类不同性质的偏差作出及时而准确的判断，以便采取不同的纠正偏差行动。

分析偏差原因的方法主要有两大类：定性分析法和定量分析法。

定性的方法是凭借管理者的直觉、经验，根据控制对象的历史信息及最新资料，利用相应的理论知识，对存在问题的性质、特点、发展变化规律和原因作出判断的一种方法。定量分析方法是管理者依据数学方法，对出现问题的原因、问题与影响因素以及各影响因素之间的数量关系进行分析的方法。

管理小故事

袋鼠跳出了篱笆吗？

有一家动物园，圈养了很多大袋鼠。动物园在饲养袋鼠时，袋鼠在篱笆里面跑来跑去，所有游客都能清楚地看到袋鼠活动时的情形。但是，动物园的管理人员发现，所有的袋鼠全跑到长颈鹿那边去了，这种现象让所有的动物园管理人员很紧张。

因为袋鼠的身高是1.5米，而篱笆只有2米高，袋鼠用力一跳就可以跳出篱笆。所有的管理人员经过仔细研究以后，决定把篱笆从2米围到2.5米。但是，围起来的第二天，袋鼠又统统跑出去了。管理人员打电话询问澳大利亚的动物学家：袋鼠到底能跳多高？澳大利亚的动物学家告诉动物园管理人员一个事实：袋鼠最高只能跳到2.5米。所以篱笆应该没有问题，可能是篱笆本身的结构存在问题。管理人员马上将篱笆拍照，迅速传真到澳大利亚。澳大利亚的动物学家发现，果然是篱笆本身的结构不对。因为动物园管理人员没有注意到袋鼠的两只前爪很有力，篱笆不是铁栏杆的，而是网做的，袋鼠就是通过网格爬出去的。

因此，管理人员在加高篱笆的同时向内弯折，因为一旦折进去，袋鼠爬到最上面时自然就会掉下来。当管理人员完成篱笆改造后，第二天，又发现所有的袋鼠都跑出去了。管理人员更加奇怪了，百思不得其解，只好将所有的篱笆再加高，并且再加第二道、第三道篱笆。这样的抗争持续了很久，但是，一个月之后，管理人员发现袋鼠又全跑到长颈鹿那边去了，于是管理人员绝望了。

为什么现在篱笆已经有10米多高了，甚至比长颈鹿还要高，而且管理人员还在开会研究要不要把篱笆再继续加高，或者做成像鸟笼一样。其实，后来发现问题出在饲养员身上，饲养员每次喂完袋鼠之后，总是忘记了关门。

资料来源：曾明彬. ISO9001：2008质量问题分析与解决[M]. 广州：广东省出版集团，广东经济出版社，2009.

（2）确定纠正偏差措施的实施对象。管理人员可以通过调整组织的管理策略，也可以改变组织结构，或通过更完善的选拔和培训计划，或更改领导方式来实现纠偏。但需要注意的是，偏差也可能是因为计划制订的问题或控制标准不恰当造成的。如此一来，管理者就应调整计划或控制标准。

（3）采取控制措施。具体的控制措施有许多种类，要根据实际情况加以选择。一般来讲，控制措施大都是从以下三方面进行的：一是调整和修正原有计划，控制结果所显示的偏差过大，有可能是原有计划安排不当，在控制活动中这些不当之处逐渐显露出来；也可能是由于内外因素的变化，使原有计划与现实状况偏离甚远。在这种情况下，就要对原计划加以适当调整。必须指出的是，调整计划不是任意地变动计划，它不能偏离组织总的发展目标。要特别注意不能用计划来迁就控制，任意地根据控制的需要来修改计划，这样就是本末倒置。二是改进技术，在很多情况下偏差是来自技术上的原因，因此，就要采取技术措施，及时处理生产上出现的技术问题，纠正偏差，完成计划目标。三是改进组织工作，如调整组织机构，调整责、权、利的关系，改进分工协作关系，适当调配和培训人员等。

第二节　控制的类型

控制的类型，按照不同的标准可分成许多种：按控制力量的来源可以分为正式组织控制、群体控制和自我控制；按控制的性质可以分为预防性控制和更正性控制；按业务范围可以分为作业控制、质量控制、成本控制和资金控制等；按控制的手段可以分为直接控制和间接控制两种类型；按控制的重要性和影响程度可以分为战略控制、绩效控制和任务控制。

而按照控制信息的性质，可以把控制分为前馈控制、现场控制和反馈控制三种类型。管理者可以在活动开始前、活动进行过程中，或活动完成后实施控制。本节将重点介绍这三种控制类型。

一、前馈控制

前馈控制是指通过观察情况、收集整理信息、掌握规律、预测趋势，正确预计未来可能出现的问题，提前采取措施，将可能发生的偏差消除在萌芽状态中，为避免在未来不同发展阶段可能出现的问题而事先采取的措施。所以前馈控制又叫预先控制，事事想在前面，准备在前面，把握将来的发展趋势，把偏差消灭在萌芽状态，损失最小，效率最高，是最科学、最经济的控制方法。例如，司机在驾驶汽车上坡时提前加速可以保持行驶速度的稳定；提前对员工进行职业技能培训可以防止出现产品质量问题；通过市场营销预测可以调整企业的营销策略；通过流通资金的预算来控制资金的收支等。正因为前馈控制能避免预期出现的问题，防患于未然，所以前馈控制是管理者最渴望采取的控制类型。

前馈控制是在企业生产经营活动开始之前进行的控制，是一种开环控制。管理过程理论认为，只有当管理者能够对即将出现的偏差有所觉察并及时预先提出某些措施时，才能进行有效的控制，因此前馈控制具有重要的意义。

前馈控制采用的普遍方式，是利用所能得到的最新信息，进行认真、反复的预测，把计划所要达到的目标同预测相比较，并采取措施修改计划，以使预测与计划目标相吻合。目前运用的比较先进的前馈控制技术之一是网络计划技术。它可以预先知道哪些工序的延时会影响到整个工期，在何时会出现何种资源需求高峰，从而采取有效的预防措施与行之有效的管理办法。

在企业管理控制活动中，前馈控制的内容包括对人力资源、原材料、资金等的前馈控制。例如，人力资源必须适应任务要求，数量和素质方面有能力完成指派的任务，并控制机构臃肿、人浮于事的现象，利用统计抽样来控制原料质量，根据抽样合格率决定接受或退货，根据库存理论控制库存储备量等。企业也应该不断捕捉市场信息，快捷地、深刻地理解顾客的需求，适应需求地开发新的产品，采用新工艺、新技术、新方法去实现新的产品生产，从而在企业的产品结构体系中，推陈出新，永葆企业品牌之青春。

但需要强调的是，即便实行了前馈控制，管理者仍然需要对输出结果进行测量和评价，因为不可能期望前馈控制可以达到完美无缺的地步，在计划执行过程中还可能出现一些事先预料不到的意外情况。

管理小案例

霍华德总理为什么选择他？

澳大利亚前总理霍华德决定到伊拉克访问，拟乘皇家空军的一架 C-130 运输机。由于此次飞行的航线复杂，路途遥远，空军推荐了 3 名优秀飞行员。第一位安德鲁，在皇家空军赫赫有名。第二位汤克斯，是空军中的王牌飞行员，曾多次排除空中险情，被誉为空难的克星。第三位杰克逊，面试时豪斯顿司令问了他对此次飞行的看法。可是他没有立刻回答司令的提问，而是焦急地上前向司令低声说了几句。司令听后感到震惊，立刻转身对身边的秘书交代了任务。20 分钟之后，秘书回来了。司令听完秘书的报告后，当即决定：此次的飞行任务由杰克逊来承担。大家有些纳闷：从级别、地位、荣誉、名声、经验等各个方面看，杰克逊都不占优势，可豪斯顿司令为什么偏偏选定了他呢？原来，杰克逊向豪斯顿司令员说："我们三个人来面试路过机场的跑道时，看到有一架飞机正在做试飞前的准备。听那发动机的声音，我感觉有严重问题。结果证明，杰克逊的判断是完全正确的。执行任务那天，在飞机起飞后不久，杰克逊发现了一些不祥之兆，他当机立断，调头返回。当飞机上所有人员刚刚撤离完毕之后，机舱里突然冒出了滚滚浓烟。事后，豪斯顿司令深有感慨地说："看一个人，不仅要看他处理事故的能力，更要看他防患于未然的能力。"

资料来源：蒋光宇. 选谁为总理开飞机[J]. 思维与智慧，2009（34）.

二、现场控制

现场控制是指持续监控员工的行为和活动，使其与标准相符的一种控制活动。在某项活动或者工作过程中，管理者在现场对正在进行的活动或行为给予必要的指导、监督，以保证活动和行为按照规定的程序和要求进行。例如体育比赛中的裁判、学生考试时的监考教师所要做的工作就是要进行有效的现场控制，以达到活动计划目标。

在现场控制中，控制的标准应遵循计划工作中所确定了的组织方针与政策、规范和制度，采用统一的测量和评价。要避免单凭主观意志进行控制工作。控制的内容应该和被控制对象的工作特点相适应。例如，对简单的体力劳动采取严厉的监督可能会带来好的效果；而对于创造性的劳动，控制的内容应转向如何创造出良好的工作环境，并使之维持下去。控制工作的重点应是正在进行的计划实施过程。虽然在产生偏差与管理者作出反应之间肯定会有一段延迟时间，但这种延迟是非常小的。控制工作的效果取决于管理者的个人素质、个人性格、指导的方式方法以及下属对这些指导的理解程度。其中，管理者的言传身教具有很大的作用。例如，工人的操作发生错误时，班组长有责任向其指出并作出正确的示范动作帮助其改正。

对于一个组织来说，实现有效的现场控制必须具备以下条件。

（1）控制人员要有较高的素质。要求控制人员有敏锐的判断能力、快速的反应能力和灵活多变的控制手段。这样控制人员可以依靠自身的知识、能力和经验，甚至是"直觉"，及时发现并解决问题。

（2）各级人员的积极参与。各级人员都是组织之本，只有他们的充分参与，才能使他们的才干为组织带来收益。企业设施为人所用、受人控制，只有当组织每个人的积极性和聪明才智获得充分发挥时，组织的效率才是最高的，组织的收益也才是最大的。

（3）适当的授权。授权在一定意义上是管理工作的一种基本活动，在现场控制过程中，管理人员必须及时发现问题、解决问题，不应当也不能事事都向上级请示，以免造成工作中断和贻误战机。所以，担负现场控制责任的管理人员应当拥有相应的职权，用目标、政策和计划作为评判下级工作的基本标准，否则控制就不能建立和实施。不愿授权和不信任下级的情况，多半是由于上级计划不够细心或上级担心失去控制。当然因为任何管理人员不可能放弃其职责，所以授权时必须有办法确保权力得到恰当使用。

现场控制因为即时处理有关情况，特别适用于基础管理人员，尤其是需要快速反应的工作，如产品服务、顾客投诉处理等，这类问题复杂多变，预先控制防不胜防，只有做好现场控制，随机应变，才能达到目标。

日本丰田公司创造性地设计了暗灯系统。在每个岗位上都有让生产线停止的开关，当员工发现问题时，就按下这个开关，提醒班组长和团队成员，班组长将会很快到达暗灯发生的地方，与员工一起解决问题，以确保问题不留到下一道工序。如果问题比较严重，相关的支持人员也会很快到达现场，直到问题解决才重新启动流水线。

三、反馈控制

反馈控制又称为事后控制或产出控制，其控制重点放在组织的产出结果上，尤其是最新产品和服务的质量上。冰箱的温控系统就是典型的反馈控制系统：当冰箱的温控系统察觉到冰箱内部的温度高于预先设定的温度标准时，就会发出信号，制冷功能随即启动，随着制冷设备的持续作业，冰箱内部的温度开始下降，当温度开始低于预先设定的温控标准时，温控系统重新发出信号，制冷设备随即停止工作。

反馈控制是面向未来的。由于它是在活动结束后进行的，因此，对已经形成的活动结果不可能产生任何影响，但对后续活动的计划、实施等却有非常重要的作用。所以，为了不断提高组织的工作效率、管理水平，采用反馈控制是十分必要的，更何况在许多情况下，反馈控制是唯一可用的控制手段。

反馈控制具有许多优点。首先它为管理者提供了关于计划执行的效果究竟如何的真实信息。如果反馈显示标准与现实之间只有很小的偏差，说明计划的目的达到了；如果偏差很大，管理者就应该利用这一信息及时采取纠正措施，也可以参考这一信息使新计划制订得更有效。此外，反馈控制可以增强员工的积极性。因为人们希望获得评价他们绩效的信息，而反馈正好提供了这样的信息。

反馈控制的主要缺点是时间延迟问题，在进行更正时，实际情况可能已经有了很大的变化，而且往往是损失已经造成了。时间延迟对系统的危害极大，它可以使系统的输出剧烈波动和不稳定，导致系统的状况继续恶化甚至崩溃。

虽然反馈控制并不是一种最好的控制方法，但目前它仍然被广泛地使用，因为在管理工作中管理人员所得到的信息，大量是需要经过一段时间才能得到的时滞信息。组织应尽量缩短获得反馈信息的时间，以弥补反馈控制方法的这种缺点，使造成的损失减少到最低程度。

管理小案例

30% VS 100%

一位管理者到某工厂参观，该工厂的管理人员自豪地宣称，他们的产品质量没有任何问题，百分之百符合质量要求。但当这位管理者参观工厂车间时，却发现高达30%的员工在做产成品的质量检查工作，并且有一再返工的现象，企业投入了大量的人力、物力在检查、返工或修补、再检查或再返工。这种控制方式不仅大大浪费了人力、物力和财力，而且还对工人的工作积极性造成沉重的打击。

资料来源：http://www.doc88.com.

综上可知，前馈控制、现场控制与反馈控制这三者的区别在于：前馈控制是建立在能测量资源的属性和特征的信息基础上的，因此纠正的中心是资源；现场控制是建立在与活动有关的信息基础上的，而这种活动就是所要纠正的对象；而反馈控制所要纠正的是资源和活动，而不是结果，其区别如图 14-2 所示。

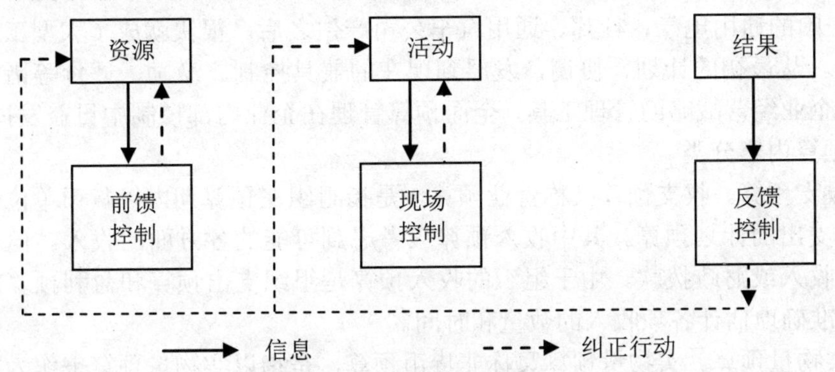

图 14-2 三种控制的区别

前馈控制、现场控制和反馈控制这三种控制方式互为前提、互相补充。在实际控制工作中，不能只依靠某一种方式进行控制，必须根据实际情况，综合运用各种控制方式，以提高控制效果。

第三节 控制的方法

如何有效地运用控制方法是成功进行控制的重要保证。控制的方法多种多样，本节主要介绍两类常用的控制方法：预算控制和非预算控制。

一、预算控制

所谓预算，就是用数字，特别是用财务数字的形式来描述企业未来的活动计划，它预估了企业在未来时期的经营收入或现金流量，同时也为各部门或各项活动规定了在资金、劳动、材料、燃料等方面的支出不能超过的额度。从实质上来看，预算是计划的一种形式，但它同时也是一种重要的控制手段，其为不同部门、组织的不同层次和不同时期的绩效衡量提供了依据。

（一）预算的种类

1．按综合程度分类

（1）一般预算。一般预算是以货币及其他数量形式所反映的有关组织未来一段时期内，局部经营活动各项目标的行动计划与相应措施的数量说明。

（2）全面预算。全面预算是关于企业在一定时期内（一般为一年或一个既定期间内）各项业务活动、财务表现等方面的总体预测。全面预算管理作为对现代企业成熟与发展起过重大推动作用的管理系统，是企业内部管理控制的一种主要方法。这一方法自从 20 世纪 20 年代在美国的通用电气、杜邦、通用汽车公司产生之后，很快就成了大型工商企业的标准作业程序。从最初的计划、协调，发展到现在的兼具控制、激励、评价等诸多功能的一种综合贯彻企业经营战略的管理工具，全面预算管理在企业内部控制中日益发挥核心作用。

2．按预算内容分类

（1）收支预算。收支预算又称营业预算，是指组织在预算期内以货币单位表示的收入和经营费用支出的计划预算。其中收入预算应考虑到可能的各方面的收入。但最基本的收入还是销售收入或财政拨款。由于组织的收入预算是组织支出预算和盈利预算的基础，所以应尽可能准确地估计各项收入的数量和时间。

（2）实物量预算。实物量预算又称非货币预算，是指以实物量预算来作为货币量收支预算的补充和认证。由于以货币量表示的收支预算会受商品价格波动的影响，因而常常会造成收支预算与实物量投入产出计划时间的不一致，所以许多预算用实物单位来表示，比用货币单位表示更好。普遍运用实物预算的单位有直接工时数、台班数、原材料数量、面积、体积、重量、生产量和场地面积等。

（3）投资预算。投资预算又叫资本预算，是指企业为了今后更好的发展，获取更大的报酬而作出的资本支出计划。它是综合反映建设资金来源与运用的预算，其支出主要用于经济建设。此外，组织的人事发展、新市场的开发、研究和发展规划等投资，由于其数额较大，回收期长，需要慎重考虑，列出专项预算。这项预算应和组织的长远规划结合起来考虑。

（4）现金预算。现金预算是指用于预测组织还有多少库存现金，以及在不同时点上对现金支出的需要量。也许这是企业最重要的一项控制，因为把可用的现金去偿付到期的债务乃是企业生存的首要条件。现金预算还表明可用的超额现金量，并能为盈余制订盈利性投资计划、为优化配置组织的现金资源提供帮助。它是以收入和支出预算中的基本数据为基础编制的。

（5）负债预算。负债经营是组织保持财务收支平衡的重要措施，包括向银行贷款、发行债券等。负债预算要考虑一定时期的资产、债务和资本账户的状况，预计筹资方式、途径和数量以及还款时间、方式和能力，防止“资不抵债”是负债预算的重要任务。负债预算通过各部门和各项目的分预算汇总在一起，表明如果组织的各种业务活动达到预先规定的标准，在财务期末组织资产负债会呈何种状况。另外，通过将本期预算与上期实际发生的资产负债情况进行对比，还可发现组织的财务状况可能会发生哪些不利变化，从而指导事前控制。

（二）预算的作用

组织管理中最基本、最为广泛运用的一种控制方法就是预算控制方法。预算具有的控制作用表现在以下一些方面。

（1）便于管理者把握组织的整体运行情况。预算通常规划和说明了资金的来源及分配计划，掌握了预算状态，就能有效地控制组织的资金财务状态。又由于预算一般是用货币来表示的，这为衡量和比较各项活动的完成情况提供了一个清晰的标准，从而使管理者可通过预算的执行情况了解和控制组织的财务状况，从而把握组织的整体情况。

（2）有助于资源的有效配置，提高管理效率。组织中各项活动的开展，资金作为一种重要的杠杆，调节着各项活动的轻重缓急及其规模大小。管理者可通过预算，合理配置资源，保证重点项目的完成，并控制各项活动的开展。

（3）便于组织绩效的评估。由于预算为各项活动确定了投入产出标准，要能正确运用，就可以根据预算的执行情况，来评价各部门的工作成果。同时，由于预算还可以控制各级管理人员的职权，明确他们各自应承担的责任，做到责、权、利的落实，达到有效控制的目的。

（4）有利于提高企业经营效益。凡事预则立，不预则废。通过预算的制定，可以使管理者在财务上做到精打细算，杜绝铺张浪费的不良现象，有效地控制和降低成本，提高经济效益。

（三）预算的编制步骤

一个组织要编制预算，首先必须建立一套预算制度。满足建立预算制度的先决条件有：建立和健全权责分明的组织机构；拟定完善的组织政策，作为编制预算的基础与建立有关预算项目的预测制度，以获得编制预算资料；建立有效的记录，以便能估计各部门的费用，并根据过去的记录检查目前的情况。建立预算制度必须估计预算制度的效益及限制，要选择好预算类型，确定预算的期限和分类，要遵循预算的编制步骤。

（1）提交预算。上层主管人员将可能列入预算或影响预算的计划和决策提交给预算委员会。预算委员会在考虑了以上种种因素后，就可估计或确定未来某一时期内的销售量或生产量（或业务量）。根据预测的销售量、价格、成本又可预测该时期的利润。

（2）提出建议和提供资料。负责编制预算的主管人员，向各部门主管人员提出有关预算的建议，并提供必要的资料。

（3）编制预算和协调问题。各部门主管人员根据企业的计划和所拥有的资料，编制出本部门的预算，并相互协调可能发生的矛盾。

（4）汇总整理。企业负责编制预算的主管人员将各部门的预算汇总整理成总预算，并预编制资产负债表及损益表，以表示组织预算期限中的财务状况。最后，将预算草案交预算委员会和上层主管人员检查核准。预算批准后，在实施过程中，必须经常检查和分析执行情况，必要时可修改预算，使之能适应组织的发展。

（四）预算的编制方法

传统的预算编制方法可归纳为以下三个步骤。

第一步，以外推法将过去的支出趋势延伸到下一年度。

第二步，将数额酌情予以增加，以适应物价上涨等因素引起的人工成本和原材料成本的提高。

第三步，将数额再予以提高，以满足修改原计划和修改原设计方案所需追加的预算支出。

这种传统编制预算的办法在适应组织的环境和组织内部条件变化方面有一定的局限性，可以考虑使用以下几种预算编制方法。

（1）弹性预算。弹性预算法又称变动预算法、滑动预算法，是在变动成本法的基础上，以未来不同业务水平为基础编制预算的方法。它是以预算期间可能发生的多种业务量水平为基础，分别确定与之相应的费用数额而编制的、能适应多种业务量水平的费用预算，以便分别反映在各业务量的情况下所应开支（或取得）的费用（或利润）水平。

用弹性预算的方法来编制成本预算时，其关键在于把所有的成本划分为变动成本与固定成本两大部分。变动成本主要根据单位业务量来控制，固定成本则按总额控制。弹性预算的优点在于：一方面能够适应不同经营活动情况的变化，扩大了预算的范围，更好地发挥预算的控制作用，避免了在实际情况发生变化时，对预算作频繁的修改；另一方面能够使预算对实际执行情况的评价与考核，建立在更加客观可比的基础上。

（2）滚动预算。滚动预算又称连续预算或永续预算，是指在编制预算时，将预算期与会计年度脱离开，随着预算的执行不断延伸补充预算，逐期向后滚动，使预算期始终保持为一个固定期间的一种预算编制方法。

（3）零基预算。零基预算是指在编制成本费用预算时，不考虑以往会计期间所发生的费用项目或费用数额，而是以所有的预算支出为零作为出发点，一切从实际需要与可能出发，逐项审议预算期内各项费用的内容及其开支标准是否合理，在综合平衡的基础上编制费用预算的一种方法。

（4）概率预算。概率预算是指对在预算期内不确定的各预算构成变量，根据客观条件，作出近似的估计：估计它们可能变动的范围及出现在各个变动范围的概率，再通过加权平均计算有关变量在预期内的期望值的一种预算编制方法。

二、非预算控制

上面介绍的预算控制是一种传统的而又广泛使用的控制方法，但在管理实践中有很多控制方法与预算没有直接关系，却也是非常有效的方法。下面介绍几种常用方法。

（一）财务比率控制

财务比率控制是通过财务比率的计算、对比、分析和纠正来实现企业经营活动控制的方法。比率控制主要围绕偿债能力、营运能力和获利能力三方面的财务指标计算分析来进行。偿债能力指标主要有流动比率、速动比率、资产负债比率、到期债务本息偿付比率；营运能力指标主要有应收账款周转率、存货周转率、流动资产周转率、固定资产周转率、总资产周转率；获利能力指标主要有销售利润率、投资回报率、资产收益率等。

财务比率控制并不只是对企业的偿债能力、营运能力和获利能力进行控制，而是通过对这三方面比率的计算和分析，获得企业生产经营过程中存在的相关问题信息，然后提出解决措施。

（二）审计控制

审计控制是一种常用的控制方法，主要包括财务审计与管理审计。财务审计是以财务活动为中心内容，以检查并核实账目、凭证、财务、债务以及结算关系等客观事物为手段，以判断财务报表中所列出的综合的会计事项是否正确无误，报表本身是否可以依赖为目的的控制方法。通过这种审计还可以判明财务活动是否符合财经政策和法令。管理审计是检查一个单位或部门管理工作的好坏，评价人力、物力和财力的组织及利用的有效性。其目的在于通过改进管理工作来提高经济效益。此外，审计还有外部审计和内部审计之分，外部审计是指由组织外部的人员对组织的活动进行审计；内部审计是组织自身专门设有审计部门，以便随时审计本组织的各项活动。

（三）现场管理

现场管理又称走动管理，是一种常用的控制方法，它是指管理者通过对重要管理问题的实际调查研究或获取控制所需要的各种信息，如亲自观察员工的生产进度、倾听员工的交谈来获取信息；或亲自参加某些具体工作，通过实践来加深对问题的了解，获得第一手资料。基层的主管人员通过深入现场，可以判断出产量、质量的完成情况以及设备运转情况和劳动纪律的执行情况等；职能部门的主管人员通过深入现场，可以了解到工艺文件是否得到了认真的贯彻，生产计划是否按预定进度执行，劳动保护等规章制度是否严格遵守，以及生产过程中存在哪些偏差和隐患等；而上层主管人员通过深入现场，可以了解到组织的方针、目标和政策是否深入人心，可以发现职能部门的情况报告是否属实以及员工的合理化建议是否得到认真执行，还可以从与员工的交谈中了解他们的情绪和士气等。所有这些都是主管人员最需要的，但却是正式报告中见不到的第一手信息。

作为美国社会最有影响的大企业家之一，麦当劳快餐店创始人雷·克洛克不喜欢整天坐在办公室里，而是把大部分工作时间用在“走动管理”上，就是到各公司、部门走访，了解各方情况。对于一段时间麦当劳面临严重亏损危机的原因，克洛克归结为公司各职能部门的经理习惯躺在舒适的椅背上指手画脚，把宝贵时间耗费在抽烟和闲聊上。于是，克洛克想出一个“奇招”，将所有经理的椅子靠背锯掉。开始时，很多人骂克洛克是个疯子，但后来大家逐渐体会到了他的苦心。大家纷纷走出办公室，开展“走动管理”，及时了解情况，现场解决问题，终于使公司扭亏转盈。

（四）控制报告

报告是用来向负责实施计划的主管人员全面地、系统地阐述计划的进展情况、存在的问题及原因、已经采取了哪些措施、收到了什么效果、预计可能出现的问题等情况的一种重要方式。控制报告的主要目的是提供一种如有必要即可用作纠正措施的信息。

对控制报告的基本要求是必须做到：适时；突出重点；指出例外情况；尽量简明扼要。通常，运用报告进行控制的效果，取决于主管人员对报告的要求。管理实践表明，大多数主管人员对下属应当向他报告什么，缺乏明确的要求。随着组织规模及其经营活动规模的日益扩大，管理也日益复杂，而主管人员的精力和时间是有限的，从而定期的情况报告也就越发显得重要。

（五）盈亏平衡分析

盈亏平衡分析是通过对业务量（产量、销售量、销售额）、成本、利润三者相互制约关系的综合分析，以预测利润、控制成本的一种分析方法。它是利用成本特性，即成本总额与产量之间的依存关系，来指明企业获利经营的业务量界限，从而达到控制的作用。

通常是指全部销售收入等于全部成本时（销售收入线与总成本线的交点）的产量作为盈亏平衡点的界限，当产量高于盈亏平衡点时企业盈利；反之，企业就亏损。盈亏平衡点可以用销售量来表示，即盈亏平衡点的销售量；也可以用销售额来表示，即盈亏平衡点的销售额。

（六）标准化管理

标准化管理是将产品、工作和服务制定出标准，设计者按照标准从事设计工作，制造者按照标准完成生产过程，管理者按照标准进行管理和控制。标准化管理的内容包括成本标准、产品质量标准、服务质量标准、合同标准、流程标准等。标准分为企业标准、地方标准、行业标准、国家标准和国际标准。例如，ISO9000 质量标准体系就是国际上流行的标准体系，企业可申请认证，以此标准建立质量管理体系，进行产品和服务的有效控制，形成持久的竞争优势。

（七）目标管理

目标管理是由美国管理学家德鲁克在 1954 年正式提出的。目标管理的概念是，把经营的目的和根本任务转化为企业的方针和目标，实现各层次的目标管理。一方面，激发有关人员的责任心和创造性；另一方面，把总的目标层层分解，最终化为个人的目标。目标管理在本质上是一种控制。通过目标的分解使控制的标准清晰、明确，各级管理者容易作出判断；而且，目标管理强调让管理人员和工人参与制定工作目标，员工的态度和行为与组织目标更为贴近；并在工作中注重推行自我管理，这使得对人员行为控制变得容易许多。

管理小案例

一条横线的激励作用

在 20 世纪 60 年代，金刚砂空中货物公司敢为天下先，最先使用了坚固耐用、规格统一且可重复使用的集装箱运输货物，开创了集装箱运输货运的先河。

由于统一使用集装箱运输货物，比以前散装运输更经济、更有效，所以世界各国的运输业竞相效仿。

然而，当时负责金刚砂空中货物公司集装箱运输业务的副总裁爱德华·费尼发现，只有 45%的集装箱是完全填满的，其余的往往没有被完全填满，就被密封运走了。

为了保证装货质量，爱德华·费尼开始组织工人接受关于装满集装箱的专业培训，并经常派人实地督促检查集装箱是否装满。但是，事与愿违，收效甚微。

正当爱德华·费尼费尽心机一筹莫展之际，一位管理学专家向他提出了建议：在每个集装箱内部画上一条“填满至此处”的横线。

尽管这个建议看似微不足道，但爱德华·费尼还是采纳了。令他兴奋的是，此后完全填满集装箱的比例竟然由 45%上升到了 95%。

爱德华·费尼有些不解：“一条简单的横线，为什么会有如此大的激励作用呢？”

管理学专家回答说："画上一条横线，就有了专一的目标；有了专一的目标，就有了专一的行动；有了专一的行动，就有了实现目标的可靠保证。这就是目标管理的作用。"

资料来源：人才资源开发，2009，7.

结尾案例

华为用互联网改善管理

我们认为，互联网还没有改变事物的本质，现在汽车必须首先是车子，豆腐必须是豆腐。当然，这不等于将来不会改变。

但是，互联网的确已经改变了做事的方式，使传送层级减少，速度加快。互联网对实体经济的意义，是可以提升实体经济的核心竞争力。我们今天坚持继续"蓝血十杰"数字工程，就是为了给用互联网精神改变内部管理打下坚实基础，进而实现与客户、供应商的互联互通。

科学管理

要回答互联网时代需要什么样的管理，先要搞清楚"蓝血十杰"为现代企业管理贡献了什么，我们应当学习什么？

第二次世界大战结束后，来自美国战时陆军航空队"统计管制处"的十位精英，被刚刚从老亨利·福特手中接过福特汽车公司控制权的亨利二世招致麾下，进入公司计划、财务、事业部、质量等关键业务和管理控制部门。

从此，他们掀起了一场以数据分析、市场导向，以及强调效率和管理控制为特征的管理变革，使得福特公司摆脱了老福特经验管理的禁锢，从低迷不振中重整旗鼓，扭亏为盈，再现当年的辉煌。这十位精英抱持对数字和事实始终不渝的信仰，以及对效率和控制的崇拜，使之获得了"蓝血十杰"的称号，人们将他们尊称为美国现代企业管理的奠基者。

"蓝血十杰"对现代企业管理的主要贡献可以概括为：基于数据和事实的理性分析和科学管理，建立在计划和流程基础上的规范的管理控制系统，以及客户导向和力求简单的产品开发策略。

科学地掌握生产规律，以适应未来时代的发展，是需要严格的数据、事实与理性分析的。没有此为基础，就谈不上科学，更不可能作为技术革命的弄潮儿。科学管理与创新并非是对立的，二者遵循的是同样的思维规律。

"蓝血十杰"为福特公司建立了财务控制、预算编列、生产进度、组织图表、成本和定价研究、经济分析和竞争力调查等，这些构成现代企业管理体系的基本要素。

六十多年过去了，如今世界已经进入了互联网时代。互联网以其便捷的无时、无事、无所不在的信息沟通和交流，以及海量的信息资源传送、呈现、挖掘和共享，正在颠覆书籍、报刊、音像、分销、零售、中介等行业的传统经营模式，并对物流、金融、医疗保健、教育等越来越多的行业造成巨大冲击。

虽然我们现在是处在一个信息革命的时代，未来还不知如何预测，但汹涌澎湃的新技术革命浪潮还是离不开工业时代的基础。

这是因为西方公司自科学管理运动以来，历经百年锤炼出的现代企业管理体系，凝聚了无数企业盛衰的经验教训，是人类智慧的结晶，是人类的宝贵财富。我们应当用谦虚的态度，下大力气把它系统地学过来。只有建立起现代企业管理体系，我们的一切努力才能导向结果；我们的大规模产品创新才能导向商业成功；我们的经验和知识才得以积累和传承；我们才能真正实现站在巨人肩膀上的进步。

优化管理

从1998年起，华为投入数十亿美元，邀请IBM等多家世界著名顾问公司先后开展了IT S&P、IPD、ISC、IFS和CRM等管理变革项目。变革的指导方针是，“先僵化，再固化，后优化”。僵化是让流程先跑起来，固化是在跑的过程中理解和学习流程，优化则是在理解的基础上持续优化，我们要防止在没有对流程深刻理解时的“优化”。

经过十几年的持续努力，华为取得了显著的成效，基本上建立起了一个集中统一的管理平台和较完整的流程体系，支撑公司进入了ICT领域的领先行列。

但是，管理变革和建立现代企业管理体系的艰巨性和复杂性，远远超过了我们最初的估计，而且随着公司全球业务的扩展和新的奋斗目标的提出，公司管理不断面临新的挑战。因此，目前华为的管理仍然存在一些难点问题。

（1）跨领域、跨部门的端到端的主干流程的集成和结合的贯通，仍是目前最大的短板。各类流程看似各自都实现了端到端打通，但到了真正使用流程的部门和岗位那里却是“九龙戏水”，无法配合，效率低下。我们必须把公司级的管理变革进行到底。

（2）公司运营管理与业界最佳实践，还存在较大差距，已经成为制约公司提升市场竞争力的短板。公司在与爱立信对标的过程中，发现同样的管理，我们的用人用工比爱立信多。对标之后，华为提出了“五个一”目标，供应链和GTS同时发起了“账实相符”管理变革项目。“五个一”和“账实相符”目标的实现，涉及从产品配置简化，产品配置打通，业务场景分类和简化，全球供应网络布局优化，从销售要货到国家仓再到站点的计统调模式变革，交付上ERP、ISD变革等多个管理变革项目的集成。

（3）如何实现以项目为中心的管理转型。公司的运作正在从以功能部门为主的运作方式，逐步向以项目为中心的运作方式转变，客户、研发、服务和变革项目将成为未来业务运作的主要形态。这样，才能避免大公司的功能组织的毛病，去掉冗余，才能提高竞争力，才能使干部快速成长。

（4）将简化管理问题提上日程。华为要清醒地认识到，虽然“蓝血十杰”以其强大的理性主义精神奠定了战后美国企业和国家的强大，但任何事情都不可走极端。

20世纪70年代，由“蓝血十杰”所倡导的现代企业管理也开始暴露弊端。对数字的过度崇拜，对成本的过度控制，对企业集团规模的过度追求，导致了过度管理和对创造力的遏制，使得福特等一批美国大企业遭遇困境。

在华为公司，管理的复杂性正在随公司规模的扩大呈非线性的增长，这已经开始成为公司竞争力的制约因素。两难之处在于，客户需求的个性化和多样化是客观趋势，华为必须在坚持满足客户个性化需求的商业模式的同时，降低管理的复杂性。

这意味着华为的管理变革将进入攻坚期。因此，华为要时刻牢记，管理的目的，是提升一线的作战能力，是以客户为中心多打粮食。我们需要优化管理，但不能管理过度，凡是不能增产的管理，都不是好管理。

用互联网改善公司管理

今天，互联网和物联网正渗透到社会生产和生活的方方面面，互联网促进了信息的生产、交流、获取和共享，但没有改变事物的本质。同样，互联网也不可能使一家公司的管理实现跨越，科学管理还是基础，流程和规则可以简化，但不可以没有。

对实体经济来说，互联网的真正作用是什么？是颠覆还是推动？蒸汽机和电力都曾在产业和社会生活中起到革命性的作用，但这些技术革命不是颠覆，而是极大地推动了社会和生产的进步。互联网也不例外，其本质作用在于用信息化改造实体经济，增强其优质、低成本和快速响应客户需求的能力。一句话，互联网对实体经济的意义，是可以用它来提升实体经济的核心竞争力。

在改进公司内部管理方面，互联网可以大有作为。首先，可以使产业链内部交易标准化、数据化的信息快速传递，并全流程透明；其次，通过信息互联加强内部的信息沟通和共享，推倒部门墙，简化内部运作、核算和控制，降低交易成本；再次，运用大数据分析方法，充分挖掘和分析公司客户需求的大数据，加强客户洞察，与客户共同创造价值；分析内部运作的合同、订单、项目、配置、库存、物流的大数据，支持及时、准确、优质和低成本的交付；通过对人力资源的大数据分析，实现人力资源的合理配置，牵引优质资源向优质客户的倾斜。实际上，把标准化产品销售和行政采购搬到互联网上，实现B2B、B2C、O2O等多种新商业模式的运作，华为已经在做了。

经过十几年努力，华为已经建立了统一的管理平台，平台上绝大部分数据是真实、可靠的，这使华为利用互联网方式继续改进管理有了扎实基础。未来，华为的产品要占领世界大数据流量的制高点，除了靠创新外，要靠严格、有效、简单的现代管理体系。只有在此基础上，才能实现大视野、大战略。

华为之所以能在国际市场取得今天的成绩，就是因为公司十几年来认认真真、恭恭敬敬地向西方公司学习科学管理，真正走上了西方公司走过的路。这是一条成功之路，是必由之路。

资料来源：任正非，《IT时代周刊》2014年第24期.

讨论题：

1. 华为用互联网改善管理的本质是什么？
2. 请用管理控制的相关理论归纳华为公司的组织变革所面临的困难与挑战。

本章小结

控制职能是管理活动的四大职能之一，组织使用各种各样的控制手段来实现组织目标。

本章主要从控制的定义、控制的原则、控制的过程、控制的类型和控制的方法等五个方面阐述了控制职能，使管理者必须对是否完成了在计划过程中控制的目标进行监控，帮助管理者找到绩效差异和可改进的领域。

关键词

控制　控制标准　纠偏　前馈控制　现场控制　反馈控制　预算控制

思考题

1．阐述控制的概念。

2．控制与计划之间有什么样的关系？

3．控制的目的是什么？

4．有效控制遵循科学的控制原则有哪些？

5．简述控制的过程。

6．建立控制标准的基本方法有哪些？

7．按照控制信息的性质控制包括哪几种基本类型？

8．前馈控制的优点表现在哪里？

9．简述预算编制的步骤。

10．简述预算编制的方法。

11．非预算控制方法主要有哪些？

12．阿喀琉斯是特洛伊战争中最伟大的英雄，是第二代英雄中的佼佼者。当他出生时，他的女神母亲也想使他成为神人，于是提一只脚把他浸入冥河（另一说是把他放在天火里煅烧），使他周身刀剑不入。阿喀琉斯在特洛伊战争中杀死特洛伊主将赫克托尔，使希腊军转败为胜。但后来他不顾太阳神阿波罗的劝阻，还对阿波罗口出狂言，最终被太阳神阿波罗的暗箭射中脚踵而死。问题：结合本故事讨论管理者如何控制管理中的各个细节？

网络练习

1．在互联网上找一则小故事，说明控制对于管理的重要意义。

2．在互联网上找到一家真实的企业的资料，总结其控制系统的特点，采取的主要控制方法是什么？分析其影响该企业绩效的关键要素。

自测题

选择题

1. 下面关于计划与控制关系的表述中唯一不正确的是（　　）。
   A. 控制是为了保证组织的产出与计划一致而产生的一种管理职能
   B. 控制是按计划指导实施的行为和结果
   C. 控制必须服从于计划
   D. 计划和控制都是为了实现组织的目标，两者互相依存
2. 控制要达到的目的有（　　）。
   A. 适应环境变化　　B. 维持现状
   C. 实现管理突破　　D. 保持竞争优势
3. 最科学、最经济的控制方法是（　　）。
   A. 直接控制　　B. 间接控制　　C. 前馈控制　　D. 反馈控制
4. 衡量绩效后，当无偏差时，应（　　）。
   A. 执行原计划　　B. 修正原计划
   C. 调整原行动方案　　D. 提高绩效标准
5. 组织管理中最为广泛运用的一种控制方法是（　　）。
   A. 预算控制　　B. 非预算控制
   C. 财务控制　　D. 控制报告
6. 弹性预算又称（　　）。
   A. 连续预算　　B. 永续预算　　C. 滚动预算　　D. 变动预算
7. 控制的第一步是（　　）。
   A. 分析外部环境　　B. 选择控制类型　　C. 制订计划　　D. 纠正偏差
8. 属于定性标准的是（　　）。
   A. 时间定额　　B. 企业声誉　　C. 生产成本　　D. 市场占有率
9. （　　）是管理者最渴望采取的控制类型。
   A. 前馈控制　　B. 现场控制　　C. 反馈控制　　D. 直接控制
10. 反馈控制又称为事后控制或产出控制，其控制重点放在（　　）上。
    A. 事后监督　　B. 组织的产出结果　　C. 原因分析　　D. 纠偏措施

第十五章　控 制 管 理

学习目标

☑ 了解运营控制的类型
☑ 掌握生产运营控制的基本程序和原理
☑ 领会质量控制的重要性和方法
☑ 掌握成本管理的方法
☑ 了解生产率管理的基本内容

开篇案例

鸡汁快餐生产线

生产冷冻午餐的公司动物部经理接到了大量来自超市的有关对公司鸡汁快餐不满的抱怨后，经理要求他的助手欧龙调查此事，并提交建议报告。

欧龙的第一个任务是判断什么原因导致了这么多抱怨。调查结果表明大量的抱怨集中在五个方面：装量不足、漏装配料、撒出/混合配料、味道不正以及封装不当。

接下来，他从两条生产线上抽取午餐样品，并逐个检查，对所发现的缺陷数做出记录。这些结果如表 15-1 所示。这些数据是通过大约 820 个午餐样品进行检查得到的。那么欧龙该向经理提出什么建议呢？

表 15-1　某鸡汁快餐生产缺陷记录情况表

日期（月/日）	时间（时/分）	生产线	缺陷				
			装量不足	漏装配料	撒出/混合配料	味道不正	封装不当
5/12	09/00	1		2	1	3	
5/12	13/30	2			2		2
5/13	10/00	2				1	3
5/13	13/45	1	2		2		
5/13	15/30	2		2	3		1
5/14	08/30	1		3		3	
5/14	11/00	2	1		1	2	

续表

日期（月/日）	时间（时/分）	生产线	缺陷				
			装量不足	漏装配料	撤出/混合配料	味道不正	封装不当
5/14	14/00	1			1		1
5/15	10/30	1		3		5	
5/15	11/45	2			1	2	
5/15	15/00	1	1		1		
5/16	08/45	2				2	2
5/16	10/30	1		3	1	3	
5/16	14/10	1					
5/16	15/45	2	1	5	1	1	2

资料来源：百度文库。

第一节　生产经营控制管理

控制的职能是对组织内部的管理活动及其效果进行衡量校正，以确保组织目标以及为此拟定的计划得以实现。它使管理工作成为一个闭路系统、一种连续过程。它既是一个管理过程的终结，又是下一个新的管理过程的开始。它是每一位负责执行计划的管理人员，特别是生产与运营工作管理人员的主要职责。控制的目的在于通过采取纠正措施，把不符合要求的活动引导回正常的轨道，使管理系统能够实现预定目标。控制管理的具体内容包括运营控制管理、质量控制管理、成本控制管理和生产率控制管理等。

一、运营控制管理

（一）运营控制的基本模型及内容

1．运营控制的基本模型

运营控制首先是物流控制，使其在需要时到达必要的地点。而物流的控制必须依赖于及时、可靠的相关信息流。物流与信息流是相互作用、密不可分的。第三种流是资金流。这三者之间密切相关。物流是主体；信息流是条件，它给予运营控制强有力的支持，并及时反馈物流在流动过程中出现的偏差；资金流是保证，它根据物流的需要和信息反馈的情况来决定投入资金的流动，以使生产运营控制的效果达到最好。图 15-1 描述的是生产运营控制中物流、信息流和资金流的流动模型。

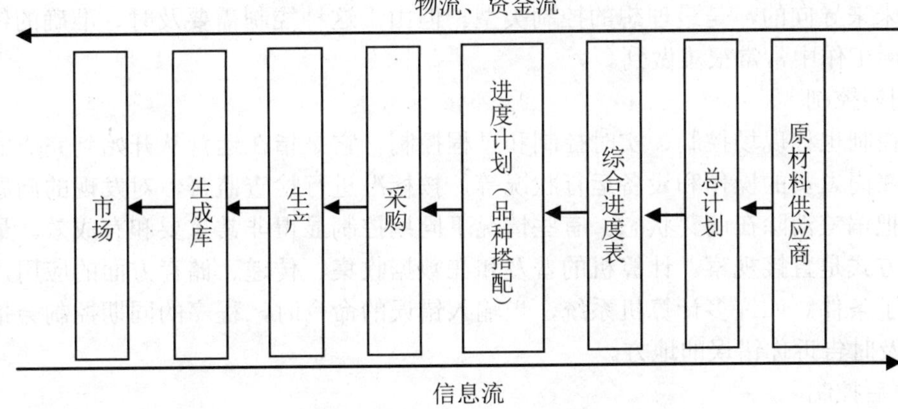

图 15-1　运营控制的流动模型

2．运营控制的内容

运营控制是对运营活动全过程进行的控制。其主要内容有下列五点。

（1）进度控制。将各项活动在时间上加以展开，即所谓“派工”，包括开具各种指令，安排每个人、每道工序的作业内容。从进度控制运行机制所发挥的作用讲，进度控制就是对计划的执行的控制。

（2）物流控制。物流是指对物资资料在生产运营过程中各个生产阶段之间的流动和从生产现场到资源市场之间的全部运动过程的控制，可以反映出工作的数量绩效，如单位产品所需的原材料、辅料、燃料、动力等情况。物料控制的目标是使各项消耗最小。

（3）质量控制。质量控制是指为了保持产品、过程或服务的质量所采取的运营技术和有关活动。现在国际上通行的观点认为，产品质量是比价格更重要的因素，实际上已成为产品通向国际市场的通行证。

（4）成本控制。成本控制是指对生产运营过程中发生的各种耗费进行控制。它包括成本预测、成本计划、成本日常控制、成本分析和考核一系列环节。其目的是促使成本不断降低，提高生产运营的效益。

（5）资金控制。资金控制是指对生产运营中流动资金、固定资金、专项资金等资金的控制，以达到最好的资金使用效益。

（二）运营控制的方式

运营控制常用的控制方式有事前控制、同期控制和事后控制。

1．事前控制

事前控制也称前馈控制。它是指在运营活动之前采取的调控行动，即先进行调研与可行性研究，并对可能出现的偏差采取预防措施。事前控制的中心是尽量避免生产运营所使用的资源在质与量上产生偏差，使运营系统的输入达到标准状态，保证系统正常运行。因此，它是未来导向的，是最理想的控制类型。但由于这种控制需要及时、准确的信息，因此，在实际工作中常常很难做到。

2．同期控制

同期控制也称现场控制、实时控制和过程控制。它是指在运营从开始到完成的全过程中，对各在岗人员的操作和设备运行状况等，按标准进行检查监督，对发现的问题及时解决，尽量把偏差消除在萌芽状态。有些情况下同期控制显得非常重要和有成效。最常见的同期控制方式是直接视察。计算机的普及和在数据收集、传递、储存方面的应用，为同期控制创造了条件。如许多计算机系统，当输入错误的命令时，程序的同期控制会拒绝你的要求，并及时告诉你错误的地方。

3．事后控制

事后控制也称反馈控制。它是指运营工作完成之后，对实际成果进行多方面的考核、分析，总结经验教训，找出差距，查明和测定各种因素对生产运营计划的影响程度，指导未来工作。企业的生产运营系统的运行是一个连续的、循环的过程，对前一过程的考核和分析是指导下一过程的必要部分。因此，事后控制虽是“事后算账”，但它是一种承前启后的控制，是对运营系统进行循环控制的联结点。它的主要缺点在于管理者获得信息时损失已经形成。但在许多情况下它又是唯一可用的控制手段。

上述三种方式在运营控制中是同时采用的，事后控制是运用最广泛的方式，但效果逊于前两种控制方式。除此之外，还有不少其他控制方法。如按控制的逻辑发展，有试探控制、经验控制、推理控制和最优控制。

（三）运营控制的基本程序

根据控制理论，生产运营要实现有效控制，必须把握三方面的要素：标准，即制定生产运营的标准；信息，即得到实际结果与标准之间偏差的信息；措施，即对已发生和将发生的偏差采取纠偏措施。三者之间相互联系，缺一不可。相应地，生产运营控制的基本程序也分为三个步骤，如图15-2所示。

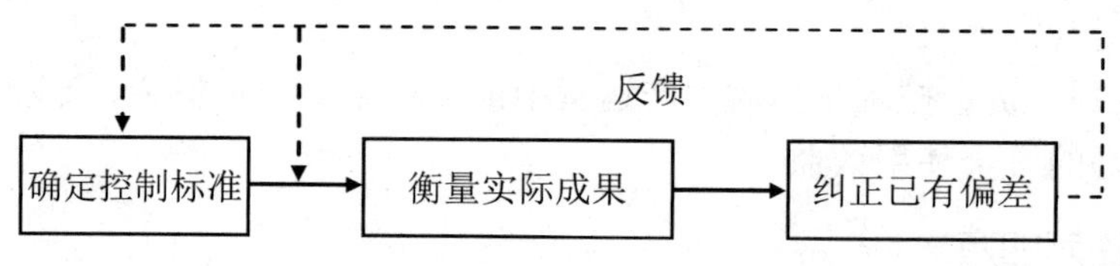

图15-2 生产运营控制的基本程序

1．确定控制标准

制定标准是指参照生产定额、本企业的历史水平、同行业的先进水平或权威机构颁发的标准，把企业的经营指标按部门、产品层层分解为一个个小指标，作为每个生产单元的控制目标。例如，生产运营计划、成本目标、物资库存水平标准、质量标准、工艺标准、劳动定额、产量定额、物资消耗定额、费用限额等。

制定标准的方法包括：（1）类比法是将本企业与以前的生产情况和同行业其他企业的情况进行比较，制定出标准。（2）定额方法。对生产运营过程中某些消耗制定定额，包括劳动消耗定额和材料定额。（3）标准化方法。采用现在流行的生产标准：国际标准、国家标准和行业标准等。

2．衡量实际成果

衡量成果就是收集生产运营绩效的数据，与预先制定的标准作比较分析，发现偏差，并分析偏差产生的原因。

运营绩效的测定方式有三种：一是定期分析固定信息的反馈，如业务报表、财务报表等；二是管理者定期或不定期听取执行者的口头或书面汇报；三是管理者进行实地检查。在生产运营活动中，对许多工作很难制定标准或很难衡量，往往只能依据一些模糊的标准来衡量。越是常规性、技术性表现弱而非常规性表现较强的部门，制定评价指标与评定都较困难。

3．纠正已有偏差

根据评估的结果对生产运营计划和生产运营过程作出适当的调整，以保证后续生产运营更好完成。

在衡量实际成果中，会出现三种结果：（1）实际结果超出计划或控制标准，称为正偏差；（2）偏差等于零；（3）实际结果没有达到计划或控制标准的要求，称为负偏差。其中，无偏差是最好的情况，但这只是理论上的假定，主要是强调偏差应尽可能小。

（四）运营进度控制

生产运营进度控制按整个生产过程的顺序进行，包括：（1）生产运营投入进度控制；（2）生产运营工序进度控制；（3）生产运营产出进度控制；（4）生产运营的配套控制：（5）生产运营的均衡控制。

对于运营进度的控制，要通过每天的生产运营进度日程表来跟踪，如表 15-2 所示。

表 15-2　生产运营进度日程表

填报单位：　　　　　　　　　　　　　　　填报日期：　　　年　　月　　日

生产项目	计划任务数目	完成任务数目	完成任务占计划任务的比重	备注（主要原因和以后的安排）

单位主管：（签名）　　　　　　　　　　　　　　填报人：（签名）

各种控制方法的依据都是基础的生产统计台账和报表。为了便于分析，一般常用图表将有关数据画成曲线形式，常见的有进度坐标图、横道图、流动数曲线图、折线图、前锋线图、雷达图等。

（五）生产运营的在制品控制

在制品的控制根据在制品的分类来进行，车间在制品的控制、库存半成品的控制是在制品控制的主体部分。

1．在制品的控制

企业生产产品的组织形式不同，因此出现了不同的在制品控制形式，主要有两种：成批量的大量生产运营中，在制品数量比较稳定，在制品在生产中的流转也有一定的顺序和规律，轮班任务报告是常用的控制方法；在单件产品和小批量生产中，由于产品品种和批量经常变化，在制品数量非常不稳定，变化频繁，对在制品的控制按照加工路线来进行，通过加工路线单和工票对在制品进行控制。其主要包括：（1）轮班任务报告；（2）加工路线单；（3）单工序工票。具体如表 15-3 和表 15-4 所示。

表 15-3　运营加工路线单

产品：　　　　填发日期：　　　　年　　月　　日　　　　卡片编号：

件号	零件名称	每台件数	计划投入			实际投入		
			件	台	累计	件	台	累计

日期		工序	机床号	工作者收到		工时定额		检查结果				检查员
月	日	序号名称		数量	签章	准备与结束	单件	合格	返修	工废	料废	签章

合格入库数	检查员签章	仓库盖章	入库日期	备注
			年　月　日	

表 15-4　运营单工序工票

产品编号	件号	件名	序号	序名	单件定额	每台件数	投入件数	
							本批	累计

日期	班次	工作者姓名	加工时间			完成		检查结果				检查印	备注
			起	止	工时	件数	工时定额	合格	返修	工废	料废		

生产组长：　　　　　　　　　　　　计划调度员：

2．库存半成品的控制

（1）库存半成品

小批量多品种的产品生产过程中，前一工序的在制品不一定要转入下一工序，为了控制生产单位之间在制品的周转，就有必要在生产单位之间设置半成品库；在大量流水线生产条件下，相邻流水线按同一节拍协调地生产，零部件在前一道工序完成后，直接转入下面一道工序，不需要设置中间的库存。

（2）库存半成品的控制方法

库存半成品的控制方法，主要是如何对半成品进行检查，并且根据库存的情况决定是否发出生产指令补充半成品，一般有半成品的定期控制和连续检查控制两种控制方法。

定期性检查策略和连续性检查策略的区别在于，在前一种策略下，生产指令可以在某时段末也可以不在某时段末发出，取决于库存水平；后一种策略，生产指令总是在库存水平降到或低于订货点水平时发出，与时间长短无关。

（六）不同生产类型生产控制的特点

不同生产类型的特征在物料流、库存、设备和工人几个方面比较如下（见表 15-5），以利于了解不同生产类型生产控制的特点。

表 15-5　不同生产类型的典型特点

项　目	单件小批生产	大量大批生产
零件的流动	没有主要的流动路线	单一的流动路线
瓶颈	经常变动	稳定
设备	通用设备，有柔性	高效专用设备
调整准备费用	低	高
工人操作	多	少
工人工作的范围	宽	窄
工作节奏的控制	由工人自己控制	由机器和工艺过程控制
在制品库存	高	低
产品库存	很少	较高
供应商	经常变化	稳定
编制作业计划	不确定性高，变化大	不确定性低，变化少

二、质量控制管理

质量是大多数企业运作的四个主要目标之一，质量控制（Quality Control，QC）是企业生产运营控制的重要内容，是为了保持某一产品、过程或服务的质量所采取的作业技术和有关活动。

（一）质量管理

1．质量管理的定义

质量管理是指确定质量方针、目标和职责，并在质量体系中通过诸如质量策划、质量控制、质量保证和质量改进使其实施的全部管理职能的所有活动。

2．质量管理的发展历程

质量管理形成一门学科始于 20 世纪初，至今大体经历了以下三个阶段。

（1）产品质量检验阶段

20 世纪初至第二次世界大战前，主要是对生产出来的产品按规定的技术要求进行检验，将不合格品挑出来，只让合格品通过。这是一种事后检查，它不能预防不合格品的发生。

（2）统计质量控制阶段

统计质量控制阶段是用控制图表对从生产过程中取得的数据资料进行统计，分析不合格品产生的原因，并采取措施使生产过程保持在不出废品的稳定状态，其特征是预防与检验相结合。这是美国贝尔研究所的休哈特于 1924 年首次提出的，第二次世界大战后得到广泛应用。但由于过分强调数理统计方法和数学理论，忽视组织管理与生产者的能动作用，限制了其普及和推广。

（3）全面质量管理阶段

20 世纪 50 年代末 60 年代初，美国通用电气公司的费根堡姆和质量管理专家朱兰提出了全面质量管理，经过半个多世纪来许多国家的实践运用、总结和提高，全面质量管理的内容和方法都有了新的充实和发展。

（二）质量控制的统计方法

随着数学在企业管理上的广泛应用，用于产品质量控制的数理统计方法也在增加，这是由于质量的特性表现出与数理统计方法研究对象的一致性。第一，质量的特性值具有波动性；第二，造成质量波动的原因虽然很多，但可概括为系统性因素和偶然性因素（随机因素）两大类；第三，质量波动具有规律性。而数理统计正是研究随机现象数量关系和变化的，它在质量控制中有广阔的应用空间。质量控制常用的统计方法有以下几种。

（1）分层法

分层法是指寻找问题或原因时，将收集的数据按类别或生产条件分成两个以上的组（层），其目的是通过分层把性质不同的数据及原因和责任分出来，以便找出问题症结，采取措施解决，常用的分层标志有时间、操作者（性别、年龄、技术等级）、工艺方法（规程、条件）、设备（型号、类型）、原材料（厂家、批次、成分、规格）、检测手段（人员、仪器、方法）、时间（班次、日期）等。表 15-6 是按操作者将数据分层。

表 15-6 数据分层表

操 作 者	漏 油	不 漏 油	漏油发生率
甲	6	13	0.32
乙	3	9	0.25
丙	10	9	0.53
合计	19	31	0.38

（2）因果分析图法

日本质量管理大师石川磬首创使用的因果图，也被称为鱼刺图。鱼刺图引入了系统思维的方法，常用于引导组织内部对质量问题的思考和讨论，发现和揭示偏差变异产生的原因，分析各种变量共同形成的作用力并推断事情演变的方向和结果。因果分析图法是在众多可能影响产品质量的因素中寻找原因的有效方法，因果图的形状如鱼刺，故又名鱼刺图。其示意图及图例如图 15-3 所示。

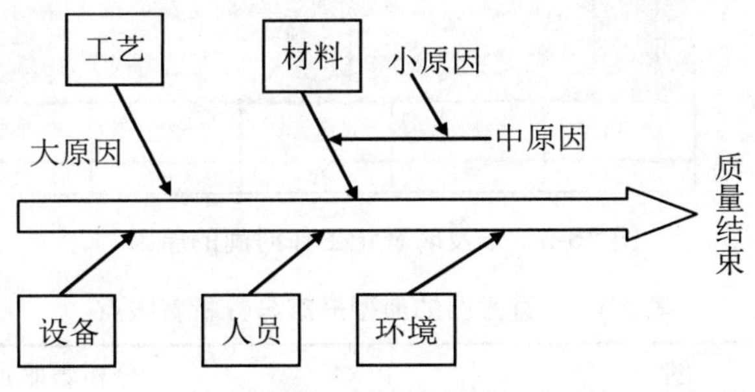

图 15-3 因果图结构示意图

影响质量的因素主要来自人、材料、设备、方法和环境五个方面。图 15-3 上的大箭头表示大原因，小箭头是每一个原因中细分的因素，这些小箭头可再细分为更小的因素。

（3）直方图法

直方图是一种垂直的条形图，显示特定情况的发生次数。每个柱形都代表某个问题/情境的一种属性或特征。柱形的高度则表示该特征的发生次数。直方图用数字和柱形的相对高度直观地表示引发问题的最普遍的原因。直方图可以比较直观地看出产品质量分布情况，可以判断工序是否处于受控状态。

直方图是将收集到的数据分为若干组，画出以组距为底边，以频数为高度的许多个直方图连接起来的矩形图。图 15-4 是组距为 3，共分 11 组的直方图。

图 15-5 为分析未及时登记工作时间的原因的直方图。

根据直方图的形状，判断它属于哪一类异常类型，便可以从中分析出异常的原因和采取解决的措施。表 15-7 列出了直方图的典型形态与分析着眼点。

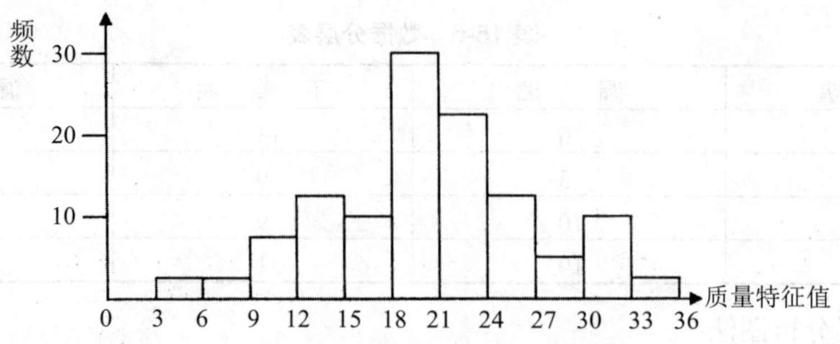

图 15-4　直方图

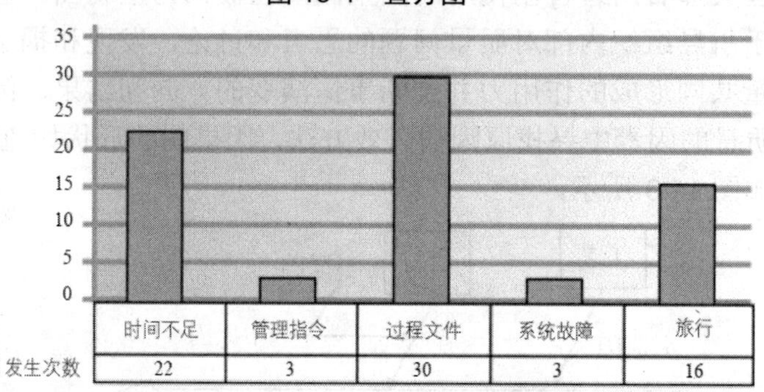

图 15-5　未及时登记工作时间的原因

表 15-7　直方图的典型形态与分析着眼点

序　号	名　称	图　形	分析着眼点
1	正常型		一般的正常状态
2	断齿型		（1）区间幅度是否是测得精度的整数倍 （2）测定者是否错过了刻度的单位等
3	偏向型		（1）直方图的顶峰偏向一侧，像跳动等是这样分布的 （2）有时因加工习惯造成这样的分布，如孔加工往往偏小，而轴加工往往偏大等
4	孤岛型		可能有几个不同分布的数据混入此分布中，应该了解数据，看其是否有异常现象，测定有无误差，其他工序的数据是否混入了本工序的数据中
5	双峰型		平均值不同的两个分布混为一体的现象，应该分层，如可按机器、元件、操作者分层
6	平顶型		生产过程中某种缓慢的倾向在起作用

直方图能够比较形象、直观地反映产品质量的分布情况，使用直方图主要就是通过对

图形的观察和分析来判断生产过程是否稳定，预测生产过程的不合格品率。观察的方法是：对图形的形状进行观察，并对照规格标准进行比较。直方图法可以帮助我们分析产品质量的分布情况，用途十分广泛，常用于定期报告质量情况、分析质量散差原因、测量工序能力、估计工序不合格品率等。

（4）控制图法

控制图又叫管理图。它有一对控制界限和一条中心线，作为判断是否异常的标准。每隔一定时间测得质量数据，点在图上就可说明过程是否异常，区别引起波动的原因是偶然的还是系统的。控制图按其用途可分为两类：一类是供分析用的控制图，用来分析生产过程中有关质量特征值的变化情况，看工序是否处于稳定受控状态；另一类是管理用的控制图，主要用于发现生产过程是否出现了异常情况，以预防不合格品产生。

图 15-6 和图 15-7 分别为控制图法的示意图及图例。

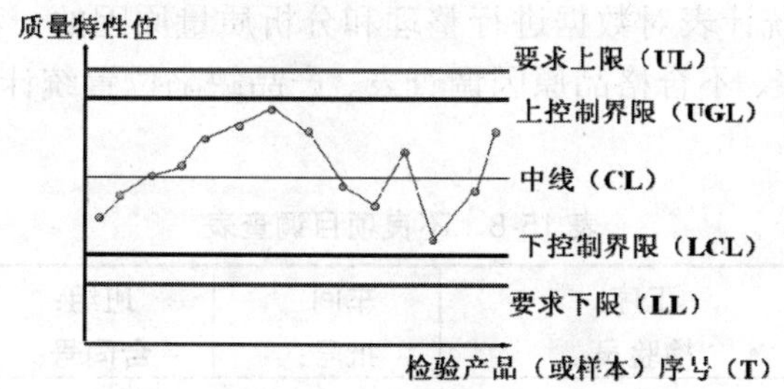

图 15-6　控制图法示意图

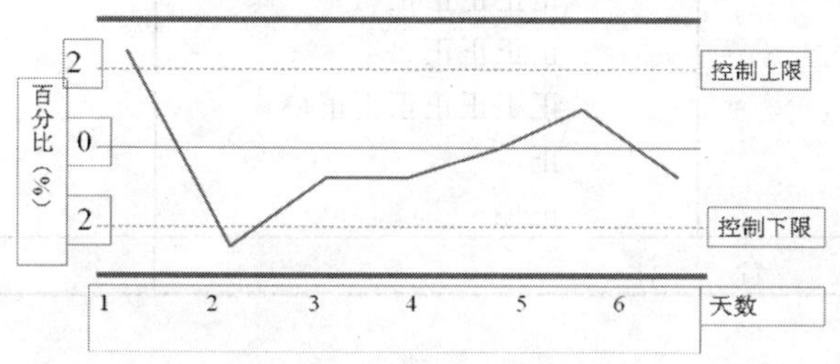

图 15-7　比萨饼的质量控制图

质量控制的七点原则：如果连续七个样品的检验数据，或者一个样品连续七次检验的数据，都偏在标准线一侧，就可以判断是非随机性偏差了，需要查明原因，采取纠偏措施，如图 15-8 所示。

（5）相关图法

相关图又叫散布图，它是把两个可能相关的变量数据点画在坐标图上，通过观察分析，来判断两个变量之间是否存在相关关系并判断其相关程序的方法。这种问题在实际生产运营中是常见的，如温度与油漆的黏性、钢的硬度和抗拉强度等，它们之间存在着密切关系，但又不能精确地由一个变量导出另一个变量，在这种情况下，用相关图来分析就很方便。

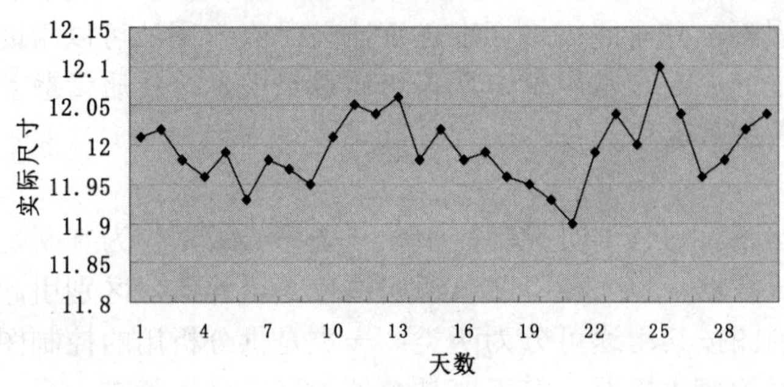

图 15-8 质量控制七点原则

（6）统计分析表

统计分析表是利用统计表对数据进行整理和分析质量原因的一种工具。其格式有多种多样，如频数分析调查表、不合格品原因调查表、产品缺陷位置统计调查分析表等。表 15-8 是不良项目调查表。

表 15-8 不良项目调查表

品名：	时间：	工序： 检验员：	车间： 批号：	班组： 合同号：	检验总数： 备注：全数检验

不良缺陷	检验结果	小计
表面缺陷	正正正正正+1	26
砂眼	正正正正	20
加工不良	正正正正正正正+3	38
形状不良	正	5
其他	正+3	8
合　计		97

三、成本控制管理

1．成本控制的内容

成本控制的内容非常广泛，各行各业的不同企业有不同的控制重点。一般来说，控制内容可以从成本形成过程和成本费用的构成两个分类角度考虑。

（1）按成本形成过程分类

① 产品投产前的控制

这一阶段主要包括产品设计成本、加工工艺成本、物资采购成本、生产组织方式、材料定额与劳动定额水平等。这些内容对成本影响最大，可以说产品总成本的 60%却决于这个阶段的成本控制工作的质量。

② 制造过程控制

制造过程是成本实际形成的主要阶段。绝大部分的成本支出在这个过程发生，包括原材料、人工、能源动力、各种辅料的消耗、工序间物料运输费用、车间以及其他管理部门的费用支出，它属于事中控制方式。

③ 流通过程中的控制

流通过程的成本包括产品包装、厂外运输、广告促销、销售机构开支和售后服务等费用。

（2）按成本费用的构成分类

① 原材料成本控制

在制造业，原材料费用一般占用了总成本的 60%以上，是成本控制的主要对象。影响原材料成本的因素有采购、库存费用、生产消耗等，所以采购、库存管理和消耗是三个主要控制环节。

② 工资费用控制

增加工资一般被认为是不可逆转的。控制工资成本的关键在于提高劳动生产率，它与劳动定额、工时消耗、工时利用率、工作效率、工人出勤率等因素相关。

③ 制造费用控制

制造费用开支项目主要包括折旧费、修理费、辅助生产费用、车间管理人员工资等。虽然它在成本中所占比重不大，但由于不引人注意，浪费现象十分普遍，因而也是不可忽视的一项控制内容。

④ 企业管理费控制

企业管理费是指为管理和组织生产所发生的各项费用，开支项目非常多，也是成本中不可忽视的内容。

2．标准成本控制法

标准成本控制法是一种较理想的事中控制成本的方法。它的基本原理是对控制对象事先确定标准成本，并设立标准成本卡，在生产过程中，不断将实际消耗量与标准成本作比较，计算成本的差异，分析差异原因，采取控制措施，将各项支出控制在标准成本范围之内。

标准成本有理想标准和正常标准之分。正常标准是指在正常情况下，企业通过一定的努力提高效率减少浪费后达到的成本。使用正常标准比较现实，理想标准可作为不断追求的目标。标准成本一般包括生产成本中的材料、人工、费用三项，直接材料标准成本应根据技术部门确定的材料消耗额和物资部门的标准价格计算得到；直接人工成本标准应根据劳动人事部门制定的劳动工时定额乘上标准工资率求得；制造费用可以按设备的生产能力分摊，应该运用弹性预算原则，把标准分摊率分为固定和变动两部分。下面举例说明标准成本控制法的应用。

某产品某月计划产量为 10 000 件，计劳动工时定额 20 000 小时，制造费用 10 000 元。

该产品的实际生产量和成本支出情况如表15-9所示。

表15-9 某产品实际生产和成本支出情况表

实际产量（件）	92 000
实际消耗工时（小时）（单价：5.2元）	19 000
直接材料（千克）	
A材料（单价：16.0元）	18 800
B材料（单价：4.5元）	9 200
直接人工（小时）（工资率：5.2元）	19 000
制造费用（元）	
变动部分	25 000
固定部分	80 000

标准成本以标准成本卡形式已在事先确定，如表15-10所示。

表15-10 标准成本卡

直接材料：	A材料	2千克/件	单价	15元	30元	
	B材料	1千克/件	单价	5元	5元	35元
直接人工：		2小时/件	工资率	5元		10元
制造费用：						
	变动部分	20工时	分摊率	0.15元	3元	
	固定部分	20工时	分摊率	0.50元	10元	13元
单位成本：						58元

解析：直接材料成本差异计算公式为：

材料成本总差异=实际用量×实际单价-标准用量×标准单价

材料用量差异=（实际用量-标准用量）×标准单价

材料价格差异=（实际单价-标准单价）×标准用量

材料成本差异计算结果如表15-11所示。

表15-11 材料成本差异计算表

材料名称	实际单价（元/千克）	标准单价（元/千克）	实际用量（千克）	标准用量（千克）	用量差异（元）	价格差异（元）	总差异（元）
A	16.0	15.0	18 800	18 400	6 000	18 800	24 800
B	4.5	5.0	9 200	9 200	0	-4 600	-4 600
					6 000	14 200	20 200

其中，直接材料差异中的用量差异由制造车间负责分析原因，提出解决对策，并负责执行。价格差异则由供应部门负责解决。差异分解得越细，确定的责任部门越明确，控制的作用也就越有效。

同理，直接人工成本差异计算公式为：

人工成本总差异=实际工作时间×实际工资率-标准工作时间×标准工资率

人工工作时间差异=（实际工作时间-标准工作时间）×标准工资率

人工工资率差异=（实际工资率-标准工资率）×实际工作时间

制造费用成本差异计算公式为：

制造费用差异=实际产量×费用分摊率-实际费用

3．弹性预算控制法

对于半变动费用，如制造费用等间接费用，它既有固定成分，也有变动成分，会随着产量而变，但又不与产量成正比。因此，对于不同产量的同一产品或服务活动来说，从预算角度来看，它们很可能是属于两个截然不同的成本水平。做这方面预算时，通常采用弹性预算来处理这个问题。所谓弹性预算，是指按不同生产量编制不同的预算。这种预算方法比较符合实际，因而预算方法比较符合实际，因而能有效控制费用支出。

选择适当的生产量计算单位来衡量制造费用很重要，否则，费用的变动性就不易掌握，预算费用就不可靠。一般而言，产品单一的车间可用生产量作为计量单位；多品种车间因产品加工不同，可选用劳动定额工时；动力车间供应能源，可使用电度量或煤炭量、蒸汽量等；修理车间提供劳务，可用修理工时；服务部门，可用企业共同的工作量作为计量单位。

弹性预算一般采用公式法或列表法编制计划。如果一项费用可以划分为固定和变动两部分，变动率又是可求的，使用公式法最为简单。其计算公式如下：

$$Y=F+V=F+vX$$

式中：Y——预算费用总额；

F——固定费用；

V——变动费用；

X——计划生产量（或额定工时等）；

v——变动费用的变动率。

如果费用变动部分的变化规律不能用解析式表达时，可用列表法。表中固定费用是不变的，把生产量分成若干段，每段确定一个相应的变动费用。生产量分段间隔不能太大，间隔之间的费用值可以线性插入法求得。表 15-12 为某公司月度弹性预算表。

表 15-12 某公司月度弹性预算表

销售额	80	90	100	110	120
变动营业费用	24	27	30	33	36
半固定营业费用	8	9	10	11	12
固定营业费用	5	6	7	12	13
成本小计	12	12	12	15	15
	49	54	59	71	76
利润	31	36	41	39	44

预算费用可理解为需要控制的费用标准。弹性预算在实施控制中作差异分析时，是用实际的生产量下的费用值作为控制的费用标准，而不是计划产量下的预算费用（此为“刚性”预算），这就是“弹性”的由来。

在实际工作中，由于所在行业和企业性质的不同，成本控制的方法千差万别。我们应该以全面的成本概念为基础，综合运用各种手段和方法，采取全方位的成本控制方法。

四、生产率控制管理

（一）生产率的概念及度量方法

一个企业管理者的主要职责之一是做到有效地使用该企业的资源。生产率通常表述为商品或劳务的产出与生产过程中的投入（劳动、材料、能量及其他资源）的关系，是一个相对指标。它常表示成产出与投入之比：

生产率=产出/投入

生产率比例的计算适用于单一运作、一个企业乃至整个国家。

生产率可按单一投入、两种以上的投入或者全部投入来度量。与这三种度量方法相对应，有三种生产率，即单要素生产率、多要素生产率和总生产率。表15-13列举了生产率度量法的一些例子。实际中具体选用哪一种度量法主要视度量的目的而定。如果目的是为了提高劳动生产率，那么显然就采用劳动这一投入来度量。

表15-13　不同类型生产率度量法举例

度　量　法	举　　例
单要素度量法	产出/劳动、产出/机器、产出/资本、产出/能量
多要素度量法	产出/（劳动+机器）、产出/（劳动+资本+能量）
总度量法	生产的商品或劳务/生产过程中的全部投入

在运作过程中常采用单要素度量法，如表15-14所示。

表15-14　单要素生产率度量法举例

度　量　法	举　　例
劳动生产率	① 每人工小时的产出单位数 ② 每轮班的产出单位数 ③ 每小时增值额 ④ 每小时的产值
机器生产率	① 每机时的产出单位数 ② 每机时的产值

续表

度 量 法	举 例
资本生产率	① 每美元投入的产出单位数 ② 每美元投入的产值
能量生产率	① 每千瓦小时的产出单位数 ② 每千瓦小时的产值

生产率度量可用于很多方面。对单个部门或企业而言，生产率度量可用来监控一定时期的业绩，这使得管理者可对业绩做出评价，并就哪些地方有待改进做出决策。

从本质上讲，生产率反映出资源的有效利用程度。企业管理者关心生产率是因为它直接影响到企业的竞争力。如果两家企业有同等的产出量，但其中一家由于生产率较高而投入的较少，那么这家企业就能够按较低的价格销售自己的产品，从而提高其市场份额。若这家企业选择原价销售的办法，结果会获得较多的利润。

从管理的角度出发，提高生产率是增加利润的一种途径。事实上，有时候提高生产率比增加销售额对利润的贡献更大。例如，假定一个公司的销售额为 100 美元，可变成本为 70 美元，固定成本为 20 美元，相应的利润为 10 美元。如果销售额增长 10%，利润将增加 30%。具体计算如表 15-15 所示。另一方面，如果生产率提高使可变成本下降 10%，利润将增加 70%。这个特殊的例子说明，生产率提高 10%比销售额增加 10%能带来更多的利润。当然利润增加的多少和选取的数字有关。但在一定条件下，生产率的提高比销售额的增加会增加更多的利润。

表 15-15 利润增加值

单位：美元

项 目	改 变 前	销售额增加 10%	生产率提高 10%
销售额	100	110	100
可变成本	70	77	63
固定成本	20	20	20
利润	10	13（+30%）	17（+70%）

（二）经验曲线

经验曲线（或学习曲线）可以用来度量业绩水平随着时间不断提高的程度。经验曲线描述了成本作为产量的函数的变化情况。此外，也可以用经验曲线描述质量的提高。经验曲线的理论依据是认为工厂在制造产品或提供服务过程中通过学习可以获得经验。在学习过程中，后一单位产品花费的时间比前一单位要少，因为员工操作起来会更熟练，原材料成本也会因为员工从生产过程获得经验而降低。

日常生活中学习的例子随处可见。经过练习，学生学会了更快地阅读、更快地做算术题。制造飞机时，后一架耗费的直接劳动时间比前一架要少。第二套房子的建造成本比第一套要低。产生这种现象的原因很多：随着学习或经验的积累，工艺流程得到改进、员工操作速度更快、产品设计更有效率、找到了更廉价的材料来源或采用了更好的加工方法。

经验曲线已被用来表示成本和累计生产数量之间的关系。经验曲线百分率可以用来表示产量每增加一倍，单位成本的降低情况。例如，经验率为 80%，那么产出每增加一倍，单位成本就乘以系数（0.8）。在这个例子里，如果生产第一个单位的成本是 100 美元，生产第二个单位的成本就是 80 美元（0.8×100 美元），第四个单位的成本就是 64 美元（0.8×80 美元），第八个单位的成本就是 51.2 美元（0.8×64 美元），依此类推。实际经验曲线的比率一般在 60%～90%之间。较高的经验比率（如 90%）是由于生产过程的效率提高起来较困难，或者说学习效果不如经验比率低时显著。

经验曲线在估计成本、度量降低成本的运作方案所取得的成效等方面都很有用。另外，它在制定战略时也非常有用。一个公司想利用经验曲线生产出成本比竞争者更低的产品，由于存在经验效应，公司可以采取低成本战略，比竞争者提前降低经验曲线。经验曲线越陡，低成本战略的效果越明显。因为如果竞争者不能赶上你的产量、学习速度和成本，就会被市场淘汰。

（三）提升生产率

对于一个组织或部门来说，可以采取以下行动步骤来改进生产率。

- ❑ 测定生产率。
- ❑ 识别关键作业活动与瓶颈环节。
- ❑ 拟定改进生产率的方法。
- ❑ 设定合理目标。
- ❑ 取得管理层支持。
- ❑ 测定并公布生产率改进情况。
- ❑ 不要将生产率与效率混为一谈。

第一，测定生产率对做好管理工作非常重要，因为这种测定是进行管理、控制的起点。第二，将整个组织作为一个完整的整体，可以找出影响组织整体生产率的制约因素，抓住重点，明确改进的对象与相应的改进次序、改进幅度。第三，在上述基础上开发改进生产率的方案。第四，设定合理的改进生产率目标，以实现生产率的合理改进与增长。改进生产率的目标不宜设置过高或过低。第五，管理层对改进生产率应持积极、肯定和鼓励的态度，应该有制度的保证。第六，对生产率的改进，应持续不断，常抓不懈，定期测定其改进情况，公之于众。第七，在改进生产率的日常工作过程中，应注意区分生产率与效率，以免影响改进生产率工作的合理展开。

第二节　经营者控制

管理活动中的控制具有非常重要的意义。斯蒂芬·P. 罗宾斯曾这样描述控制的作用："尽管计划可以制订出来，组织结构可以调整得非常有效，员工的积极性也可以调动起来，但是仍然不能保证所有的行动都按计划执行，不能保证管理者追求的目标一定能达到"（1997）。

一、经营者控制概述

（一）经营者控制的概念

经营者控制是指管理者为了实现组织的战略目标，而对企业运转中的资金、生产、营销、设备、人员等的全面监控过程。它是确保组织战略目标实现的工具之一。其模型如图 15-9 所示。

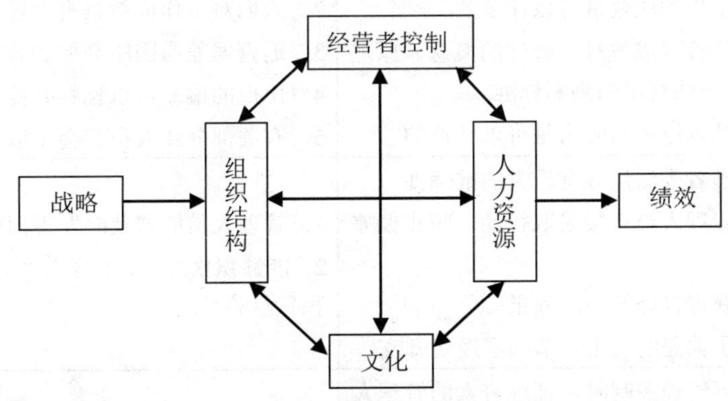

图 15-9　经营者控制模型

资料来源：张先治．建立企业内部管理控制系统框架的探讨[J]．财经问题研究，2003（11）．

理解上述定义，主要是要把握以下几种基本含义。

首先，经营者控制是为了实现目标的监控过程。它贯穿于企业的整个运作过程，其目的是达到组织目标。管理控制是个动态过程，包括确立标准、衡量绩效和纠正偏差。

其次，经营者控制是由组织内的管理者来执行和实施的。

最后，经营者控制的对象是组织活动的整个过程，是全方位的监控活动。

（二）经营者控制的分类

管理控制中制定标准、衡量绩效、纠正偏差三者构成一个控制系统，组织目标正是在三者之间循环往复、螺旋上升的过程中得以实现。要保证控制系统的有效运转，控制的方式、方法至关重要。在管理控制中，由于管理对象不同、管理目标不同、系统状态不同，所使用的方法也有所不同，在管理活动中，为了确保组织目标的实现，往往是各种方法交叉使用。我们简要介绍以下几种分类。

（1）根据时机、对象和目的的不同，管理控制方式有前馈控制、现场控制和反馈控制。这几种控制方式前面的章节已有介绍，这里不再赘述。

（2）从经营者控制行为的角度来看，管理控制可以分为直接控制和间接控制。

直接控制越来越受到重视。直接控制和间接控制的区别如表 15-16 所示。

表 15-16　直接控制与间接控制的区别

项　目	直 接 控 制	间 接 控 制
控制行为	偏差出现之前	偏差出现之后
控制对象	管理者	偏差
控制方法	提高管理者的素质	纠正偏差
基本假设	1．合格人员所犯的错误最少 2．管理工作的成效是可以计量的 3．在计量管理成效时，管理的概念、原理和方法是一些有用的判断标准 4．管理基本原理的应用是可以评价的	1．工作成效是可以计量的 2．人们对工作成效具有责任感 3．追查偏差原因所需要的时间是可以保证的 4．出现的偏差可以预料并能及时发现 5．有关部分或人员将会采取纠正措施
优点	1．对管理者委派任务有较大的准确性 2．促使管理人员直接采取行动，防止偏差出现 3．可以获得良好的心理效果 4．减少了偏差的发生，节约了经费开支	1．管理人员能够及时发现问题，并给予纠正 2．能够积累经验，亡羊补牢，为实行直接控制积累经验
缺点	1．在实行管理控制时，训练有素的管理人员是能否实现直接控制的关键，人员的稀缺是实现直接控制的障碍 2．企业在运作过程中，往往面临着不确定因素，因此完全的直接控制是不可能实现的，它以间接控制为依据	1．管理工作中的成效是难以计量的 2．管理人员不愿花费时间调查偏差的真相 3．有时难以采取有效的纠偏措施 4．由于偏差的发生，加大了经费开支

（3）以控制对象被控制的程度，可以把控制分为刚性控制和柔性控制。

传统的控制方式大多为刚性控制。所谓刚性控制是相对于柔性控制而言，它是对企业生产经营过程中的直接控制，如产品质量、市场占有率、作业标准化、财务指标、安全生产及各种规章制度的制定等方面的控制，其目的是要使一切都在管理者的掌握之中，所有的生产经营活动都有条不紊地进行，要实现每一人和每一物在恰当时处在恰当位置上。

柔性控制是对影响企业或直接生产经营过程的企业文化、企业伦理、企业素质、创新能力等方面的控制。柔性控制的因素主要是指那些属于精神层面的事物，如最高领导阶层的管理风格、管理哲学、企业文化、控制精神等，它是“以人为本”的控制机制，强调的是对企业“软”因素的控制，这种控制在引导员工行为方面比刚性控制能够起到更好的效果。

刚性控制是有严格界限的，控制对象不能突破，而柔性控制没有固定的界限。但如果我们只要刚性控制，那么只有控制的标准非常低，才能保证大部分人不违反标准，不利于企业的发展。反之，如果仅仅注重柔性控制，那么控制的约束力则名存实亡。因此，刚性控制是柔性控制的基础，柔性控制是刚性控制的升华，两者相辅相成，缺一不可。只有两者有机地结合起来，才能真正发挥控制的作用，从而保证企业战略目标的实现。

二、组织（人员）控制

高层管理者希望组织能够实现组织目标，而组织中成员的目标各不相同，很难与组织目标相一致。组织控制就是为了实现组织目标的一致性，管理者利用社会规范对企业成员的行为实施约束的过程。组织控制侧重于组织整体目标的共同实现。组织控制体现在组织结构的规范化、组织制度的建立、完善组织人员三个方面。

（一）组织结构设计与组织控制

组织结构是企业的基本架构，是企业生产经营活动有序化进行的支撑体系。组织结构设计的优劣直接影响着企业内部组织行为的效果和效率，企业组织结构建设的好坏直接影响到企业的经营成果及控制的效果。组织结构随着组织内外部要素的变化而变化，企业发展的不同时期、具有不同特点的企业具有不同的组织结构。

直线职能制结构的管理控制属于直接控制方式，管理控制权集中于最高层管理人员。经理作为统一的权力机构代表对整个企业各部门实施统筹管理，权责分明，集中管理，各职能部门、业务部门没有自主权。它采用的是一种直接控制、刚性控制的方法，因此直线职能制组织结构缺乏一定的灵活性，环境适应性较差。

事业部制组织结构是按照“集中决策、分散经营”的原则，将企业划分为若干事业群，每一个事业群建立自己的经营管理机构与队伍，独立核算，自负盈亏。目前大部分企业集团，尤其是跨国公司采取了事业部型组织结构，其组织架构是业务导向型的，从权力结构上讲是分权制，基本单位是自主的利润中心，每个利润中心内部通常又按职能式组织结构设计。在利润中心之上的总部负责整个公司的重大投资，负责对利润中心的监督。因此总部的职能相对萎缩，一般情况下总部仅设人事、财务等几个事关全局的职能部门。其管理控制属于直接控制与间接控制相结合的方式。具体地讲，企业总部对各事业部进行直接控制，各事业部对其管辖业务具有自主权，实行直接控制，而总部对事业部的各业务部门则实行间接控制。事业部组织结构具有相对的灵活性，能够适应不确定环境的快速变化。

矩阵式组织结构又称规划目标结构组织。在矩阵形式中，有两条权力线：一条是从各职能经理那里来的垂直权力线；另一条是来自产品或工程项目小组的水平权力线。两条权力线的共存，决定了矩阵型组织结构纵横两套管理系统的共生：一套是纵向的职能系统；另一套是为完成某一任务而组成的横向项目系统。纵向组织系统是在职能部门领导指挥下的各职能科室；而横向组织系统则是以产品、工程项目或服务项目为对象组成的专门小组，小组成员从各职能部门抽调，他们同时受职能部门和项目组的领导。一旦项目完成，人员仍回原职能部门。由此可以看出，项目小组成员在组织中的上下隶属关系是永久的，而水平协调关系则是暂时的。毋庸置疑，这一结构的存在改变了传统的单一直线垂直领导系统，使一位员工同时受两位主管人员的管理，呈现交叉的领导和协作关系，从而达到企业内营销职能与设计、生产职能的更好结合。其管理控制同样体现了直接控制和间接控制的结合。管理控制权下放给职能部门和项目小组，这样组织能够迅速地对外界环境变化作出反应，满足市场的多样化需求。

企业组织再造也是组织控制的重要方式。管理学家钱德勒指出，“结构应追随策略”。20世纪80年代以来，随着市场竞争的日益激烈、顾客需求的快速变化，采用劳动分工、专业化协作为基础的职能制管理模式正面临着严峻的挑战，企业组织再造应运而生。面临这样一种迅速多变的商业环境，企业应结合自身的条件和特点，合理配置组织资源，及时、灵活地调整组织结构，通过组织再造，实现组织的战略和策略，以提高企业的市场竞争力。

（二）组织制度与组织控制

构建组织结构的一个重要方面，在于界定关键区域的权、责及建立适当的沟通管道。但是，对于组织来讲，只有基本结构是远远不够的，必须通过组织制度的建设才能强化基本结构，保证基本结构意图的体现。组织制度是指企业各要素投入者责、权、利的配置方式，不同的内部组织制度将对不同的要素投入，产生截然不同的激励或抑制作用，并最终对微观企业效率产生根本性影响。好的管理制度激励职工同心协力，为实现企业的目标而努力。好的组织制度确保了组织纵向、横向各有机要素按照统一的要求和标准进行配合和行动，其目的在于确定组织中各项任务的分配与责任的归属，以求分工合理、职责分明，有效地达到组织目标。

制度对组织的控制是一种刚性控制要素，它以正规化的、作为纲领的形式体现在企业各项活动中，决定着活动的实际效果。组织是依靠制度建立并在一定制度规范下运作经营的，它是企业成功发展的重要保障。控制制度分为两类：外部约束和内部约束。在组织制度控制中，处于不同管理层次的管理者所承担的控制任务是不同的。

表15-17为内部管理控制的分类。

表 15-17 内部管理控制的分类

控制任务	经　营　者	战略管理者	战略规划者
人事控制	具体负责招聘、培训、评级、付薪等	制定并协调主要人事政策	着重于各高层管理人员
投资控制	启动并管理投资项目	检查主要投资项目的职能和业务的合理性	检查项目在业务方面的合理性
财务控制	每月详细地检查所有财务报表	每季度跟踪主要的财务指标	基本的财务管理，跟踪季度财务指标
企划控制	领导开发和实施企业经营计划	检查经营战略在技术上和操作上的合理性，并进行资源配置	提供公司战略发展大纲和方向，审查经营战略并运行资源配置

（三）组织人员与组织控制

人力资源是企业的资本，对人力资源的管理控制是企业管理的重要内容，管理控制的目标是实现企业人员与管理人员目标的一致性。目标一致性是指人们按自己意志作出的行动符合组织的利益。可见人员控制就是要规范组织成员的行动使其与组织目标相协调，保证个人服从组织，组织制约个人，从而实现组织的整体目标。

对于人员的控制着重体现在以下几个方面。

（1）职工素质控制。职工素质的合格水平取决于企业在招聘、录用、培训及晋升方面对职工素质的系统控制。

（2）人事控制制度的建立。通常企业会制定一些相关的制度来对组织成员进行控制，如合同约束、聘用担保制、亲属回避制、人事调配制、培训测评制等，目的是挖掘人才的潜能，充分发挥人力资源的积极性、创造性，加大对人才的培养、提升和人力资本的投入。

（3）干部控制。干部控制是人员控制中最为复杂的一个环节，干部控制的优劣直接影响企业的前途和命运。常用的控制方式包括岗位竞聘、业绩考核、轮换对调等措施。

管理小故事

英特尔的人才管理

英特尔公司是位于美国“硅谷”的高科技企业。人才是高科技企业生存和发展之本。长期以来，英特尔公司对员工采取一种开放式的管理哲学，即对待所有的公司员工都讲究平等，尊重个性，并允许他们保留自己的文化形态。但是，过分突出个人的这种开放式的人事哲学，在为英特尔创造活力的同时，也给公司的人事管理工作留下了隐患。

由于外界的诱惑，以及无数更新、更有挑战性的工作机会，人才外流危机终于发生在 1982

年 80286 微处理器设计完成之际。英特尔的人事主管接二连三地接到多位技术人员递交的辞职报告书。

公司对此次人才频频外流事件极为关注，公司总裁亲自挂帅，执掌专门调查小组，对事件的起因始末展开细致的调查。调查发现，员工的不满乃至辞职主要源于文化方面的冲突，这种文化和东方文化有着不协调甚至冲突之处。大规模人才外流就是在这种基础上爆发的。

既然危机由文化因素引起，那么消除危机的关键也就在于文化本身。因此，英特尔公司采取了多种措施来消除公司内不同文化之间的差异。此外，公司也通过各种定期的聚会开展形形色色的相关活动，使各种文化有机地融为一体，塑造出一种全新的、独特的英特尔文化，从而在公司内部形成一种融洽和谐的氛围。此后，类似于 1982 年的大规模人才外流现象再也没有发生过。

这是一个典型的人力资源管理控制案例。其中可以看出从发现问题、展开调查、分析原因到进行纠偏等管理控制的内容；另外，整个英特尔的人事管理中也隐含了事后控制与事前控制的道理。

资料来源：百度文库。

三、生产控制

（一）生产计划控制

随着现代信息技术的发展，生产控制管理的方法也发生了很大的变化，从过去完全由人工进行操作的进度分析、倾向分析、统计分析、日程分析、在制品占有量分析等方法，到运用信息技术进行控制的方法，使得生产作业更为有效。目前常用的方法有以下几种。

1．物料需求计划

物料需求计划（Material Requirement Planning，MRP）是一种将库存管理和生产进度计划结合为一体的计算机辅助生产计划控制系统。它以减少库存量为目标，统筹地为管理者提供满足生产计划需要的物资供应手段。通过 MRP 管理软件的信息集成系统，企业对生产制造过程中的“销、产、供”等实现了信息集成，使得企业在库存管理上进行有效的计划和控制。

MRP 的基本任务是：（1）从最终产品的生产计划（独立需求）导出相关物料（原材料、零部件等）的需求量和需求时间（相关需求）；（2）根据物料的需求时间和生产（订货）周期来确定其开始生产（订货）的时间。

2．制造资源计划

制造资源计划（Manufacturing Resource Planning，MRPII）是在物料需求计划（MRP）的基础上发展起来的。它不仅编制产品和零部件的生产进度计划、物料采购计划，而且还可以直接从系统获得各种财务信息，如销售收入、库存资金占用量和产品成本等，是一个覆盖企业全部生产资源的管理信息系统。不难看出，MRPII 最主要的进步在于，它实现了业务数据同财务数据的集成，同时将 JIT（Just in Time）的运营模式和 MRP 的计划模式进行了整合，改变了财务信息严重滞后于生产信息的现象，并成为指导和修正生产活动的标准，从而达到企业整体盈利的总体目标。在 MRPII 中，强调了对企业内部人、财、物等资源的全面管理，把制造企业归类为不同的生产方式（如重复制造、批量生产、按订单生产等）来管理，每一种生产方式类型都对应一套管理标准。

3．企业资源计划

企业资源计划（Enterprise Resources Planning，ERP）是由美国加特纳公司（Gartner Group Inc）在 20 世纪 90 年代初期首先提出的，当时的解释是，现代新兴计算机技术的发展推动了各类制造业在信息时代管理信息系统的发展趋势和变革。但随着人们的认识不断深入，ERP 已经被赋予了更深的内涵：强调供应链的管理。它除了传统 MRP 系统的制造、财务、销售等功能外，还增加了分销管理、人力资源管理、运输管理、质量管理、设备管理、决策支持等功能，并支持集团化、跨地区、跨国界，以达到将企业各方面的资源充分调配和平衡的目的，使企业在激烈的市场竞争中能够全方位地发挥足够的能力，从而取得更好的经济效益。

（二）营销控制

1．营销控制的种类

表 15-18 为营销控制的分类。

表 15-18　营销控制的分类

控制类型	负责人	控制目的	控制方法
年度计划控制	最高主管、中级管理人员	检查计划目标是否完成	销售情况分析 市场占有率分析 营销费用率分析 财务分析 用户反应跟踪
盈利能力控制	营销主管人员	审查企业盈亏原因	各产品、地区、细分市场、分销渠道等的盈利能力
效率控制	管理人员、营销控制人员	评估与提高经费开支的效率及效果	人员推销效率 广告效率 营销推广效率 分销效率
战略控制	最高主管、市场营销审计人员	检查企业是否最大限度地利用了市场营销机会	市场营销审计
销售渠道控制	销售经理和管理人员	检查市场、渠道、交货期等方面的效果	直销与批发的利润分析，市场份额分析，客户管理分析

（1）所谓年度计划控制，是指企业在本年度内采取控制步骤，检查实际绩效与计划之间是否有偏差，并采取改进措施，以确保市场营销计划的年度计划控制的中心是目标管理。

（2）盈利能力控制，用来测定不同产品、不同销售区域、不同顾客群体、不同渠道以及不同订货规模的盈利能力。由盈利能力控制所获取的信息，有助于管理人员决定各种产品或市场营销活动是扩展、减少还是取消。

（3）效率控制是在发现某些产品或某个地区市场的盈利状况不好的情况下，对其进度与效果进行监督和检查。主要控制对象有销售人员效率、广告效率、促销效率、分销效率。

（4）战略控制又称为市场营销审计，是对营销目标、政策、策略及方案等不断诊断，对其整体营销效益作出科学的评价。市场营销审计是达到这一目标的最主要的手段。

（5）销售渠道是企业的生命线，销售渠道不畅会对企业造成致命的影响。销售渠道控制的有效控制点体现在：第一，控制自销和批发商销售的比例，合适的比例会使两方面优势得以充分发挥。第二，控制批发商，旨在加强彼此的合作，及时了解产品销售情况。第三，对于产品价格的控制，防止价格混乱，对企业社会形象造成影响。第四，对客户资料进行控制，及时了解客户的盈利情况并能及时与客户联系。

2．营销控制的方法

营销控制的主要方法包括以下几种。

（1）比率分析。在营销控制中，经常会采用以下方法对一些比率进行分析、比较。

① 分析总体市场占有率。它是在一定时期内，以企业的销售额（量）占全行业销售额（量）的百分比来表示。

② 分析细分市场占有率。为了衡量产品在各细分市场的绩效，可以采用细分市场占有率来分析，细分市场占有率是指在一定时期内，产品在某一细分市场的销售额（量）占全行业销售额（量）的百分比。

③ 分析相对市场占有率（选择三个竞争者作为参照）。它是以企业销售额（量）对最大的一个竞争者的销售额（量）总和的百分比来表示。假如以A表示某企业的销售额，B、C、D分别表示其他三个竞争者的销售额，那么，A企业的相对市场占有额=A÷(B+C+D)。

比率分析还包括销售费用比率、投资收益率、投诉率等分析方法，比率分析方法较客观地反映了企业的营销情况，有助于管理者明确控制方向，根据营销情况适时调整企业战略。

（2）获利能力分析。获取利润是企业最重要的目标之一。对企业营销组合中各类组合的获利能力进行分析，管理人员可以清楚地看出哪些产品、哪些客户、哪些销售人员的获利能力高，以便对产品、客户和营销人员采取相应的管理措施。

（3）营销管理效率的评价和考核。营销管理效率的评价和考核不仅面对各项营销职能、营销人员，同时也应该对营销管理效率作出评价、考核。

第三节　所有者控制

一、股东大会

（一）股东的定义

股东是公司存在的基础，是公司的核心要素。股东（Shareholder）是股份公司的出资人或称为投资人，是股份公司中持有股份的人，有权出席股东大会并有表决权。根据《中华人民共和国公司法》（以下简称《公司法》）的规定，有限责任公司成立后，应当向股东签发出资证明书，并置备股东名册，记载股东的姓名或者名称及住所、股东的出资额、出资证明书编号等事项。

（二）股东的法律地位

（1）在股东与公司的关系上，股东享有股东权，即股东作为出资者按其出资数额而享有所有者的分享收益、重大决策和选择管理者等权利，同时承担相应的义务。股东基于自己的出资额或持有的股份，对公司承担义务，享有权利。

（2）在股东之间的关系上，股东地位一律平等。股东基于其股东资格，按所持股份的性质、数额享受平等待遇，原则上同股同权、同股同利，但公司章程可作其他约定。

（三）股东的权利和义务

1．股东的权利

（1）知情质询权。

（2）决策表决权。

（3）选举权和被选举权。

（4）收益权。

（5）强制公司的请求权。

（6）股东代表诉讼权。

2．股东的义务

（1）遵守法律、行政法规和公司章程。

（2）按时足额缴纳出资，不得抽逃出资。

（3）不得滥用股东权利损害公司或者其他股东的利益，应当依法承担赔偿责任。

（4）不得滥用公司法人独立地位和股东有限责任损害公司债权人的利益。公司股东滥用公司法人独立地位和股东有限责任逃避债务，严重损害公司债权人利益的，应当对公司债务承担连带责任。

（四）股东大会

1．股东大会的定义

股东大会是公司的最高权力机关，由全体股东组成，对公司重大事项进行决策，有权选任和解除董事，并对公司的经营管理有广泛的决定权。

股东大会既是一种定期或临时举行的由全体股东出席的会议，又是一种非常设的由全体股东所组成的公司制企业的最高权力机关。它是股东作为企业财产的所有者，对企业行使财产管理权的组织。企业一切重大的人事任免和重大的经营决策一般都要得到股东会的认可和批准方才生效。

2．股东大会的类型

股东大会主要有以下三种形式。

（1）法定大会。凡是公开招股的股份公司，从它开始营业之日算起，一般规定在最短不少于 1 个月、最长不超过 3 个月的时间内举行一次公司全体股东大会。会议的主要任务是审查公司董事在开会之前 14 天向公司各股东提出的法定报告。目的在于让所有股东了解和掌握公司的全部概况，以及进行的重要业务是否具有牢固的基础。

（2）年度大会。股东大会定期会议又称为股东大会年会，一般每年召开一次，通常是在每一会计年度终结的 6 个月内召开。由于股东大会定期大会的召开大都为法律的强制，所以世界各国一般不对该会议的召集条件作出具体规定。

年度大会内容包括选举董事、变更公司章程、宣布股息、讨论增加或者减少公司资本，以及审查董事会提出的营业报告等。

（3）临时大会。临时大会讨论临时的紧迫问题。临时股东大会通常是由于发生了涉及公司及股东利益的重大事项，无法等到股东大会年会召开而临时召集的股东会议。

关于临时股东大会的召集条件，世界主要国家大致执行三种立法体例，即列举式、抽象式和结合式。我国采取的是列举式。

3．股东大会的职权

股东大会行使下列职权。

（1）决定公司的经营方针和投资计划。

（2）选举和更换董事，决定有关董事的报酬。

（3）选举和更换由股东代表出任的监事，决定有关监事的报酬事项，审议批准董事会的报告。

（4）审议批准监事会的报告；审议批准公司的年度财务预算方案、决算方案。

（5）审议批准公司的利润分配方案和弥补亏损方案。

（6）对公司增加或者减少注册资本作出决议。

（7）对公司发行债券作出决议。

（8）对股东向股东以外的人转让出资作出决议（本项为有限责任公司股东会议特有的

职权）。

（9）对公司合并、分立、解散和清算等事项作出决议。

（10）修改公司章程，以及公司章程规定需由股东大会决定的事项。

案例分析

小股东“逼宫”——赛马实业高送转失利

因一份靓丽中报惹上麻烦的赛马实业（604499. SH）暂时度过了近期的小风波，由小股东发起的提议召开临时股东大会审议10转增10股的方案，因为响应者寥寥而导致“逼宫”失利。

发起“逼宫”的小股东谭正标在坦陈失利原因时称，错估了基金风向，并呼吁基金公司经理能够出于社会责任，为股市的价值投资和良性发展多做积极事务。

2009年8月20日，赛马实业出台中报，上半年业绩大幅提升，实现营业收入7.48亿元，同比增长37.6%；利润总额达2.21亿元，同比增长139%。而其中报显示，公司的资本公积也已经达到了9.61亿元。

较高的资本公积让不少投资者看到了公司高送转的可能性，并引得不少资金提前布局。但令这些提前布局者失望的是，高送转方案并未在中报时如期而至，赛马实业股价也大幅下挫。

正是由于中报中没有表示是否分红，遭到了一些小股东的不满。来自湖北的小股东谭正标指责公司一毛不拔，遂决定联合散户征集10%的投票权，提议召开临时股东大会、审议其提议的赛马实业中期10转增10股的分配方案。

为此，谭正标公开向各大持有赛马实业的基金和流通股的股东征集委托投票。他在博客中展望，若征集委托投票总计达到1 951.3万股，也就是总股本的10%，就可以召开临时股东大会，提出2009年半年报分红议案——10转增10股。

谭正标同时提出，召开股东大会投票必须开通网络投票表决议案，这样就完全可能超过大股东的35.74%的表决权。其分析称，提议召开临时股东大会只要10%的持股比例，前几位流通股股东均为基金，基金持股比较集中，前3位就够10%，前九大基金持股达到了21.49%，基金公司合计持股可能达到30%以上，散户只要持股6%以上的参与投票，就能够将2009年中报10送10临时议案通过。

谭正标对赛马实业发难的另一个原因是担心赛马实业潜在的被整合可能性将吞噬掉所有股东积累的高资本公积，损害赛马实业股民的利益。谭正标表示，由于赛马实业的实际控制人、大股东——中材股份旗下还有水泥业务的A股上市公司天山股份和祁连山，因其存在同业竞争，很可能会在2009—2010年前后对几家上市公司进行整合，这对业绩最好的赛马实业将是一种拖累和摊薄。

“赛马实业在2009年年报中提出高分红，但即使是2009年每股分配1元左右的现金，重组中将原有的股东积累的资本公积金给吞噬了；还有每股可分配利润高达4元，也将会被吞噬。”谭正标认为。但尽管如此，他的提议并未得到多少其他股东的支持，尤其是机构投资者的支持。

2009年8月28日，距离赛马实业9月8日股东大会仅剩10天时，谭正标募集的股份数不足3%。根据《公司法》第一百零三条规定："单独或者合计持有公司百分之三以上股份的股东，可以在股东大会召开十日前提出临时提案并书面提交董事会；董事会应当在收到提案后二日内通知其他股东，并将该临时提案提交股东大会审议。"这意味着谭正标"逼宫"的失败。

谭正标事后表示他错估了基金的支持，没有动员更多的资金去提前建仓，且由于时间太仓促、股民股票换手频繁，以及上市公司议案征集和表决操作性比较低等原因而致使"逼宫"失利。

对于基金公司为什么没有参与公开征集，谭正标认为这不仅与基金公司要继续在三季度加仓、不希望股价很快上涨而增加其持股成本有关外，同时也因为基金公司不愿意作出违背赛马实业高管意愿的事。

资料来源：经济观察报，2009-09-01.

讨论题：

结合上述案例，你认为该如何更好地兼顾大小股东之间的利益？

二、董事会

（一）董事的权力、义务和类别

1. 董事的权力、义务

董事会由全体董事组成。一般来说，董事都是自然人，但也有以法人作为董事的情形，即由一家公司作为另一家公司的董事。在这种情况下，虽然是由法人作为该公司的董事，这家法人被称为该公司的董事企业，但还是要选任具体的自然人作为董事公司的代表，到该公司任职。

董事是以加入董事会、参加董事会议的方式行使法人财产权的。董事的权限其实就是董事会的权限，也就是对公司法人财产的占有、使用、收益和处置的权力。这些权力具体又分为：（1）对内的经营管理权，即出席董事会并对公司重大问题投票表示赞成或者反对的权力；（2）对外代表公司的权力，主要有代表公司向政府主管机关申请进行设立、修改章程、发行新股、发行公司债券、变更、合并以及解散等各项登记的权力等。

2. 董事的类别

（1）执行董事与非执行董事（英国）。如果公司的一名董事同时又是本公司董事会执行委员会的成员，那么这名董事就被称作执行董事。作为一名董事，他由股东根据公司法的规定选举产生，受股东委托，并负有和所有董事相同的责任；作为一名执行委员会成员，他又是董事会闭会期间执行公司董事会政策的常务机构——执行委员会的成员。

大公司的执行委员会（董事会下属的主要专门委员会之一）由其最重要的董事与最高级的管理人员组成，它和董事会在人员组成上是交叉的。或者说，执行委员会作为董事会的常务机构，是董事会与经理班子的接口。作为执行董事，他既是董事会的成员，同时又是执行委员会的成员。

如果一名董事在他所任董事的公司中不同时担任执行的职务，那么这位董事就是非执行董事。担任非执行董事的常常是三种人：其他公司的执行人员、社会各界专家（主要是经济专家、财务专家、法律专家、技术专家等）、机构投资者。

在董事会中保持一定比例的非执行董事的主要原因是，希望他们能给董事会带来独立性和客观性。也就是说，让他们成为制衡机制的一部分，监督和保证执行董事不会把公司作为自己的私有财产。

（2）内部董事与外部董事（美国）。美国对执行董事与非执行董事的提法是内部董事与外部董事。在美国，内部董事是指除董事身份外，还在公司内部任职的董事，而外部董事则相反。

但以上两种提法又不完全对称，执行董事一定是内部董事，但内部董事并不全是执行董事，只有那些在执行委员会担任职务的内部董事才可称之为执行董事。

（3）独立的非执行董事。非执行董事中具有独立性和客观性的董事为独立的非执行董事（或称“独立的外部董事”），一般称之为独立董事。

（二）董事会的职能与权利

董事会（Board of Directors）是依照有关法律、行政法规和政策规定，按公司或企业章程设立并由全体董事组成的业务执行机关。董事会是公司法人的经营决策和执行业务的常设机构，经股东大会的授权，能够对公司的投资方向及其他重大问题作出战略决策，董事会对股东大会负责。

董事会在性质上不同于股东大会，股东大会是公司的最高权力机构，而董事会是公司的最高决策机构。董事会接受股东大会的委托，负责公司法人的战略和资产经营，并在必要时撤换不称职的经理人员。

董事会作为行使法人财产权力的机关，其主要职责是对公司经营进行战略决策并对经理人员进行有效的监督，从这个意义上说，董事会是公司治理结构的中心环节。事实上，各国的公司法均确立了董事会在公司治理结构中的核心地位。

如前所述，董事会作为公司法人财产权主体，其职能主要表现在决策和监督两个方面：一方面，作为法人财产权主体，董事会是公司的最高决策机构，负责公司的重大战略决策；另一方面，董事会位于股东与经理中间，董事会受股东大会的委托，从事法人财产的经营，但具体的日常经营管理又是委托给经理人员进行的，这样，董事会还有另外一个重要职能，即选择、评价和监督经营者。在不同的董事会结构模式中，董事会的这两大职能是由不同的机构部门来完成的。

（三）董事会的专业委员会建设

为了实现决策的专业化和科学化，以保证董事会在复杂的经济环境下决策的合理性，现代企业的董事会需要下设一些专业委员会，专门负责某一方面的决策。常见的董事会专业委员会主要包括以下几种。

1．战略决策委员会（或称战略与发展委员会）

这个专业委员会的主要职责为：研究制定公司中长期发展战略、重大投融资项目及决策，审议年度预算和决算，并对上述内容实施检查，落实情况。这个专业委员会一般由执行董事、非执行董事和独立董事组成。

2．执行委员会

这个专业委员会是董事会的常务机构，也是公司最高层的经营与管理机构，是董事会与高级经理层的接口。其主要职责是：根据董事会对公司战略发展的规划和政策，决定公司运营中的重大事宜；负责经营与管理业务的组织与实施；指挥与协调各部门和各分支机构之间的工作，负责完成年度预算报告及决算的申报与执行；监控公司总体运营风险。这个专业委员会主要由执行董事组成。

3．审计委员会

这个专业委员会的职责主要是加强对公司高管层及公司财务的审计与监督。其具体职责为：提议聘请或更换外部审计机构；监督公司的内部审计制度及其实施；负责内部审计与外部审计之间的沟通；审核公司的财务信息及其披露；审查公司的内控制度。这个专业委员会主要由非执行董事组成，在非执行董事中，独立董事应占多数并担任召集人。

4．薪酬委员会

这个专业委员会的主要职责为：审议公司的薪酬激励制度，制定执行董事和高管层业绩考核标准与薪酬方案，并直接参与对高管层年度经营业绩的评定。这个专业委员会主要由非执行董事组成，在非执行董事中，独立董事应占多数并担任召集人。

5．提名委员会

这个专业委员会的主要职责为：提名新的董事候选人。这个专业委员会主要由非执行董事组成，在非执行董事中，独立董事应占多数并担任召集人。

案例分析

保利地产董事会

规范、完善的法人治理是公司快速、健康发展的重要保障。董事会作为公司的决策机构，能否保证其科学、高效地发挥决策职能，对法人治理的成败起着决定性的作用。保利地产从2002年设立时的3亿元净资产、8亿元总资产，到2008年年底的140.79亿元净资产、536.32亿元总资产的持续、快速发展，正是得益于公司董事会卓越的战略管理和科学决策能力。

保利地产董事会由 9 名董事构成，其中 3 名为独立董事，每位成员均具有很高的综合素质和专业能力，精通房地产运作和管理，为董事会战略管理、科学决策核心职能的充分发挥提供了有力保障。

1. 卓越的战略管理

早在2002年股份公司设立之初,董事会就结合对宏观政策和房地产市场的深入理解和分析，紧紧把握中国城市化进程中房地产处于高度景气周期的特点，具有前瞻性地提出了公司十年发展规划，制定了“三个为主、两个结合”的发展战略。树立了“打造中国地产长城”的发展愿景。在总体战略规划之下，公司董事会研究构建了以区域战略、产品战略、品牌战略和人才战略为核心的战略体系，为公司的持续、稳定、快速发展指明了方向。

2. 灵活的经营策略

房地产市场长期来看持续向好，但短期又会受到宏观政策调控的影响而出现波动，因而保持经营策略的灵活性很重要。公司董事会紧贴政策及市场变化，及时调整年度经营计划，以把握机遇、控制风险。

2006 年公司上市后，借助资本市场的支持，董事会及时调整了三年滚动发展规划，抓住市场机会，迅速启动全国性战略，加大项目拓展力度，扩大了公司经营规模。

2007 年在房价、地价过快上涨阶段，董事会仍然坚持快速周转，不捂盘，不惜售，同时抓住资本市场百年一遇的大牛市，使公司实现了 70 亿元的再融资。在董事会的领导下，公司把握准投资方向，严控经营风险，取得了飞速发展。

2008 年房地产行业陷入深度调整，公司董事会审时度势，提出以现金流为中心，实现了 43 亿元的债券融资，优化了负债结构。在保证资金平衡的基础上保持了公司的适度扩张，实现了逆市大幅增长，在调控中抓住机会，提高了公司的市场份额。

3. 科学、高效的决策

针对公司快速发展和经营规模及地域不断扩大的现状，公司董事会通过完善决策制度和规范决策程序，为科学、高效的决策提供了制度保障，也有效地防范了公司的经营风险。

为保证决策的科学性，对集团各下属公司的项目投资都严格履行公司董事会审批决策程序。公司董事均积极主动地了解和掌握公司的经营情况，关注宏观、行业的相关政策和信息，并通过贴近市场的实地调研、听取经营者工作汇报和参与项目论证会等多种形式，深入了解项目情况，为科学决策提供坚实的基础。

针对房地产项目决策时效性强的特点，为抓住市场机遇、提高决策效率，董事会根据年度投资计划、项目投资回报率要求及普通住宅投资方向要求，授权经营层根据市场情况进行决策，事后向董事会报备。这样既保证了决策科学性和高效性的有机统一，同时也提高了董事会的运作效率。

资料来源：http://istock.jrj.com.cn/article,600048,981183.html.

讨论题：

根据上述案例，分析保利地产在董事会设置上有何特点？发挥了怎样的作用？

三、监事会

监事会（Supervisory Board）是由全体监事组成的、对公司业务活动及会计事务等进行监督的机构。监事会，也称公司监察委员会，是股份公司法定的必备监督机关，是在股东大会领导下，与董事会并列设置，对董事会和总经理行政管理系统行使监督的内部组织。监事会是公司的最高监督机构，它受股东大会的委托，对经理和董事会进行监督。

（一）监事会的性质和特点

监事会是对董事和经理行使监督职能的机构。监事会和股东大会、董事会一样，都属于会议体机关，但在性质上又是完全不同的公司机构。股东大会代表全体出资者行使出资者所有权，是出资者所有权主体；董事会是法人机构，代表法人行使法人财产权，是法人财产权主体；监事会代表全体出资者对董事和经理进行监督，从性质上说，它是出资者监督权主体。

监事会的权力来源于股东大会，监事会的出资者监督权是由出资者所有权决定的，是出资者所有权的延伸。

（二）监事会的双重职能及相关的权责

作为出资者监督权主体，监事会的主要职责就是对公司经营管理行使监督职责。从内容上看，监事会的监督职能包括两个方面：一方面是对董事、经理的行为进行监督，这也可称之为行为监督或一般监督；另一方面是会计监督，即对公司财务会计的专业监督，这也可称之为专业监督。这样，一般监督与专业监督就构成了监事会对公司经营管理进行监督的双重职能。

作为出资者监督权主体，监事会一般情况下不参与公司具体业务，也不干预董事会正常行使职权。监事会的主要职责是对公司的经营管理进行监督。我国《公司法》规定，公司监事会行使以下职权：检查公司财务；对董事、高级管理人员执行公司职务的行为进行监督，对违反法律、行政法规、公司章程或者股东会决议的董事、高级管理人员提出罢免的建议；当董事、高级管理人员的行为损害公司的利益时，要求董事、高级管理人员予以纠正；提议召开临时股东会议，在董事会不履行本法规定的召集和主持股东会会议职责时召集和主持股东会议；向股东会议提出提案；依照《公司法》第一百五十二条的规定，对董事、高级管理人员提起诉讼；公司章程规定的其他职权。

如前所述，监事会不同于股东大会和董事会的一个重要特点就是监事会不仅是完全独立的监督机构，而且监事个人行使监督职权也是完全平等的。监事可以独立行使监督权，这种监督权是监事会监督权的具体化，它又分为两大类：第一类是对内监督权，即对公司业务的监督权；第二类是在特殊情况下的对外代表权。

（1）对内监督权。也就是对公司业务的监督权。它具体包括：① 业务执行监督权，监事有权随时对公司业务及财务状况、账册、文件进行检查，有权要求董事会提出报告，监事在履行业务执行监督权时，可以代表公司委托律师、会计师进行审核；② 会计审核权，监事有权对董事会在每个会计年度结束时所提供的各种会计报表（资产负债表、损益表、现金流量表、财务状况变动表）进行审核，并可代表公司委托会计师进行审核。必要时，还可要求董事或者经理解释有关问题；③ 停止违法违规行为的请求权，当董事或者经理的行为有违法律法规或公司章程的规定时，监事有权请求董事、经理停止其违法行为，请求无效时，可以代表公司对董事或者经理提起诉讼；④ 列席董事会会议的权力。

（2）对外代表权。监事会一般没有代表公司的业务权力，但在某些特殊情况下有代表公司的权限。它具体包括：① 在董事、经理违法违规，监事请求其停止违法违规行为无效时，可以代表公司向法院对董事或者经理提起诉讼；② 监事在监督公司业务执行情况和审核公司会计时有权代表公司向外聘请律师、会计师进行审核；③ 在监事认为必要时，有召集临时股东大会的权限。

结尾案例

公司治理的尴尬

目前，在企业管理中尽管存在着治理机制，存在着包罗万象的质量和控制体系，但是在委托人和代理人之间 总会有某种程度的信息不对称，在它们的关系中总会涉及信任的成分。不幸的是，并非所有的代理人都值得这种信任，少数代理人蓄意误导委托人以中饱私囊，在此过程中反伦理原则甚至违法。委托人和代理人的利益并不总是一致，他们是有差异的，一些代理人可能利用信息不对称牺牲委托人的利益，使自己的利益最大化。

例如，许多企业的 CEO，凭借他们在企业内的职位，利用委托人给他们的授权及对企业资金与资源的控制，牺牲股东的利益，来满足他们的欲望。开会包飞机、公费国外旅行等，经济学家把这种行为称之为“在职消费”。除了在职消费外，CEO 们可能利用他们在董事会的影响或者对董事会的控制，让董事会薪酬委员会批准给他们提薪，来满足他们的增加工资的欲望。这些 CEO 们薪酬增加的速度已经大大超过一般工人薪酬增长的速度。在我国，企业高层管理者与普通工人的工资差距也是越来越大，令人愤怒的是某些 CEO 的综合工资的数量之大显然与其付出的努力不成正比，更与企业的绩效没有任何关系。如果这些情况属实，显然就是企业委托人与代理人矛盾或冲突问题的实例。

代理问题并不局限于高层管理人员与股东的关系，其实，在每一层级的领导与被领导者都存在。因此，这个问题不解决还能败坏 CEO 和下级之间的关系，败坏下级和他们下属之间的关系。下级可能利用对信息的控制来歪曲他控制下的单位的真实的绩效，为的是增加他的薪酬、职业保障、福利待遇和确保他的单位能得到高于合理水平的公司资源份额。

面对着可能出现的代理问题，委托人的任务有以下几个方面。

（1）调整代理人的行为，使其与委托人的目标一致。

（2）减少代理人与委托人之间的信息不对称。

（3）建立撤换机制，及时撤换行动与委托人目标不一致的代理人。

总之，委托人要设法通过一系列治理机制来对付代理问题提出的挑战。

讨论题：

1．怎样完善公司内部的治理机制？请提出具体的建议或措施。

2．根据文中所述的材料，请你谈谈对公司内部治理的认识。

本章小结

1．运营管理控制的主要内容包括运营控制、质量控制、成本控制和生产率控制等。

2．运营控制常用的控制方式有事前控制、同期控制和事后控制。

3．生产运营控制的基本程序分别为确定控制标准、衡量实际成果、纠正已有偏差。

4．质量控制的统计方法有分层法、因果分析图法、直方图法、控制图法、相关图法、统计分析表。

5．生产率的概念、度量方法以及经验曲线。

6．经营者控制的概念及分类。

7．人员的控制着重体现在职工素质控制、人事控制制度的建立、干部控制。

8．营销控制的主要方法包括比率分析、获利能力分析、营销管理效率的评价和考核。

9．股东大会主要有法定大会、年度大会和临时大会。

关键词

进度控制　质量控制　成本控制　因果分析图法　直方图法　控制图法　生产率　经验曲线　经营者控制　组织控制　股东大会　独立董事　董事会　监事会　公司治理

思考题

1．为什么要进行运营控制？怎样进行运营控制？

2．运营控制有哪些方法？各方法的要点是什么？

3．质量控制常用的统计方法主要有哪些？

4．什么是经营者控制？经营者控制有哪些类型与方法？

5．股东大会、董事会、监事会、经理的权责各是什么？

6．简述股东大会、董事会、监事会、经理相互之间的关系。

7．如何建立经理激励与约束机制？

8．什么是独立董事？独立董事与非执行董事、外部董事的区别是什么？

9．监事和监事会在企业中发挥了怎样的作用？

网络练习

1．在互联网上找出一家真实的企业，选择的标准是：（1）中国制造业企业；（2）认真分析它的管理控制过程。

2．试着描述该企业的主要控制程序和特征，并且评价它在管理过程控制方面的得与失。

3．在互联网上找出一家真实的企业，选择的标准是：（1）中国民营企业；（2）你能够说明它是内部控制较好或较差的企业。

4．这个组织的所有者和经营者在控制方面是否存在着代理冲突？这些代理冲突是以什么形式表现出来的？

自测题

（一）判断题

1．成本控制目的是促使成本不断降低，提高生产运营的效益。（　　）

2．大批量生产出产进度控制方法主要是用制品日历出产进度表和成批出产日历进度表进行控制。（　　）

3．统计质量控制方法过分强调数理统计方法和数学理论，忽视组织管理与生产者的能动作用。（　　）

4．影响质量的因素主要来自人、材料、设备、方法和环境五个方面。（　　）

5．公司的最高决策机构是股东大会。（　　）

（二）选择题

1．下述哪一项不是质量管理的统计控制方法？（　　）

A．数据分层法　　B．排列图　　C．统计分析表

D．直方图　　E．漏斗模型

2．哪种行业最适合 MRP？（　　）

A．机床厂　　B．医院　　C．造纸厂

D．炼油厂　　E．旅行社

3．某种零件的总需求量是由哪一项决定的？（　　）

A．净需求量　　B．现有数

C．上层元件的总需要量　　D．上层元件的计划发出订货量

E．所有以上因素

4．产品质量、市场占有率、作业标准化、财务指标、安全生产及各种规章制度的制定等方面的传统控制方式大多为（　　）。

A．刚性控制　　B．柔性控制

C．直接控制　　D．间接控制

5．构成公司存在的基础和核心要素是（　　）。

A．独立董事　　B．监事

C．专业委员会　　D．股东

参 考 文 献

1．[美]弗雷德里克・泰勒．科学管理原理[M]．北京：中国社会科学出版社，1980．

2．[法]亨利・法约尔．工业管理和一般管理[M]．周安华，等，译．北京：中国社会科学出版社，1982．

3．[美]阿尔弗雷德・P. 小钱德勒．管理学历史与现状[M]．大连：东北财经大学出版社，1998．

4．[美]丹尼尔・A. 雷恩．管理思想的演变[M]．赵睿，译．北京：中国社会科学出版社，2000．

5．[美]哈罗德・孔茨，海因茨・韦里克．管理学[M]．第 9 版．郝国华，等，译．北京：经济科学出版社，1993．

6．[美]斯蒂芬・P. 罗宾斯，玛丽・库尔特．管理学[M]．第 9 版．北京：清华大学出版社，2009．

7．[美]理查德・L. 达夫特．组织理论与设计[M]．北京：清华大学出版社，2002．

8．[美]弗里蒙特・E. 卡斯特，詹姆斯・E. 罗森茨韦克．组织与管理[M]．李柱流，等，译．北京：中国社会科学出版社，1988．

9．[美]加雷思・琼斯，珍妮弗・乔治．当代管理学[M]．第 3 版．郑风田，等，译．北京：人民邮电出版社，2005．

10．[美]里基・W. 格里芬．管理学[M]．第 9 版．刘伟，译．北京：中国市场出版社，2008．

11．[美]海因茨・韦里克．管理学精要——国际化视角[M]．马春光，译．北京：机械工业出版社，2008．

12．[美]罗伯特・N. 安东尼．管理控制系统[M]．许锐，等，译．北京：机械工业出版社，1999．

13．[美]菲利普・科特勒．市场学管理[M]．北京：华夏出版社，1983．

14．[美]戴维・R. 安德森，等．数据、模型与决策[M]．第 12 版．侯文华，译．北京：机械工业出版社，2011．

15．[美]加雷思・琼斯．管理学基础[M]．第 4 版．北京：人民邮电出版社，2007．

16．[美]查尔斯・W. L. 希尔，[澳]史蒂文・L. 麦克沙恩．管理学[M]．李维安，周建，译．北京：机械工业出版社，2009．

17．[美]理查德・L. 达夫特．管理学原理[M]．高增安，等，译．北京：机械工业出版社，2009．

18. [美]约翰·科特. 变革的力量[M]. 方云军，等，译. 北京：华夏出版社，1997.

19. [德]丹尼尔·皮诺. 领导力核心揭秘[M]. 杨佩昌，译. 北京：机械工业出版社，2008.

20. [美]希尔，琼斯. 战略管理[M]. 第7版. 孙忠，译. 北京：中国市场出版社，2008.

21. [美]理查德·L. 达夫特. 管理学[M]. 第5版. 韩经纶，等，译. 北京：机械工业出版社，2003.

22. [美]斯蒂芬·P. 罗宾斯，戴维·A. 德森佐，玛丽·库尔特. 管理学原理与实践[M]. 第7版. 毛蕴诗，译. 北京：机械工业出版社，2010.

23. [美]威廉·J. 史蒂文森. 生产与运作管理[M]. 第6版. 张群，张杰，译. 北京：机械工业出版社，2004.

24. [美]约翰·O. 麦克莱恩. 运营管理[M]. 北京：中国人民大学出版社，2001.

25. [美]罗杰·施罗德. 运作管理[M]. 第2版. 韩伯棠，等，译. 北京：中国劳动社会保障出版社，2004.

26. 邢以群. 管理学[M]. 北京：高等教育出版社，2007.

27. 徐国华. 管理学[M]. 北京：清华大学出版社，2001.

28. 杨文士，焦叔斌，张雁，等. 管理学[M]. 第3版. 北京：中国人民大学出版社，2009.

29. 张隆高. 美国企业史[M]. 大连：东北财经大学出版社，2005.

30. 江林，等. 现代市场营销管理[M]. 北京：电子工业出版社，2002.

31. 孙耀君. 西方管理学名著提要[M]. 南昌：江西人民出版社，1995.

32. 刘祥武. 哈佛商学院 MBA 总经理学[M]. 下. 北京：经济日报出版社，1998.

33. 席酉民. 企业集团发展模式与运行机制比较[M]. 北京：机械工业出版社，2003.

34. 杨洪兰. 现代组织学[M]. 上海：复旦大学出版社，1997.

35. 邹一峰，蒋俊，周三多. 生产管理[M]. 南京：南京大学出版社，1999.

36. 刘广弟. 质量管理学[M]. 第2版. 北京：清华大学出版社，2003.

37. 任浩. 现代企业组织设计[M]. 北京：清华大学出版社，2005.

38. 黄运成，苏文. 现代公司控制——原理与技术[M]. 北京：经济科学出版社，2007.

39. 吴冬梅. 公司治理概论[M]. 北京：首都经济贸易大学出版社，2006.

40. 张彦文，张晓红. 公司治理[M]. 北京：清华大学出版社，2010.

41. 李东. 管理学：理论·方法·工具[M]. 北京：科学出版社，2008.

42. 邹昭晞. 企业战略分析[M]. 北京：经济管理出版社，2005.

43. 赵国运. 管理学[M]. 北京：中国社会出版社，2006.

44. 倪杰. 管理学原理[M]. 北京：清华大学出版社，2006.

45. 王利平. 管理学原理[M]. 北京：中国人民大学出版社，2007.

46. 周三多，陈传明. 管理学[M]. 第 2 版. 北京：高等教育出版社，2005.

47. 万卉林，刘虹. 管理学——原理、方法与案例[M]. 第 2 版. 武汉：武汉大学出版社，2011.

48. 方振邦. 管理学基础[M]. 第 2 版. 北京：中国人民大学出版社，2011.

49. 唐骏，胡腾. 我的成功可以复制[M]. 北京：中信出版社，2008.

50. 俞文钊. 现代激励理论与应用[M]. 大连：东北财经大学出版社，2006.

51. 李东进，秦勇，于洁，等. 管理学原理[M]. 第 2 版. 北京：中国发展出版社，2011.

52. 陈国海. 组织行为学[M]. 第 2 版. 北京：清华大学出版社，2007.

53. 宋联可，杨东涛. 高效人力资源管理案例——MBA 提升捷经[M]. 北京：中国经济出版社，2009.

54. 郭跃进. 管理学[M]. 第 3 版. 北京：经济管理出版社，2005.

55. 芮明杰. 管理学：现代的观点[M]. 上海：上海人民出版社，2005.

56. 芮明杰. 管理学原理[M]. 上海：格致出版社，上海人民出版社，2008.

57. 单凤儒，金彦龙. 管理学[M]. 北京：科学出版社，2009.

58. 华玉武. 每天读点管理学常识[M]. 上海：立信会计出版社，2010.

59. 岑咏霆. 质量管理教程[M]. 上海：复旦大学出版社，2007.

60. 林光. 企业生产运作管理[M]. 北京：清华大学出版社，2010.

61. 刘承元. TPM 活动[M]. 深圳：海天出版社，2002.

62. 刘树华. 精益生产[M]. 北京：机械工业出版社，2010.

63. 刘晓冰. 运营管理[M]. 大连：大连理工大学出版社，2005.

64. 司马锡生，王延清. 现代生产与运营管理[M]. 上海：华东理工大学出版社，2002.

65. 周国华，井润田，武振业，等. 生产与运作管理[M]. 第 2 版. 成都：西南交通大学出版社，2003.

66. 陈荣秋，马士华. 生产与运作管理[M]. 第 3 版. 北京：机械工业出版社，2009.

67. 王关义. 现代生产管理[M]. 北京：经济管理出版社，2005.

68. 胡川，刘大明. 运作管理[M]. 武汉：武汉大学出版社，2005.

69. 高立法，曹云虎，殷子谦. 现代企业成本控制实务[M]. 北京：经济管理出版社，2008.

70. 杨蓉. 公司成本管理[M]. 上海：上海财经大学出版社，2009.

71. 财政部企业司. 企业成本管理[M]. 北京：经济科学出版社，2008.

72. 陈良华，等. 成本管理[M]. 北京：中信出版社，2006.

73. 杨孝文，赵应文. 管理学——原理、方法与案例[M]. 武汉：武汉大学出版社，2004.

74. 曾坤生，刘茂松. 人力资源管理学[M]. 北京：经济科学出版社，2004.

75. 曾坤生，李军，等. 公司人力资源政策[M]. 北京：人民日报出版社，2007.